Les impôts sur les salaires 2016

OCDE
DES POLITIQUES MEILLEURES
POUR UNE VIE MEILLEURE

Cet ouvrage est publié sous la responsabilité du Secrétaire général de l'OCDE. Les opinions et les interprétations exprimées ne reflètent pas nécessairement les vues de l'OCDE ou des gouvernements de ses pays membres ou celles de l'Union européenne.

Ce document et toute carte qu'il peut comprendre sont sans préjudice du statut de tout territoire, de la souveraineté s'exerçant sur ce dernier, du tracé des frontières et limites internationales, et du nom de tout territoire, ville ou région.

Merci de citer cet ouvrage comme suit :
OCDE (2016), *Les impôts sur les salaires 2016*, Éditions OCDE, Paris.
http://dx.doi.org/10.1787/tax_wages-2016-fr

ISBN 978-92-64-25235-6 (imprimé)
ISBN 978-92-64-25236-3 (PDF)

Série: Les impôts sur les salaires
ISSN 1995-3852 (imprimé)
ISSN 2072-5132 (en ligne)

Les données statistiques concernant Israël sont fournies par et sous la responsabilité des autorités israéliennes compétentes. L'utilisation de ces données par l'OCDE est sans préjudice du statut des hauteurs du Golan, de Jérusalem-Est et des colonies de peuplement israéliennes en Cisjordanie aux termes du droit international.

Les corrigenda des publications de l'OCDE sont disponibles sur : *www.oecd.org/editions/corrigenda*.

Avant-propos

Cette publication annuelle fournit des informations détaillées sur la situation des salariés au regard de l'impôt et des transferts sociaux dans l'ensemble des 34 pays membres de l'OCDE. Les informations contenues dans ce rapport couvrent l'impôt sur le revenu des personnes physiques et les cotisations de sécurité sociale payés par les salariés, les cotisations de sécurité sociale et les taxes sur les salaires payées par les employeurs ainsi que les allocations reçues par les familles. L'objectif de ce rapport est de montrer comment sont calculés les impôts sur le revenu des personnes physiques, les cotisations de sécurité sociale et les taxes sur les salaires, et d'examiner l'impact de ces prélèvements et des allocations familiales sur les revenus nets des ménages. Les résultats permettent également des comparaisons quantitatives entre pays sur les niveaux des coûts du travail et la situation globale des salariés célibataires et des familles au regard de l'impôt et des transferts sociaux.*

Le rapport montre les montants des impôts, des cotisations de sécurité sociale, des taxes sur les salaires et des prestations en espèces pour huit catégories de ménages qui diffèrent selon le niveau des revenus et la composition familiale. Il présente également les taux d'imposition moyens et marginaux qui en résultent. Les taux moyens d'imposition indiquent la part des salaires bruts ou des coûts totaux de main-d'œuvre qui est prélevée sous forme d'impôts sur le revenu des personnes physiques (avant et après les prestations), de cotisations de sécurité sociale et de taxes sur les salaires. Les taux marginaux indiquent la part de l'augmentation des salaires bruts ou des coûts totaux de main-d'œuvre qui fait l'objet de ces prélèvements.

Le rapport met l'accent sur la présentation de nouvelles données relatives à la situation des salariés au regard de l'impôt et des prestations sociales pour 2015. De plus, ces nouvelles données sont comparées aux données correspondantes pour l'année 2014. Il importe de noter que le salarié moyen est un salarié employé à plein temps (en tant que travailleur manuel ou non manuel) dans l'un des secteurs B-N de la classification internationale type, par industrie, de toutes les branches d'activité économique, Révision 4 (CITI, Rév. 4) ou des secteurs C-K de la classification internationale type, par industrie, de toutes les branches d'activité économique, Révision 3 (CITI, Rév. 3).

Le rapport est structuré de la manière suivante :

- *Le chapitre 1 contient une synthèse des principaux résultats pour 2015.*
- *Le chapitre 2 analyse la charge fiscale supportée par le second apporteur de revenu.*
- *La partie I (comparaisons internationales) examine les principaux résultats pour 2014 et 2015 et est divisée en 3 chapitres (numérotés de 3 à 5). Le chapitre 3 examine les principaux résultats pour 2015, qui sont résumés dans des tableaux et graphiques comparatifs (qui figurent à la fin de cette section). Le chapitre 4 présente une explication graphique de la charge fiscale estimée pesant sur les revenus du travail en 2015 pour les gains salariaux bruts compris entre 50 % et 250 % des*

* *Les éditions antérieures de ce rapport étaient publiées sous les titres* La situation des salariés au regard de l'impôt et des transferts sociaux *(éditions 1996 à 1998) et* La situation des ouvriers au regard de l'impôt et des transferts sociaux *(éditions antérieures à 1996).*

salaires moyens. Le chapitre 5 passe en revue les principaux résultats pour 2014, synthétisés dans des tableaux comparatifs présentés à la fin du chapitre et les comparent avec les résultats de 2015.

- *La partie II (chapitre 6) met l'accent sur l'évolution chronologique de la charge fiscale pendant la période 2000-15.*
- *La partie III contient des tableaux par pays indiquant les niveaux de salaires considérés et les charges fiscales correspondantes pour huit types de familles ainsi qu'une description de chaque système d'imposition/de prestations.*
- *L'annexe examine les méthodes et limites de l'étude.*

Cette étude a été réalisée sous l'égide du Groupe de travail sur l'analyse des politiques et les statistiques fiscales du Comité des affaires fiscales et elle a bénéficié d'un soutien financier accordé par la Commission européenne. Les vues exprimées ne sauraient refléter l'opinion officielle de l'Union européenne.

Table des matières

Partie III

Informations detaillées par pays, pour 2015

Tableaux

Graphiques

Suivez les publications de l'OCDE sur :

http://twitter.com/OECD_Pubs

http://www.facebook.com/OECDPublications

http://www.linkedin.com/groups/OECD-Publications-4645871

http://www.youtube.com/oecdilibrary

http://www.oecd.org/oecddirect/

Ce livre contient des...

StatLinks

Accédez aux fichiers Excel® à partir des livres imprimés !

En bas des tableaux ou graphiques de cet ouvrage, vous trouverez des *StatLinks*. Pour télécharger le fichier Excel® correspondant, il vous suffit de retranscrire dans votre navigateur Internet le lien commençant par : *http://dx.doi.org*, ou de cliquer sur le lien depuis la version PDF de l'ouvrage.

Résumé

Après avoir augmenté chaque année depuis 2011, la charge fiscale pesant sur le salarié moyen est restée constante à 35.9 % dans les pays de l'OCDE en 2015 pour la deuxième année consécutive. La charge fiscale ou coin fiscal correspond au montant total des impôts et cotisations sociales versés par les salariés et les employeurs, diminué des prestations familiales reçues et divisé par les coûts totaux de main-d'œuvre pour l'employeur. Elle permet donc d'étudier comment ces prélèvements et prestations en espèces affectent le revenu net des ménages.

Bien que la moyenne de la zone OCDE soit restée stable, la charge fiscale s'est alourdie dans 24 pays de l'OCDE par rapport à 2014, mais cette augmentation a été compensée par des baisses dans 8 pays. Les reculs les plus marqués (au moins un point de pourcentage) ont été observés en Espagne, Estonie et Grèce.

Dans les pays où la charge fiscale sur le salaire moyen a progressé, le principal facteur, ayant contribué à la hausse, a été la variation des impôts sur le revenu des personnes physiques (IRPP), bien que deux pays seulement aient relevé leurs taux légaux de l'IRPP au niveau du salaire moyen (le Danemark et les Pays-Bas). L'alourdissement de l'IRPP s'explique par l'augmentation de la proportion des revenus soumis à l'imposition, elle-même due à une baisse du montant des abattements fiscaux et crédits d'impôt par rapport aux revenus. La baisse de l'impôt sur le revenu des personnes physiques a été un paramètre essentiel dans la plupart des pays où la charge fiscale a diminué. Cependant, la baisse des cotisations de sécurité sociale a également joué un rôle important en Estonie, en Grèce et aux Pays-Bas.

Au cours des cinq dernières années, la charge fiscale sur les revenus du travail s'est alourdie dans 24 pays de l'OCDE et allégée dans 9 autres pays. Sur cette période, le niveau de l'IRPP a progressé dans 25 pays sur 34. En 2015, 7 pays seulement ont appliqué aux revenus salariaux moyens des taux d'imposition légaux supérieurs à ce qu'ils étaient en 2010, bien que 2 autres pays aient mis en place des surtaxes supplémentaires, et dans 8 pays ils étaient plus bas. Le présent rapport analyse les effets de ces évolutions sur diverses catégories de ménages : ménages disposant d'un seul revenu, familles avec ou sans enfants, ou parents isolés. Dans tous les pays de l'OCDE, le coin fiscal pour les familles avec enfants est plus faible ou, dans un petit nombre de cas, le même que pour les salariés célibataires sans enfant.

Ce rapport contient également une étude spéciale qui analyse comment les systèmes de prélèvements et de prestations liées à l'exercice d'un emploi, y compris les dispositions en faveur des enfants, influent sur les incitations des seconds apporteurs de revenu à travailler. L'importance de la charge fiscale moyenne pesant sur les seconds apporteurs de revenu, et donc leur incitation à rejoindre le marché du travail, ne dépend pas uniquement des taux de l'IRPP et des CSS, mais aussi d'un certain nombre d'aspects tenant à la conception des systèmes de l'IRPP, tels que le retrait des avantages fiscaux pour conjoint à charge et l'imposition par foyer fiscal.

Deux principales raisons expliquent ce phénomène. En premier lieu, la charge fiscale pesant sur le second apporteur de revenu peut augmenter du fait qu'un allègement ou crédit d'impôt pour conjoint à charge – qui réduit la charge fiscale pesant sur le revenu d'un apporteur principal ayant un conjoint à charge (qui ne travaille pas) – disparaît (en totalité ou en partie) lorsque le second apporteur de revenu intègre le marché du travail. En second lieu, le coin fiscal peut augmenter pour les seconds apporteurs de revenu en raison de l'adoption de l'imposition par foyer fiscal plutôt qu'individualisée. Un certain nombre de pays ont opté pour l'imposition par foyer fiscal pour des motifs d'équité, car elle garantit que les ménages qui touchent le même revenu total paieront le même impôt, quel que soit le titulaire de ce revenu. Toutefois, dans ce système, le second apporteur de revenu est taxé à un taux plus élevé du barème de l'impôt sur le revenu qu'il le serait dans un système d'imposition individualisée, parce que l'apporteur de revenu principal bénéficie déjà pleinement de la tranche inférieure du barème. Cet effet est amplifié à mesure que le niveau du revenu de l'apporteur principal augmente.

Principaux résultats

La charge fiscale moyenne dans la zone OCDE est restée inchangée en 2015

- En 2015, le prélèvement moyen d'impôts et de cotisations sociales sur les revenus du travail dans la zone OCDE s'est maintenu à 35.9 % pour la deuxième année consécutive. Cette stabilité fait suite à une augmentation globale de 0.9 point enregistrée entre 2010 et 2014, inversant la baisse de 36.0 % à 35.0 % intervenue entre 2007 et 2010.
- C'est en Belgique (55.3 %), en Autriche (49.5 %), en Allemagne (49.4 %) et en Hongrie (49.0 %) que l'on a observé les charges fiscales moyennes les plus élevées pour les travailleurs célibataires sans enfant rémunérés au salaire moyen dans leur pays. Les charges les plus faibles ont été observées au Chili (7 %), en Nouvelle-Zélande (17.6 %) et au Mexique (19.7 %).
- En 2015, le coin fiscal s'est accru dans 24 pays sur 34, a diminué dans 8 et est resté inchangé au Chili et en Hongrie.
- On a enregistré un accroissement de plus de 0.4 point de la charge fiscale globale dans 5 pays – Australie, Luxembourg, Israël, Italie et Portugal. Dans tous ces pays, l'IRPP a beaucoup augmenté, et le niveau des cotisations de sécurité sociale a lui aussi été sensiblement relevé dans deux d'entre eux.
- Une baisse d'un point de pourcentage ou plus a été constatée dans 3 pays – Grèce (-1.3 point), Espagne (-1.2 point) et Estonie (-1.0 point). 2 autres pays – l'Irlande et les Pays-Bas – ont vu leur charge fiscale reculer de plus de -0.4 point. Parmi ces 5 pays, 3 ont affiché une diminution significative des charges sociales et 3 une baisse sensible de l'IRPP.
- Le principal paramètre ayant contribué à la progression du coin fiscal total moyen dans 20 pays sur 24 a été l'impôt sur le revenu des personnes physiques (IRPP). La plus forte augmentation a été enregistrée aux Pays-Bas (+1.23 point), bien que le coin fiscal global ait reculé de 0.59 point sous l'effet d'un transfert des CSS vers l'IRPP.
- La variation de l'IRPP a également été le principal facteur dans la plupart des pays où le niveau d'imposition a reculé en 2015, à l'exception des Pays-Bas, où les cotisations salariales ont diminué de 1.71 point, et de la Grèce, où les cotisations patronales ont baissé de 0.92 point.

Charges fiscales pour les familles avec enfants

- Les coins fiscaux les plus élevés pour les familles comptant deux enfants et un seul apporteur de revenu rémunéré au salaire moyen étaient ceux de la France (40.5 %) et de la Belgique (40.4 %). L'Autriche, la Finlande et l'Italie enregistraient des coins fiscaux compris entre 39 % et 40 %. C'est en Nouvelle-Zélande que le coin fiscal a été le plus faible pour ces familles (4.9 %), suivie du Chili (7 %), de l'Irlande (9.5 %) et de la Suisse (9.8 %). La moyenne pour les pays de l'OCDE était de 26.7 %.
- Les plus fortes augmentations de la charge fiscale pour les familles avec enfants et un seul apporteur de revenu ont été enregistrées en Islande (1.5 point) et en Nouvelle-Zélande (1.2 point), tandis que la diminution la plus marquée a concerné l'Estonie (-4.4 points) principalement sous l'effet de la hausse des prestations en espèces.
- Dans tous les pays de l'OCDE, le coin fiscal est plus faible pour les familles avec enfants que pour les célibataires sans enfant, à l'exception du Mexique et du Chili, où il est identique pour les deux types de famille. Les différences représentent plus de 15 % des coûts de main-d'œuvre en Allemagne, Irlande, Luxembourg, République tchèque et Slovénie.

Chapitre 1

Synthèse

Ce chapitre présente les principaux résultats de l'analyse de l'imposition des revenus du travail dans les pays membres de l'OCDE en 2015. L'accent est mis sur le coin fiscal – mesure de la différence entre les coûts de la main-d'œuvre pour l'employeur et la part correspondante de la rémunération nette disponible du salarié – qui est calculé en additionnant l'impôt sur le revenu des personnes physiques, les cotisations salariales et patronales de sécurité sociale et les éventuels prélèvements sur salaires, et en retranchant les prestations en pourcentage des coûts de main-d'œuvre. Les calculs portent aussi sur le taux moyen net de l'impôt sur le revenu des particuliers. C'est le terme utilisé lorsque l'impôt sur le revenu des personnes physiques et les cotisations salariales de sécurité sociale, après déduction des prestations en espèces, sont exprimés en pourcentage du salaire brut. L'analyse concerne un célibataire sans enfant rémunéré au salaire moyen, qu'elle compare avec un couple marié disposant d'un seul salaire et ayant deux enfants.

Cette publication contient, pour chacun des 34 pays de l'OCDE, des renseignements sans équivalent sur les impôts sur le revenu versés par les salariés, leurs cotisations de sécurité sociale, les prestations familiales qu'ils perçoivent sous forme de transferts en espèces ainsi que les cotisations de sécurité sociale et taxes sur les salaires versées par leurs employeurs. Les résultats communiqués comprennent la charge fiscale marginale et moyenne pour les ménages disposant d'un seul et de deux salaires et les coûts totaux de main-d'œuvre qui en résultent pour les employeurs. Ces données sont largement utilisées dans les recherches universitaires et dans la formulation et l'évaluation des politiques sociales et économiques. Les données spécifiques sur les contribuables figurant dans cette étude permettent de compléter les renseignements donnés chaque année dans les *Statistiques des recettes publiques*, publication qui contient des données comparatives internationales sur les niveaux d'imposition et les structures fiscales dans les pays de l'OCDE. La méthodologie utilisée dans cette étude est décrite brièvement dans la section d'introduction ci-dessous et plus en détail à l'Annexe.

Les tableaux et graphiques présentent des estimations de la charge fiscale et du « coin fiscal » entre les coûts de main-d'œuvre et le revenu net disponible pour huit catégories de familles ayant des niveaux comparables de revenus. Les principaux résultats pour 2015 sont résumés dans la section 2 ci-dessous. La partie I du rapport présente des résultats plus détaillés pour 2015, accompagnés de résultats comparables pour 2014, et examine les changements intervenus entre les deux années. La partie II du rapport retrace l'évolution chronologique de la charge fiscale entre 2000 et 2015.

Introduction

Cette section expose brièvement la méthodologie utilisée dans la présente étude, consacrée exclusivement aux salariés à plein temps. Par hypothèse, leur revenu annuel d'activité est égal à un pourcentage donné du salaire brut moyen des travailleurs adultes travaillant à temps plein, pour chaque économie de l'OCDE, également désigné sous le nom de *salaire moyen* (SM). Cela couvre les travailleurs manuels et non manuels, soit dans les secteurs C à K inclus, conformément à la classification internationale type par industrie de toutes les branches d'activité, Révision 3 (CITI Rév. 3), soit dans les secteurs B à N inclus, conformément à la classification internationale type par industrie de toutes les branches d'activité, Révision 4 (CITI Rév. 4)[1]. Le tableau 1.6 et l'Annexe à ce Rapport contiennent des précisions supplémentaires. Des hypothèses complémentaires sont formulées concernant d'autres éléments de la situation personnelle de ces salariés, afin de pouvoir déterminer leur positionnement au regard du système de prélèvements et de prestations. Les impôts pris en compte dans le présent rapport se limitent à l'impôt sur le revenu des personnes physiques, aux cotisations de sécurité sociale et aux taxes sur les salaires (regroupées avec les cotisations patronales de sécurité sociale pour le calcul des taux d'imposition) payables sur le salaire brut. Par conséquent, aucun impôt sur le revenu pouvant être dû au titre de revenus non salariaux, de même qu'aucun autre type d'impôt – par exemple, l'impôt sur les sociétés, l'impôt sur le patrimoine net et les impôts sur la consommation – n'est pris en compte. Les prestations prises en compte sont celles versées par les administrations publiques sous la forme de transferts en espèces, généralement au titre des enfants à charge.

Pour la plupart des pays de l'OCDE, l'année fiscale correspond à l'année civile. Toutefois, l'Australie, la Nouvelle-Zélande et le Royaume-Uni font exception. Dans le cas de la Nouvelle-Zélande et du Royaume-Uni, ou l'année fiscale débute en avril, une approche « prospective » a été suivie pour les calculs. De ce fait, par exemple, les taux d'imposition indiqués pour 2015 sont ceux de l'année fiscale 2015-2016. Toutefois, en Australie, où l'année fiscale débute en juillet, il a été décidé d'adopter une approche « rétrospective » afin d'obtenir des résultats plus fiables. Par conséquent, pour l'Australie, l'année 2015 a été considérée comme correspondant à l'année fiscale 2014-15.

Ce rapport contient divers indicateurs de l'imposition de la main-d'œuvre. Il met surtout l'accent sur le coin fiscal – indicateur de la différence entre les coûts de main-d'œuvre pour l'employeur et la part correspondante de la rémunération nette après impôt du salarié – qui est calculé en additionnant l'impôt sur le revenu des personnes physiques, les cotisations de sécurité sociale à la charge des salariés et des employeurs et les taxes sur les salaires éventuelles, et en retranchant les prestations en pourcentage des coûts de main-d'œuvre. Les cotisations patronales de sécurité sociale et – dans certains pays – les taxes sur les salaires sont ajoutées au revenu brut des salariés pour obtenir un indicateur des coûts totaux de main-d'œuvre. Bien entendu, il faut reconnaître que cet indicateur peut être inférieur aux coûts réels de main-d'œuvre supportés par les employeurs, par exemple parce que les employeurs peuvent aussi devoir procéder à des paiements obligatoires non fiscaux. Le coin fiscal moyen indique la part des coûts totaux de main-d'œuvre qui est prélevée sous forme d'impôts et de cotisations de sécurité sociale après déduction des prestations versées en espèces. Au contraire, le coin fiscal marginal indique la part de l'augmentation des coûts totaux de main-d'œuvre qui est ainsi prélevée.

Les calculs s'intéressent aussi au taux net moyen de l'impôt sur le revenu des particuliers. Ce terme désigne la somme de l'impôt sur le revenu des personnes physiques et des cotisations salariales de sécurité sociale nette des prestations en espèces, en pourcentage du salaire brut. Le taux net marginal de l'impôt sur le revenu des particuliers fait ressortir la part d'une augmentation du salaire brut qui est reversée sous forme d'impôt sur le revenu des personnes physiques et de cotisations de sécurité sociale, après déduction des prestations en espèces.

Examen des résultats pour 2015

Coin fiscal

Le tableau 1.1 montre que le coin fiscal entre les coûts totaux du travail à la charge de l'employeur et la rémunération nette disponible correspondante des salariés célibataires sans enfant, rémunérés au salaire moyen, différait fortement selon les pays de l'OCDE en 2015 (voir colonne 1). Si en Allemagne, en Autriche, en Belgique, en France, en Hongrie et en Italie, le coin fiscal est de 50 % ou plus, il est inférieur à 20 % au Chili, au Mexique et en Nouvelle-Zélande. C'est en Belgique que l'on observe le coin fiscal le plus élevé (55.3 %) et au Chili qu'il est le plus bas (7.0 %).

Les variations du coin fiscal entre 2014 et 2015 pour un salarié moyen sans enfant sont indiquées à la colonne 2 du tableau 1.1. Les coins fiscaux ont augmenté dans 24 pays et ont baissé dans 8. Les hausses sont restées inférieures à un point de pourcentage, et la plus forte hausse, relevée au Portugal, est égale à 0.86 point. Quant aux baisses, elles ont

Tableau 1.1. **Comparaison du coin fiscal total**

En % des coûts de main-d'œuvre

Pays[1]	Coin fiscal total 2015	Variation annuelle 2015/14 (en points de pourcentage)[2]			
		Coin fiscal	Impôts sur le revenu	CSS salariés	CSS employeur[3]
	(1)	(2)	(3)	(4)	(5)
Belgique	55.3	-0.28	-0.22	0.00	-0.07
Austriche	49.5	0.09	0.19	0.02	-0.12
Allemagne	49.4	0.18	0.11	0.03	0.04
Hongrie	49.0	0.00	0.00	0.00	0.00
Italie	49.0	0.76	0.76	0.00	0.00
France	48.5	0.05	0.13	0.14	-0.23
Finlande	43.9	0.20	0.00	0.19	0.00
République tchèque	42.8	0.17	0.17	0.00	0.00
Suède	42.7	0.24	0.25	0.00	0.00
Slovénie	42.6	0.08	0.08	0.00	0.00
Portugal	42.1	0.86	0.86	0.00	0.00
République slovaque	41.3	0.10	0.10	0.00	0.00
Espagne	39.6	-1.16	-1.16	0.00	0.00
Grèce	39.3	-1.27	-0.09	-0.25	-0.92
Estonie	39.0	-1.00	-0.59	-0.30	-0.11
Turquie	38.3	0.22	0.22	0.00	0.00
Luxembourg	38.3	0.64	0.19	0.45	0.00
Norvège	36.6	-0.25	-0.25	0.00	0.00
Danemark	36.4	0.21	0.25	0.00	-0.13
Pays-Bas	36.2	-0.59	1.23	-1.71	-0.10
Pologne	34.7	0.08	0.08	0.00	0.00
Islande	34.0	0.37	0.49	-0.04	-0.09
Japon	32.2	0.26	-0.01	0.13	0.13
États-Unis	31.7	0.02	0.04	0.00	-0.02
Canada	31.6	0.05	0.03	-0.02	0.04
Royaume-Uni	30.8	-0.15	-0.18	0.02	0.01
Australie	28.4	0.69	0.68	0.00	0.01
Irlande	27.5	-0.47	-0.47	0.00	0.00
Suisse	22.2	0.05	0.05	0.00	0.00
Corée	21.9	0.19	0.12	0.04	0.04
Israël	21.6	0.49	0.25	0.00	0.24
Mexique	19.7	0.20	0.15	0.00	0.05
Nouvelle-Zélande	17.6	0.31	0.31	0.00	0.00
Chili	7.0	0.00	0.00	0.00	0.00

Note : Célibataire sans enfant ayant un salaire égal à celui d'un salarié moyen.

1. Les pays sont classés par ordre décroissant du coin fiscal total.
2. À cause des arrondis, les variations du coin fiscal colonne (2) peuvent être différentes d'un dixième de point de pourcentage de la somme des colonnes (3) à (5). Pour le Danemark, le « Chèque Vert » (prestation en espèces) contribue à la différence car il n'est pas inclus dans les colonnes (3) à (5).
3. Les taxes sur les salaires sont incluses si elles s'appliquent.

Source : Contributions des pays et *Perspectives économiques de l'OCDE* n° 98, volume 2015.

StatLink http://dx.doi.org/10.1787/888933343029

dépassé un point de pourcentage en Grèce (-1.27 point), en Espagne (-1.16 point) et en Estonie (-1.00 point). Le coin fiscal est resté inchangé au Chili et en Hongrie.

En général, les augmentations du coin fiscal sont induites par le relèvement des impôts sur le revenu (voir colonne 3). C'est le principal facteur à l'œuvre dans 20 des pays qui ont enregistré une augmentation globale. L'augmentation la plus forte des impôts sur le revenu en pourcentage des coûts du travail a été observée aux Pays-Bas (1.23 point), ou toutefois le coin fiscal total a reculé de 0.59 point sous l'effet d'un allégement des cotisations de sécurité sociale. En particulier, les cotisations de sécurité sociale à la charge des salariés ont été abaissées de plus de un point de pourcentage (-1.71 point).

En revanche, l'augmentation des cotisations de sécurité sociale représente la quasi-totalité de l'augmentation du coin fiscal en Finlande et au Japon, et plus de la moitié de cette hausse au Luxembourg. Plus précisément, l'augmentation du coin fiscal au Luxembourg (0.45 point) et en Finlande (0.19 point) résulte pour l'essentiel de la hausse des cotisations de sécurité sociale à la charge des salariés.

Le tableau 1.2 et le graphique 1.1 indiquent les éléments constitutifs du coin fiscal en 2015, c'est-à-dire l'impôt sur le revenu ainsi que les cotisations salariales et patronales de sécurité sociale (y compris les taxes sur les salaires lorsqu'elles sont applicables), en pourcentage des coûts de main-d'œuvre pour un salarié moyen sans enfant. Les coûts de main-d'œuvre indiqués dans le tableau 1.2 sont exprimés en dollars à parité de pouvoir d'achat. Le graphique 1.1 indique que le coin fiscal moyen dans les pays de l'OCDE est de 35.9 % en 2015.

Le pourcentage des coûts de main-d'œuvre payés en impôt sur le revenu varie considérablement dans les pays de l'OCDE. Les chiffres les plus bas sont au Chili (zéro) et en Corée (4.9 %). Les plus hauts sont au Danemark (35.8 %), et l'Australie, la Belgique et l'Islande dépassent toutes 20 %. La part que représentent les cotisations salariales de sécurité sociale varie également beaucoup, s'échelonnant de 0 % en Australie, Danemark et en Nouvelle-Zélande à 17.2 % en Allemagne et à 19.0 % en Slovénie. Les employeurs en France paient 27.5 % des coûts totaux de main-d'œuvre sous forme de cotisations de sécurité sociale, soit le niveau le plus élevé parmi les pays de l'OCDE. Les chiffres correspondants dépassent également 20 % dans neuf autres pays – l'Autriche, la Belgique, l'Espagne, l'Estonie, la Hongrie, l'Italie, la République slovaque, la République tchèque et la Suède.

En pourcentage des coûts de main-d'œuvre, le montant total des cotisations salariales et patronales de sécurité sociale dépasse 20 % dans plus de la moitié des pays de l'OCDE. Il représente un tiers ou plus des coûts totaux de main-d'œuvre dans huit pays de l'OCDE : l'Allemagne, l'Autriche, la Belgique, la France, la Hongrie, la République slovaque, République tchèque et la Slovénie.

Taux moyens d'imposition des personnes physiques

Le taux moyen d'imposition des personnes physiques est défini comme l'impôt sur le revenu plus les cotisations salariales de sécurité sociale en pourcentage du salaire moyen[2]. Le tableau 1.3 et le graphique 1.2 indiquent les taux moyens d'imposition en 2015 pour un salarié célibataire sans enfant rémunéré au salaire moyen. Les chiffres correspondant au salaire moyen dans le tableau 1.3 sont exprimés en dollars à parité de pouvoir d'achat. Le graphique 1.2 donne une représentation graphique du taux moyen d'imposition des personnes physiques décomposé entre l'impôt sur le revenu et les cotisations salariales de sécurité sociale.

Le graphique 1.2 indique qu'en moyenne, le taux moyen d'imposition des personnes physiques dans les pays de l'OCDE est de 25.5 %. La Belgique, avec 42.0 % des rémunérations brutes, affiche le taux le plus élevé tandis que l'Allemagne et le Danemark sont les seuls autres pays dont les taux sont supérieurs à 35 %. Le Chili et le Mexique enregistrent les taux moyens d'imposition des personnes physiques les plus bas, respectivement de 7.0 % et 10.3 % des rémunérations brutes. La Corée est le seul autre pays dont le taux est inférieur à 15 %.

Tableau 1.2. **Impôt sur le revenu et cotisations de sécurité sociale des salariés et des employeurs**

En % des coûts de main-d'œuvre, 2015

Pays[1]	Coin fiscal total[2]	Impôt sur le revenu	Cotisations de sécurité sociale		Coûts de main-d'oeuvre[4]
			Salarié	Employeur[3]	
	(1)	(2)	(3)	(4)	(5)
Suisse	22.2	10.5	5.9	5.9	74 255
Belgique	55.3	21.6	10.8	22.9	74 137
Allemagne	49.4	16.1	17.2	16.2	71 579
Autriche	49.5	13.1	14.0	22.4	69 060
Luxembourg	38.3	16.0	11.4	10.9	68 267
Norvège	36.6	17.9	7.3	11.5	68 030
Pays-Bas	36.2	15.2	12.1	8.9	66 838
France	48.5	10.7	10.3	27.5	63 562
Suède	42.7	13.5	5.3	23.9	61 345
Australie	28.4	22.7	0.0	5.6	59 258
Finlande	43.9	18.4	6.7	18.7	58 458
Royaume-Uni	30.8	12.8	8.4	9.7	56 929
États-Unis	31.7	16.5	7.0	8.1	55 457
Islande	34.0	26.7	0.3	7.0	55 015
Italie	49.0	17.5	7.2	24.3	54 484
Danemark	36.4	35.8	0.0	0.8	54 473
Japon	32.2	6.7	12.4	13.1	54 308
Corée	21.9	4.9	7.6	9.4	52 173
Espagne	39.6	11.6	4.9	23.0	51 348
Canada	31.6	14.1	6.8	10.8	46 759
Irlande	27.5	14.2	3.6	9.7	45 467
Grèce	39.3	7.1	12.4	19.7	42 681
Nouvelle-Zélande	17.6	17.6	0.0	0.0	39 493
Portugal	42.1	14.0	8.9	19.2	36 744
Israël	21.6	8.9	7.5	5.1	36 094
Slovénie	42.6	9.7	19.0	13.9	35 596
République tchèque	42.8	9.2	8.2	25.4	32 805
Estonie	39.0	12.6	1.2	25.3	32 125
Hongrie	49.0	12.5	14.4	22.2	31 236
Turquie	38.3	10.6	12.8	14.9	30 463
Pologne	34.7	5.0	15.3	14.4	29 939
République slovaque	41.3	7.4	10.2	23.8	28 555
Chili	7.0	0.0	7.0	0.0	19 338
Mexique	19.7	8.0	1.2	10.5	14 375

Note : Célibataire sans enfant ayant un salaire égal à celui d'un salarié moyen.

1. Les pays sont classés par ordre décroissant des coûts de main-d'œuvre.
2. À cause des arrondis, le total de la colonne (1) peut être différent d'un point de pourcentage ou plus de la somme des colonnes (2) à (4). Pour le Danemark, le « Chèque Vert » (prestation en espèces) contribue à la différence car il n'est pas inclus dans les colonnes (2) à (4).
3. Les taxes sur les salaires sont incluses si elles s'appliquent.
4. Exprimés en dollars US convertis à l'aide de PPA.

Source : Contributions des pays et *Perspectives économiques de l'OCDE* n° 98, volume 2015.

StatLink http://dx.doi.org/10.1787/888933343039

Il est clair que l'incidence de l'impôt et des prestations sociales sur le revenu net disponible du salarié varie beaucoup d'un pays à l'autre de l'OCDE. Ces fortes variations dans le montant et la composition du coin fiscal reflètent en partie les différences dans :

- le rapport global entre le total des recettes fiscales et le produit intérieur brut ; et

Graphique 1.1. **Impôt sur le revenu et cotisations de sécurité sociale des salariés et des employeurs, 2015**

En % des coûts de main-d'œuvre

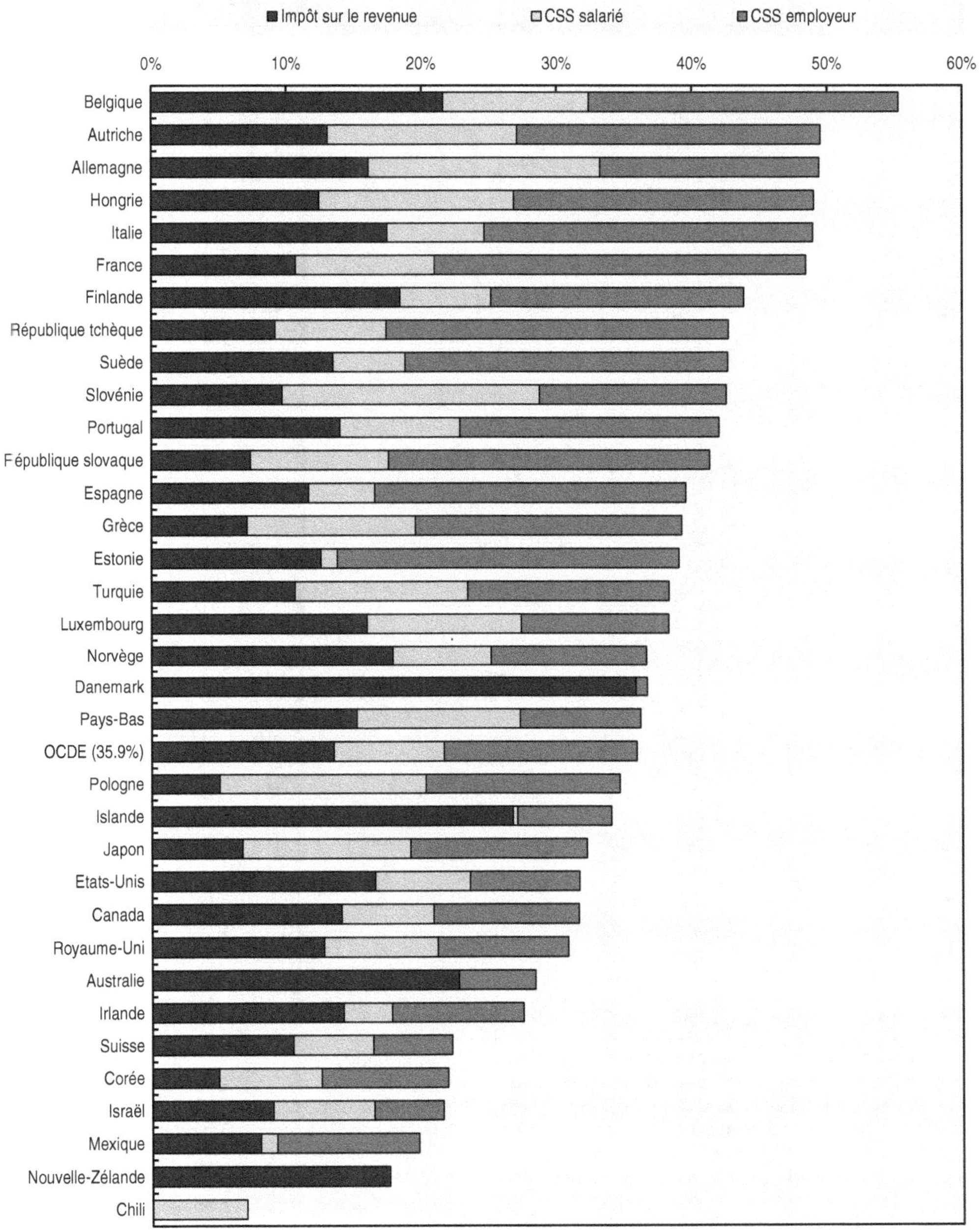

Notes :

Célibataire sans enfant ayant un salaire égal à celui d'un salarié moyen.

Les taxes sur les salaires sont incluses si elles s'appliquent.

StatLink http://dx.doi.org/10.1787/888933342202

- La part de l'impôt sur le revenu des personnes physiques et des cotisations de sécurité sociale dans l'ensemble des prélèvements nationaux.

La composition des impôts payés sur le salaire brut varie fortement entre les pays, comme le montre le graphique 1.2.

Tableau 1.3. **Impôt sur le revenu et cotisations salariales de sécurité sociale**

En % du salaire brut, 2015

Pays[1]	Paiement total[2]	Impôt sur le revenu	Cotisations de sécurité sociale de l'employé	Salaires bruts[3]
	(1)	(2)	(3)	(4)
Suisse	17.4	11.1	6.3	69 887
Pays-Bas	29.9	16.7	13.3	60 867
Luxembourg	30.7	17.9	12.8	60 812
Norvège	28.4	20.2	8.2	60 203
Allemagne	39.7	19.2	20.5	59 987
Belgique	42.0	28.1	14.0	57 166
Australie	24.1	24.1	0.0	55 921
Danemark	36.1	36.1	0.0	54 013
Autriche	34.9	16.8	18.1	53 565
Royaume-Uni	23.4	14.1	9.3	51 431
Islande	29.1	28.7	0.4	51 181
États-Unis	25.6	18.0	7.7	50 964
Finlande	30.9	22.7	8.3	47 503
Corée	13.8	5.4	8.4	47 286
Japon	22.0	7.7	14.3	47 205
Suède	24.7	17.7	7.0	46 678
France	28.9	14.7	14.2	46 103
Canada	23.4	15.8	7.6	41 719
Italie	32.6	23.1	9.5	41 250
Irlande	19.7	15.7	4.0	41 054
Espagne	21.5	15.1	6.4	39 529
Nouvelle-Zélande	17.6	17.6	0.0	39 493
Grèce	24.3	8.8	15.5	34 266
Israël	17.3	9.4	7.9	34 241
Slovénie	33.3	11.2	22.1	30 660
Portugal	28.3	17.3	11.0	29 692
Turquie	27.5	12.5	15.0	25 926
Pologne	23.7	5.9	17.8	25 637
République tchèque	23.3	12.3	11.0	24 482
Hongrie	34.5	16.0	18.5	24 308
Estonie	18.4	16.8	1.6	24 010
République slovaque	23.0	9.6	13.4	21 764
Chili	7.0	0.0	7.0	19 338
Mexique	10.3	8.9	1.4	12 865

Note : Célibataire sans enfant ayant un salaire égal à celui d'un salarié moyen.

1. Les pays sont classés par ordre décroissant des salaires bruts.
2. À cause des arrondis, le total peut être différent d'un point de la somme des colonnes de l'impôt sur le revenu et des cotisations de sécurité sociale.
3. Exprimés en dollars US convertis à l'aide de la PPA.

Source : Contributions des pays et *Perspectives économiques de l'OCDE* n° 98, volume 2015.

StatLink http://dx.doi.org/10.1787/888933343046

En 2015, la part de l'impôt sur le revenu dans le taux moyen d'imposition des personnes physiques est supérieure à celle des cotisations salariales de sécurité sociale pour 23 des 34 pays membres de l'OCDE. Aucune cotisation salariale de sécurité sociale n'est prélevée en Australie, au Danemark ni en Nouvelle-Zélande, cependant que les taux applicables représentent au plus 4 % des revenus bruts en Estonie, en Irlande, en Islande et au Mexique. En revanche, le salarié célibataire percevant le revenu moyen versait sensiblement plus de cotisations salariales de sécurité sociale que d'impôts sur le revenu des personnes physiques (avec un écart d'au moins 6 points de pourcentage) dans cinq

Graphique 1.2. **Pourcentage des salaires bruts payés en impôts sur le revenu et en cotisations salariales de sécurité sociale, 2015**

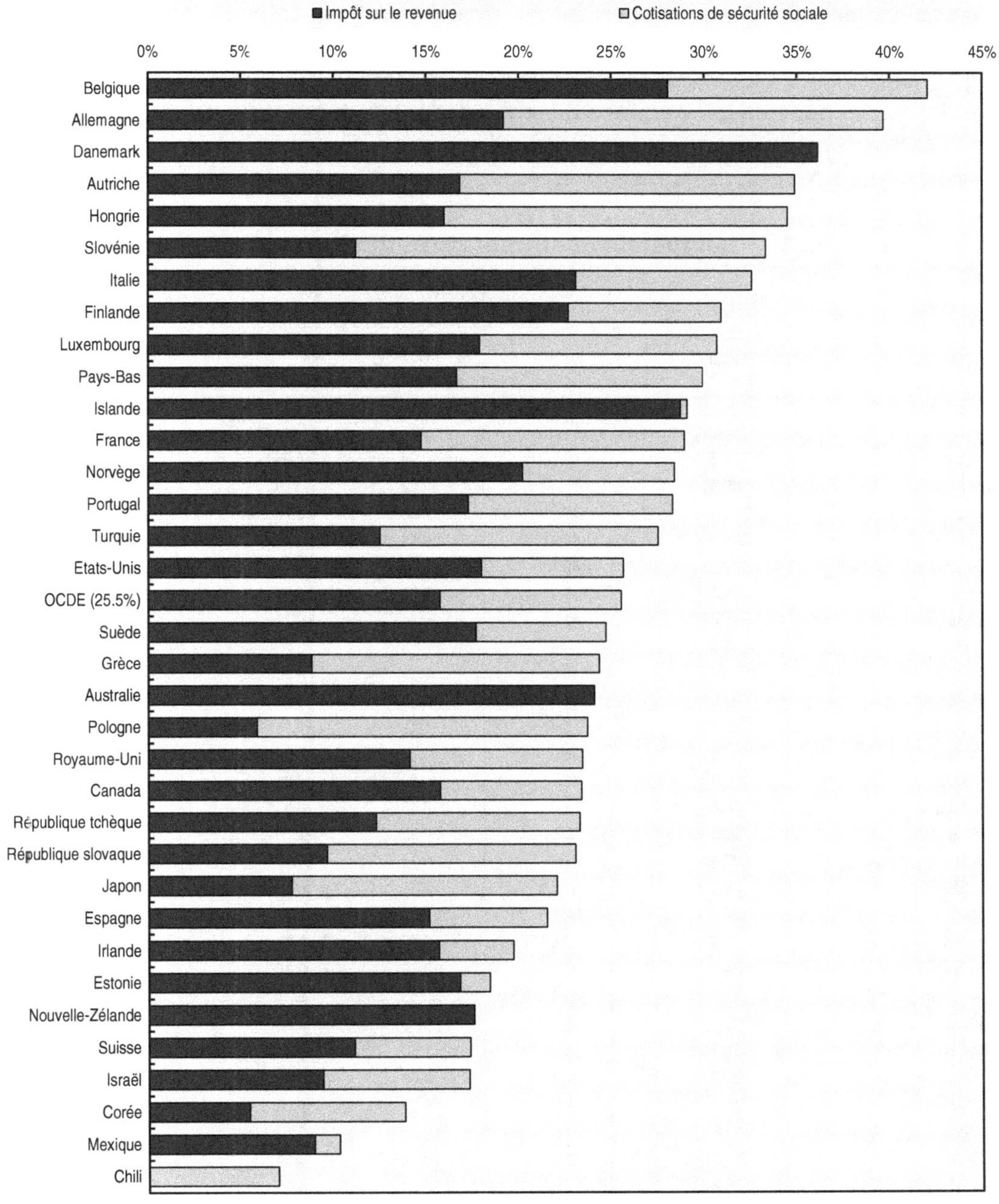

Notes :
Les pays sont classés par ordre décroissant des charges fiscales.
Célibataire sans enfant ayant un salaire égal à celui d'un salarié moyen.

StatLink http://dx.doi.org/10.1787/888933342215

pays – Grèce, Japon, Pologne, Slovénie, et Chili, où le salarié moyen ne payait pas d'impôt sur le revenu des personnes physiques en 2015. Dans huit pays – Allemagne, Autriche, Corée, France, Hongrie, Israël, République tchèque et Turquie, le montant de l'impôt sur le revenu et celui des cotisations salariales de sécurité sociale, en pourcentage des revenus bruts, sont très proches (les écarts étant de 3 points de pourcentage voire moins).

Taux d'imposition des familles

Le tableau 1.4 compare le coin fiscal d'un couple marié disposant d'un seul salaire et ayant deux enfants et celui d'un célibataire sans enfant pour un niveau de rémunération moyen. Ces coins fiscaux ont fortement varié selon les pays de l'OCDE en 2015 (voir colonnes 1 et 2). Le montant du coin fiscal pour une famille est généralement inférieur à celui observé pour un célibataire sans enfant, dans la mesure où de nombreux pays de l'OCDE accordent des avantages aux familles ayant des enfants à charge par un régime fiscal avantageux et/ou des transferts en espèces.

Tableau 1.4. **Comparaison du coin fiscal total par type de famille**

En % des coûts de main-d'œuvre

Pays[1]	Famille[2] coin fiscal total 2015	Célibataire[3] coin fiscal total 2015	Variation annuelle 2015/14 (en points de pourcentage)		
			Famille coin fiscal	Célibataire coin fiscal	Différence entre célibataire et famille (4)-(3)
	(1)	(2)	(3)	(4)	(5)
France	40.5	48.5	-0.04	0.05	0.09
Belgique	40.4	55.3	-0.22	-0.28	-0.06
Italie	39.9	49.0	0.93	0.76	-0.17
Finlande	39.3	43.9	0.54	0.20	-0.34
Autriche	39.0	49.5	0.12	0.09	-0.03
Grèce	38.1	39.3	-1.29	-1.27	0.02
Suède	37.8	42.7	0.40	0.24	-0.16
Turquie	36.9	38.3	0.28	0.22	-0.06
Hongrie	35.3	49.0	0.53	0.00	-0.53
Allemagne	34.0	49.4	0.24	0.18	-0.06
Espagne	33.8	39.6	-1.12	-1.16	-0.04
Norvège	31.9	36.6	-0.14	-0.25	-0.10
Portugal	30.7	42.1	0.88	0.86	-0.03
Pays-Bas	30.6	36.2	-0.42	-0.59	-0.17
Estonie	28.5	39.0	-4.35	-1.00	3.34
République slovaque	28.4	41.3	0.34	0.10	-0.24
Pologne	28.4	34.7	-1.25	0.08	1.33
Japon	26.8	32.2	0.30	0.26	-0.04
République tchèque	26.6	42.8	0.08	0.17	0.10
Royaume-Uni	26.3	30.8	-0.10	-0.15	-0.05
Danemark	26.0	36.4	0.40	0.21	-0.19
Slovénie	23.7	42.6	0.18	0.08	-0.10
Islande	22.4	34.0	1.50	0.37	-1.13
États-Unis	20.7	31.7	0.09	0.02	-0.07
Mexique	19.7	19.7	0.20	0.20	0.00
Corée	19.6	21.9	0.23	0.19	-0.04
Israël	18.9	21.6	0.23	0.49	0.26
Canada	18.8	31.6	-0.48	0.05	0.53
Australie	17.8	28.4	0.46	0.69	0.23
Luxembourg	15.9	38.3	0.71	0.64	-0.08
Suisse	9.8	22.2	0.07	0.05	-0.02
Irlande	9.5	27.5	-0.22	-0.47	-0.25
Chili	7.0	7.0	0.00	0.00	0.00
Nouvelle-Zélande	4.9	17.6	1.17	0.31	-0.85

1. Les pays sont classés par ordre décroissant du coin fiscal de la famille.
2. Couple marié avec un seul salaire égal à celui d'un salarié moyen et ayant deux enfants.
3. Célibataire sans enfant ayant un salaire égal à celui d'un salarié moyen.

Source : Contributions des pays et *Perspectives économiques de l'OCDE* n° 98, volume 2015.

StatLink http://dx.doi.org/10.1787/888933343054

Les économies réalisées par un couple marié disposant d'un seul salaire par comparaison avec la situation d'un célibataire sont supérieures à 20 % des coûts de main-d'œuvre au Luxembourg et supérieures à 15 % de ces coûts dans quatre autres pays – Allemagne, Irlande, République tchèque et Slovénie. Les charges fiscales sont les mêmes au Chili et au Mexique et diffèrent de moins de trois points en Corée, en Grèce, en Israël et en Turquie (voir colonnes 1 et 2).

Dans 28 des 34 pays de l'OCDE, la variation, entre 2014 et 2015, du coin fiscal d'un couple marié disposant d'un seul salaire de niveau moyen et ayant deux enfants est restée limitée (inférieure à un point de baisse ou de hausse, voir colonne 3). On n'observe aucune variation au Chili. On constate des augmentations supérieures à un point de pourcentage dans deux pays – l'Islande (1.50) et la Nouvelle-Zélande (1.17). En 2015, le coin fiscal supporté par les familles a baissé de 4.35 points en Estonie, essentiellement en raison d'une hausse des prestations en espèces. Dans les autres pays qui ont enregistré des baisses, celles-ci ont dépassé 1 point de pourcentage en Grèce (-1.29), en Pologne (-1.25) et en Espagne (-1.12), tandis qu'elles restaient en dessous de ce seuil dans sept pays : Belgique, Canada, France, Irlande, Pays-Bas, Norvège et Royaume-Uni. En comparaison, la variation du coin fiscal pour un contribuable célibataire sans enfant rémunéré au salaire moyen était supérieure à 1 point dans deux pays de l'OCDE (la Grèce et l'Espagne, avec une évolution à la baisse dans les deux cas). Des explications détaillées sur ce dernier point figurent à la section consacrée au *coin fiscal* ci-dessus.

La colonne 5 du tableau 1.4 contient une comparaison des variations, entre 2014 et 2015, des coins fiscaux de couples mariés disposant d'un seul revenu et ayant deux enfants et de ceux de célibataires sans enfant rémunérés au salaire moyen. Les dispositions préférentielles en faveur des familles ont été renforcées dans huit pays membres de l'OCDE : Australie, Canada, Estonie, France, Grèce, Israël, Pologne et République tchèque. En outre, les effets des modifications des dispositions fiscales sur le coin fiscal étaient indépendants du type de famille au Mexique. Dans sept autres pays (Autriche, Corée, Espagne, Japon, Portugal, Royaume-Uni et Suisse), la variation du coin fiscal correspondant à ces deux catégories de familles était inférieure ou égale à 0.05 point. Aucune variation n'a été relevée au Chili.

Le graphique 1.3 compare le taux moyen net de l'impôt sur le revenu des particuliers, pour un travailleur moyen, entre un célibataire et un couple marié ayant deux enfants et disposant d'un seul revenu. Ces résultats font apparaître les mêmes caractéristiques que pour le coin fiscal. Cela s'explique par le fait que les cotisations patronales de sécurité sociale qui ne sont pas prises en compte dans le premier cas, mais qui le sont dans le second, sont indépendantes du type de famille. Les économies réalisées par un couple marié disposant d'un seul revenu sont proches de 20 % de la rémunération, ou supérieures à ce seuil, dans quatre pays – le Luxembourg (25.1 %), la Slovénie (22.0 %), la République tchèque (21.6 %) et l'Irlande (19.9 %). En revanche, les économies réalisées en pourcentage des rémunérations brutes sont inférieures à 10 % dans 12 pays – Espagne (7.5 %), Pologne (7.3 %), Suède (6.4 %), Japon et Pays-Bas (6.2 % dans les deux cas), Finlande (5.7 %), Norvège (5.4 %), Royaume-Uni (5.0 %), Israël (2.8 %), Corée (2.5%), Turquie (1.7 %) et Grèce (1.5 %). La charge est la même au Chili et au Mexique. Il est également intéressant de noter que si l'on prend en compte les prestations en espèces, le taux net moyen de l'impôt sur le revenu pour les couples mariés ayant deux enfants et disposant d'un seul revenu moyen devient négatif (-0.3 %) en Irlande du fait que les prestations en espèces sont supérieures aux paiements effectués au titre de l'impôt sur le revenu et des cotisations de sécurité sociale.

Graphique 1.3. **Impôt sur le revenu et cotisations salariales de sécurité sociale diminués des prestations en espèces, 2015**

En % du salaire brut, par type de famille

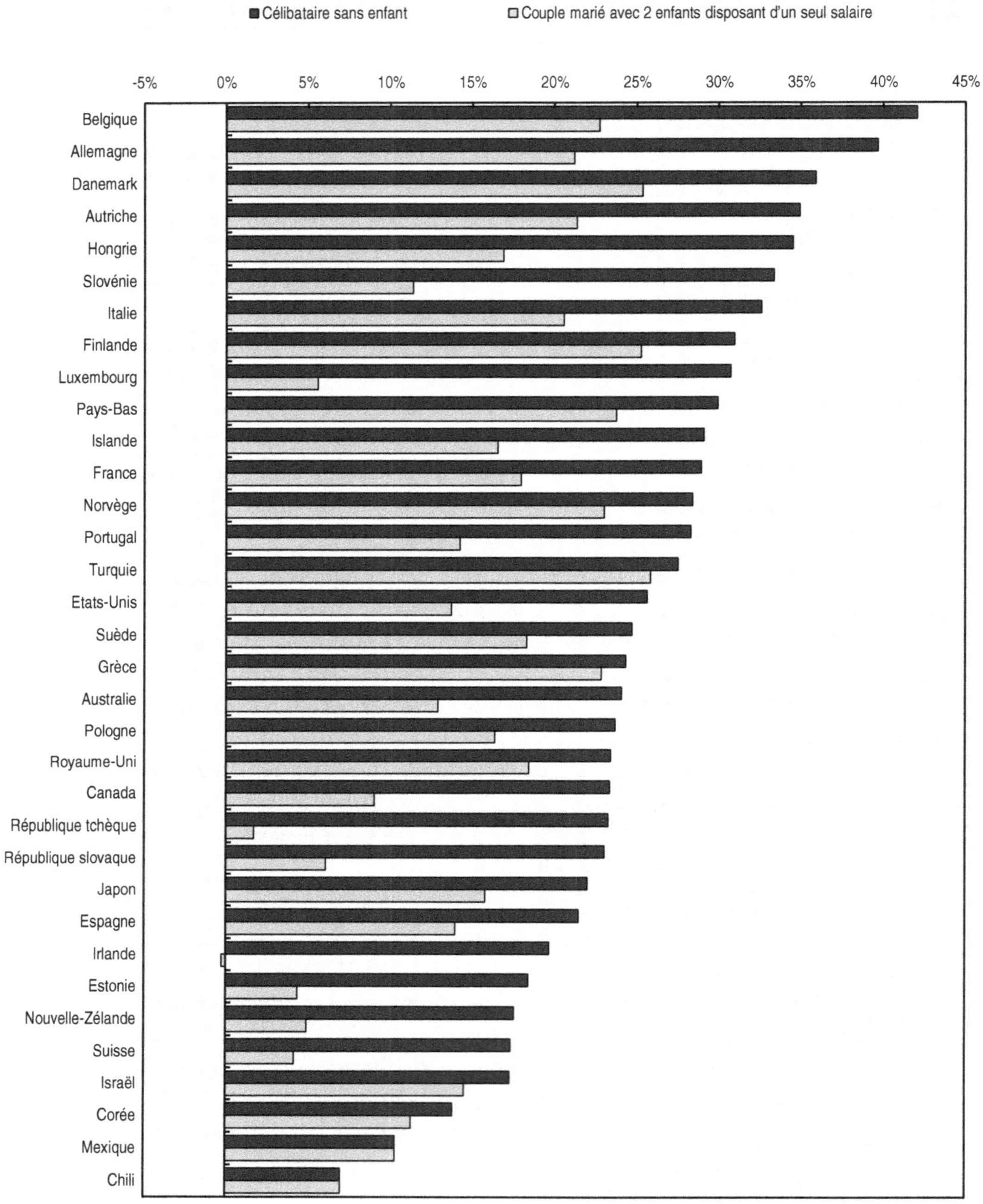

Notes :

Les pays sont classés par ordre décroissant des charges fiscales d'un célibataire sans enfant.

Types de famille : Célibataire sans enfant ayant un salaire égal à celui d'un salarié moyen et couple marié avec un seul salaire égal à celui d'un salarié moyen et ayant deux enfants.

StatLink http://dx.doi.org/10.1787/888933342228

Salaires

Le tableau 1.5 indique la rémunération brute en monnaie nationale du travailleur moyen dans chaque pays membre de l'OCDE pour les années 2014 et 2015. Les chiffres pour 2015 sont estimés par le Secrétariat de l'OCDE en appliquant la variation de la rémunération par salarié dans l'ensemble de l'économie telle qu'elle est présentée dans la base de données des *Perspectives économiques de l'OCDE* n° 98 aux valeurs finales du salaire moyen indiquées par les pays membres de l'OCDE. On trouvera plus d'informations sur les valeurs du salaire moyen et la méthodologie utilisée pour les estimations dans l'Annexe de ce rapport.

Tableau 1.5. **Comparaison des niveaux de salaires**

Pays	Salaire brut en monnaie nationale		Variation annuelle 2015/14 (en pourcentage)			
	2014	2015	Salaire brut	Inflation[1]	Salaire réel avant impôt	Variation du taux moyen d'imposition des personnes physiques[2]
	(1)	(2)	(3)	(4)	(5)	(6)
Allemagne	45 700	47 042	2.9	0.1	2.8	0.2
Australie	79 409	80 774	1.7	1.6	0.1	0.7
Autriche	42 814	43 484	1.6	0.9	0.7	0.2
Belgique	46 451	46 693	0.5	0.6	-0.1	-0.3
Canada	49 821	50 877	2.1	1.2	1.0	0.0
Chili	7 019 299	7 556 043	7.6	4.4	3.1	0.0
Corée	41 428 224	42 162 723	1.8	0.7	1.0	0.2
Danemark	397 600	405 876	2.1	0.5	1.6	0.3
Espagne	26 191	26 259	0.3	-0.6	0.8	-1.5
Estonie	12 338	12 926	4.8	0.1	4.7	-1.2
États-Unis	50 099	50 964	1.7	0.0	1.7	0.0
Finlande	43 035	43 536	1.2	-0.2	1.3	0.2
France	37 307	37 792	1.3	0.1	1.2	0.3
Grèce	20 450	20 296	-0.8	-0.9	0.2	-0.7
Hongrie	3 054 276	3 172 122	3.9	0.1	3.8	0.0
Irlande	34 178	34 847	2.0	0.1	1.8	-0.5
Islande	6 960 000	7 440 480	6.9	1.9	4.9	0.5
Israël	134 748	137 958	2.4	-0.5	2.9	0.3
Italie	30 400	30 710	1.0	0.2	0.9	1.0
Japon	4 972 455	5 005 807	0.7	0.8	-0.2	0.2
Luxembourg	54 920	55 553	1.2	0.1	1.1	0.7
Mexique	103 246	105 924	2.6	2.9	-0.3	0.2
Norvège	537 195	552 012	2.8	2.1	0.6	-0.3
Nouvelle-Zélande	54 733	56 110	2.5	0.4	2.1	0.3
Pays-Bas	49 155	49 235	0.2	0.3	-0.1	-0.6
Pologne	44 083	45 521	3.3	-0.8	4.1	0.1
Portugal	17 411	17 280	-0.8	0.5	-1.3	1.1
République slovaque	10 422	10 616	1.9	-0.2	2.1	0.1
République tchèque	308 688	317 924	3.0	0.4	2.6	0.2
Royaume-Uni	35 182	36 017	2.4	0.1	2.2	-0.2
Slovénie	17 948	18 109	0.9	-0.6	1.6	0.1
Suède	408 188	421 364	3.2	0.1	3.2	0.3
Suisse	89 779	90 286	0.6	-1.2	1.7	0.1
Turquie	27 487	32 048	16.6	7.4	8.6	0.3

1. Estimation du pourcentage de variation de l'indice total des prix à la consommation.
2. Différence de taux moyen d'imposition d'un salarié moyen, célibataire sans enfant, entre 2015 et 2014.

Source : Contributions des pays et *Perspectives économiques de l'OCDE* n° 98, volume 2015.

StatLink http://dx.doi.org/10.1787/888933343060

La variation annuelle en 2015 – indiquée à la colonne 3 – allait d'une baisse de -0.8 % en Grèce et Portugal à une hausse de 16.6 % en Turquie. Dans une large mesure, les variations reflètent les différences de taux d'inflation entre les pays de l'OCDE – voir la colonne 4 du tableau 1.5. La variation annuelle des niveaux de salaires réels (avant impôt sur le revenu des personnes physiques et cotisations salariales de sécurité sociale) se situe dans un intervalle compris entre -2 % et +2 % dans 21 pays ; voir la colonne 5 du tableau 1.5. Dans 13 pays, la variation dépasse les 2 % : Nouvelle-Zélande et République slovaque (2.1 % dans les deux cas), Royaume-Uni (2.2 %), République tchèque (2.6 %), Allemagne (2.8 %), Israël (2.9 %), Chili (3.1 %), Suède (3.2 %), Hongrie (3.8 %), Pologne (4.1 %), Estonie (4.7 %), Islande (4.9 %) et Turquie (8.6 %).

Lorsque l'on compare les niveaux de salaires, il est important de souligner que la définition du salaire moyen peut varier d'un pays à l'autre en raison de limitations tenant aux données disponibles. Par exemple, certains pays n'incluent pas les salaires perçus par les dirigeants et les superviseurs, et tous les pays n'excluent pas les salaires perçus par les travailleurs à temps partiel (voir le tableau A.4 à l'Annexe).

Le tableau 1.6 donne davantage de précisions sur la question de savoir si les salaires moyens pour les années 2000 à 2015 sont basés sur les secteurs C à K inclus en se référant à la Classification internationale type par industrie de toutes les branches d'activité économique, révision 3 (CITI Rév. 3) ou sur les secteurs B à N inclus en se référant à la Classification internationale type par industrie de toutes les branches d'activité économique, révision 4 (CITI Rév. 4).

La plupart des pays de l'OCDE calculent les salaires moyens sur la base des secteurs B à N de la Classification par industrie (CITI Rév. 4) au moins depuis 2008. Le Chili et le Mexique font exception. Certains pays ont révisé les valeurs du salaire moyen pour les années précédentes. Les valeurs du salaire moyen calculées à partir de la classification CITI Rév. 4 ou l'une de ses variantes sont disponibles pour toutes les années étudiées pour l'Australie, le Canada, l'Estonie, l'Espagne, la Finlande, la Grèce, la Hongrie, l'Islande, l'Italie, le Japon, la République slovaque, la République tchèque, la Slovénie, la Suède et la Suisse.

L'Australie (pour toutes les années) et la Nouvelle-Zélande (pour les années 2004 à 2015) ont communiqué des valeurs fondées sur les divisions B à N de la Classification type par industrie ANZSIC de 2006, qui recoupe sensiblement les secteurs B à N de la CITI Rév. 4. En ce qui concerne la Nouvelle-Zélande, les années antérieures à 2004 continuent d'être fondées sur les secteurs C à K de la Classification ANZSIC. La Turquie a fourni des valeurs fondées sur les secteurs B à N de la nomenclature NACE Rév. 2 pour les années 2007 à 2015. Pour les années antérieures à 2007, les valeurs sont basées sur le salaire de l'ouvrier moyen (CITI Rév. 3.1, secteur D).

En général, le changement de classification par industrie lié au passage de la révision 3 à la révision 4 de la classification CITI n'a eu qu'un faible impact sur le niveau du salaire moyen, cependant les résultats mentionnés dans ce rapport pour les années antérieures à 2015 pourraient s'écarter légèrement des valeurs signalées dans l'édition de l'an dernier pour cette raison.

Tableau 1.6. **Classification du salaire moyen par secteur**

	Les années pour lesquelles la CITI REV. 3.1 ou une classification équivalente (Secteurs C-K) a été utilisée pour calculer le salaire moyen	Les années pour lesquelles la CITI REV. 4 ou une classification équivalente (Secteurs B-N) a été utilisée pour calculer le salaire moyen
Allemagne	2000-05	2006-15
Australie[1]		2000-15
Autriche[2]	2004-07	2008-15
Belgique	2000-07	2008-15
Canada		2000-15
Chili[3]	2000-15	
Corée[4]	2000-07	2008-15
Danemark	2000-07	2008-15
Espagne		2000-15
Estonie		2000-15
États-Unis	2000-06	2007-15
Finlande		2000-15
France	2000-07	2008-15
Grèce[5]		2000-15
Hongrie		2000-15
Irlande[6]	2000-07	2008-15
Islande[7]		2000-15
Israël[8]	2000-12	2013-15
Italie		2000-15
Japon		2000-15
Luxembourg	2000-04	2005-15
Mexique[9]		
Norvège	2000-08	2009-15
Nouvelle-Zélande[10]	2000-03	2004-15
Pays-Bas	2000-07	2008-15
Pologne	2000-06	2007-15
Portugal	2000-05	2006-15
République slovaque[11]		2000-15
République tchèque		2000-15
Royaume-Uni	2000-07	2008-15
Slovénie		2000-15
Suède		2000-15
Suisse		2000-15
Turquie[12]		2007-15

Notes :

1. Australie : données basées sur la classification ANZSIC06 de sorte que les catégories correspondent dans l'ensemble aux secteurs B-N de la CITI Rév. 4.
2. Autriche : les valeurs du salaire moyen pour 2000-03 ne sont pas basées sur la classification NACE (CITI).
3. Chili : les valeurs du SM sont basées sur les secteurs C à O de 2006 à 2015. À partir de 2010, les secteurs L (7522) et L 7523) sont exclus.
4. Corée : les valeurs du SM sont basées sur la 6ème version de la Classification sectorielle standard de Corée (KSIC), secteurs C à K pour 2000 et 2001, 8e version de KSIC pour 2002 à 2007 et 9e version de KSIC secteurs B à N (E exclu) à partir de 2008.
5. Grèce : les gains annuels moyens correspondent aux salariés à temps plein des secteurs B à N de la NACE Rév. 2, incluant la Division 95 et excluant les Divisions 37, 39 et 75 à partir de 2008.
6. Irlande : les valeurs de 2000 à 2007 sont basées sur les secteurs C-E (NACE). À partir de 2008, elles sont basées sur les secteurs B-E (NACE Rév. 2).
7. Islande : utilisation du système national de classification qui correspond au système NACE Rév. 2.
8. Les données statistiques concernant Israël sont fournies par et sous la responsabilité des autorités israéliennes compétentes. L'utilisation de ces données par l'OCDE est sans préjudice du statut des hauteurs du Golan, de Jérusalem-Est et des colonies de peuplement israéliennes en Cisjordanie aux termes du droit international.
9. Mexique : les valeurs du salaire moyen pour 2000-2014 sont basées sur la Classification des Activités Économiques du Mexique (CMAE) qui correspond à l'une des premières versions de la CITI.
10. Nouvelle-Zélande : voir la note relative à l'Australie qui s'applique à compter de 2004.
11. République slovaque : les valeurs du salaire moyen sont basées sur la classification de la CITI Rév. 4 (B à N) et comprennent toujours les données sur le travail indépendant.
12. Turquie : le salaire moyen est basé sur le salaire de l'ouvrier moyen CITI Rév. 3.1, secteur D pour les années 2000 à 2006.

StatLink http://dx.doi.org/10.1787/888933343077

Notes

1. Tous les organismes statistiques nationaux n'utilisent pas la CITI Rév. 3 ou Rév. 4 pour classer leurs secteurs. Toutefois, la Nomenclature générale des activités économiques dans les Communautés européennes (NACE Rév. 1 ou Rév. 2), le système de classification des industries de l'Amérique du Nord (SCIAN 2002), la *Standard Industrial Classification* d'Australie et de Nouvelle-Zélande (ANZSIC 2006) et la classification sectorielle standard de Corée (6e à 9e KISC) comportent une classification qui est conforme pour l'essentiel à celle des secteurs C à K de la CITI Rév. 3 ou des secteurs B-N de la CITI Rév. 4.
2. Aux Pays-Bas, la division entre les impôts sur le revenu des personnes physiques et les cotisations salariales de sécurité sociale est légèrement différente par comparaison avec la méthodologie utilisée dans ce rapport.

Chapitre 2

Étude spéciale : mesurer le coin fiscal sur les seconds apporteurs de revenu

Cette étude spéciale examine comment les systèmes de prélèvements et de prestations liées à l'exercice d'un emploi, y compris ceux qui ciblent les enfants, influent sur les incitations des seconds apporteurs de revenu à intégrer (ou à réintégrer) le marché du travail. Bien que tous les impôts sur le revenu dissuadent de travailler, la conception particulière d'un système d'impôt sur le revenu peut agir sur les incitations concrètes qui s'offrent aux travailleurs. C'est notamment le cas pour les seconds apporteurs de revenu lorsque divers choix des pouvoirs publics exercent une influence significative sur leur intérêt d'entrer dans la vie active (et d'y rester).

Introduction

Cette étude spéciale examine comment les systèmes de prélèvements et de prestations liées à l'exercice d'un emploi, y compris ceux qui ciblent les enfants, influent sur les incitations des seconds apporteurs de revenu à intégrer (ou à réintégrer) le marché du travail. Bien que tous les impôts sur le revenu dissuadent de travailler, la conception particulière d'un système d'impôt sur le revenu peut agir sur les incitations concrètes qui s'offrent aux travailleurs. C'est notamment le cas pour les seconds apporteurs de revenu lorsque divers choix des pouvoirs publics exercent une influence significative sur leur intérêt d'entrer dans la vie active (et d'y rester).

Le choix entre imposition individualisée et imposition par foyer fiscal est un exemple éloquent. Un certain nombre de pays ont opté pour l'imposition par foyer fiscal pour des motifs d'équité, car elle garantit que les ménages qui touchent le même revenu total paieront le même impôt, quel que soit le titulaire de ce revenu[1]. Toutefois, dans ce système, un second apporteur de revenu est de fait taxé à un taux marginal plus élevé qu'un célibataire. De même, le retrait des allégements et crédits d'impôt sur la base du revenu du ménage et l'existence d'allocations pour conjoint à charge (qui se justifient pleinement pour des raisons d'équité) peuvent réduire l'incitation des seconds apporteurs de revenu à exercer une activité rémunérée.

Cette étude spéciale s'intéresse uniquement aux systèmes de prélèvements et de prestations liées à l'exercice d'un emploi, mais il ne faut pas oublier que bien d'autres facteurs déterminent aussi les incitations à intégrer le marché du travail, notamment : revenu perçu en dehors des périodes d'emploi (assurance chômage et allocations d'assistance chômage ; aide sociale) ; disponibilité et coût des services de garde d'enfant ; dispositions en matière de congé payé (congé maternité, congé parental et congé maladie, par exemple) et existence d'autres revenus non salariaux (revenu de placements, revenu du conjoint, par exemple). Le calcul des « taux d'imposition de l'activité » peut être utile pour examiner l'impact des allégements d'impôts et des prestations destinées aux personnes sans emploi (mais pas de facteurs de portée plus générale) sur les incitations à travailler pour les seconds apporteurs de revenu (voir, par exemple, OCDE, 2015), mais cette analyse dépasse le cadre de cette étude.

L'analyse effectuée dans cette étude spéciale est basée sur les modèles utilisés dans la publication *Les impôts sur les salaires* et s'appuie sur les travaux dont rend compte l'Étude de politique fiscale de l'OCDE n° 21 – *Fiscalité et Emploi* (publiée en 2011). Elle mesure l'impact des systèmes de prélèvements et de prestations liées à l'exercice d'un emploi sur les incitations pour les seconds apporteurs de revenu à rejoindre le marché du travail, en calculant leurs coins fiscaux et leurs taux d'imposition moyens lorsqu'ils intègrent un emploi[2]. Plus spécifiquement, elle présente :

- Les coins fiscaux moyens pour les seconds apporteurs de revenu avec et sans enfants qui prennent un emploi rémunéré à 67 % du salaire moyen (SM) en 2014. Dans chaque cas, on suppose que le principal apporteur perçoit une rémunération égale au SM.

- Les taux nets moyens de l'impôt sur le revenu des personnes physiques à la charge des seconds apporteurs de revenu avec et sans enfants qui prennent un emploi rémunéré à 67 % du salaire moyen (SM) en 2014. Là encore, on suppose que le principal apporteur est rémunéré au niveau du SM.
- Une comparaison des coins fiscaux moyens pour les seconds apporteurs de revenu en 2010 avec ceux de 2014.
- Une comparaison des taux nets moyens de l'impôt sur le revenu des personnes physiques à la charge des seconds apporteurs de revenu en 2010 avec ceux de 2014.

Dans cette analyse, on suppose, aux fins du calcul du coin fiscal (et du taux d'imposition) moyen pour le second apporteur de revenu, que la décision du second apporteur d'entrer sur le marché du travail est prise : 1) après que l'apporteur principal a lui-même décidé d'intégrer le marché du travail ; et 2) **au niveau du foyer** plutôt qu'au niveau individuel[3]. À ce titre, le coin fiscal moyen du second apporteur de revenu indique quelle est la fraction supplémentaire d'impôt sur le revenu des personnes physiques (IRPP) et de charges salariales et patronales de sécurité sociale (CSS) que le foyer devra payer en conséquence de la décision du second apporteur d'intégrer le marché du travail, en pourcentage de la rémunération brute perçue par le second apporteur, majorée des CSS patronales dues sur le revenu du second apporteur. Aussi, il tient compte de l'impôt supplémentaire éventuel à la charge de l'apporteur de revenu principal qui résulte de la décision du second apporteur de rejoindre le marché du travail. Ainsi que Jaumotte le souligne (2003), le coin fiscal est la mesure la plus appropriée de la contre-incitation pour un second apporteur de revenu à intégrer le marché du travail. Le coin fiscal moyen (CFM) et le taux net moyen (TNM) de l'IRPP peuvent être exprimés respectivement comme suit :

$$CFM = \frac{\text{Augmentation de l'IRPP et des CSS patronales et salariales (nette des prestations liées à l'exercice d'un emploi) payés par le ménage suite à la décision du second apporteur de revenu d'intégrer le marché du travail}}{\text{Augmentation du revenu brut du ménage et des CSS patronales consécutive à la décision du second apporteur de revenu d'intégrer le marché du travail}}$$

$$TNM = \frac{\text{Augmentation de l'IRPP et des CSS salariales (nette des prestations liées à l'exercice d'un emploi) payés par le ménage suite à la décision du second apporteur de revenu d'intégrer le marché du travail}}{\text{Augmentation du revenu brut du ménage consécutive à la décision du second apporteur de revenu d'intégrer le marché du travail}}$$

Observons que les coins fiscaux moyens et les taux d'imposition nets moyens à la charge du second apporteur de revenu calculés dans ce document ne recoupent pas nécessairement les taux légaux dans tous les pays, en Allemagne par exemple (voir l'encadré 1).

Encadré 1. **Hypothèses qui sous-tendent les calculs du coin fiscal pour le second apporteur de revenu**

Comme souligné dans l'introduction, les hypothèses sur lesquelles reposent les calculs du coin fiscal pour le second apporteur de revenu sont que la décision du second apporteur d'entrer sur le marché du travail est prise : 1) après que l'apporteur principal a lui-même décidé d'intégrer le marché du travail ; et 2) au niveau du foyer plutôt qu'au niveau individuel. Par conséquent, le calcul du coin fiscal moyen pour le second apporteur mesure la charge fiscale supplémentaire supportée par le ménage par rapport à l'augmentation du revenu du ménage (CSS patronales comprises) qui résulte de l'entrée du second apporteur sur le marché du travail. S'agissant d'un calcul effectué au niveau du foyer, on ne peut pas en tirer de conclusions sur les modalités de répartition de la charge fiscale entre l'apporteur principal et le second apporteur.

Encadré 1. **Hypothèses qui sous-tendent les calculs du coin fiscal pour le second apporteur de revenu** *(suite)*

L'utilisation d'hypothèses différentes peut avoir des répercussions sur les calculs opérés. Si, par exemple, on suppose que le second apporteur et le principal apporteur de revenu décident au même moment de rejoindre le marché du travail, le coin fiscal moyen pour l'ensemble du foyer peut être la mesure la plus juste de la charge fiscale qui pèse sur les deux conjoints entrant sur le marché du travail.

De même, si l'on suppose que la décision du second apporteur de revenu est prise au niveau individuel plutôt que du foyer (le second apporteur ne se soucie d'une modification éventuelle de la charge fiscale supportée par l'apporteur principal), il peut être approprié de prendre uniquement en compte la charge fiscale légale supportée par le second apporteur, plutôt que l'augmentation de l'impôt à la charge de l'ensemble du foyer. Dans un système d'imposition individualisée, le calcul du coin fiscal moyen qui en résulte resterait relativement simple : la charge fiscale légale (CSS comprises) supportée par le second apporteur serait divisée par son revenu (majoré des CSS patronales). Par conséquent, toute perte subie par l'apporteur de revenu principal, par exemple une allocation ou un crédit d'impôt pour conjoint à charge ou une allocation ou un crédit d'impôt transférable, ne serait pas prise en compte dans le calcul du coin fiscal moyen du second apporteur. Il s'ensuit que le coin fiscal moyen du second apporteur de revenu serait inférieur à celui calculé en appliquant la méthodologie employée dans cette publication pour les pays appliquant ce système. Conformément à cette approche, le coin fiscal moyen de l'apporteur principal augmenterait lorsque celui-ci intègre le marché du travail.

Dans un système d'imposition par foyer, le calcul du coin fiscal moyen du second apporteur de revenu serait rendu plus complexe par le fait que l'augmentation de la charge fiscale serait légalement imputable au ménage plutôt qu'à l'un ou l'autre des conjoints. Dès lors, pour calculer le coin fiscal moyen du second apporteur, il faudrait examiner le fractionnement du revenu total du ménage au sein du foyer prescrit par la loi, puis utiliser le revenu attribué au second apporteur dans les calculs. Cela aurait pour effet d'appliquer au second apporteur le taux moyen de l'impôt sur le revenu de tout le foyer.

Avec cette deuxième approche, le coin fiscal moyen du second apporteur de revenu serait inférieur à celui obtenu à l'issue des calculs effectués dans ce rapport. Prenons par exemple le cas de l'Allemagne qui considère que l'unité imposable est le ménage en utilisant un système de fractionnement du revenu. Dans le graphique 2.1a, un second apporteur supporte un coin fiscal moyen de 54.7 % lorsqu'il intègre le marché du travail selon les hypothèses et calculs utilisés dans ce rapport, de sorte que la totalité de la charge fiscale supplémentaire pesant sur le ménage est prise en compte pour le calcul du coin fiscal moyen. Avec la méthode légale du fractionnement, le fait d'attribuer au second apporteur le coin fiscal pesant sur l'ensemble du ménage se traduirait par un coin fiscal de 47.4 %. Comme le montre le graphique 2.1b, dans le cas d'un ménage avec deux enfants et en suivant l'approche décrite dans ce rapport, un second apporteur supporte là aussi un coin fiscal moyen de 54.7 %. Néanmoins, l'application de la méthode du fractionnement aboutirait à un coin fiscal de 42.1 %.

Au-delà de ces questions méthodologiques, il est important de souligner – ainsi que l'introduction l'indiquait – que l'indicateur du coin fiscal moyen tient uniquement compte de l'influence de l'impôt sur la décision de rejoindre le marché du travail, et pas d'autres facteurs plus généraux. Examinons par exemple le taux d'activité des femmes en Allemagne. Bien que le système d'imposition par foyer en vigueur en Allemagne n'ait pas changé, le taux d'emploi des femmes* a considérablement augmenté, gagnant 10 points de pourcentage entre 2005 et 2014. Depuis 2010, il a progressé de plus de 3 points, avoisinant 70 % en 2014, soit bien plus que la moyenne de 57.9 % à l'échelle de l'OCDE. Il semble que, dans le cas de l'Allemagne, des facteurs autres que le système fiscal agissent davantage sur les incitations des seconds apporteurs de revenu à travailler. Il peut notamment s'agir de la situation globale du marché du travail, des prestations destinées aux personnes sans emploi ou de l'existence d'infrastructures de garde d'enfants.

* Statistiques à court terme de l'OCDE sur le marché du travail, taux d'emploi, femmes âgées de 15 à 64 ans.

Coins fiscaux et taux d'imposition moyens pour les seconds apporteurs de revenu

Coins fiscaux sur les seconds apporteurs de revenu en 2014

Le graphique 2.1a présente le coin fiscal moyen pour les seconds apporteurs de revenu sans enfant rémunérés à 67 % du SM en 2014. On suppose que l'apporteur de revenu principal perçoit le salaire moyen. Les coins fiscaux moyens des seconds apporteurs de revenu sont compris entre 60.2 % en Belgique et 7.0 % au Chili.

L'importance de ces coins fiscaux moyens résulte non seulement des taux de l'IRPP et des CSS, mais aussi d'un certain nombre d'aspects tenant à la conception des systèmes de l'IRPP. Dans de nombreux pays, le coin fiscal moyen pour le second apporteur augmente du fait qu'un allègement ou crédit d'impôt pour conjoint à charge – qui réduit la charge fiscale pesant sur le revenu d'un apporteur principal ayant un conjoint à charge (qui ne travaille pas) – disparaît (en totalité ou en partie) lorsque le second apporteur de revenu intègre le marché du travail. Par exemple, en Slovénie, l'apporteur de revenu principal perd *l'allègement pour membre de la famille à charge* lorsque le second apporteur rejoint le marché du travail, tandis qu'au Canada, l'apporteur principal perd le *crédit d'impôt pour conjoint*.

Dans un certain nombre d'autres pays, le coin fiscal augmente pour les seconds apporteurs de revenu en raison de l'adoption de l'imposition par foyer fiscal plutôt qu'individualisée[4]. Dans un système d'imposition par foyer fiscal, le second apporteur de revenu est taxé à un taux plus élevé du barème de l'impôt sur le revenu qu'il le serait dans un système d'imposition individualisée, parce que l'apporteur principal bénéficie déjà pleinement de la tranche inférieure du barème. Cet effet est amplifié à mesure que le niveau du revenu de l'apporteur principal augmente. Même lorsque les seuils de l'impôt sur le revenu pour un ménage sont supérieurs à ceux applicables à un célibataire, le second apporteur de revenu est toujours confronté à un taux marginal de l'impôt supérieur à celui qui prévaudrait dans un système d'imposition individualisée. En Suisse, par exemple, lorsque l'apporteur principal perçoit un revenu d'environ 90 000 CHE (le salaire moyen), le premier franc gagné par le second apporteur (après application de l'abattement à la base) est taxé au taux de l'IRPP de 18.33 %, et non au taux zéro.

Le graphique 2.1b présente le coin fiscal moyen pour les seconds apporteurs de revenu avec deux enfants qui gagnent 67 % du SM en 2014. On suppose là encore que l'apporteur de revenu principal est rémunéré au niveau du salaire moyen. Les coins fiscaux moyens pour les seconds apporteurs varient entre 60.2 % en Belgique et 6.1 % au Chili.

En présence d'enfants, le coin fiscal moyen est le même dans 19 des 34 pays membres de l'OCDE, alors qu'il est plus élevé dans 10 pays et plus bas dans 5 pays, par rapport aux résultats indiqués dans le graphique 2.1a. Ces divergences s'expliquent par les différences d'impact des aides ciblant les ménages avec enfants. De manière générale, les pays aident davantage les ménages avec enfants que ceux sans enfant, mais cette aide est le plus souvent calculée en fonction du revenu du ménage et non du revenu individuel. Aussi, tout en allégeant la charge fiscale globale qui pèse sur les ménages, elle peut aussi accroître le coin fiscal du second apporteur de revenu si tout ou partie de l'aide est perdue lorsque le second apporteur intègre le marché du travail. En outre, le coin fiscal du second apporteur peut être inférieur pour les ménages avec enfants si cette aide n'est pas supprimée tant que le revenu ne dépasse pas 167 % du salaire moyen.

Graphique 2.1. **Coins fiscaux moyens pour les seconds apporteurs de revenu, 2014**

a. Second apporteur rémunéré à 67 % du SM (apporteur principal au niveau du SM), sans enfant

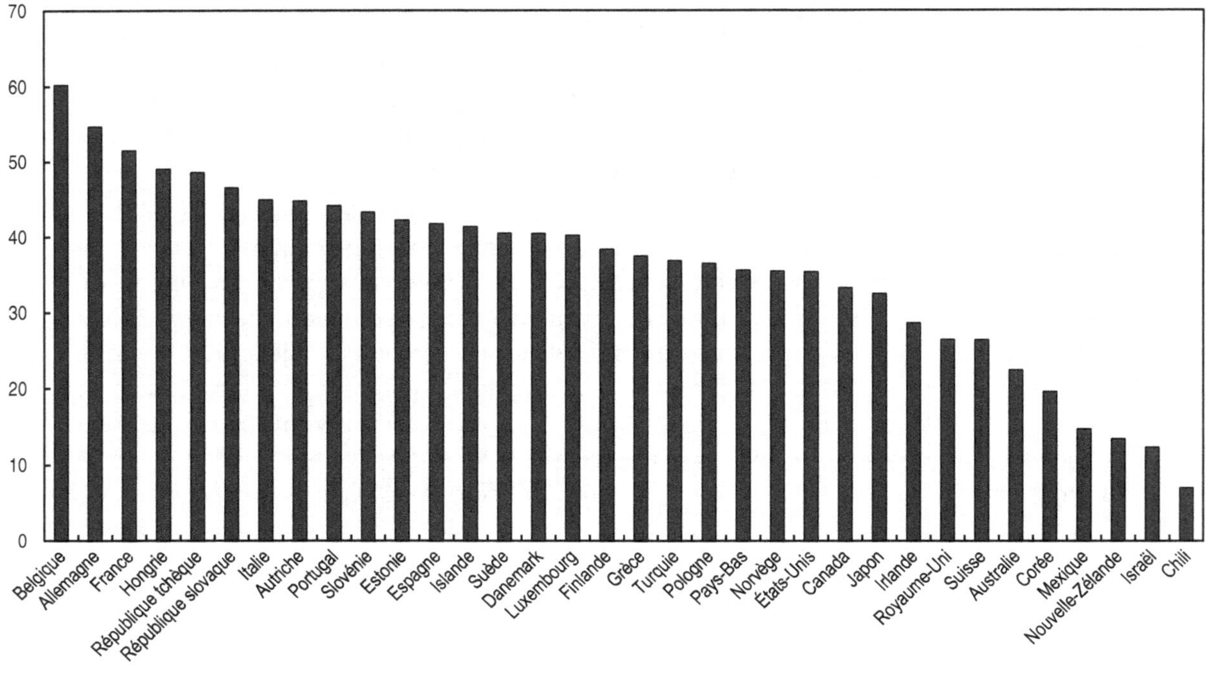

b. Second apporteur rémunéré à 67 % du SM (apporteur principal au niveau du SM), 2 enfants

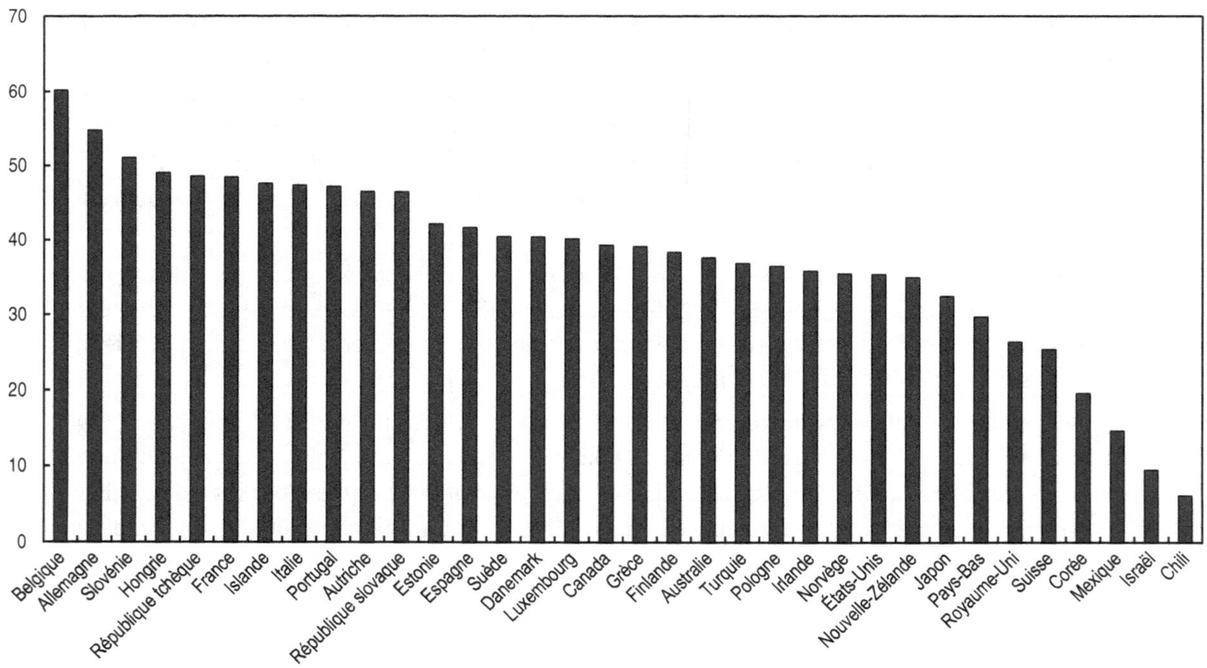

StatLink http://dx.doi.org/10.1787/888933342236

Taux d'imposition nets moyens des seconds apporteurs de revenu en 2014

Le graphique 2.2a présente le taux net moyen de l'impôt sur le revenu des seconds apporteurs de revenu gagnant 67 % du SM en 2014. On suppose que l'apporteur de revenu principal est rémunéré au niveau du salaire moyen. Les taux nets moyens de l'impôt sur le revenu des seconds apporteurs oscillent entre 49.1 % en Belgique et 2.9 % au Mexique. Ces taux sont inférieurs aux coins fiscaux moyens parce que les CSS patronales n'entrent pas dans les calculs. En outre, les classements sont influencés dans une certaine mesure par les différences de niveau des CSS patronales d'un pays à l'autre. Toutefois, les pays qui enregistrent des coins fiscaux pour les seconds apporteurs relativement élevés (faibles) sont aussi ceux qui affichent des taux d'imposition nets moyens relativement élevés (faibles). Cela est dû au fait que les CSS patronales sont calculées sur une base individuelle et pas au niveau du foyer, de sorte qu'il n'y a pas d'impact sur les coins fiscaux des seconds apporteurs.

Le graphique 2.2b présente le taux net moyen de l'impôt sur le revenu des seconds apporteurs de revenu avec deux enfants et rémunérés à 67 % du salaire en 2014. On suppose de nouveau que l'apporteur de revenu principal est rémunéré au niveau du salaire moyen. En présence d'enfants, les taux d'imposition couvrent la même fourchette allant de 49.1 % en Belgique à 2.9 % au Mexique. Là encore, les pays qui enregistrent des coins fiscaux pour les seconds apporteurs relativement élevés (faibles) sont aussi ceux qui affichent des taux d'imposition nets moyens relativement élevés (faibles).

Ainsi que l'encadré 1 l'explique en détail, les calculs effectués dans ce rapport reposent sur l'hypothèse que la décision du second apporteur de revenu d'entrer sur le marché du travail est prise au niveau du foyer et que le coin fiscal du second apporteur tient compte de la variation de la charge fiscale totale supportée par le ménage. En fonction des prescriptions légales en vigueur, le résultat obtenu pour le coin fiscal du second apporteur peut différer dans certains pays. Il en va de même pour les taux d'impositions nets moyens du second apporteur. En Allemagne, par exemple, le système de fractionnement du revenu aboutit à un taux d'imposition net moyen de 37.2 % pour le second apporteur, et non de 46.0 % (graphique 2.2a).

Comparaison des coins fiscaux et des taux d'imposition moyens pour les seconds apporteurs de revenu entre 2010 et 2014

Variations des coins fiscaux pour les seconds apporteurs de revenu entre 2010 et 2014

Cette section examine l'évolution des coins fiscaux moyens pour les seconds apporteurs de revenu intervenue entre 2010 et 2014.

Le graphique 2.3a montre que le coin fiscal moyen pour les seconds apporteurs de revenu sans enfant a augmenté dans 18 pays entre 2010 et 2014. Les plus fortes hausses en points de pourcentage se sont produites au Portugal (5.4), en Hongrie (5.2), au Luxembourg (4.3) et en Irlande (4.1). La progression au Portugal est due à la fois à un relèvement des taux marginaux de l'impôt sur le revenu des personnes physiques et à une réduction du crédit d'impôt de base. En Hongrie, la hausse s'explique par la suppression du *crédit d'impôt en faveur des salariés* d'application générale (en 2012), remplacé par des allégements plus ciblés en faveur de certaines catégories de seconds apporteurs (comme les mères qui reprennent le travail après un congé de maternité) dont l'indicateur général ne rend pas compte. Au Luxembourg, l'abattement à la base et les crédits d'impôt ont été gelés, tandis que les taux marginaux d'imposition sont restés identiques dans l'intervalle de revenu

Graphique 2.2. **Taux d'imposition nets moyens des seconds apporteurs de revenu, 2014**

a. Second apporteur rémunéré à 67 % du SM (apporteur principal au niveau du SM), sans enfant

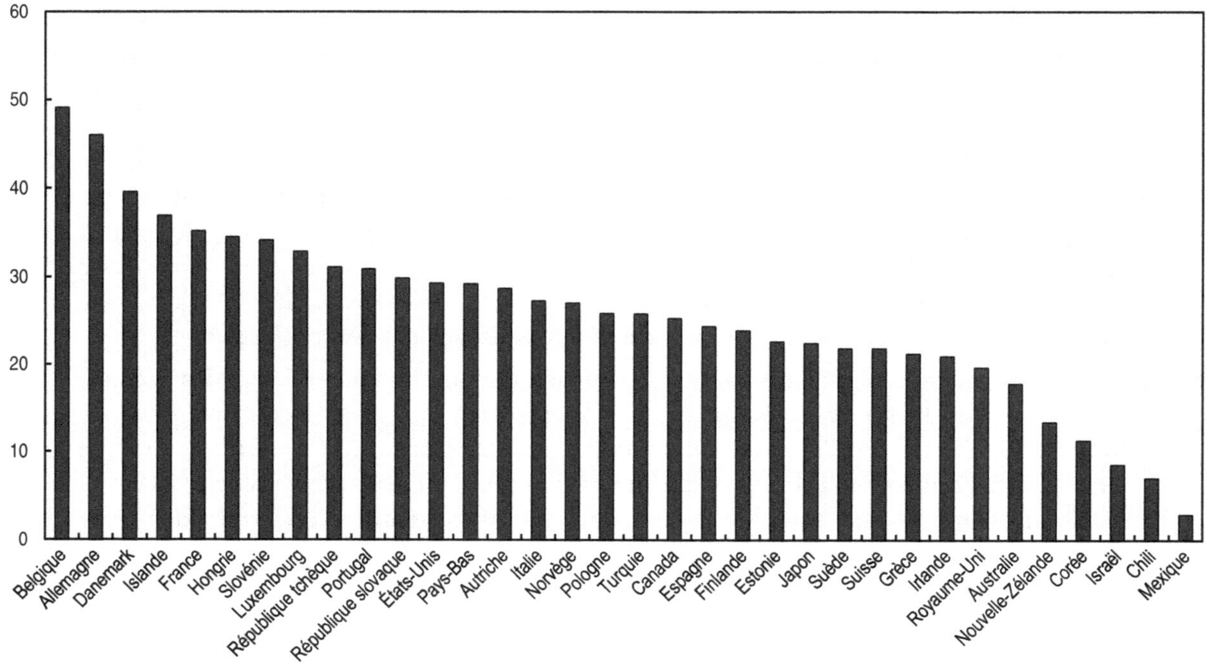

b. Second apporteur rémunéré à 67 % du SM (apporteur principal au niveau du SM), 2 enfants

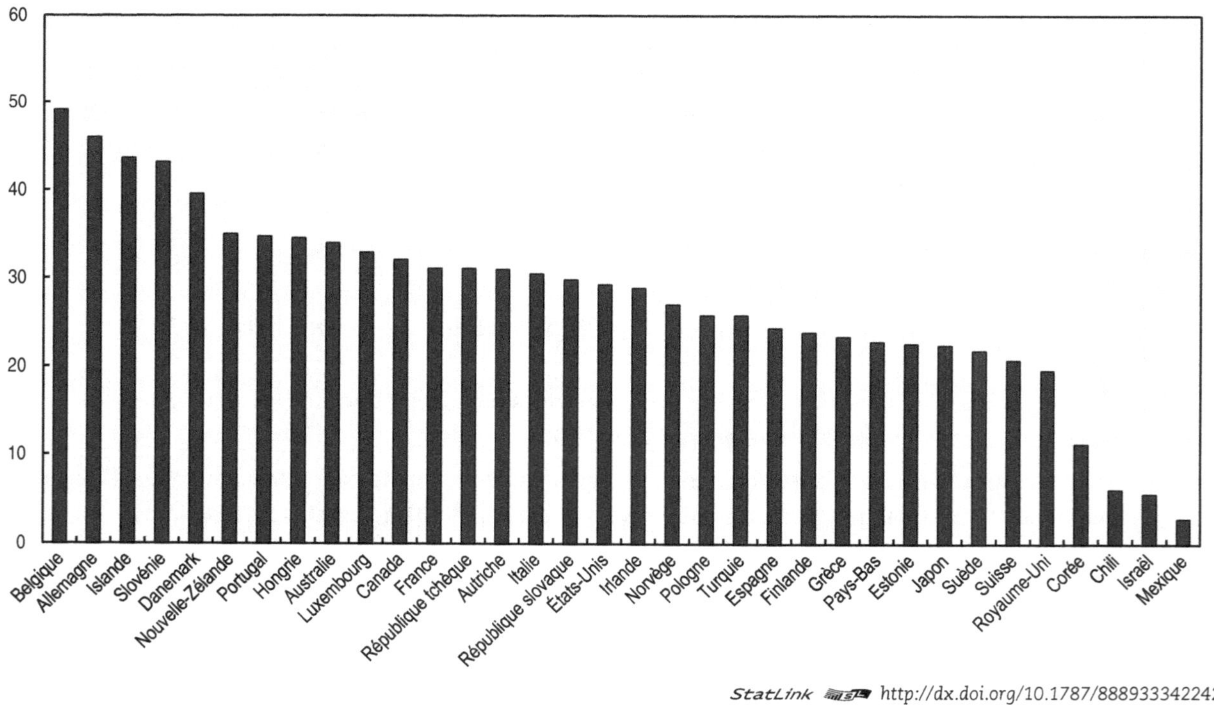

StatLink http://dx.doi.org/10.1787/888933342242

observé du ménage, et la déduction forfaitaire pour frais de déplacement a été supprimée (en 2013). En Irlande, la *Universal Social Charge* (cotisation sociale universelle) a remplacé les *Income and Health levies* (impôt sur le revenu et cotisation d'assurance maladie) en 2011 et applique des taux plus élevés à l'intervalle de revenu observé du ménage. En outre, en 2013,

Graphique 2.3. **Variations des coins fiscaux moyens entre 2010 et 2014**

a. Second apporteur de revenu gagnant 67 % du SM, sans enfant, en points de pourcentage

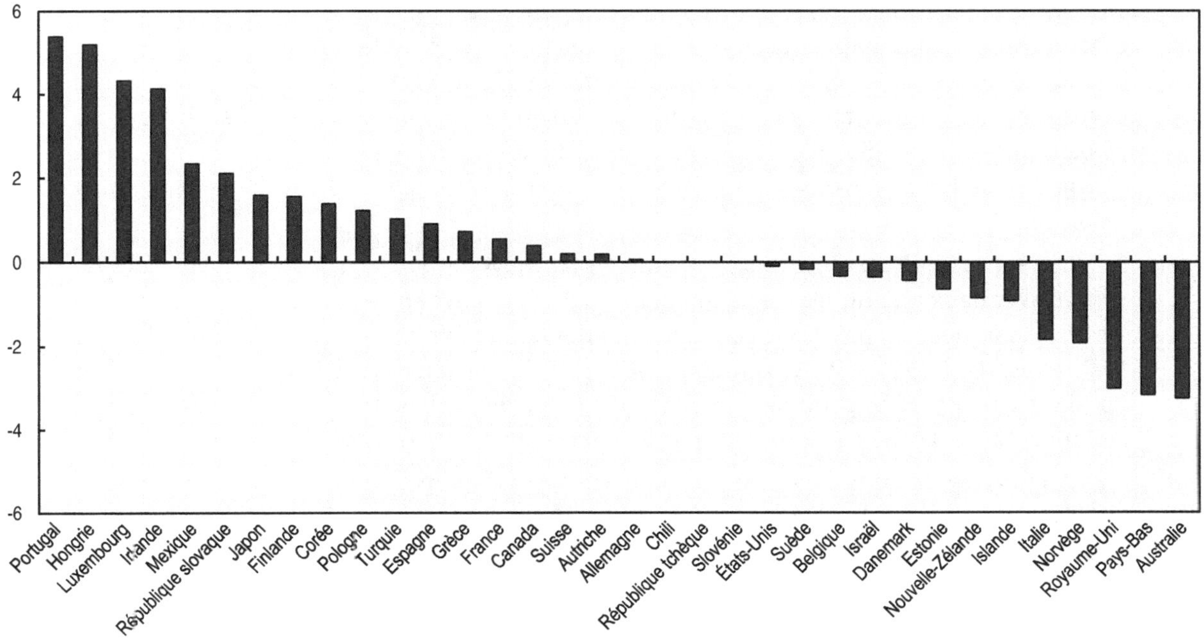

b. Second apporteur de revenu gagnant 67 % du SM, 2 enfants, en points de pourcentage

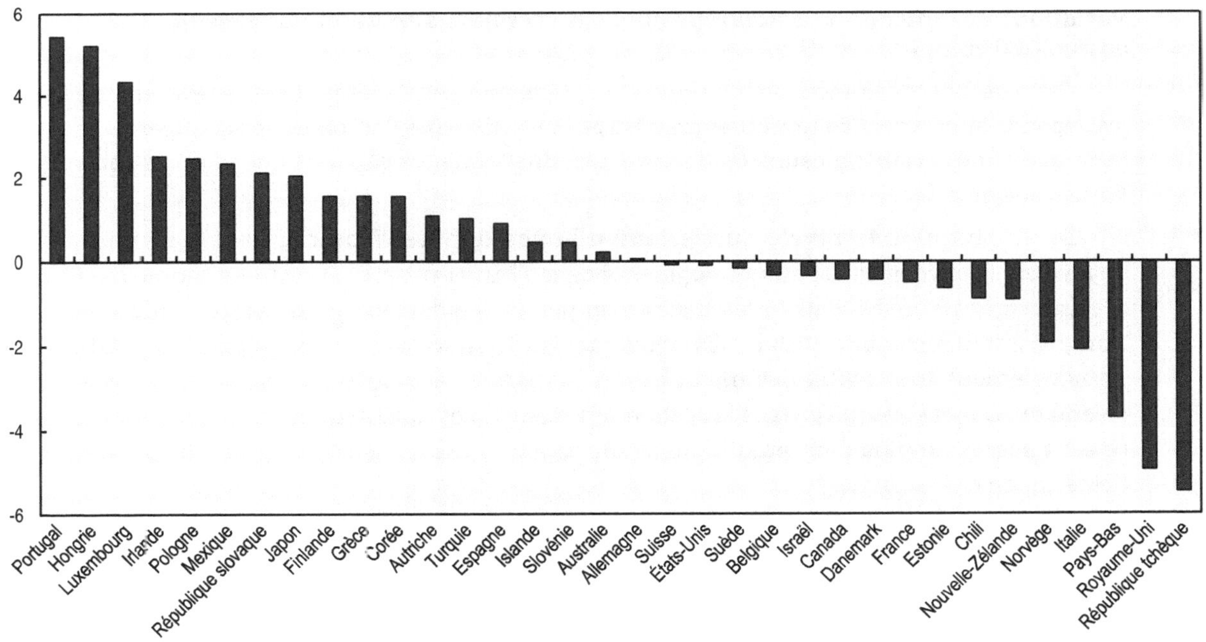

StatLink http://dx.doi.org/10.1787/888933342250

les exemptions qui réduisaient les CSS salariales ont été supprimées. Le coin fiscal moyen a augmenté d'au moins un point dans sept autres pays : Corée, Finlande, Japon, Mexique, Pologne, République slovaque et Turquie.

En revanche, le coin fiscal moyen pour les seconds apporteurs de revenu sans enfant a diminué dans 13 pays entre 2010 et 2014. Les baisses les plus fortes en points de pourcentage ont été observées en Australie (-3.3), aux Pays-Bas (-3.2) et au Royaume-Uni (-3.0). La diminution en Australie est due au durcissement des critères d'accès à la *Dependant Spouse Tax Offset* (allégement fiscal pour conjoint dépendant)[5]. Aux Pays-Bas, la réforme des crédits d'impôt a fait baisser la charge fiscale des ménages dont le conjoint inactif a rejoint le marché du travail entre 2010 et 2014. Au Royaume-Uni, la réduction s'explique par une augmentation du montant de l'abattement personnel à la base. Le coin fiscal moyen a également reculé de plus d'un point de pourcentage en Norvège (-1.9) et en Italie (-1.8). La charge fiscale n'a pas évolué au cours de cette période au Chili, en République tchèque et en Slovénie.

Le graphique 2.3b montre que le coin fiscal moyen pour les seconds apporteurs de revenu avec deux enfants s'est également accru dans 18 pays entre 2010 et 2014. Les hausses les plus marquées en points de pourcentage ont été une fois encore constatées au Portugal (5.4), en Hongrie (5.2) et au Luxembourg (4.3) pour les raisons évoquées ci-dessus. Le coin fiscal a augmenté d'un point de pourcentage ou plus dans dix autres pays : Autriche, Corée, Finlande, Grèce, Irlande, Japon, Mexique, Pologne, République slovaque et Turquie.

À l'inverse, le coin fiscal moyen pour les seconds apporteurs de revenu avec deux enfants a reculé dans 16 pays. La baisse en points de pourcentage a été la plus marquée en République tchèque (-5.5), au Royaume-Uni (-4.9) et aux Pays-Bas (-3.7). Il a également diminué de plus d'un point en Italie (-2.1) et en Norvège (-1.9). La baisse intervenue en République tchèque s'explique par la suppression d'une *allocation sociale* (retirée lorsque le conjoint sans emploi intègre le marché du travail).

Variations des taux d'imposition nets pour les seconds apporteurs de revenu entre 2010 et 2014

Cette section examine l'évolution des taux nets moyens de l'impôt sur le revenu pour les seconds apporteurs de revenu entre 2010 et 2014. Bien que l'ampleur des changements varie dans une certaine mesure, on observe la même tendance générale que pour les coins fiscaux moyens.

Le graphique 2.4a révèle que le taux d'imposition net moyen pour les seconds apporteurs de revenu sans enfant a augmenté dans 17 pays entre 2010 et 2014. Comme pour le coin fiscal moyen, les plus fortes hausses en points de pourcentage se sont produites en Hongrie et au Portugal (6.7 dans les deux cas), en Irlande (4.6) et au Luxembourg (4.4), principalement sous l'effet des modifications apportées aux systèmes de l'impôt sur le revenu qui ont été évoquées dans la section précédente. Les taux d'imposition nets moyens se sont accrus de plus d'un point dans 7 autres pays : Corée, Espagne, Finlande, France, Grèce, Japon et Mexique.

À l'inverse, le taux d'imposition net moyen pour les seconds apporteurs de revenu sans enfant a baissé dans 13 pays entre 2010 et 2014. Les baisses les plus sensibles en points de pourcentage ont été observées aux Pays-Bas (-3.6), en Australie (-3.3) et au Royaume-Uni (-3.0). Une fois encore, ce sont principalement les modifications des systèmes de l'impôt sur le revenu qui expliquent les diminutions constatées dans ces pays. Les taux d'imposition ont également reculé de plus d'un point en Italie (-2.4) et en Norvège (-2.3). La charge fiscale est restée inchangée au cours de cette période au Chili, en République tchèque, en République slovaque et en Slovénie.

Le graphique 2.4b indique que le taux d'imposition net moyen pour les seconds apporteurs de revenu avec deux enfants s'est également accru dans 18 pays entre 2010 et

Graphique 2.4. **Variations des taux d'imposition nets moyens entre 2010 et 2014**

a. Second apporteur de revenu gagnant 67 % du SM, sans enfant, en points de pourcentage

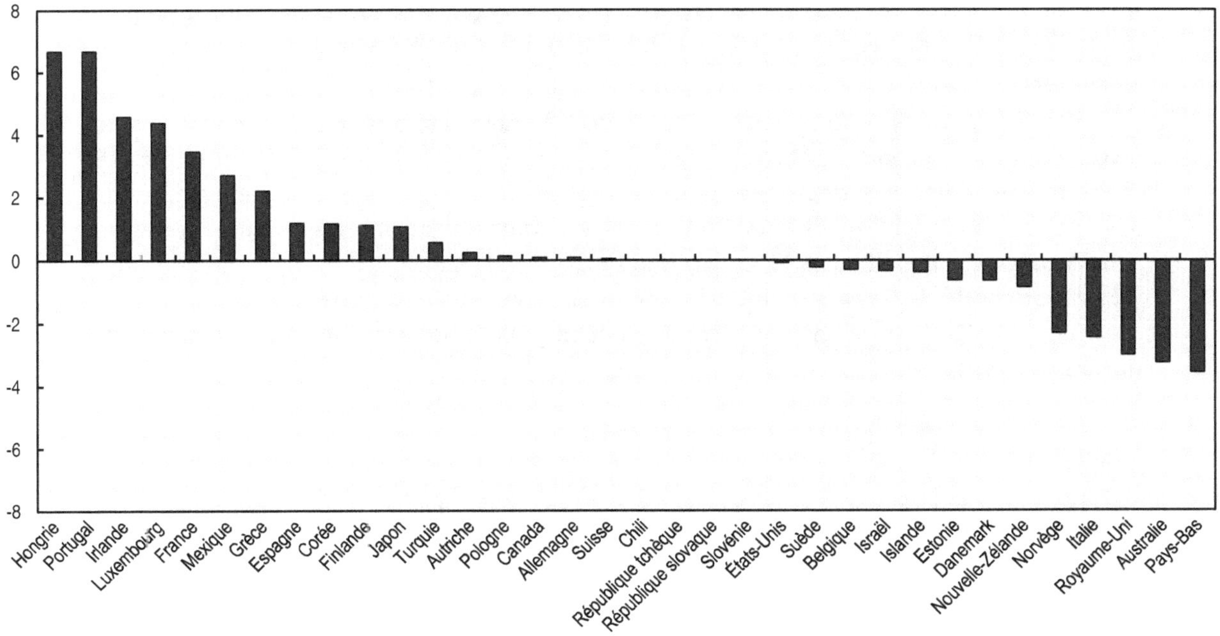

b. Second apporteur de revenu gagnant 67 % du SM, 2 enfants, en points de pourcentage

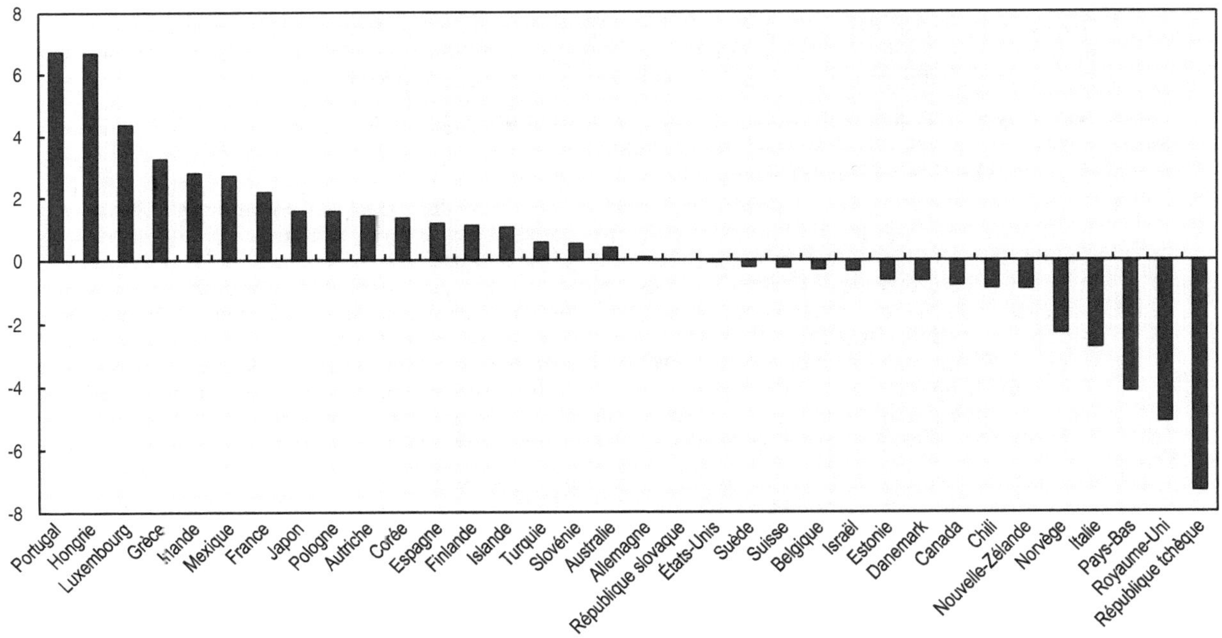

StatLink http://dx.doi.org/10.1787/888933342260

2014. Les hausses les plus marquées ont eu lieu en Hongrie et au Portugal (6.7 dans les deux cas) ainsi qu'au Luxembourg (4.4). Ces pays sont également ceux où le coin fiscal moyen pour les seconds apporteurs de revenu avec enfants a le plus augmenté. Les taux d'imposition ont progressé d'un point de pourcentage ou plus dans 11 autres pays : Autriche, Corée, Espagne, Finlande, France, Grèce, Islande, Irlande, Japon, Mexique et Pologne.

En revanche, le taux d'imposition net moyen pour les seconds apporteurs de revenu avec deux enfants s'inscrit en repli dans 15 pays. Il a baissé le plus en République tchèque (-7.3), au Royaume-Uni (-5.1) et aux Pays-Bas (-4.2). Il a également reculé de plus d'un point en Italie (-2.8) et en Norvège (-2.3). Aucun changement n'a été enregistré en République slovaque.

En République slovaque, entre 2010 et 2014, le taux d'imposition net moyen n'a pas évolué pour les seconds apporteurs de revenu avec et sans enfants, tandis que leur coin fiscal moyen s'est accru de 2.1 points. Cet accroissement est imputable au relèvement des CSS patronales entre 2010 et 2014. Dans ce pays, le taux de cotisation à l'assurance retraite est fractionné entre l'État (5 %) et un fonds privé (9 %). En 2012, le taux de cotisation de l'État a été porté de 5 % à 10 % (et celui du fonds privé a été réduit de 9 % à 4 %). Seuls les paiements à l'État sont considérés comme des impôts et donc inclus dans les calculs des *Impôts sur les salaires*.

Notes

1. Observons toutefois que des arguments tenant à l'équité plaident aussi en faveur de l'imposition individualisée. On peut par exemple soutenir qu'un ménage comptant un seul apporteur de revenu se trouve dans une meilleure situation financière qu'un ménage comptant deux apporteurs de revenu et percevant le même revenu total, parce que le ménage à un seul revenu aura du temps supplémentaire à consacrer aux loisirs et à des activités non marchandes (comme la garde d'enfants) pour lesquelles le ménage à deux revenus devrait payer. L'imposition individualisée fait en sorte que le ménage à un seul apporteur de revenu paie davantage d'impôts que le ménage comptant deux apporteurs de revenu.
2. Dans ce rapport, un « second apporteur de revenu » désigne une personne mariée qui travaille ou ne travaille pas, mais dont le conjoint– le « principal apporteur de revenu » – travaille. Si le second apporteur travaille, on suppose qu'il gagne moins que l'apporteur principal.
3. Selon l'hypothèse que la décision du second apporteur de revenu d'intégrer ou non le marché du travail est prise en fonction de ce qui est le plus avantageux pour l'ensemble du ménage, et pas seulement pour le second apporteur.
4. En ce qui concerne l'imposition par foyer, l'impôt sur le revenu des personnes physiques est calculé sur la base des revenus combinés des conjoints dans plusieurs pays, notamment : Allemagne, Estonie, France, Irlande, Luxembourg, Pologne, Portugal et Suisse. En Allemagne, en Espagne, aux États-Unis et en Norvège, les couples mariés peuvent opter pour une imposition individualisée ou par foyer. En Espagne et en Norvège, le modèle des *Impôts sur les salaires* autorise le choix de l'option la plus avantageuse. Aux États-Unis, la modélisation est basée uniquement sur l'imposition par foyer. En Allemagne, au Luxembourg, en Pologne et au Portugal, l'imposition conjointe repose sur une méthode de fractionnement entre conjoints. En Allemagne, cela aboutit à des taux d'imposition moyens et marginaux identiques pour l'apporteur principal et le second apporteur (voir l'encadré 1). Le système du quotient familial en France affecte une pondération à chaque enfant.
5. Au cours de l'exercice 2013-14, les conditions d'accès au *Dependant Spouse Tax Offset* ont été durcies (obligation pour le conjoint d'être né avant le 1er juillet 1952), de sorte que le crédit d'impôt n'est pas inclus dans les calculs de l'édition 2014 des *Impôts sur les salaires*. Cet allégement a été entièrement supprimé à partir de l'exercice 2014-15.

Références

Jaumotte, F. (2003) « Female labour force participation: Past trends and main determinants in OECD countries », *Documents de travail du Département des affaires économiques de l'OCDE*, n° 376, *www.oecd.org/officialdocuments/publicdisplaydocumentpdf/?doclanguage=en&cote=eco/wkp%282003%2930*.

OCDE (2015) « Base de données de l'OCDE sur les prestations et salaires », *www.oecd.org/social/benefits-and-wages.htm*.

OCDE (2011) « Taxation and Employment », *Études de politique fiscale de l'OCDE*, n° 21, OCDE, Paris, *http://dx.doi.org/10.1787/9789264120808-en*.

PARTIE I

Comparaisons internationales

Cette section fournit, pour chacun des pays de l'OCDE, des informations sans équivalent concernant les impôts sur le revenu acquittés par les salariés, leurs cotisations de sécurité sociale et les prestations familiales qu'ils perçoivent sous forme de transferts en espèces, ainsi que les cotisations de sécurité sociale et les taxes sur les salaires versées par leurs employeurs. Elle présente les résultats pour 2015 et pour 2014, et commente l'évolution intervenue entre les deux années. Les résultats communiqués englobent la charge fiscale marginale et moyenne pour huit catégories différentes de familles.

PARTIE I

Chapitre 3

Charges fiscales, 2015

Les résultats de la charge fiscale pour 2015 basées sur les huit catégories de familles sont présentés dans les tableaux 3.1 à 3.11 et les graphiques 3.1 à 3.6. Les catégories types de familles varient selon la situation de famille, le nombre d'enfants et le statut économique: des célibataires sans enfant gagnant 67 %, 100% et 167 % du salaire moyen (SM) ; un parent isolé gagnant 67 % du SM avec deux enfants; un couple avec deux enfants et un seul apporteur de revenu gagnant le SM ; des couples avec deux enfants et deux salaires gagnant au total 133 % et 167 % du SM ; un couple avec deux salaires gagnant au total 133 % du SM et sans enfant.

Ce chapitre présente différentes mesures de la charge fiscale moyenne (coin fiscal, taux de l'impôt et taux net de l'impôt sur les personnes physiques, taux de l'impôt sur le revenu des personnes physiques et taux des cotisations salariales de sécurité sociale) et marginale (coin fiscal et taux net de l'impôt sur les personnes physiques). Les résultats de deux indicateurs de la progressivité de l'impôt sont également examinés : mesures de l'élasticité de l'impôt basée sur le salaire brut et les coûts de main-d'œuvre.

Charges fiscales moyennes

Le tableau 3.1 et le graphique 3.1 font apparaître le coin fiscal moyen (charge combinée de l'impôt sur le revenu et des cotisations salariales et patronales de sécurité sociale) en tenant compte du montant des prestations en espèces auquel a droit chaque catégorie de famille spécifique. Le montant total des impôts à verser diminués des transferts reçus est exprimé en pourcentage des coûts totaux de main-d'œuvre, définis comme le salaire brut plus les cotisations patronales de sécurité sociale (y compris les taxes sur les salaires). Dans le cas d'un célibataire disposant d'un salaire moyen, le coin fiscal va de 7.0 % au Chili et 17.6 % au Nouvelle-Zélande à 49.5 % en Autriche et 55.3 % en Belgique. Pour un couple marié disposant d'un seul revenu du même niveau et ayant deux enfants, le coin fiscal est le plus faible en Nouvelle-Zélande (4.9 %) et au Chili (7.0 %) et le plus élevé en France (40.5 %) et en Belgique (40.4 %). Comme l'explique le chapitre 1, le coin fiscal est généralement plus faible pour les couples mariés ayant deux enfants et disposant de ce niveau de salaire que pour les célibataires sans enfant en raison de la perception de prestations en espèces et/ou d'un traitement fiscal plus avantageux. Il est également intéressant de noter que le coin fiscal pour un parent isolé ayant deux enfants et gagnant 67 % du salaire moyen est négatif en Australie (-1.4 %), au Canada (-5.9 %), en Nouvelle-Zélande (-14.4 %) et en Irlande (-18.6 %). Ce résultat est dû au fait que la somme des transferts en espèces reçus par ces familles et des crédits d'impôt récupérables éventuels excède la somme de l'impôt dû et de l'ensemble des cotisations de sécurité sociale.

Le tableau 3.2 et le graphique 3.2 indiquent la charge combinée de l'impôt sur le revenu des personnes physiques et des cotisations salariales de sécurité sociale exprimée en pourcentage du salaire brut (les indicateurs correspondants faisant apparaître séparément l'impôt sur le revenu et les cotisations salariales de sécurité sociale figurent dans les tableaux 3.4 et 3.5). Un célibataire sans enfant percevant le salaire moyen est soumis à une charge moyenne au titre de l'impôt et des cotisations sociales supérieure à 40 % uniquement en Belgique (42.0 %). On observe les taux moyens les plus bas au Chili (7.0 %), au Mexique (10.3 %), en Corée (13.8 %), en Israël (17.3 %), en Suisse (17.4 %), en Nouvelle-Zélande (17.6 %), en Estonie (18.4 %) et en Irlande (19.7 %).

Le tableau 3.3 indique la charge combinée de l'impôt sur le revenu et des cotisations salariales de sécurité sociale, déduction faite des droits aux prestations en espèces, pour chaque catégorie de famille. Le graphique 3.3 fait apparaître cette charge respectivement pour les célibataires sans enfant et les couples mariés ayant deux enfants et rémunérés au salaire moyen. Si l'on compare les tableaux 3.2 et 3.3, les taux moyens d'imposition pour les familles avec enfants (colonnes 4-7) sont moindres dans le tableau 3.3 car la plupart des pays de l'OCDE aident les familles ayant des enfants à charge au moyen de prestations en espèces.

On observe également une charge plus faible pour les célibataires *sans enfant* et rémunérés à 67 % du salaire moyen au Canada, du fait qu'une prestation en espèces est versée pour atténuer la charge imposée par l'impôt fédéral sur la consommation (on trouvera plus de précisions dans le chapitre par pays qui se trouve dans la troisième Partie de cette étude). Il en va de même au Danemark pour les célibataires rémunérés à 67 % et 100 % du salaire moyen et les couples mariés sans enfant disposant de deux revenus équivalents à 133 % du salaire moyen, qui perçoivent un chèque « vert » pour compenser la hausse des taxes environnementales.

Dans le cas des parents isolés ayant deux enfants et gagnant 67 % du salaire moyen, 27 pays accordent des prestations en espèces. En Irlande, ces prestations représentent 38.7 % du revenu et au moins 25 % dans cinq autres pays : le Canada (30.0 %), la Nouvelle-Zélande (29.3 %), la Slovénie (26.5 %), l'Australie (25.9 %) et le Danemark (25.8 %). 26 pays accordent des prestations à un couple marié ayant deux enfants et disposant d'un seul revenu égal au salaire moyen, bien que ces prestations soient moins généreuses par rapport au revenu, atteignant 13.6 % (Slovénie) et 13.5 % (Luxembourg). Le niveau plus faible des prestations en espèces pour les couples mariés peut être imputé à trois raisons : les parents isolés peuvent avoir droit à un régime plus avantageux ; les prestations elles-mêmes peuvent être fixées en montant absolu ; ou l'octroi des prestations peut dépendre d'un critère de revenu.

Le tableau 3.4 indique le montant de l'impôt sur le revenu des personnes physiques dû en pourcentage du salaire brut. Pour les célibataires sans enfant percevant le salaire moyen (colonne 2 du tableau), la charge de l'impôt sur le revenu varie entre 0 % (Chile) et 36.1 % (Danemark). Dans la plupart des pays Membres de l'OCDE, pour un niveau de salaire moyen, la charge de l'impôt sur le revenu qui pèse sur un couple marié disposant d'un seul revenu et ayant deux enfants est sensiblement moindre que celle supportée par un célibataire (comparer les colonnes 2 et 5). Le graphique 3.4 fait apparaître clairement ces différences. Dans 9 pays de l'OCDE, l'impôt sur le revenu à la charge d'un couple marié disposant d'un seul salaire et ayant deux enfants est inférieur de plus de la moitié à celle supportée par un célibataire (Allemagne, États-Unis, Luxembourg, Pologne, Portugal, République slovaque, République tchèque, Slovénie et Suisse). En revanche, on ne relève aucune différence dans 7 pays : Australie, Chili, Israël, Mexique, Nouvelle-Zélande, Royaume-Uni et Suède.

Un salarié moyen marié avec deux enfants supporte une charge d'impôt sur le revenu négative dans trois pays Membres de l'OCDE seulement. Ce résultat est dû à l'existence de crédits d'impôt récupérables en vertu desquels des crédits dépassent le montant d'impôts dus. Cette situation aboutit à des charges fiscales de -4.7 % en République tchèque, -2.0 % en République slovaque et -1.5 % en Pologne. De même, dans sept pays – Allemagne, Espagne, États-Unis, Pologne, République slovaque, République tchèque et Royaume-Uni –, les parents isolés ayant deux enfants et gagnant 67 % du salaire moyen ont une charge d'impôt négative. Dans quatre autres pays – Chili, Corée, Israël, et Slovénie –, ce type de famille ne paie pas d'impôt sur le revenu.

Une comparaison des colonnes 5 et 6 du tableau 3.4 montre que si le conjoint qui ne travaillait pas trouve un emploi rémunéré à 33 % du salaire moyen, la charge d'impôt sur le revenu de la famille (désormais exprimée à 133 % du salaire moyen) est légèrement plus élevée dans 17 pays, les différences les plus fortes concernant la République tchèque (7.0 points), l'Allemagne (5.7 points) et la République slovaque (5.6 points). Toutefois, la charge d'impôt sur le revenu est inférieure dans 15 pays, les différences les plus marquées concernant la Finlande (-4.6 points), l'Australie et le Mexique (-4.4 points pour les deux). Il n'y a aucun impact sur la charge fiscale au Chili et en France.

Un élément important à prendre en compte dans la conception de l'impôt sur le revenu est sa progressivité – rythme auquel la charge de l'impôt s'accroît avec le revenu.

Une comparaison des colonnes 1 à 3 du tableau 3.4 donne un aperçu des niveaux de progressivité des systèmes d'impôt sur le revenu des pays de l'OCDE. Si l'on compare la charge d'impôt sur le revenu de célibataires rémunérés au salaire moyen à celle de célibataires gagnant 167 % du salaire moyen (colonnes 2 et 3), le salarié le moins rémunéré supporte une charge fiscale moindre dans tous les pays sauf en Hongrie, où un taux forfaitaire s'applique aux revenus du travail et où tous les ménages sans enfant paient le même pourcentage d'impôt sur le revenu. Il en va de même pour les célibataires qui gagnent 67% du salaire moyen, sauf au Chili où ces travailleurs ne paient pas d'impôt sur le revenu. Enfin, la charge à laquelle doivent faire face les célibataires gagnant 67 % du salaire moyen représente un quart ou moins de celle supportée par leurs homologues gagnant 167 % de ce salaire dans seulement cinq pays de l'OCDE : au Chili (0 %), au Mexique (15 %), en Grèce (17 %), en Corée (18 %) et aux Pays-Bas (25 %).

L'addition des cotisations de sécurité sociale et du taux moyen d'imposition réduit cette progressivité ainsi que l'économie d'impôt proportionnelle dont bénéficient les familles (comparer le tableau 3.2 et le tableau 3.4). La charge fiscale moyenne des célibataires gagnant 67 % du salaire moyen n'est inférieure que de 32 % à celle de leurs homologues gagnant 167 % de ce salaire, alors que l'économie moyenne pour les seuls impôts sur le revenu des personnes physiques était de 50 % pour l'ensemble des pays de l'OCDE. L'économie d'impôt moyenne observée pour les couples mariés disposant d'un seul revenu égal au salaire moyen et ayant deux enfants par rapport à celle des célibataires baisse de 37 % à 20 %. Ces diminutions reflètent la quasi-absence de variation entre les taux des cotisations de sécurité sociale entre les catégories de familles, comme le montre le tableau 3.5.

Le tableau 3.5 illustre les cotisations salariales de sécurité sociale en pourcentage des salaires bruts. Pour un célibataire sans enfant disposant du salaire moyen (colonne 2), le taux de cotisation varie entre zéro (Australie, Danemark et Nouvelle-Zélande) et 22.1 % (Slovénie). L'Australie, le Danemark et la Nouvelle-Zélande ne prélèvent aucune cotisation salariale de sécurité sociale en faveur des administrations publiques, et quatre autres pays appliquent des taux très faibles – Islande (0.4 %), Mexique (1.4 %) et Estonie (1.6 %). Ces cotisations de sécurité sociale sont généralement prélevées à un taux uniforme sur la totalité du salaire, c'est-à-dire sans seuil d'exonération. Dans un certain nombre de pays Membres de l'OCDE, un plafond s'applique. Toutefois, ce « plafonnement » concerne généralement les niveaux de salaire supérieurs à 167 % du salaire moyen. Ces structures de taux reflètent une charge moyenne des cotisations salariales de sécurité sociale à peu près constante dans la plupart des pays sur toute la fourchette des rémunérations comprises entre 33 % et 167 % du salaire moyen. Voici des exemples de charge proportionnelle constante des cotisations salariales de sécurité sociale pour les huit catégories de familles dans les pays suivants (par ordre décroissant) : Slovénie (22.1 %), Hongrie (18.5 %), Pologne (17.8 %), Grèce (15.5 %), Turquie (15.0 %), République tchèque et Portugal (11.0 %), Norvège (8.2 %), États-Unis (7.7 %), Chili (7.0 %) et Estonie (1.6 %).

Par ailleurs, seuls l'Allemagne et les Pays-Bas appliquent au niveau du salaire moyen des cotisations de sécurité sociale différentes aux salariés en fonction de leur situation de famille (voir graphique 3.5).

Charges fiscales marginales

Le tableau 3.6 et le graphique 3.6 indiquent le pourcentage d'augmentation des coûts de main-d'œuvre qui est absorbé par l'impôt sur le revenu des personnes physiques et par les cotisations salariales et patronales de sécurité sociale (y compris les taxes sur les salaires) en cas d'augmentation marginale des coûts de main-d'œuvre. Il s'agit du coin fiscal marginal. Le plus souvent, le coin fiscal marginal absorbe 25 % à 55 % d'une augmentation des coûts de main-d'œuvre pour les célibataires sans enfant rémunérés au niveau du salaire moyen. Cependant, dans huit pays de l'OCDE, ces contribuables sont soumis à des coins fiscaux marginaux plus élevés – Belgique (66.3 %), Autriche (60.5 %), Allemagne (60.2 %), France (59.3 %), Italie (56.0 %), Irlande (55.8 %), Finlande et Luxembourg (55.5 %). Ce sont le Mexique (25.2 %) et le Chili (7.0 %) qui ont les taux marginaux les plus bas.

Dans 22 pays de l'OCDE, le coin fiscal marginal pour les couples mariés avec deux enfants disposant d'un seul revenu égal au salaire moyen est le même que pour les célibataires sans enfant rémunérés au salaire moyen, ou la différence est inférieure à 5 points. Le coin fiscal marginal est inférieur de plus de 5 points pour les couples mariés disposant d'un seul revenu dans 8 pays : Irlande (18.1 points), Luxembourg (16.1 points), France (15.8 points), Portugal (14.1 points), Suisse (9.7 points), États-Unis (9.3 points), Allemagne (7.9 points) et Slovénie (7.4 points). En revanche, le coin fiscal marginal pour les couples mariés avec deux enfants et disposant d'un seul revenu est supérieur de plus de 5 points à celui des célibataires sans enfant en Nouvelle-Zélande (21.2 points), au Canada (20.9 points), en Australie (18.9 points) et en Islande (8.9 points).

Le tableau 3.7 et le graphique 3.7 illustrent la variation progressive de l'impôt sur le revenu des personnes physiques et des cotisations salariales de sécurité sociale diminués des prestations en espèces en cas d'augmentation marginale du salaire brut. Comme pour le coin fiscal, dans la plupart des cas, l'impôt sur le revenu des personnes physiques et les cotisations salariales de sécurité sociale absorbent 25 % à 55 % de l'augmentation du salaire pour les célibataires sans enfant rémunérés au salaire moyen. Le taux marginal d'imposition est inférieur à 25 % uniquement au Chile (7.0 %), au Mexique (19.5 %), en Estonie (21.3 %) et en Corée (21.9 %).

Dans 21 pays de l'OCDE, le taux marginal net d'imposition applicable aux couples mariés avec deux enfants disposant d'un seul revenu égal au salaire moyen est le même que pour les célibataires sans enfant, ou la différence est inférieure à 5 points. Le taux marginal est inférieur de plus de 5 points pour les couples mariés disposant d'un seul salaire dans 9 pays : France (21.8 points), Irlande (20.0 points), Luxembourg (18.1 points), Portugal (17.5 points), Suisse (10.4 points), États-Unis (10.0 points), Allemagne (9.4 points), Slovénie (8.5 points) et Espagne (5.6 points). En revanche, au Canada (22.9 points), en Nouvelle-Zélande (21.2 points), en Australie (20.0 points) et en Islande (9.6 points), le taux marginal applicable aux couples mariés disposant d'un seul revenu et ayant deux enfants est supérieur de plus de 5 points à celui qui s'applique aux célibataires sans enfant. Ces taux marginaux plus élevés sont dus à la suppression progressive des allégements fiscaux et/ou prestations en espèces accordés sous condition de ressources. Lorsqu'une disposition assortie d'un plafond de ressources est supprimée, la réduction de l'allégement fiscal ou de la prestation s'ajoute à l'accroissement de l'impôt dû par ailleurs. Ces programmes sont décrits de manière plus détaillée dans les chapitres par pays qui figurent dans la troisième Partie du rapport.

Le tableau 3.8 indique l'augmentation en pourcentage du revenu net lorsque le salaire brut augmente d'une unité monétaire, c'est-à-dire l'élasticité du revenu après impôt[1]. Dans un système fiscal proportionnel, le revenu net augmenterait du même pourcentage que l'augmentation du salaire brut, auquel cas l'élasticité serait égale à 1. L'élasticité est de 0.8 lorsqu'une augmentation du salaire brut d'une unité monétaire entraîne une hausse correspondante de la rémunération nette de seulement 0.8 unité. Plus le système est progressif – au niveau de revenu considéré – plus cette élasticité est faible. Par exemple, dans le cas d'un couple marié avec deux enfants disposant d'un seul revenu égal au salaire moyen, la colonne 5 du tableau 3.8 montre que, de tous les pays Membres de l'OCDE, le Canada (0.46), l'Australie (0.47), la Nouvelle-Zélande (0.51) et la Belgique (0.58) ont, selon cet indicateur, le système le plus progressif d'impôt sur le revenu et de cotisations salariales de sécurité sociale en tenant compte des dispositions fiscales et des prestations en espèces pour les enfants, à ce niveau de revenu. En revanche, le Chili (1.00), la France (0.95), la Turquie (0.91) et le Mexique (0.90), appliquent ou se rapprochent d'un système proportionnel d'impôt sur le revenu et de cotisations salariales de sécurité sociale – du moins pour ce type de famille.

Il est également intéressant de noter que l'élasticité est supérieure à 1 pour un célibataire dont le salaire est égal à 167 % du salaire moyen en Autriche (1.03), ce qui indique que le système d'impôt sur le revenu est régressif à ce point de l'échelle des revenus. En d'autres termes, une augmentation en pourcentage de la rémunération brute se traduit par un accroissement du revenu net supérieur à cette hausse du salaire brut.

Le tableau 3.9 propose une autre mesure de l'élasticité du revenu après impôt : le pourcentage d'augmentation du revenu net lorsque les coûts de main-d'œuvre (salaire brut, plus cotisations patronales de sécurité sociale et taxes sur les salaires) augmentent d'une unité monétaire[2]. Dans ce cas, les impôts et les cotisations patronales de sécurité sociale sont compris dans l'analyse. Dans la plupart des pays Membres de l'OCDE, l'élasticité se situe entre 0.5 et 0.97 pour les huit types de ménages. Cette élasticité est inférieure à 0.5 pour les parents isolés gagnant l'équivalent de 67 % du salaire moyen en Australie (0.41), au Canada (0.37), en Irlande (0.27) et au Royaume-Uni (0.25), pour les couples mariés avec deux enfants disposant d'un seul salaire égal au salaire moyen en Australie et au Canada (0.47) et pour les couples mariés avec deux enfants et deux salaires dont un conjoint gagne le salaire moyen et l'autre 33 % du salaire moyen en Australie (0.38). Elle est en revanche comprise entre 0.97 et 1.0 pour certaines catégories de familles au Chili, en Corée, en Estonie, en Hongrie, au Japon, au Mexique et en Pologne. Il est intéressant de signaler qu'avec cette mesure de l'élasticité, le système d'impôt sur le revenu est régressif pour un célibataire dont le salaire est égal à 167 % du salaire moyen en Espagne (1.11), en Allemagne (1.14) et en Autriche (1.21).

Le tableau 3.10 renseigne sur le salaire brut et le revenu net pour les huit catégories de familles, après conversion de tous les montants en dollars des États-Unis à parité de pouvoir d'achat. Les travailleurs célibataires rémunérés au salaire moyen ont un salaire net disponible (voir tableau 3.10, colonne 4) supérieur à 37 000 USD dans 8 pays : Suisse (57 756 USD), Norvège (43 104 USD), Pays-Bas (42 650 USD), Australie (42 456 USD), Luxembourg (42 134 USD), Corée (40 748 USD), Royaume-Uni (39 381 USD) et États-Unis (37 899 USD). Les niveaux correspondants les plus bas concernent le Mexique (11 539 USD), Hongrie (15 922 USD) et la République slovaque (16 748 USD). Dans le cas d'un couple marié avec deux enfants disposant d'un seul salaire égal au salaire moyen, son revenu net est supérieur à 50 000 USD au Luxembourg et en Suisse, tandis que c'est de nouveau au Mexique qu'on enregistre le niveau le plus bas. Il est intéressant d'observer que, sauf dans le cas du Chili et du Mexique, le revenu net disponible du couple marié disposant d'un seul salaire est supérieur à celui du célibataire rémunéré au salaire moyen. Cela s'explique par le régime fiscal favorable applicable à cette catégorie de famille et/ou par les prestations en espèces auxquelles elle a droit.

Le tableau 3.11 contient les mêmes chiffres que le tableau 3.10 pour les coûts de main-d'œuvre et le revenu net. Les colonnes « net » des tableaux 3.10 et 3.11 sont donc identiques. Généralement, les coûts de main-d'œuvre sont bien supérieurs aux salaires bruts, parce que les cotisations patronales de sécurité sociale (y compris les taxes sur les salaires) sont désormais prises en compte. En dollars à parité de pouvoir d'achat, les coûts de main-d'œuvre pour un célibataire percevant le salaire moyen sont les plus élevés en Suisse (74 255 USD) et en Belgique (74 137 USD), et les plus faibles au Mexique (14 375 USD) et au Chili (19 338 USD). Il est intéressant de noter que les coûts annuels de main-d'œuvre sont égaux au salaire annuel brut au Chili et en Nouvelle-Zélande. Ces pays ne prélèvent aucune cotisation patronale de sécurité sociale obligatoire ni taxe sur les salaires. Cependant, les employeurs du Chili sont soumis à des prélèvements obligatoires non fiscaux liés notamment aux régimes de retraite.

Notes

1. Les élasticités indiquées dans le tableau 3.8 sont calculées de la manière suivante : (100 – METR)/(100 – AETR), où METR désigne le taux marginal de l'impôt sur le revenu, augmenté des cotisations salariales de sécurité sociale et diminué des transferts en espèces, figurant dans le tableau 3.7, et AETR désigne le taux moyen augmenté des cotisations salariales de sécurité sociale et diminué des transferts en espèces, figurant dans le tableau 3.3.
2. Les élasticités indiquées dans le tableau 3.9 sont calculées de la manière suivante : (100 – METR)/(100 – AETR), où METR désigne le taux marginal de l'impôt sur le revenu, augmenté des cotisations salariales et patronales de sécurité sociale et diminué des transferts en espèces, figurant dans le tableau 3.6, et AETR désigne le taux moyen augmenté des cotisations salariales et patronales de sécurité sociale et diminué des transferts en espèces, figurant dans le tableau 3.1.

Tableau 3.1. Impôt sur le revenu et cotisations sociales des salariés et employeurs diminués des prestations versées, 2015

En % des coûts de main-d'oeuvre, par catégorie de famille et niveau de salaire

	Célibataire sans enf 67 (% SM)	Célibataire sans enf 100 (% SM)	Célibataire sans enf 167 (% SM)	Célibataire 2 enf 67 (% SM)	Couple marié 2 enf 100-0 (% SM)	Couple marié 2 enf 100-33 (% SM)[2]	Couple marié 2 enf 100-67 (% SM)[2]	Couple marié sans enf 100-33 (% SM)[2]
Allemagne	45.3	49.4	51.3	30.8	34.0	38.7	42.3	45.2
Australie	23.1	28.4	34.0	-1.4	17.8	22.7	26.3	24.2
Autriche	45.0	49.5	52.2	29.3	39.0	38.4	42.1	45.4
Belgique	49.5	55.3	60.7	35.8	40.4	41.4	48.1	47.7
Canada	26.6	31.6	33.4	-5.9	18.8	23.7	26.9	28.5
Chili	7.0	7.0	7.9	6.1	7.0	4.7	6.6	7.0
Corée	18.6	21.9	24.0	17.0	19.6	19.3	19.5	20.7
Danemark	34.3	36.4	42.4	7.6	26.0	29.8	31.8	34.5
Espagne	36.0	39.6	44.2	24.1	33.8	35.6	36.4	36.7
Estonie	38.0	39.0	39.9	21.5	28.5	31.7	33.6	38.0
États-Unis	29.5	31.7	36.4	12.1	20.7	24.7	26.6	29.5
Finlande	38.3	43.9	49.7	28.3	39.3	36.5	38.9	39.9
France	43.5	48.5	54.3	35.9	40.5	37.9	43.1	43.7
Grèce	34.7	39.3	46.8	30.9	38.1	37.5	38.0	38.3
Hongrie	49.0	49.0	49.0	27.2	35.3	38.7	40.8	49.0
Irlande	21.6	27.5	38.8	-18.6	9.5	14.0	19.8	20.3
Islande	29.9	34.0	38.3	19.5	22.4	28.6	32.3	30.1
Israël[1]	14.6	21.6	30.6	2.7	18.9	15.9	15.3	17.9
Italie	42.0	49.0	54.6	26.5	39.9	39.5	42.7	43.8
Japon	30.8	32.2	34.9	24.6	26.8	28.3	29.2	31.4
Luxembourg	31.1	38.3	45.2	7.1	15.9	20.3	26.0	29.4
Mexique	15.0	19.7	22.8	15.0	19.7	17.6	17.8	17.6
Norvège	33.6	36.6	42.4	22.1	31.9	31.1	33.2	33.9
Nouvelle-Zélande	13.5	17.6	23.3	-14.4	4.9	12.0	16.5	16.2
Pays-Bas	31.0	36.2	41.5	8.8	30.6	27.6	29.7	32.2
Pologne	33.4	34.7	35.7	24.0	28.4	30.2	31.7	33.4
Portugal	36.2	42.1	48.0	25.2	30.7	31.1	35.6	36.1
République slovaque	38.8	41.3	43.4	27.2	28.4	31.7	35.7	37.6
République tchèque	39.9	42.8	45.1	24.5	26.6	32.7	35.4	40.5
Royaume-Uni	26.0	30.8	37.3	5.4	26.3	22.4	26.2	25.9
Slovénie	38.6	42.6	46.5	10.1	23.7	30.8	34.6	40.2
Suède	40.7	42.7	51.0	33.4	37.8	37.3	39.0	41.0
Suisse	19.4	22.2	26.8	4.7	9.8	12.9	16.0	20.0
Turquie	36.1	38.3	41.9	34.8	36.9	35.7	36.9	36.4
Moyenne non pondérée								
OCDE-Moyenne	**32.1**	**35.9**	**40.4**	**17.1**	**26.7**	**28.3**	**31.0**	**32.7**
OCDE-UE 21	**37.7**	**41.8**	**46.5**	**21.2**	**31.1**	**32.6**	**35.8**	**38.0**

Note : enf = enfant

1. Informations sur les données concernant Israël : *http://oe.cd/israel-disclaimer.*
2. Famille disposant de deux revenus.

StatLink http://dx.doi.org/10.1787/888933343123

Graphique 3.1. Impôt sur le revenu plus cotisations de sécurité sociale des salariés et des employeurs diminués des prestations versées, 2015

En % des coûts de main-d'œuvre, par catégorie de famille

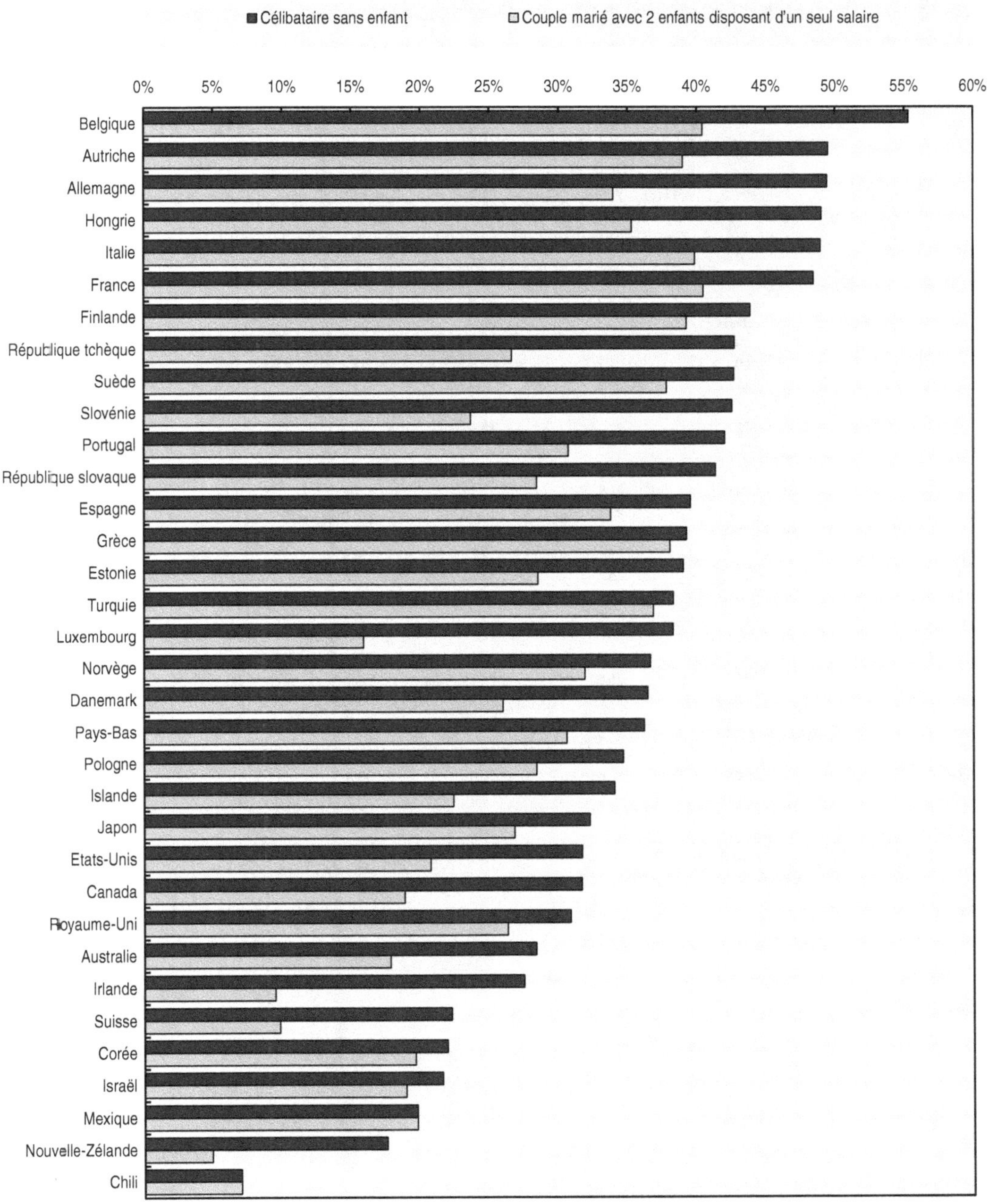

Note : Le type de ménage « célibataire sans enfant » correspond à un niveau de salaire de 100 % du salaire moyen. Le type de ménage « couple marié avec 2 enfants disposant d'un seul salaire » correspond à un niveau de salaire combiné de 100 %-0 % du salaire moyen

Source : Calculs de l'OCDE basés sur les contributions des pays et sur les *Perspectives économiques de l'OCDE*, volume 2015 (n° 98).

StatLink http://dx.doi.org/10.1787/888933342274

Tableau 3.2. **Impôt sur le revenu et cotisations sociales des salariés, 2015**

En % du salaire brut, par catégorie de famille et niveau de salaire

	Célibataire sans enf 67 (% SM)	Célibataire sans enf 100 (% SM)	Célibataire sans enf 167 (% SM)	Célibataire 2 enf 67 (% SM)	Couple marié 2 enf 100-0 (% SM)	Couple marié 2 enf 100-33 (% SM)[2]	Couple marié 2 enf 100-67 (% SM)[2]	Couple marié sans enf 100-33 (% SM)[2]
Allemagne	34.7	39.7	43.8	17.5	21.2	26.9	31.2	34.6
Australie	18.5	24.1	30.1	18.5	24.1	19.7	21.9	19.7
Autriche	29.0	34.9	39.4	26.2	32.9	29.3	32.3	29.6
Belgique	35.4	42.0	49.1	30.0	30.8	32.2	37.9	34.1
Canada	19.0	23.4	27.1	11.4	18.7	19.9	21.5	20.0
Chili	7.0	7.0	7.9	7.0	7.0	7.0	7.0	7.0
Corée	10.2	13.8	17.2	8.4	11.3	11.0	11.1	12.5
Danemark	33.8	36.1	42.1	32.2	32.2	34.0	35.2	34.0
Espagne	16.8	21.5	27.7	1.4	14.0	16.3	17.3	17.7
Estonie	17.0	18.4	19.6	12.7	12.7	14.8	16.1	17.0
États-Unis	22.9	25.6	31.1	3.9	13.7	17.6	20.0	22.8
Finlande	24.1	30.9	38.1	24.1	30.8	26.0	28.1	26.1
France	25.9	28.9	34.4	22.1	22.1	22.1	25.5	26.6
Grèce	18.6	24.3	33.7	18.6	25.7	23.2	23.7	23.2
Hongrie	34.5	34.5	34.5	23.2	26.9	28.8	30.0	34.5
Irlande	13.2	19.7	32.2	7.3	12.0	12.2	16.7	12.2
Islande	24.6	29.1	33.7	24.6	20.9	24.9	27.3	24.9
Israël[1]	10.8	17.3	26.3	5.9	17.3	13.9	12.7	13.9
Italie	23.4	32.6	40.0	15.7	25.7	22.3	26.0	25.8
Japon	20.4	22.0	25.8	20.4	20.6	21.1	21.4	21.1
Luxembourg	22.6	30.7	38.5	15.9	19.1	20.7	25.1	20.7
Mexique	3.2	10.3	15.0	3.2	10.3	5.9	7.5	5.9
Norvège	25.0	28.4	34.9	21.5	27.2	25.4	27.0	25.4
Nouvelle-Zélande	13.5	17.6	23.3	14.9	17.6	16.2	16.5	16.2
Pays-Bas	24.4	29.9	37.6	18.0	27.5	23.5	25.1	25.7
Pologne	22.2	23.7	24.9	11.3	16.4	18.5	20.2	22.2
Portugal	21.1	28.3	35.6	14.7	18.3	17.5	20.3	20.9
République slovaque	19.7	23.0	25.8	12.5	11.4	16.0	18.8	19.7
République tchèque	19.4	23.3	26.4	5.7	6.3	13.3	16.2	20.2
Royaume-Uni	19.2	23.4	29.8	4.1	23.4	19.1	21.7	19.1
Slovénie	28.7	33.3	37.9	22.1	25.0	25.9	27.8	30.5
Suède	22.1	24.7	35.6	22.1	24.7	22.4	23.7	22.4
Suisse	14.4	17.4	22.2	8.6	10.8	12.4	14.8	15.0
Turquie	24.9	27.5	31.8	23.4	25.8	24.5	25.9	25.2
Moyenne non pondérée								
OCDE-Moyenne	**21.2**	**25.5**	**31.0**	**15.6**	**20.1**	**20.1**	**22.2**	**22.0**
OCDE-UE 21	**24.1**	**28.8**	**34.6**	**17.0**	**21.9**	**22.1**	**24.7**	**24.6**

Note : enf = enfant

1. Informations sur les données concernant Israël : *http://oe.cd/israel-disclaimer.*
2. Famille disposant de deux revenus.

StatLink http://dx.doi.org/10.1787/888933343130

Graphique 3.2. **Impôt sur le revenu et cotisations de sécurité sociale des salariés, 2015**

En % du salaire brut, par catégorie de famille et niveau de salaire

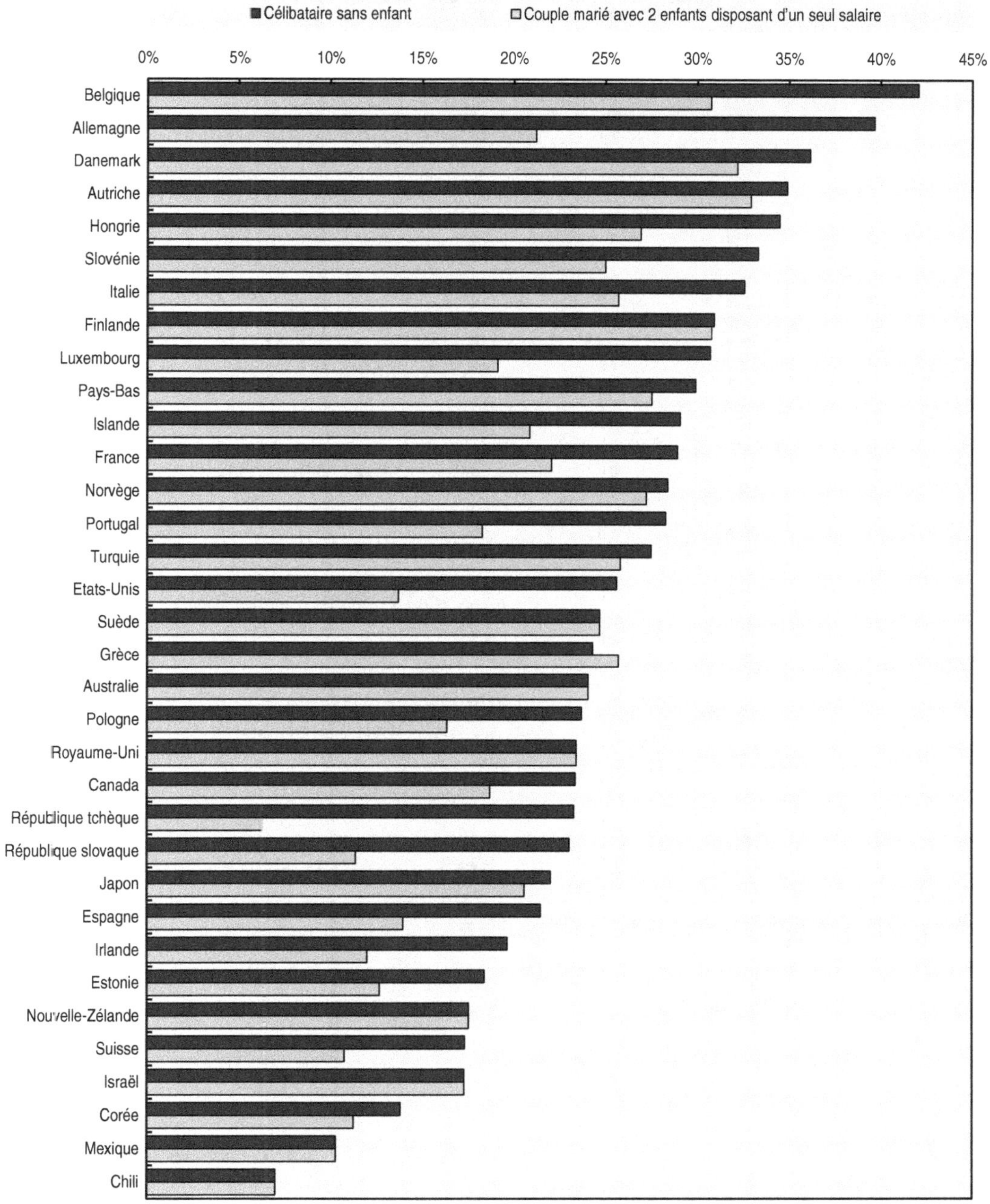

Note : Le type de ménage « célibataire sans enfant » correspond à un niveau de salaire de 100 % du salaire moyen. Le type de ménage « couple marié avec 2 enfants disposant d'un seul salaire » correspond à un niveau de salaire combiné de 100 %-0 % du salaire moyen

Source : Contributions des pays et *Perspectives économiques de l'OCDE*, volume 2015 (n° 98).

StatLink http://dx.doi.org/10.1787/888933342288

Tableau 3.3. **Impôt sur le revenu et cotisations sociales des salariés diminués des prestations versées, 2015**

En % du salaire brut, par catégorie de famille et niveau de salaire

	Célibataire sans enf 67 (% SM)	Célibataire sans enf 100 (% SM)	Célibataire sans enf 167 (% SM)	Célibataire 2 enf 67 (% SM)	Couple marié 2 enf 100-0 (% SM)	Couple marié 2 enf 100-33 (% SM)[2]	Couple marié 2 enf 100-67 (% SM)[2]	Couple marié sans enf 100-33 (% SM)[2]
Allemagne	34.7	39.7	43.8	17.5	21.2	26.9	31.2	34.6
Australie	18.5	24.1	30.1	-7.4	12.9	18.1	21.9	19.7
Autriche	29.0	34.9	39.4	8.9	21.4	20.6	25.3	29.6
Belgique	35.4	42.0	49.1	18.0	22.7	26.2	33.1	34.1
Canada	17.8	23.4	27.1	-18.6	9.0	14.6	18.1	20.0
Chili	7.0	7.0	7.9	6.1	7.0	4.7	6.6	7.0
Corée	10.2	13.8	17.2	8.4	11.3	11.0	11.1	12.5
Danemark	33.4	35.9	42.1	6.4	25.3	28.9	31.1	33.6
Espagne	16.8	21.5	27.7	1.4	14.0	16.3	17.3	17.7
Estonie	17.0	18.4	19.6	-5.0	4.3	8.5	11.1	17.0
États-Unis	22.9	25.6	31.1	3.9	13.7	17.6	20.0	22.8
Finlande	24.1	30.9	38.1	11.8	25.2	21.8	24.8	26.1
France	25.9	28.9	34.4	15.9	18.0	19.0	23.1	26.6
Grèce	18.6	24.3	33.7	13.9	22.9	22.1	22.8	23.2
Hongrie	34.5	34.5	34.5	6.5	16.9	21.2	23.9	34.5
Irlande	13.2	19.7	32.2	-31.4	-0.3	5.2	11.2	12.2
Islande	24.6	29.1	33.7	13.5	16.5	23.3	27.2	24.9
Israël[1]	10.8	17.3	26.3	-1.6	14.5	11.8	11.1	13.9
Italie	23.4	32.6	40.0	3.0	20.6	20.0	24.3	25.8
Japon	20.4	22.0	25.8	13.3	15.8	17.5	18.5	21.1
Luxembourg	22.6	30.7	38.5	-4.3	5.6	10.6	17.0	20.7
Mexique	3.2	10.3	15.0	3.2	10.3	5.9	7.5	5.9
Norvège	25.0	28.4	34.9	12.0	23.0	22.2	24.5	25.4
Nouvelle-Zélande	13.5	17.6	23.3	-14.4	4.9	12.0	16.5	16.2
Pays-Bas	24.4	29.9	37.6	0.1	23.8	20.6	22.9	25.7
Pologne	22.2	23.7	24.9	11.3	16.4	18.5	20.2	22.2
Portugal	21.1	28.3	35.6	7.5	14.2	14.7	20.3	20.9
République slovaque	19.7	23.0	25.8	4.5	6.1	12.0	15.6	19.7
République tchèque	19.4	23.3	26.4	-1.1	1.7	9.9	13.5	20.2
Royaume-Uni	19.2	23.4	29.8	-3.3	18.4	15.4	18.7	19.1
Slovénie	28.7	33.3	37.9	-4.4	11.4	19.6	24.1	30.5
Suède	22.1	24.7	35.6	12.5	18.3	17.6	19.8	22.4
Suisse	14.4	17.4	22.2	-1.3	4.2	7.4	10.8	15.0
Turquie	24.9	27.5	31.8	23.4	25.8	24.5	25.9	25.2
Moyenne non pondérée								
OCDE-Moyenne	**21.1**	**25.5**	**31.0**	**3.8**	**14.6**	**16.7**	**19.7**	**21.9**
OCDE-UE 21	**24.1**	**28.8**	**34.6**	**4.3**	**15.6**	**17.9**	**21.5**	**24.6**

Note : enf = enfant

1. Informations sur les données concernant Israël : *http://oe.cd/israel-disclaimer.*
2. Famille disposant de deux revenus.

StatLink http://dx.doi.org/10.1787/888933343149

Graphique 3.3. **Impôt sur le revenu et cotisations de sécurité sociale des salariés diminués des prestations versées, 2015**

En % du salaire brut, par catégorie de famille et niveau de salaire

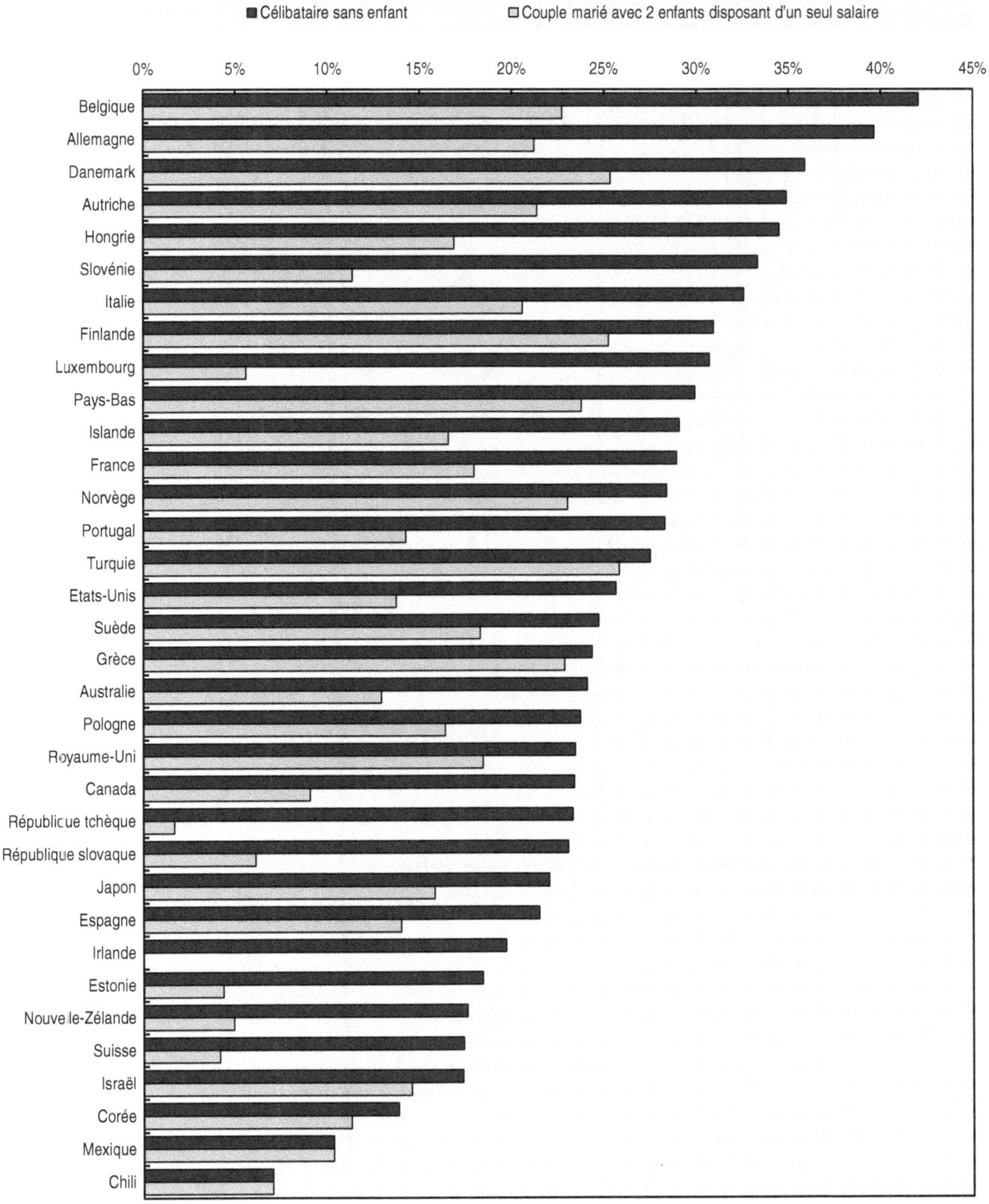

Note : Le type de ménage « célibataire sans enfant » correspond à un niveau de salaire de 100 % du salaire moyen. Le type de ménage « couple marié avec 2 enfants disposant d'un seul salaire » correspond à un niveau de salaire combiné de 100 %-0 % du salaire moyen
Source : Calculs de l'OCDE basés sur les contributions des pays et sur les *Perspectives économiques de l'OCDE*, volume 2015 (n° 98).

StatLink http://dx.doi.org/10.1787/888933342295

Tableau 3.4. **Impôt sur le revenu, par catégorie de famille et niveau de salaire, 2015**

En % du salaire brut

	Célibataire sans enf 67 (% SM)	Célibataire sans enf 100 (% SM)	Célibataire sans enf 167 (% SM)	Célibataire 2 enf 67 (% SM)	Couple marié 2 enf 100-0 (% SM)	Couple marié 2 enf 100-33 (% SM)[2]	Couple marié 2 enf 100-67 (% SM)[2]	Couple marié sans enf 100-33 (% SM)[2]
Allemagne	14.2	19.2	27.7	-2.8	1.0	6.6	11.0	14.1
Australie	18.5	24.1	30.1	18.5	24.1	19.7	21.9	19.7
Autriche	11.0	16.8	23.2	8.1	14.9	12.0	14.2	12.3
Belgique	21.5	28.1	35.1	16.1	16.8	21.5	23.9	23.3
Canada	11.8	15.8	22.2	4.2	11.1	12.7	14.0	12.8
Chili	0.0	0.0	0.9	0.0	0.0	0.0	0.0	0.0
Corée	1.8	5.4	10.0	0.0	2.9	2.6	2.8	4.1
Danemark	33.8	36.1	42.1	32.2	32.2	34.0	35.2	34.0
Espagne	10.5	15.1	21.4	-5.0	7.6	10.0	11.0	11.4
Estonie	15.4	16.8	18.0	11.1	11.1	13.2	14.5	15.4
États-Unis	15.2	18.0	23.5	-3.8	6.1	9.9	12.3	15.2
Finlande	16.0	22.7	29.8	16.0	22.5	17.9	19.9	18.1
France	11.7	14.7	20.9	7.9	7.9	7.9	11.3	12.4
Grèce	3.1	8.8	18.2	3.1	10.2	7.7	8.2	7.7
Hongrie	16.0	16.0	16.0	4.7	8.4	10.3	11.5	16.0
Irlande	9.2	15.7	28.2	3.3	8.0	9.2	12.7	9.2
Islande	24.1	28.7	33.5	24.1	20.5	24.3	26.9	24.3
Israël[1]	4.9	9.4	16.8	0.0	9.4	7.1	5.6	7.1
Italie	13.9	23.1	30.4	6.2	16.2	12.8	16.5	16.3
Japon	6.1	7.7	12.4	6.1	6.3	6.8	7.1	6.8
Luxembourg	9.9	17.9	25.6	3.1	6.3	8.0	12.3	8.0
Mexique	2.0	8.9	13.5	2.0	8.9	4.6	6.2	4.6
Norvège	16.8	20.2	26.7	13.3	19.0	17.2	18.8	17.2
Nouvelle-Zélande	13.5	17.6	23.3	14.9	17.6	16.2	16.5	16.2
Pays-Bas	7.1	16.7	28.4	5.6	16.1	12.8	12.2	13.3
Pologne	4.4	5.9	7.1	-6.5	-1.5	0.7	2.4	4.4
Portugal	10.1	17.3	24.6	3.7	7.3	6.5	9.3	9.9
République slovaque	6.3	9.6	12.4	-0.9	-2.0	3.6	5.4	7.3
République tchèque	8.4	12.3	15.4	-5.3	-4.7	2.3	5.2	9.2
Royaume-Uni	11.2	14.1	22.4	-3.8	14.1	11.1	13.0	11.1
Slovénie	6.6	11.2	15.8	0.0	2.9	3.8	5.7	8.4
Suède	15.1	17.7	30.9	15.1	17.7	15.4	16.7	15.4
Suisse	8.2	11.1	16.1	2.4	4.5	6.2	8.5	8.7
Turquie	9.9	12.5	16.8	8.4	10.8	9.5	10.9	10.2
Moyenne non pondérée								
OCDE-Moyenne	**11.4**	**15.7**	**21.8**	**5.9**	**10.4**	**10.7**	**12.5**	**12.5**
OCDE-UE 21	**12.2**	**17.0**	**23.5**	**5.3**	**10.1**	**10.8**	**13.0**	**13.2**

Note : enf = enfant

1. Informations sur les données concernant Israël : *http://oe.cd/israel-disclaimer.*
2. Famille disposant de deux revenus.

StatLink http://dx.doi.org/10.1787/888933343157

Graphique 3.4. **Impôt sur le revenu, par catégorie de famille, 2015**

En % du salaire brut

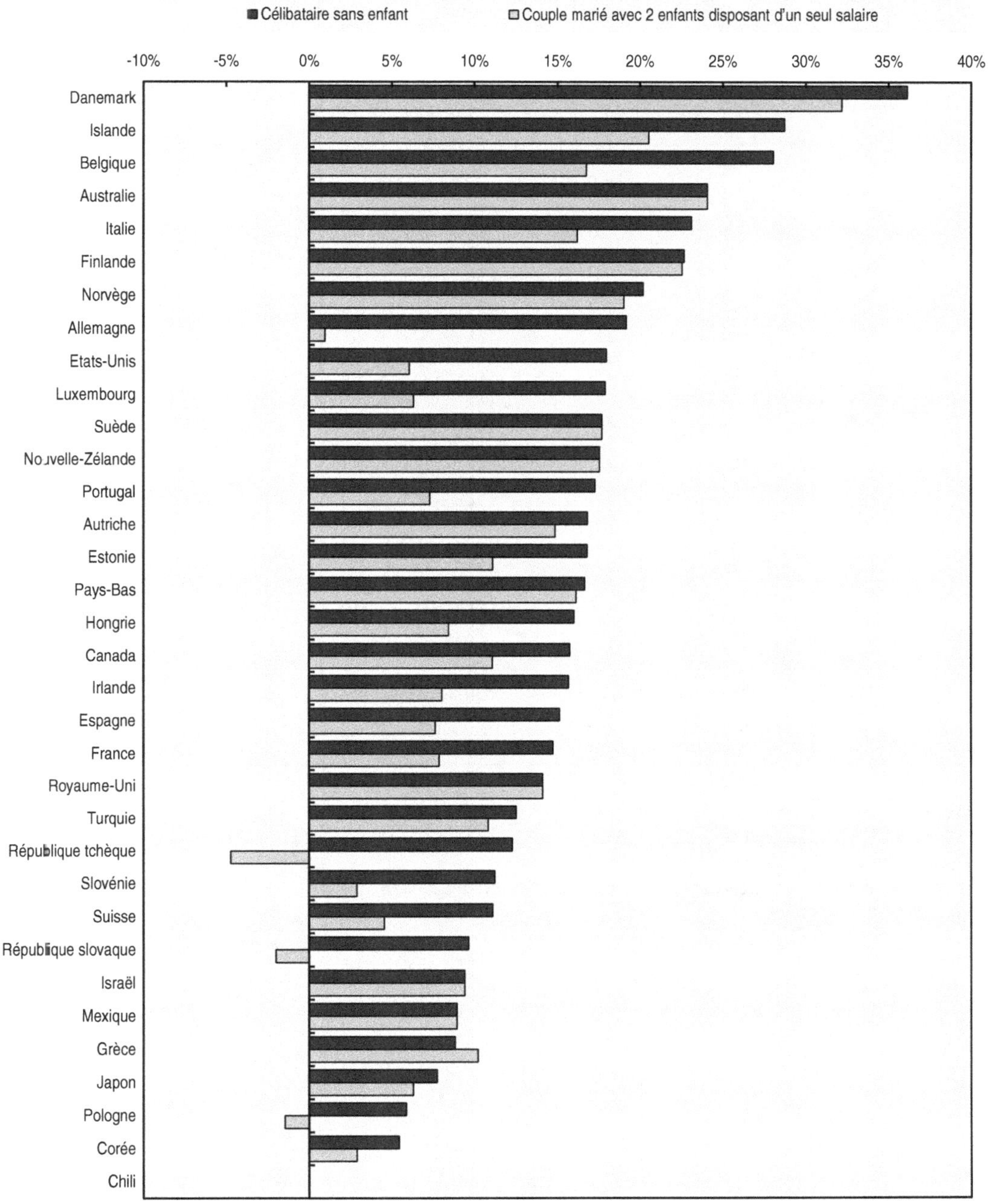

Note : Le type de ménage « célibataire sans enfant » correspond à un niveau de salaire de 100 % du salaire moyen. Le type de ménage « couple marié avec 2 enfants disposant d'un seul salaire » correspond à un niveau de salaire combiné de 100 %-0 % du salaire moyen.

Source : Calculs de l'OCDE basés sur les contributions des pays et sur les *Perspectives économiques de l'OCDE*, volume 2015 (n° 98).

StatLink http://dx.doi.org/10.1787/888933342304

Tableau 3.5. **Cotisations sociales des salariés, 2015**

En % du salaire brut, par catégorie de famille et niveau de salaire

	Célibataire sans enf 67 (% SM)	Célibataire sans enf 100 (% SM)	Célibataire sans enf 167 (% SM)	Célibataire 2 enf 67 (% SM)	Couple marié 2 enf 100-0 (% SM)	Couple marié 2 enf 100-33 (% SM)[2]	Couple marié 2 enf 100-67 (% SM)[2]	Couple marié sans enf 100-33 (% SM)[2]
Allemagne	20.5	20.5	16.1	20.2	20.2	20.2	20.2	20.5
Australie	0.0	0.0	0.0	0.0	0.0	0.0	0.0	0.0
Autriche	18.1	18.1	16.2	18.1	18.1	17.3	18.1	17.3
Belgique	13.9	14.0	14.0	13.9	14.0	10.8	14.0	10.8
Canada	7.2	7.6	4.9	7.2	7.6	7.2	7.5	7.2
Chili	7.0	7.0	7.0	7.0	7.0	7.0	7.0	7.0
Corée	8.4	8.4	7.1	8.4	8.4	8.4	8.4	8.4
Danemark	0.0	0.0	0.0	0.0	0.0	0.0	0.0	0.0
Espagne	6.4	6.4	6.3	6.4	6.4	6.4	6.4	6.4
Estonie	1.6	1.6	1.6	1.6	1.6	1.6	1.6	1.6
États-Unis	7.7	7.7	7.7	7.7	7.7	7.7	7.7	7.7
Finlande	8.2	8.3	8.3	8.2	8.3	8.0	8.2	8.0
France	14.2	14.2	13.5	14.2	14.2	14.2	14.2	14.2
Grèce	15.5	15.5	15.5	15.5	15.5	15.5	15.5	15.5
Hongrie	18.5	18.5	18.5	18.5	18.5	18.5	18.5	18.5
Irlande	4.0	4.0	4.0	4.0	4.0	3.0	4.0	3.0
Islande	0.5	0.4	0.2	0.5	0.4	0.5	0.4	0.5
Israël[1]	5.9	7.9	9.5	5.9	7.9	6.8	7.1	6.8
Italie	9.5	9.5	9.6	9.5	9.5	9.5	9.5	9.5
Japon	14.3	14.3	13.3	14.3	14.3	14.3	14.3	14.3
Luxembourg	12.7	12.8	12.9	12.7	12.8	12.7	12.8	12.7
Mexique	1.3	1.4	1.5	1.3	1.4	1.3	1.3	1.3
Norvège	8.2	8.2	8.2	8.2	8.2	8.2	8.2	8.2
Nouvelle-Zélande	0.0	0.0	0.0	0.0	0.0	0.0	0.0	0.0
Pays-Bas	17.3	13.3	9.2	12.4	11.4	10.7	12.9	12.4
Pologne	17.8	17.8	17.8	17.8	17.8	17.8	17.8	17.8
Portugal	11.0	11.0	11.0	11.0	11.0	11.0	11.0	11.0
République slovaque	13.4	13.4	13.4	13.4	13.4	12.4	13.4	12.4
République tchèque	11.0	11.0	11.0	11.0	11.0	11.0	11.0	11.0
Royaume-Uni	8.0	9.3	7.4	8.0	9.3	8.0	8.8	8.0
Slovénie	22.1	22.1	22.1	22.1	22.1	22.1	22.1	22.1
Suède	7.0	7.0	4.7	7.0	7.0	7.0	7.0	7.0
Suisse	6.3	6.3	6.2	6.3	6.3	6.3	6.3	6.3
Turquie	15.0	15.0	15.0	15.0	15.0	15.0	15.0	15.0
Moyenne non pondérée								
OCDE-Moyenne	**9.8**	**9.8**	**9.2**	**9.6**	**9.7**	**9.4**	**9.7**	**9.5**
OCDE-UE 21	**11.9**	**11.8**	**11.1**	**11.7**	**11.7**	**11.3**	**11.8**	**11.4**

Note : enf = enfant

1. Informations sur les données concernant Israël : *http://oe.cd/israel-disclaimer.*
2. Famille disposant de deux revenus.

StatLink http://dx.doi.org/10.1787/888933343165

Graphique 3.5. **Cotisations de sécurité sociale des salariés, 2015**

En % du salaire brut, par catégorie de famille

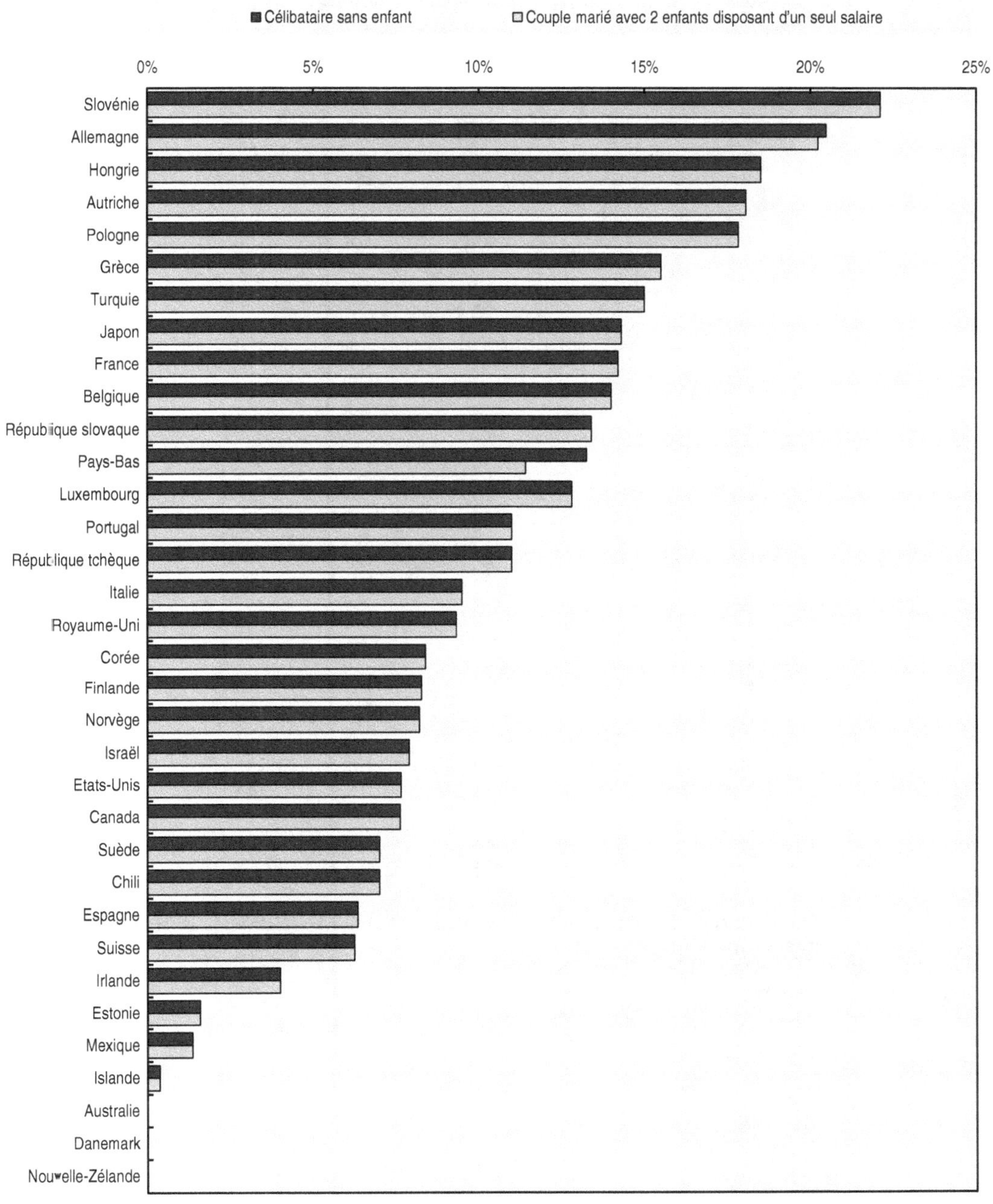

Note : Le type de ménage « célibataire sans enfant » correspond à un niveau de salaire de 100 % du salaire moyen. Le type de ménage « couple marié avec 2 enfants disposant d'un seul salaire » correspond à un niveau de salaire combiné de 100 %-0 % du salaire moyen

Source : Calculs de l'OCDE basés sur les contributions des pays et sur les *Perspectives économiques de l'OCDE*, volume 2015 (n° 98).

StatLink http://dx.doi.org/10.1787/888933342316

Tableau 3.6. **Taux marginal applicable à l'impôt sur le revenu et aux cotisations sociales des salariés et employeurs diminués des prestations versées, 2015**

En % des coûts de main-d'oeuvre, par catégorie de famille et niveau de salaire

	Célibataire sans enf 67 (% SM)	Célibataire sans enf 100 (% SM)	Célibataire sans enf 167 (% SM)	Célibataire 2 enf 67 (% SM)	Couple marié 2 enf 100-0 (% SM)	Couple marié 2 enf 100-33 (% SM)[2]	Couple marié 2 enf 100-67 (% SM)[2]	Couple marié sans enf 100-33 (% SM)[2]
Allemagne	55.6	60.2	44.3	53.6	52.3	55.3	57.7	55.6
Australie	39.6	42.4	42.4	58.5	61.3	70.7	42.4	42.4
Autriche	56.8	60.5	42.2	56.8	60.5	60.5	60.5	60.5
Belgique	66.3	66.3	68.5	66.3	66.3	66.3	65.5	66.3
Canada	33.8	40.9	38.4	60.7	61.8	38.2	38.2	40.9
Chili	7.0	7.0	10.3	7.0	7.0	7.0	7.0	7.0
Corée	25.4	29.2	31.9	17.0	29.2	29.2	29.2	29.2
Danemark	39.7	42.0	55.8	38.1	42.0	42.0	42.0	42.0
Espagne	45.6	49.9	38.0	42.0	45.6	49.9	49.9	49.9
Estonie	41.2	41.2	41.2	41.2	41.2	41.2	41.2	41.2
États-Unis	34.3	43.6	43.6	50.4	34.3	34.3	34.3	34.3
Finlande	54.5	55.5	58.5	54.5	56.2	56.2	56.2	55.5
France	67.2	59.3	59.8	57.5	43.5	43.5	56.4	56.4
Grèce	47.1	47.6	54.8	47.1	47.6	47.6	47.6	47.6
Hongrie	49.0	49.0	49.0	49.0	49.0	49.0	49.0	49.0
Irlande	37.7	55.8	55.8	67.9	37.7	37.7	37.7	37.7
Islande	42.5	42.5	48.3	51.4	51.4	47.8	47.8	42.5
Israël[1]	31.0	37.5	46.9	17.9	37.5	37.5	37.5	37.5
Italie	56.0	56.0	63.3	57.1	57.1	57.1	56.6	56.0
Japon	32.8	37.0	35.3	32.8	37.0	37.0	37.0	37.0
Luxembourg	46.2	55.5	55.5	50.4	39.4	44.5	53.0	44.5
Mexique	17.5	25.2	28.4	17.5	25.2	25.2	25.2	25.2
Norvège	42.7	50.6	53.3	42.7	50.6	50.6	50.6	50.6
Nouvelle-Zélande	17.5	30.0	33.0	38.8	51.3	51.3	30.0	30.0
Pays-Bas	46.7	46.7	52.1	49.0	46.7	46.7	46.7	46.7
Pologne	37.2	37.2	37.2	37.2	37.2	37.2	37.2	37.2
Portugal	53.9	53.9	60.8	39.8	39.8	39.8	51.1	53.9
République slovaque	46.5	46.5	46.5	46.5	46.5	46.5	46.5	46.5
République tchèque	48.6	48.6	48.6	48.6	48.6	48.6	48.6	48.6
Royaume-Uni	40.2	40.2	49.0	76.3	40.2	40.2	40.2	40.2
Slovénie	43.6	51.0	60.4	32.9	43.6	43.6	43.6	51.0
Suède	45.5	48.3	67.3	45.5	48.3	48.3	48.3	48.3
Suisse	26.3	31.8	35.9	18.9	22.1	26.1	29.4	26.9
Turquie	42.8	42.8	47.8	42.8	42.8	42.8	42.8	42.8
Moyenne non pondérée								
OCDE-Moyenne	**41.7**	**45.1**	**47.2**	**44.5**	**44.1**	**44.1**	**43.7**	**43.6**
OCDE-UE 21	**48.8**	**51.0**	**52.8**	**50.4**	**47.1**	**47.7**	**49.3**	**49.3**

Note : enf = enfant

On suppose que le revenu brut principal du ménage augmente. Le résultat peut être différent si le salaire du conjoint augmente, surtout si les deux conjoints sont imposés séparément.

1. Informations sur les données concernant Israël : *http://oe.cd/israel-disclaimer.*
2. Famille disposant de deux revenus.

StatLink http://dx.doi.org/10.1787/888933343176

Graphique 3.6. **Taux marginal applicable à l'impôt sur le revenu et aux cotisations de sécurité sociale des salariés et des employeurs diminués des prestations versées, 2015**

En % des coûts de main-d'œuvre, par catégorie de famille

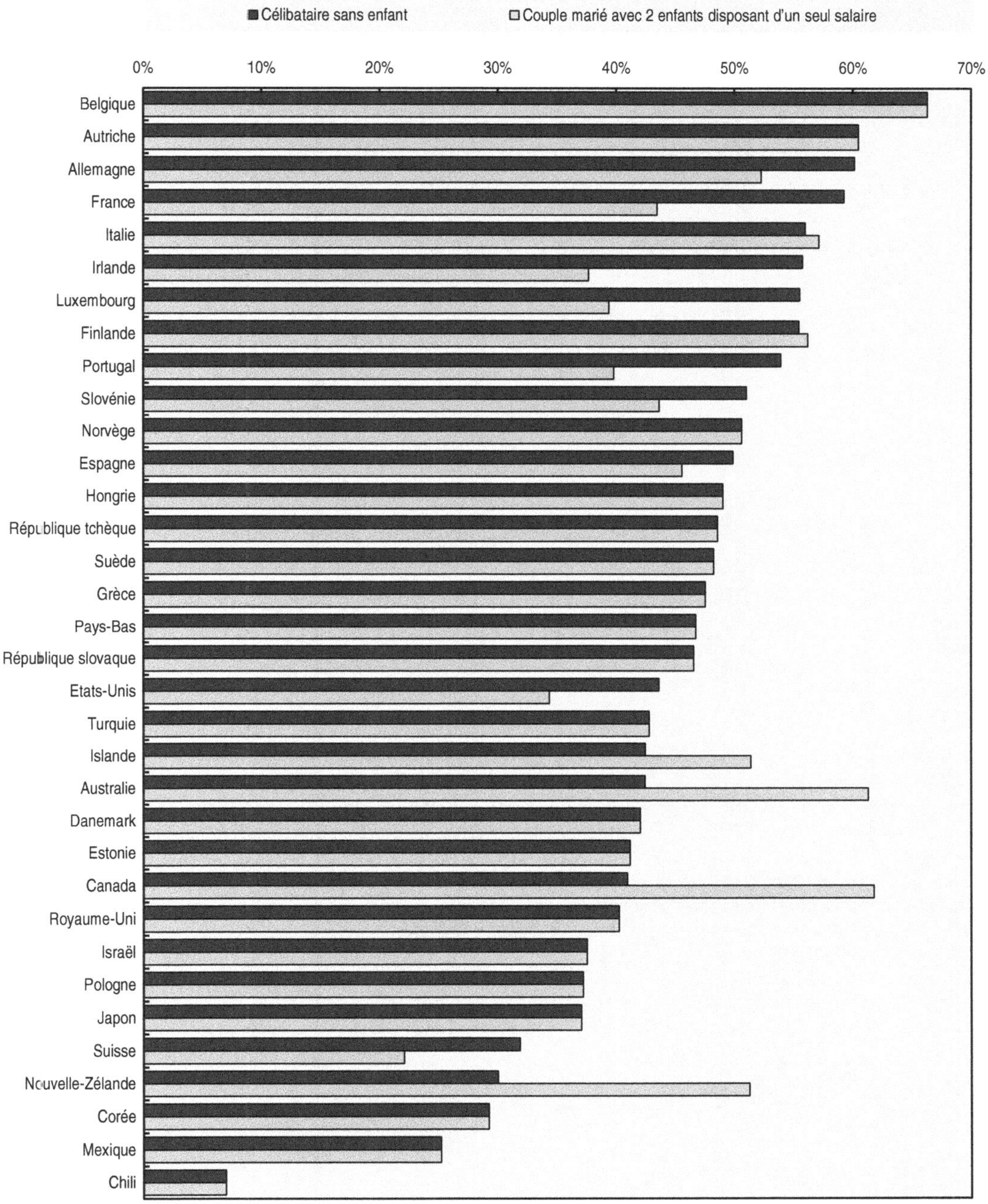

Note : Le type de ménage « célibataire sans enfant » correspond à un niveau de salaire de 100 % du salaire moyen. Le type de ménage « couple marié avec 2 enfants disposant d'un seul salaire » correspond à un niveau de salaire combiné de 100 %-0 % du salaire moyen

Source : Calculs de l'OCDE basés sur les contributions des pays et sur les *Perspectives économiques de l'OCDE*, volume 2015 (n° 98).

StatLink http://dx.doi.org/10.1787/888933342329

Tableau 3.7. **Taux marginal applicable à l'impôt sur le revenu et aux cotisations sociales des salariés diminués des prestations versées, 2015**

En % du salaire brut, par catégorie de famille et niveau de salaire

	Célibataire sans enf 67 (% SM)	Célibataire sans enf 100 (% SM)	Célibataire sans enf 167 (% SM)	Célibataire 2 enf 67 (% SM)	Couple marié 2 enf 100-0 (% SM)	Couple marié 2 enf 100-33 (% SM)[2]	Couple marié 2 enf 100-67 (% SM)[2]	Couple marié sans enf 100-33 (% SM)[2]
Allemagne	47.1	52.5	44.3	44.7	43.1	46.7	49.5	47.0
Australie	36.0	39.0	39.0	56.0	59.0	69.0	39.0	39.0
Autriche	44.4	49.1	37.9	44.4	49.1	49.1	49.1	49.1
Belgique	55.0	55.0	59.8	55.0	55.0	55.0	53.9	55.0
Canada	25.5	35.1	35.4	55.8	58.0	32.1	32.1	35.1
Chili	7.0	7.0	10.3	7.0	7.0	7.0	7.0	7.0
Corée	17.7	21.9	27.9	8.4	21.9	21.9	21.9	21.9
Danemark	39.7	42.0	55.8	38.1	42.0	42.0	42.0	42.0
Espagne	29.3	34.9	38.0	24.6	29.3	34.9	34.9	34.9
Estonie	21.3	21.3	21.3	21.3	21.3	21.3	21.3	21.3
États-Unis	29.3	39.3	39.3	46.6	29.3	29.3	29.3	29.3
Finlande	44.0	45.2	48.9	44.0	46.1	46.1	46.1	45.2
France	39.9	43.9	42.6	22.1	22.1	22.1	39.9	39.9
Grèce	34.1	34.7	43.7	34.1	34.7	34.7	34.7	34.7
Hongrie	34.5	34.5	34.5	34.5	34.5	34.5	34.5	34.5
Irlande	31.0	51.0	51.0	64.4	31.0	31.0	31.0	31.0
Islande	38.2	38.2	44.4	47.8	47.8	43.9	43.9	38.2
Israël[1]	26.0	33.0	43.0	12.0	33.0	33.0	33.0	33.0
Italie	41.8	41.8	51.5	43.4	43.4	43.4	42.6	41.8
Japon	22.7	27.6	31.2	22.7	27.6	27.6	27.6	27.6
Luxembourg	39.6	50.1	50.1	44.4	32.0	37.7	47.2	37.7
Mexique	12.1	19.5	22.9	12.1	19.5	19.5	19.5	19.5
Norvège	35.2	44.2	47.2	35.2	44.2	44.2	44.2	44.2
Nouvelle-Zélande	17.5	30.0	33.0	38.8	51.3	51.3	30.0	30.0
Pays-Bas	41.2	41.2	52.1	43.8	41.2	41.2	41.2	41.2
Pologne	26.7	26.7	26.7	26.7	26.7	26.7	26.7	26.7
Portugal	43.0	43.0	51.5	25.5	25.5	25.5	39.5	43.0
République slovaque	29.9	29.9	29.9	29.9	29.9	29.9	29.9	29.9
République tchèque	31.1	31.1	31.1	31.1	31.1	31.1	31.1	31.1
Royaume-Uni	32.0	32.0	42.0	73.0	32.0	32.0	32.0	32.0
Slovénie	34.6	43.1	54.0	22.1	34.6	34.6	34.6	43.1
Suède	28.4	32.0	57.0	28.4	32.0	32.0	32.0	32.0
Suisse	21.7	27.6	32.2	13.8	17.2	21.5	25.0	22.3
Turquie	32.8	32.8	38.7	32.8	32.8	32.8	32.8	32.8
Moyenne non pondérée								
OCDE-Moyenne	**32.1**	**36.2**	**40.2**	**34.8**	**34.8**	**34.8**	**34.7**	**34.5**
OCDE-UE 21	**36.6**	**39.8**	**44.0**	**37.9**	**35.1**	**35.8**	**37.8**	**37.8**

Note : enf = enfant

On suppose que le revenu brut principal du ménage augmente. Le résultat peut être différent si le salaire du conjoint augmente, surtout si les deux conjoints sont imposés séparément.

1. Informations sur les données concernant Israël : *http://oe.cd/israel-disclaimer.*
2. Famille disposant de deux revenus.

StatLink http://dx.doi.org/10.1787/888933343186

Graphique 3.7. **Taux marginal applicable à l'impôt sur le revenu et aux cotisations de sécurité sociale des salariés diminués des prestations versées, 2015**

En % du salaire brut, par catégorie de famille

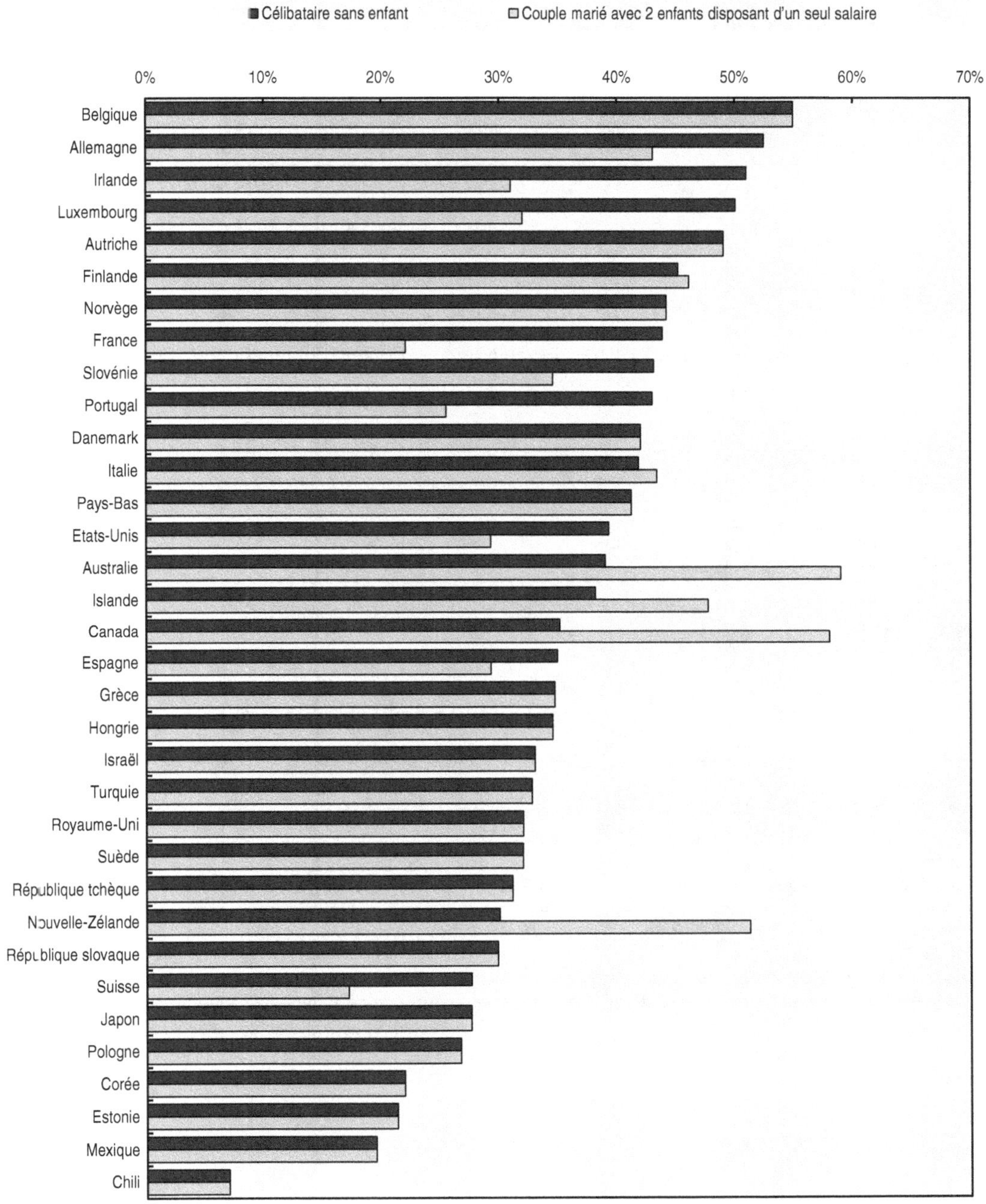

Note : Le type de ménage « célibataire sans enfant » correspond à un niveau de salaire de 100 % du salaire moyen. Le type de ménage « couple marié avec 2 enfants disposant d'un seul salaire » correspond à un niveau de salaire combiné de 100 %-0 % du salaire moyen
Source : Calculs de l'OCDE basés sur les contributions des pays et sur les *Perspectives économiques de l'OCDE*, volume 2015 (n° 98).

StatLink http://dx.doi.org/10.1787/888933342334

Tableau 3.8. **Augmentation du revenu net après augmentation d'une unité monétaire du salaire brut, 2015**

Par catégorie de famille et niveau de salaire (%)

	Célibataire sans enf 67 (% SM)	Célibataire sans enf 100 (% SM)	Célibataire sans enf 167 (% SM)	Célibataire 2 enf 67 (% SM)	Couple marié 2 enf 100-0 (% SM)	Couple marié 2 enf 100-33 (% SM)[2]	Couple marié 2 enf 100-67 (% SM)[2]	Couple marié sans enf 100-33 (% SM)[2]
Allemagne	0.81	0.79	0.99	0.67	0.72	0.73	0.73	0.81
Australie	0.79	0.80	0.87	0.41	0.47	0.38	0.78	0.76
Autriche	0.78	0.78	1.03	0.61	0.65	0.64	0.68	0.72
Belgique	0.70	0.78	0.79	0.55	0.58	0.61	0.69	0.68
Canada	0.91	0.85	0.89	0.37	0.46	0.80	0.83	0.81
Chili	1.00	1.00	0.98	0.99	1.00	0.98	1.00	1.00
Corée	0.92	0.91	0.87	1.00	0.88	0.88	0.88	0.89
Danemark	0.91	0.91	0.76	0.66	0.78	0.82	0.84	0.87
Espagne	0.85	0.83	0.86	0.76	0.82	0.78	0.79	0.79
Estonie	0.95	0.97	0.98	0.75	0.82	0.86	0.89	0.95
États-Unis	0.92	0.82	0.88	0.56	0.82	0.86	0.88	0.92
Finlande	0.74	0.79	0.83	0.64	0.72	0.69	0.72	0.74
France	0.81	0.79	0.88	0.93	0.95	0.96	0.78	0.82
Grèce	0.81	0.86	0.85	0.77	0.85	0.84	0.85	0.85
Hongrie	1.00	1.00	1.00	0.70	0.79	0.83	0.86	1.00
Irlande	0.80	0.61	0.72	0.27	0.69	0.73	0.78	0.79
Islande	0.82	0.87	0.84	0.60	0.63	0.73	0.77	0.82
Israël[1]	0.83	0.81	0.77	0.87	0.78	0.76	0.75	0.78
Italie	0.76	0.86	0.81	0.58	0.71	0.71	0.76	0.78
Japon	0.97	0.93	0.93	0.89	0.86	0.88	0.89	0.92
Luxembourg	0.78	0.72	0.81	0.53	0.72	0.70	0.64	0.79
Mexique	0.91	0.90	0.91	0.91	0.90	0.86	0.87	0.86
Norvège	0.86	0.78	0.81	0.74	0.73	0.72	0.74	0.75
Nouvelle-Zélande	0.95	0.85	0.87	0.54	0.51	0.55	0.84	0.84
Pays-Bas	0.78	0.84	0.77	0.56	0.77	0.74	0.76	0.79
Pologne	0.94	0.96	0.98	0.83	0.88	0.90	0.92	0.94
Portugal	0.72	0.80	0.75	0.81	0.87	0.87	0.76	0.72
République slovaque	0.87	0.91	0.95	0.74	0.75	0.80	0.83	0.87
République tchèque	0.86	0.90	0.94	0.68	0.70	0.76	0.80	0.86
Royaume-Uni	0.84	0.89	0.83	0.26	0.83	0.80	0.84	0.84
Slovénie	0.92	0.85	0.74	0.75	0.74	0.81	0.86	0.82
Suède	0.92	0.90	0.67	0.82	0.83	0.83	0.85	0.88
Suisse	0.92	0.88	0.87	0.85	0.86	0.85	0.84	0.91
Turquie	0.90	0.93	0.90	0.88	0.91	0.89	0.91	0.90
Moyenne non pondérée								
OCDE-Moyenne	**0.86**	**0.85**	**0.86**	**0.69**	**0.76**	**0.78**	**0.81**	**0.84**
OCDE-UE 21	**0.84**	**0.85**	**0.85**	**0.66**	**0.77**	**0.78**	**0.79**	**0.83**

Note : enf = enfant

Le revenu net est calculé à partir des revenus bruts diminués de l'impôt sur le revenu des personnes physiques, des cotisations sociales et augmentés des prestations versées aux familles. L'augmentation qui est rapportée dans le tableau représente une sorte d'élasticité. Dans un système fiscal proportionnel, l'élasticité est égale à 1. A ce niveau de revenu, plus les système est progressif plus l'élasticité est faible.

1. Informations sur les données concernant Israël : *http://oe.cd/israel-disclaimer.*
2. Famille disposant de deux revenus. On fait l'hypothèse que le revenu brut principal du ménage augmente.

StatLink http://dx.doi.org/10.1787/888933343193

Tableau 3.9. **Augmentation du revenu net après augmentation d'une unité monétaire des coûts bruts de main d'oeuvre, 2015**

Par catégorie de famille et niveau de salaire (%)

	Célibataire sans enf 67 (% SM)	Célibataire sans enf 100 (% SM)	Célibataire sans enf 167 (% SM)	Célibataire 2 enf 67 (% SM)	Couple marié 2 enf 100-0 (% SM)	Couple marié 2 enf 100-33 (% SM)[2]	Couple marié 2 enf 100-67 (% SM)[2]	Couple marié sans enf 100-33 (% SM)[2]
Allemagne	0.81	0.79	1.14	0.67	0.72	0.73	0.73	0.81
Australie	0.79	0.80	0.87	0.41	0.47	0.38	0.78	0.76
Autriche	0.78	0.78	1.21	0.61	0.65	0.64	0.68	0.72
Belgique	0.67	0.75	0.80	0.53	0.57	0.58	0.67	0.64
Canada	0.90	0.86	0.92	0.37	0.47	0.81	0.85	0.83
Chili	1.00	1.00	0.98	0.99	1.00	0.98	1.00	1.00
Corée	0.92	0.91	0.90	1.00	0.88	0.88	0.88	0.89
Danemark	0.92	0.91	0.77	0.67	0.78	0.83	0.85	0.89
Espagne	0.85	0.83	1.11	0.76	0.82	0.78	0.79	0.79
Estonie	0.95	0.97	0.98	0.75	0.82	0.86	0.89	0.95
États-Unis	0.93	0.83	0.89	0.56	0.83	0.87	0.90	0.93
Finlande	0.74	0.79	0.83	0.64	0.72	0.69	0.72	0.74
France	0.58	0.79	0.88	0.66	0.95	0.91	0.77	0.78
Grèce	0.81	0.86	0.85	0.77	0.85	0.84	0.85	0.85
Hongrie	1.00	1.00	1.00	0.70	0.79	0.83	0.86	1.00
Irlande	0.80	0.61	0.72	0.27	0.69	0.72	0.78	0.78
Islande	0.82	0.87	0.84	0.60	0.63	0.73	0.77	0.82
Israël[1]	0.81	0.80	0.77	0.84	0.77	0.74	0.74	0.76
Italie	0.76	0.86	0.81	0.58	0.71	0.71	0.76	0.78
Japon	0.97	0.93	1.00	0.89	0.86	0.88	0.89	0.92
Luxembourg	0.78	0.72	0.81	0.53	0.72	0.70	0.64	0.79
Mexique	0.97	0.93	0.93	0.97	0.93	0.91	0.91	0.91
Norvège	0.86	0.78	0.81	0.74	0.73	0.72	0.74	0.75
Nouvelle-Zélande	0.95	0.85	0.87	0.54	0.51	0.55	0.84	0.84
Pays-Bas	0.77	0.84	0.82	0.56	0.77	0.74	0.76	0.79
Pologne	0.94	0.96	0.98	0.83	0.88	0.90	0.92	0.94
Portugal	0.72	0.80	0.75	0.81	0.87	0.87	0.76	0.72
République slovaque	0.87	0.91	0.95	0.74	0.75	0.78	0.83	0.86
République tchèque	0.86	0.90	0.94	0.68	0.70	0.76	0.80	0.86
Royaume-Uni	0.81	0.86	0.81	0.25	0.81	0.77	0.81	0.81
Slovénie	0.92	0.85	0.74	0.75	0.74	0.81	0.86	0.82
Suède	0.92	0.90	0.67	0.82	0.83	0.83	0.85	0.88
Suisse	0.92	0.88	0.88	0.85	0.86	0.85	0.84	0.91
Turquie	0.90	0.93	0.90	0.88	0.91	0.89	0.91	0.90
Moyenne non pondérée								
OCDE-Moyenne	**0.85**	**0.85**	**0.89**	**0.68**	**0.76**	**0.78**	**0.81**	**0.84**
OCDE-UE 21	**0.82**	**0.84**	**0.88**	**0.65**	**0.77**	**0.78**	**0.79**	**0.82**

Note : enf = enfant

Le revenu net est calculé à partir des revenus bruts diminués de l'impôt sur le revenu des personnes physiques, des cotisations sociales et augmentés des prestations versées aux familles. L'augmentation qui est rapportée dans le tableau représente une sorte d'élasticité. Dans un système fiscal proportionnel, l'élasticité est égale à 1. A ce niveau de revenu, plus les système est progressif plus l'élasticité est faible.

1. Informations sur les données concernant Israël : *http://oe.cd/israel-disclaimer.*
2. Famille disposant de deux revenus. On fait l'hypothèse que le revenu brut principal du ménage augmente.

StatLink http://dx.doi.org/10.1787/888933343204

Tableau 3.10a. **Salaire brut annuel et revenu net, célibataire, 2015**

En dollars US convertis sur la base des PPA, par catégorie de famille et niveau de salaire

	Célibataire sans enf 67 (% SM)		Célibataire sans enf 100 (% SM)		Célibataire sans enf 167 (% SM)		Célibataire 2 enf 67 (% SM)	
	Total des revenus bruts avant impôts	Revenus nets après impôts	Total des revenus bruts avant impôts	Revenus nets après impôts	Total des revenus bruts avant impôts	Revenus nets après impôts	Total des revenus bruts avant impôts	Revenus nets après impôts
Allemagne	40 191	26 248	59 987	36 194	100 177	56 271	40 191	33 169
Australie	37 467	30 523	55 921	42 456	93 388	65 311	37 467	40 249
Autriche	35 888	25 472	53 565	34 869	89 453	54 182	35 888	32 691
Belgique	38 302	24 730	57 166	33 132	95 468	48 569	38 302	31 418
Canada	27 952	22 979	41 719	31 968	69 671	50 775	27 952	33 157
Chili	12 956	12 049	19 338	17 984	32 294	29 730	12 956	12 163
Corée	31 682	28 448	47 286	40 748	78 968	65 417	31 682	29 026
Danemark	36 188	24 097	54 013	34 619	90 201	52 220	36 188	33 864
Espagne	26 485	22 030	39 529	31 037	66 014	47 737	26 485	26 117
Estonie	16 086	13 350	24 010	19 587	40 096	32 250	16 086	16 897
États-Unis	34 146	26 330	50 964	37 899	85 110	58 625	34 146	32 821
Finlande	31 827	24 154	47 503	32 805	79 331	49 090	31 827	28 064
France	30 889	22 892	46 103	32 762	76 992	50 490	30 889	25 968
Grèce	22 958	18 677	34 266	25 927	57 224	37 944	22 958	19 757
Hongrie	16 286	10 668	24 308	15 922	40 594	26 589	16 286	15 229
Irlande	27 506	23 875	41 054	32 976	68 560	46 454	27 506	36 140
Islande	34 291	25 849	51 181	36 295	85 473	56 658	34 291	29 668
Israël[1]	22 941	20 472	34 241	28 313	57 182	42 132	22 941	23 317
Italie	27 638	21 180	41 250	27 808	68 888	41 343	27 638	26 818
Japon	31 628	25 172	47 205	36 810	78 833	58 517	31 628	27 435
Luxembourg	40 744	31 526	60 812	42 134	101 556	62 459	40 744	42 511
Mexique	8 620	8 342	12 865	11 539	21 485	18 267	8 620	8 342
Norvège	40 336	30 244	60 203	43 104	100 540	65 493	40 336	35 490
Nouvelle-Zélande	26 460	22 886	39 493	32 558	65 953	50 580	26 460	30 282
Pays-Bas	40 781	30 840	60 867	42 650	101 648	63 399	40 781	40 752
Pologne	17 177	13 357	25 637	19 561	42 814	32 157	17 177	15 237
Portugal	19 894	15 705	29 692	21 290	49 585	31 935	19 894	18 405
République slovaque	14 582	11 710	21 764	16 748	36 347	26 977	14 582	13 921
République tchèque	16 403	13 214	24 482	18 781	40 884	30 082	16 403	16 591
Royaume-Uni	34 458	27 840	51 431	39 381	85 889	60 276	34 458	35 598
Slovénie	20 542	14 639	30 660	20 439	51 202	31 814	20 542	21 437
Suède	31 274	24 364	46 678	35 147	77 953	50 238	31 274	27 355
Suisse	46 824	40 076	69 887	57 756	116 711	90 744	46 824	47 423
Turquie	17 371	13 040	25 926	18 793	43 297	29 539	17 371	13 303
Moyenne non pondérée								
OCDE-Moyenne	**28 199**	**21 970**	**42 088**	**30 882**	**70 288**	**47 478**	**28 199**	**27 077**
OCDE-UE 21	**27 910**	**20 979**	**41 656**	**29 227**	**69 566**	**44 404**	**27 910**	**26 569**

Note : enf = enfant

1. Informations sur les données concernant Israël : *http://oe.cd/israel-disclaimer.*

StatLink http://dx.doi.org/10.1787/888933343215

Tableau 3.10b. **Salaire brut annuel et revenu net, couple marié, 2015**

En dollars US convertis sur la base des PPA, par catégorie de famille et niveau de salaire

	Couple marié 2 enf 100-0 (% SM)		Couple marié 2 enf 100-33 (% SM)[2]		Couple marié 2 enf 100-67 (% SM)[2]		Couple marié sans enf 100-33 (% SM)[2]	
	Total des revenus bruts avant impôts	Revenus nets après impôts	Total des revenus bruts avant impôts	Revenus nets après impôts	Total des revenus bruts avant impôts	Revenus nets après impôts	Total des revenus bruts avant impôts	Revenus nets après impôts
Allemagne	59 987	47 265	79 782	58 350	100 177	68 939	79 782	52 178
Australie	55 921	48 399	74 375	60 905	93 388	72 980	74 375	59 737
Autriche	53 565	42 125	71 241	56 586	89 453	66 797	71 241	50 155
Belgique	57 166	44 177	76 031	56 114	95 468	63 839	76 031	50 090
Canada	41 719	37 351	55 487	47 382	69 671	57 067	55 487	44 407
Chili	19 338	17 384	25 719	24 507	32 294	30 148	25 719	23 919
Corée	47 286	41 351	62 891	55 970	78 968	70 169	62 891	55 044
Danemark	54 013	40 325	71 837	51 085	90 201	62 122	71 837	47 680
Espagne	39 529	34 004	52 574	44 002	66 014	54 564	52 574	43 253
Estonie	24 010	22 366	31 933	29 203	40 096	35 629	31 933	26 511
États-Unis	50 964	43 973	67 782	55 863	85 110	68 114	67 782	52 299
Finlande	47 503	35 511	63 179	49 397	79 331	59 665	63 179	46 690
France	46 103	37 826	61 317	49 684	76 992	59 225	61 317	45 008
Grèce	37 692	29 077	50 131	39 047	62 946	48 578	50 131	38 507
Hongrie	24 308	20 207	32 330	25 461	40 594	30 874	32 330	21 176
Irlande	41 054	41 163	54 601	51 766	68 560	60 914	54 601	47 948
Islande	51 181	42 717	68 071	52 225	85 473	62 213	68 071	51 154
Israël[1]	34 241	29 262	45 540	40 166	57 182	50 857	45 540	39 217
Italie	41 250	32 763	54 863	43 866	68 888	52 134	54 863	40 714
Japon	47 205	39 750	62 783	51 819	78 833	64 245	62 783	49 556
Luxembourg	60 812	57 416	80 880	72 344	101 556	84 333	80 880	64 110
Mexique	12 865	11 539	17 111	16 097	21 485	19 881	17 111	16 097
Norvège	60 203	46 345	80 071	62 307	100 540	75 887	80 071	59 768
Nouvelle-Zélande	39 493	37 551	52 526	46 223	65 953	55 078	52 526	44 000
Pays-Bas	60 867	46 404	80 953	64 262	101 648	78 392	80 953	60 129
Pologne	25 637	21 440	34 097	27 780	42 814	34 171	34 097	26 527
Portugal	29 692	25 464	39 490	33 677	49 585	39 514	39 490	31 241
République slovaque	21 764	20 440	28 947	25 466	36 347	30 669	28 947	23 256
République tchèque	24 482	24 070	32 560	29 347	40 884	35 371	32 560	25 971
Royaume-Uni	51 431	41 950	68 403	57 899	85 889	69 790	68 403	55 331
Slovénie	30 660	27 176	40 778	32 773	51 202	38 878	40 778	28 321
Suède	46 678	38 138	62 082	51 146	77 953	62 502	62 082	48 155
Suisse	69 887	66 987	92 949	86 064	116 711	104 134	92 949	79 040
Turquie	25 926	19 231	34 482	26 047	43 297	32 096	34 482	25 785
Moyenne non pondérée								
OCDE-Moyenne	**42 189**	**35 701**	**56 112**	**46 319**	**70 456**	**55 876**	**56 112**	**43 323**
OCDE-UE 21	**41 819**	**34 758**	**55 619**	**45 203**	**69 838**	**54 138**	**55 619**	**41 569**

Note : enf = enfant

1. Informations sur les données concernant Israël : *http://oe.cd/israel-disclaimer*.
2. Famille disposant de deux revenus.

StatLink http://dx.doi.org/10.1787/888933343223

Tableau 3.11a. **Coûts annuels de main-d'oeuvre et revenu net, célibataire, 2015**

En dollars US convertis sur la base des PPA, par catégorie de famille et niveau de salaire

	Célibataire sans enf 67 (% SM)		Célibataire sans enf 100 (% SM)		Célibataire sans enf 167 (% SM)		Célibataire 2 enf 67 (% SM)	
	Coûts bruts de main d'oeuvre avant impôts	Revenus nets après impôts	Coûts bruts de main d'oeuvre avant impôts	Revenus nets après impôts	Coûts bruts de main d'oeuvre avant impôts	Revenus nets après impôts	Coûts bruts de main d'oeuvre avant impôts	Revenus nets après impôts
Allemagne	47 958	26 248	71 579	36 194	115 572	56 271	47 958	33 169
Australie	39 703	30 523	59 258	42 456	98 962	65 311	39 703	40 249
Autriche	46 270	25 472	69 060	34 869	113 346	54 182	46 270	32 691
Belgique	48 925	24 730	74 137	33 132	123 537	48 569	48 925	31 418
Canada	31 302	22 979	46 759	31 968	76 194	50 775	31 302	33 157
Chili	12 956	12 049	19 338	17 984	32 294	29 730	12 956	12 163
Corée	34 956	28 448	52 173	40 748	86 125	65 417	34 956	29 026
Danemark	36 649	24 097	54 473	34 619	90 662	52 220	36 649	33 864
Espagne	34 403	22 030	51 348	31 037	85 490	47 737	34 403	26 117
Estonie	21 524	13 350	32 125	19 587	53 649	32 250	21 524	16 897
États-Unis	37 353	26 330	55 457	37 899	92 215	58 625	37 353	32 821
Finlande	39 167	24 154	58 458	32 805	97 624	49 090	39 167	28 064
France	40 496	22 892	63 562	32 762	110 493	50 490	40 496	25 968
Grèce	28 597	18 677	42 681	25 927	71 278	37 944	28 597	19 757
Hongrie	20 928	10 668	31 236	15 922	52 164	26 589	20 928	15 229
Irlande	30 463	23 875	45 467	32 976	75 930	46 454	30 463	36 140
Islande	36 860	25 849	55 015	36 295	91 874	56 658	36 860	29 668
Israël[1]	23 976	20 472	36 094	28 313	60 699	42 132	23 976	23 317
Italie	36 504	21 180	54 484	27 808	90 988	41 343	36 504	26 818
Japon	36 386	25 172	54 308	36 810	89 931	58 517	36 386	27 435
Luxembourg	45 739	31 526	68 267	42 134	114 007	62 459	45 739	42 511
Mexique	9 814	8 342	14 375	11 539	23 649	18 267	9 814	8 342
Norvège	45 580	30 244	68 030	43 104	113 610	65 493	45 580	35 490
Nouvelle-Zélande	26 460	22 886	39 493	32 558	65 953	50 580	26 460	30 282
Pays-Bas	44 674	30 840	66 838	42 650	108 342	63 399	44 674	40 752
Pologne	20 059	13 357	29 939	19 561	49 998	32 157	20 059	15 237
Portugal	24 618	15 705	36 744	21 290	61 362	31 935	24 618	18 405
République slovaque	19 132	11 710	28 555	16 748	47 687	26 977	19 132	13 921
République tchèque	21 980	13 214	32 805	18 781	54 785	30 082	21 980	16 591
Royaume-Uni	37 615	27 840	56 929	39 381	96 143	60 276	37 615	35 598
Slovénie	23 850	14 639	35 596	20 439	59 446	31 814	23 850	21 437
Suède	41 101	24 364	61 345	35 147	102 445	50 238	41 101	27 355
Suisse	49 751	40 076	74 255	57 756	123 890	90 744	49 751	47 423
Turquie	20 410	13 040	30 463	18 793	50 874	29 539	20 410	13 303
Moyenne non pondérée								
OCDE-Moyenne	**32 828**	**21 970**	**49 137**	**30 882**	**81 800**	**47 478**	**32 828**	**27 077**
OCDE-UE 21	**33 840**	**20 979**	**50 744**	**29 227**	**84 521**	**44 404**	**33 840**	**26 569**

Note : enf = enfant

1. Informations sur les données concernant Israël : *http://oe.cd/israel-disclaimer*.

StatLink http://dx.doi.org/10.1787/888933343232

Tableau 3.11b. **Coûts annuels de main-d'oeuvre et revenu net, couple marié, 2015**

En dollars US convertis sur la base des PPA, par catégorie de famille et niveau de salaire

	Couple marié 2 enf 100-0 (% SM)		Couple marié 2 enf 100-33 (% SM)[2]		Couple marié 2 enf 100-67 (% SM)[2]		Couple marié sans enf 100-33 (% SM)[2]	
	Coûts bruts de main d'oeuvre avant impôts	Revenus nets après impôts	Coûts bruts de main d'oeuvre avant impôts	Revenus nets après impôts	Coûts bruts de main d'oeuvre avant impôts	Revenus nets après impôts	Coûts bruts de main d'oeuvre avant impôts	Revenus nets après impôts
Allemagne	71 579	47 265	95 200	58 350	119 537	68 939	95 200	52 178
Australie	59 258	48 699	78 814	60 905	98 962	72 980	78 814	59 737
Autriche	69 060	42 125	91 850	56 586	115 330	66 797	91 850	50 155
Belgique	74 137	44 177	95 730	56 114	123 062	63 839	95 730	50 090
Canada	46 759	37 951	62 104	47 382	78 061	57 067	62 104	44 407
Chili	19 338	17 984	25 719	24 507	32 294	30 148	25 719	23 919
Corée	52 173	41 951	69 390	55 970	87 129	70 169	69 390	55 044
Danemark	54 473	40 325	72 758	51 085	91 123	62 122	72 758	47 680
Espagne	51 348	34 004	68 293	44 002	85 752	54 564	68 293	43 253
Estonie	32 125	22 966	42 726	29 203	53 649	35 629	42 726	26 511
États-Unis	55 457	43 973	74 157	55 863	92 810	68 114	74 157	52 299
Finlande	58 458	35 511	77 749	49 397	97 624	59 665	77 749	46 690
France	63 562	37 826	79 951	49 684	104 058	59 225	79 951	45 008
Grèce	46 950	29 077	62 443	39 047	78 406	48 578	62 443	38 507
Hongrie	31 236	20 207	41 543	25 461	52 164	30 874	41 543	21 176
Irlande	45 467	41 163	60 166	51 766	75 930	60 914	60 166	47 948
Islande	55 015	42 717	73 169	52 225	91 874	62 213	73 169	51 154
Israël[1]	36 094	29 262	47 783	40 166	60 070	50 857	47 783	39 217
Italie	54 484	32 763	72 463	43 866	90 988	52 134	72 463	40 714
Japon	54 308	39 750	72 229	51 819	90 694	64 245	72 229	49 556
Luxembourg	68 267	57 416	90 796	72 344	114 007	84 333	90 796	64 110
Mexique	14 375	11 539	19 530	16 097	24 189	19 881	19 530	16 097
Norvège	68 030	46 345	90 480	62 307	113 610	75 887	90 480	59 768
Nouvelle-Zélande	39 493	37 551	52 526	46 223	65 953	55 078	52 526	44 000
Pays-Bas	66 838	46 404	88 723	64 262	111 512	78 392	88 723	60 129
Pologne	29 939	21 440	39 819	27 780	49 998	34 171	39 819	26 527
Portugal	36 744	25 464	48 869	33 677	61 362	39 514	48 869	31 241
République slovaque	28 555	20 440	37 260	25 466	47 687	30 669	37 260	23 256
République tchèque	32 805	24 070	43 631	29 347	54 785	35 371	43 631	25 971
Royaume-Uni	56 929	41 950	74 645	57 899	94 545	69 790	74 645	55 331
Slovénie	35 596	27 176	47 343	32 773	59 446	38 878	47 343	28 321
Suède	61 345	38 138	81 588	51 146	102 445	62 502	81 588	48 155
Suisse	74 255	66 987	98 759	86 064	124 005	104 134	98 759	79 040
Turquie	30 463	19 231	40 516	26 047	50 874	32 096	40 516	25 785
Moyenne non pondérée								
OCDE-Moyenne	**49 262**	**35 701**	**65 257**	**46 319**	**82 174**	**55 876**	**65 257**	**43 323**
OCDE-UE 21	**50 948**	**34 758**	**67 312**	**45 203**	**84 924**	**54 138**	**67 312**	**41 569**

Note : enf = enfant

1. Informations sur les données concernant Israël : *http://oe.cd/israel-disclaimer*.
2. Famille disposant de deux revenus.

StatLink http://dx.doi.org/10.1787/888933343240

PARTIE I

Chapitre 4

Illustration graphique de la charge fiscale pour 2015

Ce chapitre présente les données relatives à la pression fiscale sur les revenus d'activité en 2015 pour des salaires bruts compris entre 50 % et 250 % du salaire moyen. Elles sont illustrées dans des graphiques séparés pour chacune des quatre catégories de familles et pour chaque pays Membre de l'OCDE. Les catégories de familles sont les suivantes : contribuables sans enfant ; parents isolés avec deux enfants ; couples mariés sans enfant disposant d'un seul salaire ; couples mariés avec deux enfants disposant d'un seul salaire.

Les graphiques se divisent en deux séries qui indiquent la décomposition du coin fiscal moyen et marginal en pourcentage des coûts totaux de main-d'œuvre (les impôts sur le revenu centraux et locaux; les cotisations de sécurité sociale salariales et patronales et les prestations familiales). Les graphiques montrent également les taux moyens et marginaux nets de l'impôt sur le revenu des personnes physiques.

Les graphiques présentés dans cette section indiquent la pression fiscale sur les revenus d'activité en 2015 pour des salaires bruts compris entre 50 % et 250 % du salaire moyen (SM). Pour chaque pays Membre de l'OCDE, des graphiques séparés portent sur quatre catégories de familles : célibataires sans enfant, parents isolés avec deux enfants, couples mariés sans enfant disposant d'un seul salaire et couples mariés avec deux enfants disposant d'un seul salaire. En outre, le taux moyen et le taux marginal net d'imposition des personnes ([la variation de] l'impôt sur le revenu des personnes physiques et des cotisations salariales de sécurité sociale nets des prestations en espèces en pourcentage des [de la variation des] salaires bruts) figurent dans les graphiques montrant respectivement le coin fiscal moyen et marginal*.

Les graphiques illustrent l'importance relative des divers éléments constitutifs des coins fiscaux : impôts nationaux sur le revenu, impôts locaux sur le revenu, cotisations salariales de sécurité sociale, cotisations patronales de sécurité sociale (y compris les taxes sur les salaires éventuellement applicables) et prestations familiales en pourcentage des coûts totaux de main-d'œuvre. Il y a lieu de noter que si leur part des coûts totaux de main-d'œuvre diminue, cela signifie que la valeur des prélèvements diminués des prestations n'augmente pas aussi vite que le total des coûts de main-d'œuvre correspondants. Cela n'implique pas nécessairement que la valeur des prélèvements diminués des prestations baisse en valeur nominale.

Les ménages à faibles revenus bénéficient d'un traitement fiscal favorable dans de nombreux pays de l'OCDE. Les impôts sur le revenu prélevés par les administrations centrales sont négatifs en Allemagne, en Pologne, en République slovaque, en République tchèque et au Royaume-Uni, en raison des crédits d'impôt récupérables pour enfant à charge ; au Canada en raison de la prestation fiscale récupérable pour le revenu de travail ; en Israël du fait du crédit d'impôt récupérable au titre des revenus du travail pour les familles avec enfants ; en Italie sous l'effet de la prime fiscale en faveur des travailleurs à bas salaire ; au Luxembourg et en Espagne en raison des crédits d'impôt récupérables pour les parents isolés ; au Mexique sous l'effet des crédits d'impôt récupérables au titre des subventions à l'emploi ; en Suède en raison du crédit d'impôt récupérable au titre des

* Les coins fiscaux marginaux figurant dans les graphiques sont calculés d'une manière légèrement différente de celle adoptée pour les taux d'imposition marginaux figurant dans le reste de la publication *Les Impôts sur les salaires*. Dans cette publication, les taux marginaux sont généralement calculés en majorant les salaires bruts d'une unité monétaire (excepté pour le conjoint d'un couple marié disposant d'un seul salaire dont les gains augmentent de 33 % du salaire moyen). Cependant la démarche fondée sur l'ajout d'une unité monétaire exige que l'on calcule les taux marginaux pour chaque unité monétaire à l'intérieur de la tranche de revenu représentée dans les graphiques ; à défaut, il ne serait pas correct de relier les différents points de données dans la mesure où on ne disposerait pas des données pour les niveaux de revenu situés entre les différents points. Pour réduire le nombre de calculs à effectuer, les taux marginaux qui sont présentés dans les graphiques sont calculés en majorant les salaires bruts d'un point de pourcentage, au lieu d'une unité monétaire, si bien que chaque ligne du graphique se compose de 200 points de données.

revenus du travail et aux États-Unis du fait du crédit d'impôt récupérable au titre des revenus du travail et du crédit d'impôt pour enfant à charge.

Lorsque les prestations versées en espèces sont prises en compte, les parents isolés et/ou les couples mariés ayant deux enfants qui disposent d'un seul salaire ne paient pas d'impôt sur le revenu et de cotisations salariales de sécurité sociale lorsque leur niveau de rémunération se situe entre 50 % et 85 % du SM dans 17 pays de l'OCDE. Le taux moyen net d'imposition du revenu applicable aux parents isolés avec deux enfants devient positif à partir d'un revenu équivalant à 87 % du SM au Canada, 91 % du SM en Nouvelle-Zélande et à 97 % du SM en Irlande. La mesure correspondante pour les couples mariés avec deux enfants et un seul salaire devient positive à partir d'un revenu équivalant à 87 % du SM au Canada, 91 % du SM en Nouvelle-Zélande, 95 % du SM en République tchèque et 102 % du SM en Irlande.

On observe des écarts marqués entre les pays de l'OCDE en ce qui concerne le niveau des prestations en espèces. Elles représentent environ un quart ou plus des coûts totaux de main-d'œuvre pour les parents isolés à bas revenu et/ou les couples mariés avec deux enfants et un seul salaire en Australie, au Canada, au Danemark, en Irlande, en Nouvelle-Zélande et en Slovénie.

Le coin fiscal marginal est relativement uniforme sur toute l'échelle des revenus dans certains pays en raison de l'uniformité des taux des cotisations de sécurité sociale et de l'impôt sur le revenu des personnes physiques. Les célibataires sans enfant sont soumis à un coin fiscal marginal uniforme dans l'intervalle de revenu compris entre à 50 % et 250 % du SM en Hongrie (49.0 %), en République tchèque (48.6 %) et en Estonie (41.2 %). Le coin fiscal est aussi relativement constant au Chili, en Islande, au Royaume-Uni et en Turquie. Au Chili, il s'établit à 7.0 % sur les gains inférieurs à 118 % du SM, puis à 10.2 % sur les gains supérieurs jusqu'à 250 % du SM. En Islande, le coin fiscal marginal est de 42.5 % sur les gains compris entre 52 % et 139 % du SM, puis de 48.3 % sur les gains supérieurs à 140 % du SM jusqu'à 250 % du SM. En Turquie, il est de 42.8 % sur les gains inférieurs à 106 % du SM et de 47.8 % sur les gains compris entre 107 % et 250 % du SM. Au Royaume-Uni, il est de 40.2 % sur les gains inférieurs à 117 % du SM, puis de 49.0 % sur les gains compris entre 118 % et 250 % du SM.

Les cotisations de sécurité sociale sont prélevées à des taux forfaitaires dans de nombreux pays de l'OCDE. Certains d'entre eux appliquent un plafond de rémunération au-dessus duquel les cotisations de sécurité sociale n'augmentent pas. Dans l'intervalle de revenu de 50 % à 250 % du SM, les taux marginaux des cotisations patronales de sécurité sociale deviennent nuls en raison du plafond de rémunération en Allemagne, en Espagne, au Luxembourg et aux Pays-Bas, et dans un large mesure aux États-Unis (où ils sont passés de 7.65 % à 1.45 % des gains excédant 118 500 USD). Les taux marginaux des cotisations salariales de sécurité sociale deviennent nuls en Allemagne, en Autriche, au Canada, en Espagne, aux Pays-Bas et en Suède. Ils enregistrent également une baisse considérable au Luxembourg (où ce taux passe à 1.9 % pour les salaires supérieurs à 115 377.84 EUR) ; au Royaume-Uni (où il chute à 2 % pour les salaires supérieurs à 42 385 GBP) et aux États-Unis (où il recule de 7.65 % à 1.45 % pour les salaires supérieurs à 118 500 USD).

Dans certains pays de l'OCDE, les taux marginaux des cotisations de sécurité sociale diminuent en pourcentage des coûts totaux de main-d'œuvre à certains niveaux de l'échelle des salaires à mesure que le revenu augmente. C'est ce qu'on observe pour les contribuables célibataires sans enfant en Allemagne, en Autriche, en Belgique, au Canada, en Corée, en France, au Japon, aux Pays-Bas, en Pologne, en République slovaque et en Suisse.

Les contribuables supportent des taux d'imposition et des coins fiscaux marginaux d'environ 80 % ou plus dans plusieurs pays de l'OCDE à certains niveaux de revenu. Tel est le cas des contribuables à bas revenu sans enfant en Autriche, en Belgique, en France, en Grèce, en Irlande, en Italie, au Mexique, au Portugal et en Slovénie. Ces taux s'appliquent aussi aux familles avec enfants en Australie, en Autriche, en Belgique, au Canada, au Chile, en Espagne, en France, en Grèce, en Irlande, en Italie, au Japon, au Luxembourg, au Mexique, en Pologne, au Portugal, en République slovaque, en République tchèque et en Slovénie. Dans de nombreux pays, ces taux d'imposition marginaux élevés résultent en partie d'une réduction, à mesure que le revenu augmente, des prestations, abattements ou crédits d'impôt ciblant les contribuables à bas revenu.

Le mouvement de zigzag des pressions fiscales marginales qui transparaît de certains graphiques se produit lorsque les modifications des impôts, des cotisations de sécurité sociale et/ou des prestations consécutives à de faibles augmentations du revenu varient de manière discontinue sur l'échelle des revenus. Tel est le cas en Allemagne, au Luxembourg, en Suède et en Suisse à cause des règles d'arrondi ; en raison des caractéristiques discrètes du crédit d'impôt sur les revenus du travail en Grèce ; et à cause du crédit d'impôt dans le cadre du système PAYE (prélèvement à la source), du crédit d'impôt pour conjoint à charge et des allocations familiales en Italie ; et à cause de l'arrondissement à la décimale inférieure des salaires bruts dans le calcul du crédit d'impôt pour enfant à charge aux États-Unis.

Allemagne 2015 : décomposition du coin fiscal moyen

En fonction du salaire brut exprimé en % du salaire moyen

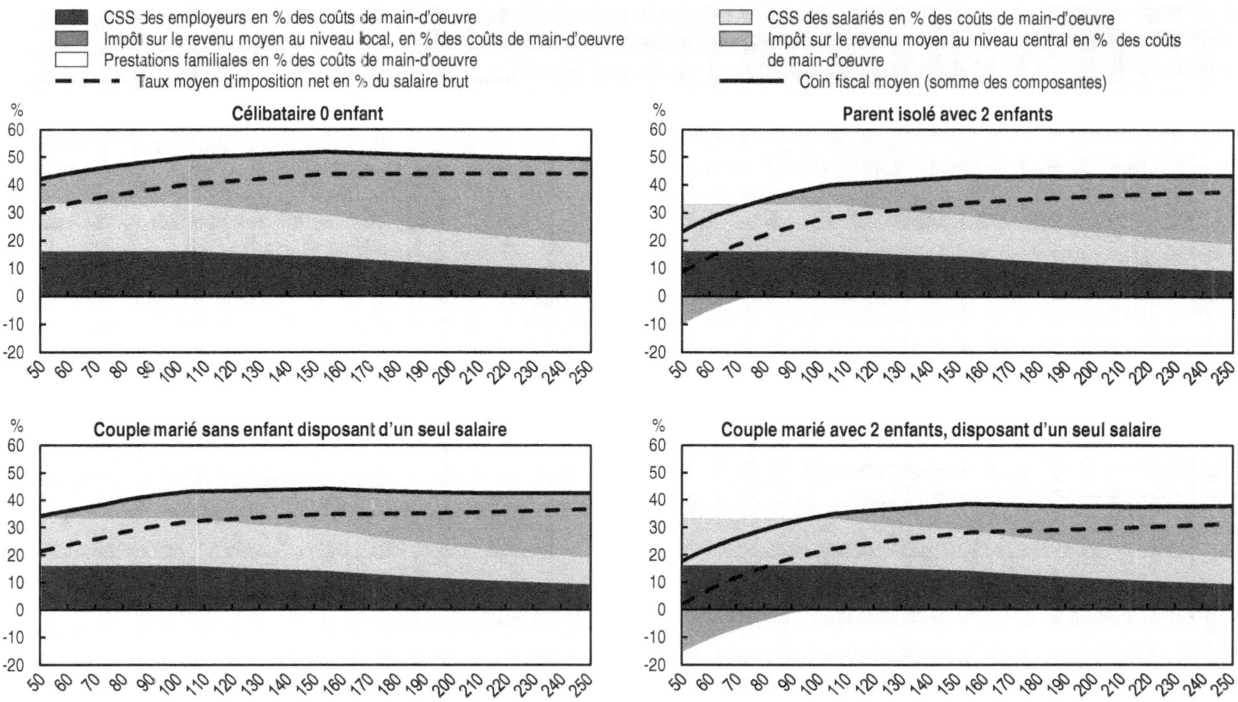

StatLink http://dx.doi.org/10.1787/888933342481

Allemagne 2015 : décomposition du coin fiscal marginal

En fonction du salaire brut exprimé en % du salaire moyen

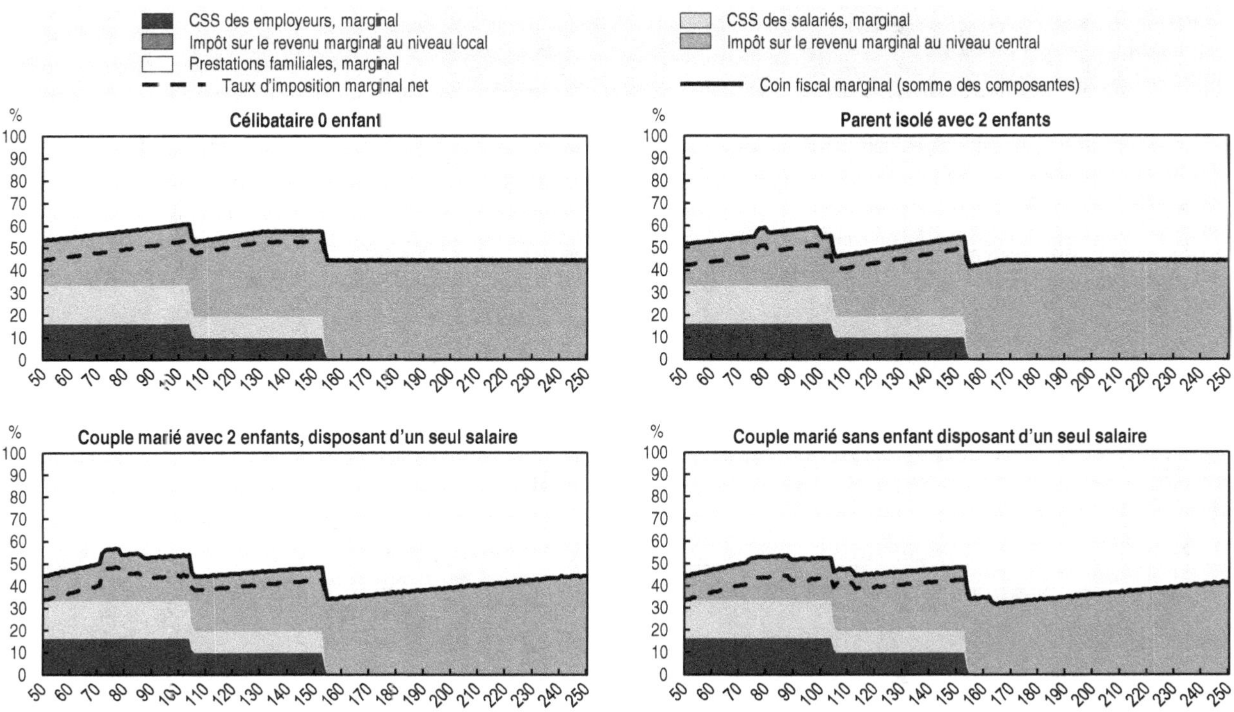

StatLink http://dx.doi.org/10.1787/888933342497

Australie 2015 : décomposition du coin fiscal moyen

En fonction du salaire brut exprimé en % du salaire moyen

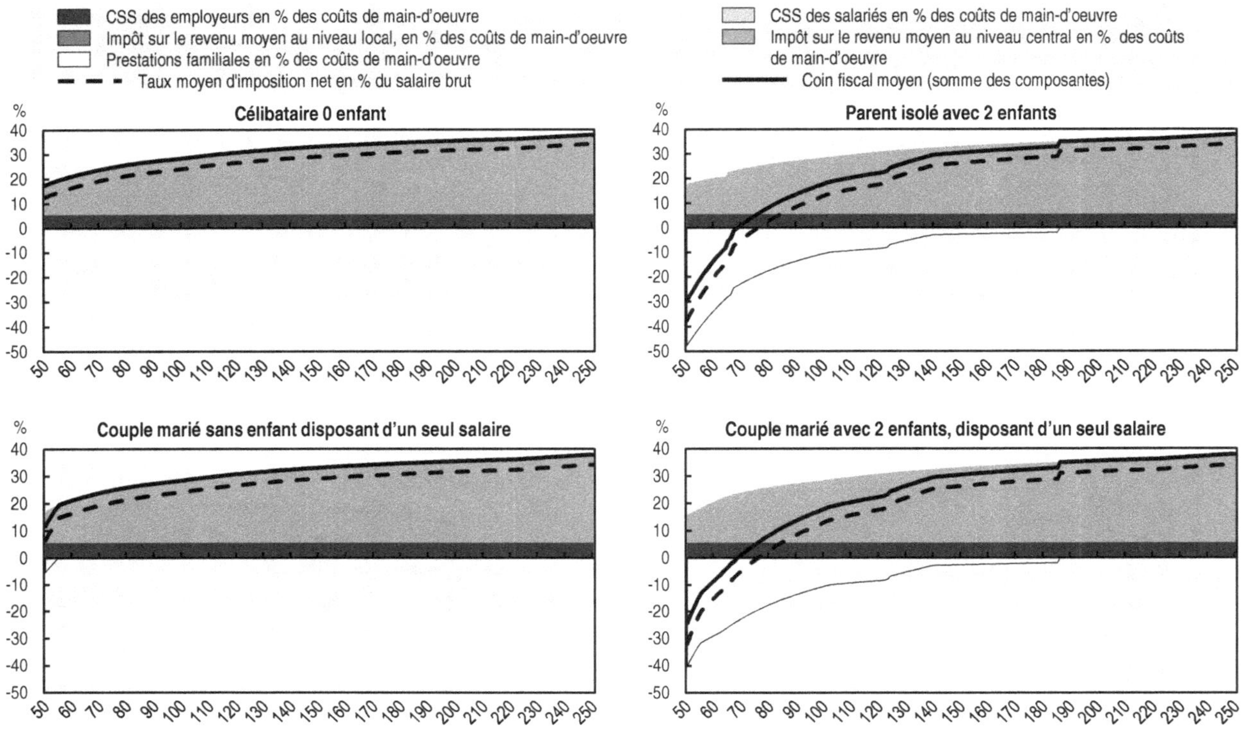

StatLink http://dx.doi.org/10.1787/888933342346

Australie 2015 : décomposition du coin fiscal marginal

En fonction du salaire brut exprimé en % du salaire moyen

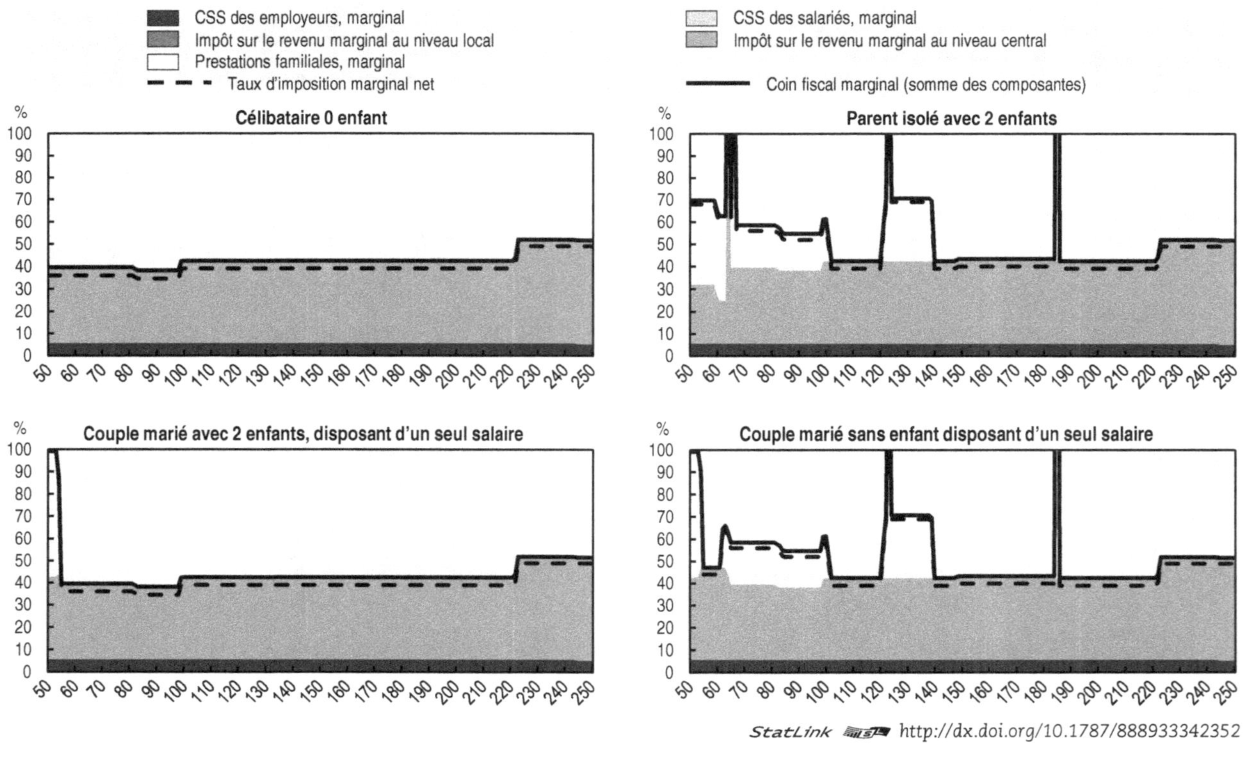

StatLink http://dx.doi.org/10.1787/888933342352

Autriche 2015 : décomposition du coin fiscal moyen

En fonction du salaire brut exprimé en % du salaire moyen

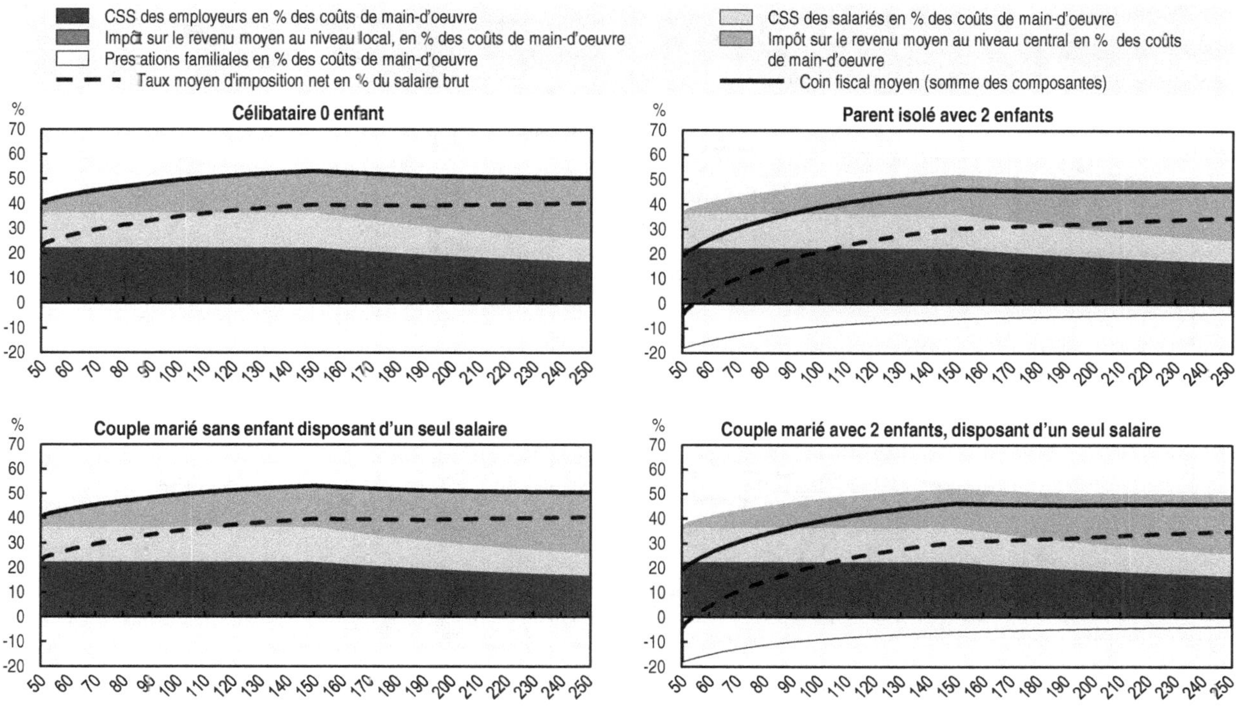

StatLink http://dx.doi.org/10.1787/888933342361

Autriche 2015 : décomposition du coin fiscal marginal

En fonction du salaire brut exprimé en % du salaire moyen

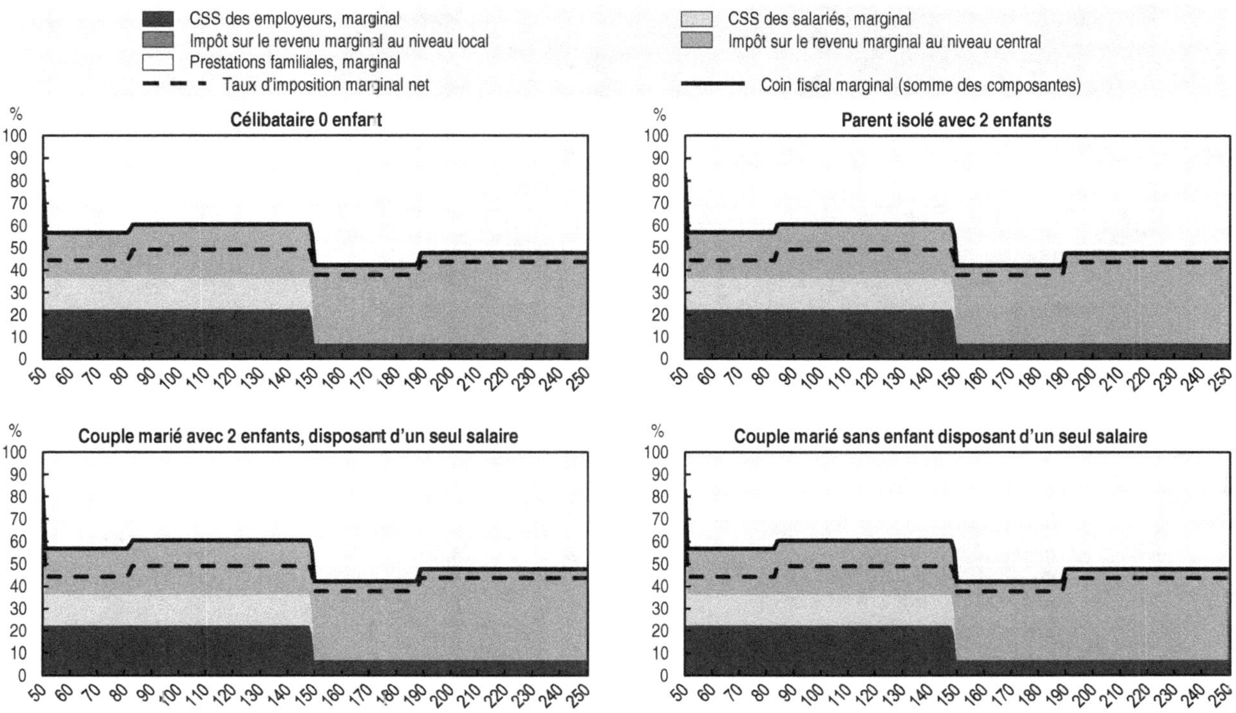

StatLink http://dx.doi.org/10.1787/888933342376

Belgique 2015 : décomposition du coin fiscal moyen

En fonction du salaire brut exprimé en % du salaire moyen

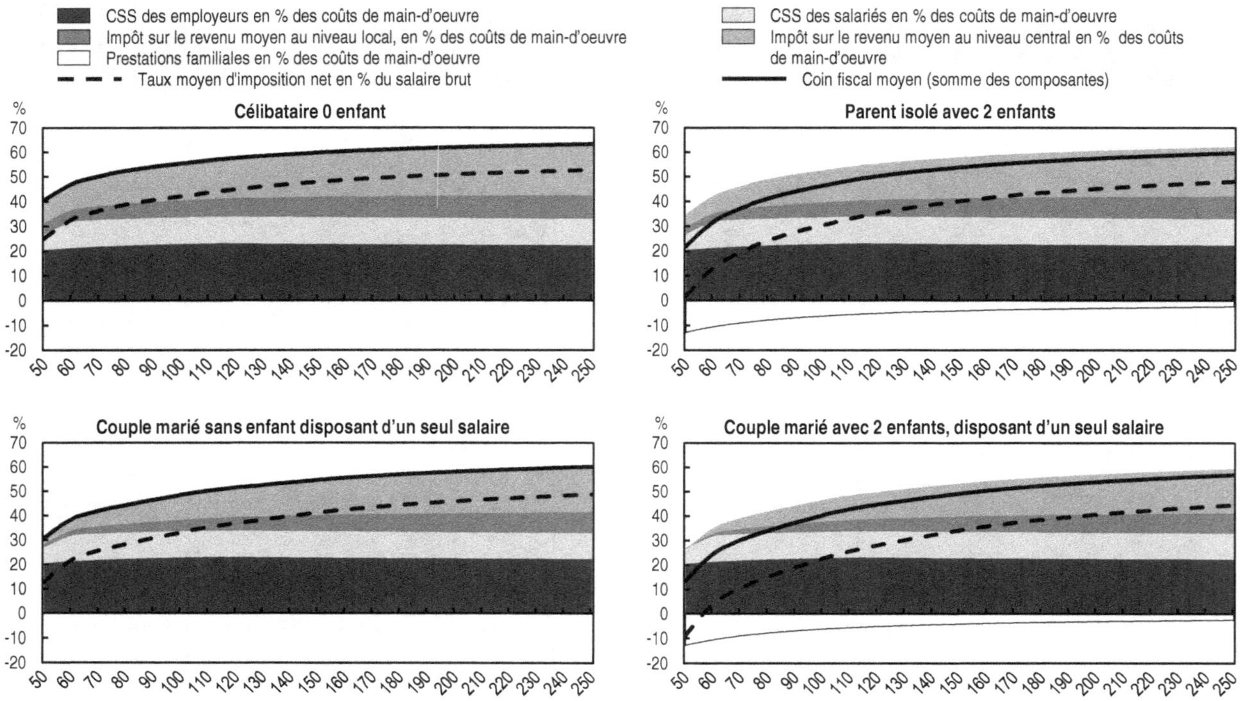

StatLink http://dx.doi.org/10.1787/888933342386

Belgique 2015 : décomposition du coin fiscal marginal

En fonction du salaire brut exprimé en % du salaire moyen

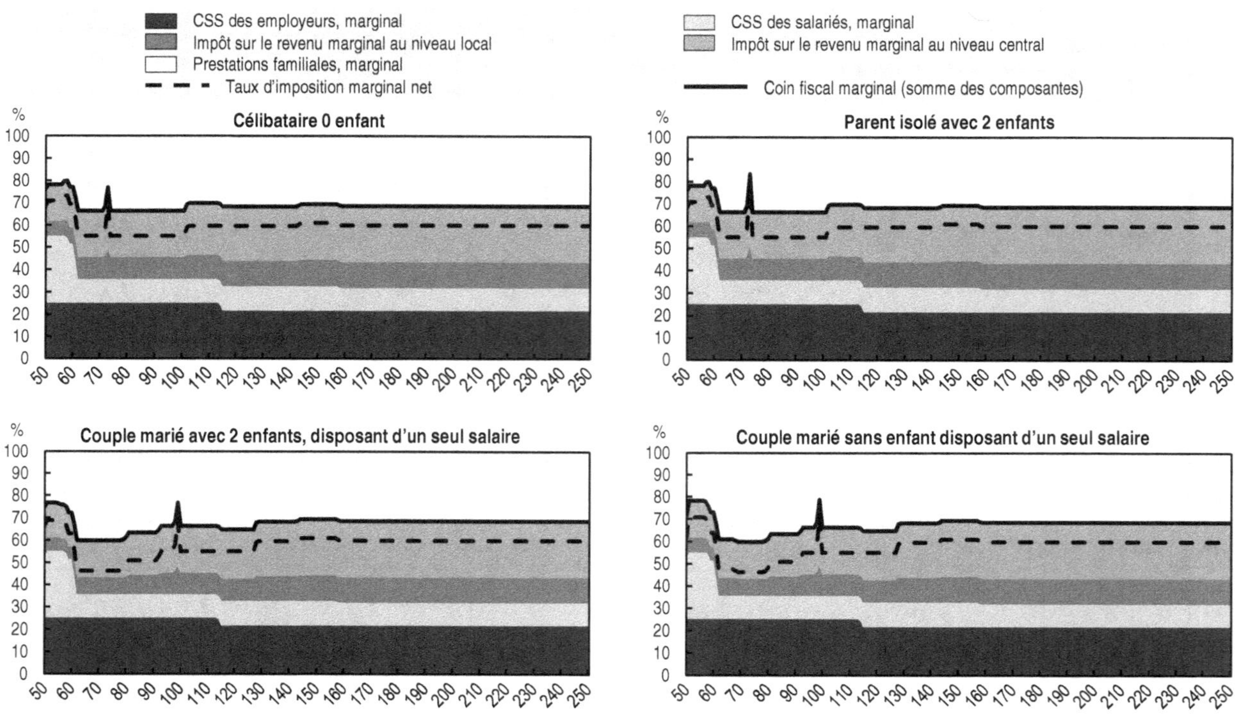

StatLink http://dx.doi.org/10.1787/888933342392

Canada 2015 : décomposition du coin fiscal moyen

En fonction du salaire brut exprimé en % du salaire moyen

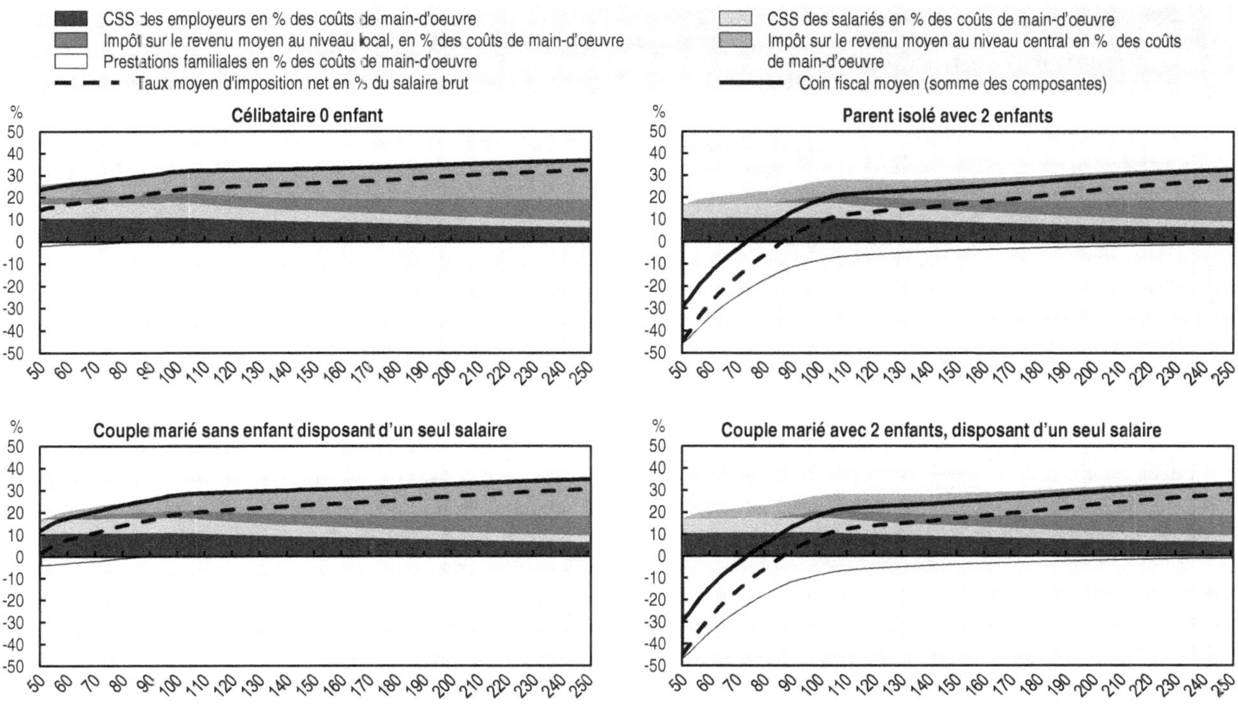

StatLink http://dx.doi.org/10.1787/888933342406

Canada 2015 : décomposition du coin fiscal marginal

En fonction du salaire brut exprimé en % du salaire moyen

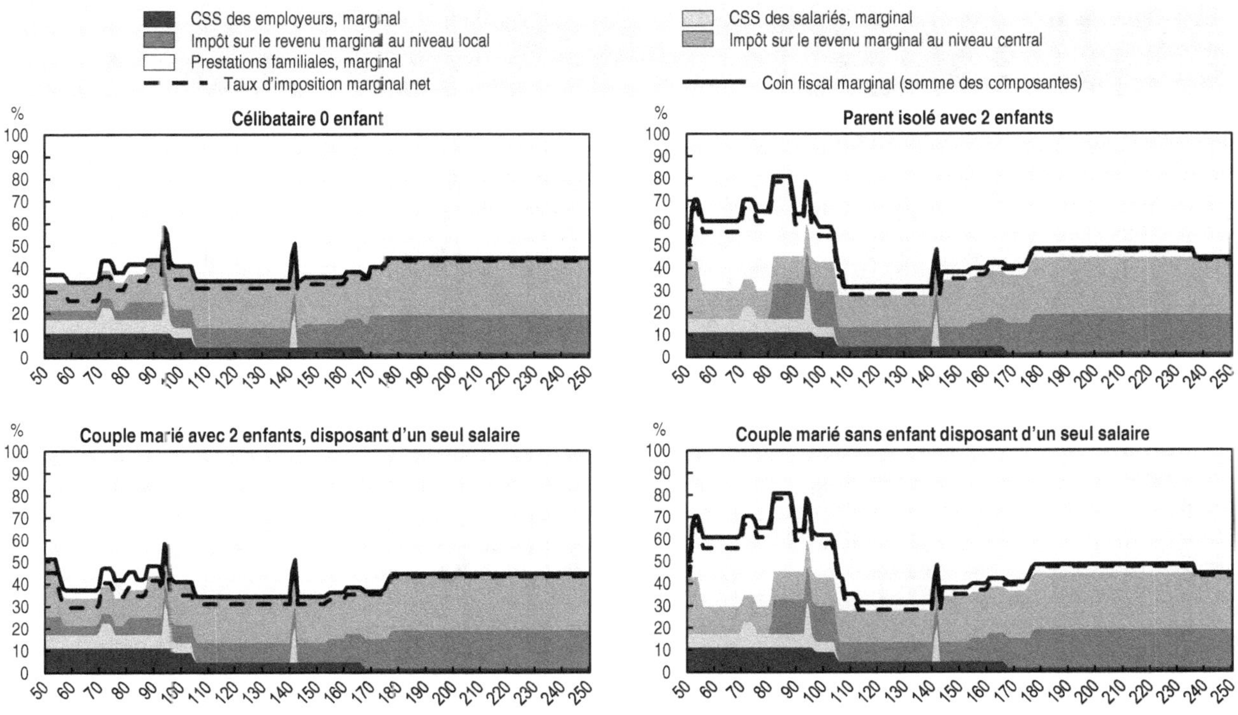

StatLink http://dx.doi.org/10.1787/888933342412

Chili 2015 : décomposition du coin fiscal moyen

En fonction du salaire brut exprimé en % du salaire moyen

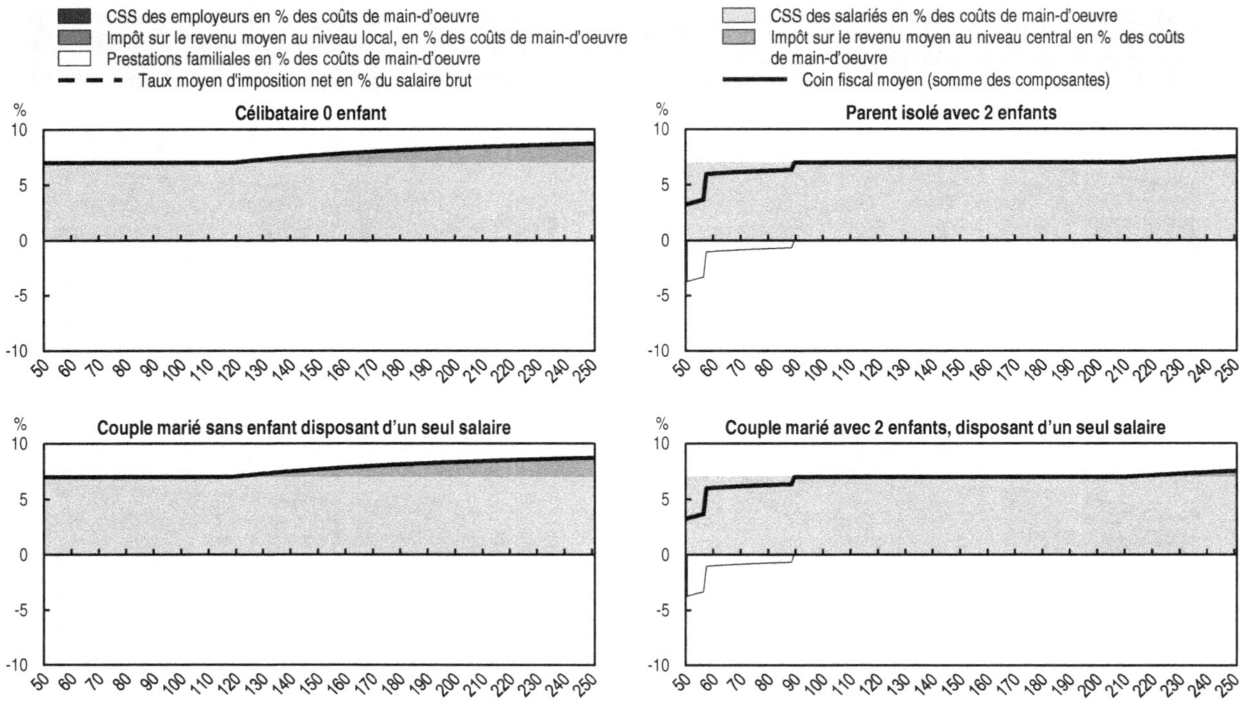

StatLink http://dx.doi.org/10.1787/888933342442

Chili 2015 : décomposition du coin fiscal marginal

En fonction du salaire brut exprimé en % du salaire moyen

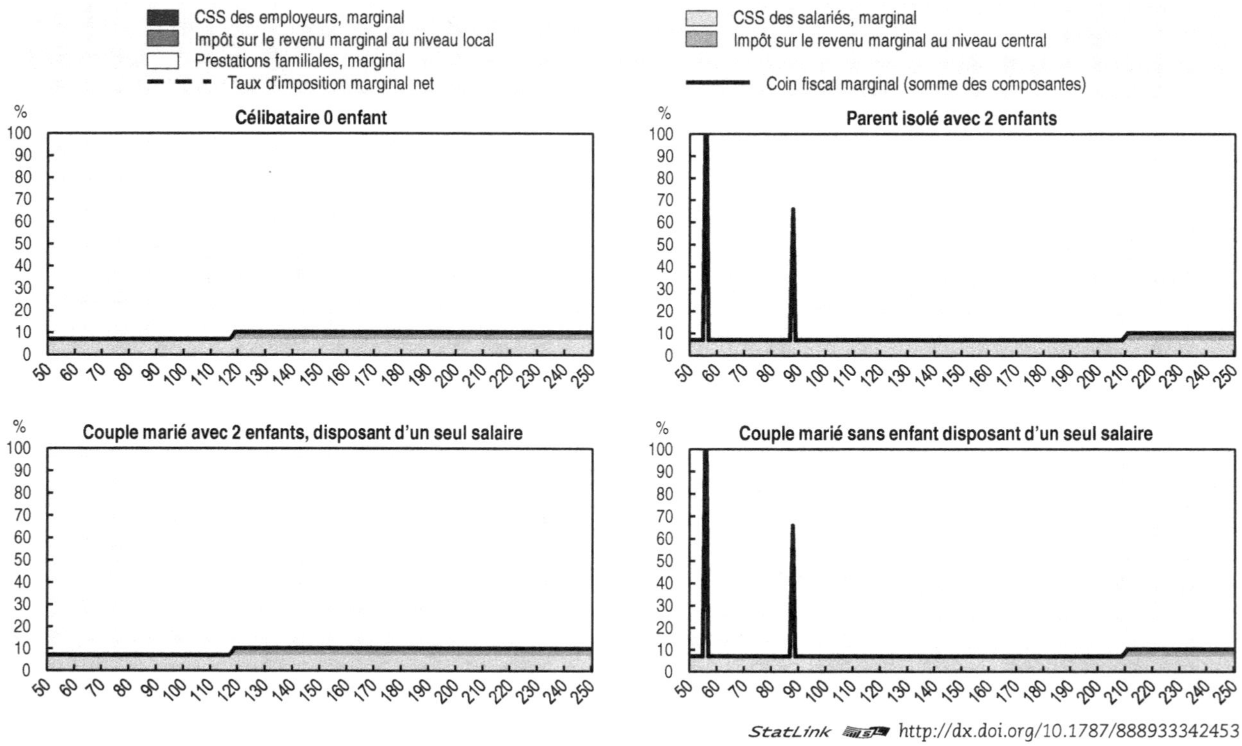

StatLink http://dx.doi.org/10.1787/888933342453

Corée 2015 : décomposition du coin fiscal moyen

En fonction du salaire brut exprimé en % du salaire moyen

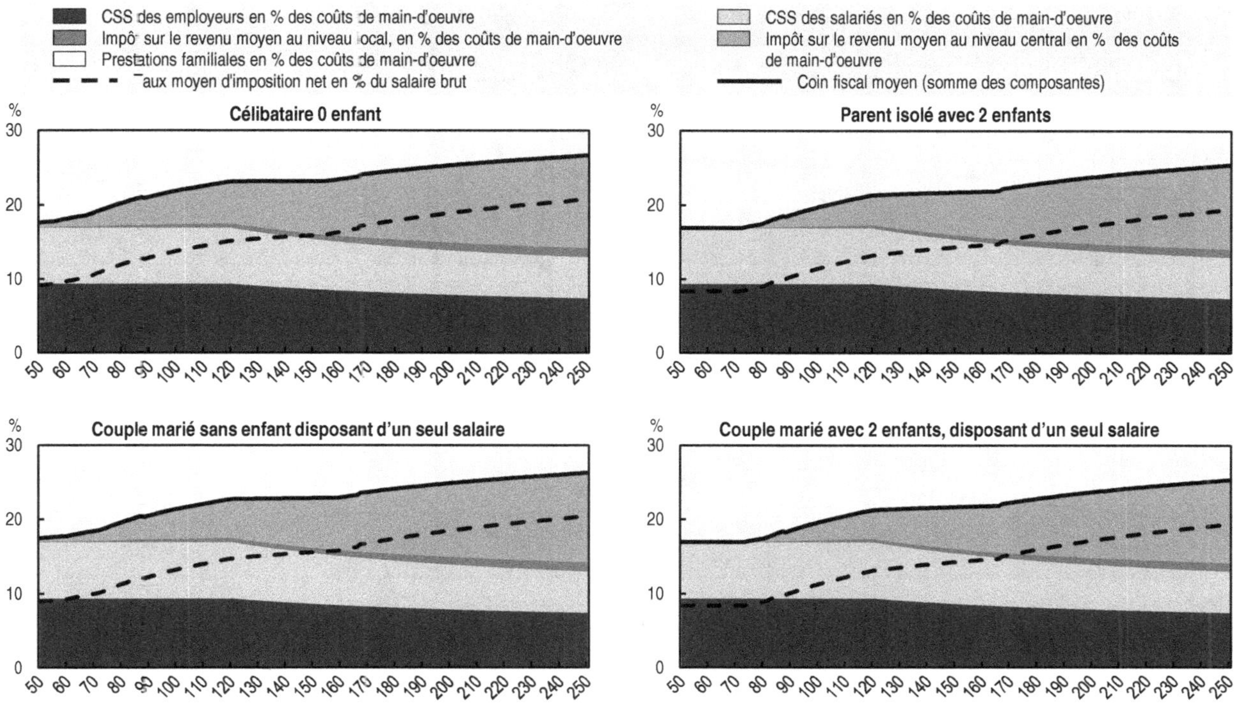

StatLink http://dx.doi.org/10.1787/888933342763

Corée 2015 : décomposition du coin fiscal marginal

En fonction du salaire brut exprimé en % du salaire moyen

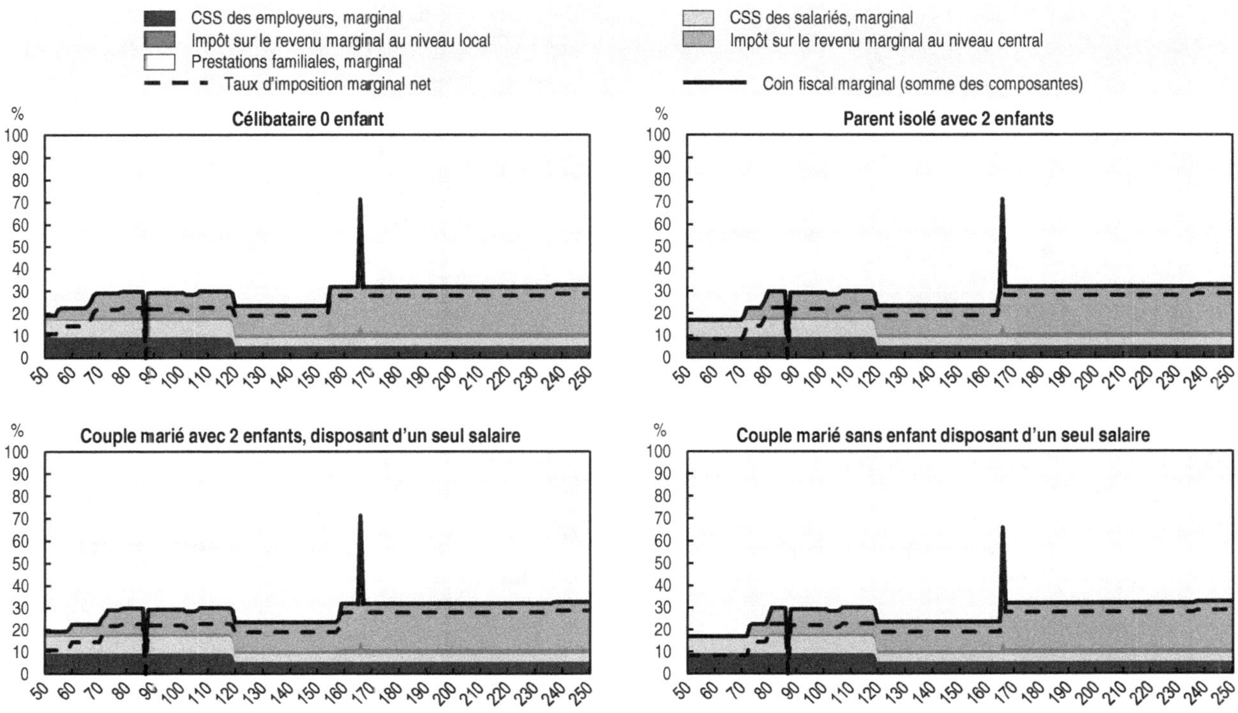

StatLink http://dx.doi.org/10.1787/888933342779

Danemark 2015 : décomposition du coin fiscal moyen

En fonction du salaire brut exprimé en % du salaire moyen

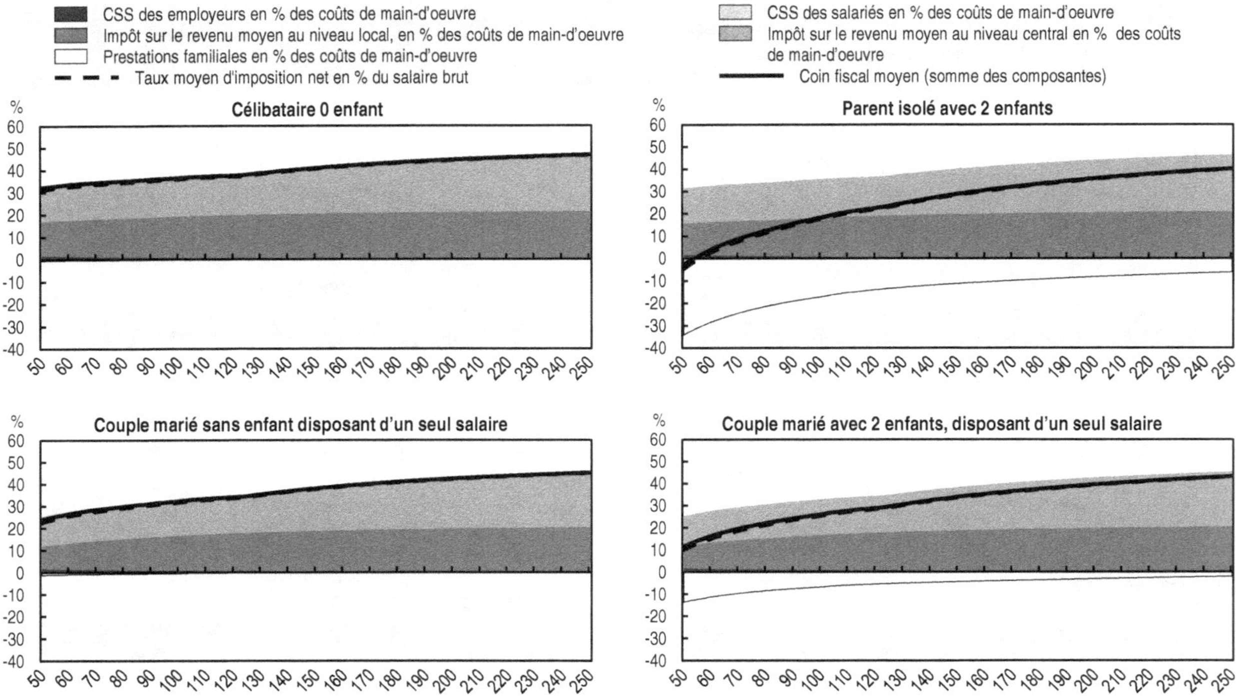

StatLink http://dx.doi.org/10.1787/888933342506

Danemark 2015 : décomposition du coin fiscal marginal

En fonction du salaire brut exprimé en % du salaire moyen

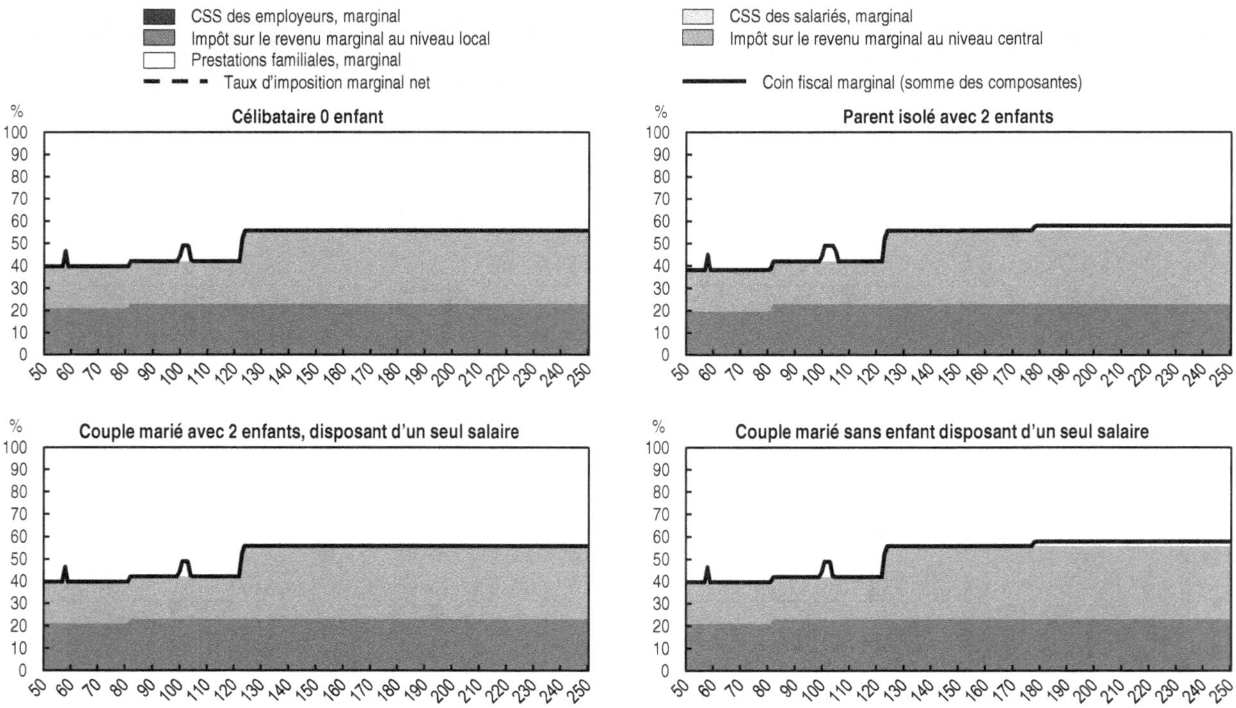

StatLink http://dx.doi.org/10.1787/888933342514

Espagne 2015 : décomposition du coin fiscal moyen

En fonction du salaire brut exprimé en % du salaire moyen

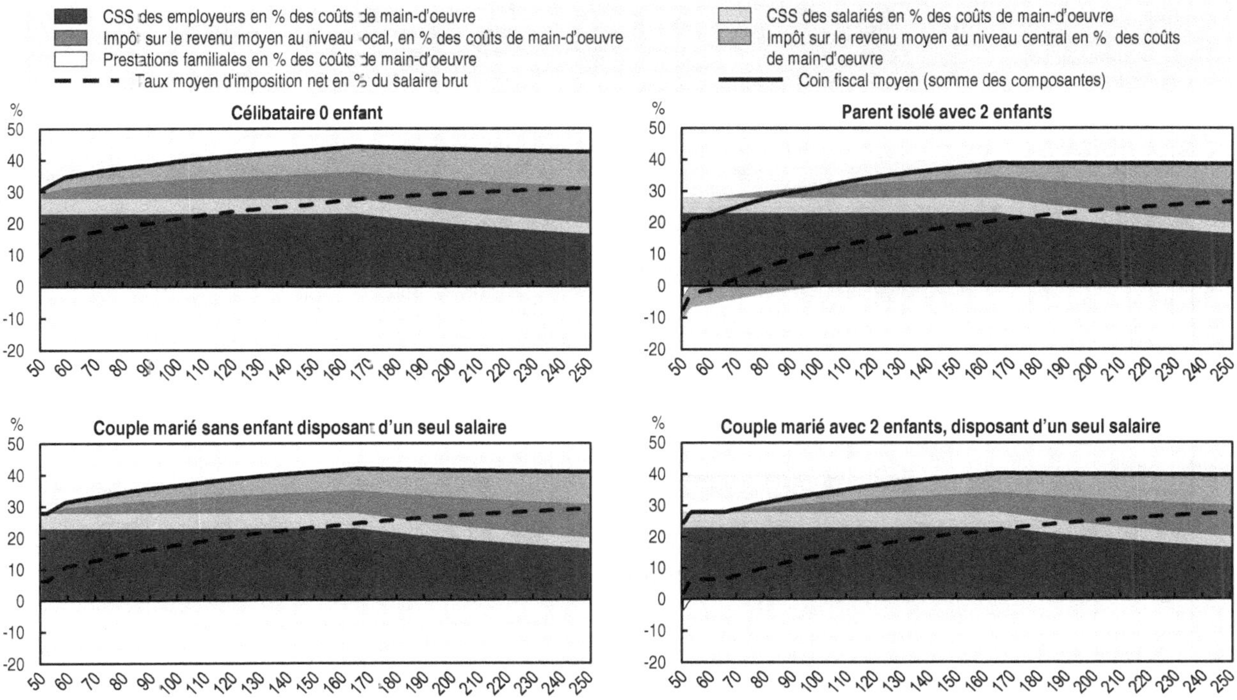

StatLink http://dx.doi.org/10.1787/888933342521

Espagne 2015 : décomposition du coin fiscal marginal

En fonction du salaire brut exprimé en % du salaire moyen

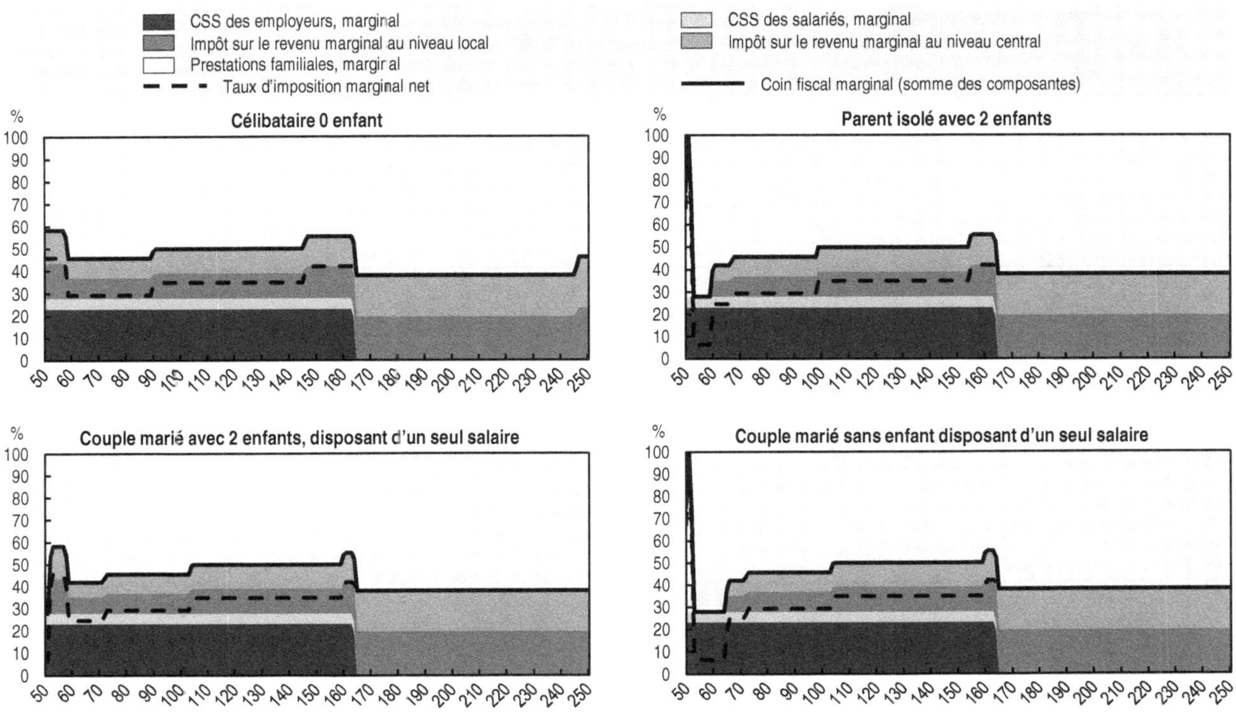

StatLink http://dx.doi.org/10.1787/888933342535

Estonie 2015 : décomposition du coin fiscal moyen

En fonction du salaire brut exprimé en % du salaire moyen

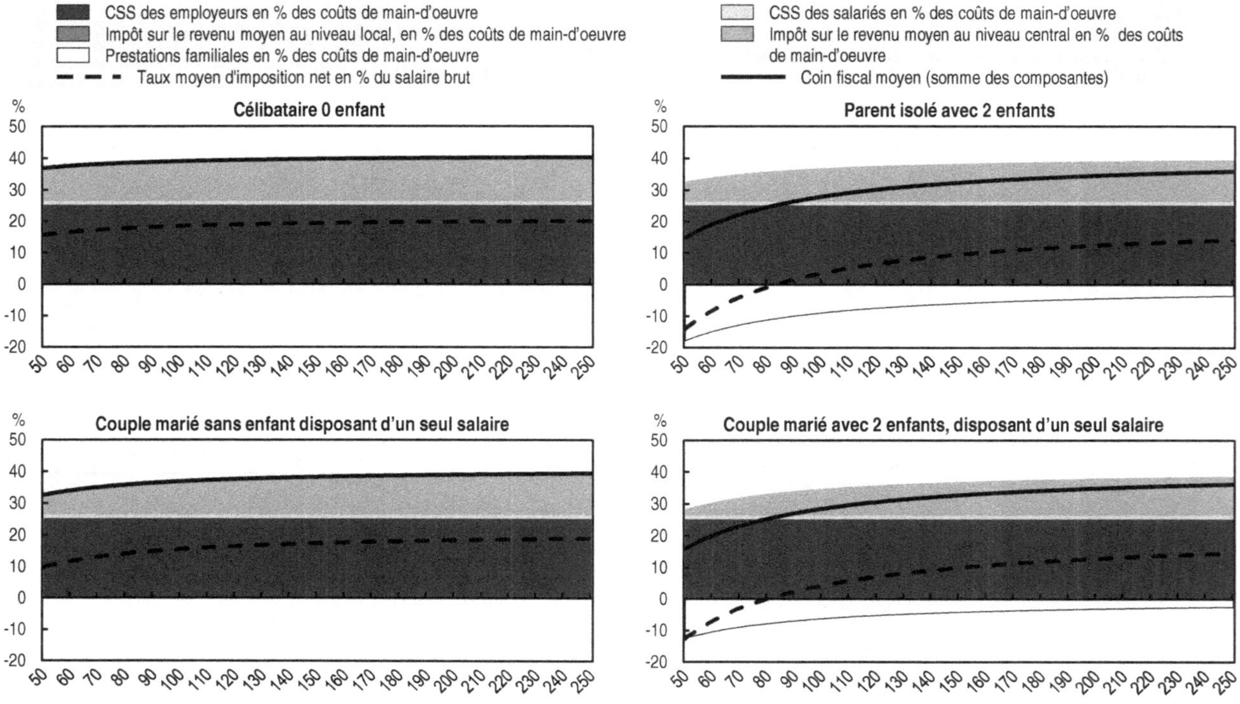

StatLink http://dx.doi.org/10.1787/888933342540

Estonie 2015 : décomposition du coin fiscal marginal

En fonction du salaire brut exprimé en % du salaire moyen

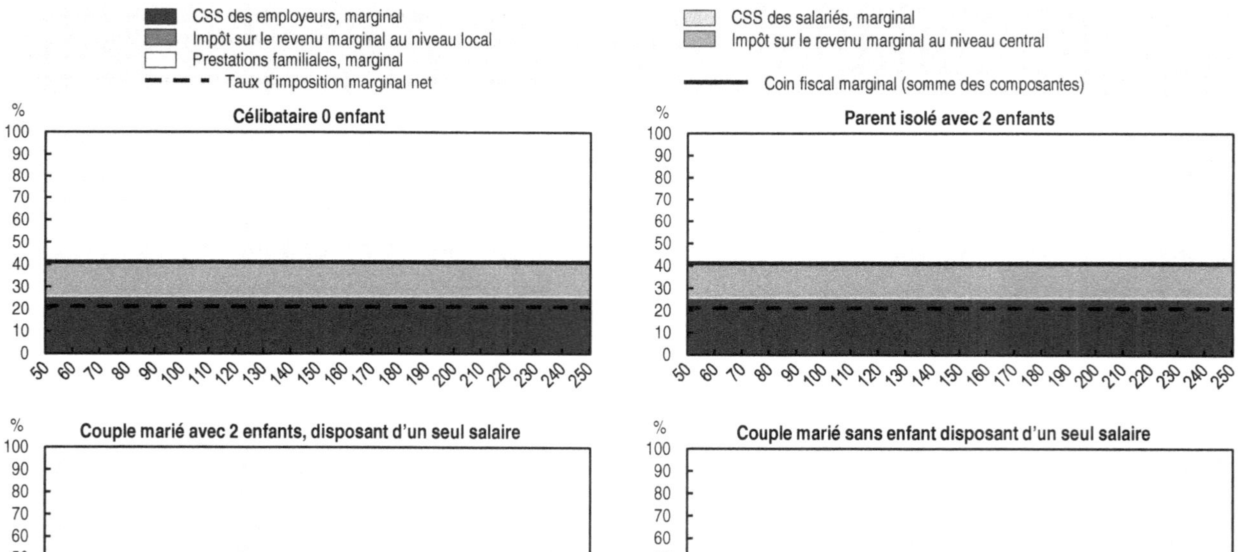

StatLink http://dx.doi.org/10.1787/888933342559

États-Unis 2015 : décomposition du coin fiscal moyen

En fonction du salaire brut exprimé en % du salaire moyen

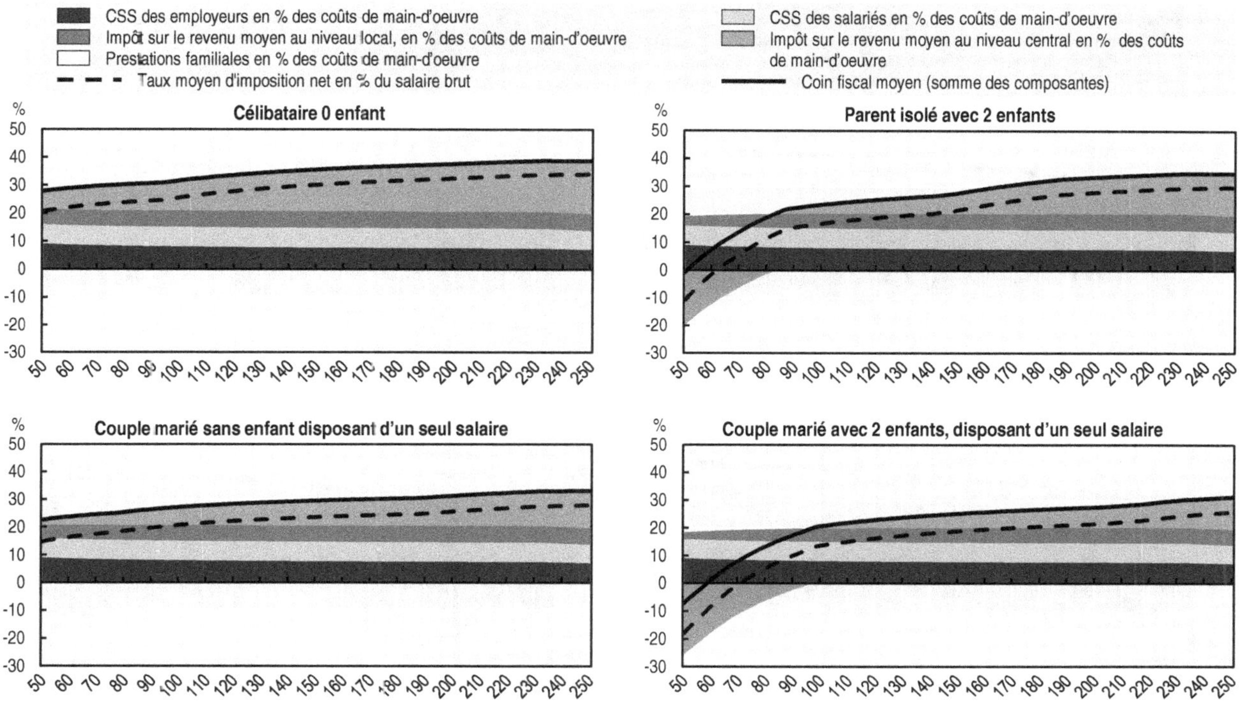

StatLink http://dx.doi.org/10.1787/888933343003

États-Unis 2015 : décomposition du coin fiscal marginal

En fonction du salaire brut exprimé en % du salaire moyen

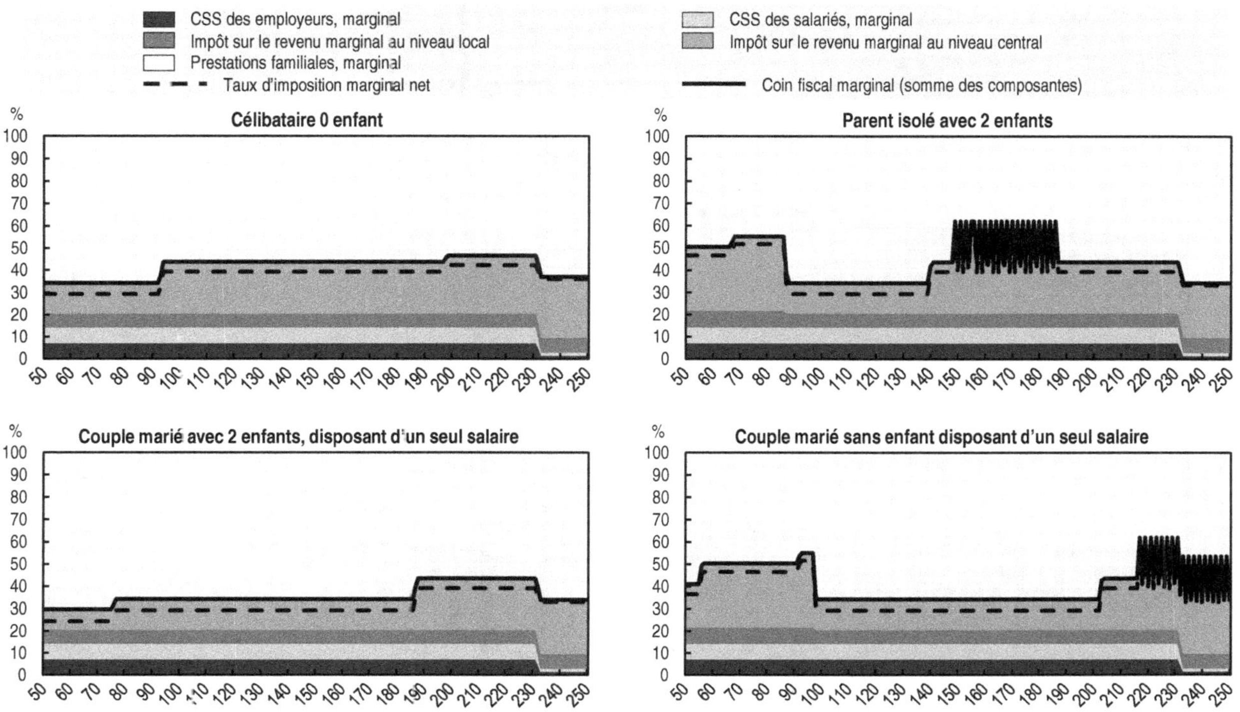

StatLink http://dx.doi.org/10.1787/888933343017

Finlande 2015 : décomposition du coin fiscal moyen

En fonction du salaire brut exprimé en % du salaire moyen

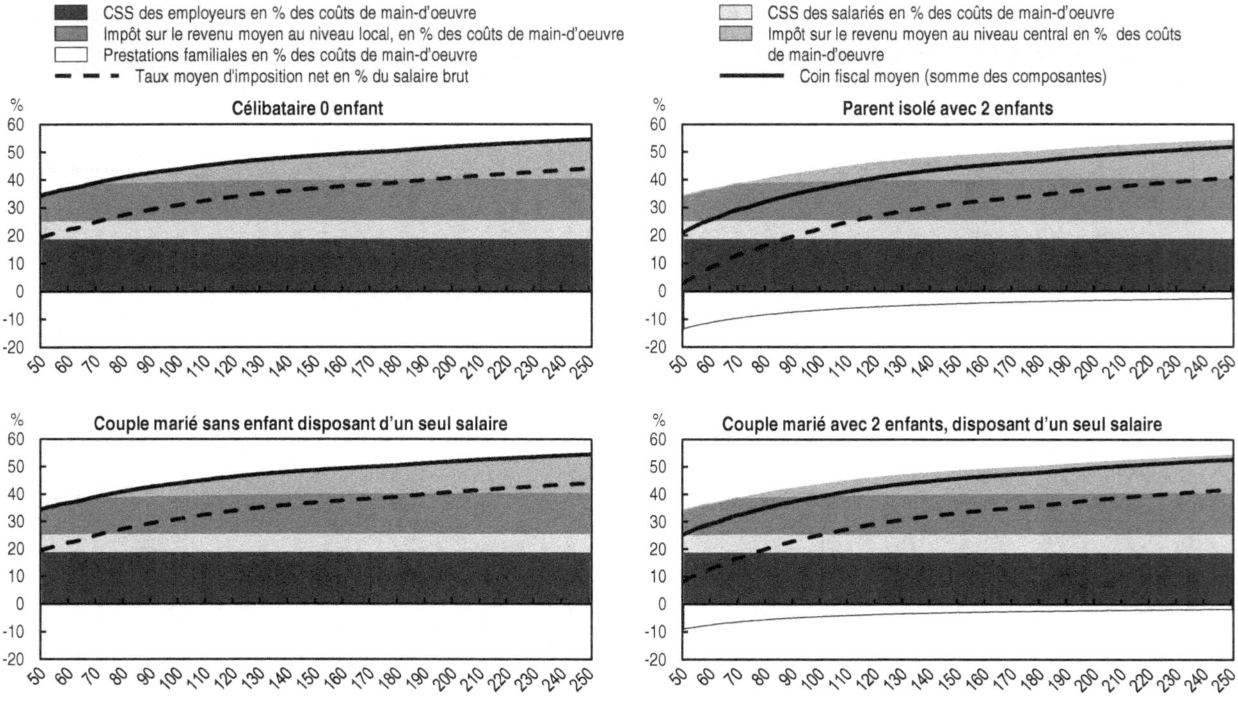

StatLink http://dx.doi.org/10.1787/888933342567

Finlande 2015 : décomposition du coin fiscal marginal

En fonction du salaire brut exprimé en % du salaire moyen

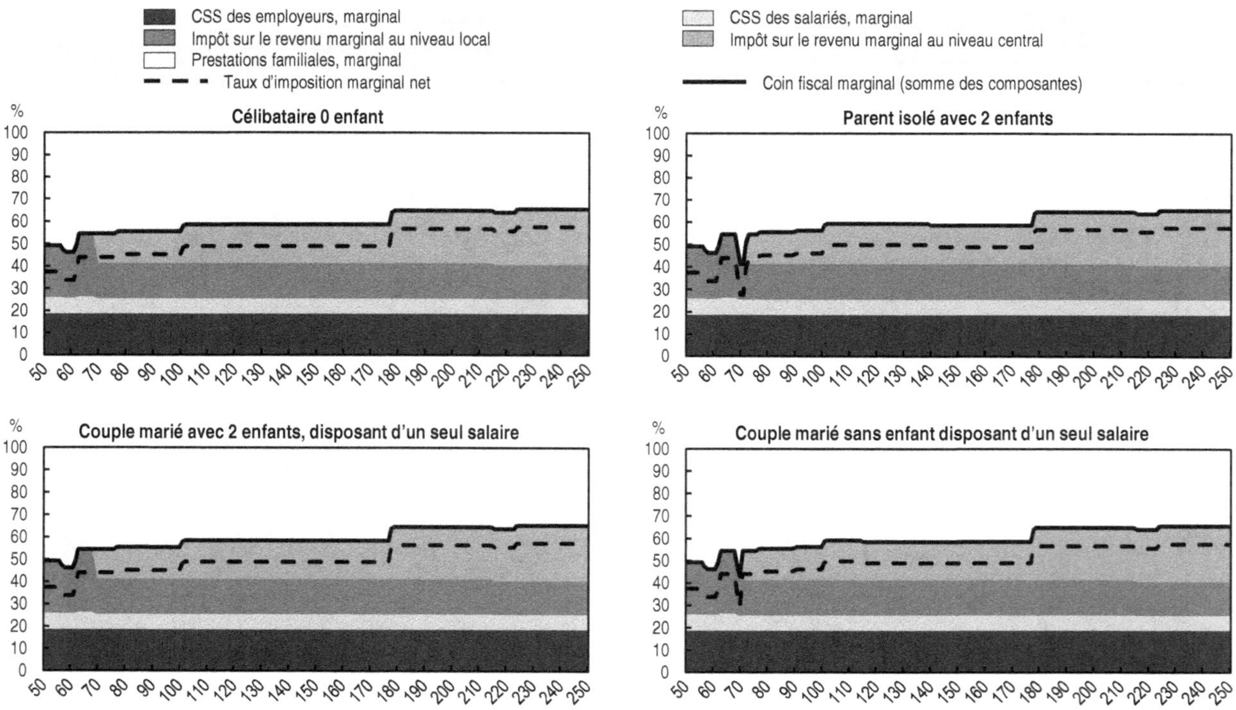

StatLink http://dx.doi.org/10.1787/888933342573

France 2015 : décomposition du coin fiscal moyen

En fonction du salaire brut exprimé en % du salaire moyen

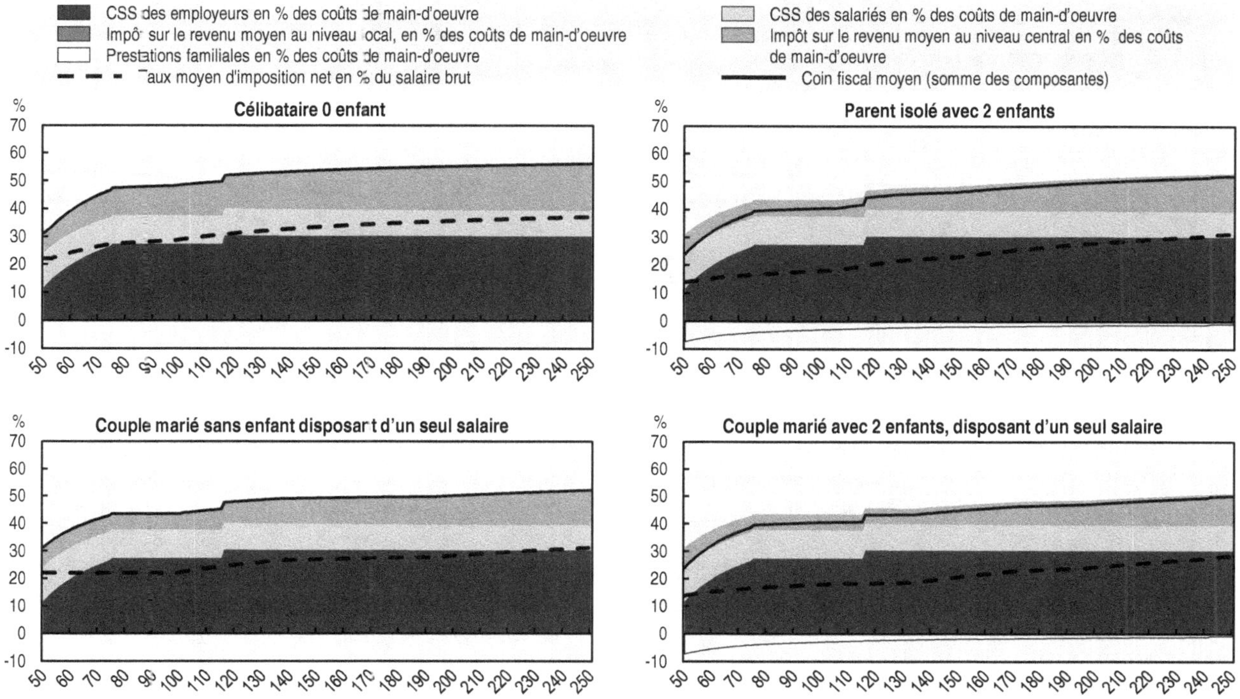

StatLink http://dx.doi.org/10.1787/888933342584

France 2015 : décomposition du coin fiscal marginal

En fonction du salaire brut exprimé en % du salaire moyen

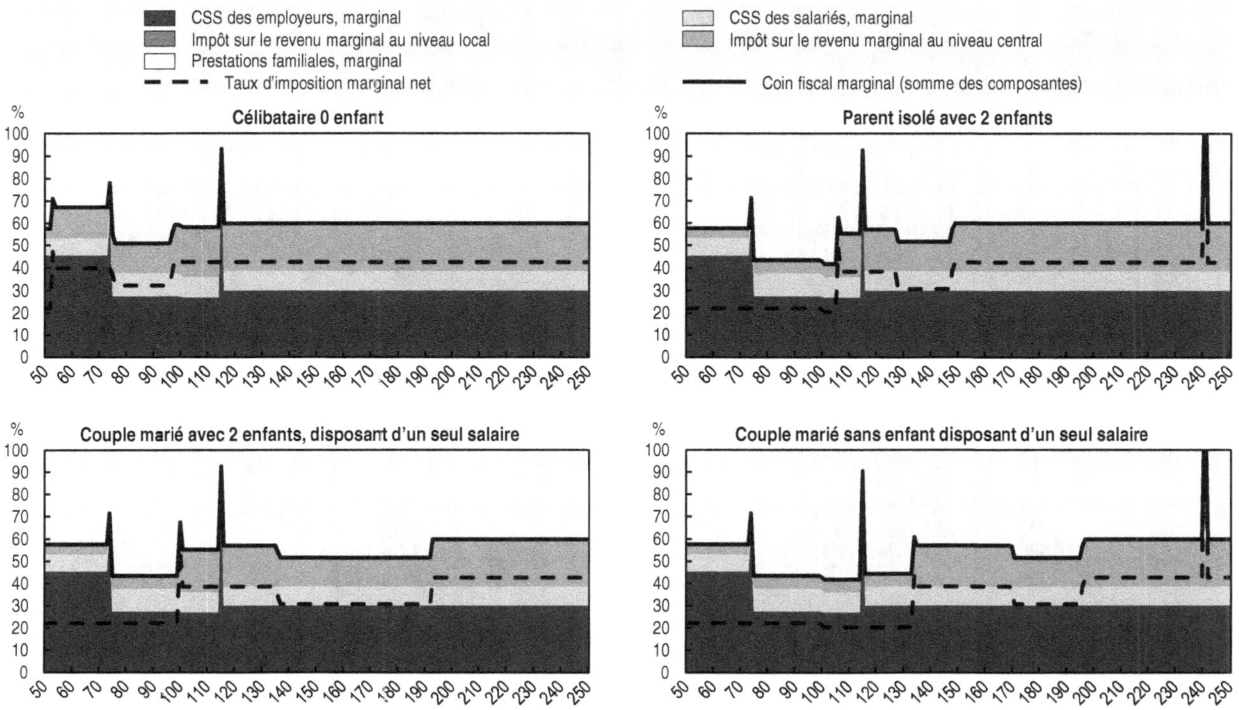

StatLink http://dx.doi.org/10.1787/888933342590

Grèce 2015 : décomposition du coin fiscal moyen

En fonction du salaire brut exprimé en % du salaire moyen

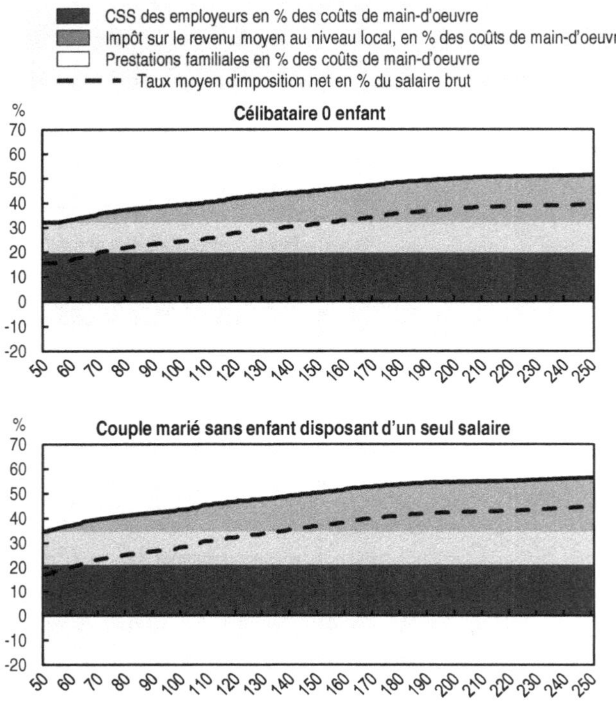

StatLink http://dx.doi.org/10.1787/888933342622

Grèce 2015 : décomposition du coin fiscal marginal

En fonction du salaire brut exprimé en % du salaire moyen

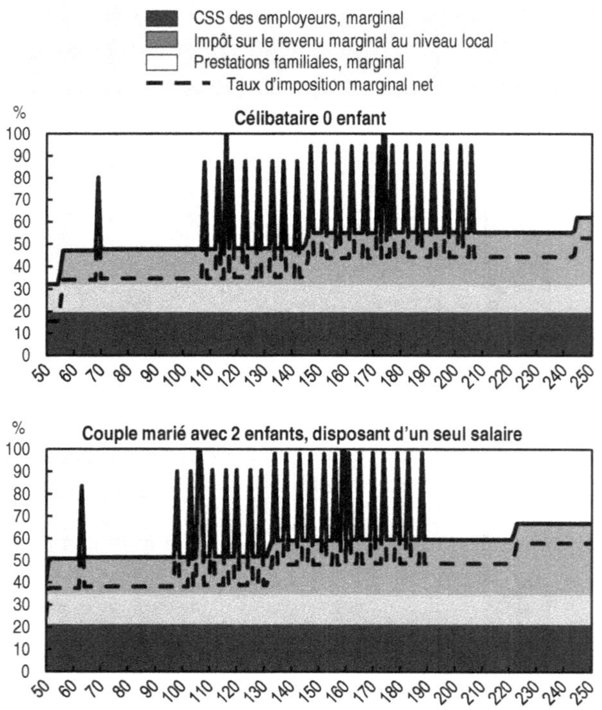

StatLink http://dx.doi.org/10.1787/888933342633

Hongrie 2015 : décomposition du coin fiscal moyen

En fonction du salaire brut exprimé en % du salaire moyen

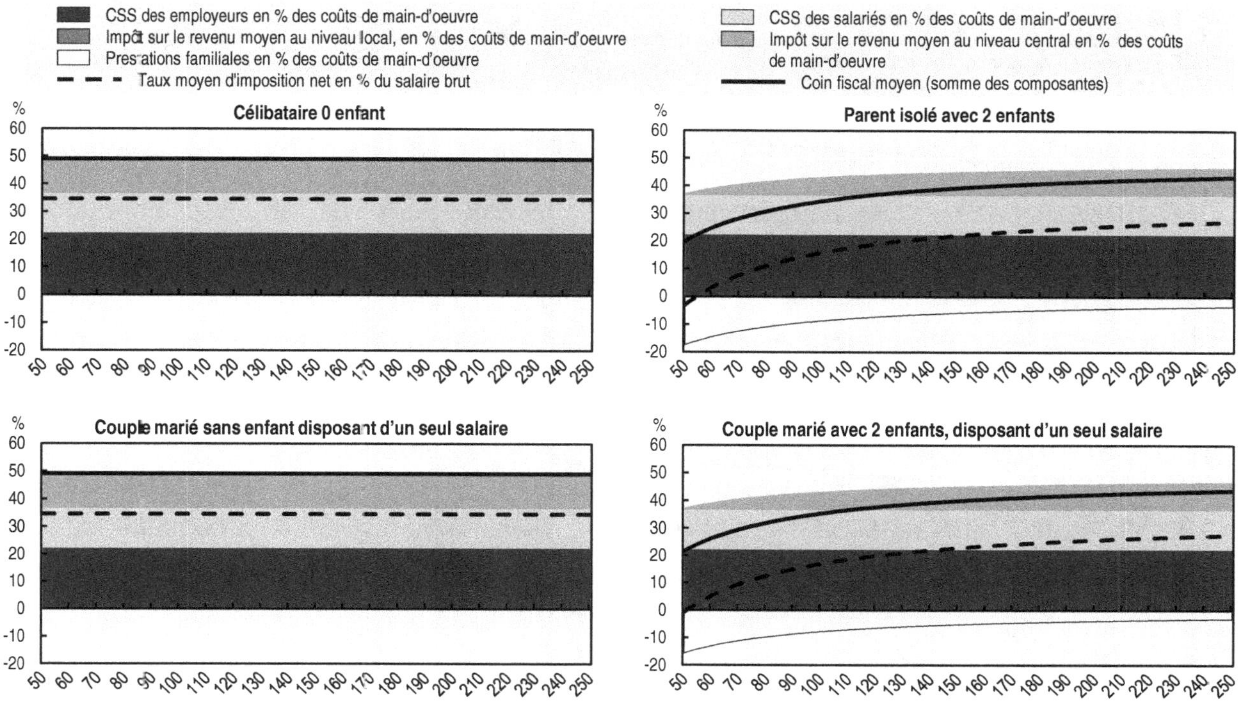

StatLink http://dx.doi.org/10.1787/888933342643

Hongrie 2015 : décomposition du coin fiscal marginal

En fonction du salaire brut exprimé en % du salaire moyen

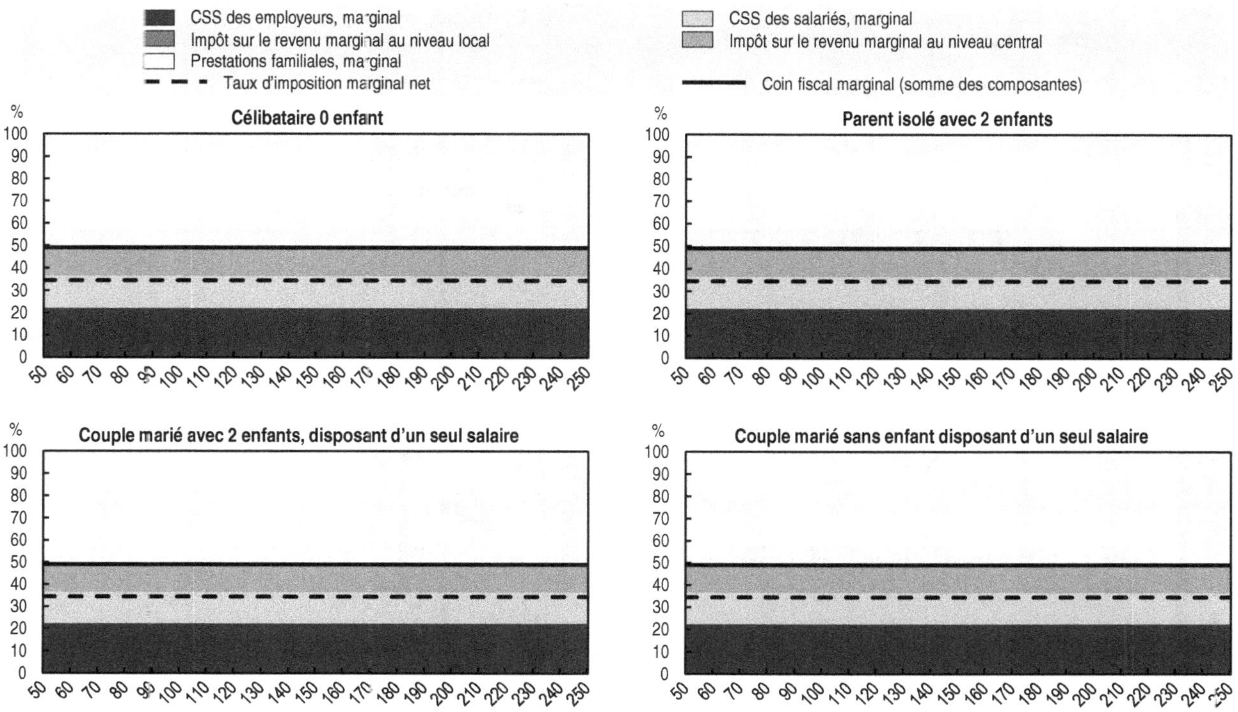

StatLink http://dx.doi.org/10.1787/888933342658

Irlande 2015 : décomposition du coin fiscal moyen

En fonction du salaire brut exprimé en % du salaire moyen

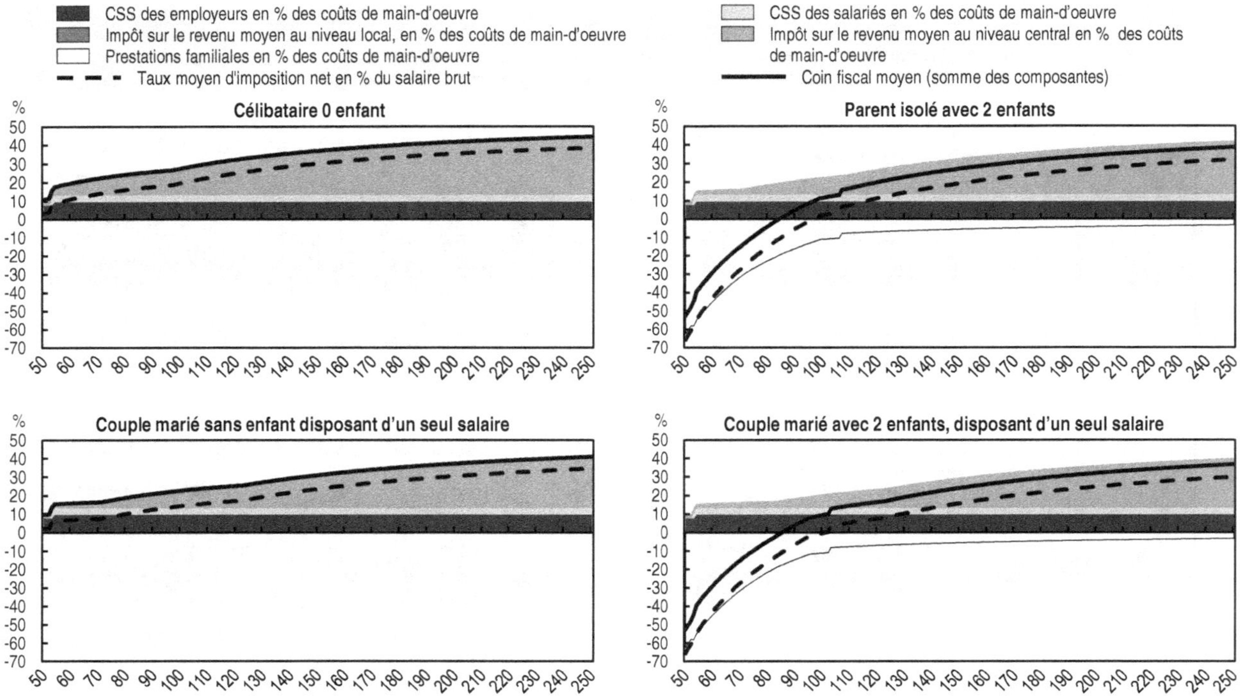

StatLink http://dx.doi.org/10.1787/888933342665

Irlande 2015 : décomposition du coin fiscal marginal

En fonction du salaire brut exprimé en % du salaire moyen

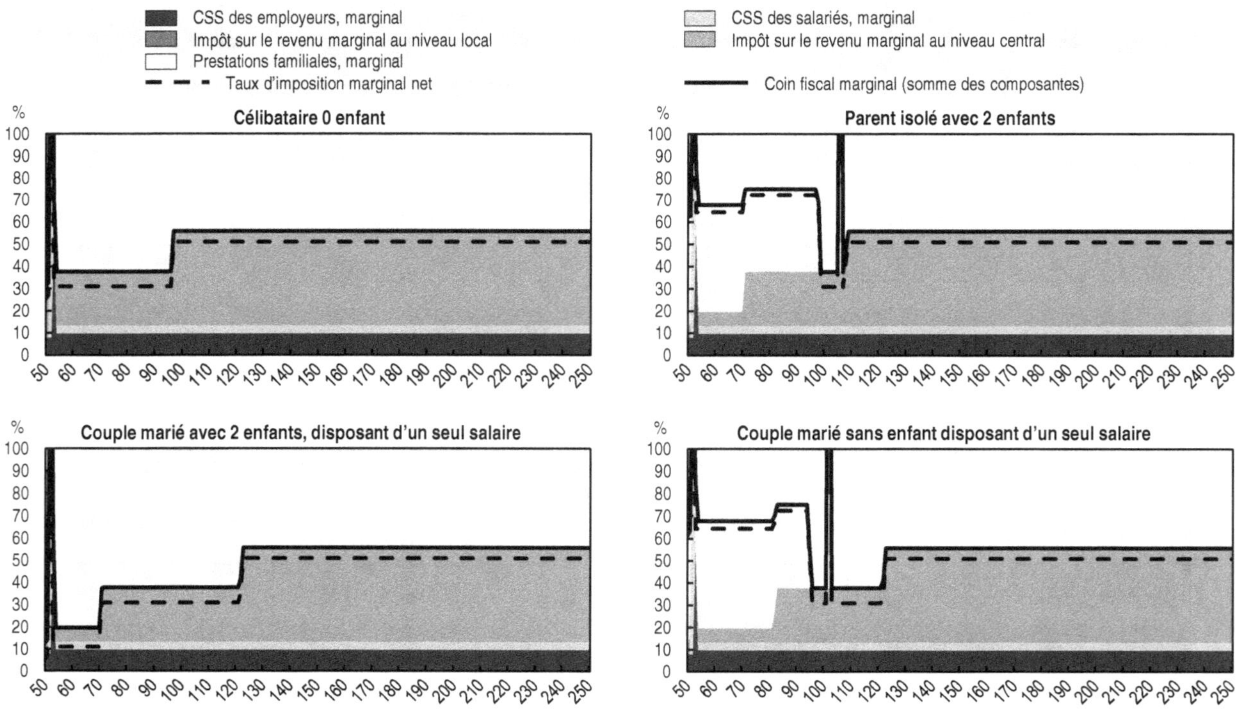

StatLink http://dx.doi.org/10.1787/888933342679

Islande 2015 : décomposition du coin fiscal moyen

En fonction du salaire brut exprimé en % du salaire moyen

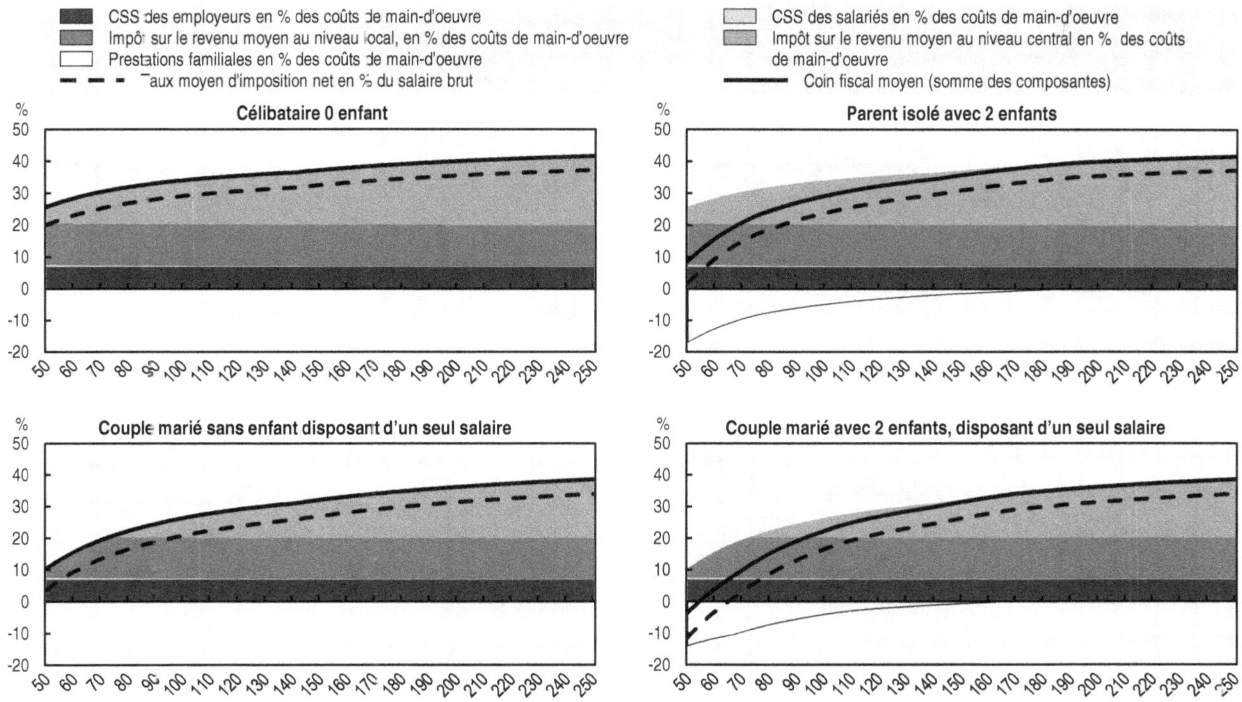

StatLink http://dx.doi.org/10.1787/888933342633

Islande 2015 : décomposition du coin fiscal marginal

En fonction du salaire brut exprimé en % du salaire moyen

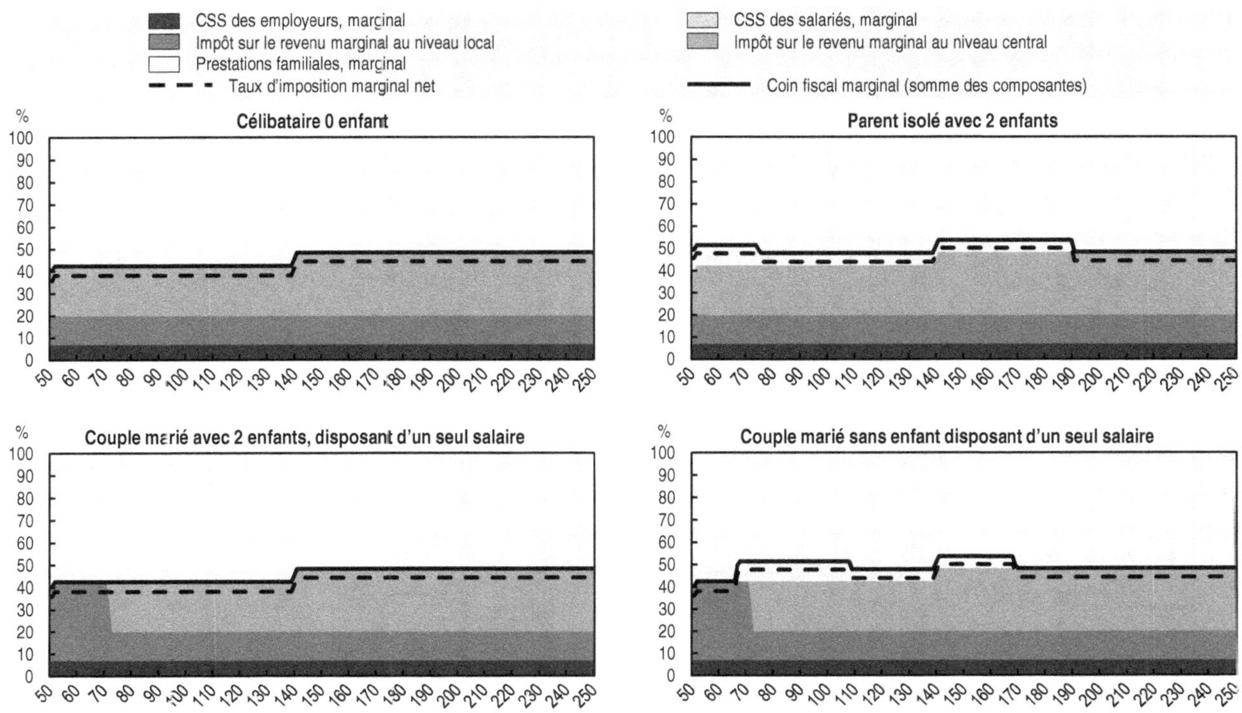

StatLink http://dx.doi.org/10.1787/888933342697

Israël 2015 : décomposition du coin fiscal moyen

En fonction du salaire brut exprimé en % du salaire moyen

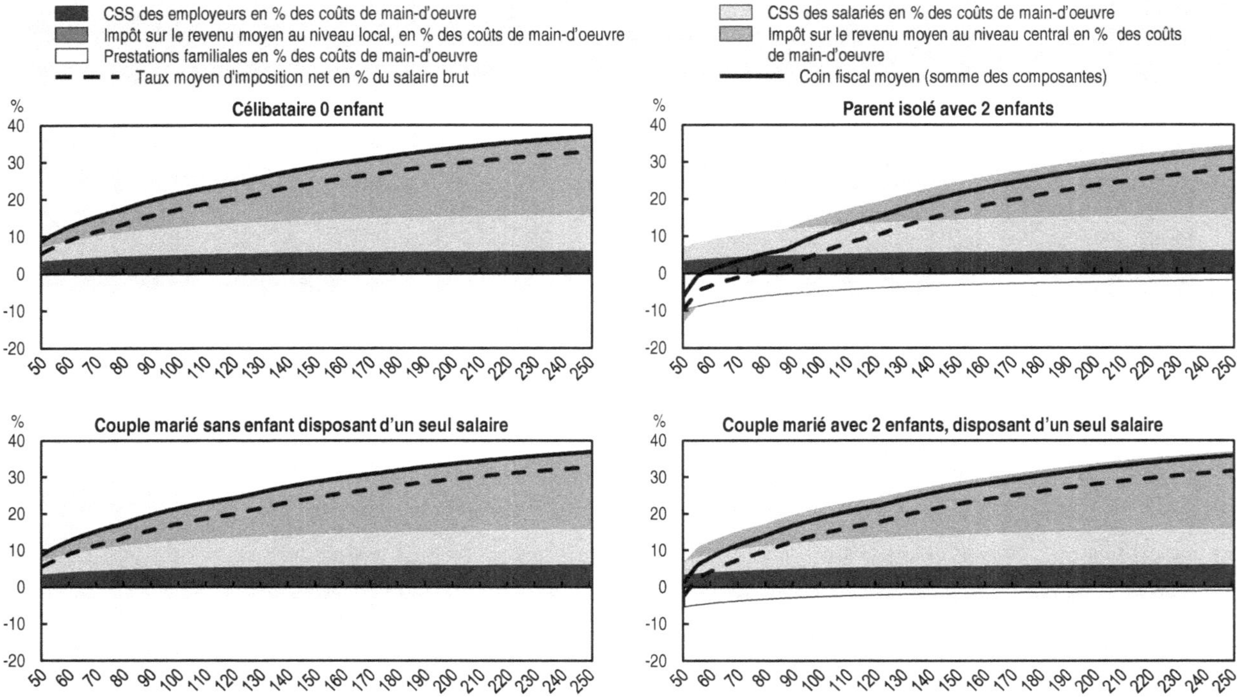

StatLink http://dx.doi.org/10.1787/888933342700

Israël 2015 : décomposition du coin fiscal marginal

En fonction du salaire brut exprimé en % du salaire moyen

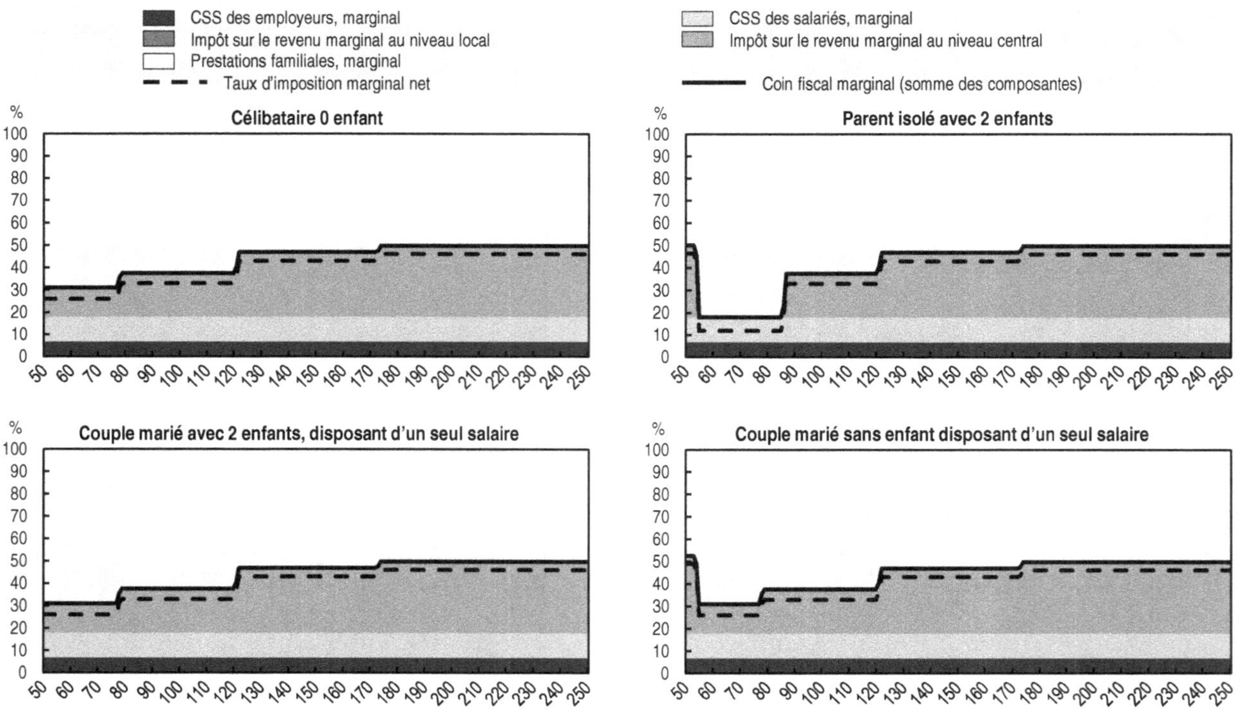

StatLink http://dx.doi.org/10.1787/888933342714

Italie 2015 : décomposition du coin fiscal moyen

En fonction du salaire brut exprimé en % du salaire moyen

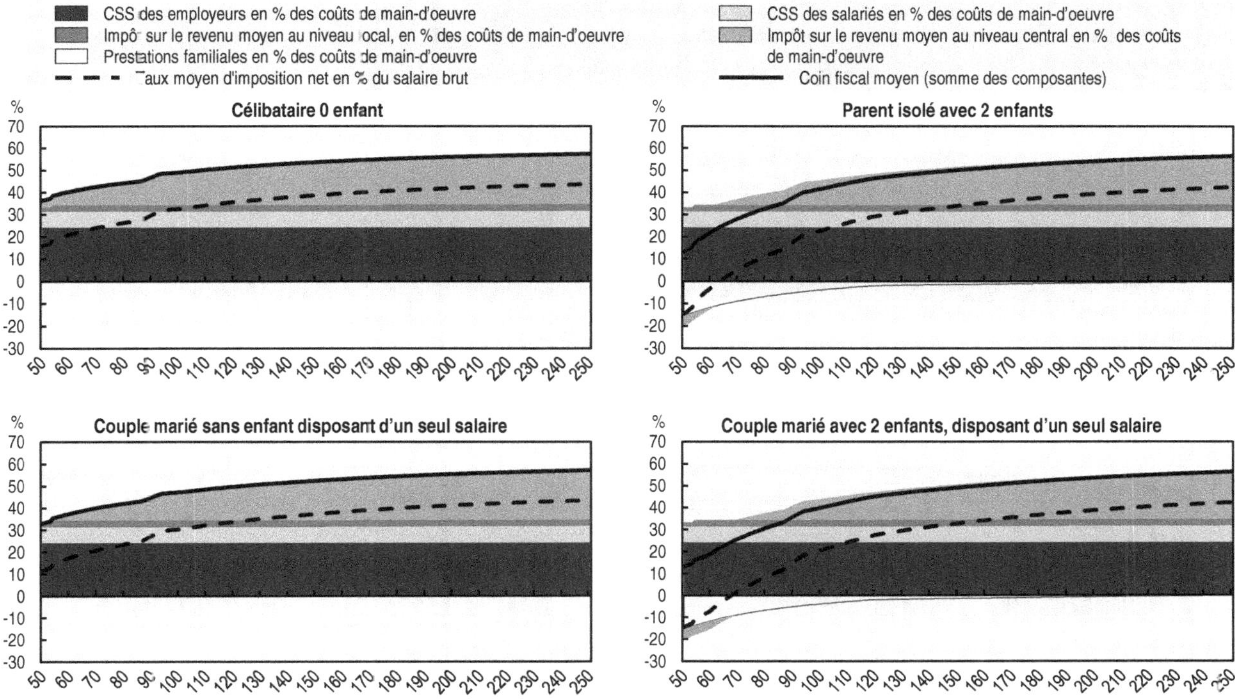

StatLink http://dx.doi.org/10.1787/888933342725

Italie 2015 : décomposition du coin fiscal marginal

En fonction du salaire brut exprimé en % du salaire moyen

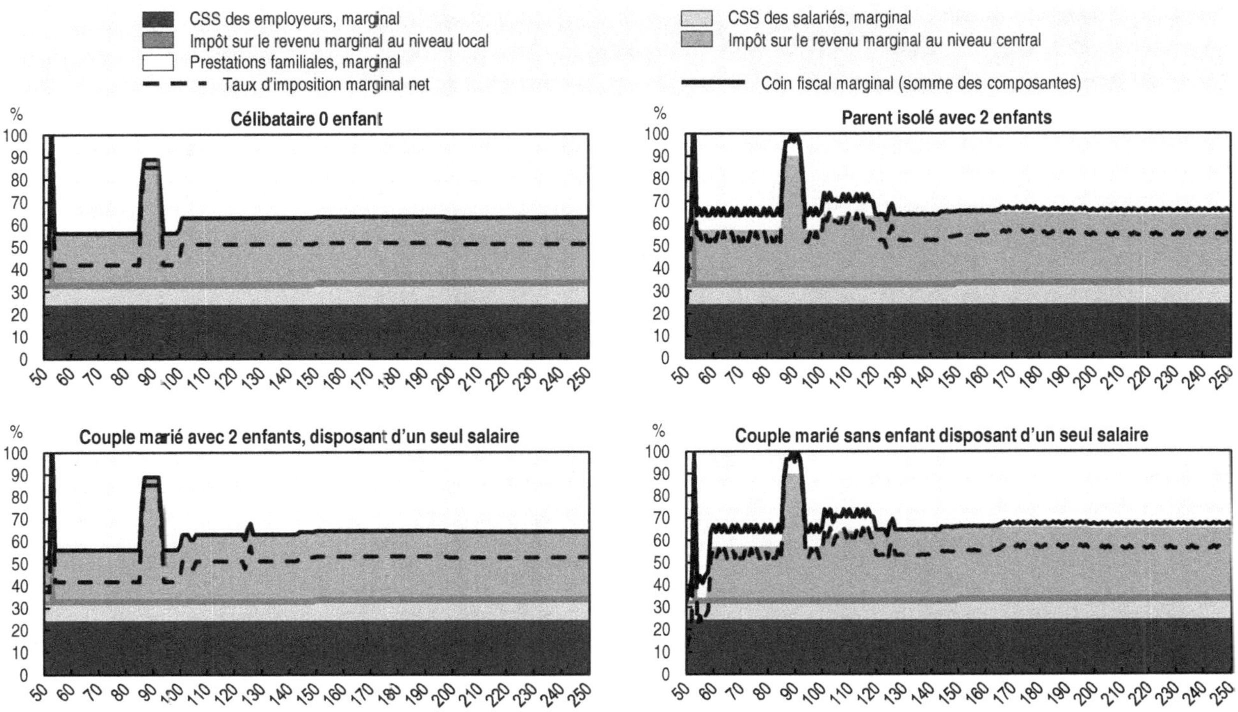

StatLink http://dx.doi.org/10.1787/888933342735

Japon 2015 : décomposition du coin fiscal moyen

En fonction du salaire brut exprimé en % du salaire moyen

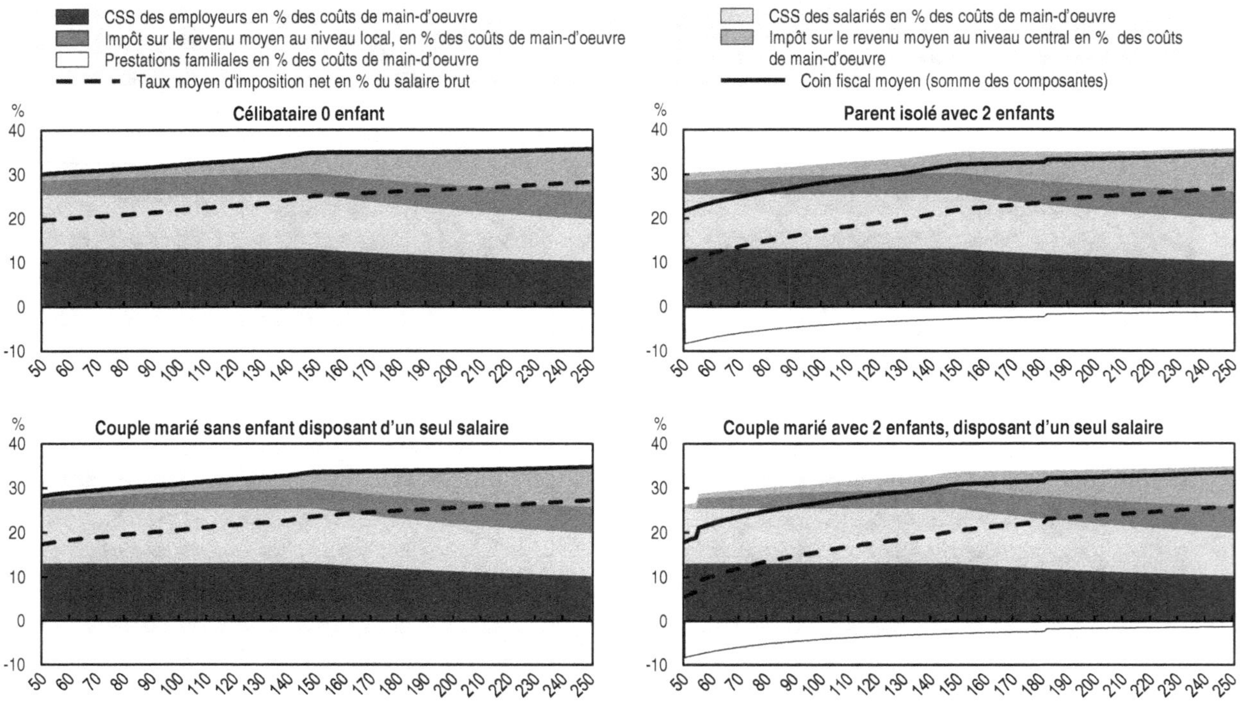

StatLink http://dx.doi.org/10.1787/888933342749

Japon 2015 : décomposition du coin fiscal marginal

En fonction du salaire brut exprimé en % du salaire moyen

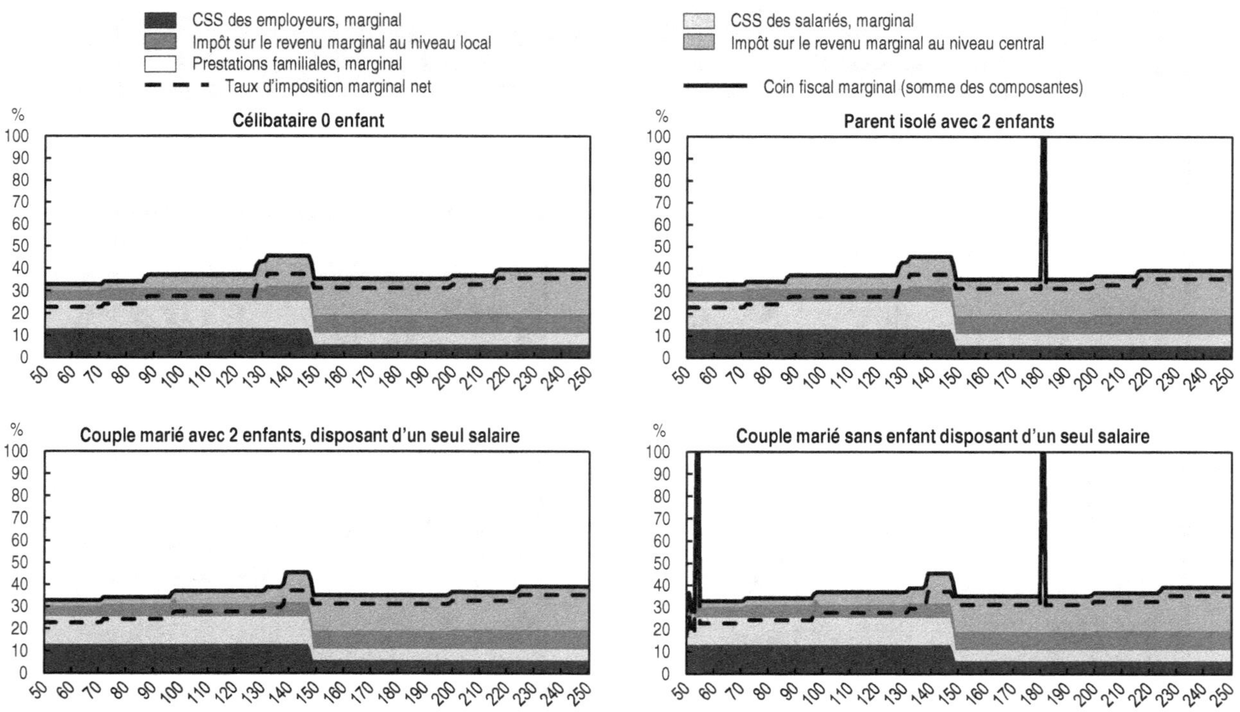

StatLink http://dx.doi.org/10.1787/888933342752

Luxembourg 2015 : décomposition du coin fiscal moyen

En fonction du salaire brut exprimé en % du salaire moyen

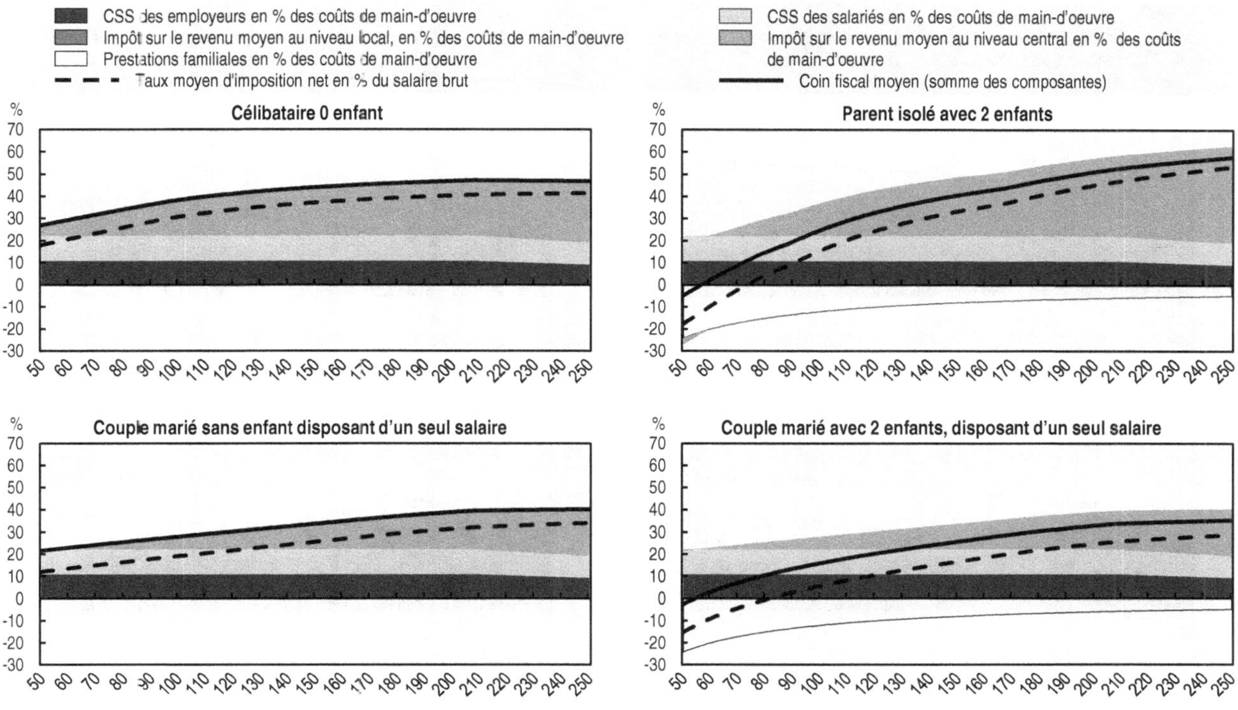

StatLink http://dx.doi.org/10.1787/888933342785

Luxembourg 2015 : décomposition du coin fiscal marginal

En fonction du salaire brut exprimé en % du salaire moyen

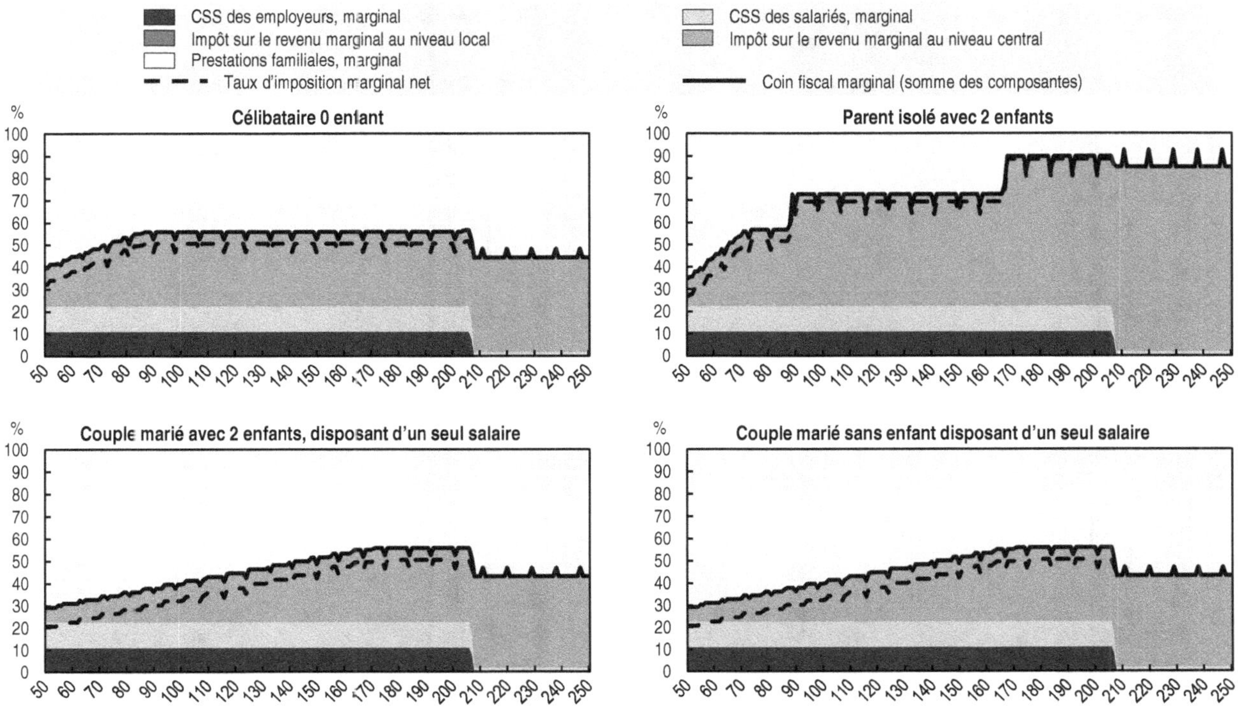

StatLink http://dx.doi.org/10.1787/888933342792

Mexique 2015 : décomposition du coin fiscal moyen

En fonction du salaire brut exprimé en % du salaire moyen

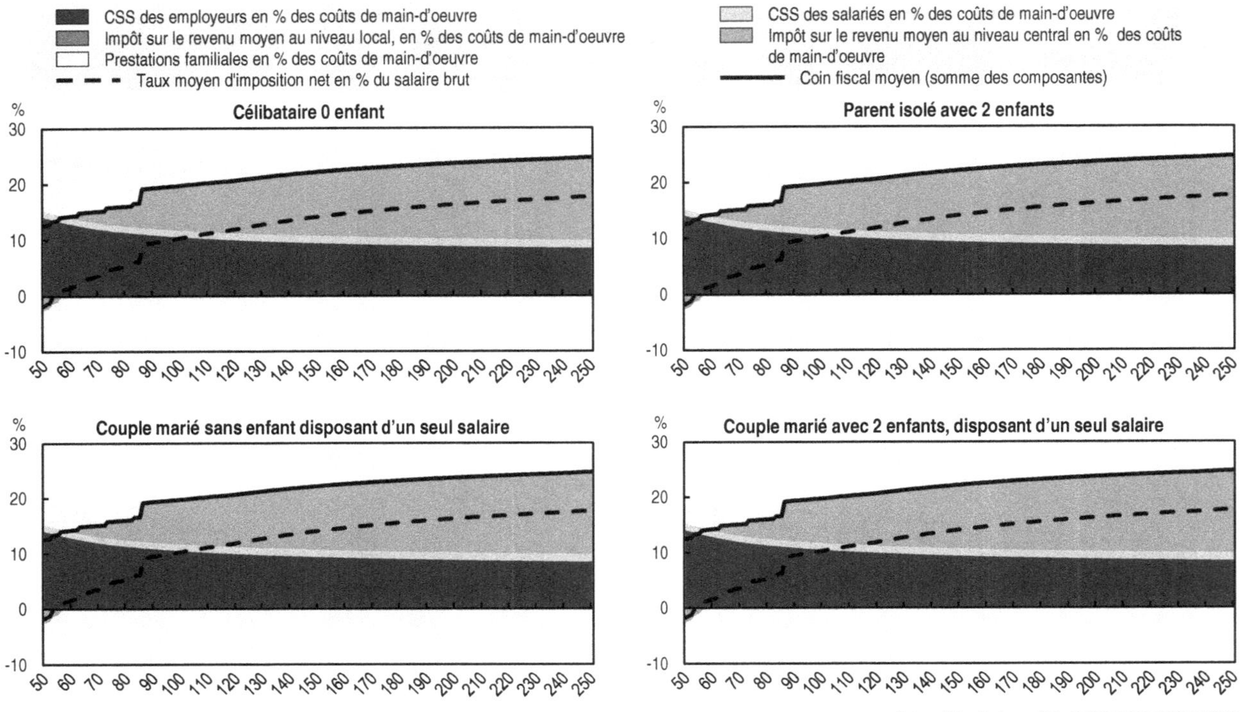

StatLink http://dx.doi.org/10.1787/888933342800

Mexique 2015 : décomposition du coin fiscal marginal

En fonction du salaire brut exprimé en % du salaire moyen

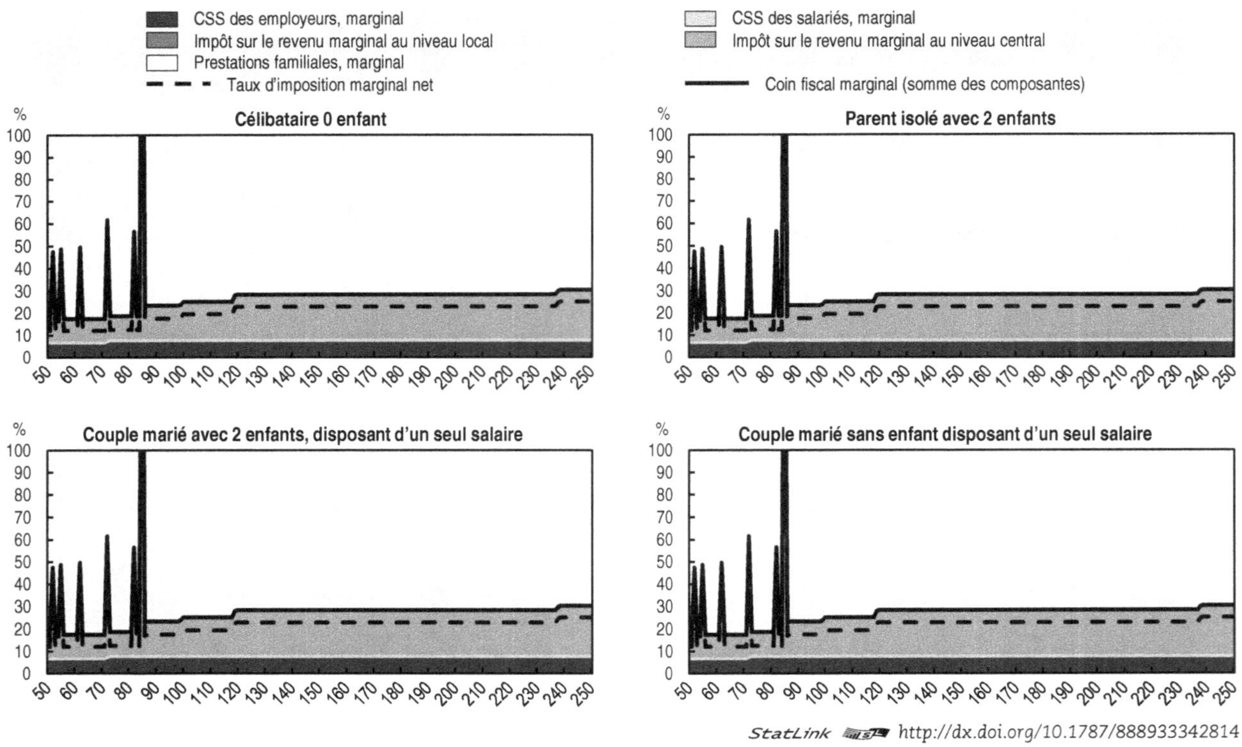

StatLink http://dx.doi.org/10.1787/888933342814

Norvège 2015 : décomposition du coin fiscal moyen

En fonction du salaire brut exprimé en % du salaire moyen

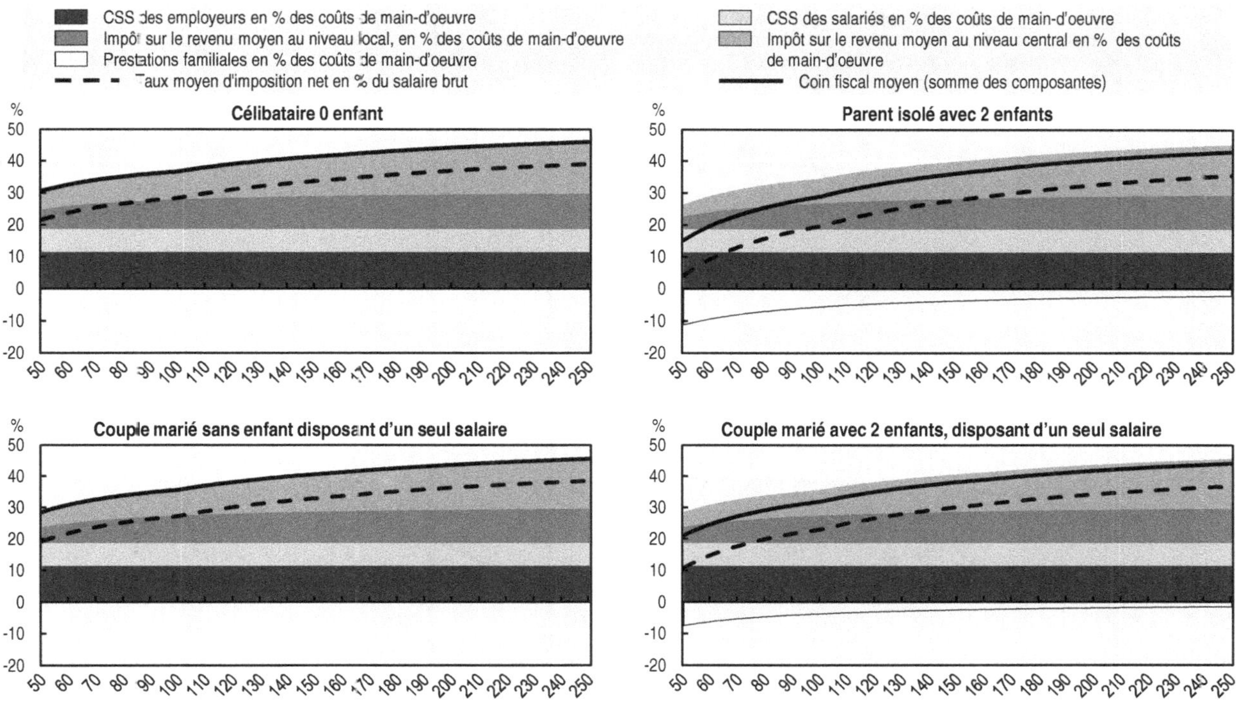

StatLink http://dx.doi.org/10.1787/888933342846

Norvège 2015 : décomposition du coin fiscal marginal

En fonction du salaire brut exprimé en % du salaire moyen

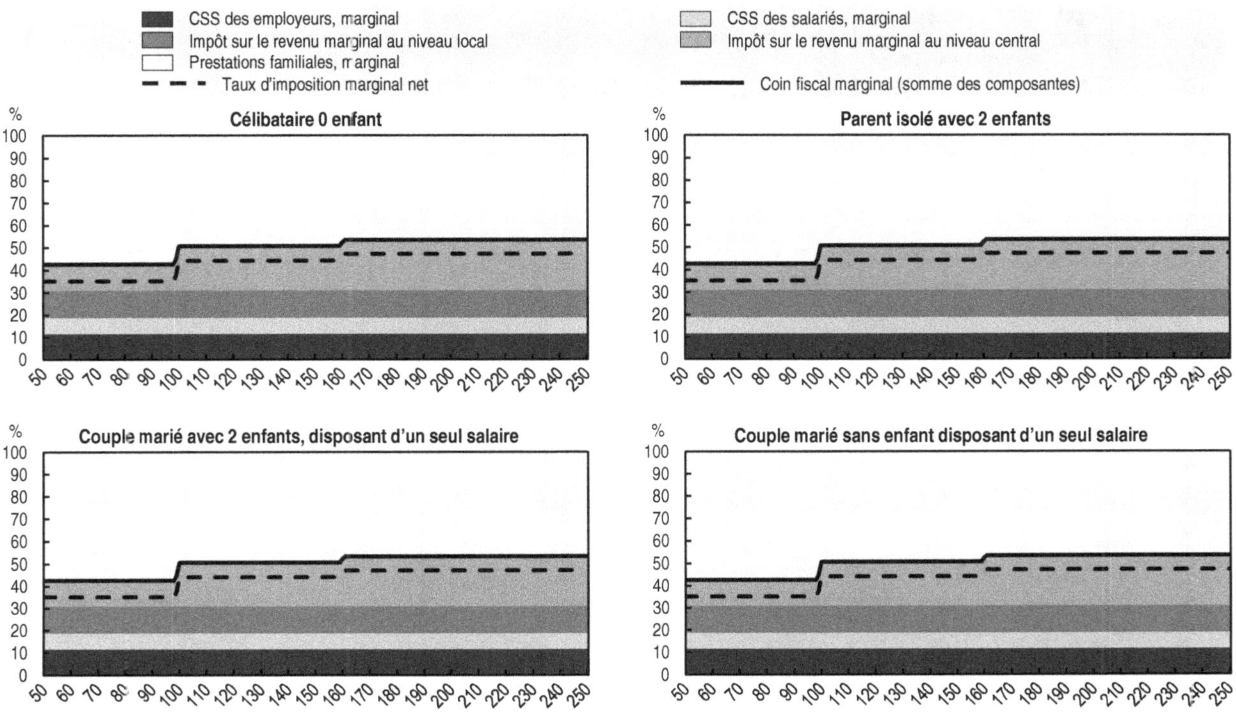

StatLink http://dx.doi.org/10.1787/888933342850

Nouvelle-Zélande 2015 : décomposition du coin fiscal moyen

En fonction du salaire brut exprimé en % du salaire moyen

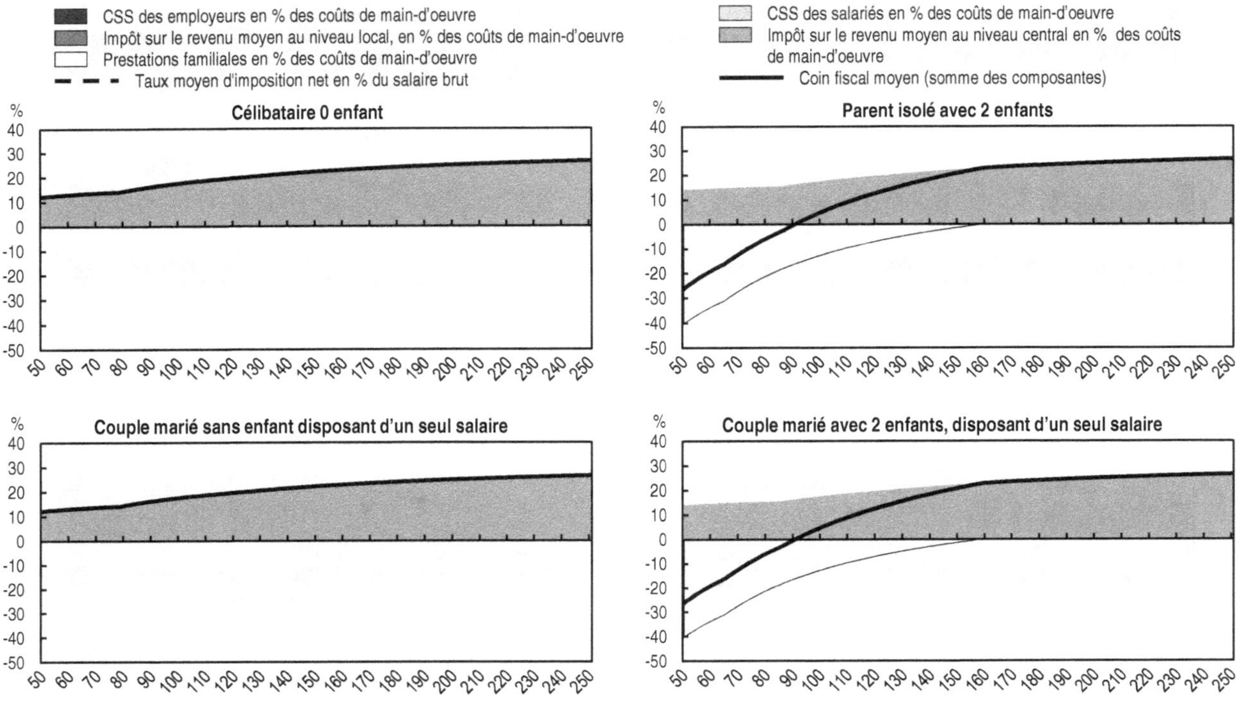

StatLink http://dx.doi.org/10.1787/888933342862

Nouvelle-Zélande 2015 : décomposition du coin fiscal marginal

En fonction du salaire brut exprimé en % du salaire moyen

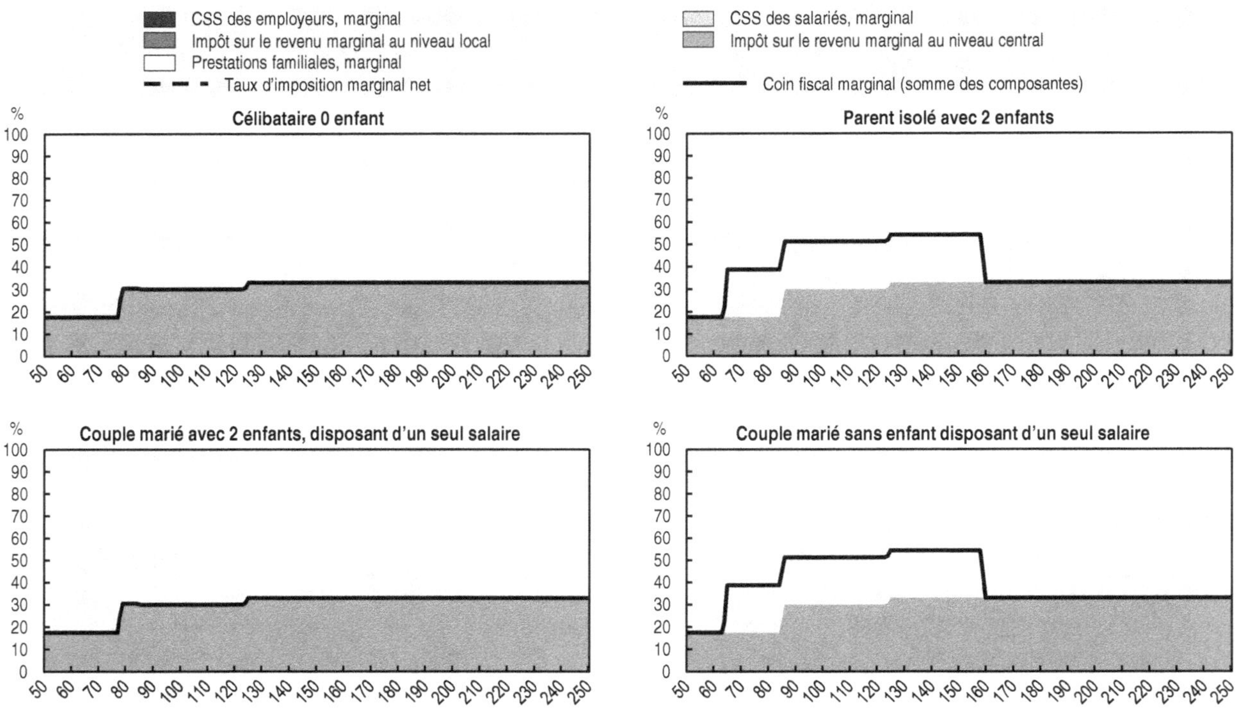

StatLink http://dx.doi.org/10.1787/888933342876

Pays-Bas 2015 : décomposition du coin fiscal moyen

En fonction du salaire brut exprimé en % du salaire moyen

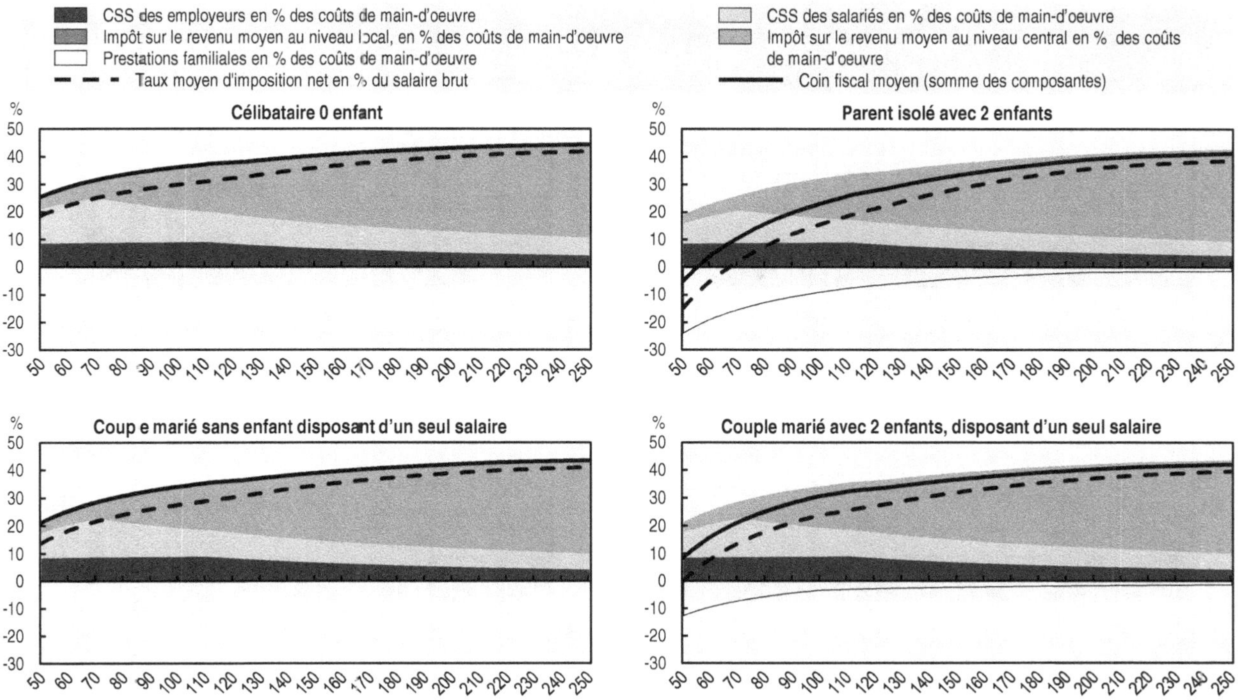

StatLink http://dx.doi.org/10.1787/888933342828

Pays-Bas 2015 : décomposition du coin fiscal marginal

En fonction du salaire brut exprimé en % du salaire moyen

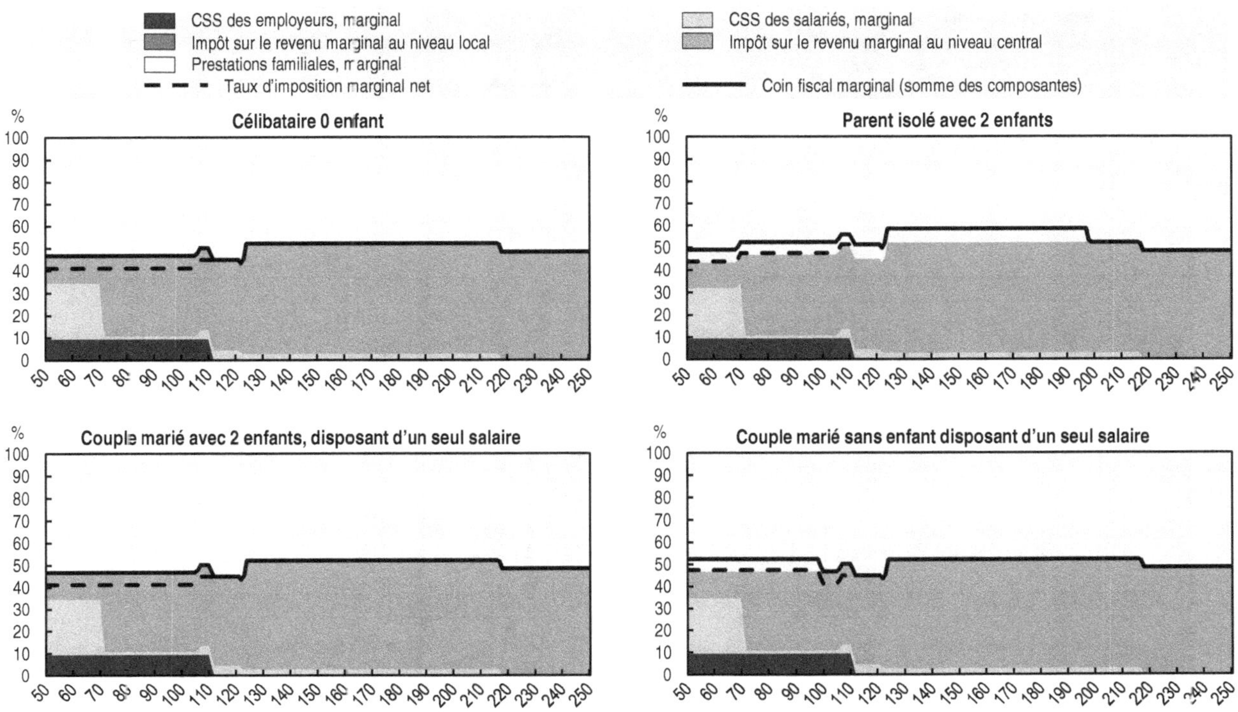

StatLink http://dx.doi.org/10.1787/888933342830

Pologne 2015 : décomposition du coin fiscal moyen

En fonction du salaire brut exprimé en % du salaire moyen

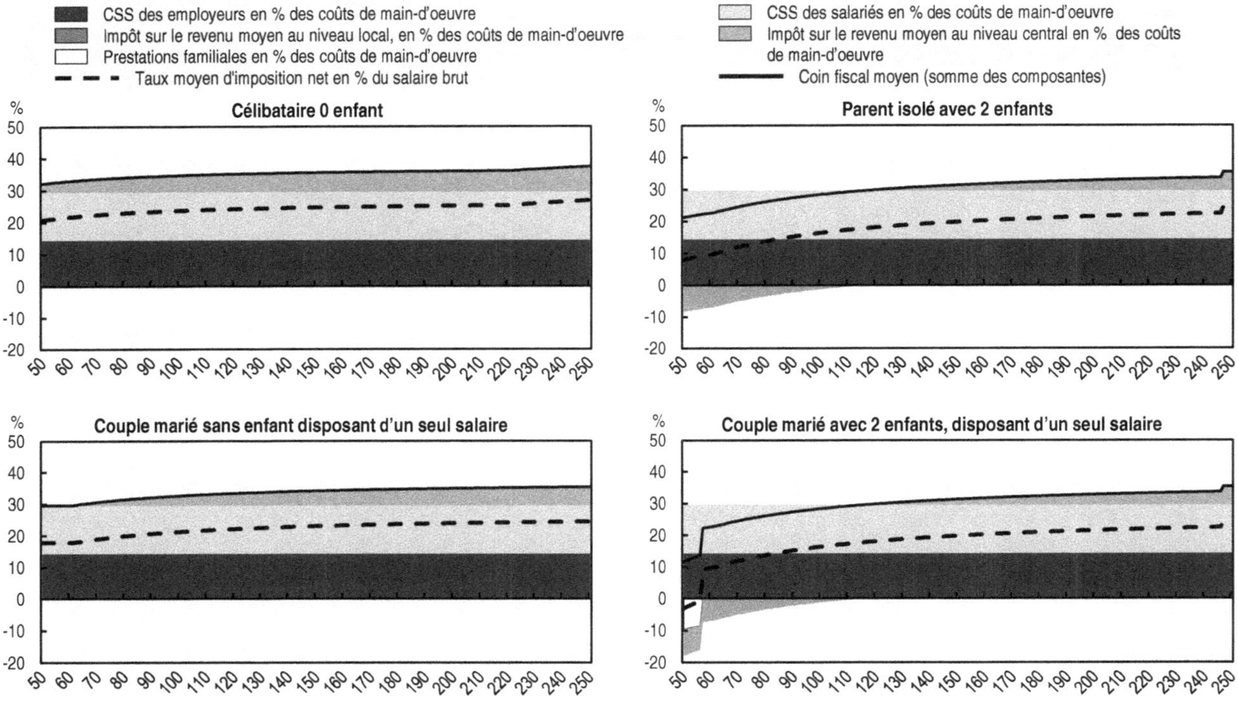

StatLink http://dx.doi.org/10.1787/888933342887

Pologne 2015 : décomposition du coin fiscal marginal

En fonction du salaire brut exprimé en % du salaire moyen

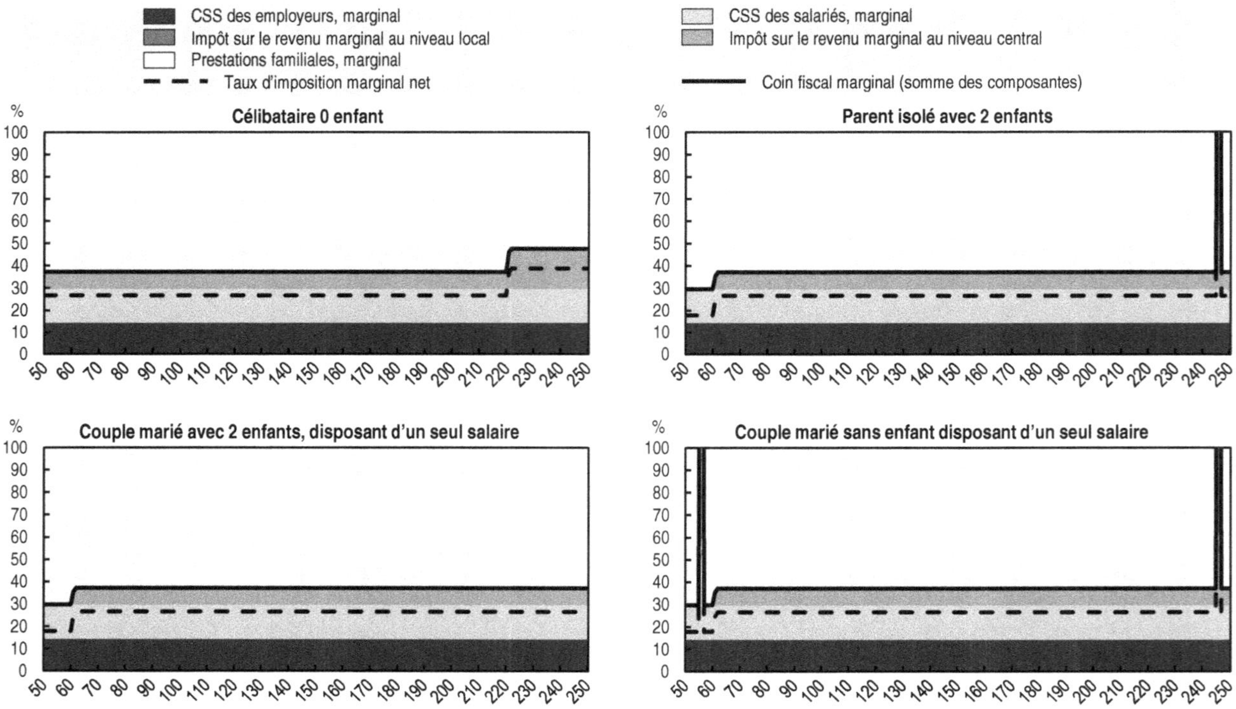

StatLink http://dx.doi.org/10.1787/888933342897

Portugal 2015 : décomposition du coin fiscal moyen

En fonction du salaire brut exprimé en % du salaire moyen

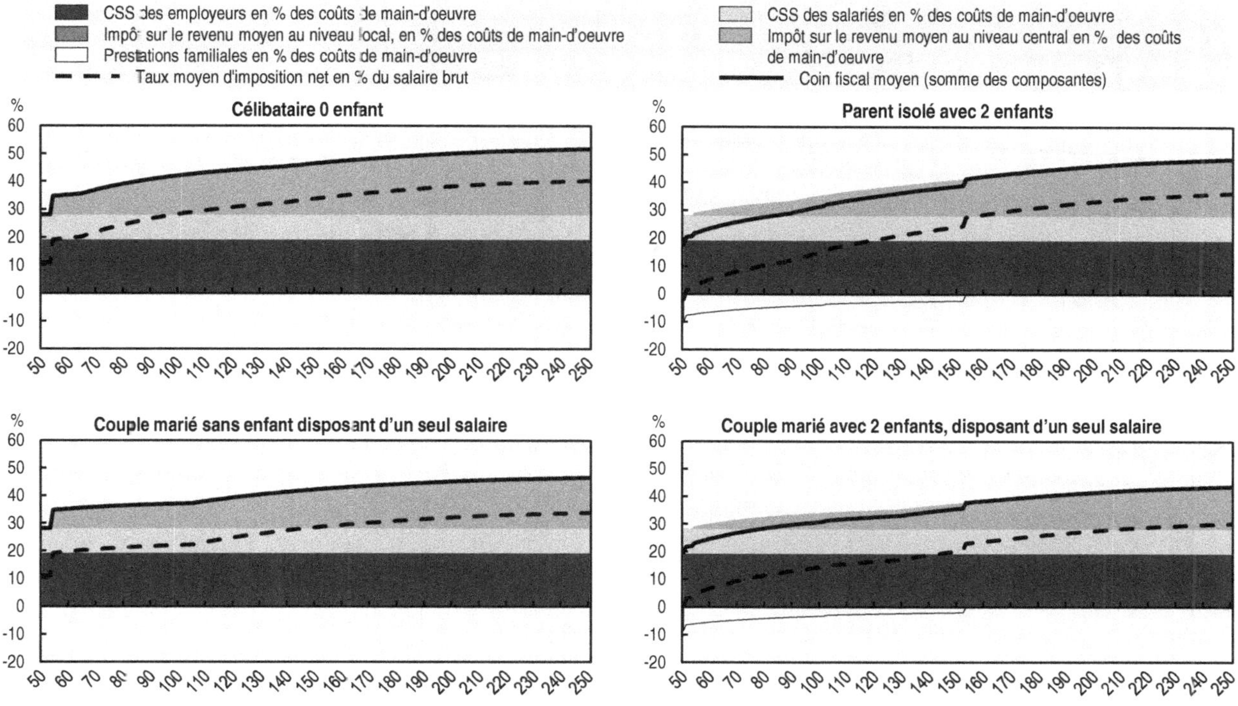

StatLink http://dx.doi.org/10.1787/888933342901

Portugal 2015 : décomposition du coin fiscal marginal

En fonction du salaire brut exprimé en % du salaire moyen

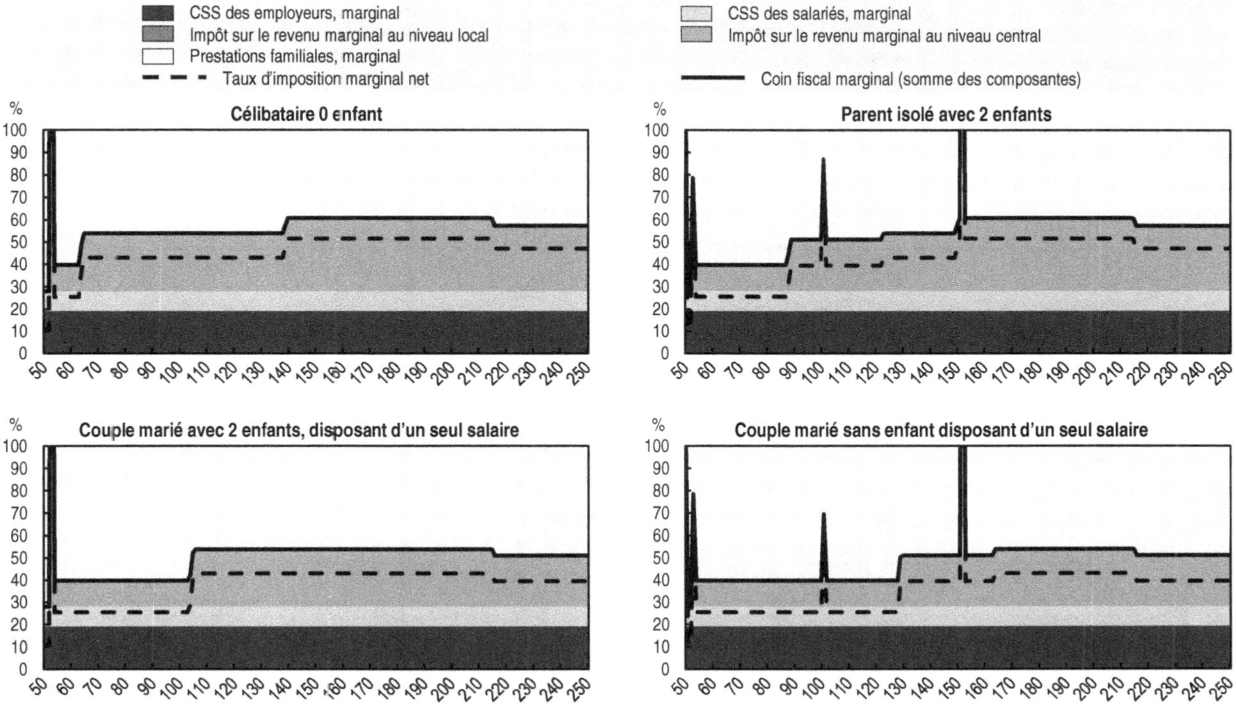

StatLink http://dx.doi.org/10.1787/888933342915

République slovaque 2015 : décomposition du coin fiscal moyen

En fonction du salaire brut exprimé en % du salaire moyen

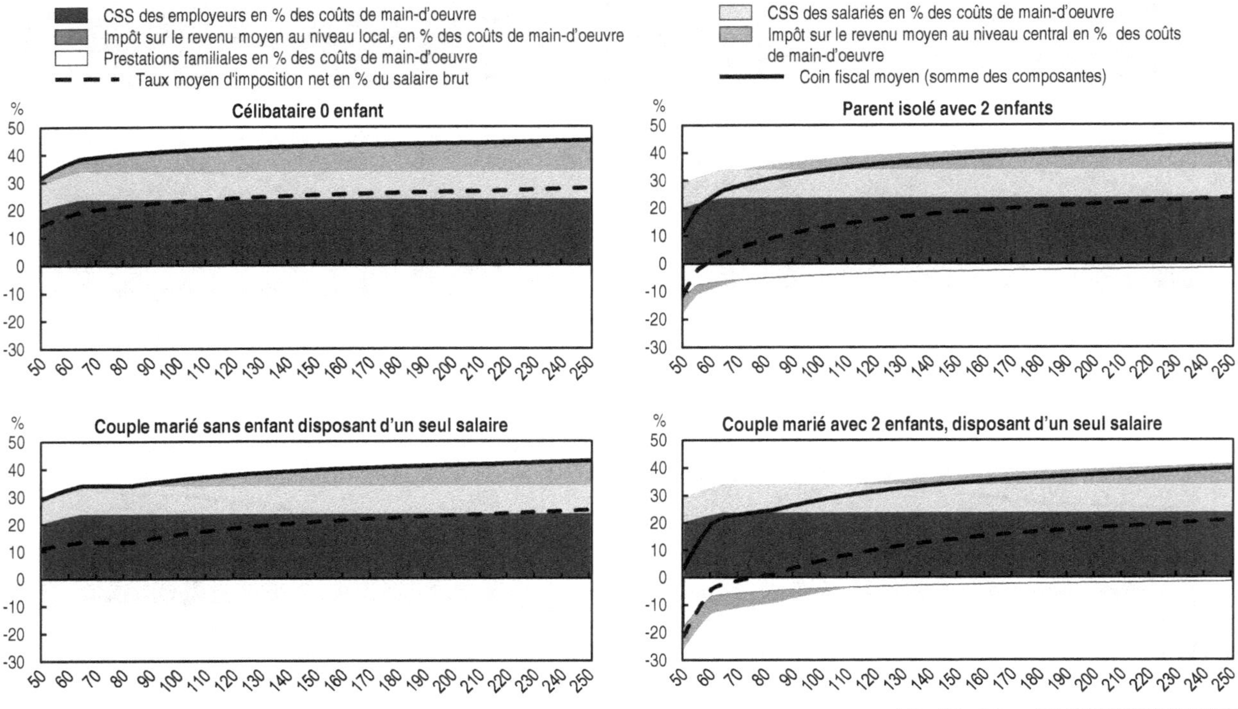

StatLink http://dx.doi.org/10.1787/888933342924

République slovaque 2015 : décomposition du coin fiscal marginal

En fonction du salaire brut exprimé en % du salaire moyen

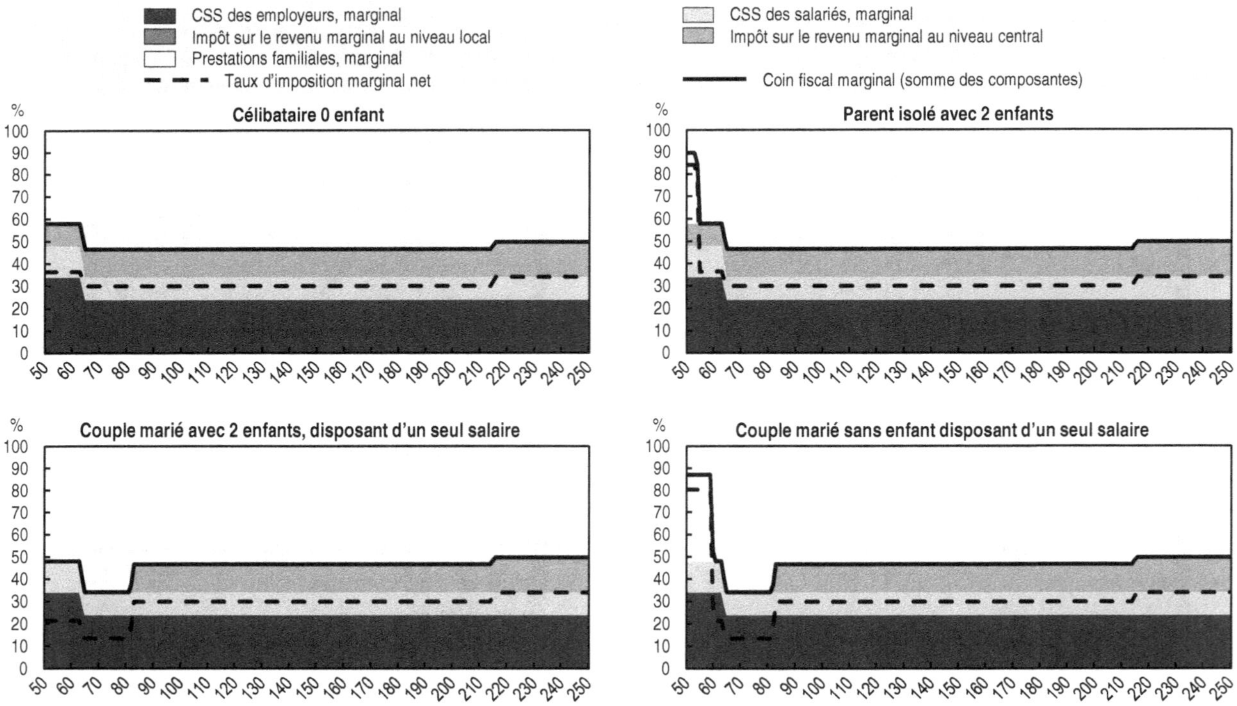

StatLink http://dx.doi.org/10.1787/888933342936

République tchèque 2015 : décomposition du coin fiscal moyen

En fonction du salaire brut exprimé en % du salaire moyen

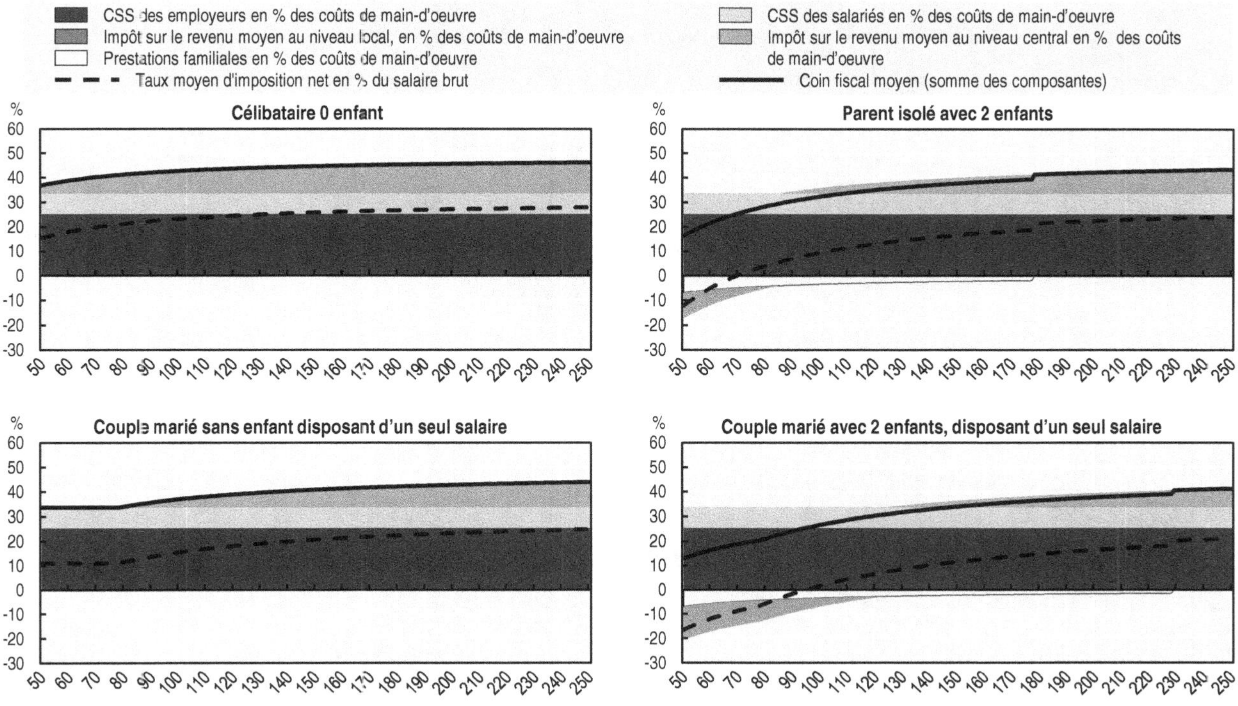

StatLink http://dx.doi.org/10.1787/888933342461

République tchèque 2015 : décomposition du coin fiscal marginal

En fonction du salaire brut exprimé en % du salaire moyen

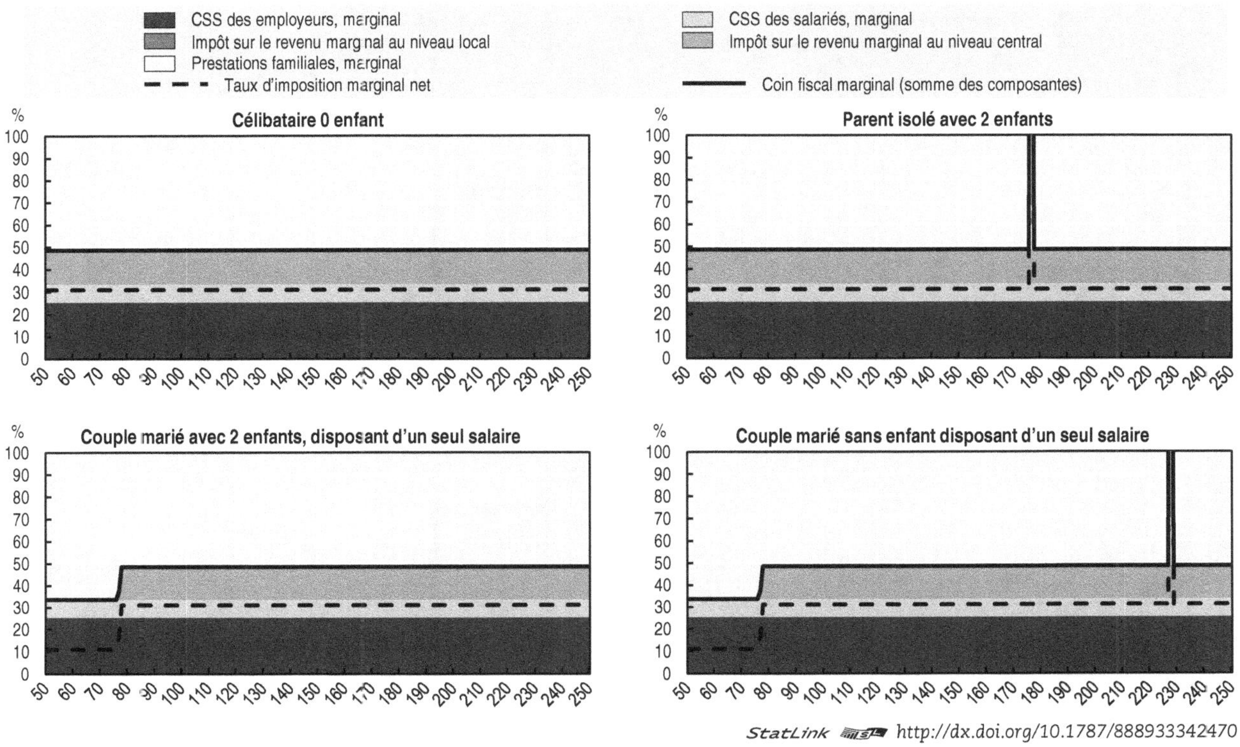

StatLink http://dx.doi.org/10.1787/888933342470

Royaume-Uni 2015 : décomposition du coin fiscal moyen

En fonction du salaire brut exprimé en % du salaire moyen

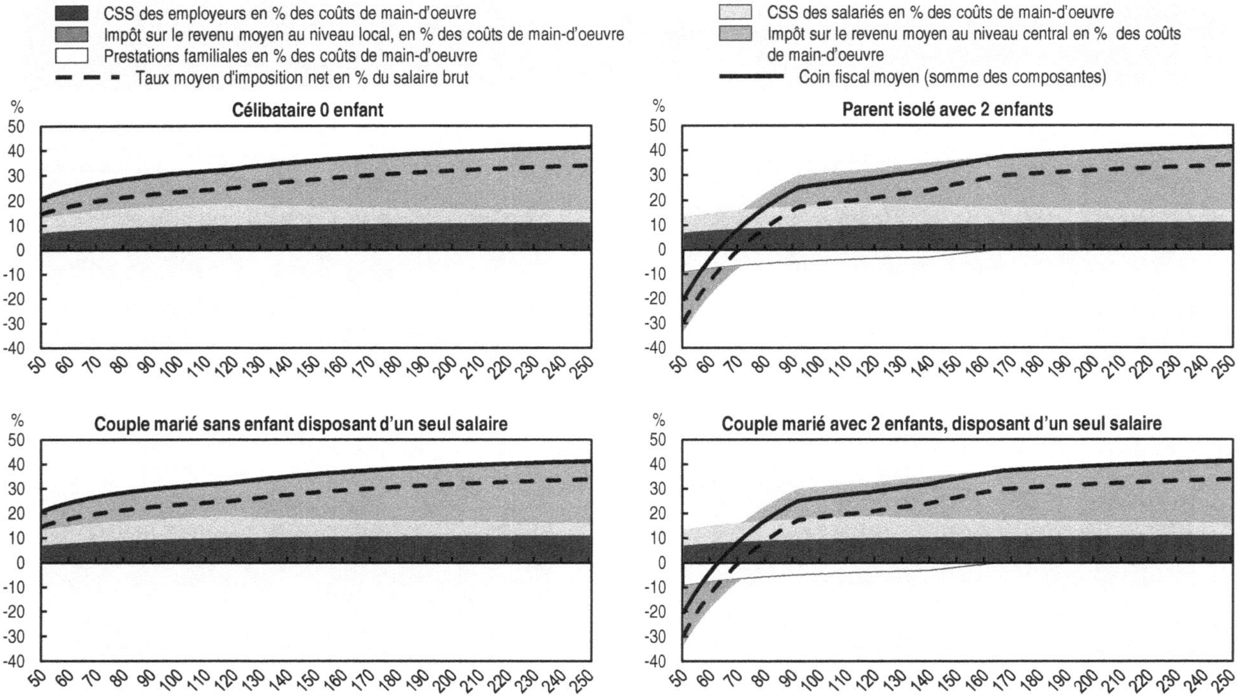

StatLink http://dx.doi.org/10.1787/888933342609

Royaume-Uni 2015 : décomposition du coin fiscal marginal

En fonction du salaire brut exprimé en % du salaire moyen

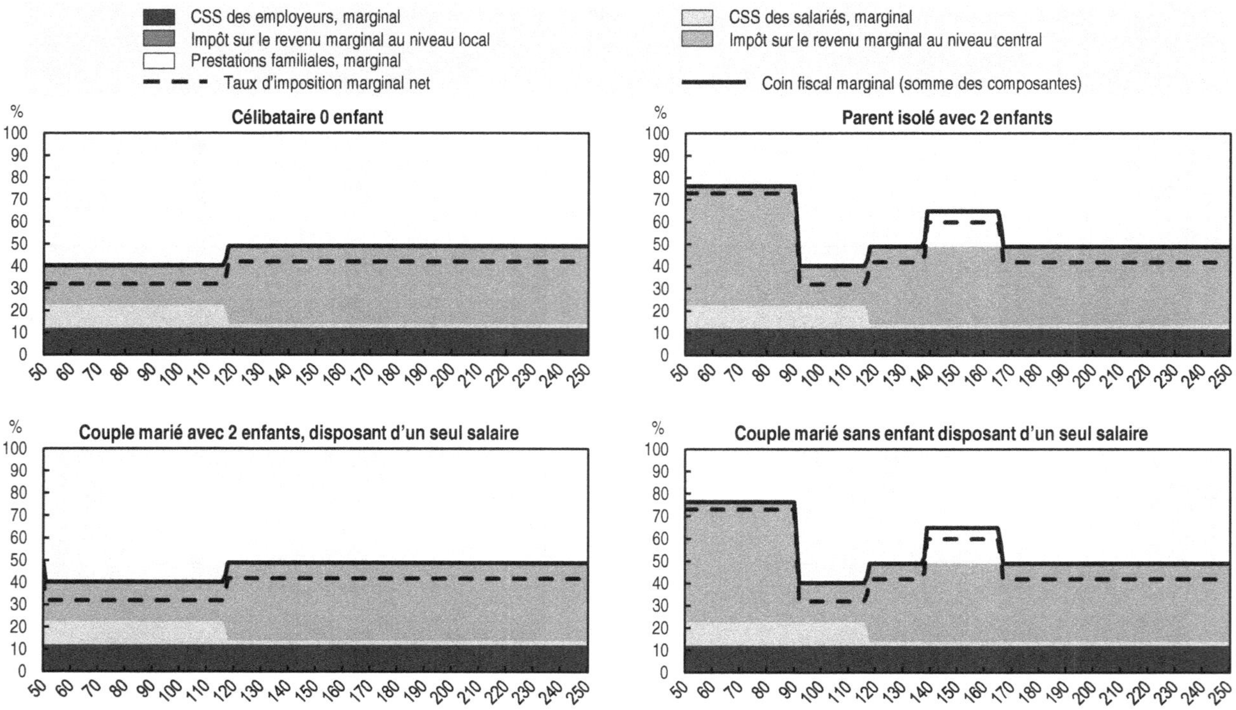

StatLink http://dx.doi.org/10.1787/888933342613

Slovénie 2015 : décomposition du coin fiscal moyen

En fonction du salaire brut exprimé en % du salaire moyen

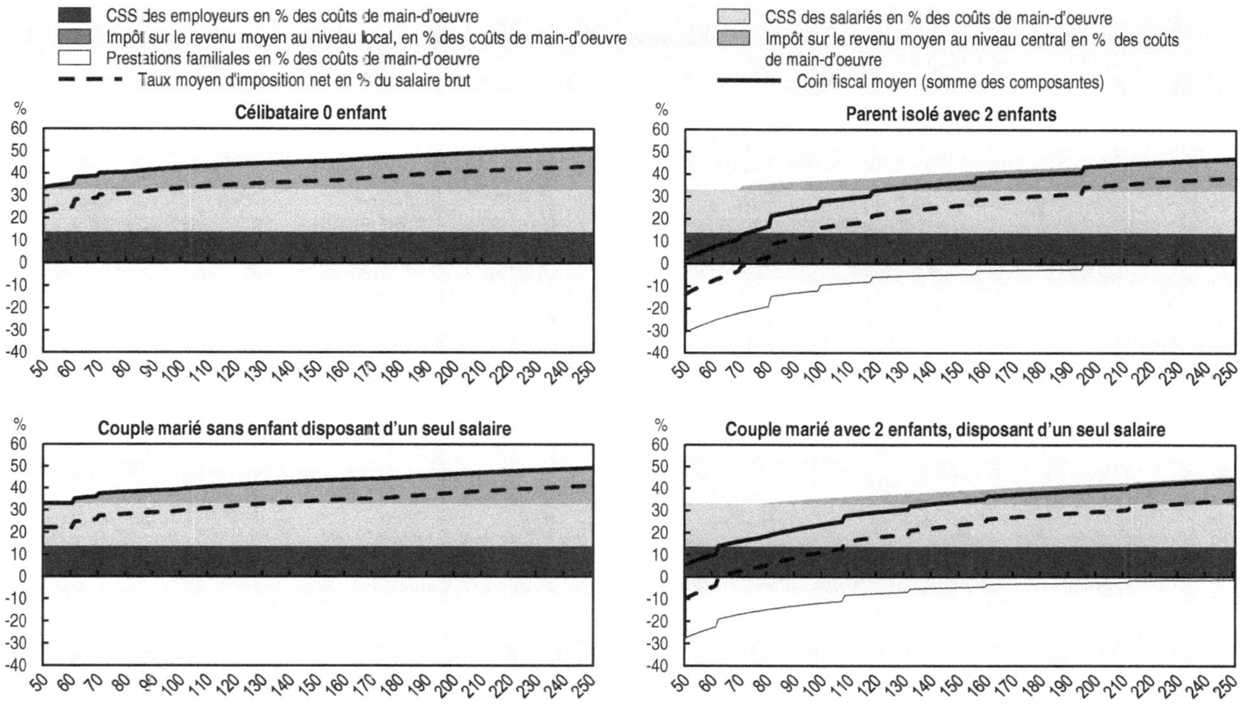

StatLink http://dx.doi.org/10.1787/888933342947

Slovénie 2015 : décomposition du coin fiscal marginal

En fonction du salaire brut exprimé en % du salaire moyen

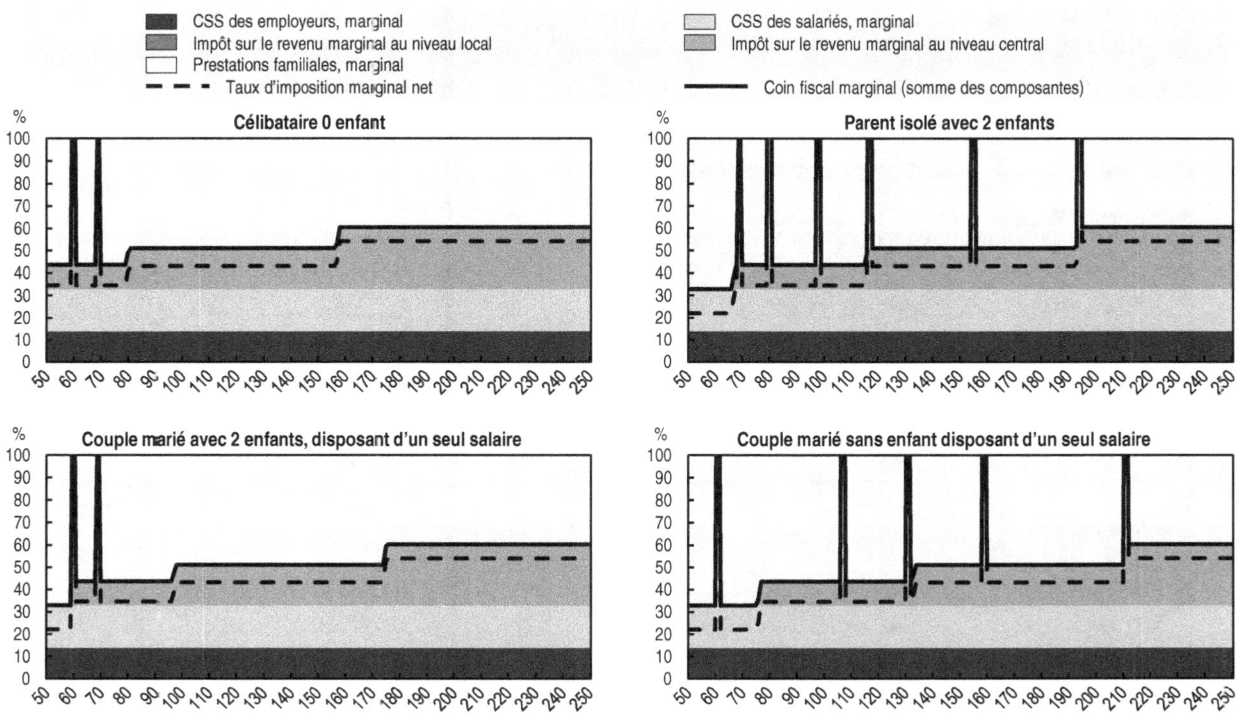

StatLink http://dx.doi.org/10.1787/888933342953

Suède 2015 : décomposition du coin fiscal moyen

En fonction du salaire brut exprimé en % du salaire moyen

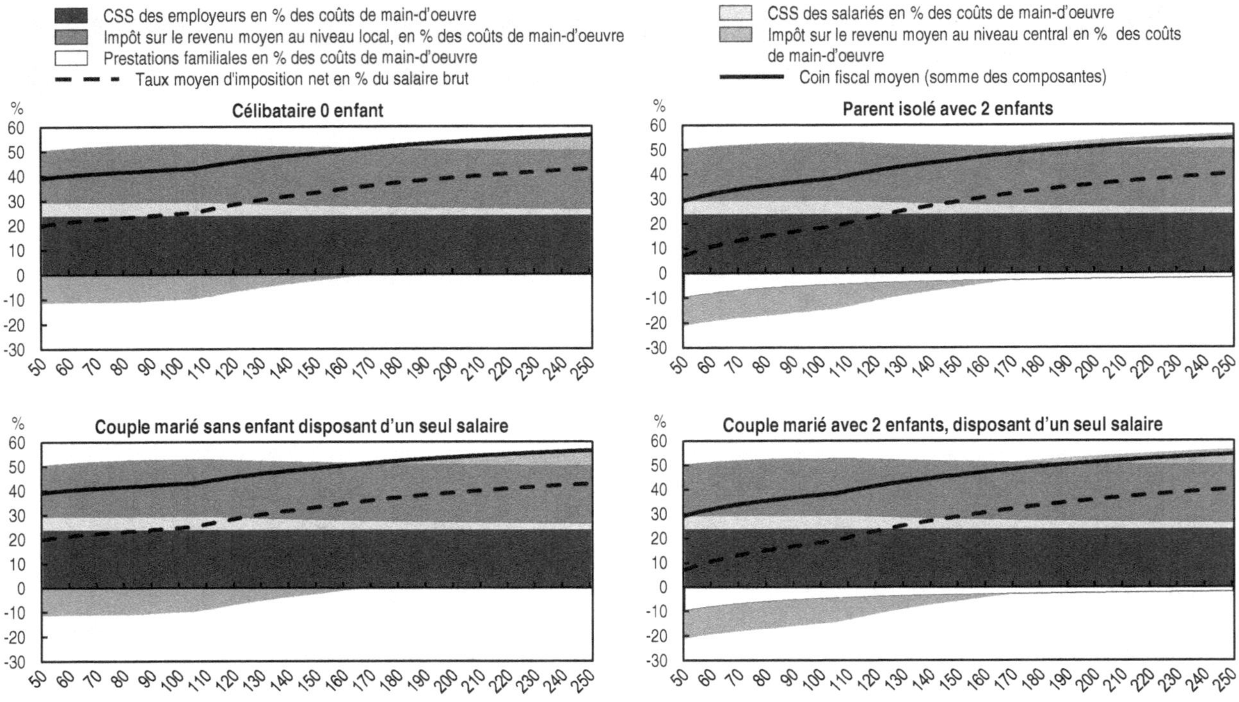

StatLink http://dx.doi.org/10.1787/888933342961

Suède 2015 : décomposition du coin fiscal marginal

En fonction du salaire brut exprimé en % du salaire moyen

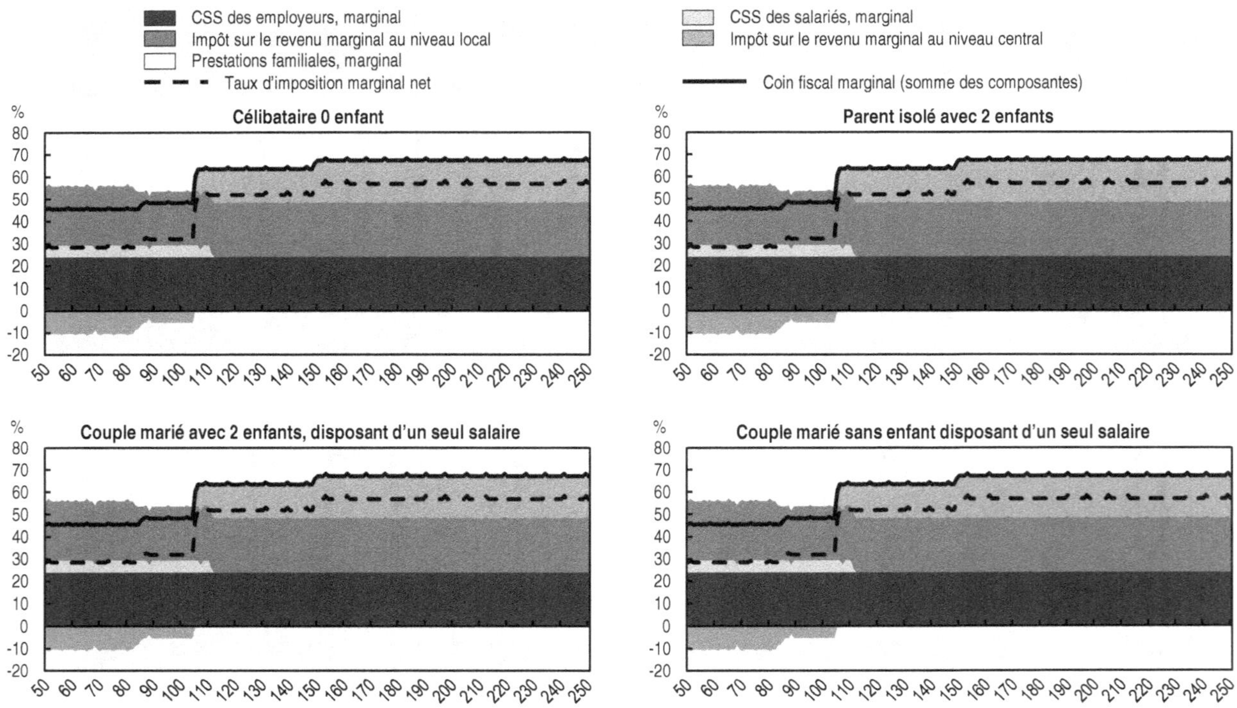

StatLink http://dx.doi.org/10.1787/888933342972

Suisse 2015 : décomposition du coin fiscal moyen

En fonction du salaire brut exprimé en % du salaire moyen

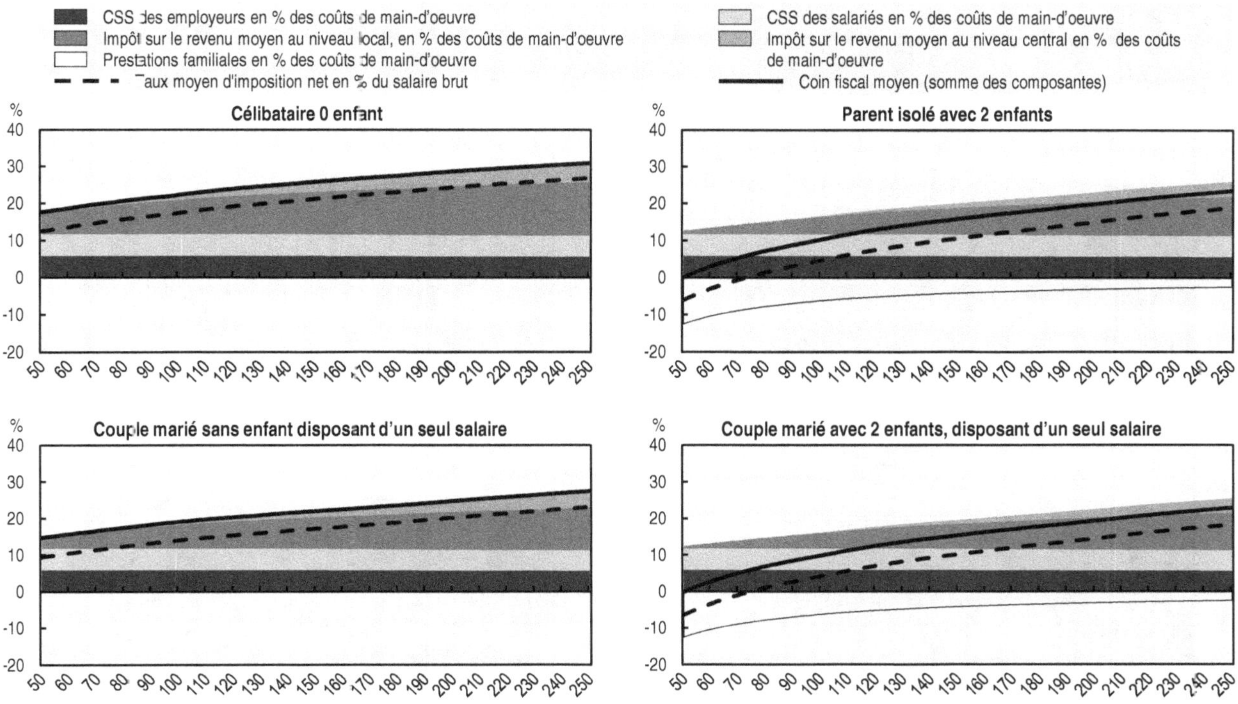

StatLink http://dx.doi.org/10.1787/888933342420

Suisse 2015 : décomposition du coin fiscal marginal

En fonction du salaire brut exprimé en % du salaire moyen

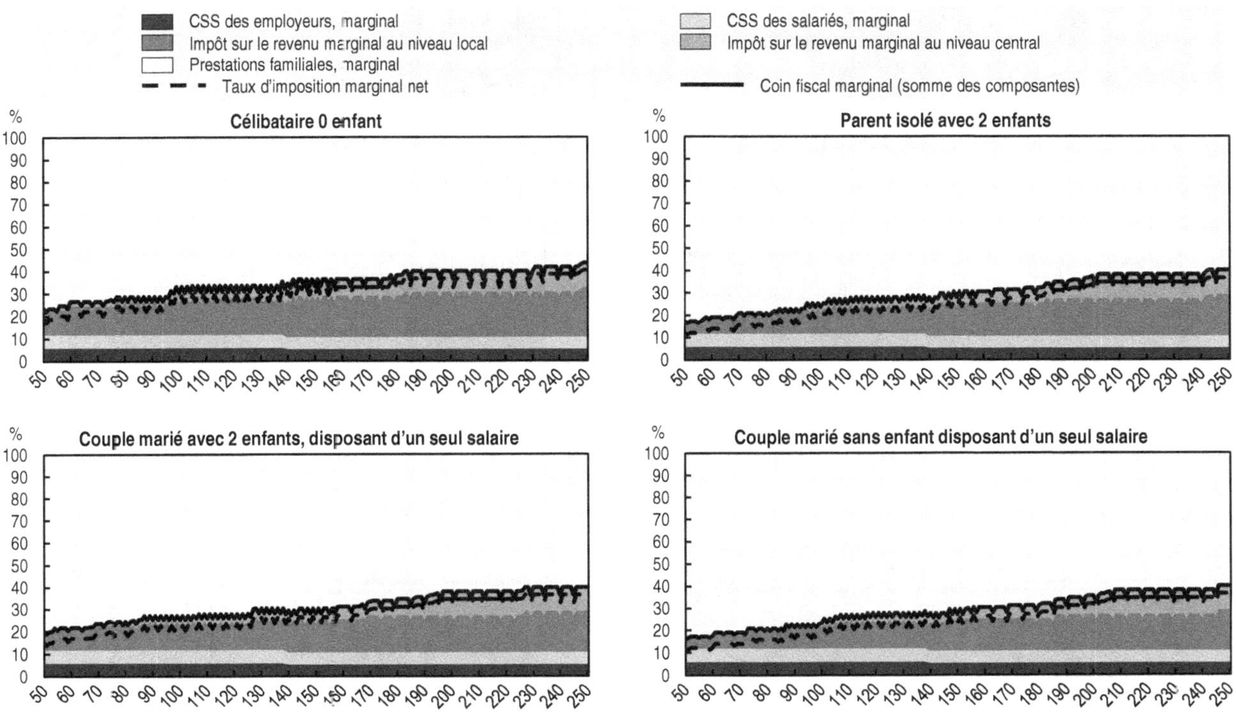

StatLink http://dx.doi.org/10.1787/888933342431

Turquie 2015 : décomposition du coin fiscal moyen

En fonction du salaire brut exprimé en % du salaire moyen

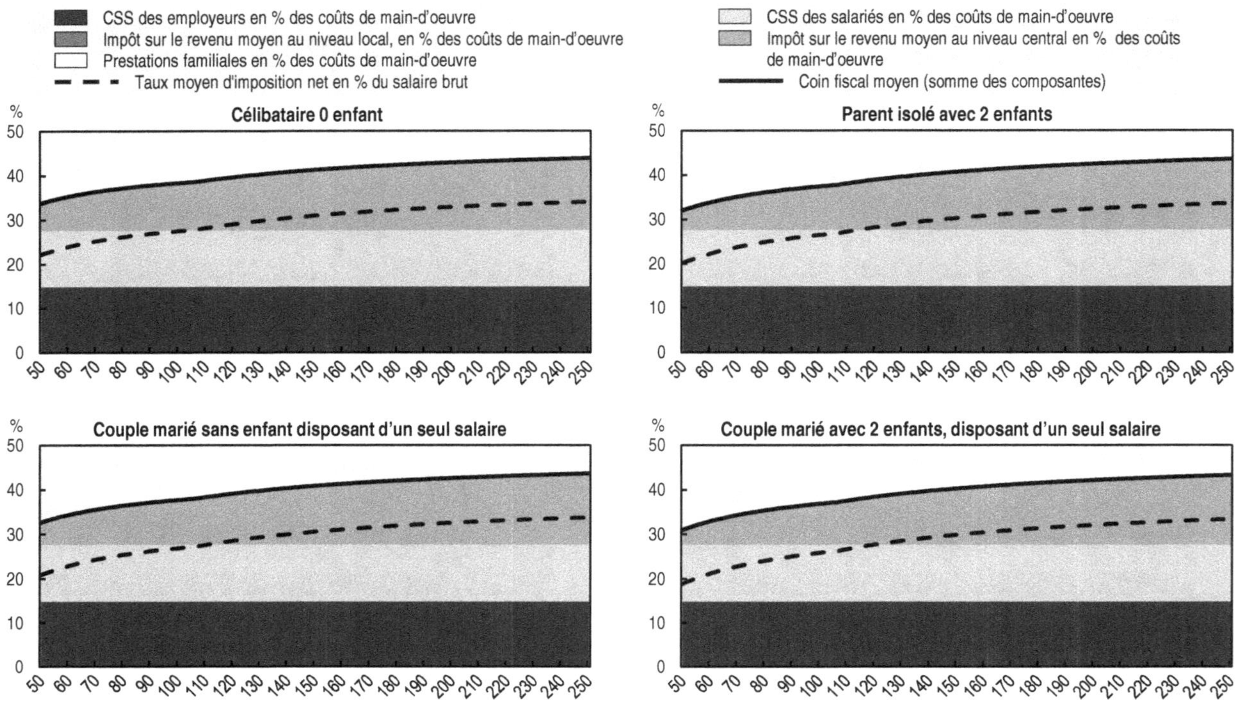

StatLink http://dx.doi.org/10.1787/888933342981

Turquie 2015 : décomposition du coin fiscal marginal

En fonction du salaire brut exprimé en % du salaire moyen

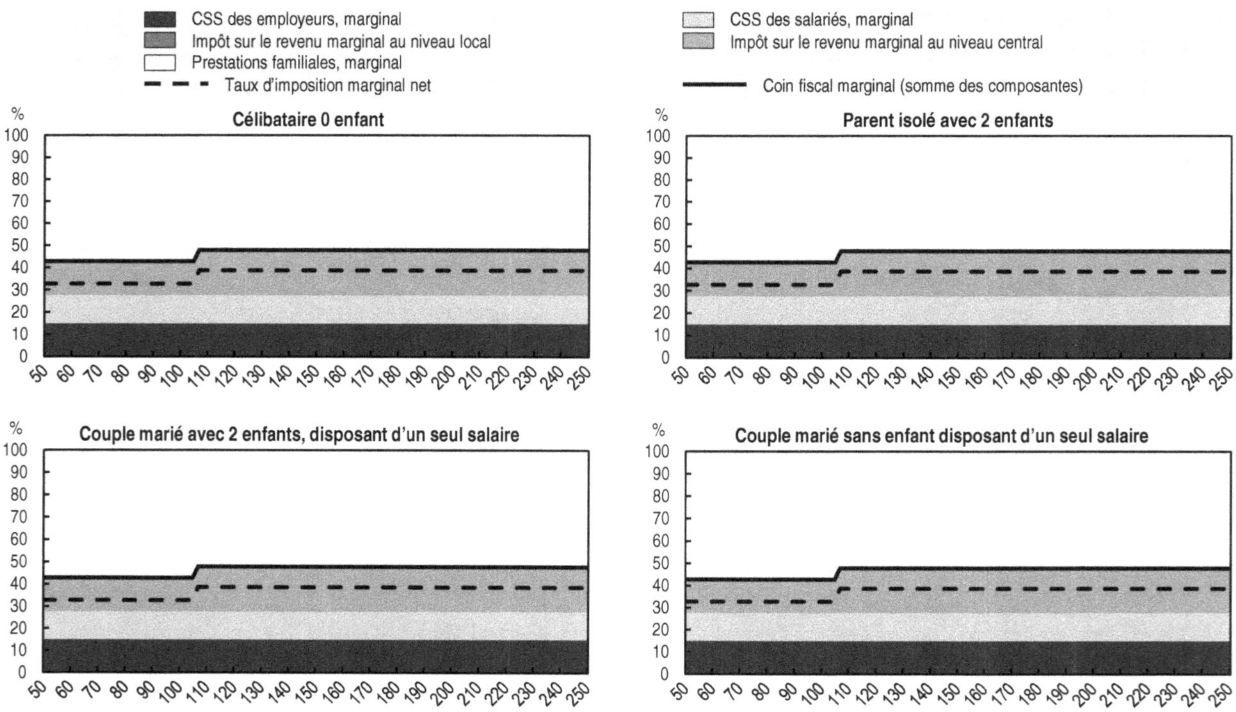

StatLink http://dx.doi.org/10.1787/888933342997

PARTIE I

Chapitre 5

Charges fiscales, 2014 (et variations par rapport à 2015)

Ce chapitre présente les résultats des mesures de la charge fiscale pesant sur les revenus du travail en 2014 pour les huit catégories de famille étudiées. Il contient les tableaux 5.1 à 5.11 qui présentent un certain nombre de mesures de la charge fiscale moyenne (coin fiscal, taux de l'impôt et taux net de l'impôt sur les personnes physiques, taux de l'impôt sur le revenu des personnes physiques et taux des cotisations salariales de sécurité sociale) et marginale (coin fiscal et taux net de l'impôt sur les personnes physiques). Les résultats de deux indicateurs de la progressivité de l'impôt sont également examinés : mesures de l'élasticité de l'impôt basée sur le salaire brut et les coûts de main-d'œuvre.

Les formats des tableaux sont identiques aux tableaux 3.1 à 3.11 examinés dans le chapitre 3 portant sur les résultats de la charge fiscale pesant sur les revenus du travail en 2015. Ce chapitre compare les deux séries de tableaux et analyse les changements de la charge fiscale qui se sont produits entre 2014 et 2015.

Les commentaires qui suivent relatifs à l'évolution de la charge fiscale et du taux marginal d'imposition entre 2014 et 2015 concernent deux des huit catégories de familles, les célibataires sans enfant percevant le salaire moyen (colonne 2 des tableaux) et les couples mariés avec deux enfants et un seul salaire égal au salaire moyen (colonne 5). En comparant les colonnes, 1, 3 à 4 et 6 à 8 des tableaux, on obtiendra les résultats pour les six autres catégories de familles. En général, on ne signalera que les changements dépassant 1 point (pour les taux effectifs moyens) et 5 points (pour les taux effectifs marginaux).

Le tableau 5.1 indique le coin fiscal total, constitué de l'impôt sur le revenu majoré des cotisations salariales et patronales de sécurité sociale et diminué des prestations en espèces versées, par catégorie de famille et en pourcentage des coûts totaux de main-d'œuvre – salaire brut plus cotisations patronales de sécurité sociale (y compris les taxes sur les salaires). Dans la majorité des pays, les variations entre 2014 et 2015 de l'écart entre les coûts totaux de main-d'œuvre et le salaire net disponible correspondant étaient comprises entre plus ou moins 1 point.

Si l'on compare la colonne 2 des tableaux 3.1 et 5.1, le coin fiscal moyen dans la zone OCDE est resté inchangé entre 2014 et 2015 pour un célibataire percevant le salaire moyen. Il a diminué de plus d'un point en Grèce (-1.2 point) et en Espagne (-1.1 point). Aucune augmentation supérieure à un point n'a été enregistrée dans les pays membres de l'OCDE.

Pour les couples mariés disposant d'un seul revenu (comparaison de la colonne 5 des tableaux 3.1 et 5.1), le coin fiscal moyen dans la zone OCDE est également resté inchangé au cours de cette période. Le coin fiscal a augmenté de plus d'un point dans deux pays : Islande (1.5 point) et Nouvelle-Zélande (1.1 point), et a diminué de plus d'un point en Estonie (-4.4 points), en Grèce (-1.3 point) et en Espagne (-1.1 point).

Le tableau 5.2 indique la charge cumulée de l'impôt sur le revenu et des cotisations salariales de sécurité sociale sous la forme de taux moyens d'imposition des personnes physiques en pourcentage du salaire brut. Pour les célibataires rémunérés au salaire moyen, cette charge a augmenté de plus d'un point entre 2014 et 2015 uniquement au Portugal (+1.1 point) et a diminué de plus d'un point en Espagne (-1.5 point) et en Estonie (-1.2 point). Pour les couples mariés avec deux enfants et un seul salaire, elle a augmenté de plus d'un point au Canada (2.2 points), en Italie et au Portugal (1.1 point dans les deux cas), et a diminué de plus d'un point en Espagne (-1.4 point) et en Estonie (-1.1 point).

Le tableau 5.3 indique la charge cumulée de l'impôt sur le revenu et des cotisations salariales de sécurité sociale diminués du montant des prestations familiales (taux moyen net d'imposition des personnes physiques). Si l'on compare la colonne 2 des tableaux 3.3 et 5.3, pour les célibataires disposant d'un salaire moyen, on constate une variation de plus d'un point entre 2014 et 2015 en Espagne (-1.5 point), en Estonie (-1.2 point) et au Portugal (+1.1 point). Si l'on compare la colonne 5 des tableaux 3.3 et 5.3, des augmentations de plus d'un point du taux moyen net d'imposition pour les couples mariés disposant d'un seul salaire se sont produites en Islande (1.6 point), en Italie (1.2 point), en Nouvelle-Zélande et au Portugal (1.1 point dans les deux cas). Il a reculé de plus d'un point en Estonie (-5.7 points) et en Espagne (-1.4 point).

Le tableau 5.4 donne des informations sur le montant de l'impôt sur le revenu dû en pourcentage du salaire brut. Dans la plupart des pays de l'OCDE, l'impôt sur le revenu des célibataires rémunérés au salaire moyen n'a que légèrement évolué entre 2014 et 2015 et le taux moyen d'imposition dans la zone OCDE s'est accru de 0.1 point. Si l'on compare la colonne 2 des tableaux 3.4 et 5.4, le taux de l'impôt sur le revenu a augmenté de plus d'un point aux Pays-Bas (1.4 point) et au Portugal (1.1 point) et a diminué de plus d'un point en Espagne (-1.5 point). Le taux moyen d'imposition dans la zone OCDE applicable aux couples mariés avec deux enfants et un seul salaire a progressé de 0.1 point sur la période considérée. Le taux d'imposition a augmenté de plus d'un point au Canada (2.3 points) et en Italie, aux Pays-Bas et au Portugal (1.1 point dans les trois cas). Il a baissé de plus d'un point uniquement en Espagne (-1.5 point).

Le tableau 5.5 donne des informations sur les cotisations salariales de sécurité sociale en pourcentage du salaire brut. Si l'on compare les colonnes 2 et 5 des tableaux 3.5 et 5.5, le seul changement de plus d'un point dans les pays de l'OCDE entre 2014 et 2015 s'est produit aux Pays-Bas (-1.8 point pour les célibataires rémunérés au salaire moyen et -1.5 point pour les couples mariés avec deux enfants et un seul salaire). La moyenne de l'OCDE est restée inchangée pour les deux types de ménages au cours de cette période.

Le tableau 5.6 indique le coin fiscal marginal (taux de l'impôt sur le revenu majoré des cotisations salariales et patronales de sécurité sociale et des taxes sur les salaires lorsqu'elles s'appliquent et diminué des transferts) en 2014. Si l'on compare les colonnes 2 et 5 respectivement dans les tableaux 3.6 et 5.6, les variations du coin marginal observées entre 2014 et 2015 restent généralement comprises dans l'intervalle de plus ou moins cinq points. On observe un changement supérieur à cinq points dans trois pays de l'OCDE pour les couples mariés avec deux enfants et un salaire égal au salaire moyen : aux Pays-Bas (-9.4 points), en Pologne (+7.6 points) et en Australie (+7.1 points). Il n'y a pas eu de changement supérieur à cinq points pour les célibataires rémunérés au salaire moyen.

Le tableau 5.7 indique le taux marginal de l'impôt sur le revenu majoré des cotisations salariales de sécurité sociale et diminué des transferts par catégorie de famille et niveau de salaire. Si l'on compare respectivement les colonnes 2 et 5 des tableaux 3.7 et 5.7, la trajectoire d'évolution du taux marginal intervenue entre 2014 et 2015 est similaire à celle du coin fiscal examinée ci-dessus. Des variations au-delà de l'intervalle de plus ou moins cinq points sont observées aux Pays-Bas (-10.3 points), en Pologne (+8.9 points), en Australie (+7.5 points) et en Espagne (-5.1 points) pour les couples avec deux enfants percevant un seul salaire égal au salaire moyen.

Le tableau 5.8 indique l'augmentation du revenu net (en pourcentage) après une augmentation d'une unité monétaire du salaire brut pour 2014[1]. Le tableau 5.9 indique le pourcentage d'augmentation du revenu net en cas d'augmentation d'une unité monétaire des coûts de main-d'œuvre au cours de cette même année[2]. Les résultats indiqués dans ces deux tableaux dépendent directement des taux marginaux et moyens d'imposition qui ont été examinés dans les paragraphes ci-dessus. Les tableaux 5.10 et 5.11 donnent des informations générales sur les niveaux des coûts de main-d'œuvre, les salaires bruts et les salaires nets en 2014.

Notes

1. Les élasticités indiquées dans le tableau 5.8 sont calculées de la manière suivante : (100 – METR)/(100 – AETR), où METR désigne le taux marginal de l'impôt sur le revenu, augmenté des cotisations salariales de sécurité sociale et diminué des transferts en espèces, figurant dans le tableau 5.7, et AETR désigne le taux moyen augmenté des cotisations salariales de sécurité sociale et diminué des transferts en espèces, figurant dans le tableau 5.3.
2. Les élasticités indiquées dans le tableau 5.9 sont calculées de la manière suivante : (100 – METR)/(100 – AETR), où METR désigne le taux marginal de l'impôt sur le revenu, augmenté des cotisations salariales et patronales de sécurité sociale et diminué des transferts en espèces, figurant dans le tableau 5.6, et AETR désigne le taux moyen augmenté des cotisations salariales et patronales de sécurité sociale et diminué des transferts en espèces, figurant dans le tableau 5.1.

Tableau 5.1. **Impôt sur le revenu et cotisations sociales des salariés et employeurs diminués des prestations versées, 2014**

En % des coûts de main d'oeuvre, par catégorie de famille et niveau de salaire

	Célibataire sans enf 67 (% SM)	Célibataire sans enf 100 (% SM)	Célibataire sans enf 167 (% SM)	Célibataire 2 enf 67 (% SM)	Couple marié 2 enf 100-0 (% SM)	Couple marié 2 enf 100-33 (% SM)[2]	Couple marié 2 enf 100-67 (% SM)[2]	Couple marié sans enf 100-33 (% SM)[2]
Allemagne	45.1	49.3	51.4	31.2	33.7	38.5	42.1	45.0
Australie	22.4	27.7	33.4	-1.8	17.4	20.9	25.5	23.5
Autriche	44.9	49.4	52.0	29.2	38.9	38.5	42.0	45.5
Belgique	49.9	55.6	60.8	36.1	40.6	41.7	48.4	48.1
Canada	26.5	31.6	33.3	-4.7	19.3	24.2	27.3	28.4
Chili	7.0	7.0	7.9	6.1	7.0	4.7	6.6	7.0
Corée	18.5	21.7	23.5	16.9	19.4	19.2	19.3	20.5
Danemark	34.1	36.2	42.3	7.2	25.6	29.5	31.6	34.3
Espagne	37.3	40.7	45.0	30.6	34.9	36.5	37.6	37.5
Estonie	38.9	40.0	40.9	27.4	32.9	35.2	36.6	38.9
États-Unis	29.5	31.6	36.4	12.0	20.6	24.6	26.6	29.5
Finlande	38.2	43.7	49.5	27.5	38.7	36.2	38.5	40.0
France	45.1	48.4	54.3	36.7	40.5	37.5	43.6	44.4
Grèce	35.8	40.5	48.3	32.1	39.4	38.7	39.3	39.6
Hongrie	49.0	49.0	49.0	26.4	34.8	38.3	40.5	49.0
Irlande	22.0	27.9	39.5	-19.6	9.7	14.6	20.2	20.9
Islande	29.3	33.7	38.1	18.1	20.9	27.7	31.6	29.5
Israël[1]	14.2	21.1	30.0	2.9	18.7	15.8	15.1	17.6
Italie	42.3	48.2	53.8	26.7	38.9	39.5	42.3	43.9
Japon	30.6	32.0	34.7	24.3	26.5	28.0	28.9	31.1
Luxembourg	30.5	37.6	44.6	6.1	15.2	19.6	25.3	28.8
Mexique	14.7	19.5	22.6	14.7	19.5	17.3	17.6	17.3
Norvège	33.8	36.9	42.5	22.0	32.0	31.3	33.4	34.1
Nouvelle-Zélande	13.4	17.2	23.1	-15.8	3.8	11.1	16.3	16.0
Pays-Bas	31.4	36.8	41.9	11.0	31.0	28.2	30.2	32.8
Pologne	33.3	34.6	35.6	29.6	29.6	30.0	31.5	33.3
Portugal	34.9	41.2	47.5	25.1	29.8	30.9	36.8	34.8
République slovaque	38.6	41.3	43.4	26.9	28.1	33.4	35.5	39.3
République tchèque	39.6	42.6	45.0	24.7	26.6	32.8	35.4	40.3
Royaume-Uni	26.2	31.0	37.3	4.7	26.4	22.6	26.3	26.1
Slovénie	38.6	42.5	46.4	9.9	23.5	30.7	34.5	40.1
Suède	40.5	42.5	50.6	33.0	37.4	36.9	38.7	40.7
Suisse	19.4	22.2	26.7	4.6	9.7	12.8	16.0	19.9
Turquie	35.8	38.1	41.5	34.4	36.6	35.4	36.6	36.1
Moyenne non pondérée								
OCDE-Moyenne	**32.1**	**35.9**	**40.4**	**17.5**	**26.7**	**28.3**	**31.1**	**32.8**
OCDE-UE 21	**37.9**	**41.9**	**46.6**	**22.0**	**31.2**	**32.9**	**36.0**	**38.2**

Note : enf = enfant

1. Informations sur les données concernant Israël : *http://oe.cd/israel-disclaimer.*
2. Famille disposant de deux revenus.

StatLink http://dx.doi.org/10.1787/888933343255

Tableau 5.2. **Impôt sur le revenu et cotisations sociales des salariés, 2014**

En % du salaire brut, par catégorie de famille et niveau de salaire

	Célibataire sans enf 67 (% SM)	Célibataire sans enf 100 (% SM)	Célibataire sans enf 167 (% SM)	Célibataire 2 enf 67 (% SM)	Couple marié 2 enf 100-0 (% SM)	Couple marié 2 enf 100-33 (% SM)[2]	Couple marié 2 enf 100-67 (% SM)[2]	Couple marié sans enf 100-33 (% SM)[2]
Allemagne	34.5	39.5	43.8	17.9	21.0	26.6	31.0	34.4
Australie	17.7	23.4	29.4	17.7	23.4	19.0	21.1	19.0
Autriche	28.8	34.7	39.2	25.9	32.7	29.3	32.0	29.6
Belgique	35.9	42.4	49.2	30.4	31.1	32.7	38.3	34.6
Canada	19.0	23.4	27.1	8.7	16.5	18.3	20.3	19.9
Chili	7.0	7.0	7.9	7.0	7.0	7.0	7.0	7.0
Corée	10.1	13.6	16.6	8.3	11.1	10.8	11.0	12.3
Danemark	33.6	35.9	41.9	32.0	32.0	33.8	35.0	33.8
Espagne	18.5	23.0	28.7	9.8	15.4	17.5	19.0	18.9
Estonie	18.2	19.6	20.8	13.8	13.8	15.9	17.3	18.2
États-Unis	22.9	25.6	31.1	3.7	13.6	17.5	19.9	22.8
Finlande	23.9	30.7	37.9	23.9	30.7	26.1	28.0	26.1
France	26.7	28.6	34.2	21.6	21.9	20.7	25.6	26.6
Grèce	19.2	25.1	34.9	19.2	26.4	23.8	24.4	23.8
Hongrie	34.5	34.5	34.5	22.8	26.6	28.6	29.8	34.5
Irlande	13.6	20.2	33.0	8.0	12.2	12.8	17.1	12.8
Islande	23.9	28.6	33.4	23.9	19.9	24.2	26.7	24.2
Israël[1]	10.5	17.0	26.0	5.8	17.0	13.7	12.5	13.7
Italie	23.8	31.6	39.0	16.1	24.6	22.4	25.5	25.9
Japon	20.2	21.8	25.6	20.2	20.4	20.9	21.2	20.9
Luxembourg	22.0	30.0	37.9	15.1	18.5	20.0	24.3	20.0
Mexique	3.0	10.1	14.8	3.0	10.1	5.7	7.3	5.7
Norvège	25.2	28.7	35.0	21.6	27.5	25.6	27.3	25.6
Nouvelle-Zélande	13.4	17.2	23.1	14.8	17.2	16.0	16.3	16.0
Pays-Bas	24.7	30.5	38.1	11.5	27.9	24.1	25.6	26.3
Pologne	22.1	23.6	24.8	17.8	17.8	18.3	20.0	22.1
Portugal	19.5	27.2	35.0	14.6	17.2	17.2	21.8	19.3
République slovaque	19.5	22.9	25.7	12.1	11.1	16.7	18.6	20.4
République tchèque	19.1	23.1	26.3	6.1	6.3	13.5	16.3	20.1
Royaume-Uni	19.5	23.6	29.8	3.5	23.6	19.4	21.9	19.4
Slovénie	28.7	33.2	37.7	22.1	24.9	25.8	27.7	30.5
Suède	21.8	24.4	35.1	21.8	24.4	22.1	23.4	22.1
Suisse	14.4	17.3	22.2	8.6	10.8	12.4	14.7	14.9
Turquie	24.5	27.3	31.3	23.0	25.5	24.1	25.5	24.9
Moyenne non pondérée								
OCDE-Moyenne	**21.2**	**25.5**	**30.9**	**15.7**	**20.0**	**20.1**	**22.2**	**21.9**
OCDE-UE 21	**24.2**	**28.8**	**34.6**	**17.4**	**21.9**	**22.3**	**24.9**	**24.7**

Note : enf = enfant

1. Informations sur les données concernant Israël : *http://oe.cd/israel-disclaimer.*
2. Famille disposant de deux revenus.

StatLink http://dx.doi.org/10.1787/888933343269

Tableau 5.3. **Impôt sur le revenu et cotisations sociales des salariés diminués des prestations versées, 2014**

En % du salaire brut, par catégorie de famille et niveau de salaire

	Célibataire sans enf 67 (% SM)	Célibataire sans enf 100 (% SM)	Célibataire sans enf 167 (% SM)	Célibataire 2 enf 67 (% SM)	Couple marié 2 enf 100-0 (% SM)	Couple marié 2 enf 100-33 (% SM)[2]	Couple marié 2 enf 100-67 (% SM)[2]	Couple marié sans enf 100-33 (% SM)[2]
Allemagne	34.5	39.5	43.8	17.9	21.0	26.6	31.0	34.4
Australie	17.7	23.4	29.4	-7.9	12.4	16.1	21.1	19.0
Autriche	28.8	34.7	39.2	8.6	21.1	20.6	25.1	29.6
Belgique	35.9	42.4	49.2	18.3	22.9	26.6	33.5	34.6
Canada	17.8	23.4	27.1	-17.2	9.6	15.2	18.6	19.9
Chili	7.0	7.0	7.9	6.1	7.0	4.7	6.6	7.0
Corée	10.1	13.6	16.6	8.3	11.1	10.8	11.0	12.3
Danemark	33.1	35.6	41.9	5.8	24.8	28.5	30.8	33.3
Espagne	18.5	23.0	28.7	9.8	15.4	17.5	19.0	18.9
Estonie	18.2	19.6	20.8	2.7	10.0	13.1	15.1	18.2
États-Unis	22.9	25.6	31.1	3.7	13.6	17.5	19.9	22.8
Finlande	23.9	30.7	37.9	10.7	24.6	21.5	24.3	26.1
France	26.7	28.6	34.2	15.4	17.8	17.6	23.1	26.6
Grèce	19.2	25.1	34.9	14.5	23.6	22.8	23.6	23.8
Hongrie	34.5	34.5	34.5	5.4	16.2	20.7	23.5	34.5
Irlande	13.6	20.2	33.0	-32.4	0.0	5.9	11.6	12.8
Islande	23.9	28.6	33.4	11.9	14.9	22.2	26.4	24.2
Israël[1]	10.5	17.0	26.0	-1.3	14.5	11.8	11.0	13.7
Italie	23.8	31.6	39.0	3.2	19.4	20.1	23.8	25.9
Japon	20.2	21.8	25.6	13.0	15.6	17.3	18.3	20.9
Luxembourg	22.0	30.0	37.9	-5.4	4.8	9.7	16.1	20.0
Mexique	3.0	10.1	14.8	3.0	10.1	5.7	7.3	5.7
Norvège	25.2	28.7	35.0	11.9	23.2	22.3	24.7	25.6
Nouvelle-Zélande	13.4	17.2	23.1	-15.8	3.8	11.1	16.3	16.0
Pays-Bas	24.7	30.5	38.1	2.4	24.1	21.2	23.4	26.3
Pologne	22.1	23.6	24.8	17.8	17.8	18.3	20.0	22.1
Portugal	19.5	27.2	35.0	7.4	13.1	14.5	21.8	19.3
République slovaque	19.5	22.9	25.7	4.1	5.6	12.6	15.4	20.4
République tchèque	19.1	23.1	26.3	-1.0	1.6	10.0	13.4	20.1
Royaume-Uni	19.5	23.6	29.8	-4.0	18.6	15.6	18.9	19.4
Slovénie	28.7	33.2	37.7	-4.6	11.2	19.5	24.0	30.5
Suède	21.8	24.4	35.1	11.9	17.8	17.1	19.4	22.1
Suisse	14.4	17.3	22.2	-1.4	4.1	7.3	10.7	14.9
Turquie	24.5	27.3	31.3	23.0	25.5	24.1	25.5	24.9
Moyenne non pondérée								
OCDE-Moyenne	**21.1**	**25.4**	**30.9**	**4.3**	**14.6**	**16.7**	**19.8**	**21.9**
OCDE-UE 21	**24.2**	**28.8**	**34.6**	**5.2**	**15.8**	**18.1**	**21.7**	**24.7**

Note : enf = enfant

1. Informations sur les données concernant Israël : *http://oe.cd/israel-disclaimer.*
2. Famille disposant de deux revenus.

StatLink http://dx.doi.org/10.1787/888933343274

Tableau 5.4. **Impôt sur le revenu, 2014**

En % du salaire brut, par catégorie de famille et niveau de salaire

	Célibataire sans enf 67 (% SM)	Célibataire sans enf 100 (% SM)	Célibataire sans enf 167 (% SM)	Célibataire 2 enf 67 (% SM)	Couple marié 2 enf 100-0 (% SM)	Couple marié 2 enf 100-33 (% SM)[2]	Couple marié 2 enf 100-67 (% SM)[2]	Couple marié sans enf 100-33 (% SM)[2]
Allemagne	14.1	19.0	27.5	-2.2	0.8	6.4	10.8	14.0
Australie	17.7	23.4	29.4	17.7	23.4	19.0	21.1	19.0
Autriche	10.7	16.6	23.2	7.8	14.6	12.0	14.0	12.3
Belgique	22.0	28.4	35.2	16.5	17.1	21.9	24.3	23.8
Canada	11.8	15.7	22.2	1.5	8.8	11.1	12.8	12.8
Chili	0.0	0.0	0.9	0.0	0.0	0.0	0.0	0.0
Corée	1.7	5.3	9.6	0.0	2.7	2.5	2.6	4.0
Danemark	33.6	35.9	41.9	32.0	32.0	33.8	35.0	33.8
Espagne	12.2	16.6	22.5	3.5	9.1	11.1	12.7	12.5
Estonie	16.2	17.6	18.8	11.8	11.8	13.9	15.3	16.2
États-Unis	15.2	18.0	23.4	-4.0	5.9	9.8	12.2	15.2
Finlande	16.0	22.7	29.8	16.0	22.7	18.3	20.0	18.3
France	12.6	14.6	20.8	7.6	7.9	6.7	11.5	12.6
Grèce	3.2	9.1	18.9	3.2	10.4	7.8	8.4	7.8
Hongrie	16.0	16.0	16.0	4.3	8.1	10.1	11.3	16.0
Irlande	9.6	16.2	29.0	4.0	8.2	9.8	13.1	9.8
Islande	23.3	28.2	33.2	23.3	19.5	23.6	26.3	23.6
Israël[1]	4.7	9.1	16.4	0.0	9.1	6.9	5.5	6.9
Italie	14.4	22.1	29.4	6.6	15.1	12.9	16.0	16.4
Japon	6.1	7.7	12.4	6.1	6.3	6.8	7.1	6.8
Luxembourg	9.7	17.7	25.5	2.8	6.2	7.8	12.1	7.8
Mexique	1.8	8.8	13.3	1.8	8.8	4.4	6.0	4.4
Norvège	17.0	20.5	26.8	13.4	19.3	17.4	19.1	17.4
Nouvelle-Zélande	13.4	17.2	23.1	14.8	17.2	16.0	16.3	16.0
Pays-Bas	5.3	15.3	27.5	3.0	15.0	11.7	10.9	12.0
Pologne	4.3	5.8	7.0	0.0	0.0	0.4	2.1	4.2
Portugal	8.5	16.2	24.0	3.6	6.2	6.2	10.8	8.3
République slovaque	6.1	9.5	12.3	-1.3	-2.3	3.3	5.2	7.0
République tchèque	8.1	12.1	15.3	-4.9	-4.7	2.5	5.3	9.1
Royaume-Uni	11.5	14.3	22.3	-4.4	14.3	11.5	13.2	11.5
Slovénie	6.6	11.1	15.6	0.0	2.8	3.7	5.6	8.4
Suède	14.8	17.4	30.4	14.8	17.4	15.1	16.4	15.1
Suisse	8.1	11.1	16.0	2.4	4.5	6.1	8.4	8.7
Turquie	9.5	12.3	16.3	8.0	10.5	9.1	10.5	9.9
Moyenne non pondérée								
OCDE-Moyenne	**11.3**	**15.6**	**21.6**	**6.2**	**10.3**	**10.6**	**12.4**	**12.4**
OCDE-UE 21	**12.2**	**16.9**	**23.5**	**5.9**	**10.1**	**10.8**	**13.0**	**13.2**

Note : enf = enfant

1. Informations sur les données concernant Israël : *http://oe.cd/israel-disclaimer.*
2. Famille disposant de deux revenus.

StatLink http://dx.doi.org/10.1787/888933343286

Tableau 5.5. **Cotisations sociales des salariés, 2014**

En % du salaire brut, par catégorie de famille et niveau de salaire

	Célibataire sans enf 67 (% SM)	Célibataire sans enf 100 (% SM)	Célibataire sans enf 167 (% SM)	Célibataire 2 enf 67 (% SM)	Couple marié 2 enf 100-0 (% SM)	Couple marié 2 enf 100-33 (% SM)[2]	Couple marié 2 enf 100-67 (% SM)[2]	Couple marié sans enf 100-33 (% SM)[2]
Allemagne	20.4	20.4	16.3	20.2	20.2	20.2	20.2	20.4
Australie	0.0	0.0	0.0	0.0	0.0	0.0	0.0	0.0
Autriche	18.1	18.1	16.0	18.1	18.1	17.3	18.1	17.3
Belgique	13.9	14.0	14.0	13.9	14.0	10.8	14.0	10.8
Canada	7.2	7.6	4.9	7.2	7.6	7.2	7.5	7.2
Chili	7.0	7.0	7.0	7.0	7.0	7.0	7.0	7.0
Corée	8.3	8.3	7.0	8.3	8.3	8.3	8.3	8.3
Danemark	0.0	0.0	0.0	0.0	0.0	0.0	0.0	0.0
Espagne	6.4	6.4	6.3	6.4	6.4	6.4	6.4	6.4
Estonie	2.0	2.0	2.0	2.0	2.0	2.0	2.0	2.0
États-Unis	7.7	7.7	7.7	7.7	7.7	7.7	7.7	7.7
Finlande	7.9	8.0	8.1	7.9	8.0	7.8	8.0	7.8
France	14.1	14.1	13.4	14.1	14.1	14.1	14.1	14.1
Grèce	16.0	16.0	16.0	16.0	16.0	16.0	16.0	16.0
Hongrie	18.5	18.5	18.5	18.5	18.5	18.5	18.5	18.5
Irlande	4.0	4.0	4.0	4.0	4.0	3.0	4.0	3.0
Islande	0.6	0.4	0.2	0.6	0.4	0.6	0.5	0.6
Israël[1]	5.8	7.9	9.5	5.8	7.9	6.8	7.1	6.8
Italie	9.5	9.5	9.6	9.5	9.5	9.5	9.5	9.5
Japon	14.1	14.1	13.2	14.1	14.1	14.1	14.1	14.1
Luxembourg	12.2	12.3	12.4	12.2	12.3	12.2	12.3	12.2
Mexique	1.3	1.4	1.5	1.3	1.4	1.3	1.3	1.3
Norvège	8.2	8.2	8.2	8.2	8.2	8.2	8.2	8.2
Nouvelle-Zélande	0.0	0.0	0.0	0.0	0.0	0.0	0.0	0.0
Pays-Bas	19.5	15.1	10.6	8.5	12.9	12.4	14.7	14.3
Pologne	17.8	17.8	17.8	17.8	17.8	17.8	17.8	17.8
Portugal	11.0	11.0	11.0	11.0	11.0	11.0	11.0	11.0
République slovaque	13.4	13.4	13.4	13.4	13.4	13.4	13.4	13.4
République tchèque	11.0	11.0	11.0	11.0	11.0	11.0	11.0	11.0
Royaume-Uni	8.0	9.3	7.5	8.0	9.3	7.9	8.8	7.9
Slovénie	22.1	22.1	22.1	22.1	22.1	22.1	22.1	22.1
Suède	7.0	7.0	4.7	7.0	7.0	7.0	7.0	7.0
Suisse	6.3	6.3	6.2	6.3	6.3	6.3	6.3	6.3
Turquie	15.0	15.0	15.0	15.0	15.0	15.0	15.0	15.0
Moyenne non pondérée								
OCDE-Moyenne	**9.8**	**9.8**	**9.3**	**9.5**	**9.7**	**9.5**	**9.8**	**9.6**
OCDE-UE 21	**12.0**	**11.9**	**11.2**	**11.5**	**11.8**	**11.4**	**11.8**	**11.5**

Note : enf = enfant

1. Informations sur les données concernant Israël : http://oe.cd/israel-disclaimer.
2. Famille disposant de deux revenus.

StatLink http://dx.doi.org/10.1787/888933343296

Tableau 5.6. **Taux marginal applicable à l'impôt sur le revenu et aux cotisations sociales des salariés et employeurs diminués des prestations versées, 2014**

En % des coûts de main-d'œuvre, par catégorie de famille et niveau de salaire

	Célibataire sans enf 67 (% SM)	Célibataire sans enf 100 (% SM)	Célibataire sans enf 167 (% SM)	Célibataire 2 enf 67 (% SM)	Couple marié 2 enf 100-0 (% SM)	Couple marié 2 enf 100-33 (% SM)[2]	Couple marié 2 enf 100-67 (% SM)[2]	Couple marié sans enf 100-33 (% SM)[2]
Allemagne	55.5	59.9	44.3	53.8	52.2	55.2	57.5	55.4
Australie	39.1	37.7	42.0	58.0	54.2	66.0	37.7	37.7
Autriche	56.9	60.6	42.2	56.9	60.6	60.6	60.6	60.6
Belgique	66.3	66.3	68.5	66.3	66.3	66.3	65.5	66.3
Canada	33.8	40.9	38.4	60.7	61.8	38.2	38.2	40.9
Chili	7.0	7.0	10.2	7.0	7.0	7.0	7.0	7.0
Corée	22.3	29.2	31.9	16.9	29.2	29.2	29.2	29.2
Danemark	39.5	41.8	55.6	37.9	41.8	41.8	41.8	41.8
Espagne	45.7	49.5	40.0	53.0	49.5	49.5	49.5	49.5
Estonie	42.2	42.2	42.2	42.2	42.2	42.2	42.2	42.2
États-Unis	34.3	43.6	43.6	50.4	34.3	34.3	34.3	34.3
Finlande	54.3	55.2	58.2	54.3	55.2	55.2	55.2	55.2
France	62.6	59.3	59.9	57.0	43.5	58.3	50.9	50.9
Grèce	48.0	48.7	56.0	48.0	48.7	48.7	48.7	48.7
Hongrie	49.0	49.0	49.0	49.0	49.0	49.0	49.0	49.0
Irlande	37.7	56.7	56.7	67.9	37.7	37.7	37.7	37.7
Islande	42.5	42.5	48.3	51.4	51.4	47.9	47.9	42.5
Israël[1]	30.7	37.2	46.6	17.6	37.2	37.2	37.2	37.2
Italie	55.3	55.3	62.6	56.5	56.5	56.5	55.9	55.3
Japon	32.6	36.8	35.3	32.6	36.8	36.8	36.8	36.8
Luxembourg	45.8	55.1	55.1	50.0	39.0	44.1	50.8	44.1
Mexique	17.5	23.4	28.4	17.5	23.4	23.4	23.4	23.4
Norvège	42.7	50.6	53.3	42.7	50.6	50.6	50.6	50.6
Nouvelle-Zélande	17.5	30.0	33.0	38.8	51.3	51.3	30.0	30.0
Pays-Bas	46.4	49.7	51.9	49.4	56.1	49.7	49.7	49.7
Pologne	37.2	37.2	37.2	29.6	29.6	37.2	37.2	37.2
Portugal	53.9	53.9	60.8	51.1	39.8	51.1	51.1	53.9
République slovaque	46.5	46.5	46.5	46.5	46.5	46.5	46.5	46.5
République tchèque	48.6	48.6	48.6	48.6	48.6	48.6	48.6	48.6
Royaume-Uni	40.2	40.2	49.0	76.3	40.2	40.2	40.2	40.2
Slovénie	43.6	51.0	60.4	32.9	43.6	43.6	43.6	51.0
Suède	45.5	48.2	67.2	45.5	48.2	48.2	48.2	48.2
Suisse	26.3	31.9	35.9	18.9	22.1	26.1	29.4	26.9
Turquie	42.8	42.8	47.8	42.8	42.8	42.8	42.8	42.8
Moyenne non pondérée								
OCDE-Moyenne	**41.5**	**45.0**	**47.3**	**44.9**	**44.0**	**44.7**	**43.4**	**43.3**
OCDE-UE 21	**48.6**	**51.2**	**53.0**	**51.1**	**47.4**	**49.1**	**49.1**	**49.1**

Note : enf = enfant

On suppose que le revenu brut principal du ménage augmente. Le résultat peut être différent si le salaire du conjoint augmente, surtout si les deux conjoints sont imposés séparément.

1. Informations sur les données concernant Israël : *http://oe.cd/israel-disclaimer.*
2. Famille disposant de deux revenus.

StatLink http://dx.doi.org/10.1787/888933343303

Tableau 5.7. Taux marginal applicable à l'impôt sur le revenu et aux cotisations sociales des salariés diminués des prestations versées, 2014

En % du salaire brut, par catégorie de famille et niveau de salaire

	Célibataire sans enf 67 (% SM)	Célibataire sans enf 100 (% SM)	Célibataire sans enf 167 (% SM)	Célibataire 2 enf 67 (% SM)	Couple marié 2 enf 100-0 (% SM)	Couple marié 2 enf 100-33 (% SM)[2]	Couple marié 2 enf 100-67 (% SM)[2]	Couple marié sans enf 100-33 (% SM)[2]
Allemagne	46.9	52.2	44.3	44.9	42.9	46.5	49.3	46.8
Australie	35.5	34.0	38.5	55.5	51.5	64.0	34.0	34.0
Autriche	44.4	49.1	37.9	44.4	49.1	49.1	49.1	49.1
Belgique	55.0	55.0	59.8	55.0	55.0	55.0	53.9	55.0
Canada	25.5	35.1	35.4	55.8	58.0	32.1	32.1	35.1
Chili	7.0	7.0	10.2	7.0	7.0	7.0	7.0	7.0
Corée	14.3	21.9	27.9	8.3	21.9	21.9	21.9	21.9
Danemark	39.5	41.8	55.6	37.9	41.8	41.8	41.8	41.8
Espagne	29.5	34.4	40.0	38.9	34.4	34.4	34.4	34.4
Estonie	22.6	22.6	22.6	22.6	22.6	22.6	22.6	22.6
États-Unis	29.3	39.3	39.3	46.6	29.3	29.3	29.3	29.3
Finlande	43.7	44.9	48.6	43.7	44.9	44.9	44.9	44.9
France	32.1	43.8	42.5	21.9	21.9	42.3	32.1	32.1
Grèce	34.5	35.3	44.6	34.5	35.3	35.3	35.3	35.3
Hongrie	34.5	34.5	34.5	34.5	34.5	34.5	34.5	34.5
Irlande	31.0	52.0	52.0	64.4	31.0	31.0	31.0	31.0
Islande	38.2	38.2	44.4	47.8	47.8	43.9	43.9	38.2
Israël[1]	26.0	33.0	43.0	12.0	33.0	33.0	33.0	33.0
Italie	40.9	40.9	50.6	42.5	42.5	42.5	41.7	40.9
Japon	22.6	27.4	31.2	22.6	27.4	27.4	27.4	27.4
Luxembourg	39.1	49.6	49.6	43.9	31.5	37.2	44.8	37.2
Mexique	12.1	17.6	22.9	12.1	17.6	17.6	17.6	17.6
Norvège	35.2	44.2	47.2	35.2	44.2	44.2	44.2	44.2
Nouvelle-Zélande	17.5	30.0	33.0	38.8	51.3	51.3	30.0	30.0
Pays-Bas	40.8	44.5	51.9	44.1	51.5	44.5	44.5	44.5
Pologne	26.7	26.7	26.7	17.8	17.8	26.7	26.7	26.7
Portugal	43.0	43.0	51.5	39.5	25.5	39.5	39.5	43.0
République slovaque	29.9	29.9	29.9	29.9	29.9	29.9	29.9	29.9
République tchèque	31.1	31.1	31.1	31.1	31.1	31.1	31.1	31.1
Royaume-Uni	32.0	32.0	42.0	73.0	32.0	32.0	32.0	32.0
Slovénie	34.6	43.1	54.0	22.1	34.6	34.6	34.6	43.1
Suède	28.3	31.9	56.9	28.3	31.9	31.9	31.9	31.9
Suisse	21.7	27.6	32.2	13.8	17.2	21.5	25.0	22.3
Turquie	32.8	32.8	38.7	32.8	32.8	32.8	32.8	32.8
Moyenne non pondérée								
OCDE-Moyenne	**31.7**	**36.1**	**40.3**	**35.4**	**34.7**	**35.7**	**34.2**	**34.1**
OCDE-UE 21	**36.2**	**39.9**	**44.1**	**38.8**	**35.3**	**37.5**	**37.4**	**37.5**

Note : enf = enfant

On suppose que le revenu brut principal du ménage augmente. Le résultat peut être différent si le salaire du conjoint augmente, surtout si les deux conjoints sont imposés séparément.

1. Informations sur les données concernant Israël : *http://oe.cd/israel-disclaimer.*
2. Famille disposant de deux revenus.

StatLink http://dx.doi.org/10.1787/888933343315

Tableau 5.8. **Augmentation du revenu net après augmentation d'une unité monétaire du salaire brut, 2014**

Par catégorie de famille et niveau de salaire (%)

	Célibataire sans enf 67 (% SM)	Célibataire sans enf 100 (% SM)	Célibataire sans enf 167 (% SM)	Célibataire 2 enf 67 (% SM)	Couple marié 2 enf 100-0 (% SM)	Couple marié 2 enf 100-33 (% SM)[2]	Couple marié 2 enf 100-67 (% SM)[2]	Couple marié sans enf 100-33 (% SM)[2]
Allemagne	0.81	0.79	0.99	0.67	0.72	0.73	0.74	0.81
Australie	0.78	0.86	0.87	0.41	0.55	0.43	0.84	0.81
Autriche	0.78	0.78	1.02	0.61	0.65	0.64	0.68	0.72
Belgique	0.70	0.78	0.79	0.55	0.58	0.61	0.69	0.69
Canada	0.91	0.85	0.89	0.38	0.47	0.80	0.83	0.81
Chili	1.00	1.00	0.97	0.99	1.00	0.98	1.00	1.00
Corée	0.95	0.91	0.87	1.00	0.88	0.88	0.88	0.89
Danemark	0.90	0.90	0.77	0.66	0.77	0.81	0.84	0.87
Espagne	0.87	0.85	0.84	0.68	0.78	0.79	0.81	0.81
Estonie	0.95	0.96	0.98	0.80	0.86	0.89	0.91	0.95
États-Unis	0.92	0.82	0.88	0.55	0.82	0.86	0.88	0.92
Finlande	0.74	0.80	0.83	0.63	0.73	0.70	0.73	0.75
France	0.93	0.79	0.87	0.92	0.95	0.70	0.88	0.93
Grèce	0.81	0.86	0.85	0.77	0.85	0.84	0.85	0.85
Hongrie	1.00	1.00	1.00	0.69	0.78	0.83	0.86	1.00
Irlande	0.80	0.60	0.72	0.27	0.69	0.73	0.78	0.79
Islande	0.81	0.87	0.84	0.59	0.61	0.72	0.76	0.82
Israël[1]	0.83	0.81	0.77	0.87	0.78	0.76	0.75	0.78
Italie	0.78	0.86	0.81	0.59	0.71	0.72	0.77	0.80
Japon	0.97	0.93	0.93	0.89	0.86	0.88	0.89	0.92
Luxembourg	0.78	0.72	0.81	0.53	0.72	0.70	0.66	0.79
Mexique	0.91	0.92	0.91	0.91	0.92	0.87	0.89	0.87
Norvège	0.87	0.78	0.81	0.74	0.73	0.72	0.74	0.75
Nouvelle-Zélande	0.95	0.85	0.87	0.53	0.51	0.55	0.84	0.83
Pays-Bas	0.79	0.80	0.78	0.57	0.64	0.71	0.73	0.75
Pologne	0.94	0.96	0.98	1.00	1.00	0.90	0.92	0.94
Portugal	0.71	0.78	0.75	0.65	0.86	0.71	0.77	0.71
République slovaque	0.87	0.91	0.94	0.73	0.74	0.80	0.83	0.88
République tchèque	0.85	0.90	0.94	0.68	0.70	0.77	0.80	0.86
Royaume-Uni	0.84	0.89	0.83	0.26	0.84	0.81	0.84	0.84
Slovénie	0.92	0.85	0.74	0.75	0.74	0.81	0.86	0.82
Suède	0.92	0.90	0.67	0.81	0.83	0.82	0.85	0.88
Suisse	0.91	0.88	0.87	0.85	0.86	0.85	0.84	0.91
Turquie	0.89	0.92	0.89	0.87	0.90	0.89	0.90	0.90
Moyenne non pondérée								
OCDE-Moyenne	**0.86**	**0.86**	**0.86**	**0.69**	**0.77**	**0.77**	**0.82**	**0.84**
OCDE-UE 21	**0.84**	**0.84**	**0.85**	**0.66**	**0.77**	**0.76**	**0.80**	**0.83**

Note : enf = enfant

Le revenu net est calculé à partir des revenus bruts diminués de l'impôt sur le revenu des personnes physiques, des cotisations sociales et augmentés des prestations versées aux familles. L'augmentation qui est rapportée dans le tableau représente une sorte d'élasticité. Dans un système fiscal proportionnel, l'élasticité est égale à 1. A ce niveau de revenu, plus les sytème est progressif plus l'élasticité est faible.

1. Informations sur les données concernant Israël : *http://oe.cd/israel-disclaimer.*
2. Famille disposant de deux revenus. On fait l'hypothèse que le revenu brut principal du ménage augmente.

StatLink http://dx.doi.org/10.1787/888933343323

Tableau 5.9. **Augmentation du revenu net après augmentation d'une unité monétaire des coûts bruts de main d'oeuvre, 2014**

Par catégorie de famille et niveau de salaire (%)

	Célibataire sans enf 67 (% SM)	Célibataire sans enf 100 (% SM)	Célibataire sans enf 167 (% SM)	Célibataire 2 enf 67 (% SM)	Couple marié 2 enf 100-0 (% SM)	Couple marié 2 enf 100-33 (% SM)[2]	Couple marié 2 enf 100-67 (% SM)[2]	Couple marié sans enf 100-33 (% SM)[2]
Allemagne	0.81	0.79	1.15	0.67	0.72	0.73	0.74	0.81
Australie	0.78	0.86	0.87	0.41	0.55	0.43	0.84	0.81
Autriche	0.78	0.78	1.20	0.61	0.65	0.64	0.68	0.72
Belgique	0.67	0.76	0.80	0.53	0.57	0.58	0.67	0.65
Canada	0.90	0.86	0.92	0.38	0.47	0.82	0.85	0.83
Chili	1.00	1.00	0.97	0.99	1.00	0.98	1.00	1.00
Corée	0.95	0.91	0.89	1.00	0.88	0.88	0.88	0.89
Danemark	0.92	0.91	0.77	0.67	0.78	0.83	0.85	0.89
Espagne	0.87	0.85	1.09	0.68	0.78	0.79	0.81	0.81
Estonie	0.95	0.96	0.98	0.80	0.86	0.89	0.91	0.95
États-Unis	0.93	0.83	0.89	0.56	0.83	0.87	0.89	0.93
Finlande	0.74	0.80	0.83	0.63	0.73	0.70	0.73	0.75
France	0.68	0.79	0.88	0.68	0.95	0.67	0.87	0.88
Grèce	0.81	0.86	0.85	0.77	0.85	0.84	0.85	0.85
Hongrie	1.00	1.00	1.00	0.69	0.78	0.83	0.86	1.00
Irlande	0.80	0.60	0.72	0.27	0.69	0.73	0.78	0.79
Islande	0.81	0.87	0.84	0.59	0.61	0.72	0.76	0.82
Israël[1]	0.81	0.80	0.76	0.85	0.77	0.75	0.74	0.76
Italie	0.78	0.86	0.81	0.59	0.71	0.72	0.77	0.80
Japon	0.97	0.93	0.99	0.89	0.86	0.88	0.89	0.92
Luxembourg	0.78	0.72	0.81	0.53	0.72	0.70	0.66	0.79
Mexique	0.97	0.95	0.93	0.97	0.95	0.93	0.93	0.93
Norvège	0.87	0.78	0.81	0.74	0.73	0.72	0.74	0.75
Nouvelle-Zélande	0.95	0.85	0.87	0.53	0.51	0.55	0.84	0.83
Pays-Bas	0.78	0.80	0.83	0.57	0.64	0.70	0.72	0.75
Pologne	0.94	0.96	0.98	1.00	1.00	0.90	0.92	0.94
Portugal	0.71	0.78	0.75	0.65	0.86	0.71	0.77	0.71
République slovaque	0.87	0.9[illegible]	0.94	0.73	0.74	0.80	0.83	0.88
République tchèque	0.85	0.90	0.94	0.68	0.70	0.77	0.80	0.86
Royaume-Uni	0.81	0.87	0.81	0.25	0.81	0.77	0.81	0.81
Slovénie	0.92	0.85	0.74	0.75	0.74	0.81	0.86	0.82
Suède	0.92	0.90	0.67	0.81	0.83	0.82	0.85	0.88
Suisse	0.91	0.88	0.88	0.85	0.86	0.85	0.84	0.91
Turquie	0.89	0.92	0.89	0.87	0.90	0.89	0.90	0.90
Moyenne non pondérée								
OCDE-Moyenne	**0.86**	**0.86**	**0.88**	**0.68**	**0.77**	**0.77**	**0.82**	**0.84**
OCDE-UE 21	**0.83**	**0.84**	**0.88**	**0.65**	**0.77**	**0.76**	**0.80**	**0.82**

Note : enf = enfant

Le revenu net est calculé à partir des revenus bruts diminués de l'impôt sur le revenu des personnes physiques, des cotisations sociales et augmentés des prestations versées aux familles. L'augmentation qui est rapportée dans le tableau représente une sorte d'élasticité. Dans un système fiscal proportionnel, l'élasticité est égale à 1. A ce niveau de revenu, plus les sytème est progressif plus l'élasticité est faible.

1. Informations sur les données concernant Israël : *http://oe.cd/israel-disclaimer.*
2. Famille disposant de deux revenus. On fait l'hypothèse que le revenu brut principal du ménage augmente.

StatLink http://dx.doi.org/10.1787/888933343335

Tableau 5.10a. **Salaire brut annuel et revenu net, célibataire, 2014**

En dollars US convertis sur la base des PPA, par catégorie de famille et niveau de salaire

	Célibataire sans enf 67 (% SM)		Célibataire sans enf 100 (% SM)		Célibataire sans enf 167 (% SM)		Célibataire 2 enf 67 (% SM)	
	Total des revenus bruts avant impôts	Revenus nets après impôts	Total des revenus bruts avant impôts	Revenus nets après impôts	Total des revenus bruts avant impôts	Revenus nets après impôts	Total des revenus bruts avant impôts	Revenus nets après impôts
Allemagne	39 455	25 842	58 889	35 645	98 344	55 248	39 455	32 382
Australie	36 191	29 773	54 016	41 401	90 207	63 676	36 191	39 040
Autriche	35 497	25 279	52 980	34 606	88 477	53 802	35 497	32 448
Belgique	37 894	24 287	56 559	32 602	94 453	47 988	37 894	30 950
Canada	27 075	22 262	40 410	30 975	67 485	49 191	27 075	31 719
Chili	12 527	11 650	18 697	17 388	31 223	28 771	12 527	11 761
Corée	31 473	28 303	46 975	40 564	78 448	65 418	31 473	28 848
Danemark	35 596	23 818	53 129	34 208	88 726	51 540	35 596	33 537
Espagne	26 342	21 463	39 316	30 277	65 658	46 783	26 342	23 757
Estonie	15 318	12 532	22 863	18 373	38 180	30 232	15 318	14 910
États-Unis	33 566	25 890	50 099	37 274	83 665	57 648	33 566	32 326
Finlande	31 219	23 758	46 595	32 291	77 814	48 343	31 219	27 869
France	30 525	22 381	45 560	32 508	76 086	50 049	30 525	25 818
Grèce	22 522	18 208	33 614	25 194	56 136	36 546	22 522	19 260
Hongrie	15 724	10 299	23 468	15 372	39 192	25 671	15 724	14 872
Irlande	27 616	23 856	41 218	32 892	68 834	46 148	27 616	36 574
Islande	33 763	25 682	50 392	35 967	84 155	56 029	33 763	29 758
Israël[1]	22 857	20 455	34 116	28 314	56 973	42 184	22 857	23 162
Italie	27 207	20 720	40 608	27 780	67 815	41 391	27 207	26 348
Japon	31 815	25 374	47 486	37 113	79 301	58 981	31 815	27 666
Luxembourg	41 219	32 171	61 521	43 064	102 741	63 843	41 219	43 433
Mexique	8 726	8 464	13 025	11 704	21 751	18 534	8 726	8 464
Norvège	38 516	28 800	57 486	40 998	96 002	62 362	38 516	33 947
Nouvelle-Zélande	25 850	22 384	38 582	31 928	64 432	49 570	25 850	29 930
Pays-Bas	40 439	30 437	60 356	41 951	100 794	62 394	40 439	39 480
Pologne	16 498	12 853	24 623	18 812	41 121	30 910	16 498	13 557
Portugal	20 119	16 201	30 028	21 849	50 146	32 588	20 119	18 640
République slovaque	14 185	11 418	21 172	16 319	35 357	26 269	14 185	13 609
République tchèque	15 933	12 891	23 780	18 298	39 713	29 276	15 933	16 084
Royaume-Uni	33 707	27 146	50 309	38 435	84 015	58 940	33 707	35 057
Slovénie	20 209	14 412	30 162	20 134	50 371	31 370	20 209	21 137
Suède	30 657	23 970	45 756	34 598	76 413	49 565	30 657	26 997
Suisse	45 659	39 099	68 148	56 354	113 808	88 543	45 659	46 283
Turquie	15 836	11 950	23 636	17 195	39 471	27 119	15 836	12 199
Moyenne non pondérée								
OCDE-Moyenne	**27 698**	**21 589**	**41 340**	**30 364**	**69 038**	**46 674**	**27 698**	**26 524**
OCDE-UE 21	**27 518**	**20 664**	**41 072**	**28 819**	**68 590**	**43 757**	**27 518**	**26 034**

Note : enf = enfant

1. Informations sur les données concernant Israël : *http://oe.cd/israel-disclaimer.*

StatLink http://dx.doi.org/10.1787/888933343341

Tableau 5.10b. **Salaire brut annuel et revenu net, couple marié, 2014**

En dollars US convertis sur la base des PPA, par catégorie de famille et niveau de salaire

	Couple marié 2 enf 100-0 (% SM)		Couple marié 2 enf 100-33 (% SM)[2]		Couple marié 2 enf 100-67 (% SM)[2]		Couple marié sans enf 100-33 (% SM)[2]	
	Total des revenus bruts avant impôts	Revenus nets après impôts	Total des revenus bruts avant impôts	Revenus nets après impôts	Total des revenus bruts avant impôts	Revenus nets après impôts	Total des revenus bruts avant impôts	Revenus nets après impôts
Allemagne	58 889	46 552	78 322	57 471	98 344	67 903	78 322	51 370
Australie	54 016	47 297	71 842	60 248	90 207	71 174	71 842	58 227
Autriche	52 980	41 872	70 463	55 971	88 477	66 288	70 463	49 593
Belgique	56 559	43 587	75 223	55 228	94 453	62 855	75 223	49 220
Canada	40 410	36 529	53 746	45 601	67 485	54 919	53 746	43 032
Chili	18 697	17 388	24 866	23 697	31 223	29 148	24 866	23 126
Corée	46 975	41 780	62 476	55 708	78 448	69 844	62 476	54 772
Danemark	53 129	39 930	70 662	50 546	88 726	61 437	70 662	47 136
Espagne	39 316	33 249	52 291	43 148	65 658	53 180	52 291	42 428
Estonie	22 863	20 570	30 407	26 411	38 180	32 430	30 407	24 886
États-Unis	50 099	43 287	66 632	54 975	83 665	67 018	66 632	51 426
Finlande	46 595	35 141	61 971	48 639	77 814	58 898	61 971	45 789
France	45 560	37 471	60 595	49 933	76 086	58 519	60 595	44 452
Grèce	36 976	28 255	49 178	37 979	61 749	47 205	49 178	37 453
Hongrie	23 468	19 668	31 213	24 741	39 192	29 967	31 213	20 444
Irlande	41 218	41 225	54 820	51 563	68 834	60 860	54 820	47 801
Islande	50 392	42 909	67 022	52 130	84 155	61 965	67 022	50 827
Israël[1]	34 116	29 164	45 374	40 029	56 973	50 687	45 374	39 178
Italie	40 608	32 749	54 008	43 173	67 815	51 647	54 008	40 029
Japon	47 486	40 091	63 156	52 253	79 301	64 779	63 156	49 961
Luxembourg	61 521	58 577	81 823	73 853	102 741	86 170	81 823	65 427
Mexique	13 025	11 704	17 323	16 335	21 751	20 168	17 323	16 335
Norvège	57 486	44 160	76 457	59 395	96 002	72 289	76 457	56 904
Nouvelle-Zélande	38 582	37 135	51 314	45 624	64 432	53 945	51 314	43 123
Pays-Bas	60 356	45 790	80 273	63 243	100 794	77 243	80 273	59 148
Pologne	24 623	20 234	32 749	26 768	41 121	32 907	32 749	25 526
Portugal	30 028	26 080	39 937	34 150	50 146	39 228	39 937	32 231
République slovaque	21 172	19 977	28 158	24 616	35 357	29 928	28 158	22 426
République tchèque	23 780	23 405	31 628	28 475	39 713	34 382	31 628	25 282
Royaume-Uni	50 309	40 974	66 910	56 488	84 015	68 119	66 910	53 949
Slovénie	30 162	26 798	40 116	32 283	50 371	38 294	40 116	27 888
Suède	45 756	37 625	60 855	50 442	76 413	61 595	60 855	47 415
Suisse	68 148	65 368	90 637	83 984	113 808	101 634	90 637	77 100
Turquie	23 636	17 609	31 435	23 848	39 471	29 393	31 435	23 599
Moyenne non pondérée								
OCDE-Moyenne	**41 439**	**35 120**	**55 114**	**45 557**	**69 204**	**54 883**	**55 114**	**42 574**
OCDE-UE 21	**41 232**	**34 270**	**54 838**	**44 530**	**68 857**	**53 288**	**54 838**	**40 947**

Note : enf = enfant

1. Informations sur les données concernant Israël : *http://oe.cd/israel-disclaimer.*
2. Famille disposant de deux revenus.

StatLink http://dx.doi.org/10.1787/888933343359

Tableau 5.11a. **Coûts annuels de main-d'oeuvre et revenu net, célibataire, 2014**

En dollars US convertis sur la base des PPA, par catégorie de famille et niveau de salaire

	Célibataire sans enf 67 (% SM)		Célibataire sans enf 100 (% SM)		Célibataire sans enf 167 (% SM)		Célibataire 2 enf 67 (% SM)	
	Coûts bruts de main d'oeuvre avant impôts	Revenus nets après impôts	Coûts bruts de main d'oeuvre avant impôts	Revenus nets après impôts	Coûts bruts de main d'oeuvre avant impôts	Revenus nets après impôts	Coûts bruts de main d'oeuvre avant impôts	Revenus nets après impôts
Allemagne	47 061	25 842	70 240	35 645	113 632	55 248	47 061	32 382
Australie	38 346	29 773	57 233	41 401	95 578	63 676	38 346	39 040
Autriche	45 836	25 279	68 412	34 606	112 086	53 802	45 836	32 448
Belgique	48 446	24 287	73 417	32 602	122 365	47 988	48 446	30 950
Canada	30 303	22 262	45 272	30 975	73 770	49 191	30 303	31 719
Chili	12 527	11 650	18 697	17 388	31 223	28 771	12 527	11 761
Corée	34 712	28 303	51 809	40 564	85 489	65 418	34 712	28 848
Danemark	36 120	23 818	53 653	34 208	89 249	51 540	36 120	33 537
Espagne	34 218	21 463	51 072	30 277	85 032	46 783	34 218	23 757
Estonie	20 526	12 532	30 636	18 373	51 162	30 232	20 526	14 910
États-Unis	36 729	25 890	54 526	37 274	90 661	57 648	36 729	32 326
Finlande	38 418	23 758	57 340	32 291	95 758	48 343	38 418	27 869
France	40 758	22 381	63 010	32 508	109 535	50 049	40 758	25 818
Grèce	28 379	18 208	42 357	25 194	70 737	36 546	28 379	19 260
Hongrie	20 205	10 299	30 157	15 372	50 361	25 671	20 205	14 872
Irlande	30 585	23 856	45 649	32 892	76 233	46 148	30 585	36 574
Islande	36 325	25 682	54 217	35 967	90 543	56 029	36 325	29 758
Israël[1]	23 854	20 455	35 872	28 314	60 272	42 184	23 854	23 162
Italie	35 935	20 720	53 634	27 780	89 570	41 391	35 935	26 348
Japon	36 546	25 374	54 546	37 113	90 381	58 981	36 546	27 666
Luxembourg	46 273	32 171	69 064	43 064	115 337	63 843	46 273	43 433
Mexique	9 926	8 464	14 544	11 704	23 934	18 534	9 926	8 464
Norvège	43 523	28 800	64 960	40 998	108 483	62 362	43 523	33 947
Nouvelle-Zélande	25 850	22 384	38 582	31 928	64 432	49 570	25 850	29 930
Pays-Bas	44 348	30 437	66 353	41 951	107 467	62 394	44 348	39 480
Pologne	19 266	12 853	28 755	18 812	48 021	30 910	19 266	13 557
Portugal	24 897	16 201	37 159	21 849	62 056	32 588	24 897	18 640
République slovaque	18 611	11 418	27 777	16 319	46 388	26 269	18 611	13 609
République tchèque	21 350	12 891	31 865	18 298	53 215	29 276	21 350	16 084
Royaume-Uni	36 788	27 146	55 681	38 435	94 039	58 940	36 788	35 057
Slovénie	23 462	14 412	35 019	20 134	58 481	31 370	23 462	21 137
Suède	40 289	23 970	60 132	34 598	100 421	49 565	40 289	26 997
Suisse	48 513	39 099	72 408	56 354	120 812	88 543	48 513	46 283
Turquie	18 607	11 950	27 772	17 195	46 379	27 119	18 607	12 199
Moyenne non pondérée								
OCDE-Moyenne	**32 280**	**21 589**	**48 289**	**30 364**	**80 385**	**46 674**	**32 280**	**26 524**
OCDE-UE 21	**33 418**	**20 664**	**50 066**	**28 819**	**83 388**	**43 757**	**33 418**	**26 034**

Note : enf = enfant

1. Informations sur les données concernant Israël : *http://oe.cd/israel-disclaimer.*

StatLink http://dx.doi.org/10.1787/888933343360

Tableau 5.11b. **Coûts annuels de main-d'oeuvre et revenu net, couple marié, 2014**

En dollars US convertis sur la base des PPA, par catégorie de famille et niveau de salaire

	Couple marié 2 enf 100-0 (% SM)		Couple marié 2 enf 100-33 (% SM)[2]		Couple marié 2 enf 100-67 (% SM)[2]		Couple marié sans enf 100-33 (% SM)[2]	
	Coûts bruts de main d'oeuvre avant impôts	Revenus nets après impôts	Coûts bruts de main d'oeuvre avant impôts	Revenus nets après impôts	Coûts bruts de main d'oeuvre avant impôts	Revenus nets après impôts	Coûts bruts de main d'oeuvre avant impôts	Revenus nets après impôts
Allemagne	70 240	46 552	93 419	57 471	117 300	67 903	93 419	51 370
Australie	57 233	47 237	76 119	60 248	95 578	71 174	76 119	58 227
Autriche	68 412	41 812	90 988	55 971	114 249	66 288	90 988	49 593
Belgique	73 417	43 537	94 772	55 228	121 863	62 855	94 772	49 220
Canada	45 272	36 529	60 126	45 601	75 575	54 919	60 126	43 032
Chili	18 697	17 338	24 866	23 697	31 223	29 148	24 866	23 126
Corée	51 809	41 730	68 906	55 708	86 521	69 844	68 906	54 772
Danemark	53 653	39 930	71 709	50 546	89 773	61 437	71 709	47 136
Espagne	51 072	33 249	67 926	43 148	85 290	53 180	67 926	42 428
Estonie	30 636	20 570	40 746	26 411	51 162	32 430	40 746	24 886
États-Unis	54 526	43 237	72 919	54 975	91 255	67 018	72 919	51 426
Finlande	57 340	35 141	76 262	48 639	95 758	58 898	76 262	45 789
France	63 010	37 471	79 894	49 933	103 768	58 519	79 894	44 452
Grèce	46 593	28 255	61 969	37 979	77 810	47 205	61 969	37 453
Hongrie	30 157	19 668	40 108	24 741	50 361	29 967	40 108	20 444
Irlande	45 649	41 225	60 407	51 563	76 233	60 860	60 407	47 801
Islande	54 217	42 909	72 109	52 130	90 543	61 965	72 109	50 827
Israël[1]	35 872	29 164	47 518	40 029	59 725	50 687	47 518	39 178
Italie	53 634	32 749	71 334	43 173	89 570	51 647	71 334	40 029
Japon	54 546	40 091	72 546	52 253	91 092	64 779	72 546	49 961
Luxembourg	69 064	58 577	91 855	73 853	115 337	86 170	91 855	65 427
Mexique	14 544	11 704	19 754	16 335	24 470	20 168	19 754	16 335
Norvège	64 960	44 160	86 396	59 395	108 483	72 289	86 396	56 904
Nouvelle-Zélande	38 582	37 135	51 314	45 624	64 432	53 945	51 314	43 123
Pays-Bas	66 353	45 790	88 074	63 243	110 701	77 243	88 074	59 148
Pologne	28 755	20 234	38 244	26 768	48 021	32 907	38 244	25 526
Portugal	37 159	26 080	49 422	34 150	62 056	39 228	49 422	32 231
République slovaque	27 777	19 977	36 944	24 616	46 388	29 928	36 944	22 426
République tchèque	31 865	23 405	42 381	28 475	53 215	34 382	42 381	25 282
Royaume-Uni	55 681	40 974	73 004	56 488	92 469	68 119	73 004	53 949
Slovénie	35 019	26 798	46 575	32 283	58 481	38 294	46 575	27 888
Suède	60 132	37 625	79 976	50 442	100 421	61 595	79 976	47 415
Suisse	72 408	65 368	96 302	83 984	120 921	101 634	96 302	77 100
Turquie	27 772	17 609	36 936	23 848	46 379	29 393	36 936	23 599
Moyenne non pondérée								
OCDE-Moyenne	**48 413**	**35 120**	**64 171**	**45 557**	**80 777**	**54 883**	**64 171**	**42 574**
OCDE-UE 21	**50 268**	**34 270**	**66 477**	**44 530**	**83 820**	**53 288**	**66 477**	**40 947**

Note : enf = enfant

1. Informations sur les données concernant Israël : *http://oe.cd/israel-disclaimer.*
2. Famille disposant de deux revenus.

StatLink http://dx.doi.org/10.1787/888933343370

PARTIE II

Évolution de la charge fiscale 2000-15

Cette section donne les résultats détaillés de l'évolution de la charge fiscale entre 2000 et 2015. Elle fournit, pour chacun des pays de l'OCDE, des informations concernant les impôts sur le revenu acquittés par les salariés, leurs cotisations de sécurité sociale et les prestations familiales qu'ils perçoivent sous forme de transferts en espèces, ainsi que les cotisations de sécurité sociale et les taxes sur les salaires versées par leurs employeurs au cours de cette période.

PARTIE II

Chapitre 6

Évolution de la charge fiscale (2000-15)

Ce chapitre présente l'évolution de la charge fiscale pesant sur les revenus du travail entre 2000 et 2015. Le chapitre contient les tableaux 6.1 à 6.8, chacun correspondant à une catégorie particulière de famille et est divisé en trois parties : la partie a) : tableaux indiquant le coin fiscal (moyen), qui est constitué des impôts sur le revenu majorés des cotisations salariales et patronales de sécurité sociale (y compris les taxes sur les salaires éventuellement applicables) et diminués des prestations en espèces; la partie b) : tableaux contenant des données liées à la charge (moyenne) des impôts sur le revenu ; et la partie c) : tableaux indiquant la charge (moyenne) des impôts sur le revenu majorée des cotisations salariales de sécurité sociale et diminuée des prestations en espèces (taux moyens nets d'imposition des personnes physiques).

Évolution chronologique

L'évolution de la charge fiscale pour les huit catégories de familles étudiées au cours de la période 2000 à 2015 ressort des tableaux 6.1 à 6.8 dans la dernière section de ce chapitre intitulée « Tableaux indiquant les impôts sur le revenu, les cotisations de sécurité sociale et les prestations en espèces ». Chacun des tableaux 1 à 8 correspond à une catégorie particulière de famille et est divisé en trois parties.

L'examen est centré sur les principales tendances observables au cours de cette période et met en lumière certaines variations importantes d'une année sur l'autre.

Faits marquants

Le coin fiscal moyen pour l'ensemble des pays de l'OCDE, la charge de l'impôt sur le revenu et la charge fiscale nette (impôt sur le revenu des personnes physiques plus cotisations de sécurité sociale moins prestations en espèces) ont tous baissé entre 2000 et 2015 pour chacune des catégories de familles étudiées.

Sur la période considérée, les baisses du coin fiscal moyen constatées dans les pays de la zone OCDE se sont échelonnées entre 0.7 point de pourcentage (pour les célibataires rémunérés au niveau du salaire moyen) et 1.4 point (pour les parents isolés gagnant 67 % du salaire moyen).

La baisse de la charge fiscale moyenne est comprise entre 0.2 point (pour les célibataires rémunérés au niveau du salaire moyen) et 1.5 point (pour les parents isolés gagnant 67 % du salaire moyen).

La charge fiscale moyenne au titre de l'impôt sur le revenu a également reculé dans les pays de l'OCDE pour toutes les catégories de familles pendant la période étudiée. Ce repli varie entre 0.3 point (pour les couples avec deux enfants et un salaire égal au salaire moyen) et 0.9 point (pour les parents isolés gagnant 67 % du salaire moyen et les couples mariés avec deux enfants et deux salaires, dont un conjoint gagne le salaire moyen et l'autre 33 % du salaire moyen).

Coin fiscal

Si l'on examine plus particulièrement le coin fiscal moyen total (partie (a) des tableaux), on observe une réduction de plus de cinq points entre 2000 et 2015 pour au moins une des catégories de famille dans 10 pays membres de l'OCDE : Australie, Canada, Danemark, Hongrie, Irlande, Israël, Nouvelle-Zélande, Pays-Bas, Royaume-Uni et Suède.

La diminution la plus importante est observée en Irlande où les parents isolés ont bénéficié d'une réduction du coin fiscal de 17.9 points. En Irlande, les couples mariés avec deux enfants percevant le salaire moyen et 133 % de ce salaire ont également bénéficié de réductions respectives de 6.0 et 6.3 points. Aux Pays-Bas, les célibataires avec et sans enfants gagnant 67 % du salaire moyen ont vu leur coin fiscal baisser respectivement de 17.6 et 11.3 points.

On observe une réduction du coin fiscal d'au moins 7 points pour au moins une catégorie de famille dans six autres pays – Danemark, Hongrie, Israël, Nouvelle-Zélande, Royaume-Uni et Suède. Au Danemark, c'est pour les célibataires rémunérés à 167 % du salaire moyen que la baisse est la plus importante (-7.6 points). En Hongrie, les baisses varient entre 2.4 et 10.2 points selon le type de ménage. Les plus fortes réductions concernent les salariés célibataires rémunérés à 167 % du salaire moyen (-10.2 points) et les couples mariés ayant deux enfants et disposant d'un seul revenu égal au salaire moyen (-8.6 points). En Israël, le coin fiscal a diminué de plus de 7 points pour les célibataires sans enfant gagnant 67 % du salaire moyen (-8.6 points), le salaire moyen (-8.0 points) et 167 % du salaire moyen (-7.5 points). En Nouvelle-Zélande, les parents isolés gagnant 67 % du salaire moyen (-11.4 points) ont le plus bénéficié de la réduction du coin fiscal. En Suède, toutes les catégories de familles sauf une ont bénéficié d'une réduction du coin fiscal de 6 à 8 points, à l'exception des salariés célibataires gagnant 167 % du salaire moyen (-4.7 points). Il est intéressant de noter qu'en Islande, le salarié célibataire gagnant 167 % du salaire moyen a vu son coin fiscal s'alléger (-1.3 point) alors que la charge fiscale a augmenté de plus de 5 points pour toutes les autres catégories de familles et notamment de 13.6 points pour les parents isolés rémunérés à 67 % du salaire moyen.

Le coin fiscal a diminué pour toutes les catégories de familles dans 12 pays membres de l'OCDE (Allemagne, Australie, Belgique Canada, Danemark, Hongrie, Israël, Nouvelle-Zélande, Pologne, Slovénie, Suède et Suisse), alors qu'il a augmenté pour toutes les catégories de familles dans 5 pays (Autriche, Corée, Japon, Luxembourg et Mexique).

Taux moyen de l'impôt sur le revenu

Entre 2000 et 2015, la charge fiscale moyenne sur le revenu (partie (b) des tableaux) a baissé pour toutes les catégories de familles dans 13 pays membres de l'OCDE : Allemagne, Belgique, Canada, Estonie, Finlande, Hongrie, Israël, Nouvelle-Zélande, Royaume-Uni, Slovénie, Suède, Suisse et Turquie. Les réductions les plus importantes touchant toutes les catégories de familles sont observées en Suède où toutes ces catégories ont bénéficié de diminutions d'environ 9 à 10 points sauf le contribuable célibataire gagnant 167 % du salaire moyen. Pour ce dernier, la baisse a été de -5.4 points. En Estonie, la charge moyenne de l'impôt sur le revenu a diminué de plus de 6 points pour toutes les catégories de familles ayant des enfants, les parents isolés rémunérés à 67 % du salaire moyen bénéficiant d'une réduction d'impôt sur le revenu de 8.8 points. En Hongrie, on enregistre des baisses considérables, de 14 points, pour les célibataires rémunérés à 167 % du salaire moyen, et de 10 points pour les couples mariés ayant des enfants et disposant d'un seul revenu égal au salaire moyen. En Israël, le taux moyen de l'impôt sur le revenu a reculé de 6 à environ 10 points pour tous les types de ménages sauf pour les parents isolés rémunérés à 67 % du salaire moyen pour qui la diminution était de 1.1 point. D'autres réductions de plus de 5 points ont été observées en Finlande (respectivement de -5.5 et -5.3 points pour les couples mariés avec et sans enfants gagnant 133 % du salaire moyen), en Nouvelle-Zélande (-5.1 points pour les salariés célibataires sans enfant rémunérés à 67 % du salaire moyen) et au Royaume-Uni où la baisse atteint 12.4 points pour les parents isolés gagnant 67 % du salaire moyen. Des baisses inférieures à 5 points des taux moyens de l'impôt sur le revenu sont observées pour toutes les catégories de familles en Allemagne, en Belgique, au Canada, en Slovénie, en Suisse et en Turquie.

Treize autres pays membres de l'OCDE font apparaître des réductions de l'impôt sur le revenu des personnes physiques pour certaines catégories de familles : Australie, Corée,

Espagne, États-Unis, France, Irlande, Islande, Italie, Luxembourg, Norvège, Pologne, République slovaque et République tchèque. Dans trois de ces pays, les réductions des taux moyens de l'impôt sur le revenu ont dépassé six points, en République tchèque (-8.7 points pour les couples mariés ayant des enfants et disposant d'un seul revenu égal au salaire moyen et -7.6 points pour les parents isolés gagnant 67 % du salaire moyen), en République slovaque (-6.8 points pour le couple mariés ayant des enfants et disposant d'un seul revenu égal au salaire moyen) et en Pologne (-6.5 points pour les parents isolés gagnant 67 % du salaire moyen).

À l'autre extrême, la charge de l'impôt sur le revenu des personnes physiques a augmenté pour toutes les catégories de familles dans sept pays membres de l'OCDE : Autriche, Danemark, Grèce, Japon, Mexique, Portugal et Pays-Bas. Au Mexique, les augmentations se sont échelonnées entre 5 et 8 points pour chaque catégorie de famille. Aux Pays-Bas, on a enregistré des augmentations de 11.3 points pour les couples mariés mono-actifs ayant deux enfants et de 7.1 points pour les célibataires rémunérés au salaire moyen. En revanche, au Chili, la charge moyenne de l'impôt sur le revenu n'a légèrement augmenté seulement dans le cas du salarié célibataire percevant 167 % du salaire moyen (0.4 point). Les taux moyens de l'impôt sur le revenu sont restés constants pour les autres catégories de familles, dans la mesure où celles-ci ne paient pas d'impôt sur le revenu.

Taux moyen net d'imposition des personnes physiques

La charge fiscale *nette* tient compte de la somme de l'impôt sur le revenu des personnes physiques, des cotisations salariales de sécurité sociale et des prestations en espèces (partie (c) des tableaux). Elle a diminué entre 2000 et 2015 pour toutes les catégories de familles dans 9 pays de l'OCDE : Allemagne, Australie, Canada, Danemark, Israël, Nouvelle-Zélande, Pologne, Suède et Suisse. Parmi ces pays, c'est la Suède qui connaît les réductions les plus importantes, comprises entre -9.9 points (pour les couples mariés sans enfant disposant de deux revenus et dont le conjoint gagne 33 % du salaire moyen) et -5.5 points (pour les célibataires gagnant 167 % du salaire moyen). Des réductions notables ont également été observées en Israël pour toutes les catégories de familles sauf une (réductions s'échelonnant entre 6.0 et 8.8 points), l'exception étant les parents isolés gagnant 67 % du salaire moyen, pour qui la baisse n'a été que de 0.1 point. En Nouvelle-Zélande, le taux net moyen d'imposition des personnes physiques a fortement diminué pour la moitié des catégories de familles, notamment de 11.4 points pour les parents isolés et de 8.7 points pour les couples mariés ayant deux enfants et un seul salaire égal au salaire moyen. Au Danemark, la charge fiscale a également beaucoup baissé pour la moitié des catégories de familles, de 5.1 à 7.8 points. La plus forte baisse concerne les célibataires rémunérés à 167 % du salaire moyen.

Le taux moyen net d'imposition des personnes physiques a également enregistré une baisse sensible en Irlande pour la plupart des familles ayant des enfants, et notamment pour les parents isolés rémunérés à 67 % du salaire moyen (-22.1 points). On constate une diminution d'ampleur comparable pour cette dernière catégorie de famille aux Pays-Bas et au Royaume-Uni (respectivement -14.4 points et -11.0 points).

Dans cinq autres pays membres de l'OCDE, les réductions du taux moyen net d'imposition des personnes physiques excèdent cinq points pour certaines catégories de familles : Australie, Canada, Espagne, Estonie et Hongrie. En Australie, les diminutions étaient de 5.5 points pour les couples mariés mono-actifs ayant deux enfants et de 5.3 points pour les parents isolés. Pour cette dernière catégorie, la charge fiscale nette a reculé de 5.4 points en Espagne. On constate une réduction significative en Hongrie pour les célibataires rémunérés à 167 % du salaire moyen (-8.3 points). Au Canada, les parents isolés et les couples avec un salaire égal au salaire moyen ont bénéficié d'un allègement de plus de 5 points (respectivement -6.8 et -5.2 points) de leur taux moyen net. En Estonie, les couples mariés avec enfants ont vu leur charge fiscale nette baisser de plus de 5 points : 6.3 points pour les couples avec un salaire égal au salaire moyen, 5.9 points pour les couples ayant deux salaires représentant 133 % du salaire moyen et 5.7 points pour les couples ayant deux salaires représentant 167 % du salaire moyen.

Entre 2000 et 2015, la charge fiscale nette augmente de 5 points ou plus pour une ou plusieurs catégories de familles dans neuf pays seulement. Dans six de ces pays (Autriche, Islande, Mexique, Norvège, République slovaque et République tchèque), les parents isolés gagnant 67 % du salaire moyen ont subi des augmentations comprises entre 6 et 17 points. On constate des hausses d'importance similaire pour d'autres catégories de familles dans cinq pays. Par exemple, au Mexique, les augmentations varient entre 7 et 8 points pour chacune des autres catégories de familles sauf pour les célibataires rémunérés à 167 % du salaire moyen (+ 4.9 points). Le taux moyen net de l'impôt sur le revenu des personnes physiques a augmenté de 7.0 points pour les couples mariés ayant des enfants et un seul salaire en République tchèque et pour les célibataires percevant 167 % du salaire moyen au Portugal.

Progressivité

L'examen des résultats 2015 présentés dans la première Partie de cette publication a notamment porté sur la manière dont ils pourraient être utilisés pour évaluer la progressivité des impôts sur le revenu des personnes physiques, et les résultats qui figurent dans la deuxième Partie peuvent également servir à examiner l'évolution de cet indicateur.

Le degré de progressivité de l'impôt sur le revenu des personnes physiques peut être évalué en comparant la charge supportée par des célibataires gagnant 67 % du salaire moyen à celle des célibataires gagnant 167 % du salaire moyen. Le tableau 6.1b est donc comparé au tableau 6.3b. Pour tous les pays de l'OCDE (à l'exception de la Hongrie et du Mexique) et toutes les années comprises entre 2000 et 2015, les salariés les moins bien payés reversent toujours un pourcentage plus faible de leurs revenus au titre de l'IRPP que ceux mieux rémunérés. Concernant la Hongrie, les niveaux sont les mêmes pour les deux catégories de salariés à partir de 2013.

La progressivité des impôts sur le revenu des personnes physiques n'a pas beaucoup évolué, en moyenne, dans les pays de l'OCDE. En moyenne (à l'exclusion du Mexique), la charge fiscale pesant sur un salarié célibataire gagnant 67 % du salaire moyen représentait 51 % de celle grevant un salarié gagnant 167 % du salaire moyen en 2000 comme en 2015.

Si l'on compare la situation dans chaque pays de l'OCDE, on constate que les impôts sur le revenu des personnes physiques sont devenus plus progressifs dans 16 pays. Les variations les plus importantes sont observées en Nouvelle-Zélande où la charge pesant sur les bas salaires a baissé de 77 % à 58 %, et en Suède, où elle est passée d'environ 68 % à 49 %.

Les impôts sur le revenu des personnes physiques sont devenus légèrement moins progressifs (sur la base de cet indicateur) dans 15 pays de l'OCDE : Australie, Autriche, Corée, Danemark, Espagne, Estonie, États-Unis, Grèce, Hongrie, Islande, Norvège, Pays-Bas, Pologne, Portugal et République slovaque. La variation la plus importante est intervenue en Hongrie, où le ratio est passé, à partir de 2013, de 58 % à 100 % de celui du salarié le mieux payé.

Familles

Les résultats présentés dans les tableaux 6.5 et 6.2 peuvent être utilisés pour comparer les charges fiscales auxquelles doit faire face un couple marié ayant deux enfants et disposant d'un seul revenu égal au salaire moyen et un célibataire sans enfant disposant du même niveau de revenu. Si l'on s'intéresse à la charge fiscale nette (impôt sur le revenu des personnes physiques plus cotisations salariales de sécurité sociale moins prestations en espèces, voir la Partie (c) des tableaux), on constate que l'économie moyenne d'impôt pour le couple marié comparé au salarié célibataire est restée la même en 2000 et 2015.

L'économie d'impôt dont bénéficie le couple marié disposant d'un seul revenu a augmenté dans 15 pays et diminué dans 17 autres. Elle a augmenté de plus de 5 points dans trois pays : en Nouvelle-Zélande de 6.9 points, passant de 5.8 % à 12.7 % du revenu, et en Irlande et au Portugal où les augmentations atteignaient 5.1 et 5.3 points. On observe des réductions correspondantes de plus de 5 points en République tchèque, où l'économie d'impôt a diminué de 6.2 points, passant de 27.8 % à 21.6 % du revenu, ainsi qu'en Norvège et aux Pays-Bas, où les baisses étaient respectivement de 6.0 et 5.1 points.

Tableaux indiquant les impôts sur le revenu, les cotisations de sécurité sociale et les prestations en espèces

L'évolution des impôts sur le revenu, cotisations de sécurité sociale et prestations en espèces pour les huit catégories de familles dans les pays de l'OCDE étudiées au cours de la période 2000 à 2015 ressort des tableaux 6.1 à 6.8. Chacun des tableaux 1 à 8 correspond à une catégorie particulière de famille et est divisé en trois parties :

- Partie a) : tableaux indiquant le coin fiscal (moyen), qui est constitué des impôts sur le revenu majorés des cotisations salariales et patronales de sécurité sociale (y compris les taxes sur les salaires éventuellement applicables) et diminués des prestations en espèces,
- Partie b) : tableaux contenant des données liées à la charge (moyenne) des impôts sur le revenu,
- Partie c) : tableaux indiquant la charge (moyenne) des impôts sur le revenu majorée des cotisations salariales de sécurité sociale et diminuée des prestations en espèces (taux moyens *nets* d'imposition des personnes physiques).

Les tableaux 6.9 et 6.10 indiquent le salaire brut et le salaire net moyen d'un célibataire entre 2000 et 2015, exprimés en dollars US à parité de pouvoir d'achat des monnaies nationales et en monnaies nationales.

Tableau 6.1a. **Impôt sur le revenu et cotisations sociales des salariés et employeurs diminués des prestations versées, célibataire, salaire égal à 67 % du salaire moyen**

Pression fiscale en % des coûts de main-d'oeuvre, célibataire sans enfant

	2000	2005	2008	2009	2010	2011	2012	2013	2014	2015
Allemagne	47.6	47.3	46.5	45.9	44.9	45.6	45.5	45.1	45.1	45.3
Australie	25.9	25.1	22.0	20.8	21.0	20.7	21.7	21.9	22.4	23.1
Autriche	43.2	43.3	44.5	43.3	43.5	43.9	44.2	44.6	44.9	45.0
Belgique	51.4	49.4	50.3	50.0	50.4	50.6	50.5	50.0	49.9	49.5
Canada	27.7	27.4	26.6	26.1	25.8	26.0	26.2	26.3	26.5	26.6
Chili	7.0	7.0	7.0	7.0	7.0	7.0	7.0	7.0	7.0	7.0
Corée	15.0	15.7	17.4	16.9	17.4	17.8	18.0	18.4	18.5	18.6
Danemark	38.1	36.1	35.9	35.4	34.2	34.5	34.6	34.2	34.1	34.3
Espagne	34.9	35.7	34.1	34.4	36.5	36.8	37.2	37.2	37.3	36.0
Estonie	39.8	38.1	37.1	37.8	38.7	39.0	39.2	38.8	38.9	38.0
États-Unis	29.0	28.7	27.4	28.0	28.3	27.8	27.8	29.4	29.5	29.5
Finlande	42.7	39.3	38.7	37.2	36.8	36.8	36.8	37.6	38.2	38.3
France	43.9	46.5	46.6	46.6	46.8	47.0	47.0	45.6	45.1	43.5
Grèce	36.0	35.5	36.3	36.6	35.8	40.0	39.8	37.0	35.8	34.7
Hongrie	51.4	43.1	46.8	46.2	43.8	45.2	47.9	49.0	49.0	49.0
Irlande	18.2	16.9	15.1	16.2	16.8	20.0	20.8	21.8	22.0	21.6
Islande	23.8	28.3	27.6	26.1	28.4	29.4	29.3	29.7	29.3	29.9
Israël[1]	23.2	18.1	15.5	14.5	14.1	13.9	13.8	13.6	14.2	14.6
Italie	43.6	42.5	43.3	43.5	44.0	44.5	44.7	44.9	42.3	42.0
Japon	23.4	26.5	28.0	27.8	28.9	29.5	29.9	30.2	30.6	30.8
Luxembourg	29.8	27.3	28.2	27.4	27.7	29.5	29.2	30.1	30.5	31.1
Mexique	7.6	10.1	11.0	11.9	12.9	13.2	13.6	14.4	14.7	15.0
Norvège	35.1	34.3	34.2	34.1	34.1	34.3	34.2	34.1	33.8	33.6
Nouvelle-Zélande	18.6	18.8	18.1	15.5	14.3	13.0	13.1	13.3	13.4	13.5
Pays-Bas	42.3	41.7	34.1	33.3	33.6	33.5	33.5	32.2	31.4	31.0
Pologne	34.6	35.1	31.4	31.1	31.3	31.6	32.9	33.1	33.3	33.4
Portugal	33.2	32.1	32.2	31.9	32.2	32.3	32.6	35.2	34.9	36.2
République slovaque	40.6	34.9	36.1	34.4	34.7	36.1	36.9	38.5	38.6	38.8
République tchèque	41.3	42.0	40.1	38.8	39.0	39.7	39.4	39.4	39.6	39.9
Royaume-Uni	29.1	30.6	29.7	29.1	29.4	28.5	27.9	26.8	26.2	26.0
Slovénie	42.6	41.8	40.3	39.7	38.6	38.7	38.6	38.5	38.6	38.6
Suède	48.6	46.6	42.6	41.3	40.7	40.7	40.8	40.9	40.5	40.7
Suisse	20.2	19.5	19.1	19.1	19.3	19.6	19.4	19.4	19.4	19.4
Turquie[2]	39.1	42.0	36.1	34.1	34.4	34.5	34.6	34.9	35.8	36.1
Moyenne non pondérée										
OCDE-Moyenne	**33.2**	**32.6**	**31.8**	**31.2**	**31.3**	**31.8**	**32.0**	**32.2**	**32.1**	**32.1**
OCDE-UE 21	**39.7**	**38.4**	**37.6**	**37.2**	**37.1**	**37.8**	**38.1**	**38.1**	**37.9**	**37.7**

1. Informations sur les données concernant Israël : *http://oe.cd/israel-disclaimer.*
2. Les données sur les salaires sont basées sur l'ancienne définition de l'ouvrier moyen (CITI D, Rév. 3) pour les années 2000 à 2006.

StatLink http://dx.doi.org/10.1787/888933343382

Tableau 6.1b. **Impôt sur le revenu, célibataire, salaire égal à 67 % du salaire moyen**

Pression fiscale en % du salaire brut, célibataire sans enfant

	2000	2005	2008	2009	2010	2011	2012	2013	2014	2015
Allemagne	16.3	15.0	15.4	14.8	13.8	13.9	14.1	14.1	14.1	14.2
Australie	21.1	20.6	17.3	15.8	16.0	16.0	17.1	17.3	17.7	18.5
Autriche	7.6	8.8	10.4	8.7	9.0	9.5	9.9	10.4	10.7	11.0
Belgique	22.8	21.8	22.2	21.9	22.5	22.6	22.5	22.1	22.0	21.5
Canada	15.0	13.0	12.4	11.9	11.5	11.6	11.6	11.6	11.8	11.8
Chili	0.0	0.0	0.0	0.0	0.0	0.0	0.0	0.0	0.0	0.0
Corée	0.8	1.0	1.7	1.3	1.4	1.4	1.5	1.8	1.7	1.8
Danemark	28.9	27.5	35.4	34.8	34.0	34.2	34.2	33.8	33.6	33.8
Espagne	8.6	9.7	7.9	8.4	11.2	11.5	12.0	12.1	12.2	10.5
Estonie	19.9	16.4	15.5	14.9	14.8	15.2	15.5	16.0	16.2	15.4
États-Unis	15.0	14.3	15.1	13.6	13.8	15.2	15.3	15.1	15.2	15.2
Finlande	20.9	18.6	17.8	16.5	15.7	15.5	14.9	15.9	16.0	16.0
France	12.5	12.3	12.2	12.2	12.2	12.4	12.6	12.6	12.6	11.7
Grèce	2.3	1.4	2.4	2.8	1.8	6.6	6.1	3.2	3.2	3.1
Hongrie	17.6	8.8	11.1	11.8	10.8	12.1	16.0	16.0	16.0	16.0
Irlande	11.2	5.3	3.2	4.5	5.1	8.6	9.4	9.4	9.6	9.2
Islande	20.0	24.0	23.1	20.8	21.5	22.6	23.1	23.7	23.3	24.1
Israël[1]	12.1	6.6	5.7	5.0	4.4	4.4	4.4	4.2	4.7	4.9
Italie	15.2	14.3	15.6	15.9	16.6	17.2	17.5	17.7	14.4	13.9
Japon	5.5	5.3	6.3	6.3	6.1	6.1	6.1	6.1	6.1	6.1
Luxembourg	10.3	7.3	8.2	6.9	7.3	7.8	8.2	9.3	9.7	9.9
Mexique	-5.7	-3.2	-2.5	-1.4	-0.4	0.0	0.4	1.4	1.8	2.0
Norvège	19.0	17.9	18.0	17.8	17.8	17.9	17.8	17.8	17.0	16.8
Nouvelle-Zélande	18.6	18.8	18.1	15.5	14.3	13.0	13.1	13.3	13.4	13.5
Pays-Bas	5.3	4.2	5.2	5.4	5.3	5.3	5.3	5.7	5.3	7.1
Pologne	2.5	2.2	3.4	3.1	3.3	3.6	3.8	4.0	4.3	4.4
Portugal	6.4	5.0	5.1	4.7	5.1	5.2	5.6	8.8	8.5	10.1
République slovaque	6.0	4.4	5.9	3.8	4.2	5.9	5.9	5.9	6.1	6.3
République tchèque	8.3	9.2	6.7	6.9	7.2	8.2	7.8	7.8	8.1	8.4
Royaume-Uni	15.1	15.5	14.6	14.2	14.4	13.5	13.1	12.0	11.5	11.2
Slovénie	10.2	8.1	8.0	7.9	6.6	6.7	6.6	6.5	6.6	6.6
Suède	24.7	22.2	17.0	15.9	15.0	15.1	15.2	15.3	14.8	15.1
Suisse	8.4	8.5	8.2	8.2	8.3	8.3	8.1	8.1	8.1	8.2
Turquie[2]	13.2	14.5	8.2	8.2	8.6	8.7	8.8	9.2	9.5	9.9
Moyenne non pondérée										
OCDE-Moyenne	**12.2**	**11.2**	**11.0**	**10.6**	**10.6**	**11.1**	**11.3**	**11.4**	**11.3**	**11.4**
OCDE-UE 21	**13.0**	**11.3**	**11.6**	**11.2**	**11.2**	**11.9**	**12.2**	**12.3**	**12.2**	**12.2**

1. Informations sur les données concernant Israël : *http://oe.cd/israel-disclaimer.*
2. Les données sur les salaires sont basées sur l'ancienne définition de l'ouvrier moyen (CITI D, Rév. 3) pour les années 2000 à 2006.

StatLink http://dx.doi.org/10.1787/888933343398

Tableau 6.1c. **Impôt sur le revenu et cotisations sociales des salariés diminués des prestations versées, célibataire, salaire égal à 67 % du salaire moyen**

Pression fiscale en % du salaire brut, célibataire sans enfant

	2000	2005	2008	2009	2010	2011	2012	2013	2014	2015
Allemagne	36.8	36.4	36.1	35.4	34.3	34.8	34.9	34.5	34.5	34.7
Australie	21.1	20.6	17.3	15.8	16.0	16.0	17.1	17.3	17.7	18.5
Autriche	25.6	26.8	28.5	26.7	27.0	27.6	28.0	28.5	28.8	29.0
Belgique	35.8	35.1	36.1	35.8	36.4	36.5	36.4	36.0	35.9	35.4
Canada	19.5	19.0	18.2	17.7	17.4	17.4	17.5	17.6	17.8	17.8
Chili	7.0	7.0	7.0	7.0	7.0	7.0	7.0	7.0	7.0	7.0
Corée	7.5	8.1	9.3	8.9	9.2	9.5	9.7	10.0	10.1	10.2
Danemark	37.8	35.5	35.4	34.8	33.5	33.7	33.7	33.3	33.1	33.4
Espagne	15.0	16.1	14.2	14.8	17.5	17.9	18.4	18.5	18.5	16.8
Estonie	19.9	17.4	16.1	16.7	17.6	18.0	18.3	18.0	18.2	17.0
États-Unis	22.6	22.0	20.7	21.3	21.5	20.9	20.9	22.8	22.9	22.9
Finlande	27.8	24.8	23.9	22.7	22.7	22.6	22.4	23.4	23.9	24.1
France	25.9	25.9	25.9	25.9	25.9	26.1	26.3	26.4	26.7	25.9
Grèce	18.2	17.4	18.4	18.8	17.8	22.8	22.6	19.7	19.2	18.6
Hongrie	30.1	22.3	28.1	28.8	27.8	29.6	34.5	34.5	34.5	34.5
Irlande	11.2	8.0	6.0	7.2	7.9	11.4	12.3	13.4	13.6	13.2
Islande	20.2	24.2	23.8	21.6	22.2	23.3	23.8	24.3	23.9	24.6
Israël[1]	19.4	13.4	11.8	10.9	10.4	10.3	10.2	10.0	10.5	10.8
Italie	24.4	23.5	25.1	25.4	26.1	26.7	27.0	27.2	23.8	23.4
Japon	15.5	17.1	18.5	18.5	19.1	19.5	19.8	20.0	20.2	20.4
Luxembourg	21.8	19.0	20.2	19.1	19.4	20.8	20.4	21.5	22.0	22.6
Mexique	-4.4	-1.9	-1.2	-0.1	0.8	1.3	1.7	2.6	3.0	3.2
Norvège	26.8	25.7	25.8	25.6	25.6	25.7	25.6	25.6	25.2	25.0
Nouvelle-Zélande	18.6	18.8	18.1	15.5	14.3	13.0	13.1	13.3	13.4	13.5
Pays-Bas	32.9	32.0	27.7	27.1	27.1	27.1	26.8	26.2	24.7	24.4
Pologne	23.7	24.2	21.2	20.9	21.1	21.5	21.6	21.8	22.1	22.2
Portugal	17.4	16.0	16.1	15.7	16.1	16.2	16.6	19.8	19.5	21.1
République slovaque	18.0	17.8	19.3	17.2	17.6	19.3	19.3	19.3	19.5	19.7
République tchèque	20.8	21.7	19.2	17.9	18.2	19.2	18.8	18.8	19.1	19.4
Royaume-Uni	22.8	23.8	22.9	22.4	22.6	21.7	21.2	20.0	19.5	19.2
Slovénie	32.3	30.2	30.1	30.0	28.7	28.8	28.7	28.6	28.7	28.7
Suède	31.7	29.2	23.9	22.9	22.0	22.1	22.2	22.4	21.8	22.1
Suisse	14.9	14.6	14.2	14.3	14.4	14.6	14.3	14.4	14.4	14.4
Turquie[2]	27.2	29.5	23.2	23.2	23.6	23.7	23.8	24.2	24.5	24.9
Moyenne non pondérée										
OCDE-Moyenne	**21.9**	**21.2**	**20.6**	**20.2**	**20.3**	**20.8**	**21.0**	**21.2**	**21.1**	**21.1**
OCDE-UE 21	**25.2**	**24.0**	**23.5**	**23.2**	**23.2**	**24.0**	**24.3**	**24.4**	**24.2**	**24.1**

1. Informations sur les données concernant Israël : *http://oe.cd/israel-disclaimer.*
2. Les données sur les salaires sont basées sur l'ancienne définition de l'ouvrier moyen (CITI D, Rév. 3) pour les années 2000 à 2006.

StatLink http://dx.doi.org/10.1787/888933343408

Tableau 6.2a. **Impôt sur le revenu et cotisations sociales des salariés et employeurs diminués des prestations versées, célibataire, salaire égal à 100 % du salaire moyen**

Pression fiscale en % des coûts de main-d'oeuvre, célibataire sans enfant

	2000	2005	2008	2009	2010	2011	2012	2013	2014	2015
Allemagne	52.9	52.1	51.3	50.8	49.1	49.7	49.6	49.2	49.3	49.4
Australie	31.0	28.5	26.9	26.7	26.8	26.7	27.3	27.4	27.7	28.4
Autriche	47.3	48.1	49.0	47.9	48.2	48.5	48.8	49.2	49.4	49.5
Belgique	57.1	55.5	55.9	55.7	55.9	56.1	56.0	55.7	55.6	55.3
Canada	32.9	31.9	31.3	30.5	30.4	30.7	30.8	31.0	31.6	31.6
Chili	7.0	7.0	7.0	7.0	7.0	7.0	7.0	7.0	7.0	7.0
Corée	16.4	17.3	20.0	19.5	20.1	20.5	21.0	21.5	21.7	21.9
Danemark	42.1	38.8	38.9	37.5	36.4	36.6	36.7	36.4	36.2	36.4
Espagne	38.6	39.0	38.0	38.3	39.7	40.0	40.6	40.7	40.7	39.6
Estonie	41.3	39.9	38.4	39.2	40.1	40.3	40.4	39.9	40.0	39.0
États-Unis	30.8	30.4	30.1	30.3	30.7	29.9	29.8	31.5	31.6	31.7
Finlande	47.5	44.4	43.8	42.5	42.3	42.3	42.5	43.1	43.7	43.9
France	50.4	50.5	49.8	49.8	49.9	50.0	50.1	48.9	48.4	48.5
Grèce	39.1	41.2	41.5	41.3	40.1	43.2	42.9	41.6	40.5	39.3
Hongrie	54.7	51.1	54.1	53.1	46.6	49.5	49.5	49.0	49.0	49.0
Irlande	28.9	23.5	22.3	24.7	25.8	25.8	26.9	27.6	27.9	27.5
Islande	28.8	32.1	30.9	30.5	33.4	34.1	33.8	34.1	33.7	34.0
Israël[1]	29.6	25.5	22.9	21.3	20.7	20.8	20.4	20.4	21.1	21.6
Italie	47.1	45.9	46.6	46.8	47.2	47.6	47.7	47.8	48.2	49.0
Japon	24.7	27.7	29.5	29.2	30.2	30.8	31.3	31.6	32.0	32.2
Luxembourg	35.8	33.4	34.7	33.9	34.3	36.3	36.0	37.2	37.6	38.3
Mexique	12.7	14.7	15.1	15.3	16.0	18.7	19.0	19.3	19.5	19.7
Norvège	38.6	37.2	37.6	37.3	37.3	37.6	37.4	37.3	36.9	36.6
Nouvelle-Zélande	19.4	20.0	20.5	18.1	17.0	15.9	16.4	16.9	17.2	17.6
Pays-Bas	40.0	38.9	39.2	38.0	38.1	38.0	38.8	37.0	36.8	36.2
Pologne	36.5	37.1	33.2	32.7	32.9	33.1	34.3	34.4	34.6	34.7
Portugal	37.3	36.8	36.9	36.5	37.1	38.0	37.6	41.4	41.2	42.1
République slovaque	41.9	38.0	38.8	37.7	37.9	38.8	39.6	41.1	41.3	41.3
République tchèque	42.6	43.7	43.4	42.0	42.1	42.6	42.5	42.4	42.6	42.8
Royaume-Uni	32.6	33.9	32.8	32.4	32.6	32.5	32.1	31.4	31.0	30.8
Slovénie	46.3	45.6	42.9	42.2	42.5	42.6	42.5	42.4	42.5	42.6
Suède	50.1	48.1	44.8	43.2	42.8	42.8	42.9	43.0	42.5	42.7
Suisse	22.9	22.2	21.9	22.0	22.1	22.3	22.1	22.1	22.2	22.2
Turquie[2]	40.4	42.8	38.7	36.7	37.0	37.0	37.1	37.4	38.1	38.3
Moyenne non pondérée										
OCDE-Moyenne	**36.6**	**36.0**	**35.6**	**35.0**	**35.0**	**35.5**	**35.6**	**35.8**	**35.9**	**35.9**
OCDE-UE 21	**43.3**	**42.2**	**41.7**	**41.3**	**41.0**	**41.6**	**41.8**	**41.9**	**41.9**	**41.8**

1. Informations sur les données concernant Israël : *http://oe.cd/israel-disclaimer.*
2. Les données sur les salaires sont basées sur l'ancienne définition de l'ouvrier moyen (CITI D, Rév. 3) pour les années 2000 à 2006.

StatLink http://dx.doi.org/10.1787/888933343416

Tableau 6.2b. **Impôt sur le revenu, célibataire, salaire égal à 100 % du salaire moyen**

Pression fiscale en % du salaire brut, célibataire sans enfant

	2000	2005	2008	2009	2010	2011	2012	2013	2014	2015
Allemagne	22.7	20.8	21.2	20.6	18.7	18.9	19.0	19.0	19.0	19.2
Australie	26.6	24.2	22.5	22.1	22.3	22.3	23.0	23.1	23.4	24.1
Autriche	12.9	15.0	16.2	14.7	15.0	15.5	15.9	16.3	16.6	16.8
Belgique	29.0	28.0	28.5	28.3	28.7	28.8	28.7	28.4	28.4	28.1
Canada	19.2	16.3	16.1	15.2	15.1	15.3	15.3	15.3	15.7	15.8
Chili	0.0	0.0	0.0	0.0	0.0	0.0	0.0	0.0	0.0	0.0
Corée	2.3	2.8	4.6	4.1	4.5	4.4	4.9	5.2	5.3	5.4
Danemark	32.9	30.5	38.6	37.2	36.3	36.4	36.5	36.1	35.9	36.1
Espagne	13.5	13.9	12.9	13.4	15.4	15.7	16.5	16.6	16.6	15.1
Estonie	21.9	18.8	17.3	16.8	16.7	16.9	17.1	17.5	17.6	16.8
États-Unis	17.3	16.6	17.7	16.5	17.0	18.0	18.0	17.8	18.0	18.0
Finlande	26.9	24.7	24.2	23.0	22.3	22.2	21.8	22.5	22.7	22.7
France	15.7	15.3	14.1	14.1	14.2	14.2	14.5	14.6	14.6	14.7
Grèce	6.1	8.8	9.1	8.8	7.2	10.8	10.1	9.1	9.1	8.8
Hongrie	23.2	20.1	21.3	20.8	14.4	17.6	16.6	16.0	16.0	16.0
Irlande	17.2	12.2	10.8	13.5	14.7	14.7	15.9	15.8	16.2	15.7
Islande	25.3	28.0	26.8	25.7	27.1	27.9	28.2	28.6	28.2	28.7
Israël[1]	18.0	13.3	11.2	9.7	9.0	9.1	8.7	8.6	9.1	9.4
Italie	19.9	18.8	20.0	20.2	20.7	21.3	21.5	21.6	22.1	23.1
Japon	7.0	6.7	8.0	7.9	7.6	7.6	7.6	7.6	7.7	7.7
Luxembourg	17.0	14.2	15.3	14.0	14.6	15.3	15.8	17.2	17.7	17.9
Mexique	1.0	3.2	3.8	4.1	4.8	7.9	8.2	8.5	8.8	8.9
Norvège	22.9	21.2	21.8	21.5	21.5	21.6	21.4	21.4	20.5	20.2
Nouvelle-Zélande	19.4	20.0	20.5	18.1	17.0	15.9	16.4	16.9	17.2	17.6
Pays-Bas	9.6	11.2	15.5	16.6	16.2	16.4	17.0	15.7	15.3	16.7
Pologne	4.8	4.5	5.5	5.0	5.1	5.4	5.5	5.6	5.8	5.9
Portugal	11.4	10.8	11.0	10.5	11.2	12.3	11.8	16.5	16.2	17.3
République slovaque	7.8	8.4	9.4	8.0	8.3	9.4	9.4	9.4	9.5	9.6
République tchèque	10.0	11.5	11.1	11.3	11.5	12.1	11.9	11.9	12.1	12.3
Royaume-Uni	17.4	17.6	16.4	16.1	16.2	15.6	15.4	14.6	14.3	14.1
Slovénie	13.5	12.6	11.0	10.8	11.2	11.3	11.1	11.0	11.1	11.2
Suède	26.7	24.2	19.9	18.4	17.8	17.9	17.9	18.1	17.4	17.7
Suisse	11.3	11.5	11.1	11.2	11.3	11.2	11.0	11.0	11.1	11.1
Turquie[2]	14.7	15.5	11.3	11.3	11.6	11.6	11.8	12.0	12.3	12.5
Moyenne non pondérée										
OCDE-Moyenne	**16.0**	**15.3**	**15.4**	**15.0**	**14.9**	**15.3**	**15.4**	**15.6**	**15.6**	**15.7**
OCDE-UE 21	**17.2**	**16.3**	**16.6**	**16.3**	**16.0**	**16.6**	**16.7**	**16.8**	**16.9**	**17.0**

1. Informations sur les données concernant Israël : *http://oe.cd/israel-disclaimer.*
2. Les données sur les salaires sont basées sur l'ancienne définition de l'ouvrier moyen (CITI D, Rév. 3) pour les années 2000 à 2006.

StatLink http://dx.doi.org/10.1787/888933343428

Tableau 6.2c. **Impôt sur le revenu et cotisations sociales des salariés diminués des prestations versées, célibataire, salaire égal à 100 % du salaire moyen**

Pression fiscale en % du salaire brut, célibataire sans enfant

	2000	2005	2008	2009	2010	2011	2012	2013	2014	2015
Allemagne	43.2	42.2	41.9	41.2	39.2	39.8	39.8	39.4	39.5	39.7
Australie	26.6	24.2	22.5	22.1	22.3	22.3	23.0	23.1	23.4	24.1
Autriche	31.0	33.0	34.3	32.8	33.1	33.6	33.9	34.4	34.7	34.9
Belgique	43.0	42.0	42.5	42.3	42.7	42.8	42.7	42.4	42.4	42.0
Canada	25.1	23.9	23.4	22.5	22.4	22.5	22.6	22.7	23.4	23.4
Chili	7.0	7.0	7.0	7.0	7.0	7.0	7.0	7.0	7.0	7.0
Corée	9.0	9.9	12.1	11.7	12.3	12.5	13.0	13.5	13.6	13.8
Danemark	41.9	38.5	38.6	37.2	35.9	36.1	36.1	35.8	35.6	35.9
Espagne	19.8	20.3	19.3	19.8	21.7	22.0	22.9	22.9	23.0	21.5
Estonie	21.9	19.8	17.9	18.6	19.5	19.7	19.9	19.5	19.6	18.4
États-Unis	24.9	24.3	23.9	24.2	24.6	23.6	23.6	25.5	25.6	25.6
Finlande	33.9	31.0	30.4	29.3	29.4	29.4	29.4	30.1	30.7	30.9
France	29.2	28.9	27.8	27.8	27.8	27.9	28.2	28.4	28.6	28.9
Grèce	22.0	24.8	25.1	24.8	23.2	27.0	26.6	25.6	25.1	24.3
Hongrie	35.7	33.6	38.3	37.8	31.4	35.1	35.1	34.5	34.5	34.5
Irlande	20.3	15.2	13.9	16.7	17.9	17.8	19.1	19.8	20.2	19.7
Islande	25.4	28.2	27.2	26.2	27.6	28.4	28.7	29.1	28.6	29.1
Israël[1]	26.1	21.3	19.3	17.7	17.0	17.0	16.6	16.4	17.0	17.3
Italie	29.0	28.0	29.5	29.7	30.2	30.8	31.0	31.1	31.6	32.6
Japon	17.0	18.5	20.2	20.0	20.6	21.0	21.3	21.5	21.8	22.0
Luxembourg	28.7	25.9	27.4	26.2	26.8	28.4	28.1	29.5	30.0	30.7
Mexique	2.5	4.7	5.2	5.4	6.1	9.3	9.6	9.8	10.1	10.3
Norvège	30.7	29.0	29.6	29.3	29.3	29.4	29.2	29.2	28.7	28.4
Nouvelle-Zélande	19.4	20.0	20.5	18.1	17.0	15.9	16.4	16.9	17.2	17.6
Pays-Bas	33.6	32.5	32.8	31.8	31.7	31.7	32.2	31.2	30.5	29.9
Pologne	25.9	26.5	23.3	22.8	23.0	23.2	23.3	23.4	23.6	23.7
Portugal	22.4	21.8	22.0	21.5	22.2	23.3	22.8	27.5	27.2	28.3
République slovaque	19.8	21.8	22.8	21.4	21.7	22.8	22.8	22.8	22.9	23.0
République tchèque	22.5	24.0	23.6	22.3	22.5	23.1	22.9	22.9	23.1	23.3
Royaume-Uni	25.8	26.9	25.6	25.2	25.4	25.1	24.7	24.0	23.6	23.4
Slovénie	35.6	34.7	33.1	32.9	33.3	33.4	33.2	33.1	33.2	33.3
Suède	33.7	31.2	26.9	25.4	24.8	24.8	24.9	25.1	24.4	24.7
Suisse	17.8	17.5	17.1	17.3	17.4	17.5	17.2	17.3	17.3	17.4
Turquie[2]	28.7	30.5	26.3	26.3	26.6	26.6	26.8	27.0	27.3	27.5
Moyenne non pondérée										
OCDE-Moyenne	**25.9**	**25.3**	**25.0**	**24.6**	**24.5**	**25.0**	**25.1**	**25.4**	**25.4**	**25.5**
OCDE-UE 21	**29.5**	**28.7**	**28.4**	**28.0**	**27.8**	**28.5**	**28.6**	**28.7**	**28.8**	**28.8**

1. Informations sur les données concernant Israël : *http://oe.cd/israel-disclaimer.*
2. Les données sur les salaires sont basées sur l'ancienne définition de l'ouvrier moyen (CITI D, Rév. 3) pour les années 2000 à 2006.

StatLink http://dx.doi.org/10.1787/888933343430

Tableau 6.3a. **Impôt sur le revenu et cotisations sociales des salariés et employeurs diminués des prestations versées, célibataire, salaire égal à 167 % du salaire moyen**

Pression fiscale en % des coûts de main-d'oeuvre, célibataire sans enfant

	2000	2005	2008	2009	2010	2011	2012	2013	2014	2015
Allemagne	56.2	54.9	53.1	53.1	51.5	51.3	51.3	51.3	51.4	51.3
Australie	38.8	36.1	32.7	32.6	32.4	32.2	33.1	33.2	33.4	34.0
Autriche	50.4	51.4	51.8	51.2	51.4	51.5	51.4	51.9	52.0	52.2
Belgique	62.6	60.9	61.1	60.9	61.0	61.1	61.0	60.8	60.8	60.7
Canada	35.2	33.2	32.9	32.6	32.7	32.8	33.0	33.1	33.3	33.4
Chili	7.5	7.0	7.0	7.0	7.6	7.7	7.9	7.8	7.9	7.9
Corée	20.5	21.4	22.6	21.8	21.7	22.2	22.6	23.0	23.5	24.0
Danemark	50.0	47.7	48.1	47.0	43.1	43.5	43.7	42.9	42.3	42.4
Espagne	41.0	42.4	41.4	41.6	42.4	42.5	43.5	44.3	45.0	44.2
Estonie	42.5	41.4	39.5	40.3	41.2	41.3	41.4	40.8	40.9	39.9
États-Unis	37.1	35.5	35.5	35.6	35.9	34.7	34.6	36.3	36.4	36.4
Finlande	53.2	50.3	49.5	48.3	48.2	48.3	48.5	48.9	49.5	49.7
France	52.5	53.3	53.4	53.6	53.6	53.8	54.0	54.1	54.3	54.3
Grèce	45.1	48.0	46.4	46.0	45.6	48.6	48.2	49.3	48.3	46.8
Hongrie	59.2	56.7	59.1	58.3	53.1	51.6	50.7	49.0	49.0	49.0
Irlande	39.4	34.9	33.1	35.2	36.4	38.0	38.9	39.2	39.5	38.8
Islande	39.6	37.0	33.6	34.1	37.8	38.4	38.3	38.6	38.1	38.3
Israël[1]	38.1	34.6	32.2	30.0	29.5	29.2	28.6	29.2	30.0	30.6
Italie	51.1	50.7	51.8	52.0	52.5	53.0	53.2	53.3	53.8	54.6
Japon	28.5	30.3	32.5	32.3	33.3	33.8	34.2	34.5	34.7	34.9
Luxembourg	44.1	40.7	41.7	41.4	41.6	43.7	43.3	44.4	44.6	45.2
Mexique	19.5	21.9	20.6	20.9	21.4	21.6	22.0	22.2	22.6	22.8
Norvège	45.2	43.9	43.2	43.0	43.0	43.2	43.1	43.0	42.5	42.4
Nouvelle-Zélande	24.2	25.8	26.3	24.6	23.3	22.0	22.4	22.8	23.1	23.3
Pays-Bas	44.9	42.4	42.5	41.8	41.8	41.8	42.5	41.9	41.9	41.5
Pologne	38.1	38.7	35.1	34.1	34.2	34.3	35.5	35.5	35.6	35.7
Portugal	42.3	42.3	42.6	42.2	43.1	44.6	43.6	47.7	47.5	48.0
République slovaque	45.2	40.2	40.7	40.1	40.3	40.8	41.6	43.3	43.4	43.4
République tchèque	44.8	46.1	46.1	44.6	44.7	45.0	44.9	44.9	45.0	45.1
Royaume-Uni	35.8	37.7	37.5	36.9	37.2	37.9	37.8	37.6	37.3	37.3
Slovénie	51.0	52.3	48.3	47.1	47.6	47.7	47.5	46.1	46.4	46.5
Suède	55.7	54.7	52.8	51.2	51.0	50.9	50.7	50.8	50.6	51.0
Suisse	27.4	26.6	26.4	26.5	26.6	26.8	26.7	26.7	26.7	26.8
Turquie[2]	35.0	44.6	41.1	39.2	39.8	40.0	40.2	40.6	41.5	41.9
Moyenne non pondérée										
OCDE-Moyenne	**41.2**	**40.8**	**40.1**	**39.6**	**39.6**	**39.9**	**40.0**	**40.3**	**40.4**	**40.4**
OCDE-UE 21	**47.9**	**47.0**	**46.5**	**46.0**	**45.8**	**46.2**	**46.3**	**46.6**	**46.6**	**46.5**

1. Informations sur les données concernant Israël : *http://oe.cd/israel-disclaimer.*
2. Les données sur les salaires sont basées sur l'ancienne définition de l'ouvrier moyen (CITI D, Rév. 3) pour les années 2000 à 2006.

StatLink http://dx.doi.org/10.1787/888933343443

Tableau 6.3b. **Impôt sur le revenu, célibataire, salaire égal à 167 % du salaire moyen**

Pression fiscale en % du salaire brut, célibataire sans enfant

	2000	2005	2008	2009	2010	2011	2012	2013	2014	2015
Allemagne	31.7	28.9	29.2	28.6	27.1	27.5	27.6	27.5	27.5	27.7
Australie	34.9	32.2	28.7	28.3	28.2	28.2	29.2	29.2	29.4	30.1
Autriche	20.4	22.1	23.1	22.0	22.2	22.5	22.8	23.0	23.2	23.2
Belgique	36.0	34.8	35.3	35.2	35.5	35.5	35.5	35.2	35.2	35.1
Canada	25.6	22.3	22.3	21.6	21.7	21.8	21.8	21.8	22.2	22.2
Chili	0.5	0.0	0.0	0.0	0.6	0.7	0.9	0.8	0.9	0.9
Corée	6.7	8.1	9.3	8.6	8.6	8.5	8.8	9.2	9.6	10.0
Danemark	40.9	39.5	47.9	46.8	42.9	43.2	43.4	42.5	41.9	42.1
Espagne	18.5	18.9	18.6	19.2	20.6	21.0	22.5	22.5	22.5	21.4
Estonie	23.6	20.8	18.7	18.3	18.2	18.3	18.4	18.7	18.8	18.0
États-Unis	24.3	22.5	23.3	22.6	22.9	23.5	23.5	23.4	23.4	23.5
Finlande	34.0	31.9	31.2	30.0	29.5	29.4	29.0	29.6	29.8	29.8
France	21.2	20.0	20.2	20.3	20.3	20.5	20.8	20.8	20.8	20.9
Grèce	13.8	17.5	15.4	14.8	14.4	17.7	16.9	18.8	18.9	18.2
Hongrie	30.3	28.1	28.2	27.6	22.8	20.3	18.1	16.0	16.0	16.0
Irlande	28.7	24.7	22.6	24.7	26.0	27.8	28.8	28.7	29.0	28.2
Islande	36.6	33.3	29.8	29.7	32.1	32.7	33.2	33.6	33.2	33.5
Israël[1]	26.3	21.9	19.2	16.9	16.4	16.0	15.4	15.7	16.4	16.8
Italie	25.3	25.1	26.8	27.1	27.7	28.3	28.5	28.7	29.4	30.4
Japon	11.1	10.8	12.8	12.4	12.0	12.0	12.2	12.1	12.4	12.4
Luxembourg	26.2	22.4	23.1	22.3	22.6	23.6	23.9	25.2	25.5	25.6
Mexique	8.0	11.8	11.2	11.5	11.9	12.3	12.7	13.0	13.3	13.5
Norvège	30.4	28.7	28.1	27.9	27.9	28.0	27.8	27.8	26.8	26.7
Nouvelle-Zélande	24.2	25.8	26.3	24.6	23.3	22.0	22.4	22.8	23.1	23.3
Pays-Bas	25.4	25.1	27.9	28.8	28.4	28.6	29.2	28.2	27.5	28.4
Pologne	6.6	6.4	7.7	6.5	6.6	6.8	6.8	6.9	7.0	7.1
Portugal	17.6	17.6	18.0	17.4	18.5	20.4	19.2	24.2	24.0	24.6
République slovaque	12.4	11.7	12.3	11.4	11.6	12.3	12.3	12.2	12.3	12.4
République tchèque	13.0	14.8	14.8	14.8	14.9	15.3	15.2	15.2	15.3	15.4
Royaume-Uni	23.1	24.1	23.2	21.9	22.4	22.4	22.6	22.6	22.3	22.4
Slovénie	19.1	18.8	16.7	16.5	17.0	17.2	17.0	15.4	15.6	15.8
Suède	36.3	35.3	32.8	31.1	30.9	30.8	30.5	30.6	30.4	30.9
Suisse	16.2	16.4	16.0	16.1	16.3	16.1	16.0	16.0	16.0	16.1
Turquie[2]	18.0	17.7	14.2	14.2	14.9	15.1	15.3	15.9	16.3	16.8
Moyenne non pondérée										
OCDE-Moyenne	**22.6**	**21.8**	**21.6**	**21.2**	**21.1**	**21.4**	**21.4**	**21.6**	**21.6**	**21.8**
OCDE-UE 21	**24.0**	**23.3**	**23.5**	**23.1**	**22.9**	**23.3**	**23.3**	**23.5**	**23.5**	**23.5**

1. Informations sur les données concernant Israël : *http://oe.cd/israel-disclaimer.*
2. Les données sur les salaires sont basées sur l'ancienne définition de l'ouvrier moyen (CITI D, Rév. 3) pour les années 2000 à 2006.

StatLink http://dx.doi.org/10.1787/888933343452

Tableau 6.3c. Impôt sur le revenu et cotisations sociales des salariés diminués des prestations versées, célibataire, salaire égal à 167 % du salaire moyen

Pression fiscale en % du salaire brut, célibataire sans enfant

	2000	2005	2008	2009	2010	2011	2012	2013	2014	2015
Allemagne	48.8	46.9	45.7	45.5	43.8	43.8	43.8	43.7	43.8	43.8
Australie	34.9	32.2	28.7	28.3	28.2	28.2	29.2	29.2	29.4	30.1
Autriche	36.3	38.3	39.0	38.1	38.3	38.5	38.6	39.0	39.2	39.4
Belgique	50.1	48.8	49.3	49.2	49.5	49.6	49.5	49.2	49.2	49.1
Canada	29.3	27.2	27.0	26.5	26.6	26.7	26.8	26.8	27.1	27.1
Chili	7.5	7.0	7.0	7.0	7.6	7.7	7.9	7.8	7.9	7.9
Corée	13.4	14.7	15.8	15.1	15.0	15.3	15.7	16.2	16.6	17.2
Danemark	49.9	47.5	47.9	46.8	42.9	43.2	43.4	42.5	41.9	42.1
Espagne	24.4	25.1	24.6	25.2	26.5	26.8	28.3	28.5	28.7	27.7
Estonie	23.6	21.8	19.3	20.1	21.0	21.1	21.2	20.7	20.8	19.6
États-Unis	31.9	30.1	30.1	30.3	30.6	29.1	29.2	31.0	31.1	31.1
Finlande	41.1	38.3	37.4	36.4	36.6	36.6	36.7	37.3	37.9	38.1
France	33.1	33.0	33.2	33.4	33.4	33.6	33.9	34.0	34.2	34.4
Grèce	29.7	33.5	31.4	30.8	30.4	34.0	33.4	35.3	34.9	33.7
Hongrie	42.8	41.6	45.2	44.6	39.8	37.8	36.6	34.5	34.5	34.5
Irlande	32.1	27.9	25.9	28.2	29.6	31.3	32.3	32.7	33.0	32.2
Islande	36.7	33.4	30.1	30.0	32.4	33.0	33.5	33.9	33.4	33.7
Israël[1]	35.0	30.8	28.8	26.5	26.0	25.6	24.9	25.2	26.0	26.3
Italie	34.5	34.3	36.4	36.6	37.3	37.9	38.1	38.3	39.0	40.0
Japon	21.1	21.9	24.2	24.0	24.5	24.8	25.1	25.3	25.6	25.8
Luxembourg	37.9	34.2	35.3	34.6	34.9	36.8	36.3	37.6	37.9	38.5
Mexique	10.1	13.5	12.7	13.0	13.4	13.8	14.1	14.4	14.8	15.0
Norvège	38.2	36.5	35.9	35.7	35.7	35.8	35.6	35.6	35.0	34.9
Nouvelle-Zélande	24.2	25.8	26.3	24.6	23.3	22.0	22.4	22.8	23.1	23.3
Pays-Bas	40.6	38.3	38.5	37.9	37.7	37.8	38.3	38.4	38.1	37.6
Pologne	27.8	28.3	25.5	24.3	24.5	24.6	24.7	24.7	24.8	24.9
Portugal	28.6	28.6	29.0	28.4	29.5	31.4	30.2	35.2	35.0	35.6
République slovaque	24.4	24.8	25.4	24.6	24.8	25.4	25.5	25.6	25.7	25.8
République tchèque	25.5	27.3	27.3	25.8	25.9	26.3	26.2	26.2	26.3	26.4
Royaume-Uni	28.8	30.5	30.3	29.7	30.0	30.4	30.4	30.1	29.8	29.8
Slovénie	41.2	40.9	38.8	38.6	39.1	39.3	39.1	37.5	37.7	37.9
Suède	41.1	40.0	37.5	35.8	35.6	35.5	35.3	35.4	35.1	35.6
Suisse	22.7	22.3	22.0	22.1	22.2	22.3	22.2	22.2	22.2	22.2
Turquie[2]	26.9	32.7	29.2	29.2	29.9	30.1	30.3	30.9	31.3	31.8
Moyenne non pondérée										
OCDE-Moyenne	**31.6**	**31.1**	**30.6**	**30.2**	**30.2**	**30.5**	**30.5**	**30.8**	**30.9**	**31.0**
OCDE-UE 21	**35.3**	**34.8**	**34.4**	**34.0**	**33.9**	**34.4**	**34.4**	**34.6**	**34.6**	**34.6**

1. Informations sur les données concernant Israël : *http://oe.cd/israel-disclaimer.*
2. Les données sur les salaires sont basées sur l'ancienne définition de l'ouvrier moyen (CITI D, Rév. 3) pour les années 2000 à 2006.

StatLink http://dx.doi.org/10.1787/888933343468

Tableau 6.4a. **Impôt sur le revenu et cotisations sociales des salariés et employeurs diminués des prestations versées, parent isolé, salaire égal à 67 % du salaire moyen**

Pression fiscale en % des coûts de main-d'oeuvre, parent isolé ayant deux enfants

	2000	2005	2008	2009	2010	2011	2012	2013	2014	2015
Allemagne	31.8	33.5	33.2	31.2	29.8	31.0	31.2	30.9	31.2	30.8
Australie	4.0	-3.2	-4.9	-7.2	-6.5	-5.7	-3.2	-2.6	-1.8	-1.4
Autriche	25.2	25.7	28.4	25.5	26.1	27.2	28.0	28.8	29.2	29.3
Belgique	36.4	35.4	35.9	35.7	36.8	37.0	36.9	36.2	36.1	35.8
Canada	-0.4	-0.9	-6.1	-9.7	-7.4	-7.0	-6.5	-6.1	-4.7	-5.9
Chili	2.8	3.0	3.2	3.3	6.0	6.0	6.1	6.1	6.1	6.1
Corée	14.4	15.3	16.6	16.3	16.7	17.1	17.3	17.5	16.9	17.0
Danemark	12.3	10.1	11.3	10.6	9.0	9.7	9.7	9.2	7.2	7.6
Espagne	28.6	30.0	28.4	28.4	29.2	29.9	30.3	30.4	30.6	24.1
Estonie	18.5	21.8	18.7	22.7	24.1	25.2	26.3	26.6	27.4	21.5
États-Unis	10.7	7.7	7.6	7.4	8.9	8.9	9.8	11.3	12.0	12.1
Finlande	28.3	26.6	26.9	25.6	25.5	25.7	25.6	26.8	27.5	28.3
France	34.5	38.0	38.6	38.5	38.8	38.9	38.9	37.3	36.7	35.9
Grèce	35.4	35.2	35.3	35.7	34.4	38.8	38.6	33.4	32.1	30.9
Hongrie	34.0	26.1	29.9	29.8	27.4	20.2	23.0	25.5	26.4	27.2
Irlande	-0.7	-19.2	-25.1	-29.4	-27.8	-26.2	-21.9	-20.7	-19.6	-18.6
Islande	5.9	14.8	14.9	12.2	16.7	19.0	17.0	19.0	18.1	19.5
Israël[1]	3.3	4.6	2.5	1.8	1.6	0.8	0.5	1.2	2.9	2.7
Italie	29.5	27.5	26.4	26.9	28.1	29.0	29.4	29.0	26.7	26.5
Japon	21.0	22.5	21.9	21.5	18.6	19.8	23.5	23.8	24.3	24.6
Luxembourg	4.4	3.1	2.2	-0.4	0.6	3.1	3.5	5.1	6.1	7.1
Mexique	7.6	10.1	11.0	11.9	12.9	13.2	13.6	14.4	14.7	15.0
Norvège	16.4	18.8	20.6	20.6	20.9	21.6	21.7	22.0	22.0	22.1
Nouvelle-Zélande	-3.0	-6.2	-17.3	-17.1	-17.7	-18.3	-18.2	-16.9	-15.8	-14.4
Pays-Bas	26.4	22.9	13.8	11.4	12.2	12.1	12.2	11.3	11.0	8.8
Pologne	27.7	33.2	28.4	28.4	28.4	28.4	29.6	29.6	29.6	24.0
Portugal	26.6	23.6	22.8	19.5	20.6	22.3	23.1	25.5	25.1	25.2
République slovaque	25.3	21.1	24.2	21.6	21.9	23.6	24.5	26.4	26.9	27.2
République tchèque	12.7	17.8	15.1	15.6	15.8	25.4	24.2	24.1	24.7	24.5
Royaume-Uni	15.3	13.7	11.6	8.5	9.3	7.1	6.7	5.7	4.7	5.4
Slovénie	13.4	14.9	13.7	12.5	12.4	12.8	13.0	13.1	9.9	10.1
Suède	39.9	38.4	34.1	33.0	32.3	32.6	32.9	33.2	33.0	33.4
Suisse	6.5	6.1	3.1	4.4	4.7	5.0	5.0	4.6	4.6	4.7
Turquie[2]	39.1	42.0	34.8	32.7	33.0	33.1	33.2	33.6	34.4	34.8
Moyenne non pondérée										
OCDE-Moyenne	**18.6**	**18.1**	**16.5**	**15.6**	**16.0**	**16.7**	**17.2**	**17.5**	**17.5**	**17.1**
OCDE-UE 21	**24.1**	**22.8**	**21.6**	**20.5**	**20.7**	**21.6**	**22.2**	**22.3**	**22.0**	**21.2**

1. Informations sur les données concernant Israël : *http://oe.cd/israel-disclaimer.*
2. Les données sur les salaires sont basées sur l'ancienne définition de l'ouvrier moyen (CITI D, Rév. 3) pour les années 2000 à 2006.

StatLink http://dx.doi.org/10.1787/888933343479

Tableau 6.4b. **Impôt sur le revenu, parent isolé, salaire égal à 67 % du salaire moyen**

Pression fiscale en % du salaire brut, parent isolé ayant deux enfants

	2000	2005	2008	2009	2010	2011	2012	2013	2014	2015
Allemagne	-2.6	-1.5	-0.2	-2.6	-4.0	-3.2	-2.7	-2.6	-2.2	-2.8
Australie	15.5	20.6	17.3	14.0	14.3	14.3	15.4	17.3	17.7	18.5
Autriche	5.8	5.8	7.7	5.4	5.8	6.4	6.9	7.5	7.8	8.1
Belgique	16.7	16.3	16.8	16.4	17.2	17.3	17.2	16.7	16.5	16.1
Canada	6.6	5.0	1.4	0.5	1.0	1.1	1.1	1.1	1.5	4.2
Chili	0.0	0.0	0.0	0.0	0.0	0.0	0.0	0.0	0.0	0.0
Corée	0.1	0.6	0.9	0.6	0.7	0.7	0.8	0.7	0.0	0.0
Danemark	28.9	27.5	35.4	34.8	34.0	34.2	34.2	33.8	32.0	32.2
Espagne	0.4	2.2	0.4	0.7	1.7	2.6	3.1	3.3	3.5	-5.0
Estonie	19.9	16.4	4.7	9.2	9.3	10.0	10.6	11.3	11.8	11.1
États-Unis	-5.0	-8.7	-5.5	-8.8	-7.4	-5.5	-4.4	-4.5	-4.0	-3.8
Finlande	20.9	18.6	17.8	16.5	15.7	15.5	14.9	15.9	16.0	16.0
France	7.1	7.2	7.4	7.4	7.5	7.5	7.6	7.6	7.6	7.9
Grèce	1.4	1.0	1.2	1.7	0.0	5.1	4.5	3.2	3.2	3.1
Hongrie	10.3	0.9	11.1	11.8	10.8	0.0	3.4	3.8	4.3	4.7
Irlande	2.3	0.0	0.0	1.7	2.0	3.8	4.0	4.0	4.0	3.3
Islande	20.0	24.0	23.1	20.8	21.5	22.6	23.1	23.7	23.3	24.1
Israël[1]	1.1	0.0	0.0	0.0	0.0	0.0	0.0	0.0	0.0	0.0
Italie	10.0	6.4	8.0	8.5	9.3	10.2	10.6	9.8	6.6	6.2
Japon	2.8	2.6	3.1	2.9	2.7	4.1	6.1	6.1	6.1	6.1
Luxembourg	0.0	0.0	3.1	-0.8	-0.3	0.3	0.9	2.2	2.8	3.1
Mexique	-5.7	-3.2	-2.5	-1.4	-0.4	0.0	0.4	1.4	1.8	2.0
Norvège	13.3	14.1	14.4	14.1	14.1	14.2	14.0	14.0	13.4	13.3
Nouvelle-Zélande	18.6	18.8	18.1	17.2	15.9	14.5	14.6	14.8	14.8	14.9
Pays-Bas	3.0	2.5	3.5	3.5	3.5	3.5	3.3	3.3	3.0	5.6
Pologne	0.0	0.0	0.0	0.0	0.0	0.0	0.0	0.0	0.0	-6.5
Portugal	3.4	1.0	0.8	0.1	0.6	0.6	1.2	3.9	3.6	3.7
République slovaque	3.3	-2.7	-1.7	-4.0	-3.5	-1.6	-1.7	-1.7	-1.3	-0.9
République tchèque	2.3	1.1	-5.0	-4.4	-4.9	-3.6	-5.4	-5.4	-4.9	-5.3
Royaume-Uni	8.6	4.5	2.0	-0.7	0.0	-2.3	-2.6	-3.7	-4.4	-3.8
Slovénie	3.4	0.5	1.1	1.0	0.0	0.0	0.0	0.0	0.0	0.0
Suède	24.7	22.2	17.0	15.9	15.0	15.1	15.2	15.3	14.8	15.1
Suisse	4.0	4.2	3.4	3.3	3.4	3.2	2.8	2.4	2.4	2.4
Turquie[2]	13.2	14.5	6.6	6.6	7.0	7.0	7.2	7.6	8.0	8.4
Moyenne non pondérée										
OCDE-Moyenne	**7.5**	**6.5**	**6.2**	**5.6**	**5.7**	**5.8**	**6.1**	**6.3**	**6.2**	**5.9**
OCDE-UE 21	**8.1**	**6.2**	**6.2**	**5.8**	**5.7**	**5.8**	**6.0**	**6.1**	**5.9**	**5.3**

1. Informations sur les données concernant Israël : *http://oe.cd/israel-disclaimer.*
2. Les données sur les salaires sont basées sur l'ancienne définition de l'ouvrier moyen (CITI D, Rév. 3) pour les années 2000 à 2006.

StatLink http://dx.doi.org/10.1787/888933343487

Tableau 6.4c. **Impôt sur le revenu et cotisations sociales des salariés diminués des prestations versées, parent isolé, salaire égal à 67 % du salaire moyen**

Pression fiscale en % du salaire brut, parent isolé ayant deux enfants

	2000	2005	2008	2009	2010	2011	2012	2013	2014	2015
Allemagne	17.9	19.7	20.2	17.8	16.2	17.4	17.8	17.6	17.9	17.5
Australie	-2.1	-9.4	-11.2	-14.0	-13.2	-12.0	-9.3	-8.6	-7.9	-7.4
Autriche	2.0	4.1	7.7	3.8	4.6	6.0	7.0	8.1	8.6	8.9
Belgique	16.1	17.1	17.7	17.6	18.9	19.1	19.0	18.4	18.3	18.0
Canada	-11.8	-12.6	-18.2	-22.2	-19.6	-19.5	-19.1	-18.8	-17.2	-18.6
Chili	2.8	3.0	3.2	3.3	6.0	6.0	6.1	6.1	6.1	6.1
Corée	6.8	7.7	8.5	8.2	8.5	8.7	8.9	9.0	8.3	8.4
Danemark	11.9	9.3	10.5	9.8	8.0	8.6	8.5	7.8	5.8	6.4
Espagne	6.8	8.6	6.8	7.0	8.1	8.9	9.5	9.6	9.8	1.4
Estonie	-8.5	-4.4	-8.4	-3.5	-2.1	-0.5	0.9	1.6	2.7	-5.0
États-Unis	2.6	-1.0	-1.0	-1.2	0.2	0.2	1.3	3.1	3.7	3.9
Finlande	9.7	8.9	9.4	8.5	8.9	9.0	8.7	10.1	10.7	11.8
France	13.5	14.1	14.8	14.6	14.8	14.8	15.0	15.1	15.4	15.9
Grèce	17.3	17.0	17.2	17.7	16.0	21.3	21.0	15.1	14.5	13.9
Hongrie	5.0	-1.0	5.4	7.0	6.7	-2.5	3.2	4.2	5.4	6.5
Irlande	-9.3	-32.0	-38.5	-43.3	-41.5	-39.8	-35.0	-33.7	-32.4	-31.4
Islande	1.4	9.9	10.4	6.8	9.5	12.0	10.5	12.8	11.9	13.5
Israël[1]	-1.5	-0.8	-1.8	-2.2	-2.6	-3.4	-3.6	-3.0	-1.3	-1.6
Italie	5.5	3.5	2.9	3.5	5.1	6.2	6.8	6.2	3.2	3.0
Japon	12.8	12.6	11.7	11.4	7.5	8.4	12.5	12.6	13.0	13.3
Luxembourg	-6.4	-8.0	-8.8	-12.0	-10.9	-8.8	-8.4	-6.5	-5.4	-4.3
Mexique	-4.4	-1.9	-1.2	-0.1	0.8	1.3	1.7	2.6	3.0	3.2
Norvège	5.7	8.1	10.4	10.5	10.8	11.4	11.5	11.9	11.9	12.0
Nouvelle-Zélande	-3.0	-6.2	-17.3	-17.1	-17.7	-18.3	-18.2	-16.9	-15.8	-14.4
Pays-Bas	14.5	10.0	5.4	3.1	3.6	3.8	3.4	3.4	2.4	0.1
Pologne	15.5	22.0	17.8	17.8	17.8	17.8	17.8	17.8	17.8	11.3
Portugal	9.1	5.5	4.5	0.3	1.7	3.8	4.9	7.8	7.4	7.5
République slovaque	-3.1	0.4	4.4	1.0	1.5	3.5	3.5	3.4	4.1	4.5
République tchèque	-17.9	-11.0	-14.6	-13.1	-12.9	0.0	-1.6	-1.7	-1.0	-1.1
Royaume-Uni	7.7	5.3	3.0	-0.2	0.6	-1.8	-2.0	-3.1	-4.0	-3.3
Slovénie	-2.1	-2.0	-1.2	-1.6	-1.7	-1.3	-1.0	-0.8	-4.6	-4.4
Suède	20.1	18.4	12.8	12.0	11.1	11.4	11.8	12.2	11.9	12.5
Suisse	0.3	0.4	-2.7	-1.3	-1.1	-0.9	-0.9	-1.4	-1.4	-1.3
Turquie[2]	27.2	29.5	21.6	21.6	22.0	22.0	22.2	22.6	23.0	23.4
Moyenne non pondérée										
OCDE-Moyenne	**4.8**	**4.3**	**3.0**	**2.1**	**2.5**	**3.3**	**3.9**	**4.3**	**4.3**	**3.8**
OCDE-UE 21	**6.0**	**5.0**	**4.2**	**3.2**	**3.6**	**4.6**	**5.3**	**5.4**	**5.2**	**4.3**

1. Informations sur les données concernant Israël : *http://oe.cd/israel-disclaimer.*
2. Les données sur les salaires sont basées sur l'ancienne définition de l'ouvrier moyen (CITI D, Rév. 3) pour les années 2000 à 2006.

StatLink http://dx.doi.org/10.1787/888933343493

Tableau 6.5a. **Impôt sur le revenu et cotisations sociales des salariés et employeurs diminués des prestations versées, couple marié, salaire égal à 100 % du salaire moyen**

Pression fiscale en % des coûts de main-d'oeuvre, couple marié ayant deux enfants et un seul salaire

	2000	2005	2008	2009	2010	2011	2012	2013	2014	2015
Allemagne	35.3	35.4	35.1	33.5	32.6	33.8	34.0	33.6	33.7	34.0
Australie	23.4	17.0	14.9	14.2	14.6	15.2	16.8	16.9	17.4	17.8
Autriche	35.2	36.3	38.2	36.0	36.4	37.3	37.9	38.6	38.9	39.0
Belgique	42.6	40.3	40.6	40.4	41.2	41.4	41.3	40.7	40.6	40.4
Canada	23.1	21.2	19.0	16.6	17.7	18.1	18.4	18.6	19.3	18.8
Chili	6.1	6.1	6.2	6.2	6.3	7.0	7.0	7.0	7.0	7.0
Corée	15.7	16.2	17.8	17.1	17.8	18.0	18.5	19.1	19.4	19.6
Danemark	28.8	27.0	27.4	26.9	25.4	25.9	26.2	25.8	25.6	26.0
Espagne	32.3	33.4	32.0	32.4	34.0	34.3	34.7	34.8	34.9	33.8
Estonie	32.8	30.7	26.8	29.8	31.0	31.8	32.4	32.4	32.9	28.5
États-Unis	21.2	18.2	17.1	17.4	18.5	18.5	18.6	20.3	20.6	20.7
Finlande	40.3	38.0	38.4	37.2	37.1	37.2	37.3	38.1	38.7	39.3
France	41.3	42.2	42.5	42.7	42.9	43.0	43.1	41.1	40.5	40.5
Grèce	40.7	42.5	41.8	41.6	40.4	44.2	43.9	40.5	39.4	38.1
Hongrie	43.9	40.6	43.9	43.2	36.7	33.0	34.2	34.2	34.8	35.3
Irlande	15.5	5.7	3.8	2.8	4.7	5.6	8.0	9.3	9.7	9.5
Islande	13.1	19.6	18.4	15.0	19.2	21.3	19.6	21.3	20.9	22.4
Israël[1]	25.5	22.9	20.0	18.3	17.5	17.1	16.6	17.0	18.7	18.9
Italie	39.3	36.3	36.6	36.9	37.8	38.5	38.8	38.4	38.9	39.9
Japon	21.0	23.9	24.0	23.6	22.1	23.1	25.7	26.0	26.5	26.8
Luxembourg	11.7	9.0	11.2	11.1	11.6	13.7	13.6	14.6	15.2	15.9
Mexique	12.7	14.7	15.1	15.3	16.0	18.7	19.0	19.3	19.5	19.7
Norvège	28.4	29.6	30.8	30.6	30.7	31.2	31.1	31.2	32.0	31.9
Nouvelle-Zélande	13.6	12.8	0.7	-0.3	-0.9	-1.1	0.6	2.4	3.8	4.9
Pays-Bas	29.9	29.7	30.3	29.7	30.8	31.1	32.4	30.9	31.0	30.6
Pologne	30.1	33.8	28.4	28.4	28.4	28.4	29.6	29.6	29.6	28.4
Portugal	30.2	27.5	26.3	25.4	26.3	27.3	27.9	30.2	29.8	30.7
République slovaque	30.8	22.1	25.3	22.8	22.9	24.9	25.8	27.6	28.1	28.4
République tchèque	22.0	27.0	20.8	20.9	21.1	26.8	26.1	26.1	26.6	26.6
Royaume-Uni	27.8	27.9	26.9	26.2	26.5	26.4	27.5	26.8	26.4	26.3
Slovénie	25.0	24.2	23.1	22.1	22.9	23.2	23.2	23.2	23.5	23.7
Suède	44.3	42.6	39.2	37.7	37.2	37.4	37.6	37.9	37.4	37.8
Suisse	11.7	11.4	9.2	10.1	10.3	10.3	10.1	9.7	9.7	9.8
Turquie[2]	40.4	42.8	37.2	35.2	35.4	35.5	35.6	35.8	36.6	36.9
Moyenne non pondérée										
OCDE-Moyenne	**27.5**	**26.7**	**25.6**	**24.9**	**25.1**	**25.8**	**26.3**	**26.4**	**26.7**	**26.7**
OCDE-UE 21	**32.4**	**31.1**	**30.4**	**29.9**	**29.9**	**30.7**	**31.2**	**31.2**	**31.2**	**31.1**

1. Informations sur les données concernant Israël : *http://oe.cd/israel-disclaimer.*
2. Les données sur les salaires sont basées sur l'ancienne définition de l'ouvrier moyen (CITI D, Rév. 3) pour les années 2000 à 2006.

StatLink http://dx.doi.org/10.1787/888933343506

Tableau 6.5b. **Impôt sur le revenu, couple marié, salaire égal à 100 % du salaire moyen**

Pression fiscale en % du salaire brut, couple marié ayant deux enfants et un seul salaire

	2000	2005	2008	2009	2010	2011	2012	2013	2014	2015
Allemagne	1.5	0.9	2.1	0.2	-0.6	0.1	0.6	0.6	0.8	1.0
Australie	25.6	24.2	22.5	20.9	21.1	21.1	21.8	23.1	23.4	24.1
Autriche	11.7	13.0	14.4	12.5	12.8	13.3	13.8	14.3	14.6	14.9
Belgique	18.9	16.5	17.3	17.0	17.7	17.8	17.7	17.2	17.1	16.8
Canada	15.0	11.7	9.8	8.2	8.5	8.7	8.8	8.8	8.8	11.1
Chili	0.0	0.0	0.0	0.0	0.0	0.0	0.0	0.0	0.0	0.0
Corée	1.5	1.5	2.2	1.4	1.9	1.7	2.1	2.5	2.7	2.9
Danemark	26.3	25.3	33.4	32.7	32.1	32.4	32.5	32.2	32.0	32.2
Espagne	5.2	6.6	5.2	5.8	7.9	8.3	8.9	9.0	9.1	7.6
Estonie	17.9	13.8	6.4	9.2	9.2	9.9	10.5	11.3	11.8	11.1
États-Unis	6.8	3.3	5.0	2.5	3.6	5.6	5.8	5.7	5.9	6.1
Finlande	26.9	24.7	24.2	23.0	22.3	22.2	21.8	22.5	22.7	22.5
France	7.3	7.9	7.9	8.3	8.3	8.4	8.5	7.9	7.9	7.9
Grèce	8.2	10.4	9.5	9.2	7.7	12.0	11.4	10.4	10.4	10.2
Hongrie	18.4	14.9	21.3	20.8	14.4	8.5	8.2	7.8	8.1	8.4
Irlande	7.0	4.0	2.4	5.0	6.2	7.0	8.0	7.9	8.2	8.0
Islande	16.1	19.8	19.3	15.8	17.0	18.5	19.1	19.9	19.5	20.5
Israël[1]	18.0	13.3	11.2	9.7	9.0	9.1	8.7	8.6	9.1	9.4
Italie	15.6	11.5	12.8	13.2	13.9	14.7	15.0	14.6	15.1	16.2
Japon	2.9	3.5	4.3	4.1	3.9	4.9	6.2	6.1	6.3	6.3
Luxembourg	2.3	0.2	5.3	4.2	4.5	4.9	5.2	5.9	6.2	6.3
Mexique	1.0	3.2	3.8	4.1	4.8	7.9	8.2	8.5	8.8	8.9
Norvège	18.1	18.7	19.3	19.0	19.0	19.1	18.9	18.9	19.3	19.0
Nouvelle-Zélande	19.4	20.0	20.5	18.4	17.0	15.9	16.4	16.9	17.2	17.6
Pays-Bas	4.8	10.9	15.1	16.3	15.9	16.2	16.8	15.3	15.0	16.1
Pologne	1.0	0.7	0.0	0.0	0.0	0.0	0.0	0.0	0.0	-1.5
Portugal	6.2	3.7	3.2	2.8	3.3	3.4	3.9	6.3	6.2	7.3
République slovaque	4.8	-4.4	-2.8	-5.2	-5.1	-2.7	-2.7	-2.8	-2.3	-2.0
République tchèque	4.0	1.0	-5.8	-5.1	-5.3	-4.2	-5.2	-5.2	-4.7	-4.7
Royaume-Uni	17.4	15.8	14.7	14.5	14.6	14.0	15.4	14.6	14.3	14.1
Slovénie	4.8	2.0	2.6	2.5	2.9	3.0	2.8	2.7	2.8	2.9
Suède	26.7	24.2	19.9	18.4	17.8	17.9	17.9	18.1	17.4	17.7
Suisse	6.2	6.6	5.8	5.8	5.9	5.4	4.9	4.5	4.5	4.5
Turquie[2]	14.7	15.5	9.5	9.5	9.8	9.8	9.9	10.2	10.5	10.8
Moyenne non pondérée										
OCDE-Moyenne	**11.2**	**10.1**	**10.1**	**9.5**	**9.5**	**9.8**	**10.0**	**10.1**	**10.3**	**10.4**
OCDE-UE 21	**11.3**	**9.7**	**10.0**	**9.8**	**9.5**	**9.9**	**10.0**	**10.0**	**10.1**	**10.1**

1. Informations sur les données concernant Israël : *http://oe.cd/israel-disclaimer*.
2. Les données sur les salaires sont basées sur l'ancienne définition de l'ouvrier moyen (CITI D, Rév. 3) pour les années 2000 à 2006.

StatLink http://dx.doi.org/10.1787/888933343512

Tableau 6.5c. **Impôt sur le revenu et cotisations sociales des salariés diminués des prestations versées, couple marié, salaire égal à 100 % du salaire moyen**

Pression fiscale en % du salaire brut, couple marié ayant deux enfants et un seul salaire

	2000	2005	2008	2009	2010	2011	2012	2013	2014	2015
Allemagne	22.0	22.0	22.5	20.6	19.6	20.8	21.0	20.8	21.0	21.2
Australie	18.4	12.0	9.8	8.7	9.3	10.1	11.9	12.0	12.4	12.9
Autriche	15.1	17.8	20.3	17.4	17.9	19.0	19.8	20.7	21.1	21.4
Belgique	23.7	22.1	22.6	22.4	23.6	23.7	23.6	23.0	22.9	22.7
Canada	14.2	12.0	9.7	7.0	8.2	8.5	8.7	8.8	9.6	9.0
Chili	6.1	6.1	6.2	6.2	6.3	7.0	7.0	7.0	7.0	7.0
Corée	8.2	8.7	9.8	9.0	9.7	9.8	10.3	10.8	11.1	11.3
Danemark	28.5	26.5	27.0	26.4	24.9	25.3	25.5	25.1	24.8	25.3
Espagne	11.5	13.0	11.5	12.2	14.2	14.7	15.2	15.3	15.4	14.0
Estonie	10.6	7.5	2.5	6.1	7.3	8.3	9.1	9.4	10.0	4.3
États-Unis	14.4	10.9	9.8	10.1	11.2	11.2	11.4	13.3	13.6	13.7
Finlande	24.8	23.2	23.6	22.7	23.0	23.1	23.0	23.9	24.6	25.2
France	16.1	16.9	17.4	17.6	17.7	17.8	18.0	17.5	17.8	18.0
Grèce	24.1	26.4	25.5	25.2	23.7	28.2	27.9	24.1	23.6	22.9
Hongrie	20.5	19.5	24.6	24.7	18.7	14.0	15.4	15.4	16.2	16.9
Irlande	5.4	-4.4	-6.6	-7.6	-5.5	-4.5	-1.8	-0.4	0.0	-0.3
Islande	8.9	15.0	14.0	9.7	12.2	14.5	13.3	15.2	14.9	16.5
Israël[1]	21.8	18.5	16.2	14.5	13.6	13.2	12.6	12.9	14.5	14.5
Italie	18.6	15.2	16.3	16.7	17.8	18.8	19.1	18.7	19.4	20.6
Japon	12.9	14.2	14.0	13.8	11.3	12.2	15.0	15.1	15.6	15.8
Luxembourg	1.9	-1.2	1.3	0.8	1.5	3.1	3.0	4.1	4.8	5.6
Mexique	2.5	4.7	5.2	5.4	6.1	9.3	9.6	9.8	10.1	10.3
Norvège	19.3	20.3	21.9	21.7	21.8	22.2	22.1	22.2	23.2	23.0
Nouvelle-Zélande	13.6	12.8	0.7	-0.3	-0.9	-1.1	0.6	2.4	3.8	4.9
Pays-Bas	22.4	22.3	23.0	22.6	23.6	24.0	25.1	24.5	24.1	23.8
Pologne	18.4	22.7	17.8	17.8	17.8	17.8	17.8	17.8	17.8	16.4
Portugal	13.6	10.3	8.8	7.7	8.8	10.1	10.8	13.7	13.1	14.2
République slovaque	4.4	1.7	5.8	2.5	2.6	5.2	5.1	5.0	5.6	6.1
République tchèque	-5.3	1.4	-6.9	-6.0	-5.7	1.9	1.0	0.9	1.6	1.7
Royaume-Uni	20.6	20.2	19.0	18.4	18.7	18.3	19.7	19.0	18.6	18.4
Slovénie	10.1	9.1	9.9	9.6	10.4	10.8	10.8	10.8	11.2	11.4
Suède	26.0	24.0	19.4	18.1	17.4	17.7	17.9	18.3	17.8	18.3
Suisse	5.9	6.1	3.7	4.7	4.9	4.7	4.5	4.1	4.1	4.2
Turquie[2]	28.7	30.5	24.5	24.5	24.8	24.8	24.9	25.2	25.5	25.8
Moyenne non pondérée										
OCDE-Moyenne	**14.9**	**14.4**	**13.3**	**12.7**	**12.8**	**13.7**	**14.1**	**14.3**	**14.6**	**14.6**
OCDE-UE 21	**15.9**	**15.1**	**14.5**	**14.1**	**14.2**	**15.1**	**15.6**	**15.6**	**15.8**	**15.6**

1. Informations sur les données concernant Israël : *http://oe.cd/israel-disclaimer*.
2. Les données sur les salaires sont basées sur l'ancienne définition de l'ouvrier moyen (CITI D, Rév. 3) pour les années 2000 à 2006.

StatLink http://dx.doi.org/10.1787/888933343529

Tableau 6.6a. **Impôt sur le revenu et cotisations sociales des salariés et employeurs diminués des prestations versées, couple marié, deux enfants, deux salaires égaux à 100 % et 33 % du salaire moyen**

Pression fiscale en % des coûts de main-d'oeuvre

	2000	2005	2008	2009	2010	2011	2012	2013	2014	2015
Allemagne	41.2	40.8	40.3	39.0	37.7	38.6	38.7	38.3	38.5	38.7
Australie	24.6	20.8	19.1	18.0	18.0	17.9	18.8	19.9	20.9	22.7
Autriche	36.3	37.3	38.7	36.4	36.7	37.4	37.8	38.3	38.5	38.4
Belgique	44.3	41.3	41.6	41.5	42.2	42.4	42.4	41.9	41.7	41.4
Canada	26.9	25.2	23.9	23.0	23.2	23.4	23.7	24.0	24.2	23.7
Chili	4.8	4.9	4.5	4.5	4.8	4.8	4.8	4.8	4.7	4.7
Corée	15.3	16.0	17.6	17.1	17.8	18.0	18.6	19.0	19.2	19.3
Danemark	33.0	31.0	31.3	30.7	29.5	29.9	30.1	29.7	29.5	29.8
Espagne	35.0	35.3	34.4	34.6	35.7	35.9	36.4	36.4	36.5	35.6
Estonie	35.6	33.9	30.4	33.1	34.1	34.5	35.0	34.8	35.2	31.7
États-Unis	25.0	22.7	21.0	22.6	23.0	22.6	22.7	24.3	24.6	24.7
Finlande	39.3	36.6	36.4	35.2	35.0	35.0	34.9	35.6	36.2	36.5
France	40.5	40.3	39.4	40.4	40.6	40.7	41.0	39.4	37.5	37.9
Grèce	39.1	40.5	40.0	39.8	38.9	42.4	42.2	39.8	38.7	37.5
Hongrie	44.8	40.0	42.8	42.1	36.4	34.4	35.4	36.2	38.3	38.7
Irlande	20.3	9.6	7.3	8.7	10.6	12.3	13.4	14.4	14.6	14.0
Islande	20.2	26.3	24.6	22.5	26.2	27.7	26.9	28.0	27.7	28.6
Israël[1]	21.7	19.6	16.8	15.5	14.9	13.5	13.0	13.2	15.8	15.9
Italie	41.1	38.3	38.6	38.9	39.6	40.2	40.5	40.3	39.5	39.5
Japon	22.4	24.7	25.2	24.9	24.0	25.1	27.2	27.5	28.0	28.3
Luxembourg	15.8	13.8	15.8	15.4	15.9	18.0	17.9	19.0	19.6	20.3
Mexique	9.8	12.2	13.1	13.5	14.1	16.3	16.7	17.0	17.3	17.6
Norvège	30.8	31.3	31.6	31.5	31.6	32.0	31.8	31.7	31.3	31.1
Nouvelle-Zélande	18.5	19.2	9.2	8.0	7.4	7.0	8.6	10.0	11.1	12.0
Pays-Bas	34.3	32.2	30.2	29.2	29.5	29.5	29.8	28.7	28.2	27.6
Pologne	32.1	35.1	28.4	28.4	28.4	28.4	29.6	29.6	30.0	30.2
Portugal	30.6	28.6	28.4	27.7	28.2	28.4	28.9	31.2	30.9	31.1
République slovaque	35.1	28.2	30.1	26.7	27.2	29.4	30.3	33.0	33.4	31.7
République tchèque	31.0	35.1	30.5	30.2	30.3	33.2	32.6	32.5	32.8	32.7
Royaume-Uni	25.5	25.9	25.2	24.4	24.7	24.8	24.4	23.3	22.6	22.4
Slovénie	33.7	32.3	30.7	30.0	30.4	30.6	30.6	30.5	30.7	30.8
Suède	44.7	42.5	38.8	37.3	36.8	36.9	37.1	37.4	36.9	37.3
Suisse	14.6	14.1	12.4	13.1	13.3	13.3	13.1	12.8	12.8	12.9
Turquie[2]	39.7	42.4	36.2	34.1	34.3	34.4	34.4	34.7	35.4	35.7
Moyenne non pondérée										
OCDE-Moyenne	**29.6**	**28.8**	**27.5**	**27.0**	**27.1**	**27.6**	**27.9**	**28.2**	**28.3**	**28.3**
OCDE-UE 21	**34.9**	**33.3**	**32.3**	**31.9**	**31.8**	**32.5**	**32.8**	**32.9**	**32.9**	**32.6**

1. Informations sur les données concernant Israël : *http://oe.cd/israel-disclaimer.*
2. Les données sur les salaires sont basées sur l'ancienne définition de l'ouvrier moyen (CITI D, Rév. 3) pour les années 2000 à 2006.

StatLink http://dx.doi.org/10.1787/888933343537

Tableau 6.6b. **Impôt sur le revenu, couple marié, deux enfants, deux salaires égaux à 100 % et 33 % du salaire moyen**

Pression fiscale en % du salaire brut

	2000	2005	2008	2009	2010	2011	2012	2013	2014	2015
Allemagne	8.6	7.3	8.2	6.7	5.4	5.9	6.3	6.3	6.4	6.6
Australie	22.0	21.0	18.9	17.3	17.4	17.4	18.1	18.7	19.0	19.7
Autriche	9.4	11.0	12.0	10.5	10.7	11.1	11.4	11.7	12.0	12.0
Belgique	24.0	21.9	22.6	22.3	22.9	22.8	22.6	22.1	21.9	21.5
Canada	16.3	13.5	12.1	11.0	11.1	11.2	11.2	11.2	11.1	12.7
Chili	0.0	0.0	0.0	0.0	0.0	0.0	0.0	0.0	0.0	0.0
Corée	1.1	1.4	2.0	1.5	1.9	1.7	2.2	2.5	2.5	2.6
Danemark	28.8	27.5	35.5	34.9	34.1	34.3	34.4	34.0	33.8	34.0
Espagne	8.7	9.2	8.2	8.7	10.2	10.4	11.0	11.1	11.1	10.0
Estonie	19.9	16.3	10.0	12.0	12.0	12.5	13.0	13.6	13.9	13.2
États-Unis	10.5	7.7	9.1	7.7	8.1	9.6	9.7	9.6	9.8	9.9
Finlande	23.4	21.0	20.2	19.1	18.4	18.2	17.4	18.2	18.3	17.9
France	8.9	7.7	6.3	7.7	7.8	7.9	8.3	8.3	6.7	7.9
Grèce	6.2	7.8	7.1	6.9	5.8	9.8	9.2	7.8	7.8	7.7
Hongrie	15.8	11.2	16.1	15.9	10.8	7.3	10.1	9.9	10.1	10.3
Irlande	12.6	6.7	4.6	6.4	7.5	8.8	9.6	9.6	9.8	9.2
Islande	19.9	23.9	23.0	20.7	21.7	22.8	23.2	23.8	23.6	24.3
Israël[1]	13.5	10.0	8.4	7.3	6.8	5.8	5.4	5.0	6.9	7.1
Italie	14.2	10.8	12.0	12.4	13.2	13.9	14.2	14.0	12.9	12.8
Japon	4.4	4.2	5.0	4.9	4.7	5.6	6.7	6.6	6.8	6.8
Luxembourg	3.8	2.2	6.4	5.2	5.6	6.0	6.4	7.4	7.8	8.0
Mexique	-4.0	-1.4	-0.4	0.0	0.7	3.2	3.6	4.0	4.4	4.6
Norvège	19.1	19.1	19.0	18.7	18.7	18.8	18.5	18.4	17.4	17.2
Nouvelle-Zélande	18.5	19.2	19.1	17.2	15.9	14.8	15.2	15.7	16.0	16.2
Pays-Bas	7.8	8.5	11.8	12.6	12.3	12.4	12.9	12.1	11.7	12.8
Pologne	2.4	2.2	0.0	0.0	0.0	0.0	0.0	0.0	0.4	0.7
Portugal	5.7	3.7	3.4	2.9	3.3	3.3	3.9	6.5	6.2	6.5
République slovaque	4.6	1.4	2.0	-1.7	-1.0	1.6	1.7	2.9	3.3	3.6
République tchèque	5.2	5.1	2.5	2.8	2.5	3.2	2.3	2.2	2.5	2.3
Royaume-Uni	15.1	14.1	13.3	12.9	13.1	13.4	13.0	11.9	11.5	11.1
Slovénie	6.8	4.3	3.6	3.6	3.8	3.8	3.7	3.7	3.7	3.8
Suède	25.3	22.3	17.5	16.1	15.4	15.5	15.6	15.8	15.1	15.4
Suisse	7.6	7.8	7.2	7.2	7.3	6.8	6.5	6.1	6.1	6.2
Turquie[2]	14.0	15.0	8.2	8.2	8.5	8.5	8.6	8.9	9.1	9.5
Moyenne non pondérée										
OCDE-Moyenne	**11.8**	**10.7**	**10.4**	**10.0**	**9.9**	**10.3**	**10.5**	**10.6**	**10.6**	**10.7**
OCDE-UE 21	**12.3**	**10.6**	**10.6**	**10.4**	**10.2**	**10.6**	**10.8**	**10.9**	**10.8**	**10.8**

1. Informations sur les données concernant Israël : *http://oe.cd/israel-disclaimer.*
2. Les données sur les salaires sont basées sur l'ancienne définition de l'ouvrier moyen (CITI D, Rév. 3) pour les années 2000 à 2006.

StatLink http://dx.doi.org/10.1787/888933343545

Tableau 6.6c. **Impôt sur le revenu et cotisations sociales des salariés diminués des prestations versées, couple marié, deux enfants, deux salaires égaux à 100 % et 33 % du salaire moyen**

Pression fiscale en % du salaire brut

	2000	2005	2008	2009	2010	2011	2012	2013	2014	2015
Allemagne	29.1	28.5	28.6	27.1	25.7	26.5	26.7	26.4	26.6	26.9
Australie	19.8	16.0	14.2	12.7	12.9	13.0	13.9	15.1	16.1	18.1
Autriche	16.5	19.1	20.9	17.9	18.3	19.1	19.7	20.3	20.6	20.6
Belgique	29.3	26.7	26.8	26.6	27.5	27.5	27.4	26.8	26.6	26.2
Canada	18.6	16.6	15.3	14.2	14.4	14.6	14.8	14.9	15.2	14.6
Chili	4.8	4.9	4.5	4.5	4.8	4.8	4.8	4.8	4.7	4.7
Corée	7.8	8.5	9.6	9.1	9.7	9.8	10.3	10.7	10.8	11.0
Danemark	32.7	30.4	30.7	30.1	28.7	29.0	29.1	28.7	28.5	28.9
Espagne	15.1	15.6	14.6	15.0	16.5	16.8	17.4	17.4	17.5	16.3
Estonie	14.4	11.8	7.2	10.1	11.2	12.0	12.6	12.7	13.1	8.5
États-Unis	18.2	15.4	13.6	15.3	15.7	15.2	15.4	17.3	17.5	17.6
Finlande	23.5	21.3	21.2	20.3	20.4	20.4	20.1	20.9	21.5	21.8
France	18.8	17.9	16.8	18.1	18.2	18.4	18.8	19.0	17.6	19.0
Grèce	22.1	23.8	23.1	22.9	21.8	26.0	25.7	23.3	22.8	22.1
Hongrie	20.5	18.0	22.8	23.0	18.3	15.8	20.2	20.2	20.7	21.2
Irlande	11.4	0.4	-2.1	-0.6	1.5	3.4	4.6	5.6	5.9	5.2
Islande	16.4	22.1	20.6	17.8	19.9	21.4	21.2	22.4	22.2	23.3
Israël[1]	17.8	15.0	13.1	11.8	11.1	9.7	9.2	9.2	11.8	11.8
Italie	21.0	17.8	18.9	19.3	20.2	21.0	21.4	21.2	20.1	20.0
Japon	14.4	15.1	15.4	15.2	13.5	14.5	16.7	16.8	17.3	17.5
Luxembourg	6.3	3.9	6.3	5.6	6.3	7.9	7.8	9.1	9.7	10.6
Mexique	-2.6	0.0	1.0	1.4	2.0	4.5	4.9	5.3	5.7	5.9
Norvège	21.9	22.3	22.8	22.7	22.8	23.0	22.8	22.8	22.3	22.2
Nouvelle-Zélande	18.5	19.2	9.2	8.0	7.4	7.0	8.6	10.0	11.1	12.0
Pays-Bas	26.6	24.2	23.3	22.5	22.6	22.7	22.7	22.3	21.2	20.6
Pologne	20.8	24.1	17.8	17.8	17.8	17.8	17.8	17.8	18.3	18.5
Portugal	14.1	11.7	11.4	10.5	11.2	11.4	12.1	14.8	14.5	14.7
République slovaque	10.4	9.4	11.7	7.5	8.1	10.9	10.9	12.1	12.6	12.0
République tchèque	6.9	12.4	6.2	6.5	6.6	10.5	9.6	9.6	10.0	9.9
Royaume-Uni	18.8	18.7	17.9	17.2	17.5	17.7	17.3	16.2	15.6	15.4
Slovénie	21.2	19.5	18.9	18.8	19.2	19.4	19.4	19.3	19.5	19.6
Suède	26.5	23.9	18.9	17.6	16.9	17.1	17.3	17.7	17.1	17.6
Suisse	9.0	8.9	7.1	7.8	8.0	7.9	7.7	7.3	7.3	7.4
Turquie[2]	28.0	30.0	23.2	23.2	23.5	23.5	23.6	23.9	24.1	24.5
Moyenne non pondérée										
OCDE-Moyenne	**17.6**	**16.9**	**15.6**	**15.2**	**15.3**	**15.9**	**16.2**	**16.5**	**16.7**	**16.7**
OCDE-UE 21	**19.3**	**18.1**	**17.2**	**16.9**	**16.9**	**17.7**	**18.0**	**18.2**	**18.1**	**17.9**

1. Informations sur les données concernant Israël : *http://oe.cd/israel-disclaimer.*
2. Les données sur les salaires sont basées sur l'ancienne définition de l'ouvrier moyen (CITI D, Rév. 3) pour les années 2000 à 2006.

StatLink http://dx.doi.org/10.1787/888933343553

Tableau 6.7a. **Impôt sur le revenu et cotisations sociales des salariés et employeurs diminués des prestations versées, couple marié, deux salaires égaux à 100 % et 67 % du salaire moyen**

Pression fiscale en % des coûts de main-d'oeuvre, couple marié ayant deux enfants et deux salaires

	2000	2005	2008	2009	2010	2011	2012	2013	2014	2015
Allemagne	45.4	44.8	44.2	43.0	41.5	42.3	42.4	42.0	42.1	42.3
Australie	26.7	23.6	23.0	22.4	23.8	24.3	25.0	25.2	25.5	26.3
Autriche	39.0	40.1	41.6	39.7	40.1	40.7	41.2	41.7	42.0	42.1
Belgique	50.9	48.3	48.5	48.3	48.9	49.1	49.0	48.5	48.4	48.1
Canada	29.7	28.4	27.3	26.6	26.5	26.8	27.0	27.2	27.3	26.9
Chili	5.3	5.4	5.5	5.5	6.6	6.6	6.6	6.6	6.6	6.6
Corée	15.5	16.1	17.8	17.3	17.9	18.2	18.6	19.1	19.3	19.5
Danemark	36.5	33.3	33.4	32.9	31.6	32.0	32.1	31.8	31.6	31.8
Espagne	35.4	36.1	34.6	34.9	36.7	37.0	37.5	37.6	37.6	36.4
Estonie	37.4	35.9	32.6	34.7	35.8	36.2	36.6	36.3	36.6	33.6
États-Unis	26.9	25.0	23.7	24.9	25.3	24.6	24.7	26.3	26.6	26.6
Finlande	41.3	38.6	38.5	37.2	37.0	37.0	37.1	37.9	38.5	38.9
France	43.3	44.7	45.1	45.1	45.3	45.4	45.6	44.1	43.6	43.1
Grèce	39.4	40.7	40.6	40.5	39.3	43.0	42.8	40.4	39.3	38.0
Hongrie	47.0	41.6	45.1	44.4	39.6	37.9	39.6	40.1	40.5	40.8
Irlande	21.8	14.6	12.9	14.6	16.2	17.8	18.8	19.9	20.2	19.8
Islande	25.4	30.3	28.2	26.9	30.4	31.6	30.9	31.8	31.6	32.3
Israël[1]	21.6	18.5	16.0	14.8	14.4	14.1	13.8	14.1	15.1	15.3
Italie	44.2	41.7	41.7	41.9	42.5	43.0	43.2	43.1	42.3	42.7
Japon	22.9	25.4	26.2	25.9	25.4	26.4	28.2	28.5	28.9	29.2
Luxembourg	21.5	19.2	21.2	20.8	21.4	23.4	23.4	24.7	25.3	26.0
Mexique	10.6	12.9	13.4	14.0	14.7	16.5	16.8	17.3	17.6	17.8
Norvège	33.0	32.8	33.5	33.3	33.4	33.7	33.7	33.7	33.4	33.2
Nouvelle-Zélande	19.0	19.6	15.7	14.7	13.9	13.2	14.7	15.9	16.3	16.5
Pays-Bas	38.1	36.6	33.6	31.7	31.9	31.8	32.1	30.6	30.2	29.7
Pologne	35.8	36.3	28.8	28.7	29.1	29.5	30.9	31.1	31.5	31.7
Portugal	33.0	32.0	32.2	31.2	32.5	34.3	34.5	37.0	36.8	35.6
République slovaque	36.9	31.1	33.0	31.2	31.5	32.7	33.6	35.2	35.5	35.7
République tchèque	36.3	38.9	34.5	34.2	34.3	35.5	35.1	35.1	35.4	35.4
Royaume-Uni	28.4	29.9	28.6	28.0	28.4	28.1	27.7	26.8	26.3	26.2
Slovénie	37.1	36.2	34.9	34.2	34.0	34.1	34.3	34.4	34.5	34.6
Suède	46.0	44.2	40.5	39.1	38.6	38.7	38.8	39.1	38.7	39.0
Suisse	17.7	17.2	15.7	16.2	16.4	16.4	16.3	16.0	16.0	16.0
Turquie[2]	39.9	42.5	37.1	35.1	35.4	35.4	35.6	35.8	36.6	36.9
Moyenne non pondérée										
OCDE-Moyenne	**32.0**	**31.2**	**30.3**	**29.8**	**30.0**	**30.5**	**30.8**	**31.0**	**31.1**	**31.0**
OCDE-UE 21	**37.8**	**36.4**	**35.5**	**35.1**	**35.0**	**35.7**	**36.0**	**36.1**	**36.0**	**35.8**

1. Informations sur les données concernant Israël : *http://oe.cd/israel-disclaimer.*
2. Les données sur les salaires sont basées sur l'ancienne définition de l'ouvrier moyen (CITI D, Rév. 3) pour les années 2000 à 2006.

StatLink http://dx.doi.org/10.1787/888933343565

Tableau 6.7b. **Impôt sur le revenu, couple marié, deux salaires égaux à 100 % et 67 % du salaire moyen**

Pression fiscale en % du salaire brut, couple marié ayant deux enfants et deux salaires

	2000	2005	2008	2009	2010	2011	2012	2013	2014	2015
Allemagne	13.8	12.1	12.9	11.6	9.9	10.3	10.6	10.6	10.8	11.0
Australie	23.8	22.8	20.4	18.8	19.1	19.7	20.6	20.8	21.1	21.9
Autriche	10.8	12.5	13.9	12.0	12.3	12.8	13.2	13.6	14.0	14.2
Belgique	26.4	24.0	24.5	24.2	24.8	24.9	24.7	24.4	24.3	23.9
Canada	17.5	14.9	13.8	13.0	12.8	12.9	13.0	13.0	12.8	14.0
Chili	0.0	0.0	0.0	0.0	0.0	0.0	0.0	0.0	0.0	0.0
Corée	1.3	1.5	2.2	1.6	2.0	1.9	2.2	2.5	2.6	2.8
Danemark	31.3	28.9	36.8	36.2	35.4	35.5	35.6	35.2	35.0	35.2
Espagne	9.3	10.2	8.5	9.1	11.5	11.8	12.5	12.6	12.7	11.0
Estonie	21.1	17.8	12.2	13.8	13.7	14.1	14.5	15.0	15.3	14.5
États-Unis	12.8	10.5	11.7	10.5	10.9	12.0	12.2	12.1	12.2	12.3
Finlande	24.5	22.2	21.6	20.4	19.7	19.5	19.0	19.9	20.0	19.9
France	10.8	10.8	11.0	11.1	11.1	11.2	11.5	11.5	11.5	11.3
Grèce	6.5	8.1	8.0	7.8	6.3	10.5	9.9	8.4	8.4	8.2
Hongrie	18.0	12.4	17.2	17.2	13.0	10.0	11.3	11.1	11.3	11.5
Irlande	14.5	9.4	7.7	9.9	10.8	12.2	12.9	12.9	13.1	12.7
Islande	23.2	26.4	25.3	23.8	24.8	25.8	26.1	26.6	26.3	26.9
Israël[1]	12.5	7.9	6.7	5.8	5.4	5.5	5.2	5.1	5.5	5.6
Italie	16.8	14.0	15.4	15.7	16.3	17.0	17.3	17.0	16.0	16.5
Japon	4.9	4.7	5.7	5.6	5.5	6.2	7.0	7.0	7.1	7.1
Luxembourg	8.2	6.2	10.0	8.8	9.3	9.8	10.3	11.6	12.1	12.3
Mexique	-1.7	0.6	1.3	1.9	2.7	4.7	5.1	5.6	6.0	6.2
Norvège	20.6	19.9	20.3	20.0	20.0	20.1	19.9	19.9	19.1	18.8
Nouvelle-Zélande	19.0	19.6	19.5	17.9	16.5	15.3	15.7	16.0	16.3	16.5
Pays-Bas	7.9	8.3	11.2	11.9	11.7	11.8	12.1	11.3	10.9	12.2
Pologne	3.8	3.6	0.5	0.4	0.8	1.2	1.5	1.8	2.1	2.4
Portugal	8.1	7.3	7.2	6.5	7.3	7.7	7.9	11.0	10.8	9.3
République slovaque	5.8	4.0	4.9	3.2	3.5	5.0	5.0	4.9	5.2	5.4
République tchèque	6.8	7.1	4.6	5.0	4.9	5.6	5.0	4.9	5.3	5.2
Royaume-Uni	16.5	16.8	15.4	15.1	15.4	14.7	14.4	13.6	13.2	13.0
Slovénie	8.1	5.9	6.1	6.0	5.7	5.7	5.6	5.5	5.6	5.7
Suède	25.9	23.4	18.7	17.4	16.7	16.8	16.8	17.0	16.4	16.7
Suisse	9.8	10.1	9.4	9.4	9.5	9.1	8.8	8.5	8.4	8.5
Turquie[2]	14.1	15.1	9.4	9.4	9.7	9.8	9.9	10.2	10.5	10.9
Moyenne non pondérée										
OCDE-Moyenne	**13.3**	**12.3**	**12.2**	**11.8**	**11.7**	**12.1**	**12.3**	**12.4**	**12.4**	**12.5**
OCDE-UE 21	**14.1**	**12.6**	**12.8**	**12.5**	**12.4**	**12.8**	**12.9**	**13.0**	**13.0**	**13.0**

1. Informations sur les données concernant Israël : *http://oe.cd/israel-disclaimer.*
2. Les données sur les salaires sont basées sur l'ancienne définition de l'ouvrier moyen (CITI D, Rév. 3) pour les années 2000 à 2006.

StatLink http://dx.doi.org/10.1787/888933343577

Tableau 6.7c. **Impôt sur le revenu et cotisations sociales des salariés diminués des prestations versées, couple marié, deux salaires égaux à 100 % et 67 % du salaire moyen**

Pression fiscale en % du salaire brut, couple marié ayant deux enfants et deux salaires

	2000	2005	2008	2009	2010	2011	2012	2013	2014	2015
Allemagne	34.3	33.3	33.3	31.9	30.1	30.9	31.1	30.8	31.0	31.2
Australie	22.0	19.0	18.3	17.4	19.0	19.7	20.6	20.8	21.1	21.9
Autriche	20.1	22.6	24.7	22.2	22.6	23.4	24.0	24.7	25.1	25.3
Belgique	35.0	33.0	33.3	33.1	33.9	34.1	33.9	33.5	33.5	33.1
Canada	21.6	20.0	19.0	18.1	18.1	18.2	18.4	18.5	18.6	18.1
Chili	5.3	5.4	5.5	5.5	6.6	6.6	6.6	6.6	6.6	6.6
Corée	8.0	8.6	9.8	9.3	9.8	9.9	10.4	10.8	11.0	11.1
Danemark	36.2	32.8	33.0	32.4	31.0	31.3	31.4	31.0	30.8	31.1
Espagne	15.6	16.6	14.9	15.5	17.8	18.2	18.9	18.9	19.0	17.3
Estonie	16.8	14.4	10.1	12.6	13.7	14.3	14.8	14.7	15.1	11.1
États-Unis	20.5	18.2	16.8	18.2	18.5	17.7	17.8	19.7	19.9	20.0
Finlande	26.0	23.8	23.7	22.7	22.9	22.9	22.8	23.7	24.3	24.8
France	21.4	21.7	22.1	22.2	22.2	22.4	22.7	22.8	23.1	23.1
Grèce	22.4	24.1	24.0	23.8	22.3	26.7	26.4	24.1	23.6	22.8
Hongrie	24.3	20.6	26.0	26.3	22.3	20.2	23.1	23.1	23.5	23.9
Irlande	13.6	5.4	3.5	5.4	7.2	9.0	10.0	11.3	11.6	11.2
Islande	21.9	26.3	24.3	22.4	24.4	25.7	25.6	26.5	26.4	27.2
Israël[1]	17.7	13.8	12.2	11.1	10.5	10.3	9.9	10.0	11.0	11.1
Italie	25.2	22.4	22.9	23.3	24.0	24.7	25.0	24.8	23.8	24.3
Japon	14.9	15.9	16.5	16.3	15.1	16.0	17.8	17.9	18.3	18.5
Luxembourg	12.6	10.0	12.4	11.6	12.3	14.0	13.9	15.5	16.1	17.0
Mexique	-0.3	2.0	2.6	3.2	4.0	6.1	6.4	6.9	7.3	7.5
Norvège	24.4	24.0	24.9	24.8	24.8	25.1	25.0	25.1	24.7	24.5
Nouvelle-Zélande	19.0	19.6	15.7	14.7	13.9	13.2	14.7	15.9	16.3	16.5
Pays-Bas	30.1	28.3	26.8	25.0	24.9	25.0	25.0	24.3	23.4	22.9
Pologne	25.0	25.6	18.3	18.2	18.6	19.0	19.3	19.6	20.0	20.2
Portugal	17.0	15.9	16.2	14.9	16.5	18.7	18.9	22.0	21.8	20.3
République slovaque	12.9	13.0	15.4	13.2	13.6	15.1	15.1	15.0	15.4	15.6
République tchèque	14.0	17.5	11.6	11.8	12.0	13.6	13.1	13.0	13.4	13.5
Royaume-Uni	21.5	22.7	21.3	20.7	21.1	20.6	20.3	19.4	18.9	18.7
Slovénie	25.1	23.5	23.7	23.6	23.4	23.5	23.7	23.8	24.0	24.1
Suède	28.3	26.1	21.2	20.0	19.3	19.5	19.6	19.9	19.4	19.8
Suisse	12.3	12.2	10.6	11.2	11.3	11.2	11.0	10.7	10.7	10.8
Turquie[2]	28.1	30.1	24.4	24.4	24.7	24.8	24.9	25.2	25.5	25.9
Moyenne non pondérée										
OCDE-Moyenne	**20.4**	**19.7**	**18.8**	**18.4**	**18.6**	**19.2**	**19.5**	**19.7**	**19.8**	**19.7**
OCDE-UE 21	**22.7**	**21.6**	**20.9**	**20.5**	**20.6**	**21.3**	**21.6**	**21.7**	**21.7**	**21.5**

1. Informations sur les données concernant Israël : *http://oe.cd/israel-disclaimer*.
2. Les données sur les salaires sont basées sur l'ancienne définition de l'ouvrier moyen (CITI D, Rév. 3) pour les années 2000 à 2006.

StatLink http://dx.doi.org/10.1787/888933343582

Tableau 6.8a. Impôt sur le revenu et cotisations sociales des salariés et employeurs diminués des prestations versées, couple marié, sans enfant, deux salaires égaux à 100 % et 33 % du salaire moyen

Pression fiscale en % des coûts de main-d'oeuvre

	2000	2005	2008	2009	2010	2011	2012	2013	2014	2015
Allemagne	47.5	47.2	46.4	45.9	44.8	45.5	45.4	45.0	45.0	45.2
Australie	27.4	25.5	23.5	23.1	23.1	22.9	23.5	23.2	23.5	24.2
Autriche	44.7	45.1	45.7	44.4	44.5	44.8	45.1	45.3	45.5	45.4
Belgique	51.2	47.9	48.3	48.1	48.5	48.7	48.7	48.2	48.1	47.7
Canada	30.0	28.8	28.1	27.3	27.2	27.5	27.7	27.9	28.4	28.5
Chili	7.0	7.0	7.0	7.0	7.0	7.0	7.0	7.0	7.0	7.0
Corée	15.8	16.7	19.0	18.6	19.2	19.6	20.0	20.4	20.5	20.7
Danemark	38.1	36.1	36.0	35.5	34.3	34.6	34.8	34.4	34.3	34.5
Espagne	36.1	36.3	35.5	35.7	36.8	37.0	37.5	37.5	37.5	36.7
Estonie	39.8	38.1	37.0	38.0	38.8	39.0	39.2	38.8	38.9	38.0
États-Unis	29.5	28.7	27.4	28.0	28.3	27.8	27.7	29.3	29.5	29.5
Finlande	44.7	41.3	40.5	39.2	38.9	38.9	38.8	39.4	40.0	39.9
France	45.3	45.0	46.0	46.1	46.1	46.2	46.4	44.9	44.4	43.7
Grèce	38.9	40.4	40.5	40.2	39.4	42.7	42.5	40.6	39.6	38.3
Hongrie	52.7	47.8	50.4	49.5	43.8	46.8	47.4	47.7	49.0	49.0
Irlande	23.5	17.4	15.6	17.3	18.2	19.4	20.2	20.7	20.9	20.3
Islande	23.7	28.2	27.6	26.0	28.6	29.6	29.4	29.9	29.5	30.1
Israël[1]	24.8	21.6	19.0	17.7	17.4	17.3	17.0	17.0	17.6	17.9
Italie	44.0	42.4	43.2	43.4	43.9	44.4	44.6	44.8	43.9	43.8
Japon	24.0	27.0	28.6	28.3	29.4	30.0	30.4	30.7	31.1	31.4
Luxembourg	27.4	25.6	26.6	25.9	26.2	27.9	27.6	28.4	28.8	29.4
Mexique	9.8	12.2	13.1	13.5	14.1	16.3	16.7	17.0	17.3	17.6
Norvège	36.0	35.4	35.1	34.9	34.8	35.1	34.8	34.7	34.1	33.9
Nouvelle-Zélande	18.5	19.2	19.1	16.9	15.9	14.8	15.2	15.7	16.0	16.2
Pays-Bas	38.0	36.9	34.7	33.9	34.2	34.1	34.7	33.5	32.8	32.2
Pologne	34.6	35.1	31.3	31.0	31.3	31.5	32.9	33.0	33.3	33.4
Portugal	33.8	32.4	32.1	31.8	32.2	32.2	32.6	35.0	34.8	36.1
République slovaque	40.7	35.3	36.0	33.1	33.6	35.7	36.6	39.1	39.3	37.6
République tchèque	41.3	42.6	41.4	39.9	40.0	40.4	40.3	40.2	40.3	40.5
Royaume-Uni	29.1	30.5	29.6	29.1	29.3	28.4	27.8	26.7	26.1	25.9
Slovénie	44.5	43.3	40.4	39.9	40.1	40.2	40.1	40.0	40.1	40.2
Suède	49.1	46.6	43.0	41.5	41.0	41.0	41.1	41.3	40.7	41.0
Suisse	20.8	20.2	19.6	19.7	19.8	20.2	19.9	19.9	19.9	20.0
Turquie[2]	39.7	42.4	36.8	34.8	35.0	35.1	35.1	35.4	36.1	36.4
Moyenne non pondérée										
OCDE-Moyenne	**33.9**	**33.1**	**32.5**	**31.9**	**31.9**	**32.4**	**32.6**	**32.7**	**32.8**	**32.7**
OCDE-UE 21	**40.2**	**38.7**	**38.1**	**37.6**	**37.4**	**38.1**	**38.3**	**38.3**	**38.2**	**38.0**

1. Informations sur les données concernant Israël : *http://oe.cd/israel-disclaimer*.
2. Les données sur les salaires sont basées sur l'ancienne définition de l'ouvrier moyen (CITI D, Rév. 3) pour les années 2000 à 2006.

StatLink http://dx.doi.org/10.1787/888933343595

Tableau 6.8b. **Impôt sur le revenu, couple marié, sans enfant, deux salaires égaux à 100 % et 33 % du salaire moyen**

Pression fiscale en % du salaire brut

	2000	2005	2008	2009	2010	2011	2012	2013	2014	2015
Allemagne	16.2	14.9	15.3	14.7	13.7	13.9	14.0	14.0	14.0	14.1
Australie	22.8	21.0	18.9	18.2	18.3	18.3	18.9	18.7	19.0	19.7
Autriche	9.4	11.0	12.0	10.9	11.1	11.4	11.7	12.1	12.3	12.3
Belgique	25.9	23.8	24.4	24.2	24.7	24.6	24.5	24.0	23.8	23.3
Canada	16.3	13.5	13.1	12.1	12.1	12.3	12.3	12.3	12.8	12.8
Chili	0.0	0.0	0.0	0.0	0.0	0.0	0.0	0.0	0.0	0.0
Corée	1.7	2.1	3.4	3.1	3.4	3.4	3.7	4.0	4.0	4.1
Danemark	28.8	27.5	35.5	34.9	34.1	34.3	34.4	34.0	33.8	34.0
Espagne	10.1	10.5	9.7	10.1	11.6	11.8	12.4	12.5	12.5	11.4
Estonie	19.9	16.3	15.4	14.9	14.8	15.1	15.5	15.9	16.2	15.4
États-Unis	15.5	14.3	15.1	13.6	13.8	15.2	15.2	15.1	15.2	15.2
Finlande	23.4	21.0	20.2	19.1	18.4	18.2	17.4	18.2	18.3	18.1
France	11.9	10.7	12.1	12.2	12.2	12.3	12.5	12.6	12.6	12.4
Grèce	5.9	7.7	7.8	7.5	6.3	10.1	9.6	7.8	7.8	7.7
Hongrie	19.4	15.2	16.1	15.9	10.8	14.1	16.5	16.0	16.0	16.0
Irlande	12.6	6.7	4.6	6.4	7.5	8.8	9.6	9.6	9.8	9.2
Islande	19.9	23.9	23.0	20.7	21.7	22.8	23.2	23.8	23.6	24.3
Israël[1]	13.5	10.0	8.4	7.3	6.8	6.8	6.6	6.4	6.9	7.1
Italie	15.7	14.2	15.5	15.8	16.4	17.1	17.3	17.6	16.4	16.3
Japon	6.1	5.8	7.1	6.9	6.7	6.6	6.7	6.6	6.8	6.8
Luxembourg	7.7	5.5	6.4	5.2	5.6	6.0	6.4	7.4	7.8	8.0
Mexique	-4.0	-1.4	-0.4	0.0	0.7	3.2	3.6	4.0	4.4	4.6
Norvège	20.1	19.1	19.0	18.7	18.7	18.8	18.5	18.4	17.4	17.2
Nouvelle-Zélande	18.5	19.2	19.1	16.9	15.9	14.8	15.2	15.7	16.0	16.2
Pays-Bas	7.8	8.6	11.9	12.7	12.4	12.5	13.0	12.5	12.0	13.3
Pologne	2.4	2.2	3.3	3.0	3.3	3.6	3.8	4.0	4.2	4.4
Portugal	7.1	5.3	5.0	4.6	5.0	5.1	5.5	8.6	8.3	9.9
République slovaque	6.2	4.9	5.9	2.2	2.9	5.5	5.5	6.7	7.0	7.3
République tchèque	8.3	10.0	8.4	8.5	8.6	9.1	8.9	8.9	9.1	9.2
Royaume-Uni	15.1	15.4	14.6	14.2	14.3	13.4	13.0	11.9	11.5	11.1
Slovénie	11.9	10.4	8.2	8.2	8.4	8.5	8.4	8.3	8.4	8.4
Suède	25.3	22.3	17.5	16.1	15.4	15.5	15.6	15.8	15.1	15.4
Suisse	9.1	9.3	8.7	8.8	8.9	8.9	8.6	8.7	8.7	8.7
Turquie[2]	14.0	15.0	9.1	9.1	9.3	9.3	9.4	9.7	9.9	10.2
Moyenne non pondérée										
OCDE-Moyenne	**13.1**	**12.2**	**12.2**	**11.7**	**11.6**	**12.1**	**12.3**	**12.4**	**12.4**	**12.5**
OCDE-UE 21	**13.9**	**12.6**	**12.8**	**12.4**	**12.3**	**12.9**	**13.1**	**13.3**	**13.2**	**13.2**

1. Informations sur les données concernant Israël : *http://oe.cd/israel-disclaimer.*
2. Les données sur les salaires sont basées sur l'ancienne définition de l'ouvrier moyen (CITI D, Rév. 3) pour les années 2000 à 2006.

StatLink http://dx.doi.org/10.1787/888933343605

Tableau 6.8c. **Impôt sur le revenu et cotisations sociales des salariés diminués des prestations versées, couple marié, sans enfant, deux salaires égaux à 100 % et 33 % du salaire moyen**

Pression fiscale en % du salaire brut

	2000	2005	2008	2009	2010	2011	2012	2013	2014	2015
Allemagne	36.7	36.3	36.0	35.3	34.2	34.7	34.8	34.4	34.4	34.6
Australie	22.8	21.0	18.9	18.2	18.3	18.3	18.9	18.7	19.0	19.7
Autriche	27.5	29.1	30.0	28.2	28.4	28.8	29.1	29.4	29.6	29.6
Belgique	38.1	35.0	35.2	34.9	35.5	35.4	35.3	34.8	34.6	34.1
Canada	22.0	20.6	20.0	19.0	19.0	19.1	19.2	19.3	19.9	20.0
Chili	7.0	7.0	7.0	7.0	7.0	7.0	7.0	7.0	7.0	7.0
Corée	8.4	9.2	11.0	10.7	11.2	11.4	11.9	12.3	12.3	12.5
Danemark	37.8	35.5	35.5	34.9	33.6	33.8	33.9	33.5	33.3	33.6
Espagne	16.5	16.8	16.1	16.5	17.9	18.1	18.8	18.8	18.9	17.7
Estonie	19.9	17.3	16.0	16.6	17.6	17.9	18.3	17.9	18.2	17.0
États-Unis	23.1	22.0	20.6	21.2	21.5	20.9	20.9	22.7	22.8	22.8
Finlande	30.4	27.3	26.3	25.2	25.3	25.2	24.8	25.6	26.1	26.1
France	25.3	24.3	25.8	25.9	25.9	26.0	26.3	26.4	26.6	26.6
Grèce	21.8	23.7	23.8	23.5	22.3	26.3	26.1	24.3	23.8	23.2
Hongrie	31.9	28.7	33.1	32.9	27.8	31.6	35.0	34.5	34.5	34.5
Irlande	15.0	9.0	7.0	8.8	9.9	11.2	12.0	12.6	12.8	12.2
Islande	20.1	24.1	23.7	21.5	22.4	23.5	23.9	24.5	24.2	24.9
Israël[1]	21.1	17.1	15.4	14.2	13.7	13.7	13.4	13.2	13.7	13.9
Italie	24.9	23.3	25.0	25.3	25.9	26.6	26.8	27.1	25.9	25.8
Japon	16.1	17.7	19.3	19.1	19.6	20.1	20.4	20.5	20.9	21.1
Luxembourg	19.2	17.1	18.4	17.3	17.7	19.1	18.6	19.6	20.0	20.7
Mexique	-2.6	0.0	1.0	1.4	2.0	4.5	4.9	5.3	5.7	5.9
Norvège	27.9	26.9	26.8	26.5	26.5	26.6	26.3	26.2	25.6	25.4
Nouvelle-Zélande	18.5	19.2	19.1	16.9	15.9	14.8	15.2	15.7	16.0	16.2
Pays-Bas	30.8	29.4	28.3	27.7	27.7	27.7	28.0	27.5	26.3	25.7
Pologne	23.6	24.1	21.2	20.8	21.1	21.4	21.6	21.8	22.1	22.2
Portugal	18.1	16.3	16.0	15.6	16.0	16.1	16.5	19.6	19.3	20.9
République slovaque	18.2	18.3	19.3	15.6	16.3	18.9	18.9	20.1	20.4	19.7
République tchèque	20.8	22.5	20.9	19.5	19.6	20.1	19.9	19.9	20.1	20.2
Royaume-Uni	22.7	23.8	22.9	22.3	22.6	21.6	21.1	19.9	19.4	19.1
Slovénie	34.0	32.5	30.3	30.3	30.5	30.6	30.5	30.4	30.5	30.5
Suède	32.3	29.3	24.5	23.1	22.4	22.5	22.6	22.8	22.1	22.4
Suisse	15.6	15.4	14.8	14.9	15.0	15.2	14.9	14.9	14.9	15.0
Turquie[2]	28.0	30.0	24.1	24.1	24.3	24.3	24.4	24.7	24.9	25.2
Moyenne non pondérée										
OCDE-Moyenne	**22.7**	**22.1**	**21.6**	**21.0**	**21.0**	**21.6**	**21.8**	**21.9**	**21.9**	**21.9**
OCDE-UE 21	**26.0**	**24.7**	**24.4**	**23.8**	**23.7**	**24.5**	**24.7**	**24.8**	**24.7**	**24.6**

1. Informations sur les données concernant Israël : *http://oe.cd/israel-disclaimer.*
2. Les données sur les salaires sont basées sur l'ancienne définition de l'ouvrier moyen (CITI D, Rév. 3) pour les années 2000 à 2006.

StatLink http://dx.doi.org/10.1787/888933343612

Tableau 6.9. **Salaire brut et net annuel moyen, célibataire sans enfant, 2000-15**

Dollars US convertis à l'aide du PPA

	2000		2005		2008		2009		2010		2011		2012		2013		2014		2015	
	Brut	Net	Brut	Net	Brut	Net	Brut	Net	Brut	Net	Brut	Net	Brut	Net	Brut	Net	Brut	Net	Brut	Net
Allemagne	35 581	20 211	41 643	25 797	50 514	29 374	50 161	29 402	52 437	31 880	55 210	33 269	56 300	33 963	57 507	34 033	58 889	35 045	59 987	36 194
Australie	31 591	23 189	37 866	28 695	40 783	31 587	44 094	34 368	44 401	34 507	46 261	35 957	48 085	37 048	53 500	41 140	54 016	41 401	55 921	42 456
Autriche	33 034	22 805	38 385	25 704	43 705	28 730	44 801	30 112	45 788	30 645	47 511	31 571	49 636	32 791	52 226	34 270	52 980	34 606	53 565	34 869
Belgique	35 525	20 246	40 766	23 648	46 592	26 795	49 096	28 333	50 873	29 141	53 148	30 386	55 262	31 659	56 647	32 629	56 559	32 602	57 166	33 132
Canada	29 360	21 990	32 533	24 774	34 760	26 634	35 344	27 396	36 398	28 249	36 671	28 406	37 715	29 189	39 446	30 501	40 410	30 975	41 719	31 968
Chili	9 672	8 995	10 363	9 638	12 300	11 439	12 682	11 794	15 409	14 330	16 678	15 510	17 909	16 656	18 139	16 869	18 697	17 388	19 338	17 984
Corée	26 564	24 187	36 557	32 944	42 837	37 635	41 722	36 844	43 934	38 534	43 081	37 703	45 400	39 487	46 309	40 068	46 975	40 564	47 286	40 748
Danemark	33 507	19 477	37 287	22 949	44 844	27 555	46 846	29 432	48 527	31 092	50 859	32 513	51 509	32 892	53 018	34 049	53 129	34 208	54 013	34 619
Espagne	23 598	18 914	26 953	21 483	32 289	26 058	34 052	27 311	34 575	27 062	36 245	28 256	37 437	28 879	38 641	29 786	39 316	30 277	39 529	31 037
Estonie	8 638	6 742	12 559	10 073	18 302	15 032	18 093	14 734	18 550	14 936	19 780	15 881	20 953	16 780	22 094	17 788	22 863	18 373	24 010	19 587
États-Unis	33 129	24 877	37 637	28 502	43 196	32 857	44 295	33 588	45 665	34 429	46 895	35 811	47 746	36 460	48 774	36 359	50 099	37 274	50 964	37 899
Finlande	26 503	17 524	32 834	22 640	40 727	28 362	42 556	30 100	43 278	30 544	44 335	31 312	45 379	32 048	46 496	32 483	46 595	32 291	47 503	32 805
France	28 452	20 156	33 055	23 512	38 062	27 487	39 635	28 599	40 516	29 233	42 041	30 298	42 754	30 707	44 994	32 237	45 560	32 508	46 103	32 762
Grèce	23 153	18 052	30 673	23 078	34 001	25 471	35 286	26 530	34 446	26 439	33 408	24 400	33 377	24 495	33 634	25 040	33 614	25 194	34 266	25 927
Hongrie	10 071	6 473	14 121	9 369	18 049	11 144	19 399	12 074	20 036	13 747	21 196	13 756	22 342	14 493	23 213	15 204	23 468	15 372	24 308	15 922
Irlande	22 885	18 231	28 670	24 298	34 208	29 438	35 640	29 706	38 349	31 502	38 774	31 856	40 868	33 070	41 171	33 019	41 218	32 892	41 054	32 976
Islande	32 174	23 989	41 785	30 019	46 397	33 754	40 598	29 945	39 893	28 883	41 766	29 913	44 527	31 765	49 025	34 782	50 392	35 967	51 181	36 295
Israël[1]	27 778	20 526	27 734	21 841	30 832	24 889	30 263	24 905	30 575	25 376	31 790	26 371	32 500	27 093	32 786	27 417	34 116	28 314	34 241	28 313
Italie	26 379	18 717	28 212	20 310	34 030	23 981	35 172	24 719	36 222	25 272	37 556	26 005	39 006	26 933	40 233	27 715	40 608	27 780	41 250	27 808
Japon	32 181	26 721	38 431	31 322	42 654	34 021	41 802	33 423	42 757	33 936	44 869	35 433	46 928	36 912	47 065	36 935	47 486	37 113	47 205	36 810
Luxembourg	38 180	27 236	44 146	32 717	51 910	37 691	53 108	39 172	53 582	39 239	56 651	40 557	57 493	41 323	60 063	42 325	61 521	43 064	60 812	42 134
Mexique	7 977	7 779	9 807	9 349	10 943	10 376	11 446	10 823	11 434	10 733	11 910	10 808	12 117	10 959	12 341	11 127	13 025	11 704	12 865	11 539
Norvège	32 694	22 658	42 545	30 197	50 687	35 684	50 925	36 015	52 365	37 041	54 654	38 590	55 845	39 536	57 965	41 040	57 486	40 998	60 203	43 104
Nouvelle-Zélande	24 185	19 501	25 771	20 609	29 866	23 740	31 739	26 002	32 105	26 650	33 242	27 967	34 285	28 667	37 725	31 354	38 582	31 928	39 493	32 558
Pays-Bas	35 749	23 730	43 185	29 145	51 222	34 401	52 768	35 991	53 264	36 403	55 749	38 075	57 012	38 679	59 671	41 059	60 356	41 951	60 867	42 650
Pologne	12 528	9 282	14 921	10 970	18 158	13 928	18 701	14 439	20 057	15 451	21 193	16 281	22 169	17 002	23 431	17 942	24 623	18 812	25 637	19 561
Portugal	15 613	12 108	20 519	16 049	24 000	18 727	24 648	19 358	26 190	20 376	26 160	20 071	28 861	22 286	30 280	21 968	30 028	21 849	29 692	21 290
République slovaque	9 605	7 706	12 114	9 477	16 559	12 781	17 686	13 902	18 290	14 330	18 500	14 281	19 112	14 756	20 101	15 527	21 172	16 319	21 764	16 748
République tchèque	11 325	8 778	15 301	11 623	19 117	14 598	20 275	15 756	20 605	15 978	22 039	16 949	22 600	17 427	23 388	18 039	23 780	18 298	24 482	18 781
Royaume-Uni	39 176	29 065	47 682	34 879	51 290	38 168	50 893	38 049	49 653	37 046	48 713	36 501	50 105	37 713	50 725	38 568	50 309	38 435	51 431	39 381
Slovénie	16 731	10 782	21 225	13 857	24 858	16 642	24 943	16 727	26 388	17 604	27 561	18 352	28 553	19 061	29 501	19 738	30 162	20 134	30 660	20 439
Suède	28 860	19 127	33 640	23 149	40 175	29 361	40 625	30 307	40 962	30 816	42 505	31 944	44 534	33 445	45 703	34 229	45 756	34 598	46 678	35 147
Suisse	39 390	32 371	45 686	37 687	53 651	44 461	55 277	45 738	56 399	46 594	60 246	49 705	65 520	54 223	67 869	56 139	68 148	56 354	69 887	57 756
Turquie[2]	19 612	13 977	18 946	13 167	16 755	12 346	17 998	13 265	19 177	14 080	19 869	14 577	21 416	15 687	22 851	16 677	23 636	17 195	25 926	18 793
Moyenne OCDE	25 335	18 415	30 193	22 161	35 020	25 791	35 743	26 498	36 638	27 176	37 928	27 973	39 348	28 998	40 853	30 020	41 401	30 408	42 151	30 928

1. Informations sur les données concernant Israël : *http://dx.doi.org/10.1787/888932315602.*
2. Les données sur les salaires sont basées sur l'ancienne définition de l'ouvrier moyen (CITI D, Rév. 3) pour les années 2000 à 2006,

StatLink http://dx.doi.org/10.1787/888933343089

Tableau 6.10. Salaire brut et net annuel moyen, célibataire sans enfant, 2000-15 (en monnaie nationale)

	2000		2005		2008		2009		2010		2011		2012		2013		2014		2015	
	Brut	Net	Brut	Net	Brut	Net	Brut	Net	Brut	Net	Brut	Net	Brut	Net	Brut	Net	Brut	Net	Brut	Net
Allemagne	34 400	19 539	38 700	22 363	41 000	23 842	40 600	23 871	41 736	25 374	43 300	26 088	44 300	26 682	44 700	27 075	45 700	27 662	47 042	28 383
Australie	41 322	30 332	52 572	39 840	60 321	46 720	63 546	49 529	66 724	51 856	69 903	54 334	74 057	57 059	77 574	59 652	79 409	60 863	80 774	61 325
Autriche	29 732	20 526	34 025	22 784	37 258	24 492	37 832	25 428	38 504	25 770	39 693	26 376	40 708	26 893	41 940	27 521	42 814	27 965	43 484	28 307
Belgique	31 644	18 035	36 673	21 273	40 698	23 405	42 149	24 324	43 423	24 873	44 636	25 520	45 886	26 288	46 197	26 609	46 451	26 776	46 693	27 062
Canada	36 038	26 992	39 483	30 066	42 907	32 877	42 516	32 955	44 400	34 459	45 469	35 221	46 940	36 329	47 946	37 074	49 821	38 188	50 877	38 986
Chili	2770 353	2576 428	3458 172	3216 100	4218 584	3923 283	4478 647	4165 142	5508 104	5122 537	5804 093	5397 806	6218 613	5783 310	6604 419	6142 110	7019 299	6527 948	7556 043	7027 120
Corée	19 849 729	18 073 190	28 840 599	25 990 086	33 658 172	29 570 496	34 410 564	30 387 885	36 929 183	32 390 144	36 816 740	32 220 027	38 811 570	33 756 834	40 353 852	34 915 409	41 428 224	35 774 131	42 162 723	36 332 932
Danemark	281 700	163 750	320 300	197 131	359 300	220 779	367 051	230 604	376 073	240 954	386 457	247 052	391 951	250 287	393 463	252 688	397 600	256 000	405 876	260 145
Espagne	17 319	13 882	20 616	16 433	23 252	18 765	24 164	19 380	24 786	19 400	25 515	19 892	25 894	19 975	26 027	20 062	26 191	20 169	26 259	20 618
Estonie	3 931	3 068	6 304	5 056	10 045	8 250	9 492	7 729	9 712	7 820	10 368	8 324	11 004	8 813	11 732	9 446	12 338	9 915	12 926	10 545
États-Unis	33 129	24 877	37 637	28 502	43 196	32 857	44 295	33 588	45 665	34 429	46 895	35 811	47 746	36 460	48 774	36 359	50 099	37 274	50 964	37 899
Finlande	26 362	17 431	32 086	22 125	37 372	26 026	38 444	27 191	39 395	27 804	40 243	28 422	41 413	29 247	42 447	29 654	43 035	29 824	43 536	30 065
France	26 712	18 923	30 521	21 710	33 580	24 250	34 132	24 628	34 693	25 032	35 497	25 582	36 274	26 053	36 842	26 396	37 307	26 619	37 792	26 856
Grèce	15 693	12 236	21 902	16 478	23 835	17 856	24 619	18 510	24 156	18 541	23 391	17 084	22 240	16 322	20 682	15 397	20 450	15 327	20 296	15 357
Hongrie	1 086 240	698 166	1 815 852	1 204 835	2 336 124	1 442 307	2 436 408	1 516 415	2 512 020	1 723 560	2 645 712	1 717 097	2 840 112	1 842 297	2 934 744	1 922 257	3 054 276	2 000 551	3 172 122	2 077 740
Irlande	22 008	17 532	28 963	24 547	32 550	28 011	31 802	26 507	32 308	26 540	32 264	26 508	33 819	27 366	33 754	27 071	34 178	27 275	34 847	27 991
Islande	2 712 000	2 022 102	4 140 000	2 974 230	5 448 000	3 963 490	5 076 000	3 744 125	5 256 000	3 805 407	5 628 000	4 030 857	6 120 000	4 365 845	6 660 000	4 725 047	6 960 000	4 967 661	7 440 480	5 276 383
Israël[1]	95 664	70 691	103 087	81 180	119 233	96 250	120 028	98 777	121 581	100 905	125 405	104 026	128 550	107 163	128 664	107 597	134 748	111 832	137 958	114 075
Italie	21 550	15 291	24 450	17 602	26 845	18 918	27 419	19 270	28 243	19 705	28 872	19 991	29 440	20 328	30 013	20 675	30 400	20 797	30 710	20 702
Japon	4 987 116	4 140 942	4 978 855	4 057 883	4 983 948	3 975 163	4 828 001	3 860 274	4 773 076	3 788 423	4 821 385	3 807 417	4 893 341	3 848 998	4 835 595	3 794 828	4 972 455	3 886 313	5 005 807	3 903 446
Luxembourg	35 875	25 591	42 067	31 176	47 043	34 156	48 183	35 540	49 387	36 167	50 674	36 278	51 971	37 354	53 630	37 792	54 920	38 443	55 553	38 490
Mexique	48 607	47 400	69 895	66 631	81 740	77 504	85 043	80 412	87 672	82 301	91 386	82 933	95 224	86 121	98 922	89 190	103 246	92 777	105 924	95 005
Norvège	298 385	206 788	378 498	268 644	443 613	312 312	456 214	322 642	471 669	333 640	491 064	346 725	504 528	357 179	524 501	371 355	537 195	383 117	552 012	395 224
Nouvelle-Zélande	34 923	28 159	39 559	31 635	44 521	35 389	46 653	38 221	48 007	39 850	49 395	41 557	51 278	42 875	53 234	44 244	54 733	45 293	56 110	46 257
Pays-Bas	31 901	21 176	38 700	26 118	43 146	28 977	44 412	30 292	45 215	30 901	46 287	31 612	47 263	32 065	48 194	33 162	49 155	34 165	49 235	34 499
Pologne	23 061	17 085	27 889	20 505	33 711	25 857	34 878	26 929	36 482	28 105	38 731	29 754	40 205	30 835	41 652	31 896	44 083	33 679	45 521	34 733
Portugal	10 922	8 470	14 042	10 983	15 581	12 158	15 613	12 262	16 542	12 870	16 208	12 435	17 040	13 158	17 653	12 807	17 411	12 669	17 280	12 390
République slovaque	5 048	4 050	6 856	5 364	8 820	6 808	9 043	7 108	9 325	7 306	9 592	7 405	9 810	7 574	10 001	7 725	10 422	8 034	10 616	8 170
République tchèque	160 922	124 729	219 050	166 403	272 651	208 198	281 887	219 060	287 320	222 803	295 273	227 083	302 500	233 263	301 868	232 827	308 688	237 526	317 924	243 889
Royaume-Uni	24 910	18 481	30 334	22 189	33 382	24 841	33 391	24 964	34 297	25 589	34 083	25 538	34 864	26 241	35 088	26 678	35 182	26 878	36 017	27 578
Slovénie	8 894	5 732	12 981	8 475	15 769	10 557	16 079	10 783	16 915	11 284	17 373	11 568	17 538	11 707	17 673	11 824	17 948	11 981	18 109	12 072
Suède	263 581	174 686	315 492	217 096	352 470	257 589	362 291	270 277	368 208	277 001	376 309	282 810	387 960	291 356	398 220	298 247	408 188	308 651	421 364	317 267
Suisse	72 910	59 918	79 620	65 679	83 088	68 856	83 974	69 483	85 068	70 280	86 305	71 205	89 364	73 955	89 743	74 233	89 779	74 241	90 286	74 614
Turquie[2]	5 545	3 952	15 737	10 937	14 913	10 989	16 421	12 102	18 026	13 235	19 708	14 458	21 973	16 094	24 674	18 007	27 487	19 996	32 048	23 231

Note : Moyennes annuelles des salaires bruts dans les pays de la zone euro sont exprimés en euros pour toutes les années.

1. Informations sur les données concernant Israël : *http://dx.doi.org/10.1787/888932315602.*
2. Les données sur les salaires sont basées sur l'ancienne définition de l'ouvrier moyen (CITI D, Rév. 3) pour les années 2000 à 2006.

StatLink http://dx.doi.org/10.1787/888933343098

PARTIE III

Informations detaillées par pays, pour 2015

Cette partie de la publication contient les informations détaillées par pays pour 2015 sur lesquelles repose l'analyse comparative. Pour chaque pays, un tableau des résultats détaillés est suivi d'une description du système d'impôt et de transferts sociaux.

Les trente-quatre tableaux par pays qui figurent dans cette partie du rapport sont présentés de la même manière. La partie gauche de chaque tableau précise la situation au regard de l'impôt et des transferts sociaux des célibataires dans quatre cas, qui diffèrent selon le niveau de revenu et la présence éventuelle d'enfants (0/2). La partie droite du tableau précise la situation au regard de l'impôt et des transferts sociaux des couples mariés, en distinguant là encore quatre cas, qui diffèrent à présent selon le niveau de revenu, la présence ou l'absence d'enfants (0/2) et le nombre d'apporteurs de revenu (un ou deux).

Tous les tableaux commencent par les salaires bruts (ligne 1) et en déduisent le revenu imposable au titre de l'impôt sur le revenu des personnes physiques perçu par l'administration centrale (ligne 4) compte tenu d'un certain nombre d'abattements fiscaux forfaitaires (ligne 2) et de transferts en espèces imposables (ligne 3). Le revenu imposable permet de déterminer l'impôt sur le revenu versé à l'administration centrale (ligne 7), en prenant en compte les réductions sous forme de crédits d'impôt (ligne 6). Le montant total des versements aux administrations publiques (ligne 10) inclut également les impôts sur le revenu versés aux administrations infranationales (ligne 8) et les cotisations obligatoires de sécurité sociale (ligne 9). Le revenu net disponible (ligne 12) est déterminé en déduisant du salaire brut l'ensemble des versements effectués aux administrations publiques et en y ajoutant les prestations en espèces de caractère général reçus des administrations publiques (ligne 11).

La ligne 13 indique les cotisations patronales de sécurité sociale obligatoires (y compris les taxes sur les salaires).

Les taux moyens d'imposition suivants (ligne 14) sont ensuite calculés :

- la part de l'impôt sur le revenu dans le salaire brut ;
- la part des cotisations salariales de sécurité sociale dans le salaire brut ;
- la part de l'impôt sur le revenu et des cotisations salariales de sécurité sociale, diminués des prestations, dans le salaire brut ; et
- la part de l'impôt sur le revenu et de l'ensemble des cotisations de sécurité sociale, diminués des prestations, dans les coûts bruts de main-d'œuvre.

Les taux marginaux d'imposition (ligne 15) sont exprimés de même sous la forme suivante :

- l'augmentation de l'impôt sur le revenu et des cotisations de sécurité sociale moins les avantages des salariés en pourcentage de l'augmentation correspondante du salaire brut (pour le titulaire du revenu principal et pour son conjoint) ; et,
- l'augmentation des impôts et des cotisations dues moins les avantages en pourcentage de l'augmentation correspondante des coûts bruts de main-d'œuvre (à la fois pour le titulaire du revenu principal et pour son conjoint).

Australia
(2014-15 income tax year)

This chapter includes data on the income taxes paid by workers, their social security contributions, the family benefits they receive in the form of cash transfers as well as the social security contributions and payroll taxes paid by their employers. Results reported include the marginal and average tax burden for eight different family types.

Methodological information is available for personal income tax systems, compulsory social security contributions to schemes operated within the public sector, universal cash transfers as well as recent changes in the tax/benefit system. The methodology also includes the parameter values and tax equations underlying the data.

Australia 2015

The tax/benefit position of single persons

	Wage level (per cent of average wage)	67	100	167	67
	Number of children	none	none	none	2
1.	**Gross wage earnings**	54 119	80 774	134 893	54 119
	Principal Gross wage earnings	54 119	80 774	134 893	54 119
	Spouse Gross wage earnings	0	0	0	0
2.	**Standard tax allowances**				
	Basic allowance				
	Married or head of family				
	Dependent children				
	Deduction for social security contributions and income taxes				
	Work-related expenses				
	Other				
	Total	0	0	0	0
3.	**Tax credits or cash transfers included in taxable income**	0	0	0	0
4.	**Central government taxable income (1 - 2 + 3)**	54 119	80 774	134 893	54 119
5.	**Central government income tax liability (exclusive of tax credits)**				
	Income tax	9 136	17 833	37 857	9 136
	Medicare Levy	1 082	1 615	2 698	1 082
	Temporary Budget Repair Levy	0	0	0	0
	Total	10 218	19 449	40 555	10 218
6.	**Tax credits**				
	Basic credit	188	0	0	188
	Married or head of family	0	0	0	0
	Children				
	Other				
	Total	188	0	0	188
7.	**Central government income tax finally paid (5-6)**	10 030	19 449	40 555	10 030
8.	**State and local taxes**	0	0	0	0
9.	**Employees' compulsory social security contributions**	0	0	0	0
10.	**Total payments to general government (7 + 8 + 9)**	10 030	19 449	40 555	10 030
11.	**Cash transfers from general government**				
	For head of family	0	0	0	0
	For two children	0	0	0	14 048
	Total	0	0	0	14 048
12.	**Take-home pay (1-10+11)**	44 089	61 325	94 337	58 137
13.	**Employers' payroll tax**	3 230	4 820	8 050	3 230
14.	**Average rates**				
	Income tax	18.5%	24.1%	30.1%	18.5%
	Employees' social security contributions	0.0%	0.0%	0.0%	0.0%
	Total payments less cash transfers	18.5%	24.1%	30.1%	-7.4%
	Total tax wedge including employer payroll taxes	23.1%	28.4%	34.0%	-1.4%
15.	**Marginal rates**				
	Total payments less cash transfers: Principal earner	36.0%	39.0%	39.0%	56.0%
	Total payments less cash transfers: Spouse	n.a.	n.a.	n.a.	n.a.
	Total tax wedge: Principal earner	39.6%	42.4%	42.4%	58.5%
	Total tax wedge: Spouse	n.a.	n.a.	n.a.	n.a.

Australia 2015

The tax/benefit position of married couples

		100-0	100-33	100-67	100-33
	Wage level (per cent of average wage)	100-0	100-33	100-67	100-33
	Number of children	2	2	2	none
1. Gross wage earnings		80 774	107 429	134 893	107 429
Principal Gross wage earnings		80 774	80 774	80 774	80 774
Spouse Gross wage earnings		0	26 655	54 119	26 655
2. Standard tax allowances					
Basic allowance					
Married or head of family					
Dependent children					
Deduction for social security contributions and income taxes					
Work-related expenses					
Other					
	Total	0	0	0	0
3. Tax credits or cash transfers included in taxable income		0	0	0	0
4. Central government taxable income (1 - 2 + 3)		80 774	107 429	134 893	107 429
5. Central government income tax liability (exclusive of tax credits)					
Income tax		17 833	19 440	26 969	19 440
Medicare Levy		1 615	2 149	2 698	2 149
Temporary Budget Repair Levy		0	0	0	0
	Total	19 449	21 588	29 667	21 588
6. Tax credits					
Basic credit		0	445	188	445
Married or head of family		0	0	0	0
Children					
Other					
	Total	0	445	188	445
7. Central government income tax finally paid (5-6)		19 449	21 143	29 479	21 143
8. State and local taxes		0	0	0	0
9. Employees' compulsory social security contributions		0	0	0	0
10. Total payments to general government (7 + 8 + 9)		19 449	21 143	29 479	21 143
11. Cash transfers from general government					
For head of family		0	0	0	0
For two children		9 017	1 687	0	0
	Total	9 017	1 687	0	0
12. Take-home pay (1-10+11)		70 342	87 973	105 414	86 286
13. Employers' payroll tax		4 820	6 411	8 050	6 411
14. Average rates					
Income tax		24.1%	19.7%	21.9%	19.7%
Employees' social security contributions		0.0%	0.0%	0.0%	0.0%
Total payments less cash transfers		12.9%	18.1%	21.9%	19.7%
Total tax wedge including employer payroll taxes		17.8%	22.7%	26.3%	24.2%
15. Marginal rates					
Total payments less cash transfers: Principal earner		59.0%	69.0%	39.0%	39.0%
Total payments less cash transfers: Spouse		33.9%	51.0%	36.0%	21.0%
Total tax wedge: Principal earner		61.3%	70.7%	42.4%	42.4%
Total tax wedge: Spouse		37.6%	53.8%	39.6%	25.4%

The national currency is the Australian dollar (AUD). For the 2014-15 income tax year AUD 1.33 was equal to USD 1. The average worker earned AUD 80 774 in 2014-15.

1. Personal income tax system

1.1. *Federal income tax*

1.1.1. *Tax unit*

Members of the family are taxed separately.

1.1.2. *Tax allowances and credits*

1.1.2.1. Standard tax reliefs

- *Basic reliefs:* Income earned up to AUD 18 200 by resident taxpayers is subject to tax at a zero rate.
- *Standard marital status reliefs:* The Dependent Spouse Tax Offset has been abolished for the 2014-15 income year and beyond.
- *Relief(s) for children:* See Section 4.2 for more detail on the Baby Bonus.
- *Relief for social security contributions* and other taxes: No such contributions are levied.
- *Reliefs for low income earners:* A tax offset worth a maximum of AUD 445 is available for low income earners called the Low Income Tax Offset. Taxpayers whose taxable income was less than AUD 37 000 in 2014-15 are eligible to receive the full amount of the offset. The offset is reduced by AUD 0.015 for every AUD 1 by which a taxpayer's taxable income exceeds AUD 37 000 and is no longer available once a taxpayer's taxable income exceeds AUD 66 667.
- *Relief for mature age workers:* The Mature Age Worker Tax Offset has been abolished for the 2014-15 income year and beyond.
- *Relief for recipients of certain social security benefits:* The Beneficiary Tax Offset is available for those who receive certain taxable social security benefits called "rebatable benefits". It is calculated to ensure that a person who receives a rebatable benefit does not pay any tax on that income. The amount of the Beneficiary Tax Offset available to an individual is determined by the total amount of the rebatable benefit(s) they receive in an income year.
- *Relief for taxpayers who maintain a dependant who is genuinely unable to work:* A taxpayer who maintains a dependant who is genuinely unable to work due to invalidity or carer obligations may be eligible for the Dependent (Invalid and Carer) Tax Offset. This tax offset is worth a maximum of AUD 2 537 in 2014-15. To qualify for the offset, the combined adjusted taxable income of the taxpayer and their spouse (where one exists) should not exceed AUD 150 000. The amount of offset that may be received is reduced by AUD 1 for every AUD 4 by which the dependant's adjusted taxable income exceeds AUD 282 and is no longer available once the dependant's adjusted taxable income exceeds AUD 10 430.

- There are also tax rebates to ensure that taxpayers in receipt of a taxable Australian Government pension, as well as Australians who are of Age Pension age and who meet all of the Age Pension eligibility criteria except the income and/or asset tests, pay less tax. The Senior Australian and Pensioner Tax Offset is worth up to AUD 2 230 for a single taxpayer, up to AUD 1 602 for each member of a senior couple not separated by illness and AUD 2 040 for each member of a senior couple separated by illness. The offset is withdrawn at the rate of AUD 0.125 for every dollar that a recipient's income exceeds their effective tax-free threshold. For a single taxpayer, this means that the offset is withdrawn from AUD 32 279 and is no longer available once income reaches AUD 50 119. For members of a couple not separated by illness, the offset is withdrawn from a combined income of AUD 57 948 and is no longer available once combined income reaches AUD 83 580.
- *Other:* No other standard relief available.

1.1.2.2. Main non-standard tax reliefs applicable to an average worker include:

- *Relief for superannuation:* Contributions to a low-income spouse's superannuation attract an 18% rebate up to a maximum rebate of AUD 540. In 2014-15, eligible individuals with incomes not exceeding AUD 37 000 effectively have the tax paid on their concessional contributions refunded, up to a maximum of AUD 500.
- *Relief for private health insurance:* For the 2014-15 income year, there are different rebate amounts depending on age and income. For individuals below 65 years without dependants and with annual income for surcharge purposes below AUD 90 000 the rebate is 29.04% from 1 July 2014 to 31 March 2015 and 27.82 from 1 April 2015 of the cost of cover for eligible private health care. For families (couples and individuals with at least one dependent child) below 65 years with annual income for surcharge purposes below AUD 180 000, the rebate is 29.04% from 1 July 2014 to 31 March 2015 and from 1 April 2015 27.82% of the cost of cover for eligible private health care. The threshold is increased by AUD 1 500 for each dependent child after the first.
- The rebate percentages are reduced for individuals and families with annual incomes above these amounts. The rebate percentages are also higher for individuals and families aged 65 years or more.
- *Relief for medical expenses:* In 2014-15, there is an offset for annual net out-of-pocket medical expenses. Eligibility for the offset is based on annual income. This offset is being phased out, so for the 2014-15 income year, it is only available to individuals who claimed the offset in 2012-13 and 2013-14, or who have medical expenses relating to disability aids, attendant care or aged care. Single taxpayers with an adjusted taxable income (ATI) of AUD 90 000 or less, and families with ATI below AUD 180 000 (plus AUD 1 500 for each additional dependent child after the first), are able to claim 20% of medical expenses over AUD 2 218. Single taxpayers and families with incomes above these respective amounts are able to claim 10% of medical expenses over AUD 5 233.
- Other non-standard reliefs provided as deductions are:
  - subscriptions paid in respect of membership of a trade, business or professional association or union;
  - charitable contributions of AUD 2 or more to specified funds, authorities and institutions, including public benevolent institutions, approved research institutes for scientific research, building funds for schools conducted by non-profit organisations etc.; and

- work-related expenses including cost of replacement of tools of trade, cost of provision and of cleaning protective clothing and footwear, travelling between jobs or travelling in the course of employment.

1.1.3. *Tax schedule*

General rates of tax – resident individuals

Taxable income (AUD)		Tax at general rates on total taxable income
Not less than	Not more than	
0	18 200	NIL
18 201	37 000	NIL + 19c for each AUD in excess of AUD 18 200
37 001	80 000	AUD 3 572 + 32.50c for each AUD in excess of AUD 37 000
80 001	180 000	AUD 17 547 + 37c for each AUD in excess of AUD 80 000
180 001 and over		AUD 54 547 + 45c for each AUD in excess of AUD 180 000

For the income years 2014-15, 2015-16 and 2016-17 there will be a Temporary Budget Repair Levy imposed on high income earners. The levy is applied at the rate of 2.0% of an individual's taxable income above AUD 180 000.

To nominally contribute towards the cost of basic medical and hospital care a Medicare Levy is imposed on the taxable incomes of resident taxpayers. In 2014-15 the levy applied at the rate of 2.0% of the taxable income of an individual.

Certain thresholds are applied before the levy is imposed. In 2014-15, an individual taxpayer was not liable for the levy where their taxable income did not exceed AUD 20 896. A taxpayer in a couple or sole parent family who is not receiving Parenting Payment, (see section 4.2), does not pay the levy if the taxable family income does not exceed AUD 35 261. The threshold is increased by AUD 3 238 for each dependent child. Where an individual's taxable income exceeds AUD 20 896, or a family's income exceeds AUD 35 261 (plus AUD 3 238 for each dependent child), the levy shades in at a rate of 10% of the excess of taxable income over the threshold, until the levy is equal to 2.0% of the individual's or family's taxable income.

For 2014-15, individual senior Australians of Age Pension age were not liable to pay the levy where their taxable income did not exceed AUD 33 044. Where taxable income exceeded AUD 33 044 but did not exceed AUD 40 349, the levy liability was equal to 10% of the excess of taxable income over AUD 33 044. Pensioner families (including couples and sole parents on Parenting Payment) and senior Australian families of Age Pension age, did not become liable to pay any Medicare levy until their combined income in 2014-15 exceeded AUD 46 000 (plus AUD 3 238 for each dependent child).

Individual taxpayers who had income for surcharge purposes greater than AUD 90 000 in 2014-15 (or if a couple had a combined income greater than AUD 180 000) but who did not have a complying private health care policy, were liable for the Medicare levy surcharge, which is applied as a flat rate on their taxable income. The surcharge rates are 1%, 1.25% and 1.5% depending on the taxpayer's taxable income above these thresholds. However, affected taxpayers typically purchase a complying policy as the cost of such a policy is generally less than the surcharge. The surcharge is therefore not included in this publication.

1.2. *State and local income taxes*

In Australia no states or territories levy a tax based on a resident's income.

2. Social security contributions

2.1. *Employees' contributions*

None. There is, however, a Medicare Levy which is based upon taxable income. See Section 1.13.

2.2. *Employers' contributions*

No contributions are collected from employers or employees specifically for pensions, sickness, unemployment or work injury benefits, family allowances or other benefits.

Part of Australia's retirement income system is the provision of compulsory employer contributions (the Superannuation Guarantee system). In 2014-15 the Superannuation Guarantee required employers to pay 9. 5% on top of employees' gross ordinary time earnings to an approved superannuation fund, provided they earn more than AUD 450 per month (they may also choose to make contributions for workers earning less than this threshold). This threshold is not indexed. There is also a limit to the Superannuation Guarantee. In each quarter any earnings beyond a threshold are not covered by the Superannuation Guarantee. This threshold is indexed to a measure of average earnings. In the 2014-15 tax year this threshold was AUD 49 430 per quarter. The Superannuation Guarantee rate will remain at 9.5% until 2020-21.

These contributions are not reflected in the "Taxing Wages" calculations because they are not a form of taxation (they are not an unrequited transfer to general government). While employers are legislatively required to make contributions to approved superannuation funds legislated, superannuation funds are private, although subject to regulation. Employers' contributions are generally made to individual accounts and form part of employees' personal superannuation assets. Some defined benefit schemes for public sector employees and private defined benefit schemes also exist. The employee may take superannuation benefits as either a lump sum payment or pension on retirement. Accordingly, superannuation contributions are reflected in the Non-Tax Compulsory Payment calculations.

3. Other taxes

3.1. *Pay-roll tax*

Australian State Governments levy pay-roll taxes on wages, cash or in kind, provided by larger employers to their employees. The rates of pay-roll tax, thresholds and deductions differ between States. In New South Wales, the State with the largest population, the pay-roll tax rate in 2014-15 was 5.45% for employers with total Australian wages in excess of AUD 750 000. Employers are entitled to an exemption from tax, or a pro-rated pay-roll tax threshold, on wages paid in New South Wales up to a maximum of AUD 750 000. The exempt amount is reduced based on the proportion of the employer's New South Wales pay-roll to its total Australian pay-roll.

4. Universal cash transfers

4.1. *Transfers related to marital status*

There are no cash transfers made on a universal basis to married couples.

4.2. *Transfers related to dependent children*

- Family Tax Benefit (FTB) Part A is paid to a parent, guardian or an approved care organisation to help families meet the costs of raising children. For 2014-15, the base rate of FTB(A) is payable where the combined "adjusted" taxable income of parents does not exceed AUD 94 316 plus AUD 3 796 for each child after the first. The payment shades out at the rate of AUD 0.30 per AUD 1 of income over the ceiling. The base rate of payment is AUD 2 204.60 (this figure includes an end of year supplement) for a dependent child aged under 15 and for dependent full time students aged 16 to 19 (Note from 1 May 2014 eligibility was limited to children up to 15 years and 16-19 years and in full time secondary school). The base rate of payment is increased by a Large Family Supplement (LFS) for families with three or more children. The LFS is payable at a rate of AUD 321.20 for the third and each subsequent child.
- A higher FTB(A) benefit is available for lower income earners, and the value of this benefit is dependent on the age and number of children. For 2014-15 families may receive a maximum payment of AUD 5 336.30 (this figure includes an end of year supplement) for each child aged under 13 years and AUD 6 723.30 (this figure includes an end of year supplement) for each child aged 13 to 15 years and for each child aged 16-19 in full time secondary school. The higher benefit is also boosted by the LFS for families with three or more children. For 2014-15, the higher benefit tapers out at the rate of AUD 0.20 for each dollar of income over AUD 50 151 until the base payment is reached. However, people receiving any social security allowances or pensions automatically qualify for the maximum higher benefit. The attached calculations assume each dependant is between 5 and 12 years of age.
- Family Tax Benefit Part B (FTB[B]) is targeted at single income couple and sole parent families. Eligibility for FTB(B) is contingent upon having a FTB child under the age of 15 or a qualifying dependent full-time student up to of the end of the calendar year they turn 18. There are two separate income tests applied to the parent(s). The parent earning the higher amount (or the sole parent, in the case of single parent families) must earn AUD 150 000 or less for the financial year for the family to be eligible. A secondary earner income threshold is also applied to the parent earning the lower amount. For 2014-15, this threshold is AUD 5 329, above which the entitlement is reduced by AUD 0.20 for each dollar of income. There is no secondary earner income test applied to sole parents. For 2014-15, the maximum payment is AUD 3 091.55 if the youngest dependent child is aged between 5 and 15 (or up to 18 years if the dependent child is a full-time student), and AUD 4 274.15 if there is a child under 5 years. The attached calculations assume each dependant is between 5 and 12 years of age.
- Recipients of the Family Tax Benefit may elect to receive the benefit in fortnightly instalments or as an end of year lump sum payment.
- A Newborn Supplement and Newborn Upfront Payment may be paid to families for each baby born from 1 March 2014. To be eligible families will need to be eligible for Family Tax Benefit Part A and not be accessing Parental Leave Pay for that child. For multiple births, Parental Leave Pay may be payable for one child and Newborn Supplement for the other child or children. The value of the payment in 2014-15 is up to AUD 2 056.45 for the first child (and all multiple births) and up to AUD 1 028.15 for subsequent children. This supplement and upfront payment replace the previous Baby Bonus.

- On 1 January 2011 Australia's first Paid Parental Leave (PPL) scheme commenced. PPL provides the primary carer of a child with 18 weeks' pay at the national minimum wage (AUD 640.90 per week before tax in 2014-15), in the year following the child's birth or adoption. The primary carer must have worked for at least 10 of the 13 months prior to the birth or adoption and for at least 330 hours in that 10 month period. The primary carer's adjusted taxable income must be AUD 150 000 or less in the financial year prior to the date of claim or date of birth or adoption. PPL and Baby Bonus cannot be paid for the same child. A person cannot claim FTB(B) or the dependent spouse, child housekeeper and housekeeper tax offsets while they are receiving PPL.
- Child Care Benefit (CCB) is a means-tested payment which assists families with the cost of approved child care. In 2014-15 CCB is payable to eligible families with incomes up to AUD 149 597 for one child in care, with the income limit rising for each additional child in care. Families with annual incomes under AUD 42 997 receive the maximum rate of CCB, which is AUD 4.10 per hour for a non-school child in care. CCB is payable for a maximum of 50 hours per week. To receive more than 24 hours of CCB per week both parents must be participating in work, training or study activities for at least 15 hours per week. The attached calculations assume no child care usage.
- Child Care Rebate (CCR) is an additional payment aimed at promoting workforce participation. CCR is not means tested. It pays 50% of out-of-pocket child care expenses (after any CCB), up to an annual cap of AUD 7 500 per child in 2014-15. Families have to participate in work, training or study related commitments at some time during a week or have an exemption. No minimum number of hours is required.
- Parenting Payment is a taxable payment payable to partnered and sole parents for low income families with a qualifying child under six and eight years of age respectively. In 2014-15 the maximum annual amount of Parenting Payment (Partnered) (PP[P]) was AUD 12 098. Only one parent in a couple can be entitled to PP(P). The maximum annual amount of Parenting Payment (Single) (PP[S]) was AUD 18 721. These payments are subject to income and assets tests. The Parenting Payment (Partnered) tapers out at a rate of AUD 0.50 per AUD 1 of income over AUD 2 600 up to AUD 6 500 and reduces at a rate of AUD 0.60 per AUD 1 for income over AUD 6 500. Under the PP(P) income test, a spouse receives a reduced Parenting Payment, tapering at a rate of AUD 0.60, when the higher earning partner's income exceeds AUD 23 673. If the spouse has little or no income (less than AUD 2 600 per annum), he or she would not receive any Parenting Payment when the higher earning partner's income exceeds AUD 43 836. PP(S) reduces by AUD 0.40 for each AUD 1 of income above AUD 4 799.60 plus AUD 639.60 for each child other than the first. A sole parent with two qualifying dependants may be entitled to some taxable PP(S) in 2014-15 where private income does not exceed AUD 51 602. The attached calculations assume dependants are aged six and seven.
- The Newstart allowance is a taxable payment payable to single persons and partnered individuals who are unemployed. It is also payable to a member of a couple if their youngest child is aged six years or more and to single parents if their youngest child is aged eight years or more. It is conditional on recipients fulfilling a personal Employment Pathway Plan, which typically involves taking part in activities such as job seeking and training. In 2014-15 the Newstart allowance for singles without dependants was AUD 13 400 and for partnered individuals was AUD 12 098. These payments taper out at a rate of AUD 0.50 per AUD 1 for incomes between AUD 2 600 and AUD 6 500, and reduce

at a rate of AUD 0.60 per AUD for incomes over AUD 6 500. The Newstart allowance for partnered individuals reduces by AUD 0.60 for each AUD 1 of their partner's income above AUD 23 673. For single principal carers with dependent child(ren), it reduces at a rate of AUD 0.40 per AUD 1 for incomes over AUD 2 600.

- A non-taxable supplementary payment called Pharmaceutical Allowance (PA) is payable to eligible persons; for example, persons who receive the PP(S). PA is added to the maximum basic rate of PP(S) before a person's PP(S) entitlement is calculated. Anyone with a PP(S) entitlement, after PA has been added, receives the full amount of PA. For 2014-15, the payment is AUD 161.20.
- A Telephone Allowance is available on a quarterly basis to eligible individuals, including individuals who receive PP(S) or PA if their PP(S) entitlement is reduced to 0. The basic rate of the Telephone Allowance is AUD 108.06 for 2014-15, with a higher rate of AUD 161.29 available for recipients of Disability Support Pension who are under the age of 21 and where a home internet service is connected in the individual's or partner's name. The attached calculations assume the standard rate is applicable.

4.2. Other transfers

Single Income Family Supplement

- The Single Income Family Supplement (SIFS) is a non-taxable payment for households with one main income earner.
- The SIFS phases in at a rate of AUD 0.025 for every AUD 1 above AUD 68 000 until it reaches AUD 300. Once the main earner's income exceeds AUD 120 000 the SIFS reduces by AUD 0.01 for every AUD 1. If there is a secondary earner, every AUD of their income above AUD 16 000, reduces the SIFS by AUD 0.15.

Schoolkids Bonus

- Parents or carers eligible for FTB Part A are eligible to receive Schoolkids Bonus. In 2014-15, the Bonus was worth AUD 422 for each child in primary school and AUD 842 for each child in secondary school. From 1 January 2015, the Schoolkids Bonus was limited to families and individuals with an income of AUD 100 000 per year or less.

Income Support Bonus

- The Income Support Bonus is a non-taxable payment made to recipients of eligible social security benefits. In 2014-15, single persons received AUD 218.60 and each member of a couple received AUD 182.20.

5. Recent changes in the tax/benefit system

Energy Supplement

- From 1 July 2013, the Clean Energy Supplement was available for recipients of Family Tax Benefit payments. Previously these recipients were paid the Clean Energy Advance. The Clean Energy Supplement has been renamed to the Energy Supplement.

6. Memorandum items

6.1. Identification of an average worker

The source of the information used in replying to the questionnaire was the Australian Bureau of Statistics publication *Average Weekly Earnings – Australia*, catalogue number

6302.0. The survey is now conducted on a biannual basis (it was previously conducted on a quarterly basis up to the June 2012 quarter) and is based on a representative sample of employers in each industry. As a result of this change in frequency, average weekly earnings for the 2013-14 income tax year have been calculated as the average of the two biannual figures (November 2013 and May 2014 [released in August 2014]).

In August 2009 the Australian Bureau of Statistics redesigned the survey and replaced the industry classification based on the 1993 edition of the Australian and New Zealand Standard Industrial Classification (ANZSIC), which had been in use since 1994, with the 2006 edition of ANZSIC. The 2006 edition of ANZSIC was developed to provide a more contemporary industrial classification system, taking into account issues such as changes in the structure and composition of the economy, changing user demands and compatibility with major international classification standards. Accordingly, the average wage figure for 2010 and later years is inconsistent with that provided for previous years.

All wage and salary earners who received pay for the reference period are represented in the Survey of Average Weekly Earnings (AWE), except:

- members of the Australian permanent defence forces;
- employees of enterprises primarily engaged in agriculture, forestry and fishing;
- employees of private households;
- employees of overseas embassies, consulates, etc.;
- employees based outside Australia; and
- employees on workers' compensation who are not paid through the payroll.

Also excluded are the following persons who are not regarded as employees for the purposes of this survey:

- casual employees who did not receive pay during the reference period;
- employees on leave without pay who did not receive pay during the reference period;
- employees on strike, or stood down, who did not receive pay during the reference period;
- directors who are not paid a salary;
- proprietors/partners of unincorporated businesses;
- self-employed persons such as subcontractors, owner/drivers, consultants;
- persons paid solely by commission without a retainer; and
- employees paid under the Paid Parental Leave Scheme.

The sample for the AWE survey, like most ABS business surveys, is selected from the ABS Business Register which is primarily based on registrations with the Australian Taxation Office's (ATO) Pay As You Go Withholding (PAYGW) scheme (and prior to 1 June 2000 the Group Employer (GE) scheme). The population is updated quarterly to take account of:

- new businesses;
- businesses which have ceased employing;
- changes in employment levels;
- changes in industry; and
- other general business changes.

Earnings comprise weekly ordinary time earnings and weekly overtime earnings.

Weekly ordinary time earnings refers to one week's earnings of employees for the reference period attributable to award, standard or agreed hours of work. It is calculated before taxation and any other deductions (e.g. superannuation, board and lodging) have been made. Included in ordinary time earnings are award, workplace and enterprise bargaining payments, and other agreed base rates of pay, over award and over agreed payments, penalty payments, shift and other allowances; commissions and retainers; bonuses and similar payments related to the reference period; payments under incentive or piecework; payments under profit sharing schemes normally paid each pay period; payment for leave taken during the reference period; all workers' compensation payments made through the payroll; and salary payments made to directors. Excluded are overtime payments, retrospective pay, pay in advance, leave loadings, severance, termination and redundancy payments, and other payments not related to the reference period.

Weekly overtime earnings refers to payment for hours in excess of award, standard or agreed hours of work.

6.2. Employers' contribution to private health and pension scheme

In Australia very few employers make any contributions towards health schemes for their employees, especially where the employee is at a wage level comparable to that of an average production worker.

From a survey of employment benefits conducted by the Australian Bureau of Statistics, the findings of which were published in 2001 as *Superannuation, Australia 2000* (ABS Catalogue No. 6360.0), it was estimated that 98% of all employed persons with leave entitlements were covered by a superannuation scheme.

2015 parameter values

Average earnings/yr	Ave_earn	80 774	
Low Income Tax Offset	low_inc_cr	445	
	low_inc_lim	37 000	
	low_inc_redn	0.015	
Tax schedule	tax_sch	0.000	18 200
		0.190	37 000
		0.325	80 000
		0.370	180 000
		0.450	
Medicare levy	medic_rate	0.02	
exemption limits	sing_lim	20 896	
married	m_lim	35 261	
sing parent receiving PPS	SAPTO_lim	46 000	
+ per child	ch_lim	3 238	
shading-in rate	shade_rate	0.1	
Temporary Budget Repair Levy	TBRL_rate	0.02	
income threshold	TBRL_lim	180 000	
Part A FTB max	FTB_A_max	5 336.3	
Part A FTB basic	FTB_A_base	2 204.6	
part A income limit 1	FTB_A_lim1	50 151	
part A income limit 2	FTB_A_lim2	94 316	
reduction rate 1	FTB_A_taper1	0.2	
reduction rate 2	FTB_A_taper2	0.3	
additional limit2 per extra child	FTB_A_child	3 796	
Large family supplement	FTB_A_large	321.2	
Part A FTB Clean Energy Advance (CEA) max	FTB_A_CEA_max	0	
Part A FTB CEA basic	FTB_A_CEA_basic	0	
Part A FTB Clean Energy Supplement (CES) max	FTB_A_CES_max	91.25	
Part A FTB CES basic	FTB_A_CES_basic	36.5	
Part B FTB	FTB_B	3 091.55	
part B partner income limit	FTB_B_lim	5 329	
reduction rate	FTB_B_taper	0.2	
Income limit (primary earner)	FTB_B_lim_p	150 000	
Part B FTB CEA no child <5 years old	FTB_B_CEA_5	0	
Part B FTB CES no child <5 years old	FTB_B_CES_5	51.1	
Single Income Family Supplement max rate	SIFS_max	300	
Single Income Family Supplement phase-in threshold	SIFS_in_lim_pr	68 000	
Single Income Family Supplement taper in Rate –primary earner	SIFS_in_taper_pr	0.025	
Single Income Family Supplement phase-out threshold (primary earner)	SIFS_out_lim_pr	120 000	
Single Income Family Supplement taper out rate (primary earner)	SIFS_out_taper_pr	0.01	
Single Income Family Supplement phase out threshold (secondary earner)	SIFS_out_lim_sec	16 000	
Single income family supplement phase out taper –secondary earner	SIFS_out_taper_sec	0.15	
Parenting payment single	PPS	18 721.04	
reduction rate	PPS_taper	0.4	
income limit	PPS_lim	4 799.6	
additional limit per child	PPS_ch_lim	639.6	
Parenting payment single CEA	PPS_CEA	0	
Parenting payment single Clean Energy Supplement (CES)	PPS_CES	311.48	
Pharmaceutical allowance	PA	161.2	
State pay-roll tax rate (NSW)	Pay_roll_rate	0.0545	
Additional parameters			
Newstart allowance single rate	NSAS	13 400.14	
Newstart allowance single CEA	NSAS_CEA	0	
Newstart allowance single CES	NSAS_CES	228.28	
Newstart allowance partnered rate	NSAP	12 098.58	
Newstart allowance partnered CEA	NSAP_CEA	0	
Newstart allowance partnered CES	NSAP_CES	204.88	
reduction rate 1	NSA_taper1	0.5	
reduction rate 2	NSA_taper2	0.6	
income limit 1	NSA_lim1	2 600	
income limit 2	NSA_lim2	6 500	
Senior Australian and Pensioner Tax Offset	SAPTO	2 230	
Senior Australian and Pensioner Tax Offset single threshold	SAPTO_thresh	32 279	
Senior Australian and Pensioner Tax Offset taper rate	SAPTO_taper	0.125	
SchoolKids Bonus	SKB	422	
	SKB_lim	100 000	
Telephone allowance	Tele_A	108.06	
Flood levy	tax_flo		
Income Support Bonus – Single	ISB_s	218.6	
Income Support Bonus – partnered	ISB_p	182.2	

2015 tax equations

The equations for the Australian system in 2015 are mostly repeated for each individual of a married couple. However, the spouse credit is relevant only to the calculation for the principal earner and the calculation of the Medicare levy uses shading-in rules which depend on the levels of earnings of the spouses. The basis of calculation is shown by the Range indicator in the table below.

The functions which are used in the equations (Taper, MIN, Tax etc) are described in the technical note about tax equations. Variable names are defined in the table of parameters above, within the equations table, or are the standard variables "married" and "children". A reference to a variable with the affix "_total" indicates the sum of the relevant variable values for the principal and spouse. And the affixes "_princ" and "_spouse" indicate the value for the principal and spouse respectively. Where the calculation for one earner takes into account variables for the other earner, the affix "_oth" is used. Equations for a single person are as shown for the principal, with "_spouse" values taken as 0.

	Line in country table and intermediate steps	Variable name	Range	Equation
1.	Earnings	earn		
2.	Allowances	tax_al	B	0
3.	Credits in taxable income:			
	Credits in taxable income of principal	taxbl_cr_princ	P	IF(AND(Children>0,Married=0),Taper(PPS,earn_princ,PPS_lim+PPS_ch_lim*(Children-1),PPS_taper),IF(AND(Children=0,Married=0),taper2(NSAS,earn_princ,NSA_lim1,NSA_lim2,NSA_taper1,NSA_taper2),IF(Married>0,taper3(NSAP,earn_princ,earn_spouse,NSA_lim1,NSA_lim2,NSA_taper1,NSA_taper2,0),,0)))
	Credits in taxable income of spouse	taxbl_cr_spouse	S	IF(AND(Children>0,Married=0),0,IF(AND(Children=0,Married=0),0,IF(Married>0,taper3(NSAP,earn_spouse,earn_princ,NSA_lim1,NSA_lim2,NSA_taper1,NSA_taper2,0),0)))
4.	CG taxable income	tax_inc	B	earn+taxbl_cr
5.	CG tax before credits			
	Medicare Levy	med_levy	B	medicare(tax_inc,sing_lim,m_lim,SAPTO_lim,ch_lim,shade_rate,medic_rate,Married,tax_inc_oth,Children)
	Temporary Budget Repair Levy	TBRL	B	TBRL_rate*Positive(tax_inc-TBRL_lim)
	Tax liability	liab	P	Tax(tax_inc, tax_sch)
6.	Tax credits :			
	Low income credit	low_cr	B	Taper(low_inc_cr,tax_inc,low_inc_lim,low_inc_redn)
	Senior Australian and Pensioner Tax Offset	sap_cr	P	IF(AND(taxbl_cr_princ>0,NOT(AND(Children>0,Married=0))),Tax(taxbl_cr_princ,tax_sch),IF(taxbl_cr_princ>0,Taper(SAPTO,tax_inc,SAPTO_thresh,SAPTO_taper),0)
	Beneficiary tax offset	ben_cr	B	IF(AND(taxbl_cr>0, NOT(AND(Children>0, Married=0))), Tax(taxbl_cr, tax_sch), 0)
	Total	tax_cr	B	low_cr+sap_cr+ben_cr
7.	CG tax	CG_tax	B	Positive(liab-tax_cr) + med_levy + TBRL
8.	State and local taxes	local_tax	B	0
9.	Employees' soc security	SSC	B	0
11.	Cash transfers:			
	Family Tax Benefit (Part A)	ftbA	P	IF(PA>0,((FTB_A_max+FTB_A_CES_max)*Children+IF(Children>2,(Children-2)*FTB_A_large,0)),MAX(((FTB_A_max+FTB_A_CES_max)*Children+IF(Children>2,(Children-2)*FTB_A_large,0)-Positive((princ_earn+taxbl_cr+spouse_earn+taxbl_cr_spouse)-FTB_A_lim1)*FTB_A_taper1), Positive((FTB_A_base+FTB_A_CES_basic)*Children+IF(Children>2,(Children-2)* FTB_A_large,0)-Positive((princ_earn+taxbl_cr+spouse_earn+taxbl_cr_spouse)-(FTB_A_lim2+(Positive(Children-1))*FTB_A_child))*FTB_A_taper2)))

	Line in country table and intermediate steps	Variable name	Range	Equation
	Family Tax Benefit (Part B)	ftbB	J	IF(earn_princ<FTB_B_lim_p,IF(Children>0,Taper(FTB_B+FTB_B_CES_5, earn_spouse+taxbl_cr_spouse,FTB_B_lim,FTB_B_taper),0),0)
	Pharmaceutical Allowance	PA	J	AND(Children>0,Married=0)*IF(Taper(PPS+PA+PPS_CES,earn_princ, PPS_lim+PPS_ch_lim*(Children-1),PPS_taper)>0,PA,0)
	Clean Energy Advance	CEA	J	IF(AND(Children>0,Married=0,Taper(PPS+PPS_CES,earn_princ,PPS_lim+PPS_ch _lim*(Children-1),PPS_taper)>0),PPS_CEA,IF(AND(Children=0,Married=0,taper2 (NSAS+NSAS_CES,earn_princ,NSA_lim1,NSA_lim2,NSA_taper1,NSA_taper2)>0), NSAS_CEA,IF(AND(Married>0,taper3(NSAP,earn_spouse,earn_princ,NSA_lim1,NS A_lim2,NSA_taper1,NSA_taper2,NSAP_CES)>0),NSAP_CEA)))+IF(AND(taxbl_cr_p rinc>0,Married>0,taper2(NSAP+NSAP_CES,earn_princ,NSA_lim1,NSA_lim2,NSA_ taper1,NSA_taper2)>0),NSAP_CEA,0)+IF(AND(ftbA>0,ftbA>FTB_A_base*Children +IF(Children>2,(Children-2)*FTB_A_large,0)),FTB_A_CEA_max*Children,0)+ IF(AND(ftbA>0,ftbA<=FTB_A_base*Children+IF(Children>2,(Children- 2)*FTB_A_large,0)),FTB_A_CEA_basic*Children,0)+IF(ftbB>0,FTB_B_CEA_5,0)
	Clean Energy Supplement	CES	J	IF(AND(Children>0,Married=0,Taper(PPS+PPS_CES,earn_princ,PPS_lim+PPS_ch _lim*(Children-1),PPS_taper)>0), MAX(0,Taper(PPS+PPS_CES,earn_princ,PPS_ lim+PPS_ch_lim*(Children-1),PPS_taper)-Taper(PPS, earn_princ,PPS_ lim+PPS_ch_lim*(Children-1),PPS_taper)),IF(AND(Children>0, Married=0Taper (PPS+PPS_CES,earn_princ,PPS_lim+PPS_ch_lim*(Children-1),PPS_taper)=0), 0,IF(AND(Children=0,Married=0,taper2(NSAS+NSAS_CES,earn_princ,NSA_lim1,N SA_lim2,NSA_taper1,NSA_taper2)>0),taper2(NSAS+NSAS_CES,earn_princ,NSA_l im1,NSA_lim2,NSA_taper1,NSA_taper2)-taper2(NSAS,earn_princ,NSA_lim1, NSA_lim2,NSA_taper1,NSA_taper2),IF(AND(Married>0,taper3(NSAP,earn_spouse, earn_princ,NSA_lim1,NSA_lim2,NSA_taper1,NSA_taper2,NSAP_CES)>0),taper3(NSAP,earn_spouse,earn_princ,NSA_lim1,NSA_lim2,NSA_taper1,NSA_taper2,NSA P_CES)-taper3(NSAP,earn_spouse,earn_princ,NSA_lim1,NSA_lim2, NSA_taper1,NSA_taper2,NSAP_CES-NSAP_CES)))))+IF(AND(Married>0, ,taper2(NSAP+NSAP_CES,earn_princ,NSA_lim1,NSA_lim2,NSA_taper1,NSA_tape r2)>0), max(0, taper2(NSAP+NSAP_CES,earn_princ,NSA_lim1, NSA_lim2,NSA_taper1,NSA_taper2)- taper2(NSAP,earn_princ,NSA_lim1, NSA_lim2,NSA_taper1,NSA_taper2)),0)
	SchoolKids Bonus	SKE	J	IF(earn_princ+earn_spouse+taxbl_cr_princ+taxbl_cr_spouse<SKB_lim, IF(FTB Part A>0,SKB*Children,0),0)
	Single Income Family Supplement	SIFS	J	sifs(tax_inc_princ,tax_inc_spouse,ftbA+ftbB,SIFS_max,SIFS_in_lim_pr,SIFS_in_ta per_pr,SIFS_out_lim_pr,SIFS_out_taper_pr,SIFS_out_lim_sec,SIFS_out_taper_se c)
	Income support bonus	ISB	B	IF(AND(Married=0,(taxbl_cr_princ+earn_princ+PA)>0),ISB_s,IF(AND(Married>0,ta per3(NSAP, taxbl_cr_princ, earn_princ,NSA_lim1,NSA_lim2,NSA_taper1,NSA_taper2,NSAP_CES)>0),ISB_p,0))+IF(AND(Married>0,taper2(NSAP+NSAP_CES,earn_princ,NSA_lim1,NSA_lim2,N SA_taper1,NSA_taper2)>0),ISB_p,0)
	Telephone Allowance	TeleA	P	IF(Married=0,IF(Children>0,IF(Taper(PPS+PA+PPS_CES,earn_princ,PPS_lim+PPS _ch_lim*(Children-1),PPS_taper)>0,Tele_A,0),0),0)
		cash_trans	J	ftbA+ftbB+taxbl_cr_princ+PA+taxbl_cr_spouse+Tele_A +CEA=CES+SKB+SIFS+ISB
13.	Employer's State pay-roll tax	tax_empr	B	earn*Pay_roll_rate

Key to range of equation B calculated separately for both principal earner and spouse P calculated for principal only (value taken as 0 for spouse calculation) J calculated once only on a joint basis. Key refers to an optimisation of benefits i.e. Parenting payment for principal and Newstart allowance for spouse versus Parenting payment for spouse and Newstart allowance for principal.

Austria

This chapter includes data on the income taxes paid by workers, their social security contributions, the family benefits they receive in the form of cash transfers as well as the social security contributions and payroll taxes paid by their employers. Results reported include the marginal and average tax burden for eight different family types.

Methodological information is available for personal income tax systems, compulsory social security contributions to schemes operated within the government sector, universal cash transfers as well as recent changes in the tax/benefit system. The methodology also includes the parameter values and tax equations underlying the data.

Austria 2015

The tax/benefit position of single persons

	Wage level (per cent of average wage)		67	100	167	67
	Number of children		none	none	none	2
1.	**Gross wage earnings**		29 134	43 484	72 618	29 134
2.	**Standard tax allowances**					
	Basic allowance		60	60	60	60
	Married or head of family					
	Dependent children		0	0	0	440
	Deduction for social security contributions and income taxes		5 261	7 852	11 755	5 261
	Work-related expenses		132	132	132	132
	Other		620	620	620	620
		Total	6 073	8 664	12 567	6 513
3.	**Tax credits or cash transfers included in taxable income**		0	0	0	0
4.	**Central government taxable income (1 - 2 + 3)**		23 061	34 820	60 051	22 621
5.	**Central government income tax liability (exclusive of tax credits)**		3 540	7 670	17 222	3 380
6.	**Tax credits**					
	Basic credit		0	0	0	0
	Married or head of family		0	0	0	669
	Children					
	Other		345	345	345	345
		Total	345	345	345	1 014
7.	**Central government income tax finally paid (5-6)**		3 195	7 325	16 877	2 366
8.	**State and local taxes**		0	0	0	0
9.	**Employees' compulsory social security contributions**					
	Gross earnings		5 261	7 852	11 755	5 261
	Taxable income					
		Total	5 261	7 852	11 755	5 261
10.	**Total payments to general government (7 + 8 + 9)**		8 456	15 177	28 633	7 627
11.	**Cash transfers from general government**					
	For head of family					
	For two children		0	0	0	5 031
		Total	0	0	0	5 031
12.	**Take-home pay (1-10+11)**		20 678	28 307	43 985	26 539
13.	**Employer's wage dependent contributions and taxes**					
	Employer's compulsory social security contributions		6 243	9 318	13 950	6 243
	payroll taxes		2 185	3 261	5 446	2 185
		Total	8 428	12 579	19 396	8 428
14.	**Average rates**					
	Income tax		11.0%	16.8%	23.2%	8.1%
	Employees' social security contributions		18.1%	18.1%	16.2%	18.1%
	Total payments less cash transfers		29.0%	34.9%	39.4%	8.9%
	Total tax wedge including employer's social security contributions		45.0%	49.5%	52.2%	29.3%
15.	**Marginal rates**					
	Total payments less cash transfers: Principal earner		44.4%	49.1%	37.9%	44.4%
	Total payments less cash transfers: Spouse		n.a.	n.a.	n.a.	n.a.
	Total tax wedge: Principal earner		56.8%	60.5%	42.2%	56.8%
	Total tax wedge: Spouse		n.a.	n.a.	n.a.	n.a.

Austria 2015

The tax/benefit position of married couples

		Wage level (per cent of average wage)	100-0	100-33	100-67	100-33
		Number of children	2	2	2	none
1.	**Gross wage earnings**		43 484	57 833	72 618	57 833
2.	**Standard tax allowances**					
	Basic allowance		60	120	120	120
	Married or head of family					
	Dependent children		440	440	528	0
	Deduction for social security contributions and income taxes		7 852	10 013	13 113	10 013
	Work-related expenses		132	264	264	264
	Other		620	1 240	1 240	1 240
		Total	9 104	12 077	15 265	11 637
3.	**Tax credits or cash transfers included in taxable income**		0	0	0	0
4.	**Central government taxable income (1 - 2 + 3)**		34 380	45 757	57 353	46 197
5.	**Central government income tax liability (exclusive of tax credits)**		7 480	7 480	11 000	7 670
6.	**Tax credits**					
	Basic credit		0	0	0	0
	Married or head of family		669	0	0	0
	Children					
	Other		345	690	690	690
		Total	1 014	690	690	690
7.	**Central government income tax finally paid (5 - 6)**		6 466	6 915	10 310	7 105
8.	**State and local taxes**		0	0	0	0
9.	**Employees' compulsory social security contributions**					
	Gross earnings		7 852	10 013	13 113	10 013
	Taxable income					
		Total	7 852	10 013	13 113	10 013
10.	**Total payments to general government (7 + 8 + 9)**		14 318	16 928	23 423	17 118
11.	**Cash transfers from general government**					
	For head of family					
	For two children		5 031	5 031	5 031	0
		Total	5 031	5 031	5 031	0
12.	**Take-home pay (1-10+11)**		34 197	45 937	54 226	40 716
13.	**Employer's wage dependent contributions and taxes**					
	Employer's compulsory social security contributions		9 318	12 393	15 561	12 393
	Payroll taxes		3 261	4 338	5 446	4 338
		Total	12 579	16 730	21 007	16 730
14.	**Average rates**					
	Income tax		14.9%	12.0%	14.2%	12.3%
	Employees' social security contributions		18.1%	17.3%	18.1%	17.3%
	Total payments less cash transfers		21.4%	20.6%	25.3%	29.6%
	Total tax wedge including employer's social security contributions		39.0%	38.4%	42.1%	45.4%
15.	**Marginal rates**					
	Total payments less cash transfers: Principal earner		49.1%	49.1%	49.1%	49.1%
	Total payments less cash transfers: Spouse		18.2%	15.1%	44.4%	15.1%
	Total tax wedge: Principal earner		60.5%	60.5%	60.5%	60.5%
	Total tax wedge: Spouse		36.5%	34.1%	56.8%	34.1%

The Austrian currency is the Euro (EUR). In 2015, EUR 0.90 was equal to USD 1. In that year, the average worker in Austria earned EUR 43 484 (Secretariat estimate).

1. Personal income tax

1.1. Central government income tax

1.1.1. Tax unit

Each person is taxed separately.

1.1.2. Tax allowances

1.1.2.1. Standard tax reliefs

- Work related expenses: a minimum allowance of EUR 132 is available to all employees.
- Minimum allowance for special expenses of EUR 60.
- Social security contributions and connected contributions (see Section 2).
- Children allowance of EUR 220 for one or EUR 132 for both parents per child. The parents have the choice between these opportunities.

1.1.2.2. Non-standard tax reliefs

- Mainly work-related expenses ("Werbungskosten").
- Traffic relief according to the distance between home/address and working place.

The following allowances are deductible from income (EUR per year):

	Public transport	
	Available	Not available
More than 2 km	0	372
More than 20 km	696	1 476
More than 40 km	1 356	2 568
More than 60 km	2 016	3 672

- Special expenses allowance ("Sonderausgaben"): some personal expenses (for example, life insurance premiums, and expenses for the purchase of residence including repayments of housing loans) are partly deductible from income. The allowance is limited to EUR 2 920 per taxpayer or EUR 5 840 for sole earners or parents. A quarter of "Sonderausgaben" can be deducted up to a taxable income of EUR 36 400, whereas between EUR 36 400 and EUR 60 000 the deductible amount is (linearly) reduced to EUR 60. Unless higher special expenses can be proved, a standard deduction for "Sonderausgaben" of EUR 60 is granted (see Section 1.121). Grants to non-profit charitable organisations up to 10% of taxable income are deductible. Additionally, contributions to the church are deductible up to an amount of EUR 400.

- Tax-free supplements exist for dirty, hard, dangerous, night, weekend and holiday work and overtime. The supplement for 10 hours of overtime up to EUR 86 per month is tax free, the other supplements are tax free up to EUR 360 (EUR 540 for night workers) per month.

1.1.3. *Rate schedule*

The new tax schedule has a zero-zone up to EUR 11 000 and shows tax formulas for three tax brackets. The effective marginal tax rates resulting from these formulas are:

Income (EUR) up to	Marginal rate %
11 000	0
25 000	36.5
60 000	43.21429
Above	50

There is a special taxation other than the normal tax schedule for Christmas and leave bonus to the extent that their sum does not exceed two average monthly payments (1/6 of current income). If these bonuses before deduction of SSC are below EUR 2 100 p.a., no tax is calculated. Otherwise the tax amount is calculated according to the following formula:

Income from Christmas and leave bonus (EUR) up to	Marginal rate %
620	0
25 000	6
50 000	27
83 333	37.5
Above	50

In case of bonuses up to EUR 25 000 the tax amount is 30% of the bonus (net of SSC) exceeding EUR 2 000 instead of the formula above, if this results to a lower tax amount. So the break-even is at EUR 2 345 a month.

1.1.4. *Tax credits*

Tax credits are available as follows:

- Employee's tax credit of EUR 54. In the overall tax calculation, negative tax is possible but is limited to 20% of social security contributions respectively to a maximum of EUR 220. For employees with a traffic allowance (see 1.12.2) the maximum is EUR 450 and the percentage increases to 36%.
- Traffic (commuting) tax credit EUR 291.
- Additional traffic tax credit in case of entitlement to traffic relief according to the distance between home/address and working place (see 1.12.2). In this case employees are entitled to an additional traffic tax credit of EUR 2 per km distance from home to working place.
- Sole earner's and sole parent's tax credit for families with children. The sole earner's credit is not given when a spouse's income exceeds EUR 6 000. This tax credit is EUR 494

for one child and increases by EUR 175 for the second and by EUR 220 for the third and every additional child. This tax credit is non-wastable and can be paid out as a negative income tax (in addition to the negative tax permitted in respect of the Employee's tax credit).

- Children's tax credit EUR 700.8 (58.40 per month) per child. As this tax credit is paid together with children allowances and not connected with income tax assessment, it is treated as a transfer in this Report (similar treatment as in *Revenue Statistics*).
- Tax credit for retired persons. The tax credit amounts to EUR 764 for sole earners with income up to EUR 19 930 and if the spouse's income does not exceed EUR 2 200. Otherwise the tax credit is EUR 400. The tax credit is linearly reduced to 0 between EUR 17 000 (EUR 19 930 for sole earners) and EUR 25 000 of income. In the overall tax calculation, negative tax is possible but is limited to 20% of social security contributions respectively to a maximum of EUR 55.

1.2. State and local income taxes

None.

2. Compulsory social security contributions to schemes operated within the government sector

2.1. Employee and employer social security contributions

	Ceilings (EUR)		Rates (%)	
	Regular wage per month	Christmas and leave bonus	Employee[2]	Employer[3]
Health insurance	4 650	9 300	3.95	3.70
Unemployment insurance	4 650	9 300	[4]	3.00
Pension insurance	4 650	9 300	10.25	12.55
Accident insurance	4 650	9 300	–	1.30
Contribution to the labour chamber	4 650	[1]	0.50	–
Contribution for the promotion of residential building	4 650	[1]	0.50	0.50
Addition to secure wage payments in the case of bankruptcy	4 650	9 300	–	0.45

1. No contributions on Christmas and leave bonus. In Revenue Statistics, the contribution to the labour chamber is accounted under Taxes on Income of Individuals (1110) the total of the contribution for the promotion of residential buildings is included in Taxes on payroll (3000).
2. There is a threshold for employee contributions of EUR 405.98 per month.
3. A new program has been introduced as of 1January, 2004 for severance payments. Employers are required to pay 1.53% of gross wages for those whose employment starts after 1 January, 2003 or where the employer and employee opt to participate in the new program. This contribution is seen as a non-tax compulsory wage-related payment.
4. Employees' unemployment insurance rate is reduced for low earnings. In 2015, it is zero for monthly earnings up to EUR 1 280, 1% up to EUR 1 396 , 2% up to EUR 1 571 and 3% above.

2.2. Payroll taxes

There are two payroll taxes which are levied on employers for all private sector employees with a monthly gross wage total of more than EUR 1 095: the contribution to the Family Burden Equalisation Fund (4.5%) and the Community Tax (3%). The wage-dependant part of the contribution to the Entrepreneurs' Chamber (listed under heading 1000, taxes on profits, in the *Revenue Statistics*) which is levied, together with the contributions to the Family Burden Equalisation Fund, at different rates depending upon the Länder Chamber (the average rate is approximately 0.4%) is not taken into account. The contribution for the promotion of residential buildings (listed under heading 3000, taxes on payroll, in *Revenue Statistics*) is included in the social security contributions shown above as it is levied by the Health Insurance Companies on monthly income (current) along with the other social security contribution amounts.

3. Universal cash transfers

3.1. *Amount for marriage*

No recurrent payments.

3.2. *Amount for children*

A family allowance is granted for each child. The monthly payment is EUR 109.70 for the first child, EUR 123.10 for the second, EUR 146.10 for the third and EUR 161.90 for each subsequent child. It is increased by EUR 7.60 for children above 3 years, EUR 26.50 for children above 10 years of age and by EUR 49.20 for students (above 19). In the calculation the weighted average is applied. Parents of children under the age of 3 years are entitled to a childcare transfer, introduced in 2002. Beginning 2010, the flexibility of the childcare transfer was increased significantly. The entitled parent can choose between following alternatives: EUR 14.53 per day until the 36th month of birth, EUR 20.80 (24 months), EUR 26.60 (18 months) or EUR 33.00 (14 months). Additionally instead of the fix amounts the entitled person can opt for 80% of the last net-earning, limited to EUR 2 000 a month (14 months). The children's tax credit (EUR 50.90 monthly, see § 1.14) is paid out together with the family allowance and therefore treated as a transfer.

There is a supplement to the family allowance of EUR 20.00 per month for the third and every additional child, if the family taxable income (i.e. the sum of the tax base for the progressive income tax schedule) of the preceding year did not exceed EUR 55 000. This supplement is paid out on application after an assessment of the very year.

An additional family allowance ("13th allowance") of EUR 100 is given for children in the age between 6 and 16 every September.

4. Main changes in tax/benefit systems since 1994

In 1994, a major tax reform took effect. Most measures concerned the taxation of firms. For employees the following points are important. The general tax credit was increased by ATS 3 840, i.e. ATS 320 per month. For employees with low income a negative income tax option was introduced (the negative income tax is limited to the wage earners tax credit, but it cannot exceed 10% of social security contributions).

In 1995, family allowances were reduced by ATS 100 per month (ATS 1 200 per year).

In 1996, a consolidation package was introduced, some measures of which took effect already in 1996. The deductibility of special expenses was reduced (half to quarter) and abolished for incomes exceeding ATS 700 000. Tax free overtime supplements were limited to ATS 590 per month. The general tax credit was linearly reduced to zero for income between ATS 200 000 and ATS 500 000 and there was a change in the deductibility of social security contributions on non-current wages and salaries.

The family package of 1998 brought an increase of ATS 1 500 in the family allowances and the children's tax credits each in 1999. A supplement of ATS 2 400 in 1999 and ATS 4 800 in 2000 for the 3rd etc. child for families earning less than ATS 504 000 was introduced. The sole earner's or sole parent's tax credit negative tax limit was abolished.

For 2000 and the following years, there was an additional increase in the sum of family allowances and children's tax credits of ATS 3 000, but the differentiation according to the number of children was transferred to the allowances, i.e. from 2000 onwards there is a unique annual tax credit of ATS 8 400 per child.

The tax reform of 1999, effective from the beginning of 2000, brought a reduction in the tax schedule and an increase of the general tax credit leading to a (linearly increasing) tax reduction between ATS 4 000 and 7 000 p.a. The maximum reduction is reached at a gross income near the ceiling for social security contributions. The reform also included a number of other measures which concerned mainly enterprise taxation.

The budget consolidation measures for 2001 included an abolition of the general tax credit for incomes exceeding ATS 487 400, the halving of the employee's tax credit to ATS 750 and a phasing-out of the pensioner's tax credit for income between ATS 230 000 and 300 000. The adaptation of the tax laws to the Euro did not bring any substantive changes. In 2004 (effective), the family allowances for children above three years of age were increased by EUR 7.30 per month.

In 2004, the first step of a comprehensive tax reform came into force. The general tax credit was increased from EUR 887 to EUR 1 264 and the phasing-out rules were considerably simplified and made uniform for all groups of taxpayers.

The tax reform in 2005 brought a new income tax schedule. Apart from the top rate of 50% for income exceeding EUR 51 000, it shows the average rates for two amounts of income. The tax amounts for incomes between these amounts have to be calculated by linear interpolation. The formulas that have to be applied are shown in the tax law. The tax reform included some measures which were made retrospective for 2004. These measures are the increase of the sole earner and the single parent tax credit depending on the number of children (together with a higher earnings limit for the spouse of a single earner) and an increase of the traffic reliefs by about 15%. The maximum deductible amount for church contributions was increased as well. In 2006, the traffic reliefs were again increased by about 10%.

In 2007, the traffic allowances were increased by 10% (effective from 1st July), the maximum negative tax for employees with traffic allowances was increased from EUR 110 to EUR 240 (for 2008 and 2009). For 2008, the family allowances for the third and subsequent children were increased. In 2008, the unemployment insurance contributions of low-earning employees were reduced (effective from 1st July). In 2008 up to monthly earnings of EUR 1 100 the rate was zero, for earnings below EUR 1 200 the contribution was 1%, below EUR 1 350 2% and above the current rate of 3%. These income limits are increased according to the raise of the ceiling levels of social security contributions every year.

In September 2008, the parliament decided some measures to compensate for the strong increase of food and energy prices: inter alia, the tax exemption of overtime supplements was increased and a 13th payment of children allowances introduced.

The tax reform 2009 (effective from 1st January) brought an increase of the zero bracket (from EUR 10 000 to EUR 11 000), a reduction of the income tax rates (except the top rate), an upward shift of the top rate bracket (from EUR 51 000 to EUR 60 000) and several measures for families with children: children allowance (EUR 220 or EUR 132 each parent p.a.), deductibility of cost for child care (up to EUR 2 300 p.a. per child), tax-free payments (up to EUR 500 p.a.) from employers to their employees for child care and an increase of the children tax credit.

Starting with 2013 a progressive rate schedule is applied to Christmas and leave bonus instead of a flat rate regime of 6% (see 1.13)

In 2015 the negative tax credit for employee is increased and a negative tax credit for pensioners introduced.

5. Memorandum items

5.1. *Calculation of earnings data*

- Sector used: All private employees except apprentices employed full-time for the whole year
- Geographical coverage: Whole country
- Sex: Male and Female
- Earnings base:
  - Items excluded: Unemployment compensation
Sickness compensation
  - Items included: Vacation payments
Overtime payments
Recurring cash payments
Fringe benefits (taxable value)
- Basic method of calculation used: Average annual earnings
- Income tax year ends: 31 December

Period to which the earnings calculation refers to: one year.

2015 parameter values

Average earnings/yr	Ave_earn	43 484	Secretariat estimate
Non current income as %	non_cur_pc	14.286%	
Tax free inc on non-current	Bonus	620	
Ceiling for taxing non-current income	nonc_ceil	2 000	
Tax schedule for nci exc. 25000	nci_sch	0	25 000
		0.21	50 000
		0.2975	83 333
		0.44	
Work related	work_rel	132	
Allowance f."Special expenses"	Basic_al	60	
Children allowance for 2 earning parents	Child_al_2	132	
Children allowance for sole earner/parent	Child_al_1	220	
Tax free inc.	tax_free	0%	
Basic tax credit	basic_cr		
Employee's tax credit	wage_cr	54	
Max. neg. employee's tax credit	neg_wage_cr	220	
Max. neg. employee's tax credit rate	neg_wage_cr_rate	20%	
Traffic (commuting) tax credit	traffic_cr	291	
Sole earner's (parent's) tax credit	sole_cr	0	
Children suppl.to SETC: 1st child	dsole1_cr	494	
2nd child	dsole2_cr	175	
3rd+ child	dsole3_cr	220	
Spouse income not more than	sole_lim0	0	
Spouse with children	sole_lim1	6 000	
Tax on non-current income	non_cur_rate	6%	
Altern.tax on non-current income	alt_nonc_rate	30%	
Income tax schedule	Tax_sch	0	11 000
		0.365	25 000
		0.43214	60 000
		0.5	
Ceiling f. soc. security contributions	SSC_ceil	4 650	
lower limit	SSC_low	405.98	
Employees' contr. rates	health_rate	3.95%	
	unemp_rate	0%	1 280
		1%	1 396
		2%	1 571
		3%	
	Pension_rate	10.25%	
Sum without unempl. and others	empl_14	14.20%	
	others_rate	1%	
Employers' contr.rates	health_empr	3.70%	
	unemp_empr	3%	
	Pension_empr	12.55%	
	accident_empr	1.30%	
	payinsur_empr	0.45%	
Sum without others	empr_14	21.00%	
	others_empr	0.50%	
Payroll taxes	payroll_rate	7.50%	
Child benefit: 1st child	CB_1	1 316.40	
2nd child	CB_2	1 477.20	
3rd child	CB_3	1 753.20	
4th+ child	CB_4	1 942.80	
suppl.>3years	CB03sppl	91.20	
suppl.>10years	CB10sppl	318.00	
suppl >19years	CB19sppl	590.40	
5 years<suppl<17years	CB5to17	100.0	
Child tax credit	child_cr_1	700.8	

2015 Tax equations

The equations for the Austrian system are, in principle, on an individual basis. The only variable which is dependent on the marital status is the head of family (sole earner) tax credit which is also given to single people with children. For the Christmas and leave bonus (both amounting to one monthly wage or salary) there are special rules for the calculation of social security contributions (separate ceilings and slightly lower rate) and wage tax (reduced flat rate). The income tax schedule and the tax credits are applied only for "current pays". The children tax credit is in principle given to the mother (as a negative tax together with "family allowances" = transfer for children). The sole earner and the employee tax credit are connected with negative income tax rules. Therefore, the tax finally paid may be different from tax liability minus tax credits.

Bn	Variable	Code for docn equations	Excel-Function
3	earnings (%AW)	percent	0, 1/3, 2/3, 1 or 5/3 in Taxing Wages output tables (but model can be applied to all earnings levels)
4	number of children	child	0 or 2 in Taxing Wages output tables
5	Gross earnings	earn	=Ave_earn*percent
6	Current income	cearn	=(1-non_cur_pc)*earn
7	Basic allowance	allow	=(earn>14*SSC_low)*Basic_al
8	SSC on curr.inc.	SSCc	=(empl_14+unemp(earn,unemp_rate)+others_rate)* MIN(12*SSC_ceil;cearn)*(cearn>12*SSC_low)
9	Work related expenses	work_rel	=work_rel
10	Tax-free income	taxfrinc	=tax_free*earn
11	Child allowance	Child_al_princ Child_al_spouse	IF(cearn_spouse-allow_spouse-SSCc_spouse-work_rel_spouse-taxfrinc_spouse-11945<0,Child_al_1, Child_al_2)*child IF(Child_al_princ=child*Child_al_2, Child_al_2, 0)*Child
12	Tax base for schedule	ctbase	=(earn>14*SSC_low)*(cearn-allow-SSCc-work_rel-taxfrinc-child_al*child)
13	Gross tax on current income	gtaxcur	=Tax(ctbase;tax_sch)
14	Basic tax credit	btaxcr	=0
15	Married or head of family	headcr	=(earn_sp<IF(child>0;sole_lim1;sole_lim0))*(sole_cr+(child>0)*dsole1_cr+(child >1)*dsole2_cr+(child>2)*(child-2)*dsole3_cr
16	Other	othcr	=min(wage_cr;20%*SSC)+traffic_cr
17	Interm. tax on current income	itcur	=gtaxcur-btaxcr-headcr-othcr
18	Net tax on current income	ntaxcur	=IF(itcur>-headcr; itcur;MAX(-neg_wage_cr_rate*SSC-(child>0)*headcr; -neg_wage_cr-(child>0)*headcr))
19	Non current income	ncearn	=earn-cearn
20	SSC on non-curr. inc.	SSCnc	=(health_rate+unemp(earn,unemp_rate)+pension_rate)* MIN(2*SSC_ceil;ncearn)*(ncearn>2*SSC_low)
21	Non current income-SSC	ncearn_adj1	=ncearn-SSCnc
22	of which tax free	taxfree	=MIN(bonus;ncearn_adj)
23	Non-curr. tax base	ncearn_adj2	=ncearn_adj-taxfree
24	Tax schedule for nci exc. 25000	nc _sch	=Positive(MINA(ncearn_adj1-nonc_ceil)*alt_nonc_rate;ncearn_adj2*non_cur_rate))+MAX(0;Tax(ncearn_adj1; nci_sch))
25	Taxable income	taxinc	=ctbase+ncearn_adj2
26	Tax liability excl. tax credits	inctax_ex	=gtaxcur+taxnc
27	Income tax finally paid	inctax	=ntaxcur+taxnc
28	Employee's SSC	SSC	=SSCc+SSCnc
29	Employer's SSC	SSCf	=((empr_14+others_empr)*MIN(12*SSC_ceil;cearn)+empr_14*MIN(12*SSC_ceil ;ncearn))
30	Pay-roll taxes	payroll	=payroll_rate*earn

Bn	Variable	Code for docn equations	Excel-Function
31	Cash transfers	cash	=IF(child=0;0;IF(child=2;CB_1+CB_2+child*CB10sppl+child*(child_cr_1+CB5to17)))
32	Take-home pay		=earn-inctax-SSC+cash
33	Wage cost		=earn+SSCf+payroll

unemp is a Visual Basic Function which chooses lower unemployment SSC rates for low earnings.
Key to range of equation B calculated separately for both principal earner and spouse P calculated for principal only (value taken as 0 for spouse calculation) J calculated once only on a joint basis.

Belgium

This chapter includes data on the income taxes paid by workers, their social security contributions, the family benefits they receive in the form of cash transfers as well as the social security contributions and payroll taxes paid by their employers. Results reported include the marginal and average tax burden for eight different family types.

Methodological information is available for personal income tax systems, compulsory social security contributions to schemes operated within the government sector, universal cash transfers as well as recent changes in the tax/benefit system. The methodology also includes the parameter values and tax equations underlying the data.

Belgium 2015

The tax/benefit position of single persons

		Wage level (per cent of average wage)	67	100	167	67
		Number of children	none	none	none	2
1.	**Gross wage earnings**		31 284	46 693	77 977	31 284
2.	**Standard tax allowances**					
	Basic allowance					
	Married or head of family					
	Dependent children					
	Deduction for social security contributions and income taxes		4 089	6 103	10 192	4 089
	Work-related expenses		3 156	3 557	4 090	3 156
	Other					
		Total	7 244	9 660	14 282	7 244
3.	**Tax credits or cash transfers included in taxable income**		0	0	0	0
4.	**Central government taxable income (1 - 2 + 3)**		24 040	37 033	63 695	24 040
5.	**Central government income tax liability (exclusive of tax credits)**		8 109	13 956	27 246	8 109
6.	**Tax credits**					
	Basic credit		0	0	0	0
	Married or head of family		1 845	1 773	1 773	2 232
	Children		0	0	0	1 201
	Other					
		Total	1 845	1 773	1 773	3 433
7.	**Central government income tax finally paid (5-6)**		4 636	9 017	18 853	3 461
8.	**State and local taxes**		2 098	4 080	8 531	1 566
9.	**Employees' compulsory social security contributions**					
	Gross earnings		4 089	6 103	10 192	4 089
	Taxable income		262	431	731	262
		Total	4 351	6 533	10 923	4 351
10.	**Total payments to general government (7 + 8 + 9)**		11 085	19 631	38 307	9 378
11.	**Cash transfers from general government**					
	For head of family					
	For two children		0	0	0	3 756
		Total	0	0	0	3 756
12.	**Take-home pay (1-10+11)**		20 199	27 062	39 670	25 662
13.	**Employer's compulsory social security contributions**		8 677	13 862	22 927	8 677
14.	**Average rates**					
	Income tax		21.5%	28.1%	35.1%	16.1%
	Employees' social security contributions		13.9%	14.0%	14.0%	13.9%
	Total payments less cash transfers		35.4%	42.0%	49.1%	18.0%
	Total tax wedge including employer's social security contributions		49.5%	55.3%	60.7%	35.8%
15.	**Marginal rates**					
	Total payments less cash transfers: Principal earner		55.0%	55.0%	59.8%	55.0%
	Total payments less cash transfers: Spouse		n.a.	n.a.	n.a.	n.a.
	Total tax wedge: Principal earner		66.3%	66.3%	68.5%	66.3%
	Total tax wedge: Spouse		n.a.	n.a.	n.a.	n.a.

Belgium 2015

The tax/benefit position of married couples

	Wage level (per cent of average wage)	100-0	100-33	100-67	100-33
	Number of children	2	2	2	none
1.	**Gross wage earnings**	46 693	62 102	77 977	62 102
2.	**Standard tax allowances**				
	Basic allowance				
	Married or head of family				
	Dependent children				
	Deduction for social security contributions and income taxes	6 103	6 103	10 192	6 103
	Work-related expenses	3 557	6 160	6 713	6 160
	Other				
	Total	9 660	12 263	16 905	12 263
3.	**Tax credits or cash transfers included in taxable income**	0	0	0	0
4.	**Central government taxable income (1 - 2 + 3)**	37 033	49 838	61 072	49 838
5.	**Central government income tax liability (exclusive of tax credits)**	11 986	17 403	22 066	17 403
6.	**Tax credits**				
	Basic credit	0	331	0	331
	Married or head of family	3 618	3 618	3 618	3 618
	Children	1 083	1 083	1 083	0
	Other				
	Total	4 701	5 031	4 701	3 948
7.	**Central government income tax finally paid (5-6)**	5 392	9 070	12 852	9 872
8.	**State and local taxes**	2 440	4 254	5 816	4 617
9.	**Employees' compulsory social security contributions**				
	Gross earnings	6 103	6 103	10 192	6 103
	Taxable income	431	597	731	597
	Total	6 533	6 700	10 923	6 700
10.	**Total payments to general government (7 + 8 + 9)**	14 365	20 024	29 590	21 188
11.	**Cash transfers from general government**				
	For head of family				
	For two children	3 756	3 756	3 756	0
	Total	3 756	3 756	3 756	0
12.	**Take-home pay (1-10+11)**	36 083	45 833	52 143	40 913
13.	**Employer's compulsory social security contributions**	13 862	16 089	22 538	16 089
14.	**Average rates**				
	Income tax	16.8%	21.5%	23.9%	23.3%
	Employees' social security contributions	14.0%	10.8%	14.0%	10.8%
	Total payments less cash transfers	22.7%	26.2%	33.1%	34.1%
	Total tax wedge including employer's social security contributions	40.4%	41.4%	48.1%	47.7%
15.	**Marginal rates**				
	Total payments less cash transfers: Principal earner	55.0%	55.0%	53.9%	55.0%
	Total payments less cash transfers: Spouse	36.7%	40.8%	53.9%	40.8%
	Total tax wedge: Principal earner	66.3%	66.3%	65.5%	66.3%
	Total tax wedge: Spouse	44.7%	60.5%	65.5%	60.5%

The national currency is the euro. In 2015, EUR 0.90 was equal to USD 1. The Secretariat has estimated that in that same year the average worker earned EUR 46 693 (Secretariat estimate).

1. Personal income tax system

1.1. *Federal government income tax*

1.1.1. *Tax unit*

Spouses are taxed separately. As from 2004, the principle of separate taxation applies to all categories of income. A non-earning spouse is taxed separately on a notional share of income that can be transferred to him or her (see "non-earning spouse allowance", below). Married couples nonetheless file joint income tax returns.

1.1.2. *Tax allowances*

1.1.2.1. Deduction of social security contributions

Unless stated otherwise, social insurance contributions are deductible from gross income.

1.1.2.2. Work-related expenses

Salaried employees and self-employed professionals are entitled to a standard deduction for work-related expenses. This deduction may under no circumstances exceed respectively EUR 4 090 per spouse for salaried employees and EUR 3 960 per spouse for self-employed professionals and is computed as follows:

The lump-sum deduction for business expenses for employees has been increased as of income year 2015, with also a new maximum amount. The lump-sum deduction for business expenses for self-employed professionals remains unchanged.

For salaried employees:

Gross earnings less social insurance contributions (EUR)	Rate (%)
Below 5 760	29.35
Between 5 760 and 11 380	10.50
Between 11 380 and 19 390	8
Above 19 390	3

For self-employed professionals:

Gross earnings less social insurance contributions (EUR)	Rate (%)
Below 5 730	28.70
Between 5 730 and 11 380	10
Between 11 380 and 18 940	5
Above 18 940	3

Paid company directors are also entitled to a standard deduction for work-related expenses; this is equal to 3% of gross income (less social insurance contributions) and may not exceed EUR 2 380 per spouse.

An additional allowance may be granted to wage-earners if their workplace is more than a certain distance from their home.

Actual expenses incurred in order to acquire or retain earned income are deductible if they exceed the standard deduction. The deductibility of certain categories of work-related expenses (cars, clothing, restaurant meals and business gifts) is limited, however. Taxpayers who report actual expenses may deduct EUR 0.15 per kilometre, up to 100 km per single journey, for travel between their home and their workplace by means other than private car.

1.1.2.3. Non-earning spouse allowance (*quotient conjugal*)

A notional amount of income can be transferred between spouses if one of them earns no more than 30% of the couple's combined earned income. In this case, the amount transferred is limited to 30% of aggregate net earned income, less the individual income of the spouse to whom the notional share is transferred. This allowance is limited to EUR 10 230.

1.1.2.4. Exempt income

The base amount is:

Taxable income (S)	Fixed amount	Variable amount
0-26 360	7 380	0
26 360-26 650	7 090	26 650-S
26 650 and up	7 090	0

These amounts vary with regards to the family situation. Additional exemptions for dependent children (a handicapped child counts as two children):

- 1 child 1 510
- 2 children 3 880
- 3 children 8 700
- 4 children 14 060
- > 4 children 5 370 per additional child

Dependent child exemptions in excess of available income give rise to a reimbursable tax credit. This reimbursable tax credit is calculated at the marginal rate for the spouse with the highest income and capped at EUR 430 per dependent child.

Additional special exemptions are also granted for certain household members (in euro):

- Other dependants 1 510
- Handicapped spouse 1 510
- Other handicapped dependants 1 510
- Widow(er) with dependent child(ren) 1 510
- Single father or mother 1 510

These additional exemptions are applied first to the taxable income of the spouse having the most income, with any remainder then being applied to the income of the other spouse.

The basic exemption plus any additional exemptions for dependants and single parents is applied against each bracket from the bottom up; in other words, the lowest brackets are depleted first.

1.1.2.5. Schedule

Taxable income (EUR)	Marginal rate (%)
0-8 710	25
8 710-12 400	30
12 400-20 660	40
20 660-37 870	45
37 870-and above	50

The basic exemption plus any additional exemptions is applied from the bottom up.

1.2. Regional and local government taxes

With the implementation of the sixth state reform, the Flemish Region, the Walloon Region and the Brussels-Capital Region have been delegated several important competences with regard to the individual income tax. As a result of this reform, as from 1 July 2014, the regional competences are:

- the possibility to levy surcharges on the federal PIT (the supplementary regional tax on the personal income tax). The surcharge may be proportional or vary with income but there are limits to ensure that the tax remains progressive);
- to grant (on the result of the surcharges) tax discounts;
- to grant tax reductions, tax increases and tax credits;
- to regulate exclusively some tax reductions.

Under the new tax model, the assumed federal income tax amount must first be calculated. The taxable base is reduced by the exempt income (see 1.124), the tax credits for pensions, unemployment, sickness and other social benefits and the tax credit for income taxed abroad. Additionally, it is reduced by the tax due on passive income for which the Federal State remains exclusively competent.

The remaining PIT liability is than split between the central government and the Regions according to a ratio of 0.7401 /0.2599.

Subsequently, the Regions are allowed to levy a proportional surcharge on this reduced federal income tax. This surcharge may, within certain limits and given the matters for which the Regions are competent, vary per tax bracket. The actual rate is set at 35.117% (0.2599/(1-0.2599).

The starting point for the calculation of the municipal (and agglomeration) surcharges is the individual income tax ("impôt total", i.e. the sum of federal PIT and regional PIT), before taking into account the surcharge resulting from insufficient prepayments, the foreign tax credit, federal and regional reimbursable tax credits (among others for children and for low-income workers), prepayments and withholding taxes. The rate of this local surtax is set by each municipality, and there is no upper limit. An additional surcharge of 1% is levied in the Brussels-Capital Region, in addition to the municipal surcharge.

The calculation of the regional and local surtax for the average worker study assumes that the worker lives in the Region of Brussels-Capital. The weighted average local surtax of the 19 municipalities which form the Brussels-Capital Region is 7.5%.

1.3. Tax credits

Refundable tax credit for low-income workers

A refundable tax credit is intended for low-income workers and company managers (subject to the employees' social security system) entitled to the employment bonus.

The refundable tax credit amounts to 14.40% / 17.81% as of 1 August 2015 of the "employment bonus" which is actually granted on remunerations earned during the taxable period. It cannot exceed EUR 310/EUR 360 as of 1 August 2015 per taxable period.

1.4. Rebate on the wage withholding tax

Employers benefit from a rebate on the wage withholding tax, at the rate of 1%. The rebate does not affect the PIT liability of the employee and the amount of the withholding tax he may credit on its PIT liability: it just reduces the amount of withholding tax paid by the employer to the tax administration. This means that the rebate operates like a wage subsidy, or like a negative payroll tax. The rebate is a standard one: it applies in an unconditional way to any wage earners in sectors C-K.

For employers who are either considered as small companies, as defined in article 15 of the Belgian Corporation Code, or natural persons meeting *mutatis mutandis* the criteria set out in the same article 15, the rate has been increased to 1.12%.

2. Compulsory social security contributions to schemes operated within the government sector

2.1. Rates and ceiling

a. Payroll deductions

The rates of employer and employee contributions are set by law. The applicable rates (in %) are as follows (for businesses having 20 or more employees):

2015	Employee	Employer	Total
Unemployment	0.87	3.16	4.03
Health insurance indemnities	1.15	2.35	3.5
Health care	3.55	3.8	7.35
Placement services		0.05	0.05
Family allowances		7	7
Pensions	7.50	8.86	16.36
Child care		0.05	0.05
Work-related illnesses		1.01	1.01
Work-related accidents		0.32	0.32
Education leave		0.05	0.05
Business closures		0.41	0.41
Wage restraint		7.59	7.59
Total	13.07	34.65	47.72

Vacation pay is not subject to the social security contributions applicable to salaries, but a social security levy of 13.07% is deducted when the money is attributed.

Reduction of employer contributions

The schedule applicable as from 01.01.2014 is as follows:

Gross annual earnings (S) in EUR	Fixed amount	Variable amount
0-22 241.96	1 850.4	0.162 (22 241.96-S)
22 241.96-53 604.28	1 850.4	0
53 604.28 and up	1 850.4	0.06 (S-53 604.28)

c. Reduction of individual social security contributions

A reduction of individual social security contributions is granted monthly for low-income earners, depending on wage level. The schedule below is restated in annual terms.

The schedule applicable as from 01.01.2014 is as follows:

Gross annual salary (S) in EUR	Reduction in Euros
0 < S < 18 021.84	2 207.64
18 021.84 < S < 28 624.92	Min (2 207.64, (2 208-0.2082 (S-18 021.84))
S > 28 624.92	0

The schedule applicable as from 01.08.2015 is as follows:

Gross annual salary (S) in EUR	Reduction in Euros
0 < S < 18 562.44	2 279.76
18 562.44 < S < 28 956.00	Min (2 279.76, (2 279.76-0.2193 (S-18 562.44))
S > 28 956.00	0

d. Special social security contribution

All persons totally or partially subject to the social security scheme for salaried workers are liable for this special contribution. In theory, the amount of the contribution is determined according to aggregate household income. Aggregate household income is equal to combined gross earnings less ordinary social security contributions and work-related expenses. The amount of the contribution is as follows:

Taxable income (EUR)	Amount due on the lower limit	% above the lower limit
from 0 to 18 592.02	0	0
from 18 592.02 to 21 070.96	0	9
from 21 070.96 to 60 161.85	223.10	1.3
60 161.85 and above	731.29	0

e. Work accidents

All employers are required to insure their employees against accidents that occur in the workplace or while travelling to or from the workplace. The insurance is written by a private company. The usual premiums are approximately 1% of gross pay for office workers and 3.3% for labourers. The premiums are based on capped gross wages: in 2011 these premiums apply to gross wages (including holiday pay and extra-legal remunerations) with a minimum of EUR 6 068 and a maximum of EUR 37 546 (EUR 5 949 and EUR 36 810 respectively in 2010). Higher rates apply in certain industries in which risks are greater. The premium rate for construction workers, for example, varies between 7% and 8%.

2.2. Deductions according to family status or gender

None.

3. Universal cash transfers

Family allowances are granted for children. The annual amounts of these benefits (in euro) are as follows:

	< 5 years	5-6 years	7-10 years	11-12 years	12-16 years	17-18 years	> 18 years
1st child	1 103.36	1 126.36	1 315.12	1 332.12	1 430.76	1 450.76	1 494.76
2nd child	2 024.60	2 047.60	2 423.92	2 440.92	2 639.64	2 659.64	2 815.76
3rd child	3 012.92	3 035.92	3 412.24	3 429.24	3 627.96	3 647.96	3 804.08

To determine the resources available to the average worker, the Taxing Wages calculations assume that one child was between seven and ten years of age and that the other child was between eleven and twelve years of age.

4. Main changes in the tax/benefit system

None.

2015 parameter values

	Ave_earn	46 693	Secretariat estimate		
Work-related expenses	work_rel_max	4 090			
	work_rel_sch	0.2935	5 760		
		0.1050	11 380		
		0.08	19 390		
		0.03			
Tax credits (exempt income)	single_cr	7 090			
	Married_cr	7 090			
	Supp_cr_base	290			
	supp_cr_thrsh1	26 360			
One child	child_cr1	1 510			
Two children	child_cr2	3 880			
Single parents	s_parent_cr	1 510			
Maximum Child Credit Payment	child_cr_max	430			
Basic Credit	basic_cr_base	0			
	basic_cr_thrsh1	4 960			
	basic_cr_thrsh2	6 620			
	basic_cr_thrsh3	16 560			
	basic_cr_thrsh4	21 520			
Income tax schedule		tax_rate1			
	tax_sch	0.25	8 710		
		0.30	12 400		
		0.40	20 660		
		0.45	37 870		
		0.50			
	quote_max	10 230			
	quote_rate	0.3			
Regional tax	red_rate	0.2599			
	reg_tax_rate	0.35117			
Local tax	local_rate	0.065			
	add_local_rate	0.01			
Unemployment	unemp_rate	0.0087			
Medical care	med_rate	0.0115			
Sickness	sickness_rate	0.0355			
Pension	pension_rate	0.0750			
Employee contribution	SSC_rt	0.1307			
	SSC_redn	0	0	2 237.69	0
	(annual)	18 247.09	18 247.09	2 237.69	0.2128
		28 762.87	18 247.09	2 237.69	0.2128
		28 762.87	0	0	0
		99 999 999	0	0	
Special annual contribution	SSC_special	0.000	18 592.02		
		0.090	21 070.96		
		0.013	60 161.85		
		0.000			
Employer contributions	SSC_empr_rt	0.3465			
	SSC_empr_redn	0	1 850.40	0.1620	22 241.96
		22 241.96	1 850.40	0	53 604.28
		53 604.28	1 850.40	-0.06	53 604.28
		9 999 999	0	0	
Structural reduction on the withholding tax on wages	PrP_redn	0.01			
Low-income credit	LIC_rate	0.1582			
	LIC_max	330.83			
Child benefit (age 7-10)	CB_1	1 332.12			
second child (age 7-10)	CB_2	2 423.92			
third child (age 7-10)	CB_3	3 412.24			

2015 tax equations

The equations for the Belgian system in 2015 are mostly calculated on an individual basis. But central government tax for a married couple is calculated on two bases and the lower value is used. One of the bases takes account of the combined income of the couple. Also, tax credits may be used against the tax liability of the secondary earner if the principal earner is unable to use them.

The functions which are used in the equations (Taper, Tax etc.) are described in the technical note about tax equations. Variable names are defined in the table of parameters above or are the standard variables "married" and "children". A reference to a variable with the affix "_total" indicates the sum of the relevant variable values for the principal and spouse. And the affixes "_princ" and "_spouse" indicate the value for the principal and spouse respectively. Equations for a single person are as shown for the principal with "_spouse" values taken as 0.

	Line in country table and intermediate steps	Variable name	Range	Equation
1.	Earnings	earn		
2.	Allowances:	tax_al	B	MIN(work_rel_max, Tax(earn-SSC, work_rel_sch))+SSC
3.	Credits in taxable income	taxbl_cr	B	0
4.	CG taxable income	tax_inc_int	B	earn-tax_al
	Quote part	Q	J	IF(married, Positive(MIN(tax_inc_int_total*quote_rate, quote_max)-tax_inc_int_spouse), 0)
	CG adjusted taxable income - principal	tax_inc_adj_princ	P	Positive(tax_inc_int_princ – Q)
	CG adjusted taxable income - spouse	tax_inc_adj_spouse	S	Positive(tax_inc_int_spouse + Q)
5.	CG tax before credits	CG_tax_excl	J	Tax(tax_inc_adj, tax_sch)
6.	Calculation of credits			
	Child exemption amount	child_ex_inc	P	(children=1)*child_cr1+(children=2)*child_cr2
	Family exemption amount	fam_ex_inc	B	IF(Married,married_cr,single_cr+(Children>0)*s_parent_cr)+IF(tax_inc_adj<=0,0,IF(tax_inc_adj<=supp_cr_thrsh1,supp_cr_base,MAX(0,supp_cr_base+supp_cr_thrsh1-tax_inc_adj)))
	Initial exempt income - principal	ex_inc_int_princ	P	child_ex_inc+fam_ex_inc_princ
	Initial exempt income - spouse	ex_inc_int_spouse	S	fam_ex_inc_spouse
	Transferable amount	ex_inc_tran	J	married*IF(ex_inc_int_princ<tax_inc_adj_princ, MIN(MAX((ex_inc_int_spouse-tax_inc_adj_spouse), 0), tax_inc_adj_princ-ex_inc_int_princ), -(MIN(MAX((ex_inc_int_princ-tax_inc_adj_princ), 0), MAX(0, tax_inc_adj_spouse-ex_inc_int_spouse))))
	Final exempt income - principal	ex_inc_fin_princ	P	ex_inc_int_princ+ex_inc_tran
	Final exempt income - spouse	ex_inc_fin_spouse	S	ex_inc_int_spouse-ex_inc_tran
	Tax credits	tax_credits	J	Tax(ex_inc_fin, tax_sch)
	Basic Credit	basic_cr	B	basic_cr_base*IF(tax_inc<=basic_cr_thrsh1, 0, IF(tax_inc<=basic_cr_thrsh2, (tax_inc-basic_cr_thrsh1)/(basic_cr_thrsh2-basic_cr_thrsh1), IF(tax_inc<=basic_cr_thrsh3, 1, IF(tax_inc<=basic_cr_thrsh4, (basic_cr_thrsh4-tax_inc)/(basic_cr_thrsh4-basic_cr_thrsh3), 0)))) +IF(tax_inc=0;0;MIN(LIC_rate*(MIN(VLOOKUP(earn, SSC_redn,3), VLOOKUP(earn, SSC_redn, 3)-VLOOKUP(earn, SSC_redn, 4)*(earn-VLOOKUP(earn, SSC_redn, 2)))));LIC_max))

	Line in country table and intermediate steps	Variable name	Range	Equation
7.	CG tax			
	Tax prior to non-wasteable credits	CG_tax_init	B	Positive(CG_tax_incl-tax_credits) *(1-red_rate)
	Non-wasteable child credit	child_credit_nw	J	MIN(Tax(MIN((children=1)*child_cr1+(children=2)*Parameters!child_cr2), (positive(ex_inc_int-tax_inc_int), tax_sch), children*child_cr_max)
	Final CG tax	CG_tax_final	J	CG_tax_init-basic_cr_total-child_credit_nw
8.	State and local taxes			
	Regional tax	regional_tax	B	CG_tax_init*reg_tax_rate
	Local tax	local_tax	J	(local_rate+add_local_rate)*(CG_tax_init+regional_tax)
9.	Employees' soc security	SSC	B	Positive((earn)*SSC_rt-MIN(VLOOKUP(earn, SSC_redn,3), VLOOKUP(earn, SSC_redn, 3)-VLOOKUP(earn, SSC_redn, 4)*(earn-VLOOKUP(earn, SSC_redn, 2))))
		SSC_special	J	positive(Tax(tax_inc_total, SSC_special)
		SSC_total		SSC+SSC_special
11.	Cash transfers	cash_trans	J	(Children>0)*CB_1+(Children>1)*CB_2
13.	Employer's soc security	empr_sch	B	Positive(earn*(SSC_empr_rt- PrP_redn)-(VLOOKUP(earn, SSC_empr_redn, 2)-VLOOKUP(earn, SSC_empr_redn, 3)*(earn-VLOOKUP(earn, SSC_empr_redn, 1))))

Key to range of equation B calculated separately for both principal earner and spouse P calculated for principal only (value taken as 0 for spouse calculation) J calculated once only on a joint basis.

Canada

This chapter includes data on the income taxes paid by workers, their social security contributions, the family benefits they receive in the form of cash transfers as well as the social security contributions and payroll taxes paid by their employers. Results reported include the marginal and average tax burden for eight different family types.

Methodological information is available for personal income tax systems, compulsory social security contributions to schemes operated within the government sector, universal cash transfers as well as recent changes in the tax/benefit system. The methodology also includes the parameter values and tax equations underlying the data.

Canada 2015

The tax/benefit position of single persons

		Wage level (per cent of average wage)	67	100	167	67
		Number of children	none	none	none	2
1.	**Gross wage earnings**		34 088	50 877	84 965	34 088
2.	**Standard tax allowances**					
	Basic allowance					
	Married or head of family					
	Dependent children					
	Deduction for social security contributions and income taxes					
	Work-related expenses					
	Other					
		Total	0	0	0	0
3.	**Tax credits or cash transfers included in taxable income**		0	0	0	1 440
4.	**Central government taxable income (1 - 2 + 3)**		34 088	50 877	84 965	35 528
5.	**Central government income tax liability (exclusive of tax credits)**		5 113	8 064	15 563	5 329
6.	**Tax credits**					
	Basic credit		1 871	1 871	1 871	2 087
	Married or head of family		0	0	0	1 483
	Children		0	0	0	0
	Other(CPP & EI)		323	491	512	323
		Total	2 194	2 362	2 383	3 893
7.	**Central government income tax finally paid (5-6)**		2 919	5 702	13 181	1 436
8.	**State and local taxes**		1 115	2 314	5 703	0
9.	**Employees' compulsory social security contributions**					
	Gross earnings		2 155	3 276	3 411	2 155
	Taxable income (Provincial Health Care Levy)		300	600	750	300
		Total	2 455	3 876	4 161	2 455
10.	**Total payments to general government (7 + 8 + 9)**		6 488	11 891	23 044	3 891
11.	**Cash transfers from general government**					
	For head of family		424	0	0	479
	For two children		0	0	0	9 760
		Total	424	0	0	10 239
12.	**Take-home pay (1-10+11)**		28 023	38 986	61 921	40 436
13.	**Employer's compulsory social security contributions**		4 085	6 146	7 955	4 085
14.	**Average rates**					
	Income tax		11.8%	15.8%	22.2%	4.2%
	Employees' social security contributions		7.2%	7.6%	4.9%	7.2%
	Total payments less cash transfers		17.8%	23.4%	27.1%	-18.6%
	Total tax wedge including employer's social security contributions		26.6%	31.6%	33.4%	-5.9%
15.	**Marginal rates**					
	Total payments less cash transfers: Principal earner		25.5%	35.1%	35.4%	55.8%
	Total payments less cash transfers: Spouse		n.a.	n.a.	n.a.	n.a.
	Total tax wedge: Principal earner		33.8%	40.9%	38.4%	60.7%
	Total tax wedge: Spouse		n.a.	n.a.	n.a.	n.a.

Canada 2015

The tax/benefit position of married couples

		Wage level (per cent of average wage)	100-0	100-33	100-67	100-33
		Number of children	2	2	2	none
1.	**Gross wage earnings**		50 877	67 667	84 965	67 667
2.	**Standard tax allowances**					
	Basic allowance					
	Married or head of family					
	Dependent children					
	Deduction for social security contributions and income taxes					
	Work-related expenses					
	Other					
		Total	0	0	0	0
3.	**Tax credits or cash transfers included in taxable income**		1 440	1 440	1 440	0
4.	**Central government taxable income (1 - 2 + 3)**		52 317	69 107	86 405	67 667
5.	**Central government income tax liability (exclusive of tax credits)**		8 280	10 798	13 393	10 582
6.	**Tax credits**					
	Basic credit		1 871	3 742	3 742	3 742
	Married or head of family		1 915	432	432	0
	Children		0	0	0	0
	Other(CPP & EI)		491	637	815	637
		Total	4 278	4 812	4 989	4 379
7.	**Central government income tax finally paid (5-6)**		4 002	5 987	8 404	6 203
8.	**State and local taxes**		1 642	2 605	3 501	2 459
9.	**Employees' compulsory social security contributions**					
	Gross earnings		3 276	4 249	5 431	4 249
	Taxable income (Provincial Health Care Levy)		600	600	900	600
		Total	3 876	4 849	6 331	4 849
10.	**Total payments to general government (7 + 8 + 9)**		9 520	13 441	18 236	13 512
11.	**Cash transfers from general government**					
	For head of family		0	0	0	0
	For two children		4 925	3 557	2 865	0
		Total	4 925	3 557	2 865	0
12.	**Take-home pay (1-10+11)**		46 282	57 784	69 594	54 155
13.	**Employer's compulsory social security contributions**		6 146	8 070	10 231	8 070
14.	**Average rates**					
	Income tax		11.1%	12.7%	14.0%	12.8%
	Employees' social security contributions		7.6%	7.2%	7.5%	7.2%
	Total payments less cash transfers		9.0%	14.6%	18.1%	20.0%
	Total tax wedge including employer's social security contributions		18.8%	23.7%	26.9%	28.5%
15.	**Marginal rates**					
	Total payments less cash transfers: Principal earner		58.0%	32.1%	32.1%	35.1%
	Total payments less cash transfers: Spouse		31.5%	34.2%	29.5%	30.2%
	Total tax wedge: Principal earner		61.8%	38.2%	38.2%	40.9%
	Total tax wedge: Spouse		38.5%	41.5%	37.3%	38.0%

The national currency is the Canadian dollar (CAD). In 2015, CAD 1.28 was equal to USD 1. In that year, the average worker earned CAD 50 877.

1. Personal income tax systems

1.1. *Central/federal government income taxes*

1.1.1. *Tax unit*

Under the present system, tax is levied on individuals separately; certain tax reliefs depend on family circumstances.

1.1.2. *Tax allowances and credits*

1.1.2.1. Standard credits

- *Basic personal amount:* All taxpayers qualify for a basic personal tax credit of CAD 1 699.05.
- *Credit for Spouse or Eligible Dependant*: A taxpayer supporting a spouse or other eligible dependant receives a tax credit of CAD 1 699.05 which is reduced by 15 cents for each dollar of the dependant's income.
- *Social security contributions:* Taxpayers are entitled to claim 15% of their contributions to the Canada or Quebec Pension Plans (to a maximum credit of CAD 2 479.95 for the Canada Pension Plan and to a maximum credit of CAD 2 630.25 for the Quebec Pension Plan) and their Employment Insurance premiums (to a maximum credit of CAD 930.60 outside Quebec; the Employment Insurance premium rate is lower for Quebec residents, who also pay into the Quebec Parental Insurance Plan; the maximum combined credit for a Quebec resident is CAD 1 148.65).
- *Working Income Tax Benefit (WITB)*: The WITB provides a non-wastable tax credit equal to 25% of each dollar of earned income in excess of CAD 3 000 to a maximum credit of CAD 1 015 for single individuals without dependents and CAD 1 844 for families (couples and single parents). The credit is reduced by 15% of net family income in excess of CAD 11 525 for single individuals and CAD 15 915 for families. This is the default national design; provinces may choose to propose jurisdiction-specific changes to this design, subject to certain principles.
- *Canada Employment Tax Credit:* A tax credit of up to CAD 171.90 on employment income.

1.1.2.2. Main non-standard tax reliefs applicable to an average worker:

A number of non-standard tax reliefs are available to the average worker in Canada. The main ones are:

- *Medical expenses credit:* Taxpayers are entitled to a 15-per-cent tax credit for an amount of eligible medical expenses that exceeds the lesser of 3% of net income or CAD 2 208.
- *Charitable donations credit:* The credit is 15% on the first CAD 200 of eligible charitable donations and 29% on eligible donations in excess of CAD 200. Eligible donations are those made to registered charities, to a maximum of 75% of net income.

- *Registered pension plan contributions:* Employees who are members of a registered pension plan are entitled to deduct their contributions to the plan in respect of current and/or past service. Generally, employee contributions to a defined benefit registered pension plan are not subject to any limit; however, limits apply to the benefits that a plan may provide. Individuals can deduct their contributions to a defined contribution registered pension plan up to a limit of 18% of earned income, to a maximum of CAD 25 370.
- *Registered retirement savings plan (RRSP) premiums:* Individuals can deduct their contributions to an RRSP up to a limit of 18% of the previous year's earned income, to a maximum of CAD 24 930 a year, unless they are also accruing benefits under a registered pension plan or a deferred profit sharing plan. Members of those other plans are limited to RRSP contributions of 18% of the previous year's earned income to a maximum of CAD 24 930, minus a pension adjustment amount based on pension benefits accrued in the previous year.
- *Union and professional dues:* Individuals with annual dues paid to a trade union or an association of public servants or paying dues required to maintain a professional status recognised by statute are allowed to deduct such fees in computing taxable income.
- *Moving expenses:* Eligible moving expenses are deductible from income if the taxpayer moves at least 40 kilometres closer to a new place of employment.
- *Child care expenses:* A portion of child care expenses is deductible if incurred for the purpose of earning business or employment income, studying or taking an occupational training course or carrying on research for which a grant is received. The lower-income spouse must generally claim the deduction. The amount of the deduction is limited to the least of:
  1. the expenses incurred for the care of a child;
  2. two-thirds of the taxpayer's earned income; and
  3. CAD 8 000 for each child who is under age seven, and CAD 5 000 per child between seven and sixteen years of age. The amount for a disabled child under seventeen is CAD 11 000.
- *Family Tax Cut:* Couples with minor children can notionally transfer up to CAD 50 000 of taxable income from the higher-income spouse to a spouse in a lower tax bracket. The value of the tax relief is capped at CAD 2 000.

1.1.3. *Tax schedule*

2015 Federal income tax rates

Taxable income (CAD)	Rate (%)
0-44 701	15
44 701-89 401	22
89 401-138 586	26
138 586 and over	29

1.2. *State and local income taxes*

1.2.1. *General description*

All provinces and territories levy their own personal income taxes. All, with the exception of Quebec, have a tax collection agreement with the federal government, and thus use the federal definition of taxable income. They are free to determine their own tax brackets, rates and credits. Quebec collects its own personal income tax and is free to determine all of the tax parameters, including taxable income. In practice, its definition of taxable income is broadly similar to the federal definition.

1.2.2. *Tax regime selected for this study*

The calculation of provincial tax for the average worker study assumes the worker lives in Ontario, the most populous of the 10 provinces and 3 territories. The main features of the Ontario tax system relevant to this report are summarised below:

Tax schedule

Income bracket	Rate (%)
CAD 0 to CAD 40 922	5.05
CAD 40 922 to CAD 81 847	9.15
CAD 81 847 to CAD 150 000	11.16
CAD 150 000 to CAD 220 000	12.16
Over CAD 220 000	13.16

Surtax

Provincial tax after accounting for wastable credits	Surtax rate
Amounts exceeding CAD 4 418	20% of the excess amount
Amounts exceeding CAD 5 654	36% of the excess amount

Wastable tax credits

- A basic tax credit of CAD 498.08.
- A maximum credit of CAD 422.94 for a dependant spouse or eligible dependant that is withdrawn as the income of the spouse or eligible dependant exceeds CAD 837 and is completely withdrawn when the income of the spouse is at least CAD 9 212.
- 5.05% of contributions made to the Canada Pension Plan and of Employment Insurance premiums.

Tax reduction

An earner is entitled to claim a tax reduction where the initial entitlement is equal to CAD 228 plus CAD 421 for each dependent child under the age of 19. Where someone has a spouse, only the spouse with the higher net income can claim the dependent child tax reduction. If this amount is greater or equal to the liable provincial tax, then no tax is due. If the amount is less than the liable tax, then the actual tax reduction is equal to twice the initial entitlement amount less the liable tax (if this calculation is zero or negative, the reduction is equal to zero).

2. Compulsory social security contributions to schemes operated within the government sector

2.1. *Employees' contributions*

2.1.1. *Pensions*

Generally, all employees are eligible for coverage under the Canada Pension Plan (Québec Pension Plan in the province of Québec). For 2015, all employees are required to contribute to the Canada Pension Plan at a rate of 4.95% of income up to a maximum contribution of CAD 2 479.95 (the contribution rate is 5.25% of income for the Québec Pension Plan up to a maximum contribution of CAD 2 630.25). Income subject to contributions is earnings (wages and salaries) less a CAD 3 500 basic exemption. The maximum contribution of CAD 2 479.95 is reached at an earnings level of CAD 53 600 i.e. (CAD 53 600-CAD 3 500) × 0.0495 = CAD 2 479.95. For employees, each contribution to the CPP or QPP gives rise to a tax credit equal to 15% of the contributed amount. Employers are also required to contribute to the Canada Pension Plan on behalf of their employees at the same rate and can deduct their contributions from taxable income (refer § 2.21).

Self-employed persons must also contribute to the Canada Pension Plan (Québec Pension Plan in the province of Québec) on their own behalf. However, the self-employed are required to contribute at the combined employer/employee rate of 9.90% of earnings up to a maximum of CAD 4 959.90 (10.5% of earnings up to a maximum of CAD 5 260.50 in Quebec). The self-employed can deduct the employer portion of their contribution from income, equal to 50% of the total contribution or CAD 2 479.95 (2 630.25 in Quebec). The remaining 50%, representing the employee portion, is then claimed as a tax credit at 15%.

2.1.2. Sickness

There is no national sickness benefit plan administered by the federal government. However, all provinces have provincially-administered health care insurance plans. Three provinces, Quebec, Ontario, and British Columbia, levy health premiums on individuals separately from the personal income tax to help finance their health programmes.

In the case of Ontario, the premium is determined based on taxable income. Individuals who earn up to CAD 20 000 are exempt. The premium is phased in with a number of different rates to a maximum of CAD 900 for taxable income levels greater than CAD 200 600. The following table provides further details on the structure that is applicable in 2015.

The Ontario Health Premium

Taxable income	Fixed component (CAD)	Variable component
0-CAD 20 000	0	
CAD 20 000-CAD 25 000	0	6% of the taxable income in excess of CAD 20 000
CAD 25 000-CAD 36 000	300	
CAD 36 000-CAD 38 500	300	6% of the taxable income in excess of CAD 36 000
CAD 38 500-CAD 48 000	450	
CAD 48 000-CAD 48 600	450	25% of the taxable income in excess of CAD 48 000
CAD 48 600-CAD 72 000	600	
CAD 72 000-CAD 72 600	600	25% of the amount of taxable income in excess of CAD 72 600
CAD 72 600-CAD 200 000	750	
CAD 200 000-CAD 200 600	750	25% of the amount of taxable income in excess of CAD 200 000
Over CAD 200 600	900	

2.1.3. Unemployment

In general, all employees are eligible for Employment Insurance. Eligibility to receive benefits is determined by insurable hours worked (with a minimum entry threshold of 420 to 700 hours, depending on region and the unemployment rate at the time the claim for benefits starts). For 2015, employees outside Quebec are required to contribute at the rate of 1.88% of insurable earnings. Insurable earnings are earnings (wages and salaries) up to a maximum of CAD 49 500 per year. The maximum employee contribution is therefore

CAD 930.60 per year. Employment insurance contributions give rise to a tax credit equal to 15% of the amount contributed. Employers are also required to contribute to the plan (see Section 2.23).

Quebec residents contribute to Employment Insurance at a rate of 1.53%; the same earnings ceiling applies. They also contribute to the Quebec Parental Insurance Plan at a rate of 0.559% of insurable earnings; maximum insurance earnings for 2015 are CAD 70 000. For a Quebec resident, the maximum employee contribution (Employment Insurance plus Quebec Parental Insurance Plan) is CAD 1 148.65.

2.1.4. *Work injury*

See Section 2.24.

2.2. *Employers' contributions*

2.2.1. *Pensions*

Employers are required to contribute to the Canada Pension Plan on behalf of their employees an amount equal to their employees' contributions. Thus, employers also contribute at the rate of 4.95% of earnings (less the CAD 3 500 earnings exemption) to a maximum of CAD 2 479.95. For the Quebec Pension Plan, the contribution rate is 5.25% of earnings, to a maximum of CAD 2 630.25.

2.2.2. *Sickness*

There is no national sickness benefit plan administered by the federal government. However, all provinces have provincially-administered health care insurance plans. Three provinces levy a special tax on employer payrolls to finance health services (Québec and Ontario) or health services and education (Manitoba). These payroll taxes are deductible from the employer's income subject to tax. In the case of the province of Ontario, employers pay a 1.95% Employer Health Tax on the value of their payroll that exceeds CAD 450 000.

2.2.3. *Unemployment*

Employers are required to contribute to the employment insurance scheme. The general employer contribution is 1.4 times the employee contribution, that is, 2.63% of insurable earnings (outside Quebec). Premiums are adjusted for employers who provide sick pay superior to payments provided under the employment insurance regime. All employment insurance contributions are deductible from the employer's income subject to tax.

2.2.4. *Work injury*

There is no national work injury benefit plan administered by the federal government. However, employers are required to contribute to a provincial workers' compensation plan which pays benefits to workers (or their families in case of death) for work-related illness or injury. The employer contribution rates, which vary by industry and province, are related to industry experience of work-related illness and injury. Premiums are deductible from the employer's income subject to tax. In the case of Ontario, employers broadly corresponding to industry Sectors B-N inclusive pay, on average, 2.96% of the wages paid to each employee to a maximum of CAD 85 200.

3. Universal cash transfers

3.1. *Transfers related to marital status*

None.

3.2. *Transfers for dependent children*

3.2.1. *Federal*

The Canada Child Tax Benefit (CCTB) provides CAD 1 500per child under age 18 plus a CAD 105 supplement for the 3rd child and each additional child. This basic benefit is reduced by 4% of family net income in excess of CAD 45 602 for families with two or more children and 2% for families with one child. In addition, a National Child Benefit supplement (NCBs) is provided to low-income families with children. The maximum NCBs is CAD 2 325 for one child, plus CAD 2 056 for a second child, plus CAD 1 956 for the third and each additional child. The NCBs is phased out based on family net income in excess of CAD 26 545. The reduction rates are 12.2% for families with one child, 23.0% for families with two children and 33.3% for larger families.

The Universal Child Care Benefit (UCCB) provides all families with CAD 1 920 for each child under age six and CAD 720 for each child age six to seventeen. Amounts received under the UCCB are taxable in the hands of the lower-income spouse but are not used to reduce other income-tested benefits such as the CCTB. In the case of single parents, the UCCB can be taxable in the hands of the eligible dependant.

- The Goods and Services Tax Credit provides a relief of CAD 278 for each adult 19 years of age or older and CAD 146 for each dependent child under the age of 19. Single tax filers without children and with an employment income higher than CAD 9 011 receive an additional CAD 146 that is phased in at a rate of 2%. Single tax filers with children receive an additional CAD 146 that is not subject to phase-in. The credit received for the first dependent child of a single parent is also increased from CAD 146 to CAD 278. The total amount is reduced at a rate of five percent of net family income over CAD 36 180. The amount is paid directly to families.*

3.2.2. *Provincial*

For each child under eighteen, qualifying families can receive up to CAD 1 363 from the Ontario Child Benefit (OCB). The benefit is withdrawn at a rate of 8% of family income that exceeds CAD 20 811.

- Ontario has a Sales Tax Credit that provides a relief of up to CAD 293 for each adult and each child. It is reduced by 4% of adjusted family net income over CAD 22 502for single people and over CAD 28 127for families. The amount is paid directly to families.

* The payments that relate to income from the 2015 tax year are payable between July 2016 and June 2017. The amounts shown in this Report assume indexation of 2.0% for the 2015 tax year (and 2016-17 benefit year); the actual indexation parameter will be announced in December 2015.

4. Main changes in the tax/benefit system since 2009

5. Memorandum items

5.1. Identification of an average worker

The earnings data refer to production workers in the industries B to N. To obtain the annual average wage figure, the average weekly earnings for the year for employees (including overtime) are multiplied by 52.

5.2. Employer contributions to private health and pension schemes

These do exist but no information is available on the amounts involved.

2015 parameter values

Average earnings/yr	Ave_earn	50 877	Secretariat estimate
Tax credits	Basic_cred	1 699.05	
Spouse	Spouse_cred	1 699.05	
withdrawal rate	Sp_crd_wth	0.15	
Threshold	Sp_crd_thrsh	0	
Canada Employment Tax Credit	Empl_crd	171.90	
Family Tax Cut Maximum Credit	iscrmax	2 000	
Family Tax Cut Transfer Limit	inctrflm	50 000	
Canada Child Tax Benefit	Ch_credit	1 500	
Child under 7	Ch_crd_und7	0	
additional for 3rd+	Ch_crd_3rd	105	
reduction rate: 1 child	Ch_crd_red1	0.02	
reduction. rate: 2 or more	Ch_crd_red2	0.04	
Threshold	Ch_crd_thrsh	45 602	
Universal Child Care Benefit (ages 6-17)	UCCB_6_17	720	
National Child Benefit Supplement	WIS_crd_1st	2 325	
	WIS_crd_2nd	2 056	
	WIS_crd_3rd	1 956	
threshold to start phase-out	WIS_phout_st	26 545	
threshold to end phase-out	WIS_phout_end	45 602	
reduction rate	WIS_redn1	0.122	
	WIS_redn2	0.230	
	WIS_redn3	0.333	
Working Income Tax Benefit	WITB_phzin_thrsh	3 000	
WITB–Phase-in Rate	WITB_phzn_rt	0.25	
WITB–Maximum Credit (per Adult/Equiv.)	WITB_max	1 015	
WITB–Addl. Maximum Credit (Fam.)	WITB_max_fam	829	
WITB–Reduction Rate	WITB_phzout_rt	0.15	
WITB–Threshold	WITB_phzout_thrsh	11 525	
WITB–Addl. Threshold (Fam.)	WITB_phzn_thrsh_fam	4 390	
Federal tax schedule	Fed_sch	0.15	44 701
		0.22	89 401
		0.26	138 586
		0.29	
High-income surtax rate	H_sur_rate	0	
threshold	H_sur_thrsh	18 500	
Canada pension plan rate	CPP_rate	0.0495	
exemption	CPP_ex	3 500	
max contrib.	CPP_max	2 479.95	
Unemployment ins.rate	Unemp_rate	0.0188	
max contrib.	Unemp_max	930.60	
tax credit rate	Unemp_crd_rate	0.15	
employer contrib. mult.	Unemp_emplr	1.4	
GST adult credit	GST_crd_ad	278	
child credit	GST_crd_ch	146	
threshold	GST_crd_thrsh	36 180	
reduction rate	GST_crd_redn	0.05	
single supplement	GST_crd_sgsp	146	
single supplement eligibility threshold	GST_sgsp_thrsh	9 011	
single supplement phase-in rate	GST_sgsp_rate	0.02	
Province: Ontario			
Tax Credits	P_basic_crd	498.08	
Spouse	P_spouse_crd	422.94	
withdrawal rate	P_sp_crd_wd	0.0505	
threshold	P_sp_crd_thr	837	
% of BFT	P_pct_bft	0.375	

2015 parameter values

Unemployment tax credit rate	P_unem_tc_rt	0.0505		
Surtax rate 1	P_sur_rt1	0.20		
threshold	P_sur_thr1	4 418		
rate 2	P_sur_rt2	0.36		
threshold	P_sur_thr2	5 654		
Tax reduction	P_tax_red	228		
amount per dependent	P_tr_chld	421		
amount per disabled dep	P_tr_dis_ch	421		
Provincial tax schedule	Prov_sch	0.0505	40 922	
		0.0915	81 847	
		0.1116	150 000	
		0.1216	220 000	
		0.1316		
Ontario Child Benefit	P_ch_amt	1 363		
amount per child	P_ch_thresh	20 811		
threshold	P_ch_redn_rate	0.08		
reduction rate				
Sales tax credits				
sales tax credit adult	P_sales_cred	293		
sales tax credit child	P_salcr_chd	293		
threshold	P_ps_thresh	22 502		
threshold seniors/families	P_ps_thr_sen	28 127		
reduction rate	P_ps_red_rt	0.04		
reduction rate seniors	P_ps_rr_sen	0.04		
Ontario Health Premium	P_hlth_sch	20 000	0	0
		25 000	0.06	0
		36 000	0	300
		38 500	0.06	300
		48 000	0	450
		48 600	0.25	450
		72 000	0	600
		72 600	0.25	600
		200 000	0	750
		200 600	0.25	750
maximum	P_hlth_max	900		
Employer Health Tax	emp_healthtax	0.0195		
Employer Workers Compensation Levy	emp_workcomp	0.0296		
Employer Workers Compensation Levy Ceiling	emp_workcomp_ceil	85 200		
Maximum number of children under the age of 7	children_und7_max	1		

2015 Tax equations

The equations for the Canadian system are mostly repeated for each individual of a married couple. But the spouse credit is relevant only to the calculation for the principal earner and the non-wastable credits are calculated only once. This is shown by the Range indicator in the table below.

The functions which are used in the equations (Taper, MIN, Tax etc) are described in the technical note about tax equations. Variable names are defined in the table of parameters above, within the equations table, or are the standard variables "married" and "children". A reference to a variable with the affix "_total" indicates the sum of the relevant variable values for the principal and spouse. And the affixes "_princ" and "_spouse" indicate the value for the principal and spouse, respectively. Equations for a single person are as shown for the principal, with "_spouse" values taken as 0.

	Line in country table and intermediate steps	Variable name	Range	Equation
1.	Earnings	earn		
2.	Allowances	tax_al	B	0
3.	Credits in taxable ncome	taxbl_cr		
	Universal Child Care Benefit (6-17)	Spouse_UCCB	S	UCCB_6_17*Children
4.	CG taxable income	tax_inc	B	Earn
5.	CG tax before credits:	Basic_Fed_tax	B	Tax(earn, Fed_sch)
	Basic Federal tax	Basic_Fed_tax	B	Tax(earn, Fed_sch)
6.	Tax credits :			
	Basic credit	basic_cr	P	Basic_cred + Empl_crd
			S	(earn_spouse>0)*Empl_crd+IF(AND(Married=1,earn_spouse>0),Basic_cred,0)+IF(AND(Married=0,tax_inc_spouse>0),Basic_cred-Taper(Spouse_cred,tax_inc_spouse,Sp_crd_thrsh,Sp_crd_wth),0)
	Spouse credit	spouse_cr	P	IF(OR(Married=1,Children>0),Taper(Spouse_cred, tax_inc_spouse, Sp_crd_thrsh,Sp_crd_wth), 0)
	Unemployment insurance	unemp_cr	B	Unemp_crd_rate*SSC
	Total (wastable) tax credits	tax_cr	B	basic_cr+spouse_cr+unemp_cr
	Working Income Tax Benefit	WITB	P	IF(Married>0,MAX(0,MIN(WITB_max+WITB_max_fam,(WITB_phzn_rt*MAX(0,earn_total-WITB_phzin_thrsh)))-MAX(0,WITB_phzout_rt*MAX(0,earn_total-(WITB_phzout_thrsh+WITB_phzn_thrsh_fam)))), IF(Children>0,MAX(0,MIN(WITB_max+WITB_max_fam,(WITB_phzn_rt*MAX(0,earn_total-WITB_phzin_thrsh)))-MAX(0,WITB_phzout_rt*MAX(0,earn_total-(WITB_phzout_thrsh+WITB_phzn_thrsh_fam)))), MAX(0,MIN(WITB_max,(WITB_phzn_rt*MAX(0,earn_total-WITB_phzin_thrsh)))-MAX(0,WITB_phzout_rt*MAX(0,earn_total-WITB_phzout_thrsh)))))
	Family Tax Cut	Iscrmax	P	(MIN(iscrmax,(Basic_Fed_tax+Basic_Fed_tax Spouse)-(Tax(tax_inc-ftc(tax_inc,tax_inc Spouse,inctrflm),Fed_sch)+Tax(tax_inc Spouse+ftc(tax_inc,tax_inc Spouse,inctrflm),Fed_sch)))+MAX(0,(SSC Spouse+(earn Spouse>0)*Empl_crd)-MAX(Basic_Fed_tax Spouse-Basic_cred,0)))*MIN(children,1)
7.	CG tax	CG_tax	B	Positive(Basic_Fed_tax-tax_cr)-WITB
8.	State and local taxes			
	Liable provincial tax	Prov_tax_sch	B	Tax(earn, Prov_sch)
	Provincial tax credits	Prov_tax_cred	P	P_basic_crd+P_unem_tc_rt*SSC_princ+IF(AND(Married=0, Children>0), P_spouse_crd, Married*Taper(P_spouse_crd, earn_spouse, P_sp_crd_thr, P_sp_crd_wd))
			S	=(earn_spouse>0)*(P_unem_tc_rt*SSC_spouse)+OR(Married=1,Children>0)*P_basic_crd

	Line in country table and intermediate steps	Variable name	Range	Equation
	Provincial surtax	Prov_surtax	B	P_sur_rt1*Positive(Prov_tax_sch-Prov_tax_cred-P_sur_thr1)+P_sur_rt2*Positive(Prov_tax_sch-Prov_tax_cred-P_sur_thr2)
	Provincial tax reduction	Prov_tax_redn	B	MAX(2*(P_tax_red+Children*P_tr_chld)-(Prov_tax_sch-Prov_tax_cred+Prov_surtax), 0)
	Provincial sales tax credit	Prov_tax_stcred	P	Taper(IF(Married=1, 2, 1)*P_sales_cred+Children*P_salcr_chd, earn_total, IF(Married+Children=0, P_ps_thresh,P_ps_thr_sen),P_ps_red_rt)
	Liable provincial tax	Prov_tax	B	Positive(Prov_tax_sch-Prov_tax_cred+Prov_surtax-Prov_tax_redn)
9.	Employees' soc security:			
	Canada Pension Plan	CPP	B	MIN(CPP_rate*Positive((earn-CPP_ex), CPP_max)
	Unemployment insurance	Unemp	B	MIN(Unemp_rate*earn, Unemp_max)
	State health premium	Prov_health	B	MIN(Hstep(tax_inc, P_hlth_sch), P_hlth_max)
	Total Employees'soc security	SSC	B	CPP+Unemp+Prov_health
11.	Cash transfers (nonwastable)			
	Child Tax Benefit	CTB	P	(Children>0)*(Taper(Children*Ch_credit +MAXA((Children-2), 0)*Ch_crd_3rd+MINA(Children, children_und7_max)*Ch_crd_und7, earn_total, Ch_crd_thrsh, IF(Children=1, Ch_crd_red1, Ch_crd_red2)))+MAXA(IF(Children>0, IF(Children<2, WIS_crd_1st, IF(Children<3, WIS_crd_1st+WIS_crd_2nd, WIS_crd_1st+WIS_crd_2nd+(Children-2)* WIS_crd_3rd)), 0)-MAXA((earn_total-WIS_phout_st), 0)*IF(Children=1, WIS_redn1, IF(Children=2, WIS_redn2, WIS_redn3)), 0)
	GST Credit – Total	GST_cr	P	Taper((GST_crd_ad+(Married=1)*(GST_crd_ad+Children*GST_crd_ch)+(Married =0)*(Children>0)*(GST_crd_ad+GST_crd_sgsp+Positive(Children-1)*GST_crd_ch)+(Married=0)*(Children=0)*Positive(MIN(GST_crd_sgsp, (earn_total-GST_sgsp_thrsh)*GST_sgsp_rate))), earn_total, GST_crd_thrsh, GST_crd_redn)
	GST Credit – Adult	GST_cr_adult	P	Taper((GST_crd_ad+(Married=1)*(GST_crd_ad)+(Married=0)*Positive(MIN(GST_crd_sgsp, (earn_total-GST_sgsp_thrsh)*GST_sgsp_rate))), earn_total, GST_crd_thrsh, GST_crd_redn)
	GST Credit – Child	GST_cr_child	P	GST_cr-GST_cr_adult
	Ontario child benefit	Prov_child_ben	P	Taper(Children*P_ch_amt,earn_total,P_ch_thresh,P_ch_redn_rate)
	Ontario sales tax credit	Prov_sales_cr	P	Taper(IF(Married=1,2,1)*P_sales_cred+Children*P_salcr_chd,earn_total, IF(Married+Children=0, P_ps_thresh,P_ps_thr_sen),P_ps_red_rt)
	Total Cash Transfers	Cash_tran	P	Spouse_UCCB+CTB+GST_cr+Prov_child_ben+ Prov_sales_cr
13.	Employer's soc security			
	Canada Pension Plan	CPP_empr	B	CPP
	Unemployment insurance	Unemp_empr	B	Unemp*Unemp_emplr
	Ontario Employers Health Tax	Health_empr	B	earn*emp_healthtax
	Ontario Workers Compensation	Comp_empr	B	MIN(earn, emp_workcomp_ceil)*emp_workcomp
	Total Employer's soc security	SSC_empr	B	CPP_empr+Unemp_empr+Health_empr+Comp_empr

Key to range of equation B calculated separately for both principal earner and spouse P calculated for principal only (value taken as 0 for spouse calculation) J calculated once only on a joint basis.

Chile

This chapter includes data on the income taxes paid by workers, their social security contributions, the family benefits they receive in the form of cash transfers as well as the social security contributions and payroll taxes paid by their employers. Results reported include the marginal and average tax burden for eight different family types.

Methodological information is available for personal income tax systems, compulsory social security contributions to schemes operated within the government sector, universal cash transfers as well as recent changes in the tax/benefit system. The methodology also includes the parameter values and tax equations underlying the data.

Chile 2015

The tax/benefit position of single persons

	Wage level (per cent of average wage)	67	100	167	67
	Number of children	none	none	none	2
1.	**Gross wage earnings**	5 062 549	7 556 043	12 618 592	5 062 549
2.	**Standard tax allowances**				
	Basic allowance	0	0	0	0
	Married or head of family				
	Dependent children				
	Deduction for social security contributions and income taxes	354 378	528 923	883 301	354 378
	Work-related expenses				
	Other	595 356	888 591	1 483 946	595 356
	Total	949 734	1 417 514	2 367 248	949 734
3.	**Tax credits or cash transfers included in taxable income**	0	0	0	0
4.	**Central government taxable income (1 - 2 + 3)**	4 112 815	6 138 529	10 251 344	4 112 815
5.	**Central government income tax liability (exclusive of tax credits)**	0	0	118 745	0
6.	**Tax credits**				
	Basic credit				
	Married or head of family				
	Children	0	0	0	225 536
	Other				
	Total	0	0	0	225 536
7.	**Central government income tax finally paid (5-6)**	0	0	118 745	0
8.	**State and local taxes**	0	0	0	0
9.	**Employees' compulsory social security contributions**				
	Gross earnings	354 378	528 923	883 301	354 378
	Taxable income				
	Total	354 378	528 923	883 301	354 378
10.	**Total payments to general government (7 + 8 + 9)**	354 378	528 923	1 002 047	354 378
11.	**Cash transfers from general government**				
	For head of family				
	For two children	0	0	0	44 556
	Total	0	0	0	44 556
12.	**Take-home pay (1-10+11)**	4 708 170	7 027 120	11 616 545	4 752 726
13.	**Employer's compulsory social security contributions**	0	0	0	0
14.	**Average rates**				
	Income tax	0.0%	0.0%	0.9%	0.0%
	Employees' social security contributions	7.0%	7.0%	7.0%	7.0%
	Total payments less cash transfers	7.0%	7.0%	7.9%	6.1%
	Total tax wedge including employer's social security contributions	7.0%	7.0%	7.9%	6.1%
15.	**Marginal rates**				
	Total payments less cash transfers: Principal earner	7.0%	7.0%	10.2%	7.0%
	Total payments less cash transfers: Spouse	n.a.	n.a.	n.a.	n.a.
	Total tax wedge: Principal earner	7.0%	7.0%	10.2%	7.0%
	Total tax wedge: Spouse	n.a.	n.a.	n.a.	n.a.

Chile 2015

The tax/benefit position of married couples

		Wage level (per cent of average wage)	100-0	100-33	100-67	100-33
		Number of children	2	2	2	none
1.	**Gross wage earnings**		7 556 043	10 049 537	12 618 592	10 049 537
2.	**Standard tax allowances**					
	Basic allowance		0	0	0	0
	Married or head of family					
	Dependent children					
	Deduction for social security contributions and income taxes		528 923	703 468	883 301	703 468
	Work-related expenses					
	Other		888 591	1 181 826	1 483 946	1 181 826
		Total	1 417 514	1 885 293	2 367 248	1 885 293
3.	**Tax credits or cash transfers included in taxable income**		0	0	0	0
4.	**Central government taxable income (1 - 2 + 3)**		6 138 529	8 164 244	10 251 344	8 164 244
5.	**Central government income tax liability (exclusive of tax credits)**		0	0	0	0
6.	**Tax credits**					
	Basic credit					
	Married or head of family					
	Children		225 536	225 536	225 536	0
	Other					
		Total	225 536	225 536	225 536	0
7.	**Central government income tax finally paid (5-6)**		0	0	0	0
8.	**State and local taxes**		0	0	0	0
9.	**Employees' compulsory social security contributions**					
	Gross earnings		528 923	703 468	883 301	703 468
	Taxable income					
		Total	528 923	703 468	883 301	703 468
10.	**Total payments to general government (7 + 8 + 9)**		528 923	703 468	883 301	703 468
11.	**Cash transfers from general government**					
	For head of family					
	For two children		0	229 692	44 556	0
		Total	0	229 692	44 556	0
12.	**Take-home pay (1-10+11)**		7 027 120	9 575 762	11 779 846	9 346 070
13.	**Employer's compulsory social security contributions**		0	0	0	0
14.	**Average rates**					
	Income tax		0.0%	0.0%	0.0%	0.0%
	Employees' social security contributions		7.0%	7.0%	7.0%	7.0%
	Total payments less cash transfers		7.0%	4.7%	6.6%	7.0%
	Total tax wedge including employer's social security contributions		7.0%	4.7%	6.6%	7.0%
15.	**Marginal rates**					
	Total payments less cash transfers: Principal earner		7.0%	7.0%	7.0%	7.0%
	Total payments less cash transfers: Spouse		-2.2%	7.0%	7.0%	7.0%
	Total tax wedge: Principal earner		7.0%	7.0%	7.0%	7.0%
	Total tax wedge: Spouse		-2.2%	7.0%	7.0%	7.0%

Chile's national currency is the peso (CLP). For 2015, the average exchange rate was CLP 654.32 to USD 1. That same year, the average worker in Chile earned CLP 7 556 043 (country estimate).

Taxes allowances and tax thresholds for the personal income tax system and upper earnings limits for social security contributions are determined using and expressed in CPI-indexed units. As of 31 December, 2015, the following currency values applied to these units:

Major revenue items	Unit	CLP	USD
Social security contributions	Unidad de Fomento[1] (UF)	25 629.09[1]	39.17
Monthly tax thresholds	Unidad Tributaria Mensual (UTM)	44 955	68.71
Annual tax thresholds	Unidad Tributaria Anual (UTA)	539 460	824.55

1. This amount is subject to daily adjustment in line with the CPI and is compared with monthly earnings in the assessment of social security contributions

1. Personal income tax system

1.1. *Central/federal government income taxes*

1.1.1. *Tax unit*

Each family member declares and pays taxes separately.

1.1.2. *Tax allowances and credits*

1.1.2.1. Standard tax reliefs

- Education tax credit: Parents with children attending preschool, primary, special or secondary education, with a total annual taxable income (both parents) of up to CLP 20 298 239 (UF 792), are entitled to a tax credit of CLP 112 768 (UF 4.4) per child, for expenses related to education. Children shall have a minimal school attendance of 85% and the school must be recognized by the State. This tax credit can be claimed by both parents, or only by one of them.
- *Relief for social security contributions:* Employee's compulsory social insurance contributions are deductible for income tax purposes regardless of whether they are paid to government or private health insurers. (See section 2.1 below).

1.1.2.2. Main non-standard tax reliefs

- *Voluntary contributions and APV (Voluntary Pension Fund Savings):* Voluntary contributions to pension funds and voluntary pension savings fund (APV) may be deducted from taxable income, with an annual upper limit of CLP 15 377 454 (UF 600.)
- *Mortgage Interest:* Taxpayers whose annual income falls below CLP 48 551 400 (UTA 90) may deduct from their taxable income 100% of interest paid within a year for mortgage loans. This percentage is reduced in the case of taxpayers with higher incomes up to

CLP 30 919 000 (UTA 150). This relief cannot be granted along-side the *DFL2 Housing Mortgage Loan Payments* benefit, and cannot exceed CLP 4 315 680 (UTA 8) per annum.

1.1.3. *Tax schedule*

Tax rates are applied on monthly income and these taxes are retained and paid by employers. In order to estimate taxes, tax rates are applied on an annual basis, on the annual average income.

Taxable income (UTA)	Taxable income (CLP thousands)	Tax rates
0-13.5	0-7 283	Exempt
13.5-30	7 283-16 184	4%
30-50	16 184-26 973	8%
50-70	26 973-37 762	13.5%
70-90	37 762-48 551	23%
90-120	48 551-64 735	30.4%
120-150	64 735-80 919	35.5%
150 and over	80 919 and over	40%

1.2. *State and local income taxes*

No taxes apply to income at state or local government level.

2. Compulsory social security contributions to schemes operated within the government sector

2.1. *Employees' contributions*

Employees have mandatorily to contribute 7% of their income to a health insurance plan subject to an upper earnings limit of CLP 22 012 186 (UF 73.2). They are free to choose whether to pay into a government-managed plan or alternatively to a private insurer* (Isapres). The public insurance is based on a joint system that, in general, operates on an equal basis for all its beneficiaries, irrespective of the risk and the amount of the individual contribution. Its financing is partly covered by the contributions and partly by way of a government subsidy. Premiums paid to the plans offered by Isapres are based on the contributors' individual risk and these plans are exclusively financed with the employees' contributions. Public insurance contributions are included in the modelling as the majority of employees pay into plans managed by the government sector.

Employee social security contributions in respect of pensions and unemployment are not classified as taxes in this report; though they are included in modelling as deductions for income tax.

- The mandatory contributions to pension funds and unemployment insurance plans are not classified as taxes, since the payments are made to private institutions. In 1980, the public social security system was replaced with a privately managed individual capitalisation system. This system is obligatory to all employees who have joined the labour force since 1983 and free-lance workers since 2012, and of a voluntary nature to all contributing to the former system. The contributions to the old government operated pension fund system are not included in the modelling because they relate to a minority

* Enrollment in the private health system during 2013 amounted to 18.2% of all beneficiaries.

of employees and the system will eventually disappear once the contributions and related benefit payments to those individuals remaining in it have ceased.

- The modelling allows that the contributions to pension funds and unemployment insurance managed by private institutions are deducted from gross income. In the case of their pension funds, these payments amount to 10% of their gross income, with an upper earnings limit of CLP 22 012 186 (UF 73.2). Added to that is an amount that varies depending on the managing company that covers the management of each pension fund account.* The monthly unemployment insurance premium is 0.6% of the employee's gross income, with an upper earnings limit of CLP 33 018 279 (UF 109.8) limit. Employees do not pay the monthly unemployment insurance premium when they have a fixed-term contract or after 11 years of labour relationship.
- There are also mandatory contributions to managed funds by members of the police force and the army which are classified as taxes but are not included in the modelling as they relate to a minority of the overall workforce.
- If the employee has a high risk job, he has to make an additional contribution of 2% (heavy work) or 1% (less heavy work) of his gross income to his pension fund account.

2.2. *Employers' contributions*

There are four categories of employer social security contribution, none of which are classified as tax revenues in this report.

- Employers make mandatory payments of 0.95% of their employees' gross income for an occupational accident and disease insurance policy subject to an upper earnings limit. For the majority of employees the payments are made to employers' associations of labour security which are private non-profit institutions. Those remaining are made to the Social Security Regularisation Unit (ISL). Although this latter organisation is controlled by the government, the funds are invested on the private institutions market. The employers also pay an additional contribution which depends on the activity and risk associated to the enterprise (it cannot exceed 3.4% of the employees' gross earnings). This additional contribution could be reduced, down to 0%, depending on the safety measures the employer implements in the enterprise. If health and safety conditions at work are not satisfactory, this additional contribution could be applied with a surcharge of up to 100%.
- In addition, employers make payments of 2.4% of each employee's income (0.8% after 11 years of labour relationship and 3% for fixed-term contracts) to finance unemployment insurance. These funds are managed privately.
- Employers have to pay a disability insurance of 1.15% of the employees' gross income, to the pension fund manager.
- If the employee has a high risk job, the employer has to pay 2% (heavy work) or 1% (less heavy work) of the employee's gross income to his pension fund account.

3. Universal cash transfers

3.1. *Marital status-related transfers*

No such transfers are paid.

* Average cost in 2015 was 1.16% of gross income.

3.2. *Transfers related to dependent children*

The "Family Allowance" is paid on a monthly basis to any employee making social security contributions who has dependent children. The definition of dependants includes:

- Adopted children as well as those born to the parents;
- Children up to the age of 18 or 24 years provided they are single and are regular students in an elementary, secondary, technical, specialised or higher education establishment and whose income is less than half the minimum wage for more than three months in each calendar year.
- The amount of the payment depends on the number of dependent children and the beneficiary's level of income according to the table below. The modelling assumes that the benefit is assessed on the spouse with the lower earning level where both spouses are working.

2015 Transfer by dependant	
Annual income range (CLP)	Annual payment (CLP)
0-2 933 868	114 846
2 933 868-4 285 224	70 482
4 285 224 -6 683 496	22 278
6 683 496 and over	0

4. Memorandum items

4.1. *Identification of an average worker*

- The source of information is a survey conducted by the National Statistics Institute (INE) to determine the Salary and Labour Cost Index. This nationwide survey is carried out on a monthly sample and gathers information on salaries and labour costs. It applies to companies with at least 5-worker payrolls grouped in accordance with UN ISIC Rev. 3 international economic activity standard, covering workers in industry sectors C-O.*
- The average gross earnings was obtained by multiplying the average hourly wage by the average number of hours worked. It covers both full and part-time workers.

4.2. *Employers' contribution to private health and pension schemes*

- In Chile very few employers make any contributions towards health schemes for their employees, and the relevant information is not available.

* L(7522) and L(7523) are not included.

2015 parameter values

Average earnings/yr	Ave_earn	7 556 043	Country estimate
Allowances	Basic_al	0	
Income tax	Tax_sch	0	7 282 710
		0.04	16 183 000
		0.080	26 973 000
		0.135	37 762 200
		0.23	48 551 400
		0.304	64 735 200
		0.355	80 919 000
		0.4	
Education tax credit	edu_tax_cre	112 768	
	edu_tax_cre_lim	20 298 239	
Employees SSC	SSC_sch	0.07	22 012 186
Upper threshold		0	
Family allowance	CTR_child	0	114 846
Child element		2 933 868	70 482
		4 285 224	22 278
		6 683 496	0

2015 tax equations

The functions which are used in the equations (Taper, MIN, Tax etc) are described in the technical note about tax equations. Variable names are defined in the table of parameters above, within the equations table, or are the standard variables "married" and "children". A reference to a variable with the affix "_total" indicates the sum of the relevant variable values for the principal and spouse. And the affixes "_princ" and "_spouse" indicate the value for the principal and spouse, respectively. Equations for a single person are as shown for the principal, with "_spouse" values taken as 0.

	Line in country table and intermediate steps	Variable name	Range	Equation
1.	Earnings	earn		
2.	Allowances:	Tax_al	B	Min(Basic_al,earn)
3.	Credits in taxable income	taxbl_cr	B	0
4.	CG taxable income	tax_inc	B	Positive(earn-tax_al)
5.	CG tax before credits	CG_tax_excl	B	Tax(tax_inc, tax_sch)
6.	Tax credits :	tax_cr	P	IF(taxinc_princ+taxinc_spouse<=edu_tax_cre_lim,IF(taxinc_spouse =0,edu_tax_cre*Children,edu_tax_cre*Children*0.5),0)
			S	IF(AND(taxinc_princ+taxinc_spouse<=edu_tax_cre_lim,taxinc_spouse>0),edu_tax _cre*Children*0.5,0)
7.	CG tax	CG_tax	B	Positive(CG_tax_excl-tax_cr)
8.	State and local taxes	local_tax	B	0
9.	Employees' soc security	SSC	B	Tax(earn, SSC_sch)
11.	Family allowance	cash_trans	P/S	IF(Children=0,0, IF(earn_spouse>0, VLOOKUP (earn_spouse, CTR_child) , VLOOKUP (earn_princ, CTR_child)) * children)
13.	Employer's soc security	SSC_empr		0

Key to range of equation B calculated separately for both principal earner and spouse P calculated for principal only (value taken as 0 for spouse calculation) J calculated once only on a joint basis.

Czech Republic

This chapter includes data on the income taxes paid by workers, their social security contributions, the family benefits they receive in the form of cash transfers as well as the social security contributions and payroll taxes paid by their employers. Results reported include the marginal and average tax burden for eight different family types.

Methodological information is available for personal income tax systems, compulsory social security contributions to schemes operated within the government sector, universal cash transfers as well as recent changes in the tax/benefit system. The methodology also includes the parameter values and tax equations underlying the data.

Czech Republic 2015

The tax/benefit position of single persons

	Wage level (per cent of average wage)	67	100	167	67
	Number of children	none	none	none	2
1.	**Gross wage earnings**	213 009	317 924	530 933	213 009
2.	**Standard tax allowances**				
	Basic allowance	0	0	0	0
	Married or head of family	0	0	0	0
	Dependent children	0	0	0	0
	Deduction for social security contributions and income taxes	0	0	0	0
	Work-related expenses				
	Other				
	Total	0	0	0	0
3.	**Tax credits or cash transfers included in taxable income**	0	0	0	0
4.	**Central government taxable income (1 - 2 + 3 + 13)**	285 432	426 018	711 450	285 432
5.	**Central government income tax liability (exclusive of tax credits)**	42 815	63 903	106 717	42 815
6.	**Tax credits**				
	Basic credit				
	Married or head of family				
	Children				
	Other	24 840	24 840	24 840	54 048
	Total	24 840	24 840	24 840	54 048
7.	**Central government income tax finally paid (5-6)**	17 975	39 063	81 877	- 11 233
8.	**State and local taxes**	0	0	0	0
9.	**Employees' compulsory social security contributions**				
	Gross earnings	23 431	34 972	58 403	23 431
	Taxable income				
	Total	23 431	34 972	58 403	23 431
10.	**Total payments to general government (7 + 8 + 9)**	41 406	74 034	140 280	12 198
11.	**Cash transfers from general government**				
	For head of family				
	For two children	0	0	0	14 640
	Total	0	0	0	14 640
12.	**Take-home pay (1-10+11)**	171 603	243 889	390 653	215 451
13.	**Employer's compulsory social security contributions**	72 423	108 094	180 517	72 423
14.	**Average rates**				
	Income tax	8.4%	12.3%	15.4%	-5.3%
	Employees' social security contributions	11.0%	11.0%	11.0%	11.0%
	Total payments less cash transfers	19.4%	23.3%	26.4%	-1.1%
	Total tax wedge including employer's social security contributions	39.9%	42.8%	45.1%	24.5%
15.	**Marginal rates**				
	Total payments less cash transfers: Principal earner	31.1%	31.1%	31.1%	31.1%
	Total payments less cash transfers: Spouse	n.a.	n.a.	n.a.	n.a.
	Total tax wedge: Principal earner	48.6%	48.6%	48.6%	48.6%
	Total tax wedge: Spouse	n.a.	n.a.	n.a.	n.a.

Czech Republic 2015

The tax/benefit position of married couples

			Wage level (per cent of average wage)	100-0	100-33	100-67	100-33
			Number of children	2	2	2	none
1.	**Gross wage earnings**			317 924	422 839	530 933	422 839
2.	**Standard tax allowances**						
		Basic allowance		0	0	0	0
		Married or head of family		0	0	0	0
		Dependent children		0	0	0	0
		Deduction for social security contributions and income taxes		0	0	0	0
		Work-related expenses					
		Other					
			Total	0	0	0	0
3.	**Tax credits or cash transfers included in taxable income**			0	0	0	0
4.	**Central government taxable income (1 - 2 + 3 + 13)**			426 018	566 604	711 450	566 604
5.	**Central government income tax liability (exclusive of tax credits)**			63 903	84 991	106 717	84 991
6.	**Tax credits**						
		Basic credit					
		Married or head of family					
		Children					
		Other		78 888	54 048	54 048	24 840
			Total	78 888	54 048	54 048	24 840
7.	**Central government income tax finally paid (5-6)**			- 14 985	9 855	27 829	39 063
8.	**State and local taxes**			0	0	0	0
9.	**Employees' compulsory social security contributions**						
		Gross earnings		34 972	46 512	58 403	46 512
		Taxable income					
			Total	34 972	46 512	58 403	46 512
10.	**Total payments to general government (7 + 8 + 9)**			19 986	56 367	86 232	85 575
11.	**Cash transfers from general government**						
		For head of family					
		For two children		14 640	14 640	14 640	0
			Total	14 640	14 640	14 640	0
12.	**Take-home pay (1-10+11)**			312 577	381 112	459 341	337 264
13.	**Employer's compulsory social security contributions**			108 094	143 765	180 517	143 765
14.	**Average rates**						
		Income tax		-4.7%	2.3%	5.2%	9.2%
		Employees' social security contributions		11.0%	11.0%	11.0%	11.0%
		Total payments less cash transfers		1.7%	9.9%	13.5%	20.2%
		Total tax wedge including employer's social security contributions		26.6%	32.7%	35.4%	40.5%
15.	**Marginal rates**						
		Total payments less cash transfers: Principal earner		31.1%	31.1%	31.1%	31.1%
		Total payments less cash transfers: Spouse		34.7%	11.0%	31.1%	11.0%
		Total tax wedge: Principal earner		48.6%	48.6%	48.6%	48.6%
		Total tax wedge: Spouse		51.3%	33.6%	48.6%	33.6%

The national currency is the Czech koruna (CZK). In 2015, CZK 24.59 was equal to USD 1. In that year, the average worker earned CZK 317 924 (Secretariat estimate).

1. personal income tax system

1.1. *Central government income taxes*

1.1.1. *Tax unit*

- The tax unit is the individual.

1.1.2. *Tax allowances and tax credits*

1.1.2.1. Standard reliefs

- *Relief for social and health security contributions.* Employees' social security contributions (see Section 2.1) are not deductible for income tax purposes.

1.1.2.2. Main non-standard tax reliefs applicable to an AW

- *Charitable donations allowance:* A tax allowance of up to 10% of taxable income is available for donations made to municipalities or legal entities for the financing of social, health, cultural, humanitarian, religious, ecological and sport activities. The minimum limit for donations is the lesser of 2% of taxable income or CZK 1 000. A similar procedure shall apply for gratuitous performance to finance the removal of the consequences of a natural disaster occurring in the territory of an EU Member State, Norway or Iceland. The total deduction may not exceed 15% of the tax base. As gratuitous performance for healthcare purposes, the value of one blood donation from an unpaid donor is valued at a sum of CZK 2 000 and the value of an organ donation from a living donor is valued at a sum of CZK 20 000.
- *Interest payments:* Taxpayers may claim an allowance of up to CZK 300 000 for mortgage interest payments or other interest payments related to the purchase or the improvement of their house. The total sum of interest by which the tax base is reduced on all credits of payers in the same jointly managed household must not exceed CZK 300 000.
- *Supplementary pension scheme contributions:* In a period of taxation, the tax base may be reduced by a contribution, in the maximum total amount of CZK 12 000, paid by a taxpayer to their supplementary pension insurance with a State contribution under a contract on supplementary pension insurance with a State contribution entered into between the payer and a pension company; the sum that may be deducted in this manner equals the total amount of contributions paid by the payer for their supplementary pension insurance with a State contribution in the period of taxation, reduced by CZK 12 000.
- *Private life insurance premiums:* Taxpayers may claim an allowance of up to CZK 12 000 for premiums paid according to a contract between the taxpayer and an insurance company if the benefit (lump sum or recurrent pension) is paid out 60 months after the signature of the contract and in the year in which the taxpayer reaches the age of 60.

1.1.2.3. Tax schedule

From January 2008, a progressive system of taxation is replaced by a single rate of 15%. The tax base, reduced by the non-taxable part of the tax base (see 1.122 – Main non-standard tax reliefs), rounded down to whole hundreds of CZK is subject to tax at the rate of 15%. After that, tax credits (see 1.124) can be used to directly reduce a person's tax liability.

1.1.2.4. Tax credits

- Credit of CZK 24 840 per taxpayer, the tax shall not be reduced for a payer that receives a retirement pension from pension insurance or from foreign compulsory insurance of the same kind as of 1 January of the period of taxation.
- Credit of CZK 24 840 per spouse (husband or wife) living with a taxpayer in a common household provided that the spouse's own income does not exceed CZK 68 000 in the taxable period.
- Credit of CZK 13 404 for first child, credit of CZK 15 804 for second child, credit of CZK 17 004 for third and each additional child (irrespective of the child's own income) living with a taxpayer in a common household on the territory of a Member State of the EU, Norway or Iceland, if the child satisfies one or more of the following criteria:
  - age below 18 year of age,
  - age below 26 year of age and receiving full-time education,
  - age below 26 year of age and physically or mentally disabled provided that the child is not in receipt of a state disability payment

  If the child is a "ZTP-P" card holder (the child with a certain type of disabilities), the tax credit is CZK 26 808. The taxpayer can claim the tax credit in the form of tax reliefs or tax bonuses or their combination.
- Credit of CZK 2 520 if the taxpayer is in receipt of a partial disability pension or is entitled to both an old-age pension and a partial disability pension
- Credit of CZK 5 040 it the taxpayer is in receipt of a full disability pension, or another type of pension conditional on his full disability pension, or if the taxpayer is entitled to both old-age pension and full disability pension or deemed to be fully disabled under statutory provisions, but his application for a full disability pension was rejected for reasons other than that he was not fully disabled (handicapped).
- Credit of CZK 16 140 if the taxpayer is a "ZTP-P" card holder.
- Credit of CZK 4 020 if the taxpayer takes part in a systematic educational or training programme under statutory provisions in order to prepare for his future vocation (profession) by means of such studies or prescribed training until completion of his/her 26 or 28 years (Ph.D. programme).
- New tax abatement (credit) which can be applied in case that a maintained child of a taxpayer is placing in a pre-school facility. The tax abatement can be applied in the amount of pre-school facility fees, which is really paid for maintained child, however at maximum up to the amount of minimum wage for a maintained child. Tax abatement may only be used if the maintained child lives with the taxpayer in a jointly managed household. Introduction of this relief is a part of the Act on provision of childcare in a child society.

The non-standard tax reliefs, tax abatement and special solidarity surcharge of 7 % for income from employment and entrepreneurship exceeding 48 times the average salary within the calendar year are not included in the tax equations underlying the Taxing Wages results.

1.2. State and local income tax

There are no regional or local income taxes.

2. Compulsory social security contributions to schemes operated within the government sector

The maximum annual earnings used to calculate social security contributions are 48 times the national average monthly wage. The maximum ceiling for social security contributions is CZK 1 277 328 for the year 2015. The maximum ceiling for health insurance has not existed since 2013.

2.1. Employees' contributions

Compulsory contributions of 11% of gross wages and salaries are paid by all employees into government operated schemes. The total is made up as follows (in %):

Health insurance	4.5
Social insurance	6.5

2.2. Employers' contributions

The total contribution for employers is 34% of gross earnings.

The contribution consists of the health insurance contribution (9% of gross wages and salaries) and social insurance (25%).

3. Universal cash transfers

3.1. Transfers related to marital status

None.

3.2. Transfers for dependent children

Non-taxable child allowances are the basic income-tested benefit provided to a dependent child with the objective to contribute to the coverage of costs incurred in his upbringing and sustenance. Entitlement to the child allowance is bound with certain income criteria. The central government pays this allowance in respect of each dependent child based on the family income level and provided that family's income does not exceed 2.4 times the relevant family's living minimum (LM). Family income includes the earnings of both parents net of income tax and the employees' social security and health insurance contributions. Child allowances are provided at three levels depending on the age of the child and are paid as follows:

Family income	Up to 2.4 LM
Age of child	Total payment CZK per month
Below 6 year of age	500
6-15 years	610
15-26 years	700

The monthly family's LM for the AW-type family with children can be calculated by summing the following amounts (in CZK):

Living minimum	
Basic personal requirement	
Single	3 410
First person in household	3 140
Second and other persons who are not a dependent child	2 830
Child aged below 6	1 740
Child aged between 6 and 15	2 140
Child aged between 15 and 26	2 450
Household expenses	
One person household	3 410
Two person household	5 970
Three person household	7 710
Four person household	9 850
Five person household	12 300

The LM is required by law. In case that family income (income of persons assessed together) don't achieve the amount of family's LM can be put in a request for state social support (housing benefit, family benefits, social assistance and other). The system applies the solidarity principle between the high-income families and low-income families, as well as between the childless families and those with children.

The term "social allowance" was abolished from 1 January 2012. However, this fact has no effect on the tax-benefit system for low-income families. The system of personalized payment was simplified and extended. For examples, in case of loss of income (social allowance) some people may put in a request for increase care allowance up to CZK 2 000. This allowance is addressed for recipients who are dependent children below 18 years of age and parent of dependent children below 18 years of age if the income of the family is under 2.0 family's living minimum. Protection in the housing sector is also addressed in the context of state social support system (housing allowances-benefit) and the system of assistance in material need as additional housing. Also foster care benefits create a separate benefit system; since 1 January 2013 they have ceased to be a component of the state social support system. These allowances (housing, care and foster care) are not included in the Taxing Wages models.

3.3. Additional transfers

Additional allowances (means-tested benefits in material need) are paid by the central government to low income families in adverse social and financial situation. The amount transferred is derived from the LM and varies according to total family income including family allowances and own efforts, opportunities and needs are taken into account. This allowance is not included in the computation.

4. Main changes in tax/benefit systems since 2015

In 2015, there were no changes that would have a significant effect on the current calculation of Taxing Wages.

List of main changes that have no impact on the current computation of TW:

- A new tax credit which can be applied in case that a child of a taxpayer visits a nursery school (preschool children, including kindergarten up to start school attendance) is introduced. The tax credit can be applied in the amount of nursery school fees really paid for child, however at maximum up to the amount of minimum salary for a child.

Introduction of this relief is a part of the Act on provision of childcare in a child society (see Chapter 1.124).

- Tax credit on second and third and next child has increased based on the Amendment (CZK 15 804 for second child, CZK 17.004 for third and each additional child) – see chapter 1.124.
- Change regarding obligation to file personal income tax return in case of taxpayers underlying to solidarity tax. Newly, the obligation to file the personal income tax return occurs only when an annual limit for solidarity tax application is exceeded.
- Based on ongoing amendments limitation of tax advantage of private life insurance in case of partial payment has been included in the Amendment. If a taxpayer receives compensation from his/her life insurance account before the given conditions are met, tax exemption of contributions paid by his/her employer as well as possibility to apply a tax deduction will be ceased. In such a case, the employee will be obliged to additionally taxations of this benefit through a personal income tax return. At the same time, tax advantage from life insurance will be newly applicable only in case of life insurance contracts allowing payments after meeting said conditions as of the moment of the contract's termination.
- As of 2015 notification obligation for taxpayers should be effective – individuals who receive tax exempted income of more than CZK 5mio. A taxpayer will be obliged to report such a situation to a tax administrator until deadline for filing the personal income tax return. There are penalties set by the Income Tax Act if the taxpayer breaches this obligation.
- In reaction to the Constitutional Court's case the Amendments again allows application of basic tax credit for working retirees. Based on this information the tax credit was applied retrospectively for 2013 and 2014. The impact of this application has no effect to the tax equations underlying the TW results but had impact on collection of IT in 2014 and 2015.
- A new tax abatement has no effect to the tax equations underlying the TW result but has impact on collection of IT in 2015

5. Memorandum items

5.1. *Identification of AW and valuation of earnings*

The Ministry of Finance estimates the average earnings of the AW based on the data supplied by the Czech Statistical Office. The calculation of the average earnings AW is made by CZ-NACE division, which is compatible with ISIC classifications Ver. 4.

5.2. *Employers' contributions to private pension, health and related schemes*

There are supplementary private pension schemes only, but employers' contributions vary. Relevant information is not available.

2015 parameter values

	Ave_earn	317 924	Secretariat estimate
Income tax rate	tax_rate	0.15	
Social security – social insurance	SSs_rate	0.065	
Social security – health insurance	SSh_rate	0.045	
Employers	SSC_empr_rate	0.34	
Child Tax credit - first child	child_cr_1	13 404	
- second child	child_cr_2	15 804	
- third child	child_cr_3	17 004	
Tax credit for individuals	tax_cr_base	24 840	
Tax credit for spouse	tax_cr_spo	24 840	
Tax credit for spouse income ceiling	Tax_cr_spo_inc_ceil	68 000	
Living minimum (LM)			
	basic_adult	3 410	
	basic_household	5 970	
	basic_child	2 140	
	house_exp	1	3 410
		2	5 970
		3	7 710
		4	9 850
		5	12 300
Cash transfers	transf_1	610	
Social security, social insurance – ceiling	soc_sec_si_ceil	1 277 328	

2015 tax equations

The equations for the Czech system are on an individual basis. But the spouse tax credit is relevant only to the calculation for the principal earner and cash transfers are calculated only once. This is shown by the Range indicator in the table below.

The functions which are used in the equations (Taper, MIN, Tax etc) are described in the technical note about tax equations. Variable names are defined in the table of parameters above, within the equations table, or are the standard variables "married" and "children". A reference to a variable with the affix "_total" indicates the sum of the relevant variable values for the principal and spouse. And the affixes "_princ" and "_spouse" indicate the value for the principal and spouse, respectively. Equations for a single person are as shown for the principal, with "_spouse" values taken as 0.

		Variable name	Range	Equation
1.	Earnings	earn	B	
2.	CG taxable income	tax_inc_princ	B	Earn+(earn*SSC_empr_rate)
3.	CG tax before credits			
	CG tax before credits principal	CG_tax_excl_princ	B	Tax(tax_inc_princ, tax_rate)
4.	Tax credits:			
	Tax credit for children	tax_cr_ch	P	If (number of children>3; (number of children - 3)*child_cr_3+child_cr_1+child_cr_2+child_cr_3; If (number of children>2;child_cr_1 +child_cr_2 + child_cr_3; If (number of children>1;child_cr_1+child_cr_2; If (number of children=0;0)))))
	Basic tax credit	tax_cr_bas	B	tax_cr_bas
	Tax credit for spouse	tax_cr_spouse	P	Married*tax_cr_spo
5.	CG tax			
	CG tax principal	CG_tax_princ	B	Max(CG_tax_excl_princ - tax_cr_bas_princ - tax_cr_spo , 0) - tax_cr_ch
6.	State and local taxes	local_tax	B	0
7.	Employees' social security	SSs SSh	B B	MIN(earn,soc_sec_si__ceil)*SSs_rate earn*SSh_rate
8.	Cash transfers			
	Net family income	net_inc	J	earn_total-CG_tax_total-SSC_total
9.	Living minimum (monthly)	LM	J	(1-Married)*basic_adult+Married*basic_household +Children*basic_child+ VLOOKUP((1+Married+Children), house_exp, 2, FALSE)
10.	Total cash transfers	cash_trans	J	Children*IF(net_inc<=(2.4)*LM*12, transf_1*12)
11.	Employer's social security	SSs_empr SSh_empr	B B	MIN(earn,soc_sec_sir_ceil)*SSs_empr_rate earn*SSh_empr_rate

Key to range of equation: B calculated separately for both principal earner and spouse; P calculated for principal only (value taken as 0 for spouse calculation); J calculated once only on a joint basis.

Denmark

This chapter includes data on the income taxes paid by workers, their social security contributions, the family benefits they receive in the form of cash transfers as well as the social security contributions and payroll taxes paid by their employers. Results reported include the marginal and average tax burden for eight different family types.

Methodological information is available for personal income tax systems, compulsory social security contributions to schemes operated within the government sector, universal cash transfers as well as recent changes in the tax/benefit system. The methodology also includes the parameter values and tax equations underlying the data.

Denmark 2015

The tax/benefit position of single persons

	Wage level (per cent of average wage)	67	100	167	67
	Number of children	none	none	none	2
1.	**Gross wage earnings**	271 937	405 876	677 813	271 937
2.	**Standard tax allowances**				
	Basic allowance				
	Married or head of family				
	Dependent children				
	Deduction for social security contributions and income taxes	21 755	32 470	54 225	21 755
	Work-related expenses	0	0	0	0
	Other				
	Total	21 755	32 470	54 225	21 755
3.	**Tax credits or cash transfers included in taxable income**	0	0	0	0
	Earnings tax credit deduction	21 891	26 800	26 800	36 575
	Total	- 21 891	- 26 800	- 26 800	- 36 575
4.	**Central government taxable income (1 - 2 + 3)**	228 291	346 606	596 788	213 606
5.	**Central government income tax liability (exclusive of tax credits)**	29 259	43 948	98 611	28 672
6.	**Tax credits**				
	Basic credit	5 243	5 243	5 243	5 243
	Married or head of family				
	Children				
	Other				
	Total	5 243	5 243	5 243	5 243
7.	**Central government income tax finally paid (5-6)**	45 771	71 175	147 593	45 184
8.	**State and local taxes**	46 045	75 510	137 816	42 388
9.	**Employees' compulsory social security contributions**				
	Gross earnings	0	0	0	0
	Taxable income				
	Total	0	0	0	0
10.	**Total payments to general government (7 + 8 + 9)**	91 817	146 686	285 409	87 572
11.	**Cash transfers from general government**				
	For head of family				
	For two children	0	0	0	68 708
	Green check	955	955	0	1 395
	Total	955	955	0	70 103
12.	**Take-home pay (1-10+11)**	181 075	260 145	392 404	254 468
13.	**Employer's compulsory social security contributions**	3 462	3 462	3 462	3 462
14.	**Average rates**				
	Income tax	33.8%	36.1%	42.1%	32.2%
	Employees' social security contributions	0.0%	0.0%	0.0%	0.0%
	Total payments less cash transfers	33.4%	35.9%	42.1%	6.4%
	Total tax wedge including employer's social security contributions	34.2%	36.4%	42.4%	7.6%
15.	**Marginal rates**				
	Total payments less cash transfers: Principal earner	39.7%	42.0%	55.8%	38.1%
	Total payments less cash transfers: Spouse	n.a.	n.a.	n.a.	n.a.
	Total tax wedge: Principal earner	39.7%	42.0%	55.8%	38.1%
	Total tax wedge: Spouse	n.a.	n.a.	n.a.	n.a.

Denmark 2015

The tax/benefit position of married couples

			Wage level (per cent of average wage)	100-0	100-33	100-67	100-33
			Number of children	2	2	2	none
1.	**Gross wage earnings**			405 876	539 815	677 813	539 815
2.	**Standard tax allowances**						
		Basic allowance					
		Married or head of family					
		Dependent children					
		Deduction for social security contributions and income taxes		32 470	43 185	54 225	43 185
		Work-related expenses		0	0	0	0
		Other					
			Total	32 470	43 185	54 225	43 185
3.	**Tax credits or cash transfers included in taxable income**			0	0	0	0
	Earnings tax credit deduction			26 800	26 800	26 800	26 800
			Total	- 26 800	- 26 800	- 26 800	- 26 800
4.	**Central government taxable income (1 - 2 + 3)**			346 606	459 047	574 897	459 047
5.	**Central government income tax liability (exclusive of tax credits)**			43 948	58 315	73 207	58 315
6.	**Tax credits**						
		Basic credit		15 728	10 485	10 485	10 485
		Married or head of family					
		Children					
		Other					
			Total	15 728	10 485	10 485	10 485
7.	**Central government income tax finally paid (5-6)**			65 933	91 015	116 947	91 015
8.	**State and local taxes**			64 702	92 705	121 556	92 705
9.	**Employees' compulsory social security contributions**						
		Gross earnings		0	0	0	0
		Taxable income					
			Total	0	0	0	0
10.	**Total payments to general government (7 + 8 + 9)**			130 635	183 719	238 502	183 719
11.	**Cash transfers from general government**						
		For head of family					
		For two children		25 152	25 152	25 152	0
		Green check		2 630	2 630	2 350	2 190
			Total	27 782	27 782	27 502	2 190
12.	**Take-home pay (1-10+11)**			303 023	383 877	466 812	358 285
13.	**Employer's compulsory social security contributions**			3 462	6 924	6 924	6 924
14.	**Average rates**						
	Income tax			32.2%	34.0%	35.2%	34.0%
	Employees' social security contributions			0.0%	0.0%	0.0%	0.0%
	Total payments less cash transfers			25.3%	28.9%	31.1%	33.6%
	Total tax wedge including employer's social security contributions			26.0%	29.8%	31.8%	34.5%
15.	**Marginal rates**						
	Total payments less cash transfers: Principal earner			42.0%	42.0%	42.0%	42.0%
	Total payments less cash transfers: Spouse			39.6%	39.7%	39.7%	39.7%
	Total tax wedge: Principal earner			42.0%	42.0%	42.0%	42.0%
	Total tax wedge: Spouse			41.2%	39.7%	39.7%	39.7%

The national currency is the Kroner (DKK). In 2015, DKK 6.73 was equal to USD 1. In that year, the average worker earned DKK 405 876 (Secretariat estimate), which is calculated on the background of the extrapolated 2014 average worker income with the expected 2015 growth rate of wages on 2.1%.

1. Personal income tax system

In the Danish personal income tax system, the income of the individual taxpayer is split into three categories:

- *Personal income,* which consists of employment income, business income, pensions, unemployment benefits etc. and with fully deductibility of Labour Market Contributions.
- *Capital income* (e.g. interest income and some capital gains) is calculated as a net amount (the sum of positive and negative capital income net of interest expenses). Dividend income and the property value of owner-occupied dwellings are taxed at different tax rates.
- *Taxable income* – the aggregate of personal income and capital income less deductions (e.g. work-related expenses etc.).

All three categories are relevant for various tax rates, see Section 1.2.1.

The employees' social security contributions and their payments to labour market supplementary pension schemes (see Section 2.1) are not included in personal income (or taxable income).

Regarding the tax unit, the earned income of each spouse is taxed separately. However, as is mentioned in Section 1.2.1, some unutilised personal allowances can be transferred between them.

1.1. Tax allowances and tax credits

1.1.1. Standard reliefs

Wage or salary earners who make expenses in order to earn their income (e.g. transport expenses, trade union membership dues, unemployment premiums) can fully deduct these expenses from taxable income.

The tax credit scheme allows the taxpayer to deduct 8.05% of earned income to a maximum of DKK 26 800 in order to calculate taxable income. Single parents get an extra employment allowance of 5.40% in 2015 with a maximum allowance of DKK 17 900. The effective value of the credit is equal to the municipality tax (24.9%) plus the 4.0% health care tax rate that is paid to the state (28.91% on average) multiplied by the value of the deduction.

1.1.2. Main non-standard tax reliefs applicable to an AW

- *Interest payments* are fully deductible from capital income.

- The *non-standard deduction for wage and salary earners:* The actual costs that are made in order to acquire income are deductible from taxable income. The main items are:
  - Contributions paid to trade unions;
  - Transportation costs: Up to 24 km. per day: no deduction. 24-120 km.: DKK 2.05 per km. Above 120 km.: DKK 1.03 per km. as a standard, but transport from municipalities placed in the outskirts of the country gives a credit of DKK 2.05 also above 120 km;
  - Other costs above DKK 5 700.
- *Contributions/premiums* paid to *private pension saving plans* are in general deductible from personal income. From 1999 onwards, contributions/premiums paid to private pension saving plans with sum payments are no longer deductible from income subject to the top tax bracket rate. From 2013 onwards, contributions/premiums paid to private pension saving plans with sum payments are no longer deductible.
- Other reliefs:
  - Alimonies, if according to contract, are deductible from taxable income;
  - Contributions to certain non-profit institutions are deductible from taxable income (limit DKK 15 000);
  - Losses incurred from unincorporated business in earlier years are, in principle, deductible from personal income.

1.1.3. *Tax credits*

Each individual is granted a personal allowance, which is converted into a wastable tax credit by applying the marginal tax rate of the first bracket of the income tax schedule. For taxpayers who are 18 years of age or are older, the tax credit amounts to:

For central government income tax	8.08% of DKK 43 400 = DKK 3 507
For central government health care tax	4.00% of DKK 43 400 = DKK 1 736
For municipal income tax	24.91% of DKK 43 400 = DKK 10 808

Special personal allowance for an individual younger than 18: DKK 32 600.

If a married person cannot utilise the personal allowance, the unutilised part is transferred to the spouse.

1.2. *Central government income taxes*

1.2.1. *Tax schedule*

Individuals pay an 8% Labour Market Contribution (*Arbejdsmarkedsbidrag* in Danish), levied on the gross wage or other income from work before the deduction of any allowance.

Before 2008, the revenue was earmarked for certain social security expenditures through the Labour market Fund, but this system was abolished from 2008, and the tax enters the budget in the same way as any other income taxes. From 2011 the last links regarding social security of the tax were removed making all taxpayers working in Denmark pay the labour market contribution. The labour market contribution is thus treated as a PIT in Taxing Wages from 2008.

Low tax bracket to the central government is assessed on the aggregate of personal income and positive net capital income at the rate of 8.08%.

From 2010 and onwards the medium tax bracket was removed.

Top tax bracket to the central government is assessed on the excess of DKK 459 200 of the aggregate of personal income and positive net capital income in excess of DKK 41 400 at the rate of 15%. If a married individual cannot utilise the total allowance of DKK 459 200, the unutilised part is *not* transferred to the spouse.

If the marginal tax rate including local tax exceeds 51.95%, the top tax bracket rate is reduced by the difference between the marginal tax rate and 51.95%.

1.2.2. Health care tax

Central government levies an additional health care tax of 4%. The tax base is taxable income (see Section 1).

1.3. State and local income taxes

1.3.1. General description

Local income taxes are levied only by the municipalities. The rates vary across jurisdictions.

1.3.2. Tax base

The tax base is taxable income (see Section 1). Tax credit varies with tax rates. The average amount is given below.

1.3.3. Tax rates

Lowest rate: 22.5% (municipalities);

Highest rate: 27.8% (municipalities);

Average rate: 24.904% (municipalities);

The average rate is used in this study. It is applied to the tax base less personal allowances (see Section 1.1).

2. Compulsory social security contributions to schemes operated within the government sector

2.1. Employees' contributions

Employees make a fixed contribution of DKK 11 154 for unemployment insurance. From 1999 onwards, the contribution for unemployment insurance is split into two: one part consists of the contribution for unemployment insurance (DKK 3 972) while the other part consists of a voluntary contribution to an early retirement scheme (DKK 5 784). In addition an administration fee of DKK 1 398 on average is added.

Contributions to the unemployment funds are not mandatory. Nevertheless, these payments have up until the implementation of ESA 2010 and the major revision of the Danish national accounts in the autumn 2014 been defined as social security contributions and classified as taxes in the Danish national accounts because there is no direct link between what members pay to the schemes and what they receive and the funds are subsidized by the state. The contributions to the unemployment funds are no longer classified as taxes in the Danish national accounts.

In addition, there is a compulsory fixed contribution to a general Labour Market Supplementary Pension Scheme of DKK 1 080 for workers who work at least 117 hours per month (for workers who work less than 117 hours but not less than 78 hours, the rate is DKK 720; for workers who work less than 78 hours but not less than 39 hours, the rate is DKK 360); their employer makes a corresponding contribution that is double this amount. Under this scheme, each employee has a plan and it should be noted that the contribution that is ascribed to this plan is determined by the level of employment and does not necessarily relate to the actual amount described above. The employee contribution of DKK 1 080 is modelled as a standard tax relief from the personal income tax. As the employee and employer contribution is paid to a privately-managed pension scheme, these contributions are not considered to be taxes but rather as non-tax compulsory payments and are therefore not included in the tax calculations.

Also, all private sector employers contribute to Financing Contribution (DKK 644) and barsel.dk (DKK 750). Both of the payments are paid to privately managed funds. The Financing Contribution covers part of the Danish state's expenses to ATP-contributions as well as expenses to Employees' Guarantee Fund for the unemployed. Barsel.dk is a statutory scheme covering the part of the private sector labour market that is not covered by other approved maternity/paternity compensation schemes. Those contributions are considered as non-tax compulsory payments and not included in the tax calculations either.

2.2. Employers' contributions

It is compulsory for the employer to contribute to Employers' Reimbursement System (DKK 2 840), industrial injury tax (DKK 242) and Employees' Guarantee Fund (DKK 380).The employer also contributes to a Labour Market Supplementary Pension scheme, which in case of a full-time employee corresponds to a fixed amount of DKK 2 160 (being twice the fixed amount of DKK 1 080 mentioned in Section 2.1).

3. Universal cash transfers

The transfers for each dependent child are as follows:

Age group	Quarterly amount (DKK) for each child
0-2	4 443
3-6	3 519
7-17	2 769

The transfer is reduced when the income of a parent exceeds DKK 723 100. There are additional special amounts for single parents: the transfer for each dependent child is DKK 5 356 per year and a yearly transfer of DKK 5 460 regardless of the number of children. In addition, there is a state transfer of DKK 13 692 per year for each dependent child in case an 'absent parent' does not contribute (this amount) to the family. This transfer is included in this Report's calculations for single parents.

Individuals older than 18 years receive a "green check" of DKK 955; this amount is increased with DKK 220 per child for up to two children. Only one partner in a married couple receives the increased "green check" for children. The "green check" is nominally fixed and is phased out at a rate of 7.5% for income above DKK 374 800. If the yearly income of the individuals is lower than DKK 219 000 the individuals receive an "additional green check" of DKK 280.

4. Main changes in tax/benefit systems

From 2000 to 2002, the low tax bracket rate has been reduced from 7% to 5.5%. The low tax bracket is assessed on the aggregate of personal income and positive net capital income.

After the parliamentary elections in 2001, the Conservative/Liberal government adopted a tax freeze policy, which implied that tax rates could not be increased, either in nominal or relative terms, during that government term. Taxes were therefore not increased during the period 2002-05. After the parliamentary elections in February 2005, the Conservative/Liberal government and the tax freeze policy were confirmed.

In order to respect the "tax freeze", the low tax bracket has been reduced by 0.36% from 2004 to 2010 as a compensation for increases in local income taxes from 33.31% in 2004 to 33.66% in 2011.

In the spring of 2003, the government agreed with one of the opposition parties to implement a tax package. The aim of this package was to decrease the level of labour taxation in Denmark, and thereby to reduce the distortions in the labour market and to improve the incentives to work. The package contained two main elements: an increase of the threshold for the medium tax bracket of nearly DKK 50 000 and the introduction of a tax credit scheme whereby the taxpayer can deduct 2.5% of earned income to a maximum of DKK 7 500 (in 2007) in the calculation of taxable income.

Before 2004, a compulsory contribution of 1% of employees' gross earnings was paid to an individual Labour Market Supplementary Pension Scheme established for the employee – this contribution is not considered as a social security contribution but rather as savings being made by the individual. However, from 2004 to 2010, this contribution was suspended and finally abolished and the deposits paid out as of April 2010.

In September 2007, the tax cuts from the 2003-package was extended. The threshold for the medium tax bracket was to be raised with DKK 57 900 in 2009 to meet with the top tax bracket threshold. The deductible tax credit was increased to 4.0% of earned income in 2008 and to 4.25% in 2009; thus raising the maximum to 12 300 in 2008 and to 13 600 in 2009. The effective value of the credit and of the personal income allowance is equal to the local income tax rate, the church tax plus the health care tax rate (31.63% on average in 2013) multiplied by the value of the deduction.

From the 1st of January 2007 a Local Government Reform has come into force, which changes the structure of labour taxation. The reform however had only a minimal impact on the overall level of taxation. The number of municipalities has been cut from 270 to 98 and five regions have replaced the 14 counties. The regions will not impose taxes but will be financed through state subsidies and by contributions from the municipalities. The reform implied an increase in the average municipal tax rate from 22.1% in 2006 to 24.577% in 2007. Since then, there has been a further increase in the average municipal tax to 24.907% in 2013. The county tax has been replaced by a new health care tax of 8% which is levied by central government. The health care tax rate is decreased to 6% in 2013. The levels of taxation have thus been reduced from three to two: only the central and local governments now levy taxes.

In the spring of 2009, the government and one of the opposition parties agreed upon a major tax reform to be phased in from 2010 to 2019. The reform aims at reducing the high marginal tax rates on personal income and thus to stimulate labour supply in the medium to long-term. The reform decreases income taxes by DKK 29 billion in 2010. The tax reform is planned to be revenue neutral as a whole, but was underfinanced in the short run (2010-12) in order to stimulate the economy. The main measures taken in 2010 include the reduction of the rate of the bottom tax bracket from 5.26% to 3.67%, abolition of the medium tax bracket with the 6% rate altogether, and increase the top tax bracket threshold by DKK 28 800 to DKK 389 000. The reform will decrease the lowest marginal tax rate from 42.4% to 41.0% and the highest marginal tax rate on labour income from 63.0% to 56.1%. The marginal tax rate on positive net capital income (up to 51.5 after abolition of the middle tax bracket) is further reduced for the vast majority by introduction of an extra allowance of DKK 40 000 (DKK 80 000 for married couples) for positive net capital income in the top bracket tax.

The reform is partly financed by higher energy, transport and environmental taxes to support the energy and climate policy objectives of the government, and also by increases of excise rates on health-related goods (fat, candy, sugary drinks, tobacco). These increases are partly compensated by giving a "green check" to households (see Section 3). The tax reform is also partly financed by base broadening measures. The measures include a gradual reduction from 2012 to 2019 of the tax value (from 33.5% to 25.5%) of assessment oriented deductions and limitations of the tax deductibility of net interest payments over a nominal threshold of DKK 50 000 (DKK 100 000 for married couples). Also the deductibility of payments above DKK 100 000 a year to individual pension insurance schemes with less than life-long coverage has been limited, as well as tightening of the tax treatment of company cars and other fringe benefits. Furthermore, a 6% tax is imposed from 2011 on pension payments exceeding DKK 362 800.

To consolidate the budget, a *Fiscal Consolidation Agreement* was reached in May 2010, somewhat modifying the prescriptions of the Spring Package of 2009.

The specific provisions of the *Fiscal Consolidation Agreement* include:

- The suspension from 2011 until 2013 of automatic adjustments in various tax thresholds (including personal allowances).
- Postponing from 2011 to 2014 the increase of the threshold for the top income tax rate (15%) from DKK 389 900 to 409 100 (EUR 52 316 to 54 892). The increase was an element of the *2009 tax reform.*
- The labour union membership fees' tax deductibility is limited to DKK 3 000 (EUR 403) from the year 2011. The threshold is not adjusted.
- From 2011, the annual amount of child allowance is limited to DKK 35 000 (EUR 4 696), irrespective of the number of children. This was abolished by the new government by 2012. Child allowances will be gradually reduced by 5% until 2013.

As part of the Finance Act 2012 it was decided to introduce an "additional green check" to people beyond 18 years with low income (less than DKK 212 000). The "additional green check" is DKK 280.

In June 2012 a tax reform was reached. Included in the reform were changes in the earned income tax credit and the top tax bracket. The earned income tax credit is gradually raised from 4.40% in 2012 to 10.65% in 2022 (6.95% in 2013) where the maximum limit of earned income tax credit is raised from DKK 14 100 in 2012 to DKK 34 100 in 2022 (DKK 22 300 in 2013). Furthermore, a special earned income tax credit for single parents was decided from 2014. This will be gradually introduced to the amount of 6.25% in 2022 with a maximum limit of DKK 20 000. In The Tax Reform 2012 it was also decided to gradually raise the top tax bracket from DKK 389 900 in 2012 to DKK 467 000 in 2022 (DKK 421 000 in 2013).

As part of the Finance Act 2013 an agreement, The Excise Duty and Competition Package, was reached. This agreement includes a decrease in the excise duty on electricity, an abolition of the fat tax and a planned expansion in the excise duty on sugar, which will reduce expenses of both consumers and companies. This was financed by an increase in the bottom tax rate of 0.19 percentage points and a reduction in the personal allowance by DKK 900 for all persons (under and over 18 years) introduced from the income year 2013. As a consequence the marginal tax ceiling was increased from 51.5% to 51.7%. It is estimated that the abolished excise duties and the increased income taxes will have similar effects on distribution and labour supply.

Certain elements of the tax reform from 2012 were accelerated in the 2014 Budget. The employment allowance is adjusted upwards to 7.65% (2014), 8.05% (2015), 8.3% (2016) and 8.75% (2017), with a simultaneous increase of the maximum allowance from DKK 25 000 in 2014 to DKK 28 600 in 2018. The extra employment allowance for single parents is increased to 5.40% in 2014 (instead of 2.60%) with a maximum allowance of DKK 17 700.

Growth Plan 2014 contained measures to reduce the public service obligation on electricity and roll back an increase in excise duty on fossil fuel. As part of the financing of Growth Plan 2014 the low tax bracket rate is increased by 0.28 percentage point over the next five years, including 0.25 percentage point in 2015, with a parallel increase in the tax ceiling. Also, the green check and the supplementary green check are reduced over the next five years, starting in 2015.

In the autumn 2014, the new ESA 2010 guidelines (European System of National and Regional Accounts) and a major revision of the Danish national accounts were implemented which changed the classification of a few taxes. For example, the church tax and contributions to the unemployment fund are no longer classified as taxes, but as volunteer contributions (see Section 2.1).

As part of the Finance Act 2015 the tax deductibility of labour union membership fees is increased from DKK 3 000 to DKK 6 000 in 2015.

5. Memorandum items

5.1. *Identification of an AW*

The AW is identified as an average worker employed at firms which are members of the Danish Employers' Confederation.

5.2. *Employers' contribution to private schemes*

The employer must provide his employees with work injuries' insurance.

Employees typically participate in a private occupational (labour market) pension scheme to which both the employee and the employer make contributions. The employee's contribution is deductible for income tax purposes and is treated in this Report as a non-standard tax relief. The employer's contribution is not included in the gross wage income of the employee.

2015 parameter values

Average earnings	Ave_earn	405 876
Central taxes	Health_tax_rate	0.04
	Low_rate	0.0808
	Medium_thrsh	0
	Medium_rate	0
	Top_thrsh	459 200
	Top_rate	0.15
	Marg_rate_ceil	0.5195
	Adj_top_rate	0.14966
	Temp_tax_rate	0.00
	Temp_tax_thrsh	0
	Personal_al	43 400
The green check	green_check	955
	1 child	220
	child max	440
	Green_check_thrsh	374 800
	Green_check_taper_rate	0.075
	Extra_green_check	280
	Extra_green_check_thrsh	219 000
Local taxes	gener_rate	0.24904
	church_rate	0
total local tax rate	Local_rates	0.24904
Earned income tax credit scheme	earncredit_rate	0.0805
	earncredit_max	26800
for single parents	Sing_par_earncredit_rate	0.054
	Sing_par_earncredit_max	17 900
Child transfers	Child_3to6	14 076
	Child_7to17	11 076
	Child_limit	723 100
	Child_red	0.02
for single parents	Sing_par_basic	5 460
	Sing_par_ch	19 048
Individual Labour Market Pension Scheme	Pension_rate	0
Employees soc. security:		
suppl. pension scheme	Pension	1 080
unempl. insurance	Unemp	0
Labour Market Contribution	Labour_market_rate	0.08
Employer soc. security:		
suppl. pension scheme	Pension_empr	2 160
contributions to ATP	SSC_ATP	3 462
SSC rate	SSC_empr	0.00
Financing Contribution	NTCP_FC	644
barsel.dk	NTCP_barsel	750

2015 tax equations

The equations for the Danish system in 2015 are mostly on an individual basis but there is an interaction in the calculation of Central Government tax between spouses and the child benefit is calculated only once. This is shown by the Range indicator in the table below.

The functions which are used in the equations (Taper, MIN, Tax etc) are described in the technical note about tax equations. Variable names are defined in the table of parameters above, within the equations table, or are the standard variables "married" and "children". A reference to a variable with the affix "_total" indicates the sum of the relevant variable values for the principal and spouse. And the affixes "_princ" and "_spouse" indicate the value for the principal and spouse, respectively. Equations for a single person are as shown for the principal, with "_spouse" values taken as 0.

	Line in country table and intermediate steps	Variable name	Range	Equation
1.	Earnings	earn		
2.	Allowances:	tax_al	B	Labour_market_contr+Pension_rate*earn
		earncredit	B	Min(earn*earncredit_rate, earncredit_max)+(Children>0)*(Married=0)*Min(earn*Sing_par_earncredit_rate; Sing_par_earncredit_max)
3.	Credits in taxable income	taxbl_cr	B	0
4.	CG taxable income	tax_inc	B	Positive(earn-tax_al-earncredit+taxbl_cr)
	Personal income	pers_inc	B	Positive(earn-pension-pension_rate*earn-Labour_market_contr)
5.	CG tax before credits	CG_tax_excl_princ	P	Low_rate*tax_inc_princ+Medium_rate*Positive(tax_inc_princ-Medium_thrsh-Married*Positive(Medium_thrsh-pers_inc_spouse))+Adj_top_rate*Positive(tax_inc_princ-Top_thrsh)
		CG_health_tax_excl_princ	P	Health_tax_rate*tax_inc_princ
		CG_tax_excl_spouse	S	Low_rate*tax_inc_spouse+Medium_rate*Positive(tax_inc_spouse-Medium_thrsh)+Adj_top_rate*Positive(tax_inc_spouse-Top_thrsh)
		CG_health_tax_excl_spouse	S	(Married=1)*Health_tax_rate*tax_inc_spouse
6.	Tax credits :	tax_cr_princ	P	Personal_al*Low_rate+Married*Positive(Personal_al-pers_inc_spouse)*Low_rate
		health_tax_cr_princ	P	Health_tax_rate*(Personal_al+Married*Positive(Personal_al-tax_inc_spouse))
		tax_cr_spouse	S	Personal_al*Low_rate
		health_tax_cr_spouse	S	(Married=1)*Health_tax_rate*Personal_al
	Labour Market Contribution	Labour_market_contr	B	Labour_market_rate*earn
7.	CG tax	CG_tax	B	Positive(CG_tax_excl-tax_cr)+Positive(CG_health_tax_excl-health_tax_cr)+Labour_market_contr
8.	State and local taxes	local_tax_princ	P	Positive((Local_rates)*(tax_inc_princ-Personal_al-Married*Positive(Personal_al-tax_inc_spouse)))
		local_tax_spouse	S	(Local_rates)*Positive(tax_inc_spouse-Personal_al)
9.	Employees' soc security contribution	SSC	B	(earn>0)*Unemp
10.	Total payments	tot_payments	J	Positive(CG_tax_total+local_tax_total+SSC_total)

	Line in country table and intermediate steps	Variable name	Range	Equation
11.	Cash transfers	cash_trans	J	Positive(((Children>0)*(Child_3to6+(Children>1)*(Children-1)*Child_7to17+(Married=0)*(Sing_par_basic+Children*Sing_par_ch)))-(Positive(earn_princ-Child_limit)*Child_red)-(Positive(earn_spouse-Child_limit)*Child_red))+IF(Married=1,(Taper(green_check,pers_inc_princ,Green_check_thrsh,Green_check_taper_rate)+Taper(green_check+MIN(Children*_1_child,child_max),pers_inc_spouse,Green_check_thrsh,Green_check_taper_rate)),Taper(green_check+MIN(Children*_1_child,child_max),pers_inc_princ, Green_check_thrsh,Green_check_taper_rate))+ IF(Married=1,(IF(pers_inc_princ<Extra_green_check_thrsh,Extra_green_check,0)+IF(pers_inc_spouse<Extra_green_check_thrsh,Extra_green_check,0)),IF(pers_inc_princ<Extra_green_check_thrsh,Extra_green_check,0))
13.	Employer's soc security	SSC_empr	B	SSC_empr*earn+SSC_ATP

Key to range of equation B calculated separately for both principal earner and spouse P calculated for principal only (value taken as 0 for spouse calculation) J calculated once only on a joint basis.

Estonia

This chapter includes data on the income taxes paid by workers, their social security contributions, the family benefits they receive in the form of cash transfers as well as the social security contributions and payroll taxes paid by their employers. Results reported include the marginal and average tax burden for eight different family types.

Methodological information is available for personal income tax systems, compulsory social security contributions to schemes operated within the government sector, universal cash transfers as well as recent changes in the tax/benefit system. The methodology also includes the parameter values and tax equations underlying the data.

Estonia 2015

The tax/benefit position of single persons

		Wage level (per cent of average wage)	67	100	167	67
		Number of children	none	none	none	2
1.	**Gross wage earnings**		8 660	12 926	21 586	8 660
2.	**Standard tax allowances**					
	Basic allowance		1 848	1 848	1 848	3 696
	Married or head of family					
	Dependent children					
	Deduction for social security contributions and income taxes		139	207	345	139
	Work-related expenses		0	0	0	0
	Other					
		Total	1 987	2 055	2 193	3 835
3.	**Tax credits or cash transfers included in taxable income**		0	0	0	0
4.	**Central government taxable income (1 - 2 + 3)**		6 674	10 871	19 392	4 826
5.	**Central government income tax liability (exclusive of tax credits)**		1 335	2 174	3 878	965
6.	**Tax credits**					
	Basic credit					
	Married or head of family					
	Children		0	0	0	0
	Other					
		Total	0	0	0	0
7.	**Central government income tax finally paid (5-6)**		1 335	2 174	3 878	965
8.	**State and local taxes**		0	0	0	0
9.	**Employees' compulsory social security contributions**					
	Gross earnings		139	207	345	139
	Taxable income					
		Total	139	207	345	139
10.	**Total payments to general government (7 + 8 + 9)**		1 473	2 381	4 224	1 104
11.	**Cash transfers from general government**					
	For head of family					
	For two children		0	0	0	1 540
		Total	0	0	0	1 540
12.	**Take-home pay (1-10+11)**		7 187	10 545	17 362	9 097
13.	**Employer's compulsory social security contributions**		2 927	4 369	7 296	2 927
14.	**Average rates**					
	Income tax		15.4%	16.8%	18.0%	11.1%
	Employees' social security contributions		1.6%	1.6%	1.6%	1.6%
	Total payments less cash transfers		17.0%	18.4%	19.6%	-5.0%
	Total tax wedge including employer's social security contributions		38.0%	39.0%	39.9%	21.5%
15.	**Marginal rates**					
	Total payments less cash transfers: Principal earner		21.3%	21.3%	21.3%	21.3%
	Total payments less cash transfers: Spouse		n.a.	n.a.	n.a.	n.a.
	Total tax wedge: Principal earner		41.2%	41.2%	41.2%	41.2%
	Total tax wedge: Spouse		n.a.	n.a.	n.a.	n.a.

Estonia 2015

The tax/benefit position of married couples

		Wage level (per cent of average wage)	100-0	100-33	100-67	100-33
		Number of children	2	2	2	none
1.	**Gross wage earnings**		12 926	17 191	21 586	17 191
2.	**Standard tax allowances**					
	Basic allowance		5 544	5 544	5 544	3 696
	Married or head of family					
	Dependent children					
	Deduction for social security contributions and income taxes		207	275	345	275
	Work-related expenses		0	0	0	0
	Other					
		Total	5 751	5 819	5 889	3 971
3.	**Tax credits or cash transfers included in taxable income**		0	0	0	0
4.	**Central government taxable income (1 - 2 + 3)**		7 175	11 372	15 696	13 220
5.	**Central government income tax liability (exclusive of tax credits)**		1 435	2 274	3 139	2 644
6.	**Tax credits**					
	Basic credit					
	Married or head of family					
	Children		0	0	0	0
	Other					
		Total	0	0	0	0
7.	**Central government income tax finally paid (5-6)**		1 435	2 274	3 139	2 644
8.	**State and local taxes**		0	0	0	0
9.	**Employees' compulsory social security contributions**					
	Gross earnings		207	275	345	275
	Taxable income					
		Total	207	275	345	275
10.	**Total payments to general government (7 + 8 + 9)**		1 642	2 549	3 485	2 919
11.	**Cash transfers from general government**					
	For head of family					
	For two children		1 080	1 080	1 080	0
		Total	1 080	1 080	1 080	0
12.	**Take-home pay (1-10+11)**		12 364	15 722	19 181	14 272
13.	**Employer's compulsory social security contributions**		4 369	5 811	7 296	5 811
14.	**Average rates**					
	Income tax		11.1%	13.2%	14.5%	15.4%
	Employees' social security contributions		1.6%	1.6%	1.6%	1.6%
	Total payments less cash transfers		4.3%	8.5%	11.1%	17.0%
	Total tax wedge including employer's social security contributions		28.5%	31.7%	33.6%	38.0%
15.	**Marginal rates**					
	Total payments less cash transfers: Principal earner		21.3%	21.3%	21.3%	21.3%
	Total payments less cash transfers: Spouse		21.3%	21.3%	21.3%	21.3%
	Total tax wedge: Principal earner		41.2%	41.2%	41.2%	41.2%
	Total tax wedge: Spouse		41.2%	41.2%	41.2%	41.2%

The Estonian currency is the Euro (EUR). In 2015, EUR 0.90 was equal to USD 1. In 2015, the average worker in Estonia earned EUR 12 925.62 (Country estimate).

1. Personal income tax system

1.1. *Central government income tax*

1.1.1. *Tax unit*

The tax unit is the family.

1.1.2. *Tax allowances*

1.1.2.1. Standard tax reliefs

- *A general (basic) allowance* of EUR 1 848 is deductible from individual income in 2015.
- A *child* allowance of EUR 1 848 is also deductible from income for each of the second and any subsequent children up to and including the age of 16.
- *Relief for social security contributions*: Employee's compulsory contributions for unemployment insurance are deductible for income tax purposes.
- *Tax credits*: None for employees

1.1.2.2. Non-standard tax reliefs applicable to income from employment

- *II pillar pension contributions*: In 2015, these represent voluntary payments to private funds for all employees and are paid at a rate of 2% or 3% of earnings.
- Occupational accident and illness benefits that are not paid as insurance benefits are deductible from taxable income within the limit of EUR 768 per year.
- *Housing loan interest, educational costs, gifts and donations* are deductible from taxable income within upper limits of EUR 1 920 and 50% of taxable income per year.
- *Voluntary pension contributions (III pillar)*: Contributions paid by a resident to the provider of a pension plan based in Estonia or in another EU Member State according to a pension plan that is approved and entered into a special register in accordance with the pension legislation are deductible from taxable income. In 2015 such deductions are subject to an annual limit of a sum equal to 15% and maximum of EUR 6 000 of the employee's, public servant`s or members of legal person management or control body income in a calendar year.

1.1.3. *Tax schedule*

The rate of 20% applies for all levels of taxable income.

1.2. *Regional and local income tax*

There are no regional or local income taxes.

2. Compulsory social security insurance system

The compulsory social security insurance system consists of three schemes as follows:

- pension insurance;
- health insurance;
- unemployment insurance.

2.1. *Employees' contributions*

Employees pay 1.6% of their earnings in contributions for unemployment insurance. The taxable base is the total amount of the gross wage or salary including vacation payments, fringe benefits and remuneration of expenses related to work above a certain threshold. The assessment period is the calendar month.

2.2. *Employers' contributions*

Social security insurance contributions are also paid by employers on behalf of their employees. The taxable base and the assessment period are the same as for employees' contributions. The employers' contribution rates are applied in two parts:

- Unemployment insurance – 0.8% of employee earnings.
- Pension and health insurance – as follows for monthly earnings above EUR 355.

Scheme name	Rate of contribution (%)
Pension insurance	20.00
Health insurance	13.00
Total	33.00

In addition there is a lump sum payment for each employee of EUR 117.15 per month (split between pensions and health insurance on a 20:13 basis).

3. Payroll tax

None.

4. Universal cash transfers

4.1. *Transfers related to marital status*

None.

4.2. *Transfers for dependent children*

Estonia's family benefits are designed to provide partial coverage of the costs families incur in caring for, raising and educating their children.

The state pays family benefits to all children until they reach the age of 16. Children enrolled in basic or secondary schools or vocational education institutions operating on the basis of basic education have the right to receive family benefits until the age of 19. Applications for the allowance are made on an annual basis and the payments are not taxable. The values of these benefits in 2015 are shown in the table below. The single parent child allowance is paid for each child.

In addition there are nine other types of family benefits for which payment depends on either the age of the child(ren) and/ or the status of the person(s) looking of them: maternity benefit; childbirth allowance; parental benefit; child care allowance; conscript's child allowance; child's school allowance, child allowance for a child under guardianship or foster care; start in independent life allowance; adoption allowance (single payment). These are not included in the modelling.

Type of benefit	Annual amount of benefit (in EUR)
Child allowance (paid until children turn 16 or until the end of the academic year in which they turn 19 if they continue studying).	
For the first and second child	540.00
For the third and any subsequent children	1 200.00
Single parent's child allowance	230.16
Parents allowance for families with seven or more children	2 024.88

5. Main changes in tax/benefit system since 2005

- The personal income tax rate was steadily reduced from 24% in 2005 to 21% in 2008. In 2015 it was reduced to 20%.
- The child tax allowance applied for the third and subsequent children for 2005 and the second and subsequent children in 2006 and 2007. It applied to all children in 2008 and then returned to the 2007 position in 2009.
- The employee unemployment contribution rate was reduced from 1% to 0.6% in 2006 and then raised in 2 stages to 2.8% at the end of 2009. The corresponding rates for employers were a reduction from 0.5 % to 0.3% in 2006 increasing to 1.4%. In 2013 the employee unemployment contribution rate was reduced from 2.8% to 2.0% and the corresponding rate for employers from 1.4% to 1.0%. In 2015 the employee unemployment contribution rate was reduced from 2.0% to 1.6% and the corresponding rate for employers from 1.0% to 0.8%.
- In addition to existing benefits, from July 1, 2013 the need-based child benefits were introduced. Need-based family benefit income threshold is based on Statistical Office relative poverty threshold published by the 1st of March in a year before current budget year. In 2015 the need-based threshold is EUR 329 in a month for the first household member. For every other at least 14-years old member the threshold is EUR 164.5 and for the younger members EUR 98.7 in a month. Need-based family benefit is in 2015 EUR 45 in a month for single child family and EUR 90 for families with two or more children.

6. Memorandum items

6.1. *Average gross annual wage earnings calculation*

In Estonia the gross earnings figures cover wages and salaries paid to individuals in formal employment including payment for overtime. They also include bonus payments and other payments such as pay for annual leave, paid leave up to seven days, public holidays, absences due to sickness for up to 30 days, job training, and slowdown through no fault of the person in formal employment.

The average gross wage earnings figures of all adult workers covering industry sectors B-N by NACE Rev. 2 are estimated with average wage growth rate forecast of Estonian Ministry of Finance.

6.2. Employer contributions to private pension and health schemes

Some employer contributions are made to private health and pension schemes but there is no relevant information available on the amounts that are paid.

2015 parameter values

Average earnings/yr	Ave_earn	12 926	Country estimate
Allowances	Basic_al	1 848	
	Child_al	1 848	
Income tax	Tax_rate	0.20	
Employers SSC	SSC_rate1	0.33	
	Threshold	4 260	
	lump_sum	1 405.8	
	SSC_rate2	0.008	
Employees SSC	SSC_rate3	0.016	
Child allowances			
First & second child	CA_first&second	540	
Other children	CA_others	1 200	
Additional for children of lone parents			
	CA_onepar	230.16	
Need-based child benefits			
one child	CB_1	540	
two or more children	CB_2	1 080	
Need-based family threshold			
first member	F_thrsh_1	3 948.00	
other members above 14	F_thrsh_2	1 974.00	
other members under 14	F_thrsh_3	1 184.40	
Days in tax year	numdays	365	

2015 tax equations

The equations for the Estonian system are mostly on an individual basis.

The functions which are used in the equations (Taper, MIN, Tax etc) are described in the technical note about tax equations. Variable names are defined in the table of parameters above, within the equations table, or are the standard variables "married" and "children". A reference to a variable with the affix "_total" indicates the sum of the relevant variable values for the principal and spouse. And the affixes "_princ" and "_spouse" indicate the value for the principal and spouse, respectively. Equations for a single person are as shown for the principal, with "_spouse" values taken as 0.

	Line in country table and intermediate steps	Variable name	Range	Equation
1.	Earnings	earn		
2.	Allowances:	tax_al	J	Min(Basic_al*(1+married)+SSC_empee+(children>1)*child_al*(Children-1),earn)
3.	Credits in taxable income	taxbl_cr	B	0
4.	CG taxable income	tax_inc	B	Positive(earn-tax_al)
5.	CG tax before credits	CG_tax_excl	B	Tax_inc*tax_rate
6.	Tax credits :	tax_cr	B	0
7.	CG tax	CG_tax	B	CG_tax_excl-tax_cr
8;	State and local taxes	local_tax	B	0
9.	Employees' soc security	SSC_empee	B	earn*SSC_rate3
11.	Cash transfers	cash_trans	J	IF(Children<3,CA_firstsecond*Children,(2*CA_firstsecond)+(CA_other*(Children-2)))+(Married=0)*Children*CA_onepar+IF((earn_total-CG_tax-SSC_empee)<(F_thrsh_1+(F_thrsh_2*Married=1)+ (F_thrsh_3*Children)),IF(Children>1, CB_2, CB_1),0)
13.	Employer's soc security	SSC_empr	B	IF(earn>0,IF(earn>threshold,earn*SSC_rate1,lump_sum),0)+earn*SSC_rate2

Key to range of equation B calculated separately for both principal earner and spouse P calculated for principal only (value taken as 0 for spouse calculation) J calculated once only on a joint basis.

Finland

This chapter includes data on the income taxes paid by workers, their social security contributions, the family benefits they receive in the form of cash transfers as well as the social security contributions and payroll taxes paid by their employers. Results reported include the marginal and average tax burden for eight different family types.

Methodological information is available for personal income tax systems, compulsory social security contributions to schemes operated within the government sector, universal cash transfers as well as recent changes in the tax/benefit system. The methodology also includes the parameter values and tax equations underlying the data.

Finland 2015

The tax/benefit position of single persons

	Wage level (per cent of average wage)		67	100	167	67
	Number of children		none	none	none	2
1.	**Gross wage earnings**		29 169	43 536	72 705	29 169
2.	**Standard tax allowances**					
	Basic allowance					
	Married or head of family					
	Dependent children					
	Deduction for social security contributions and income taxes		2 080	3 104	5 184	2 080
	Work-related expenses		620	620	620	620
	Other					
		Total	2 700	3 724	5 804	2 700
3.	**Tax credits or cash transfers included in taxable income**		0	0	0	0
4.	**Central government taxable income (1 - 2 + 3)**		26 470	39 812	66 902	26 470
5.	**Central government income tax liability (exclusive of tax credits)**		851	3 186	8 990	851
6.	**Tax credits**					
	Basic credit		1 025	906	556	1 025
	Married or head of family					
	Children		0	0	0	200
	Other					
		Total	1 025	906	556	1 225
7.	**Central government income tax finally paid (5-6)**		143	2 423	8 577	143
8.	**State and local taxes**		4 510	7 449	13 084	4 510
9.	**Employees' compulsory social security contributions**					
	Gross earnings		2 080	3 104	5 184	2 080
	Taxable income		300	496	870	300
		Total	2 380	3 600	6 054	2 380
10.	**Total payments to general government (7 + 8 + 9)**		7 033	13 471	27 715	7 033
11.	**Cash transfers from general government**					
	For head of family					
	For two children		0	0	0	3 584
		Total	0	0	0	3 584
12.	**Take-home pay (1-10+11)**		22 137	30 065	44 990	25 721
13.	**Employer's compulsory social security contributions**		6 726	10 039	16 766	6 726
14.	**Average rates**					
	Income tax		16.0%	22.7%	29.8%	16.0%
	Employees' social security contributions		8.2%	8.3%	8.3%	8.2%
	Total payments less cash transfers		24.1%	30.9%	38.1%	11.8%
	Total tax wedge including employer's social security contributions		38.3%	43.9%	49.7%	28.3%
15.	**Marginal rates**					
	Total payments less cash transfers: Principal earner		44.0%	45.2%	48.9%	44.0%
	Total payments less cash transfers: Spouse		n.a.	n.a.	n.a.	n.a.
	Total tax wedge: Principal earner		54.5%	55.5%	58.5%	54.5%
	Total tax wedge: Spouse		n.a.	n.a.	n.a.	n.a.

Finland 2015

The tax/benefit position of married couples

		Wage level (per cent of average wage)	100-0	100-33	100-67	100-33
		Number of children	2	2	2	none
1.	**Gross wage earnings**		43 536	57 903	72 705	57 903
2.	**Standard tax allowances**					
	Basic allowance					
	Married or head of family					
	Dependent children					
	Deduction for social security contributions and income taxes		3 104	4 128	5 184	4 128
	Work-related expenses		620	1 240	1 240	1 240
	Other					
		Total	3 724	5 368	6 424	5 368
3.	**Tax credits or cash transfers included in taxable income**		0	0	0	0
4.	**Central government taxable income (1 - 2 + 3)**		39 812	52 535	66 282	52 535
5.	**Central government income tax liability (exclusive of tax credits)**		3 186	3 186	4 036	3 186
6.	**Tax credits**					
	Basic credit		906	1 927	1 931	1 927
	Married or head of family					
	Children		62	162	162	0
	Other					
		Total	968	2 088	2 093	1 927
7.	**Central government income tax finally paid (5-6)**		2 361	2 454	2 504	2 516
8.	**State and local taxes**		7 449	7 939	11 958	7 939
9.	**Employees' compulsory social security contributions**					
	Gross earnings		3 104	4 128	5 184	4 128
	Taxable income		496	528	796	528
		Total	3 600	4 657	5 980	4 657
10.	**Total payments to general government (7 + 8 + 9)**		13 409	15 050	20 442	15 112
11.	**Cash transfers from general government**					
	For head of family					
	For two children		2 419	2 419	2 419	0
		Total	2 419	2 419	2 419	0
12.	**Take-home pay (1-10+11)**		32 546	45 272	54 683	42 791
13.	**Employer's compulsory social security contributions**		10 039	13 352	16 766	13 352
14.	**Average rates**					
	Income tax		22.5%	17.9%	19.9%	18.1%
	Employees' social security contributions		8.3%	8.0%	8.2%	8.0%
	Total payments less cash transfers		25.2%	21.8%	24.8%	26.1%
	Total tax wedge including employer's social security contributions		39.3%	36.5%	38.9%	39.9%
15.	**Marginal rates**					
	Total payments less cash transfers: Principal earner		46.1%	46.1%	46.1%	45.2%
	Total payments less cash transfers: Spouse		11.4%	22.4%	44.0%	22.4%
	Total tax wedge: Principal earner		56.2%	56.2%	56.2%	55.5%
	Total tax wedge: Spouse		28.0%	36.9%	54.5%	36.9%

The national currency is the Euro (EUR). In 2015, EUR 0.90 was equal to USD 1. In that year, the average worker earned EUR 43 536 (Secretariat estimate).

1. Personal income tax system

1.1. Central government income taxes

1.1.1. Tax unit

Spouses are taxed separately for earned income.

1.1.2. Standard tax allowances and tax credits

1.1.2.1. Standard reliefs

- *Work-related expenses:* A standard deduction for work-related expenses equal to the amount of wage or salary, with a maximum amount of EUR 620 is granted.
- *Tax credit*: An earned income tax credit is granted against the central government income tax. If the credit exceeds the amount of central government income tax, the excess credit is deductible from the municipal income tax and the health insurance contribution for medical care. The credit is calculated on the basis of taxpayers' income from work. The credit amounts to 8.6% of income exceeding EUR 2 500, until it reaches its maximum of EUR 1 025. The amount of the credit is reduced by 1.2% of the earned income minus work related expenses exceeding EUR 33 000. The credit is fully phased out when taxpayers' income is about EUR 119 000.
- *Child tax credit:* The credit is granted to taxpayers who have children in their care and custody according to the Population Register System records. It is given for four children at most. All parents and custodians get it regardless of which one of them has the child(ren) living with them. The size of the child tax credit depends on the number of children and whether the taxpayer has joint custody or single custody: for joint custody the credit is EUR 50 per year and child, and for single custody it is EUR 100 per year and child. If net taxable income exceeds EUR 36 000 per year (earned income and capital income combined), the credit is reduced. For the part of the income exceeding the threshold, the amount to be credited is phased out by a one percentage point rate. The child tax credit is will be in force from 2015 through 2017.

1.1.2.2. Main non-standard tax reliefs applicable to an AW

- *Interest:* Interest on loans associated with the earning of taxable income, 65% of the interest on loans for the purchase of owner-occupied dwellings, and student loans guaranteed by the state can be deducted against capital income. Of the excess of interest over capital income, 30% (32% for first-time homebuyers) can be credited against income tax up to a maximum of EUR 1 400.
- *Membership fees:* Membership fees paid to employees' organisations or trade unions.

- *Travelling expenses:* Travelling expenses from the place of residence to the place of employment using the cheapest means in excess of EUR 750 up to a maximum deduction of EUR 7 000.
- *Double housing expenses:* If the place of employment is located too far from home in order to commute (distance > 100 km), the taxpayer can deduct the costs of hiring a second dwelling located near the place of work up to EUR 250 per month. This deduction can be claimed only by one person per household.
- *Other work-related outlays:* Outlays for tools, professional literature, research equipment and scientific literature, and expenses incurred in scientific or artistic work (unless compensated by scholarships).

Travelling expenses and other work-related outlays are deductible only to the extent that their total amount exceeds the amount of the standard deduction for work-related expenses.

1.1.3. Rate schedule

Central government income tax:

Taxable income (EUR)	Tax on lower limit (EUR)	Tax on excess income in bracket (%)
16 500-24 700	8	6.5
24 700-40 300	541	17.5
40 300-71 400	3 271	21.5
71 400-90 000	9 957.5	29.75
90 000 and more	15 491	31.75

1.2. Local income tax

1.2.1. Tax base and tax rates

The tax base of the local income tax is taxable income as established for the income tax levied by central government.

Municipal tax is levied at flat rates. In 2015 the tax rate varies between 16.50 and 22.50%, the average rate being approximately 19.84%.

Municipal tax is not deductible against central government taxes. Work-related expenses and other non-standard deductions are deductible, as for purposes of the central government income tax.

1.2.2. Tax allowances in municipal income taxation

- An earned income tax allowance is calculated on the basis of taxpayer's income from work. The allowance amounts to 51% of income between EUR 2 500 and EUR 7 230 and 28% of the income exceeding EUR 7 230, until it reaches its maximum of EUR 3 570. The amount of the allowance is reduced by 4.5% on earned income minus work related expenses exceeding EUR 14 000.
- A basic tax allowance is granted on the basis of taxable income remaining after the other allowances have been subtracted. The maximum amount, EUR 2 970, is reduced by 18% on income exceeding the aforementioned amount.

2. Compulsory social security contributions to schemes operated within the government sector

2.1. Employee contributions

2.1.1. Rate and ceiling

In 2015, the rate of the health insurance contribution for medical care paid by an employee is 1.32%. The tax base for this contribution is net taxable income for municipal income tax purposes.

In addition there is an employees' pension insurance contribution which amounts to 5.70% of gross salary, an employees' unemployment insurance contribution equal to 0.65% of gross salary and a health insurance contribution for daily allowance equal to 0.78% of gross salary. For employees aged 53 and older, the pension insurance contribution amounts to 7.30% of gross salary. These contributions are deductible for income tax purposes.

2.1.2. Distinction by marital status or sex

The rates do not differ.

2.2. Employers' contributions

The average rate of the employers' social security contribution in 2015 is 23.06% of gross wage.

3. Universal cash transfers

3.1. Amount for marriage

None.

3.2. Amount for children

The central government pays in 2015 the following allowances (EUR):

For the first child	1 149.00
For the second child	1 269.6
For the third child	1 620.12
For the fourth child	1 855.68
Fifth and subsequent child	2 091.24

The child subsidy for a single parent is increased by an annual amount of EUR 582.6 for each child.

4. Main changes in the tax/benefit system since 2014

As a means to compensate low to middle income earners for a 8% cut in child benefits a temporary (2015-17) child tax credit was introduced. The credit is granted to taxpayers who have children in their care and custody. It is given for four children at most. For joint custody parents the credit is 50 EUR per year and child, and for single custody parents it is 100 EUR per year and child.

Adjustments for inflation and rise of earnings levels were, with exception of the two top brackets, made to the central government tax scale in 2015.

In 2014 the public broadcasting tax is 0.68% on taxable earned income, taxes of min. EUR 51 and max. EUR 143 will be collected.

The maximum amount of the earned income tax credit in state taxation was raised from EUR 1 010 to EUR 1 025.

The maximum amount of the basic allowance in municipal taxation was raised from EUR 2 930 to EUR 2 970.

Home-loan interest counts at 65%, down from 75%, as deductible/creditable interest.

5. Memorandum items

5.1. *Calculation of average gross annual wage*

The Finnish figures are generally calculated as follows:

- Gross annual earnings are calculated at an individual level on the basis of the hour's usually worked, average hourly pay for the fourth quarter, and the share of annual periodic bonuses.
- The earnings exclude sickness and unemployment compensations, but include all normal overtime compensations, bonuses, holiday remunerations and remunerations for public holidays.

5.2. *Employer contributions to private pension and health schemes*

No information is available.

2015 parameter values

Average earnings	Ave_earn	43 536	Secretariat estimate
Expenses	Work_exp_max	620	
	Work_exp_rate	1	
Allowances	al_SSC_rate	0.0713	
State tax	Tax_min	8	
Tax schedule	Tax_sch	0	16 500
		0.065	24 700
		0.175	40 300
		0.215	71 400
		0.2975	90 000
		0.3175	
Broadcasting tax	brdcst_tax_rate	0.0068	
	brdcst_tax_min	51	
	brdcst_tax_max	143	
Earned income tax credit	eitc_thrsh	2 500	
	eitc_rate	0.086	
	eitc_redn_thrsh	33 000	
	eitc_redn_rate	0.012	
	eitc_max	1 025	
Child tax credit	child_cr	50	
	child_thres	36 000	
	child_red	0.01	
Earned income tax allowance	al_thrsh	2 500	
	al_thrsh2	7 230	
	al_rate	0.51	
	al_rate2	0.28	
	al_redn_thrsh	14 000	
	al_redn_rate	0.045	
	al_max	3 570	
low income	SL_max	2 970	
	SL_rate	0.18	
Local intax	Local_rate	0.1984	
	Church_rate	0	
	Local_tot	0.1984	
Soc sec taxpayer	SSC_rate	0.0132	
soc.sec empr	SSC_empr	0.2306	
Cash transfer	ch_1	1 149.00	
	ch_2	1 269.60	
	ch_3	1 620.12	
	ch_4	1 855.68	
	ch_5	2 091.24	
	ch_small	0	
	ch_lone	582.6	

2015 tax equations

The equations for the Finnish system are mostly on an individual basis except for the child benefit which is calculated only once. This is shown by the Range indicator in the table below.

The functions which are used in the equations (Taper, MIN, Tax etc) are described in the technical note about tax equations.

Variable names are defined in the table of parameters above, within the equations table, or are the standard variables "married" and "children". A reference to a variable with the affix "_total" indicates the sum of the relevant variable values for the principal and spouse. And the affixes "_princ" and "_spouse" indicate the value for the principal and spouse, respectively. Equations for a single person are as shown for the principal, with "_spouse" values taken as 0.

Line in country table and intermediate steps		Variable name	Range	Equation
1.	Earnings	earn		
	Work related expenses	work_rel	B	MIN(Work_exp_max, Work_exp_rate*earn)
	SSC deduction	SSC_al	B	earn*al_SSC_rate
2.	Allowances:	tax_al	B	work_rel+SSC_al
3.	Credits in taxable income	taxbl_cr	B	0
4.	CG taxable income	tax_inc	B	Positive(earn-tax_al)
5.	CG tax before credits	CG_tax_excl	B	=Tax(tax_inc, Tax_sch)+Tax_min* (tax_inc>Tax_thrsh)
6.	Tax credits :	tax_cr	B	MINA(eitc_max,eitc_rate*Positive(earn-eitc_thrsh))-MINA(eitc_max,eitc_redn_rate*Positive(earn-work_rel-eitc_redn_thrsh))
	Child tax credit	child_cr	P	taper(child_cr*(1+(married=0))*children,tax_inc_p,child_thres,child_red)
			S	If(tax_inc_s>0,taper(child_cr*children,tax_inc_s,child_thres,child_red),0)
		broadcasting_tax	B	IF((earn-work_rel)*brdcst_tax_rate<brdcst_tax_min,0,IF((earn-work_rel)*brdcst_tax_rate>brdcst_tax_max,brdcst_tax_max,(earn-work_rel)*brdcst_tax_rate))
7.	CG tax	CG_tax	B	Positive(CG_tax_excl - tax_cr-child_cr)+broadcasting_tax
	Earned income allowance	earninc_al	B	MIN(al_max, IF(earn>al_thrsh2, al_rate*(al_thrsh2-al_thrsh1)+al_rate2*(earn-al_thrsh2), Positive(earn-al_thrsh)))- MIN(al_max, al_redn_rate* Positive(earn-work_rel-al_redn_thrsh))
	Low income	low_inc	B	Positive(MIN(earn-work_rel-low_al-SSC_al, SL_max)- SL_rate*Positive(earn-work_rel- low_al-SSC_al-SL_max))
	Taxable income (local)	tax_inc_l	B	tax_inc-earninc_al-low_inc
8.	State and local taxes	local_tax	B	Positive(tax_inc_l*Local_tot-(local_tot/(local_tot+SSC_rate))*Positive(Tax_cr-CG_tax_excl))
9.	Employees' soc security	SSC	B	Positive(SSC_rate*tax_inc_l – (SSC_rate/(local_tot+SSC_rate))*Positive(Tax_cr-CG_tax_excl)) + SSC_al
11.	Cash transfers	cash_trans	J	(Children>0)*ch_1+(Children>1)*ch_2+ (Children>2)*ch_3+ (Children>3)*ch_4+ Positive(Children-4)*ch_4 +(Married=0)*Children*ch_lone
13.	Employer's soc security	SSC_empr	B	earn*SSC_empr

Key to range of equation B calculated separately for both principal earner and spouse P calculated for principal only (value taken as 0 for spouse calculation) J calculated once only on a joint basis.

France

This chapter includes data on the income taxes paid by workers, their social security contributions, the family benefits they receive in the form of cash transfers as well as the social security contributions and payroll taxes paid by their employers. Results reported include the marginal and average tax burden for eight different family types.

Methodological information is available for personal income tax systems, compulsory social security contributions to schemes operated within the government sector, universal cash transfers as well as recent changes in the tax/benefit system. The methodology also includes the parameter values and tax equations underlying the data.

France 2015

The tax/benefit position of single persons

	Wage level (per cent of average wage)	67	100	167	67
	Number of children	none	none	none	2
1.	**Gross wage earnings**	25 321	37 792	63 113	25 321
2.	**Standard tax allowances**				
	Basic allowance				
	Married or head of family				
	Dependent children				
	Deduction for social security contributions and income taxes	4 864	7 260	11 686	4 864
	Work-related expenses	2 046	3 053	5 143	2 046
	Other				
	Total	6 910	10 313	16 828	6 910
3.	**Tax credits or cash transfers included in taxable income**	0	0	0	0
4.	**Central government taxable income (1 - 2 + 3)**	18 411	27 479	46 285	18 411
5.	**Central government income tax liability (exclusive of tax credits)**	2 960	5 570	13 201	1 990
6.	**Tax credits**				
	Basic credit				
	Married or head of family				
	Children				
	Other	0	0	0	0
	Total	0	0	0	0
7.	**Central government income tax finally paid (5-6)**	2 960	5 570	13 201	1 990
8.	**State and local taxes**	0	0	0	0
9.	**Employees' compulsory social security contributions**				
	Gross earnings	3 596	5 366	8 523	3 596
	Taxable income				
	Total	3 596	5 366	8 523	3 596
10.	**Total payments to general government (7 + 8 + 9)**	6 555	10 936	21 725	5 586
11.	**Cash transfers from general government**				
	For head of family (Gross)				
	For two children (Gross)	0	0	0	1 560
	CRDS Deducted	0	0	0	- 8
	Total	0	0	0	1 552
12.	**Take-home pay (1-10+11)**	18 766	26 856	41 388	21 287
13.	**Employers' compulsory social security contributions**	7 875	14 312	27 462	7 875
14.	**Average rates**				
	Income tax	11.7%	14.7%	20.9%	7.9%
	Employees' social security contributions	14.2%	14.2%	13.5%	14.2%
	Total payments less cash transfers	25.9%	28.9%	34.4%	15.9%
	Total tax wedge including employer's social security contributions	43.5%	48.5%	54.3%	35.9%
15.	**Marginal rates**				
	Total payments less cash transfers: Principal earner	39.9%	43.9%	42.6%	22.1%
	Total payments less cash transfers: Spouse	n.a.	n.a.	n.a.	n.a.
	Total tax wedge: Principal earner	67.2%	59.3%	59.8%	57.5%
	Total tax wedge: Spouse	n.a.	n.a.	n.a.	n.a.

France 2015

The tax/benefit position of married couples

	Wage level (per cent of average wage)	100-0	100-33	100-67	100-33
	Number of children	2	2	2	none
1. Gross wage earnings		37 792	50 264	63 113	50 264
2. Standard tax allowances					
Basic allowance					
Married or head of family					
Dependent children					
Deduction for social security contributions and income taxes		7 260	9 656	12 124	9 656
Work-related expenses		3 053	4 061	5 099	4 061
Other					
	Total	10 313	13 717	17 223	13 717
3. Tax credits or cash transfers included in taxable income		0	0	0	0
4. Central government taxable income (1 - 2 + 3)		27 479	36 547	45 890	36 547
5. Central government income tax liability (exclusive of tax credits)		2 970	3 951	7 154	6 232
6. Tax credits					
Basic credit					
Married or head of family					
Children					
Other		0	0	0	0
	Total	0	0	0	0
7. Central government income tax finally paid (5-6)		2 970	3 951	7 154	6 232
8. State and local taxes		0	0	0	0
9. Employees' compulsory social security contributions					
Gross earnings		5 366	7 137	8 962	7 137
Taxable income					
	Total	5 366	7 137	8 962	7 137
10. Total payments to general government (7 + 8 + 9)		8 337	11 088	16 116	13 369
11. Cash transfers from general government					
For head of family (Gross)					
For two children (Gross)		1 560	1 560	1 560	0
CRDS Deducted		- 8	- 8	- 8	0
	Total	1 552	1 552	1 552	0
12. Take-home pay (1-10+11)		31 007	40 728	48 549	36 894
13. Employers' compulsory social security contributions		14 312	15 275	22 187	15 275
14. Average rates					
Income tax		7.9%	7.9%	11.3%	12.4%
Employees' social security contributions		14.2%	14.2%	14.2%	14.2%
Total payments less cash transfers		18.0%	19.0%	23.1%	26.6%
Total tax wedge including employer's social security contributions		40.5%	37.9%	43.1%	43.7%
15. Marginal rates					
Total payments less cash transfers: Principal earner		22.1%	22.1%	39.9%	39.9%
Total payments less cash transfers: Spouse		22.1%	22.1%	39.9%	39.9%
Total tax wedge: Principal earner		43.5%	43.5%	56.4%	56.4%
Total tax wedge: Spouse		27.6%	27.6%	67.2%	44.2%

The national currency is the euro (EUR). In 2015, EUR 0.90 equalled USD 1. In that year, the average worker earned EUR 37 792 (Secretariat estimate).

1. Personal income tax system

1.1. *Tax levied by the central government on 2015 income*

1.1.1. *Tax unit*

The tax unit is aggregate family income, but children over 18 are included only if their parents claim them as dependants. Other persons may be fiscally attached on certain conditions: unlike spouses, who are always taxed jointly, children over 18 and other members of the household may opt to be taxed separately. Beginning with the taxation of 2004 income, the law provides for joint taxation of partners in a French civil union (*pacte civil de solidarité*, or PACS), as soon as the PACS is signed. Reporting obligations for "PACSed" partners are similar to those of married couples.

Earned income is reported net of compulsory employer and employee payroll deductions, except for 2.4 percentage points' worth of CSG (*contribution sociale généralisée*) and the 0.5 % CRDS (*contribution pour le remboursement de la dette sociale*), which are not deductible from the income tax base.

1.1.2. *Tax reliefs and tax credits*

1.1.2.1. Standard tax reliefs

- Work-related expenses, corresponding to actual amounts or a standard allowance of 10% of net pay (with a minimum of EUR 426 and a ceiling of EUR 12 169 per earner).
- Family status: The "family quotient" (*quotient familial*) system takes a taxpayer's marital status and family responsibilities into account. It involves dividing net taxable income into a certain number of shares [two shares for a married (or "PACSed") couple, one share for a single person, one half-share for each dependent child, an additional half-share for the third and each subsequent dependent child, an additional half-share for single parent, and so on]: the total tax due is equal to the amount of tax corresponding to one share multiplied by the total number of shares. The tax benefit for a half-share is limited, however, to EUR 1 510 per half-share in excess of two shares for a couple, or one share for a single person, except for the first two half-shares granted for the first child of a single parent, in which case the maximum benefit is EUR 3 562.

1.1.2.2. Main non-standard reliefs available to the average worker

Certain expenditures to improve or maintain the taxpayer's primary residence, including outlays for heat insulation or heating adjustments, major capital expenditures and money spent to equip a home to produce energy from a renewable source (30% tax credits, subject to a multi-year maximum); compensatory allowances in case of divorce if paid in a lump sum (25% reduction, capped at EUR 30 500); child care costs for children under seven (50% reduction, up to annual expenditure of EUR 2 300); dependent children attending secondary school or in higher education; donations to charities or other organisations assisting those in needs; trade union dues, etc. The exemption of the employer's participation to the collective contracts of supplementary health cover is abolished in the budget act for 2014 (i.e. income earned in 2013).

1.1.2.3. Refundable tax credit: employment premium (*prime pour l'emploi*, or PPE)

This is a tax credit for households comprising wage-earners whose equivalent full-time net taxable earned income was between EUR 3 743 and EUR 26 572. The credit is determined in a multi-step calculation. First, the amount of the premium is calculated for each eligible wage-earner, and then the individual amounts are aggregated. The resulting amount may then be increased under certain conditions (dependent children or single-parent wage-earner). It is this final amount that is deducted from the family's tax liability. However, the credit is attributed only if the household's reference taxable income does not exceed the following limits: EUR 16 251 for a single person, EUR 25 231 for a single-parent family with two children, EUR 32 498 for a married or PACSed couple with no children, EUR 41 478 for a married or PACSed couple with two children. The credit was increased sharply, since the maximum individual amount was raised to EUR 960 in 2008. The PPE is not paid if it is less than EUR 30.

In the event of part-time work, the income used to compute the amount of the credit is converted to a full-time equivalent, and the resulting credit is then adjusted to the actual amount of time worked and increased The increase has been raised: in 2007 (2006 income), the PPE of persons whose work ratio is 50% (persons working half-time all year or full-time for six months) amounts to 92.5% of the PPE of persons working full-time all year, versus 82.5% in 2006.

The following table shows the applicable schedule for computing the employment premium by income level and type of family, as selected by the OECD:

Family status	Full-time equivalent annual earnings between	Amount of employment premium (PPE)	Increase for family responsibilities	
Single person with no children	EUR 3 743 < R < = EUR 12 475	R*7.7%		
	EUR 12 475 < R < = EUR 17 451	(EUR 17 451 -R) * 19.3 %		
			Childless	Two children
Two-earner couple (married/PACSed)	EUR 3 743 < R < = EUR 12 475	R*7.7%	-	EUR 72
	EUR 12 475 < R < = EUR 17 451	(EUR 17 451 -R) * 19.3 %	-	EUR 72
			Childless	Two children
Single-earner couple (married/PACSed)	EUR 3 743 < R < = EUR 12 475	R*7.7% + EUR 83	-	EUR 72
	EUR 12 475 < R < = EUR 17 451	(EUR 17 451 -R)*19.3%+ EUR 83	-	EUR 72
	EUR 17 451 < R < = EUR 24 950	EUR 83	-	EUR 36
	EUR 24 950 < R < = EUR 26 572	(EUR 26 572 -R)* 5.1%	-	EUR 36
Single-parent family with two children	EUR 3 743 < R < = EUR 12 475	R*7.7%	EUR 108	
	EUR 12 475 < R < = EUR 17 451	(EUR 17 451 -R) * 19.3 %	EUR 108	
	EUR 17 451 < R < = EUR 26 572	0	EUR 72	

The PPE is increased for dependants in a household, and whether a married/PACSed couple has one or two earners can also affect the amount of the credit (with the amount for single-earner couples increased by EUR 83). The PPE is increased by EUR 36 for each dependent child, except in special cases (*e.g.* single-earner married/PACSed PPE recipients in the top two income brackets).

For the seventh consecutive year, the government decided to continue the freeze on the PPE scale for 2014.

Since 2010 personal income tax, the PPE is partly replaced by a new cash transfer benefit implemented in July 2009: the RSA (active solidarity income). This cash transfer ensures households earn a minimum income that increases with the number of hours worked. The RSA is not assessed here because to do so the knowledge of every cash transfer of the households (such as cash transfers for housing, unemployment etc.) is needed. The RSA is designed to meet three goals:

- encourage people to enter or return to the labour market, by guaranteeing them a lasting improvement in income;
- reduce poverty by providing recipients with a decent income;
- improve social support and occupational reintegration.

The RSA is a benefit that supersedes two existing basic welfare payments, the so called "revenu minimum d'insertion" (minimum unemployment benefit – RMI) and the so called "allocation de parent isolé" (single-parent allowance – API). It also replaces temporary payments for welfare recipients who return to work ("prime de retour à l'emploi", "prime forfaitaire de retour à l'emploi" bonuses and the "intéressement proportionnel" system of benefits combined with part-time work). However, the eight family types studied here earn too high an income to benefit from this credit.

Starting from 2016, the PPE and the part of the RSA dedicated to workers ("RSA activité") will be replaced by the "prime d'activité". It will be a cash transfer benefit (as the RSA). It has not been included in the model as it concerns incomes earned starting from 2016. **In the model, the removal of the PPE is not compensated by the creation of the "prime d'activité".**

1.1.3. *Tax schedule*

	Fraction of taxable income (1 share, in Euros)	Rate (in %)
1st bracket	Up to 9 700	0
2nd bracket	From 9 700 to 26 791	14
3rd bracket	From 26 791 to 71 826	30
4th bracket	From 71 826 to 152 108	41
5th bracket	From 152 108	45

A special rebate for taxpayers with a low tax liability is applied to the amount of tax resulting from the above schedule before reductions and tax credits. To be eligible, the tax on the household's income must be less than EUR 1 553 for single households and less than 2 560 for the couples. The rebate is equal to the three-quarter of the difference between this ceiling and the amount of tax before the rebate. If the final tax is less than EUR 61, no tax is payable.

1.1.4. *Exceptional contribution on high revenues*

An exceptional contribution on high revenues is based on the reference taxable income ("revenu fiscal de référence"). The tax rates are 3% from EUR 250 000 to EUR 500 0000 (single person), 4% over EUR 500 0000 (single person), 3% from EUR 500 000 to EUR 1 000 000 (married couple or civil union) and 4% over EUR 1 000 000 (married couple or civil unions).

1.2. *Taxes levied by decentralised authorities*

Local taxes levied on working households are:

- Residency tax (*taxe d'habitation*), which is set by local authorities;
- Property taxes on developed and undeveloped land;
- There are common rules for each type of tax, to which certain municipalities make certain adjustments.

These local taxes, the rates of which vary widely, depending on the municipality, are not assessed here.

1.3. *Universal social contribution (contribution sociale généralisée, or CSG)*

The universal social contribution (CSG) was introduced on 1 February 1991. Since 1 January 1998, the rate of CSG has been 7.5%. This rate has been applied to a base of 98.25% as of 1 January 2012. The CSG is deductible against taxable income, but at a lower rate of 5.1%.

1.4. *Contribution to the reimbursement of social debt (contribution au remboursement de la dette sociale, or CRDS)*

The contribution to the reimbursement of social debt has been in effect since 1 February 1997. Like the universal social contribution, its base has passed to 98.25% of gross pay as of 1 January 2012. The rate is set at 0.5%. Unlike social security contributions, CRDS payments are not deductible from taxable income.

2. Compulsory social security contributions to schemes operated within the government sector

Some contributions are levied on a capped portion of monthly earnings. Since 1997, this ceiling has been adjusted once a year on 1 January. In January 2015, the ceiling was EUR 3 170 (or EUR 38 040 per year).

2.1. *Employee contributions*

2.1.1. *Pension*

- 6.85% on earnings up to the ceiling (6.80% in 2014).
- 0.30% on total earnings (0.25 in 2014).

2.1.2. *Illness, pregnancy, disability, death*

- 0.75% on total earnings.

2.1.3. *Unemployment*

- 2.4% on earnings up to 4 times the ceiling.

2.1.4. *Others*

- Supplemental pension* for non-managers: minimum 3.1% (3.05 in 2014) up to the ceiling and 8.1% between one and three times the ceiling; for managers, 3.23% (3.18 in 2014) up to the ceiling and 7.93% (7.88 in 2014) between one and four times the ceiling.**

* The social protection scheme is named ARRCO for non-managers and AGIRC for managers.

** Between four and eight times the ceiling, the repartition of the pension contributions between employee and employer contribution is not nationally decided.

- The AGFF (Association pour la gestion du fonds de financement) contribution replaces ASF (Association pour la gestion de la structure financière), which had previously been included in "unemployment" levies. The rate of this contribution for non-managerial workers is 0.8% of earnings up to the social security ceiling plus 0.9% of any income in excess of the ceiling but not exceeding triple the amount of the ceiling.

2.2. Employer contributions

2.2.1. Pensions

8.5% (8.45% in 2014) of gross pay, up to the ceiling, plus a 1.80% (1.75 in 2014) levy on total pay.

2.2.2. Illness, pregnancy, disability, death

12.8% of total earnings.

An additional contribution of 0.3% (contribution de solidarité autonomie – (CSA) is levied on total salary.

2.2.3. Unemployment

4% of earnings (4.5%, 5.5% or 7% for some temporary contracts), up to four times the ceiling; in addition, 0.3% up to four times the ceiling to endow the salary guarantee fund (AGS).

2.2.4. Work-related accidents

Contribution rates for work-related accidents vary by line of business and are published annually in the official gazette (*Journal officiel de la République française*). In 2015, the average rate is 2.44%.

2.2.5. Family allowances

5.25% of total pay. The rate has been reduced to 3.45% up to 1.6 times the minimum wage from 2015 with the responsibility pact.

2.2.6. Others

- Supplemental pension: for non-managers, 4.65% (4.58 in 2014) up to the ceiling and 12.15% (12.08 in 2014) between one and three times the ceiling; for managers, 4.87% up (4.80 in 2014) to the ceiling and 12.97% (12.90 in 2014) between one and four times the ceiling.
- The AGFF contribution is 1.2% for non-managers or managers up to the ceiling, 1.3% for non-managers between one and three times the ceiling and 1.3% for managers between one and four times the ceiling. In the table, this is combined with the rates for supplemental pensions.
- Others (construction, housing, apprenticeship, further training): 2.63% (3.23 in 2014) of pay (for enterprises with more than 20 employees). The transport tax is not included because it varies geographically.

2.2.7. Reduction of employer-paid social insurance contributions

Act No. 2003-47 of 17 January 2003 on salaries, working time and the development of employment (the "Fillon Act") amended how the reduction of contributions is calculated.

As a result, since 1 July 2005 the maximum reduction has been 26% (in companies with more than 20 employees) for a worker paid the minimum wage. It then declines gradually to zero at 160% of the annual minimum wage. It applies irrespective of the number of hours worked.

The Budget Act for 2007 (Article 41 V) bolsters this measure for very small enterprises with effect from 1 July 2007. For employers with between 1 and 19 employees, the maximum deduction was raised to 28.1% at the minimum wage, declining gradually – here too – to zero at 160% of the minimum wage.

In 1 January 2011 the "Fillon act" was modified and included an annualized calculation of the general tax reliefs of employer contributions. For part-time wage-earners, the relief is computed using an equivalent full-time salary and is then adjusted proportionally to the number of hours paid.

From 2015, the Responsibility Pact (Phase 1) includes new reductions of the labour cost: total exemption of all URSSAF employer contributions on the minimum wage (except unemployment contributions); reduction of 1.8 point on employer-paid contributions for family allowance (3.45% instead of 5.25% for salary up to 1.6 times the minimum wage). The gross annual minimum wage (for 1 820 hours) in 2015 was an estimated EUR 17 490.

2.2.8. *Competitive tax credit (CICE – Crédit d'impôt pour la compétitivité et l'emploi)*

As for 2014, the competitive tax credit (CICE – Crédit d'impôt pour la compétitivité et l'emploi) will benefit all businesses, regardless of their legal status or economic sector, that employ salaried workers and be liable for either corporation tax or income tax, based on actual profits.

The CICE is based on all wages paid to salaried employees in a given calendar year up to 2.5 times the minimum wage (without taking into account any overtime or additional hours worked). For part-time employees and seasonal workers, the minimum wage corresponding to the working hours stipulated in the contract shall be taken into account.

The rate of the tax credit shall be 6% for wages paid in 2015.

3. Universal cash transfers

Main family benefits (in respect of dependent children)

- Family allowances: monthly base for family allowances (BMAF) = EUR 406.21 as of 1 April 2015 (as of 1 April 2014). Rate: since 1 July 2015 the family allowances are subject to revenue conditions:
  - Up to 55 950 (+5 595 per child), the rate is 32% for two children and 41% per additional child. An extra amount of 16 % of the BMAF is reversed if the child is over 14 (the extra amount is not incorporated into the model).
  - Between 55 950 (+5 595 per child) and 78 300 (+5 595 per child), the above rates are divided by 2.
  - Beyond 78 300 (+5 595 per child), the above rates are divided by 4.
- ARS (Allocation de Rentrée Scolaire): The amount payable depends on the age of the child to reflect needs. The allowance is payable to families or persons with children aged 6 to 18 attending school, and whose income is below a certain level (not incorporated into the model).
- Family supplement (Complément Familial): 41.65% of the BMAF at 1 January 2015. Subject to revenue ceilings, this is paid to families as of the third child and an extra amount

Age of the child	Percentage of the BMAF in September 2014
6-10 years	89.72%
11-14 years	94.67%
15-18 years	97.95%

(EUR 29.49/month) is reversed for families whose incomes are below the poverty line (the CF is not incorporated into the model).

- Early childhood benefit (not incorporated in the model) known as PAJE (Prestation d'Accueil du Jeune Enfant): subject to revenue ceilings. It includes:
  - A birth grant of EUR 918.5 received at the 7th month of pregnancy.
  - A benefit ("allocation de base") of 183.7 (or 91.8 depending on revenue) Euros a month from the birth of the child until three years of age.
- The CRDS is levied on family allowances at a rate of 0.5% (no deduction). The allowances mentioned above are after deduction of the CRDS.

4. Main changes in the tax system and social benefits regime since the taxation of 2014 income

- Tax system (2015 income)
- Creation of a new cash transfer benefit for low income workers (*"prime d'activité"*) which replace the PPE and the RSA.*
- Extension of the rebate for taxpayers with a low tax liability.
- Social benefits regime
- Reduction of employer-paid contributions for family allowance (3.45% instead of 5.25% for salary up to 1.6 times the minimum wage).
- The modulation of family allowances based on income (divided by 2 or 4 for high-income families).

5. Memorandum items

To assess the degree of comparability between countries, the following additional information should be taken into account:

- Coverage is of the private and semi-public sectors of NACE sections C to K up to 2007 and NACE rev. 2 sections B to N from 2008.
- The category "employees" encompasses all full-time dependent employees (excluding apprentices and interns).
- The figures presented are obtained by applying income tax and social contribution scales to gross salaries as listed in annual social data reports (DADS) in NACE.

* In the model, for 2015 revenues, this reform only affects the income tax (no PPE in 2016) but not the benefits, since the "prime d'activité" will be served as from the beginning of 2016.

2015 parameter values

Average earnings/yr	Ave_earn	37 792	(Secretariat estimate)
Work expenses	work_rel_fl	426	
	work_rel_ceil	12 169	
	work_rel_rate	0.1	
Tax schedule	tax_sch	0	9 700
		0.14	26 791
		0.3	71 826
		0.41	152 108
		0.45	
	limit_demipart	1 510	
	limit_sp_demipart1	3 562	
Décote value	decote_sing	1 553	
	decote_mar	2 560	
	decote_pente	0.75	
	tax_min	61	
CEHR	cehr_rate1	0.03	
	cehr_rate2	0.04	
	cehr_ceil1	250 000	
	cehr_ceil2	500 000	
CSG+CRDS	CSG_CRDS_abat	0.0175	
	CSG_rat_noded	0.0240	
	CRDS_rat_noded	0.0050	
	CSG_CRDS_rat_noded	0.0290	
	CSG_rat_ded	0.0510	
	CRDS_special	0.0050	
Social security contributions	SSC_ceil	38 040	
	pension_rate	0.685	
	pension_rate2	0.003	
	sickness_rate	0.0075	
	unemp_rate	0.0240	
Extra pension (non-cadres) (incl. AGFF)	pens_rate_ex	0.0390	
	pens_rate_ex2	0.090	
Employer contributions	pens_empr1	0.0850	
	pens_empr2	0.0180	
Authonomous Solidarity Contribution	sickness_empr	0.1280	
	CSA	0.0030	
Unemployment (incl. "garantie de salaire")	unemp_empr	0.0430	
Accidents	accidents_empr	0.0244	
	SMIC	17 490.2	
Family Allowance	fam_empr	0.0525	
	fam_empr_2	0.0345	
Extra pension (incl. AGFF)	pens_empr_ex	0.0585	
	pens_empr_ex2	0.1345	
Others	others_empr	0.0263	
	others_empr2	0.0263	
Transitory Empl. SSC reduction rate	SSC_empr_redrate1	0	
Employer SSC reduction rate	SSC_empr_redrate2	0.6	
Employer SSC reduction maximum	SSC_empr_red_max	0.2835	
Employer SSC reduction SMIC reference	SSC_empr_SMIC_ref	1.6	
Child benefit (second child) before CRDS	CB_2	1 559.96	

2015 parameter values

third and subsequent before CRDS	CB_3	1 998.58
First ceiling for CB	CB_c1	55 950
Second ceiling for CB	CB_c2	78 300.00
Increase of ceiling per child	CB_ceiling_extra_child	5 595.00
Derivation of minimum income	SMIC_horaire	9.61
	SMIC_heures	1 820
	minrevtp	17 490.2
Taux de réduction CICE	cice_red	0.06
	cice_max	2.5

2015 tax equations

The equations for the French system are mostly calculated on a family basis. Variable names are defined in the table of parameters above, within the equations table, or are the standard variables "married" and "children". A reference to a variable with the affix "_total" indicates the sum of the relevant variable values for the principal and spouse. And the affixes "_princ" and "_spouse" indicate the value for the principal and spouse, respectively. Equations for a single person are as shown for the principal, with "_spouse" values taken as 0.

	Line in country table and intermediate steps	Variable name	Range	Equation
1.	Earnings	earn		
	Quotient for tax calculation	quotient	J	1+Married+IF(Children<3, Children/2, Children-1)+0.5*(Married=0)*(Children>0)
2.	Allowances:			
	CSG deductible	CSG_ded	B	CSG_rat_ded*((1-CSG_CRDS_abat)*MIN(earn;4*SSC_ceil)+Positive(earn-4*SSC_ceil))
	Salary net	earn_dec	B	earn-SSC-CSG_ded
	Work related	work_exp	B	MIN(work_rel_ceil, MAX(work_rel_rate* earn_dec, MIN(work_rel_fl, earn_dec)))
	Basic	basic_al	B	0
3.	Credits in taxable income	taxbl_cr	B	0
4.	CG taxable income	tax_inc	J	Positive(earn_dec_total-work_exp)
5.	CG tax before credits			
	Calculation according to schedule	sch_tax	J	MAX(quotient*Tax(tax_inc/quotient, tax_sch), IF(Married, 2*Tax(tax_inc/2, tax_sch)-limit_demipart*(quotient-2), Tax(tax_inc, tax_sch)-(Children>0)*(limit_sp_demipart1+limit_demipart*(quotient-2))))++cehr_rate1*MIN((cehr_ceil2-cehr_ceil1)*(1+Married);MAX(tax_inc-cehr_ceil1*(1+Married);0))+cehr_rate2 * MAX(tax_inc-cehr_ceil2*(1+Married);0)
	Adjusted for decote	adj_tax	J	SI(Married;Positive(MINA(tax_sch; (1+decote_pente)*tax_sch-decote_pente*decote_mar));Positive(MINA(tax_sch;(1+decote_pente)*tax_sch-decote_pente*decote_sing)))
	Tax liable	inc_tax	J	(adj_tax>=tax_min)*adj_tax
	CSG+CRDS (non-deductible)	CSG_CRDS_noded	B	CSG_CRDS_rat_nod*((1-CSG_CRDS_abat)*MIN(earn;4*SSC_ceil)+Positive(earn-4*SSC_ceil))
	CSG deductible	CSG_ded	B	CSG_rat_ded*((1-CSG_CRDS_abat)*MIN(earn;4*SSC_ceil)+Positive(earn-4*SSC_ceil))
6.	Tax credits :	tax_cr		0
7.	CG tax	CG_tax	J	inc_tax+CSG_CRDS_noded+CSG_ded-tax_cr
8.	State and local taxes	local_tax	J	0

	Line in country table and intermediate steps	Variable name	Range	Equation
9.	Employees' soc security	SSC	B	pension_rate*MINA(earn, SSC_ceil) +(sickness_rate+pension_rate2)*earn+ unemp_rate*MINA(earn, 4*SSC_ceil) +pens_rate_ex*MINA(earn, SSC_ceil)+ (earn>SSC_ceil)*pens_rate_ex2*MINA(earn-SSC_ceil, 3*SSC_ceil-SSC_ceil)
11.	Cash transfers	cash_transf_gross	J	IF(Children<2;0;(CB_2+(Children-2)*CB_3)*IF(tax_inc<=(CB_c1+CB_ceiling_ extra_child*Children);1;SI(tax_inc<=(CB_c2+CB_ceiling_extra_child*Children); 0,5+0,5/2;0,5+0,25/2)))
		crds_cash_transf	J	cash_transf_gross*-1*CRDS_special
		cash_transf_net	J	cash_transf_gross+crds_cash_transf
13.	Employer's soc security	SSC_empr_gross	B	(sickness_empr + CSA + pens_empr2 + accidents_empr+others_empr)*earn +pens_empr1*MINA(earn;SSC_ceil) +pens_empr_ex*MINA(earn;SSC_ceil) +pens_empr_ex2* MAX(MIN(earn;3*SSC_ceil) - SSC_ceil;0) +unemp_empr* MIN(earn;4*SSC_ceil)) + SI(earn<SSC_empr_SMIC_ref*SMIC; fam_empr_ 2*earn; fam_empr*earn)
		SSC_empr_ reduction	B	IF(OR(earn>SSC_empr_SMIC_ref*SMIC,earn=0),0,-MIN (SSC_empr_red_max* earn,(SSC_empr_red_max/ SSC_empr_redrate2)*(SSC_empr_SMIC_ref* minrevtp/earn-1)*earn)) - IF(earn<cice_max*minrevtp;earn*cice_red)
		SSC_empr_final	B	SSC_empr_gross+SSC_empr_reduction
	Memorandum item: Non-wastable tax credit			
	tax expenditure component	taxexp	P	tax_cr-transfer
	cash transfer component	transfer	P	IF(CG_tax<0,-CG_tax,0)

Key to range of equation B calculated separately for both principal earner and spouse P calculated for principal only (value taken as 0 for spouse calculation) J calculated once only on a joint basis.

Germany

This chapter includes data on the income taxes paid by workers, their social security contributions, the family benefits they receive in the form of cash transfers as well as the social security contributions and payroll taxes paid by their employers. Results reported include the marginal and average tax burden for eight different family types.

Methodological information is available for personal income tax systems, compulsory social security contributions to schemes operated within the government sector, universal cash transfers as well as recent changes in the tax/benefit system. The methodology also includes the parameter values and tax equations underlying the data.

Germany 2015

The tax/benefit position of single persons

	Wage level (per cent of average wage)	67	100	167	67
	Number of children	none	none	none	2.00
1.	**Gross wage earnings**	31 518	47 042	78 560	31 518
2.	**Standard tax allowances**				
	Basic allowance				
	Married or head of family	0	0	0	2 148
	Dependent children	0	0	0	0
	Deduction for social security contributions and income taxes	4 699	7 013	8 675	4 620
	Work-related expenses	1 000	1 000	1 000	1 000
	Other	36	36	36	36
	Total	5 735	8 049	9 711	7 804
3.	**Tax credits or cash transfers included in taxable income**	0	0	0	0
4.	**Central government taxable income (1 - 2 + 3)**	25 783	38 993	68 849	23 714
5.	**Central government income tax liability (exclusive of tax credits)**	4 481	9 027	21 790	3 644
6.	**Tax credits**				
	Basic credit				
	Married or head of family				
	Children	0	0	0	4 512
	Other				
	Total	0	0	0	4 512
7.	**Central government income tax finally paid (5-6)**	4 481	9 027	21 790	- 868
8.	**State and local taxes**	0	0	0	0
9.	**Employees' compulsory social security contributions**				
	Gross earnings	6 453	9 632	12 641	6 375
	Taxable income				
	Total	6 453	9 632	12 641	6 375
10.	**Total payments to general government (7 + 8 + 9)**	10 934	18 658	34 431	5 507
11.	**Cash transfers from general government**				
	For head of family				
	For two children	0	0	0	0
	Total	0	0	0	0
12.	**Take-home pay (1-10+11)**	20 584	28 383	44 129	26 012
13.	**Employers' compulsory social security contributions**	6 091	9 091	12 072	6 091
14.	**Average rates**				
	Income tax	14.2%	19.2%	27.7%	-2.8%
	Employees' social security contributions	20.5%	20.5%	16.1%	20.2%
	Total payments less cash transfers	34.7%	39.7%	43.8%	17.5%
	Total tax wedge including employer's social security contributions	45.3%	49.4%	51.3%	30.8%
15.	**Marginal rates**				
	Total payments less cash transfers: Principal earner	47.1%	52.5%	44.3%	44.7%
	Total payments less cash transfers: Spouse	n.a.	n.a.	n.a.	n.a.
	Total tax wedge: Principal earner	55.6%	60.2%	44.3%	53.6%
	Total tax wedge: Spouse	n.a.	n.a.	n.a.	n.a.

Germany 2015

The tax/benefit position of married couples

	Wage level (per cent of average wage)	100-0	100-33	100-67	100-33
	Number of children	2	2	2	none
1.	**Gross wage earnings**	47 042	62 566	78 560	62 566
2.	**Standard tax allowances**				
	Basic allowance				
	Married or head of family	0	0	0	0
	Dependent children	0	0	0	0
	Deduction for social security contributions and income taxes	6 895	9 171	11 515	9 327
	Work-related expenses	1 000	2 000	2 000	2 000
	Other	72	72	72	72
	Total	7 967	11 243	13 587	11 399
3.	**Tax credits or cash transfers included in taxable income**	0	0	0	0
4.	**Central government taxable income (1 - 2 + 3)**	39 075	51 323	64 973	51 167
5.	**Central government income tax liability (exclusive of tax credits)**	4 974	8 666	13 121	8 837
6.	**Tax credits**				
	Basic credit				
	Married or head of family				
	Children	4 512	4 512	4 512	0
	Other				
	Total	4 512	4 512	4 512	0
7.	**Central government income tax finally paid (5-6)**	462	4 154	8 609	8 837
8.	**State and local taxes**	0	0	0	0
9.	**Employees' compulsory social security contributions**				
	Gross earnings	9 514	12 654	15 889	12 810
	Taxable income				
	Total	9 514	12 654	15 889	12 810
10.	**Total payments to general government (7 + 8 + 9)**	9 976	16 807	24 497	21 647
11.	**Cash transfers from general government**				
	For head of family				
	For two children	0	0	0	0
	Total	0	0	0	0
12.	**Take-home pay (1-10+11)**	37 066	45 758	54 063	40 919
13.	**Employers' compulsory social security contributions**	9 091	12 091	15 182	12 091
14.	**Average rates**				
	Income tax	1.0%	6.6%	11.0%	14.1%
	Employees' social security contributions	20.2%	20.2%	20.2%	20.5%
	Total payments less cash transfers	21.2%	26.9%	31.2%	34.6%
	Total tax wedge including employer's social security contributions	34.0%	38.7%	42.3%	45.2%
15.	**Marginal rates**				
	Total payments less cash transfers: Principal earner	43.1%	46.7%	49.5%	47.0%
	Total payments less cash transfers: Spouse	44.0%	46.7%	49.5%	47.0%
	Total tax wedge: Principal earner	52.3%	55.3%	57.7%	55.6%
	Total tax wedge: Spouse	53.1%	55.3%	57.7%	55.6%

The national currency is the Euro (EUR). In 2015, EUR 0.90 was equal to USD 1. The average worker earned EUR 47 042 (Secretariat estimate).

1. Personal income tax systems

1.1. *Central/federal government income taxes*

1.1.1. *Tax unit*

Spouses may choose between two options: Joint assessment or individual assessment. The vast majority of couples benefits financially from the joint assessment by minimizing the tax burden of the household. The income of dependent children is not assessable with that of the parents. The calculations in this Report are therefore based on the assumption of joint taxation for spouses.

1.1.2. *Tax allowances and tax credits:*

1.1.2.1. Standard reliefs and work-related expenses

- *Basic reliefs*: None.
- *Standard marital status reliefs*: In the case of joint assessment, specific allowances are doubled. The income tax liability for spouses who are assessed jointly is computed as follows:
  - *Splitting method*:
    - First step: Calculating the tax base: All incomes of the spouses are summed up and the sum is divided by two.
    - Second step: The tax rate is applied to this tax base.
    - Third step: The amount calculated in step 2 is doubled.
  - Results: Given the progressive income taxation the resulting tax liability for the household is lower than the sum of individual taxation. The household as a unit benefits from this solution otherwise both parts of the couple would opt out. Principal and second earners have the same average and marginal income tax rates.
  - The splitting effect decreases by increasing convergence of the incomes of principal earner and the spouse.
- *Relief(s) for children*: As of 1 January 2015, there are increased tax credits of EUR 2 256 for the first and the second child, of EUR 2 328 for the third child and of EUR 2 628 for the fourth and subsequent children. There is a tax allowance of EUR 2 256 for the subsistence of a child and an additional EUR 1 320 for minding and education or training needs (EUR 3 576). The amount of this allowance is doubled in case of jointly assessed parents. If the value of the tax credit is less than the relief calculated applying the tax allowances, the taxpayer obtains the tax allowance instead of the tax credit. It is also doubled for lone parents in cases where the other parent does not pay alimony. This is the assumption in the calculations presented in this Report.

- *Relief for lone parents*: As of 1 January 2015, taxpayers who live alone with at least one child that entitles them to the tax allowances or tax credits for children, receive an additional allowance of EUR 1 908 (formerly EUR 1 308). This additional allowance is increased by EUR 240 for each child in case of more than one child living in the household.
- *Reliefs for social security contributions and life insurance contributions:* Social security contributions and other expenses incurred in provision for the future (e.g. life insurance) are deductible up to specific ceilings. In 2005, a new calculation scheme came into force:
  - Step 1: all contributions made to pension funds (i.e. both employee's and employer's contributions) are added up. Step 2: the resulting amount is limited to EUR 20 000. Step 3: a certain percentage is applied to this amount (starting from 60% in 2005, this percentage will be increased by 2 percentage points each year; it will reach 100% in 2025). Step 4: the resulting amount, diminished by the (tax-free) contributions of the employer, is deductible from income.
  - The tax treatment of social security expenses (health, unemployment and care insurance) changed as of 1 January 2010. Employees' annual contributions to statutory health insurance excluding sickness benefit (assumed to amount to 96% of statutory health contributions) and employees' contributions to mandatory long-term care insurance are deductible from the tax base. In case these contributions do not exceed EUR 1 900/3 800 (single/married couples), contributions to unemployment insurance and other insurances premiums can be deducted in addition up to this ceiling.
  - If the resulting sum of deductible amounts according the legislation in force since 2005 is lower than the allowance calculated under the scheme that was valid up to 2004, the former regulations are applied in favour of the taxpayer (for more details on the old scheme: see 2005 edition and section 4. of this Report).
- *Work-related expenses:* EUR 1 000 lump-sum allowance per gainfully-employed person.
- *Special expenses:* Lump sum allowance (EUR 36/72 (singles/couples)) for special expenses, e.g. for tax accountancy. The actual expenses will be fully deductible from taxable income if the taxpayer proves that these expenses exceed the lump sum allowance.

1.1.2.2. Main non-standard tax reliefs applicable to an AW

- *Contributions to pensions, life insurance, superannuation schemes:* Other expenses than the compulsory contributions to social security are deductible as reliefs for (voluntary) social security contributions up to specific ceilings (see Section 1.121).
- *Medical expenses:* Partially deductible if not covered by insurance.
- *Other:* Work-related expenses that exceed the lump-sum allowance are fully deductible (no ceiling).

1.1.3. *Tax schedule*

The German tax schedule is formula-based. Taxable income is rounded down (to the EUR).

- X is the taxable income,
- T is the income tax liability,
- As of 1 January 2015 the following definitions are used in the income tax liability formulas:

$$Y = \frac{X - 8472}{10000}$$

$$Z = \frac{X - 13\,469}{10\,000}$$

The income tax liability (amounts in EUR) is calculated as follows:

1. T = 0 for X ≤ 8 472
2. T = (997.60 Y + 1 400) Y for 8 473 ≤ X ≤ 13 469
3. T = (228.74 Z + 2 397) Z + 948,68 for 13 470 ≤ X ≤ 52 881
4. T = 0.42 X 8 261,29 for 52 882 ≤ X ≤ 250 730
5. T = 0.45 X – 15 783,19 for 250 731 ≤ X

These formulas are used to calculate the income tax for single individuals and married couples too.

If families choose the option of being assessed separately these formulas are applied to the individual taxable income of the principal earner and the spouse. In the case of jointly assessed families these rates are applied to half of the joint taxable income (see point 1.1.2.1. Splitting method).

1.1.4. *Solidarity surcharge*

The solidarity surcharge is levied at 5.5% of the income tax liability subject to an exemption limit of EUR 972/1 944 (singles/couples). The income tax liability is calculated applying the tax allowance for children. If the income tax liability exceeds the exemption limit, the solidarity surcharge will be phased in at a higher rate of 20% of the difference between the income tax liability and the exemption limit until it equals 5.5% of the total liability.

1.2. *State and local income taxes*

None.

2. Compulsory social security contributions to schemes operated within the government sector

The amount of social security contributions depends on the wage and the insurance contribution rate. All contributions are subject to a contribution ceiling, i.e. the maximum income for which statutory insurance contributions are calculated. The contribution rates for pension, health, care and unemployment insurances are fixed by the government.

2.1. *Employees' contributions*

In general, earnings up to EUR 4 800 per year were free of employee social security contributions until 31 December 2012. As of 1 January 2013, some essential changes came into effect concerning minimally paid employment. The earnings limit increased from EUR 400 to EUR 450 per month. Persons whose mini-job started before 2013 and do not exceed the previous earnings limit of EUR 400 stay contribution-free in all classes of social insurance. Otherwise, persons who take up a new mini-job are generally subject to mandatory insurance coverage in the statutory pension scheme with the full pension contribution rate of 18.7% (in 2015). If the earnings are below the amount of EUR 175 (minimum contribution limit), a minimum contribution of EUR 32.73 has to be paid (18.7% of EUR 175). The employer's share amounts to 15% of the whole pay whereas the employee's part adds up to 3.7% (or the difference between minimum contribution and employer share). By applying for an exemption from obligatory insurance coverage the mini-job holder may reduce his share to EUR 0.

As of 1 April 2003, there was an additional concession for employees with monthly income between EUR 400 01 and EUR 800 per month (the so-called "sliding pay scale", EUR 4 800.12 and EUR 9 600 per year). Due to the new regulations mentioned above the earnings limits shifted to EUR 450.01 and EUR 850.00 per month (EUR 5 400.12 and EUR 10 200 per year). If the employee's income falls within this range, part of the income will be exempt from social insurance contributions. However, employers are still required to pay the regular contributions on the employee's earnings. The arrangement is purely intended to relieve the financial burden on employees. The employees' contributions to social insurance rise on a straight-line basis over the income band reaching the full rate at EUR 850 per month. Details on social security contributions for workers earning more than EUR 10 200 per year are provided below.

2.1.1. *Pensions*

Employers and employees pay each half of the contribution rate of 18.7% in 2015, that is 9.35% of the employee's gross wage earnings, up to a contribution ceiling of EUR 72 600.

2.1.2. *Sickness*

As of 1 January 2015, the applicable contribution rate is 14.6% on principle (portion of 7.3% for employers and employees). Depending on the financial situation of each sickness fund, employees are obliged to pay a supplementary contribution to the sickness fund. In 2015, this supplementary contribution amounts to 0.9% on average. Therefore, the contribution rate averages 8.2% for employees in 2015. The contribution ceiling in 2015 is EUR 49 500. While all calculations shown in this Report assume membership in the public health insurance, workers with earnings above the contribution ceiling may opt out of the mandatory public health insurance system and may choose a private insurance provider instead (those opting for a private health insurance provider are required to obtain private long-term care insurance as well).

2.1.3. *Unemployment*

Employees pay half of the insurance contributions; the employer pays the other half. In 2015, the contribution rate is 3.0% of assessable income. Employee and employer each pay 1.5%. The contribution ceiling is EUR 72 600.

2.1.4. *Care*

A long-term care insurance (a 1% contribution rate) went into effect on 1 January 1995. The rate was raised to 1.7% of the gross wage when home nursing care benefits were added six months later. As of 1 July 2008, the rate was increased to 1.95%. In 2013 and 2014, the contribution rate amounted to 2.05%. As of 1 January 2015, the contribution rate adds up to 2.35%. The employers pay half of the contributions for long-term care insurance. In other words, employers and employees both pay a rate of 1.175%. The assessable income is scaled according to the gross wage earnings but there is a contribution ceiling of EUR 49 500 in 2015.

As from 1 January 2005, child-raising is given special recognition in the law relating to statutory long-term care insurance. Childless contribution payers are required to pay a supplement of 0.25%, raising the contribution rate paid by a childless employee from 0.975% to 1.225% as of 1 July 2008. In 2013 and 2014, the contribution rate of a childless employee added up to 1.275%. As of 1 January 2015, the contribution rate amounts to 1.425% for a childless employee

2.1.5. *Work injury*

Employer only.

2.1.6. *Family allowances*

None.

2.1.7. *Others*

None.

2.2. *Employers' contributions*

See Section 2.1.

2.2.1.-2.2.4. *(Pensions, sickness, unemployment, care):*

See Section 2.1

2.2.5. *Work injury*

Germany has established a statutory occupational accident insurance. It is provided by industrial, agricultural and public-sector employers' liability insurance funds. This insurance protects employees and their families against the consequences of accidents at work and occupational illnesses. It is funded through the contributions paid by employers only. The amount of the employer's contributions depends on the sum total of employee's annual pay and the employer's respective hazard level. As it is not possible to identify a representative contribution rate, these amounts are not considered in this Report.

2.2.6. *Family allowances*

None.

2.2.7. *Others*

None.

3. Universal cash transfers

3.1. *Transfers related to marital status*

None.

3.2. *Transfers for dependent children*

None.

4. Main changes in tax/benefit systems since 1997

The following table shows changes in the tax credit and the tax allowance for children since 1997:

Year	Child credit				Child allowance
	First child	Second child	Third child	Fourth and subsequent children	
1997	1 350	1 350	1 841	2 147	3 534
1999	1 534	1 534	1 841	2 147	3 534

Year	Child credit				Child allowance
	First child	Second child	Third child	Fourth and subsequent children	
2000	1 657	1 657	1 841	2 147	5 080
2002	1 848	1 848	1 848	2 148	5 808
2009*	1 968	1 968	2 040	2 340	6 024
2010	2 208	2 208	2 280	2 580	7 008
2015	2 256	2 256	2 328	2 628	7 152

* plus EUR 100 one-off child credit payment for each child.

Up to 2004, the calculation of the relief for social security contributions and other expenses proceeded in three steps. First, EUR 3 068/6 136 (singles/couples) was deducted. These amounts were, however, lowered by 16% of gross wages (serving as a proxy for employers' social security contributions). This deduction was provided as a partial compensation for the self-employed which do not receive tax-free employers' social security contributions. Second, the remaining expenses were deductible up to EUR 1 334/2 668 (singles/couples). Third, half of the remaining expenses were deductible up to EUR 667/ 1 334 (singles/couples).

In 2004, the tax rate was reduced and the formula for calculating the income tax was changed. The relief for lone parents was reduced to EUR 1 308, the lump sum allowance for work related expenses was reduced to EUR 920.

As from 1 January 2005, the final stage of the 2000-tax reform came into effect. The bottom and top income tax rates were further reduced to 15% and 42%. Since 1998, both the bottom and top income tax rate have been reduced by about 11 percentage points while the personal allowance has been raised from EUR 6 322 to EUR 7 664. The tax cuts reduce the tax burden for all income taxpayers, affording the greatest relief to employees and families with low and medium incomes as well as to small- and medium-sized unincorporated businesses.

On 1 January 2005, the law regulating the taxation of pensions and pension expenses entered into force. The law provides a gradual transition to ex-post taxation of pensions paid by the statutory pensions insurance. In the long run, the tax treatment of capital-based employee pension schemes based on a contract between employer and employee will be reformed in the same way as the tax treatment in respect of the state pension scheme. In addition to the increased deductibility of contributions to the state and certain private pension schemes, the law contains rules which are intended to increase the attractiveness of private capital-based pension schemes and to encourage individuals to invest privately for their old-age pension.

Up to 30 June of 2005, employees paid half of the sickness insurance contributions; the employer paid the other half. As from 1 July 2005, members of the statutory health insurance scheme also pay an income-linked contribution of 0.9% to which employers do not contribute. As from 1 July 2005, all statutory health insurance funds have reduced their contribution rates by 0.9 percentage points.

In 2007, a new top income tax rate of 45% was introduced for taxable income above EUR 250 000 (EUR 500 000 for jointly assessed spouses).

In 2009, the bottom income tax rate was reduced to 14%. The basic allowance was increased to EUR 7 834. All thresholds were increased by EUR 400.

Since 1 January 2010, the basic allowance has been augmented to EUR 8 004 and all thresholds have been increased by EUR 330. Furthermore, new legislation improves the tax treatment of expenditure on health insurance and long-term care insurance. As of 1 January 2013, the basic allowance rose to EUR 8 130. As of 1 January 2014, the basic allowance was increased to EUR 8 354. As of 1 January 2015, the basic allowance amounts to EUR 8 472. The relief for lone parents now adds up to EUR 1 908. Lone parents are entitled to an extra allowance of EUR 240 for the second and each subsequent child.

5. Memorandum items

5.1. *Average gross annual earnings calculation*

- Source of calculation: Federal Statistical Office.
- Excluding sickness and unemployment, including normal overtime and bonuses.

5.2. *Employer's contributions to private pension, etc. schemes*

No information available, though such schemes do exist.

2015 parameter values

Average earnings/yr	Ave_earn	47 042	Secretariat estimate
Tax allowances	Child_al	7 152	
Lone Parents, first child	Lone_al	1 908	
Lone parents, subsequent child	Lone_al_add	240	
Work related	Work_rel_al	1 000	
SSC allowance	SSC_dn	1 500	
	SSC_dn_rt	0.16	
	SSC_dn_lim	1 334	
	SSC_dn_lump_rt	0.2	
Allow. for special expenses	SE_al	36	
Church tax rate	Ch_tax_rt	0	
Tax formula	Tax_rate2	0.42	
	Tax_rate3	0.45	
	Tax_thrsh1	8 472	
	Tax_thrsh2	13 469	
Top Rate Tax Reduction	Reduction	8 261.29	
	Reduction2	15 783.19	
Tax Equation Rates			
tax_eqn_rates	Squared	Single	Constant
z	223.74	2 397	948.68
y	997,60	1 400	0
Income tax rate stage	tax_first_stage	8 472	
	tax_second_stage	13 469	
	tax_third_stage	52 881	
	tax_fourth_stage	250 730	
Solidarity Surcharge	surcharge	0.055	
Solidarity Exemption Limit	surcharge_limit	972	
Alternative Surcharge Rate	surcharge_alt	0.2	
Child credit	Ch_cred		
	1. ch.	2 256	
	2. ch.	2 256	
	3.ch.	2 328	
	4.ch.	2 628	

Social security	Sickness	Pension	Unemployment	Care	Alternative employer rate	SSC Factor F
period_1	12	12	12	12	12	12
period_2	0	0	0	0		
sum (Month's)	12	12	12	12	12	12
employer_1	0.073	0.0935	0.015	0.01175	0.3	0.7585
employer_2	0	0	0	0		
employee_1	0.082	0.0935	0.015	0.01175	0.037	0.7585
employee_2	0	0	0	0		
childless_1	0.082	0.0935	0.015	0.01425	0.037	0.7585
childless_2	0	0	0	0		
ceil	49 500	72 600	72 600	49 500	2 100	
SSC Floor	SSC_floor	10 200				
Intermediate SSC Ceiling	SSC_floor1	5 400				

2015 tax equations

The equations for the German system in 2015 are mostly calculated on a family basis.

The standard functions which are used in the equations are described in the technical note about tax equations. The function acttax carries out a rounded calculation for the tables but the unrounded version purtax is used in calculating the marginal rates.

For a taxpayer with children, either the child allowance is given in the tax calculation or the cash transfer is given if this is more beneficial. In practice, therefore, it is necessary to make two calculations – with and without the child allowance. Nevertheless, the calculation of solidarity surcharge is always based on the calculation which does assume that the child tax allowance is given.

Variable names are defined in the table of parameters above, within the equations table, or are the standard variables "married" and "children". The affixes "_princ" and "_spouse" on Variable names in functions indicate that the values have to be calculated for the principal and spouse, respectively. The parameter year in function SSC_Allowance is the year for which you calculate the Allowance.

	Line in country table and intermediate steps	Variable name	Range	Equation
1.	Earnings	earn		
	Quotient for tax calculation	quotient	J	1+Married
2.	Allowances:			
	Children	children_al	J	Children*Child_al
	Lone parent	lone_allce	J	Children>0)*(Married=0)*Lone_al+(Children>0)*(Married=0)*(Children-1)*Lone_al_add
	Soc sec contributions	SSC_al	J	Function: SSC_Allowance(earn_princ, earn_spouse , SSC_princ + SSC_spouse , Quotient, SSC_dn, SSC_dn_rt, SSC_dn_lim, SSC_dn_lump_rt, If(Children>0; "employee"; "childless"), year, rounded)
	Work related	work_al	J	Work_rel_al+MIN(earn_spouse,Work_rel_al)
	Allow. for special expenses	SE_al	J	SE_al*quotient
	Total	tax_al	J	children_al+SSC_al+work_al+ lone_allce + SE_al
3.	Credits in taxable income	taxbl_cr	J	0
4.	CG taxable income	tax_inc	J	earn-tax_al
5.	CG tax before credits			
	adjusted taxable income	adj	J	tax_inc/quotient
	Formula based tax schedule	tax_formula	J	Function: acttax(taxinc, rate, reduction, threshold1, threshold2, threshold3, equationrate, tax_first_stage, tax_second_stage, tax_third_stage, tax_fourth_stage, rate2, reduction2)
	Adjust for the quotient	tax_adj	J	Quotient*tax_formula
	Include solidarity surcharge	sol_surch	J	MIN(tax_adj * surcharge, Positive(tax_adj - surcharge_limit*Quotient) * surcharge_alt)
	Tax paid	CG_tax_excl	J	tax_adj+sol_surch
6.	Tax credits :	tax_cr	J	0
7.	CG tax	CG_tax	J	CG_tax_excl
8.	State and local taxes	local_tax	J	0
9.	Employees' soc security	SSC	B	Function: SSC (earn_princ, If(Children>0; "employee"; "childless"), rounded) + SSC (earn_spouse, If(Children>0; "employee"; "childless"), rounded)
11.	Cash transfers	Cash_tran	J	Children*ch_cred
13.	Employer's soc security	SSC_empr	B	Function: SSC (earn_princ, "employer", rounded) + SSC (earn_spouse, "employer", rounded)

Key to range of equation B calculated separately for both principal earner and spouse P calculated for principal only (value taken as 0 for spouse calculation) J calculated once only on a joint basis.

Greece

This chapter includes data on the income taxes paid by workers, their social security contributions, the family benefits they receive in the form of cash transfers as well as the social security contributions and payroll taxes paid by their employers. Results reported include the marginal and average tax burden for eight different family types.

Methodological information is available for personal income tax systems, compulsory social security contributions to schemes operated within the government sector, universal cash transfers as well as recent changes in the tax/benefit system. The methodology also includes the parameter values and tax equations underlying the data.

Greece 2015

The tax/benefit position of single persons

	Wage level (per cent of average wage)	67	100	167	67
	Number of children	none	none	none	2
1.	**Gross wage earnings**	13 599	20 296	33 895	13 599
2.	**Standard tax allowances**				
	Basic allowance				
	Married or head of family				
	Dependent children				
	Deduction for social security contributions and income taxes	2 108	3 146	5 254	2 108
	Work-related expenses				
	Other				
	Total	2 108	3 146	5 254	2 108
3.	**Tax credits or cash transfers included in taxable income**	0	0	0	0
4.	**Central government taxable income (1 - 2 + 3)**	11 491	17 151	28 641	11 491
5.	**Central government income tax liability (exclusive of tax credits)**	2 528	3 773	6 665	2 528
6.	**Tax credits**				
	Basic credit	2 100	2 100	900	2 100
	Married or head of family				
	Children				
	Other				
	Total	2 100	2 100	900	2 100
7.	**Central government income tax finally paid**	428	1 793	6 166	428
8.	**State and local taxes**	0	0	0	0
9.	**Employees' compulsory social security contributions**				
	Gross earnings	2 108	3 146	5 254	2 108
	Taxable income				
	Total	2 108	3 146	5 254	2 108
10.	**Total payments to general government (7 + 8 + 9)**	2 536	4 939	11 420	2 536
11.	**Cash transfers from general government**				
	For head of family				
	For two children	0	0	0	640
	Total	0	0	0	640
12.	**Take-home pay (1-10+11)**	11 063	15 357	22 475	11 703
13.	**Employer's compulsory social security contributions**	3 340	4 985	8 325	3 340
14.	**Average rates**				
	Income tax	3.1%	8.8%	18.2%	3.1%
	Employees' social security contributions	15.5%	15.5%	15.5%	15.5%
	Total payments less cash transfers	18.6%	24.3%	33.7%	13.9%
	Total tax wedge including employer's social security contributions	34.7%	39.3%	46.8%	30.9%
15.	**Marginal rates**				
	Total payments less cash transfers: Principal earner	34.1%	34.7%	43.7%	34.1%
	Total payments less cash transfers: Spouse	n.a.	n.a.	n.a.	n.a.
	Total tax wedge: Principal earner	47.1%	47.6%	54.8%	47.1%
	Total tax wedge: Spouse	n.a.	n.a.	n.a.	n.a.

Greece 2015

The tax/benefit position of married couples

	Wage level (per cent of average wage)	100-0	100-33	100-67	100-33
	Number of children	2	2	2	none
1.	**Gross wage earnings**	22 326	29 694	37 285	29 694
2.	**Standard tax allowances**				
	Basic allowance				
	Married or head of family				
	Dependent children				
	Deduction for social security contributions and income taxes	3 461	4 603	5 779	4 603
	Work-related expenses				
	Other				
	Total	3 461	4 603	5 779	4 603
3.	**Tax credits or cash transfers included in taxable income**	0	0	0	0
4.	**Central government taxable income (1 - 2 + 3)**	18 866	25 091	31 505	25 091
5.	**Central government income tax liability (exclusive of tax credits)**	4 150	5 520	6 931	5 520
6.	**Tax credits**				
	Basic credit	2 000	4 100	4 100	4 100
	Married or head of family				
	Children				
	Other				
	Total	2 000	4 100	4 100	4 100
7.	**Central government income tax finally paid (5-6)**	2 282	2 282	3 052	2 282
8.	**State and local taxes**	0	0	0	0
9.	**Employees' compulsory social security contributions**				
	Gross earnings	3 461	4 603	5 779	4 603
	Taxable income				
	Total	3 461	4 603	5 779	4 603
10.	**Total payments to general government (7 + 8 + 9)**	5 743	6 885	8 831	6 885
11.	**Cash transfers from general government**				
	For head of family				
	For two children	640	320	320	0
	Total	640	320	320	0
12.	**Take-home pay (1-10+11)**	17 223	23 129	28 774	22 809
13.	**Employer's compulsory social security contributions**	5 483	7 293	9 157	7 293
14.	**Average rates**				
	Income tax	10.2%	7.7%	8.2%	7.7%
	Employees' social security contributions	15.5%	15.5%	15.5%	15.5%
	Total payments less cash transfers	22.9%	22.1%	22.8%	23.2%
	Total tax wedge including employer's social security contributions	38.1%	37.5%	38.0%	38.3%
15.	**Marginal rates**				
	Total payments less cash transfers: Principal earner	34.7%	34.7%	34.7%	34.7%
	Total payments less cash transfers: Spouse	20.3%	15.5%	34.7%	15.5%
	Total tax wedge: Principal earner	47.6%	47.6%	47.6%	47.6%
	Total tax wedge: Spouse	36.0%	32.2%	47.6%	32.2%

The national currency is the Euro (EUR). In 2015, EUR 0.90 was equal to USD 1. In 2015, the estimated gross earnings of the average worker are EUR 20 296 (Secretariat estimate).

1. Personal income tax system

1.1. Central government income tax

1.1.1. Tax unit

Individuals are subject to national income tax. Every individual who derives income from sources in Greece is subject to tax irrespective of his nationality, place of domicile or residence. Moreover, every individual with domicile in Greece (more than 183 days) is subject to tax on his/her worldwide income irrespective of the individual's nationality. Due consideration is given to bilateral conventions designed to obviate double taxation.

All individuals who have completed 18 years of age are obliged to file a tax return regardless of having taxable income or not. Regarding income derived by minor children, the parent who has the custody is liable for filing a tax return. The income of minor children is added to the income of the parent who has the custody and is taxed in the name of the parent who is in principle liable for tax filing. This provision does not apply to the following types of income, in respect of which the minor child has a personal tax obligation: a) employment income and b) pensions due to the death of his father or mother.The minimum imputed income, which is required to cover the taxpayer's main living expenses is EUR 3 000 for a single individual and EUR 5 000 for spouses.

Spouses file a joint return but each spouse is liable for the tax payable on his or her share of the joint income. Losses incurred by one spouse may not be set off against the income of the other spouse. Deductible personal expenses concerning both spouses and tax credits are apportioned to each spouse according to the income earned by each one of them. Spouses file a return separately if a) they have been divorced at the time of the tax filing or b) one of the spouses is bankrupt or has been subject to guardianship.Taxpayer's spouse can be considered as a dependent member, provided that he/she does not have any taxable income.

Single children under the age of 18, children who are adults up to 25 years old and study at the university, or serve their military service or are registered as unemployed to the Manpower Employment Organisation (OAED), taxpayers' ascendants and spouses' relatives (up to the 3rd degree) who are orphans are deemed to be borne by the taxpayer provided that they cohabit with the taxpayer and their annual taxable income does not exceed the amount of EUR 3 000 (alimony and disability benefits and similar allowances are not included). Single disabled children (> = 67 %) or spouses' disabled siblings (> = 67 %) are also considered as dependent members, except their annual income exceeds the amount of EUR 6 000 (alimony and disability benefits and similar allowances are not included).

1.1.2. *Tax allowances and tax credits*

1.1.2.1. Standard tax reliefs

- Social security contributions: all compulsory social security contributions and optional contributions to legally constituted funds are fully deductible from taxable gross income.

1.1.2.2. Deductions from the payable amount of tax, as calculated on the basis of the scale (Non-Standard tax credits):

A) The tax arising by the tax scale for employees and pensioners is reduced as following:

- by EUR 2 100 for annual income up to EUR 21 000;
- by the amount of EUR 100 per each EUR 1 000 of income and up to EUR 2 100 for annual income exceeding the amount of EUR 21 000;
- for income exceeding the amount of EUR 42 000, no tax deduction is granted.

The above tax deduction is granted under the condition of the on time submission of receipts/invoices for the purchase of goods and services equal to 10% of the taxable income and up to the amount of EUR 10 500. Should the value of invoices is less than the one required, a 22% penalty is imposed on the remaining amount.

B) The following tax credits are deducted from the payable amount of tax, as calculated on the basis of the scale after applying the above tax allowance:

- 10% of the expenses of medical and hospital care of the taxpayer and his/her dependents provided they are not covered by Social Security Funds and they exceed 5% of the taxable income. The total credit cannot exceed EUR 3 000.
- 10% of the expenses of medical and hospital care of the taxpayer and his dependents, provided they are not covered by Social Security Funds and they exceed 5% of the taxable income. The total credit cannot exceed EUR 3 000. Hospital expenses in respect of unmarried or widowed children who suffer from an incurable disease, who are mentally retarded or are blind and whose total annual income does not exceed EUR 6 000 are also included.

C) The amount of tax derived on the basis of all scales is reduced by EUR 200 for the taxpayer himself as well as for each dependent member, provided that the taxpayer or his dependents are handicapped (over 67 %) or handicapped soldiers or military personnel injured in the course of their duties or war victims or victims of terrorist attacksor in case they receive pension by the State as war victims or as handicapped.

Note: Taxpayers who reside abroad but derive taxable income from sources in Greece are not eligible for these deductions, with the exemptions of residents of the EU Member States who derive at least 90% of their total income from sources in Greece.

Spouses:

When the wife derives income taxable on the basis of the scale, then the following are deducted from her own payable amount of tax:

a) deductions related to medical and hospital expenses, donations and the lump sum of EUR 200 of the spouse;

b) deductions related to medical and hospital expenses of the spouse's children from a former marriage, her children born out of wedlock, her parents and orphaned relatives of first and second degree of kin.

If from the joint tax return submitted by the spouses no tax obligation arises for one of them, or the payable amount of tax is less than the sum of the deductions (medical and hospital expenses, lump sum of EUR 200) then the whole amount of the deductions or the ensuing difference is attributed to the payable tax of the other spouse.

1.1.2.3. Exemptions

Some forms of income, specified by Law are exempt from the tax.

Examples:

- on condition of reciprocity, income of all kinds derived abroad by foreign ambassadors and diplomatic representatives, consulate agents and employees of embassies and consulates that have the nationality of the represented State as well as by individuals working in the EU Institutions or other International Organizations;
- alimony received by the beneficiary according to the Court adjudication or notary Document;
- all forms of pensions and relief provided to war victims and their families, as well as to soldiers and military personnel injured in the course of their duties in times of peace;
- benefits and similar allowances provided to special categories of handicapped people;
- salaries, pensions etc. paid to handicapped people (over 80 %);
- unemployment benefits granted by the National Employment Organisation (OAED) provided that the total annual income of the beneficiary does not exceed the amount of EUR 10 000;
- the social solidarity benefit (E.K.A.S.) of pensioners;
- financial aid to recognised political refugees, to people residing temporarily in Greece for humanitarian reasons and to persons that have submitted the relevant application to the competent Greek authorities, paid by bodies carrying out refugee aid schemes financed by the UN and the EU;
- the benefit for hazardous labour provided to employees working in the armed forces, the police, the fire and port departments as well as the special allowance to medical, nursing and ambulance staff up to 65%;
- Individuals and entities that are defined as microenterprises according to the European Commission Recommendation 2003/361/EC of 6 May 2003 are exempt from income tax on profits derived from the disposal of generated electricity to Public Power Corporation SA or other supplier, following their inclusion in the "Special Programme for the Development of Photovoltaic Systems up to 10 kw".

1.1.2.4. Tax calculation

There are four categories of income:

a) Income from employment and pensions

b) Income from business activities, which also includes income from self-employed and agricultural activities as well

c) Income from capital and

d) Income from capital gain, which includes income deriving on transfer of real estate or securities.

Net income is computed separately within each category with tax rules that vary across income categories. Total taxable income is computed as the aggregate of the net results of all categories. Losses in one category may be set off against income of another category. If the declared income is not accepted as the base for the tax assessment, the tax authorities can base the assessment on the presumptive income, which is the minimum amount of income required to cover the taxpayer's main living expenses.

Employment income is subject to withholding tax. The tax is withheld by the employer and is calculated by applying the taxpayer's progressive income tax schedule. The employer calculates the withholding tax on the basis of the taxpayer's annual net salary (net of social security contributions). The withholding tax is then reduced by 1.5% of the total amount of taxes due. The resulting tax is the annual tax due, 1/14 of which constitutes the monthly withholding tax for the private sector's employees (every employee in the private sector receives 14 monthly salaries per year, i.e. 12 monthly wages plus 1 salary as Christmas bonus, ½ salary as Easter bonus and ½ salary as summer vacation bonus). For the employees of the public sector, the monthly withholding tax is calculated as 1/12 of the annual tax due, because of the fact that bonuses in the public sector have been eliminated. If the taxpayer's final tax liability (derived from the annual declared income) exceeds the aggregate of the amounts already withheld or prepaid, the remaining tax is generally payable in three equal bimonthly instalments. Any excess tax paid or withheld will be refunded.

Rate schedule

Depending on the income category the following tax schedules apply:

a) Tax schedule for salaried persons (employees & pensioners)

Income bracket (EUR)	Tax rate (%)	Tax bracket (EUR)	Total amount	
			Income (EUR)	Tax (EUR)
25 000	22%	5 500	25 000	5 500
17 000	32%	5 440	42 000	10 940
Excess	42%			

The above tax scale does not apply for employment income acquired by:

- Officers working in ships of the merchant marine, whose income is taxed at a 15% flat rate and
- Low-income crew working in ships of the merchant marine, whose income is taxed at a 10% flat rate.

The taxable income of the first bracket of the above scale is increased by 50% for taxpayers living in islands with less than 3 100 inhabitants.

For deductions see above: 1.1.2.2 Deductions from the payable amount of tax, as calculated on the basis of the scale

b) Tax schedule for non-salaried persons (self employed and personal businesses)

Income bracket (EUR)	Tax rate (%)	Tax bracket (EUR)	Total amount	
			Income (EUR)	Tax (EUR)
50 000	26%	13 000	50 000	13 000
Excess	33%			

For new personal business or new self-employed who started their entrepreneurship after 1 January 2013, the tax rate of the first income bracket of the above scale is decreased by 50% for income up to EUR 10 000 for the first three years of their business activity.

Profits derived from personal agricultural business are taxed at a 13% tax rate.

The taxable income of the first bracket of the above scale is increased by 50% for taxpayers living in islands with less than 3 100 inhabitants. This provision is valid until 31 December 2015

c) Tax schedule for special solidarity contribution

Net income (EUR)	Tax rate (%)
12 001-20 000.99	0.7
20 001-30 000.99	1.4
30 001-50 000.99	2
50 001-100 000.99	4
100 001-500 000	6
Above 500 000	8

The Special Solidarity Contribution, which was first introduced by Art. 29 of Law 3986/ 2011 and applied for fiscal years 2010-2014, was effectively suspended at the end of 2014. It has subsequently been re-imposed on income derived during tax years 2015 and 2016. According to the Law 4334/2015, which has a retrospective effect and applies on income earned from 01/01/2015 onwards, the contribution's rates were revised as follows:

These rates are imposed on the total net income and not progressively according to scale (steps): e.g.: net income EUR 50 000 *2% = EUR 1 000 for special solidarity contribution.

1.2. State and local income taxes

There are no local income taxes in Greece. Municipalities (the local authorities) receive 20% of the national income tax revenues.

2. Compulsory social security contributions to schemes operated within the government sector

The great majority of individuals who are employed in the private sector and render dependent personal services are principally, directly and compulsorily insured in the Social Insurance Organisation (IKA). Apart from the main contribution, IKA compulsorily collects contributions for other minor Funds created for the employee's benefit (Unemployment Benefits Funds, etc.). A subsidiary Social Insurance Fund (ETEA) for employees who are principally insured in IKA has been established since2012.

The average rates of contributions payable by white-collar employees as a percentage of gross earnings are as follows (%):

From 1 July, 2014:

	Employer	Employee	Total
1. Social Insurance Organisation (IKA)	17.88	9.22	27.10
2. Subsidiary Social Insurance Fund (ETEA)	3.00	3.00	6.00
3. Other Funds	3.68	3.28	6.96
Total	**24.56**	**15.50**	**40.06**

Higher contributions are due (18.95% paid by the employee and 26.71% paid by the employer) in case of blue-collar workers who are engaged in heavy work (unhealthy, dangerous, etc. work) as they are entitled to a pension five years earlier than the other workers. In the industrial sector, the employer pays an additional occupational risk contribution at a rate of 1% because these workers are more vulnerable to labour accidents and occupational diseases.

Contributions are calculated on the basis of the monthly salary or wages paid but within the limits specified in the National General Collective Labour Agreement. Monthly gross remuneration includes salaries and wages, fringe benefits and bonuses and any profit distributions to employees. From 2013 onwards, an equalized ceiling of EUR 5 546.80 applies for all categories of employees.

Self-employed individuals must make monthly compulsory lump-sum contributions to OAEE (Free Professional Social Insurance Organisation); these contributions depend on the number of years that the self-employed has been insured (for more details, see the explanatory annex to table III.3 of the OECD's Tax Database).

All these social security contributions are fully deductible for income tax purposes.

3. Universal cash transfers

3.1. *Transfers related to marital status*

According to the National General Collective Labour Agreement, a marriage allowance, which is set at a rate of 10% of the gross salary, is granted only to workers employed by employers that belong to the contracting employer organisations.* For public servants no marriage benefit is granted.

3.2. *Transfers for dependent children*

According to the Law 4093/2012 (as amended by Law 4144/2013, Law 4111/2013 and Law 4170/2013), the "Single children support allowance" replaced the previously existing family allowances and applies since 01/01/2013. The allowance's amount is calculated according to the number of dependent children as well as the income category of the household. More specifically the allowance provides for EUR 40/month per child.

Households that are entitled to the allowance are divided into four income categories according to their income:

- Income of < EUR 6 000: full allowance
- Income of EUR 6 001-12 000: 2/3 of the allowance
- Income of EUR 12 001-18 000: 1/3 of the allowance

where the income is calculated as the **net annual total family** income divided by the sum of family members (where the first spouse is weighted as 1, the 2nd spouse is weighted as 1/3 and each dependent child is weighted as 1/6).

For public servants, this benefit is limited to a flat gross monthly amount of EUR 50 for one child, EUR 70 for two children, EUR 120 for three children and EUR 170 for four children. The amount of EUR 170 is increased by EUR 70 per additional child.

* Namely the Hellenic Federation of Enterprises, the Hellenic Confederation of Professionals, Craftsmen and Merchants, the National Confederation of Hellenic Commerce and the Association of Greek Tourism Enterprises.

3.3. *Benefits for families with three or more children*

Law 4141/2013 (as amended by Law 4170/2013) introduced the "Special Allowance for families with three or more children", which is granted to families with three or more dependent children. The Special Allowance's amount is fixed to EUR 500/year per child, provided that the total income of the household does not exceed EUR 45 000 for families with three dependent children and EUR 48 000 for families with four dependent children, while in case of larger families the amount of EUR 45 000 is increased by EUR 4 000 per additional child.

Note 1: The Special allowance for families with three or more children is not included in the net, annual, family income and is exempt from income tax since 01-01-2013 (Law 4254/2014).

Note 2: Both Single children support allowance and the Special allowance for families with three or more children are exempt from Special Solidarity Contribution (Law 4254/2014).

4. Main changes in the tax/benefit system since 2014

The imposition of "Special Solidarity Contribution" was suspended for two more years. In addition, the applicable rates were revised.

5. Memorandum items

5.1. *Identification of an AW and method of calculations used*

Methodological note for the estimation of the average annual earnings per employee, for the period 2000-15.

Terminology and coverage

The average annual earnings below refer to full time employees for Sectors C to N of ISIC Rev. 3.1, before 2008, and for Sectors B to N including Division 95 and excluding Divisions 37, 39 and 75 of ISIC Rev. 4, for 2008 onwards.

Data sources

In the estimation procedure of the average annual earnings per employee, for the period 2000-14 the following data are taken into account:

- Annual earnings and number of employees, as derived from the **Structure of Earnings Survey** (SES), of the years 2002, 2006 and 2010.
- Hours worked and annual average number of employees, as derived from the **Labour Force Survey** (LFS), of the years 2000-14.
- Average annual earnings indices, as derived from the Indices on **Quarterly Labour Cost Survey**, of the years 2000-14.

Annual Gross earnings per full time employee 2000-13 Greece

Year	NACE Rev 2 classification
2000	15 693
2001	15 688
2002	**17 359**
2003	19 339
2004	21 669
2005	21 902
2006	**23 800**
2007	23 893
2008	23 835
2009	24 619
2010	**24 156**
2011	23 391
2012	22 240
2013	20 682
2014	20 450
2015	Will be available in September

Notes:

1. The Average gross Annual Earnings per **full time employee** for the period 2000 to 2014 **includes**:
   - the special payments for shift and night work, as well as work during weekends and holidays;
   - the total annual bonuses as well as those that are regularly paid on a monthly basis, the 13th salary (Christmas salary, where applicable) and 14th salary (Easter and vacation payments, where applicable);
   - the annual bonuses based on productivity;
   - the education and working time allowance;
   - the marriage and children allowance;

and excludes:
   - the annual payments in kind: foods, drinks, footwear, clothes, accommodation, business cars provided, mobile phone, etc.;
   - the annual premiums related to profit-sharing schemes.
2. The data for 2011 and onwards will be revised when the final results of the SES 2014 will be available.
3. The data for 2013 are revised with the final data from LFS and LCI.

Source: ELSTAT.

5.2. *Main employers' contributions to private pension, health, and related schemes*

Contributions to private pension and sickness schemes made by employers are not added to employees' gross earnings for tax purposes and are therefore not subject to tax. Since these contributions are not obligatory for employers, no data is provided by the National Statistical Service of Greece. Very few employers have adopted such additional insurance schemes.

2015 parameter values

Average earnings/yr	Ave_earn	20 296	Secretariat estimate
Tax credit	Child_cred	0	
Rates of family subsidies			
paid by employers	Wife_sub	0.1	
children (up to 3)	Child_sub	0	
Income tax schedule	Tax_sch	0.22	25 000
		0.32	42 000
		0.42	
Tax deduction	Tax_cred	2 100	
	Tax_cred_thrsh	21 000	
	Tax_red	100	
Solidarity contribution	Solidarity_sch	0	12 000
		0.007	20 000
		0.014	30 000
		0.02	50 000
		0.04	100 000
		0.06	500 000
		0.08	
Social security contributions	SSC_rate	0.155	
	SSC_rate_empr	0.2456	
	SSC_ceil	77 655.20	
	SSC_ceil_use	1	
Single children support allowance	Child_all	0	480
		6 000	320
		12 000	160
		18 000	0
	Spouse_weight	0.33	
	Child_weight	0.17	

2015 tax equations

The equations for the Greek system in 2015 are mostly on an individual basis. The level of gross earnings for the principal earner is increased by the spouse and child subsidy paid by the employer.

The functions which are used in the equations (Taper, MIN, Tax etc.) are described in the technical note about tax equations. Variable names are defined in the table of parameters above, within the equations table, or are the standard variables "married" and "children". A reference to a variable with the affix "_total" indicates the sum of the relevant variable values for the principal and spouse. And the affixes "_princ" and "_spouse" indicate the value for the principal and spouse, respectively. Equations for a single person are as shown for the principal, with "_spouse" values taken as 0.

	Line in country table and intermediate steps	Variable name	Range	Equation
1.	Earnings	earn_princ	P	Ave_earn*(1+Married*Wife_sub+ MIN(Children,3)*Child_sub)
		earn_spouse	S	Ave_earn*(1+Married*Wife_sub+ MIN(Children,3)*Child_sub)
2.	Allowances:	tax_al	B	SSC
3.	Credits in taxable income	taxbl_cr		0
4.	CG taxable income	tax_inc	B	Positive(earn-tax_al)
5.	CG tax before credits	CG_tax_excl	B	Tax(tax_inc,tax_sch)-Low_rate*Positive(MIN(Effect_low_band-Low_thrsh,tax_inc-Low_thrsh))
	Solidarity contribution	sol_contr	B	=Solidarity(earn-SSC,Solidarity_sch)
6.	Tax credits :	tax_cr	**B**	=Positive(tax_cred-(INT(Positive(earn-tax_cred_thrsh)/1000)*tax_cred_red))
7.	CG tax	CG_tax	B	Positive(CG_tax_excl-tax_cr)+sol_contr
8.	State and local taxes	local_tax	B	0
9.	Employees' soc security	SSC	B	IF(SSC_ceil_use=1,SSC_rate*MIN(earn,SSC_ceil),SSC_rate*earn)
11.	Cash transfers			
		fam_netinc	B	earn – CG_tax - SSC
		cash_trans	B	VLOOKUP(fam_netinc,Child_all,2)*Children
13.	Employer's soc security	SSC_empr	B	IF(SSC_ceil_use=1,SSC_rate_empr*MIN(earn,SSC_ceil),SSC_rate_empr*earn)

Key to range of equation B calculated separately for both principal earner and spouse P calculated for principal only (value taken as 0 for spouse calculation) J calculated once only on a joint basis.

Hungary

This chapter includes data on the income taxes paid by workers, their social security contributions, the family benefits they receive in the form of cash transfers as well as the social security contributions and payroll taxes paid by their employers. Results reported include the marginal and average tax burden for eight different family types.

Methodological information is available for personal income tax systems, compulsory social security contributions to schemes operated within the government sector, universal cash transfers as well as recent changes in the tax/benefit system. The methodology also includes the parameter values and tax equations underlying the data.

Hungary 2015

The tax/benefit position of single persons

		Wage level (per cent of average wage)	67	100	167	67
		Number of children	none	none	none	2
1.	**Gross wage earnings**		2 125 322	3 172 122	5 297 443	2 125 322
2.	**Standard tax allowances**					
	Basic allowance					
	Married or head of family					
	Dependent children		0	0	0	1 500 000
	Deduction for social security contributions and income taxes					
	Work-related expenses					
	Other					
		Total	0	0	0	1 500 000
3.	**Tax credits or cash transfers included in taxable income**		0	0	0	0
4.	**Central government taxable income (1 - 2 + 3)**		2 125 322	3 172 122	5 297 443	625 322
5.	**Central government income tax liability (exclusive of tax credits)**					
	Central government income tax liability (exclusive of tax credits)		340 051	507 539	847 591	100 051
		Total	340 051	507 539	847 591	100 051
6.	**Tax credits**					
	Basic credit		0	0	0	0
	Married or head of family					
	Children					
	Other					
		Total	0	0	0	0
7.	**Central government income tax finally paid (5-6)**		340 051	507 539	847 591	100 051
8.	**State and local taxes**		0	0	0	0
9.	**Employees' compulsory social security contributions**					
	Gross earnings		393 184	586 843	980 027	393 184
	Taxable income					
		Total	393 184	586 843	980 027	393 184
10.	**Total payments to general government (7 + 8 + 9)**		733 236	1 094 382	1 827 618	493 236
11.	**Cash transfers from general government**					
	For head of family					
	For two children		0	0	0	355 200
		Total	0	0	0	355 200
12.	**Take-home pay (1-10+11)**		1 392 086	2 077 740	3 469 825	1 987 286
13.	**Employer's wage dependent contributions and taxes**					
	Employer's compulsory social security contributions		573 837	856 473	1 430 310	573 837
	Payroll taxes		31 880	47 582	79 462	31 880
		Total	605 717	904 055	1 509 771	605 717
14.	**Average rates**					
	Income tax		16.0%	16.0%	16.0%	4.7%
	Employees' social security contributions		18.5%	18.5%	18.5%	18.5%
	Total payments less cash transfers		34.5%	34.5%	34.5%	6.5%
	Total tax wedge including employer's social security contributions		49.0%	49.0%	49.0%	27.2%
15.	**Marginal rates**					
	Total payments less cash transfers: Principal earner		34.5%	34.5%	34.5%	34.5%
	Total payments less cash transfers: Spouse		n.a.	n.a.	n.a.	n.a.
	Total tax wedge: Principal earner		49.0%	49.0%	49.0%	49.0%
	Total tax wedge: Spouse		n.a.	n.a.	n.a.	n.a.

Hungary 2015

The tax/benefit position of married couples

	Wage level (per cent of average wage)	100-0	100-33	100-67	100-33
	Number of children	2	2	2	none
1. Gross wage earnings		3 172 122	4 218 922	5 297 443	4 218 922
2. Standard tax allowances					
Basic allowance					
Married or head of family					
Dependent children		1 500 000	1 500 000	1 500 000	0
Deduction for social security contributions and income taxes					
Work-related expenses					
Other					
	Total	1 500 000	1 500 000	1 500 000	0
3. Tax credits or cash transfers included in taxable income		0	0	0	0
4. Central government taxable income (1 - 2 + 3)		1 672 122	2 718 922	3 797 443	4 218 922
5. Central government income tax liability (exclusive of tax credits)					
Central government income tax liability (exclusive of tax credits)		267 539	435 027	607 591	675 027
	Total	267 539	435 027	607 591	675 027
6. Tax credits					
Basic credit		0	0	0	0
Married or head of family					
Children					
Other					
	Total	0	0	0	0
7. Central government income tax finally paid (5-6)		267 539	435 027	607 591	675 027
8. State and local taxes		0	0	0	0
9. Employees' compulsory social security contributions					
Gross earnings		586 843	780 501	980 027	780 501
Taxable income					
	Total	586 843	780 501	980 027	780 501
10. Total payments to general government (7 + 8 + 9)		854 382	1 215 528	1 587 618	1 455 528
11. Cash transfers from general government					
For head of family					
For two children		319 200	319 200	319 200	0
	Total	319 200	319 200	319 200	0
12. Take-home pay (1-10+11)		2 636 940	3 322 594	4 029 025	2 763 394
13. Employer's wage dependent contributions and taxes					
Employer's compulsory social security contributions		856 473	1 139 109	1 430 310	1 139 109
Payroll taxes		47 582	63 284	79 462	63 284
	Total	904 055	1 202 393	1 509 771	1 202 393
14. Average rates					
Income tax		8.4%	10.3%	11.5%	16.0%
Employees' social security contributions		18.5%	18.5%	18.5%	18.5%
Total payments less cash transfers		16.9%	21.2%	23.9%	34.5%
Total tax wedge including employer's social security contributions		35.3%	38.7%	40.8%	49.0%
15. Marginal rates					
Total payments less cash transfers: Principal earner		34.5%	34.5%	34.5%	34.5%
Total payments less cash transfers: Spouse		34.5%	34.5%	34.5%	34.5%
Total tax wedge: Principal earner		49.0%	49.0%	49.0%	49.0%
Total tax wedge: Spouse		49.0%	49.0%	49.0%	49.0%

The national currency is the Forint (HUF). In 2015, HUF 279.19 was equal to USD 1. In 2015, the average worker earned HUF 3 172 122 (Secretariat estimate).

1. Personal income tax systems

1.1. *Central/federal government income taxes*

1.1.1. *Tax unit*

The tax unit is, in all cases, the separate individual. In exceptional cases, the employer can become subject to personal income tax, for instance in the case of benefits in kind.

1.1.2. *Tax allowances and tax credits*

1.1.2.1. Standard reliefs

- *Basic reliefs*: None.
- *Standard marital status reliefs*: None.
- *Employee Tax credit:* Since 1 January 2012 there is no employee tax credit.
- *Family tax allowance:* For families having children, the basis of income tax can be reduced by the family tax allowance, which amounts to HUF 62 500 per month/each dependent (for families having one or two children), or HUF 206 250 per month/each dependent (for families having at least three children). This tax allowance can be applied by a pregnant woman (or her husband) as from the 91st day after conception until birth of the child. The tax allowance may be claimed by one spouse or be split between the spouses. As of 1 January 2014 the family tax allowance was extended: families whose combined PIT base is not sufficient to claim the maximum amount of the family tax allowance can deduct the remaining sum from the 7% health insurance contribution and the 10% pension contribution. This measure does not affect the eligibility for social security benefits (pensions, healthcare, transfers, etc.).

1.1.2.2. Main non-standard tax reliefs

- *Trade Union membership dues:* Membership dues and contributions paid to trade unions and other corporate bodies of employees are deductible without any restriction.
- Tax credits are made available for physical disability or agricultural activities. Tax deduction is available for those having income from abroad.
- From 1 January 2015 for newly married couples (where it's the first marriage for at least one of the parties) the basis of income tax can be reduced by HUF 31,250 per month for one person of the couple for 24 months.

1.1.3. *Tax schedule*

The rate of personal income tax amounts to 16%.

1.2. *State and local income taxes*

In Hungary there is no local personal income tax system supplementing the central one.

2. Compulsory social security contributions to schemes operated within the government sector

2.1. Employees' contributions

2.1.1. Pensions

The rate of pension contribution amounts to 10% of gross earnings.

2.1.2. Sickness

The rate of health security contribution amounts to 7% of gross earnings.

2.1.3. Unemployment

The worker must pay, as employees' contribution, 1.5% of gross earnings.

2.1.4. Others

None. The average worker does not have any obligation to pay other contributions than the above mentioned. However, the contribution rates may be different for certain types of income or for certain groups of income recipients (e.g. employees with pensioner status). None of these exceptions are applicable to the workers taken into consideration in this report.

2.2. Employers' contributions

2.2.1. Pensions

None.

2.2.2. Sickness

None.

2.2.3. Unemployment

None.

2.2.4. Others

From 2012 the employers' social security contributions were merged into the new payroll tax, called social contribution tax. This change is of legal nature, the combined rate remains 27% while the revenue is divided among the pension, health care and labour-market funds (26% for pensions, 1% for health care).

The employer contributions also include a payroll tax: the training levy amounts to 1.5% of gross earnings.

From 1 January 2013, the Job Protection Act (JPA) introduced new targeted reliefs in the employers' contributions (social contribution tax and training levy) to incentivise the employment of the most disadvantageous groups on the labour market. From 1 July 2015 the JPA will be extended to agricultural occupations in the age group of 25-55 years. This measure reduces the standard rate of the employers' contributions up to a cap of HUF 100 000 per month. The JPA introduced a permanent reduction of the employers' tax rate by 14.5% for:

- employees under 25 years of age,
- employees over 55 years of age,

- employees working in elementary occupations.

It also introduced temporary reductions (28.5% in the first two years of the employment, and 14.5% in the third year) for:

- long term unemployed re-entering the labour market,
- people returning to work after child-care leave,
- career starters.

From 1st January 2015 the budgetary institutions are not eligible for the JPA tax allowances anymore.

The new targeted reliefs in the employers' contributions are not considered in the Taxing Wages model.

Social security contributions will have to be paid on other benefits than gross earnings (e.g. grants in kind) and payments (e.g. certain kind of contracts).

3. Universal cash transfers

3.1. *Transfers related to marital status*

None.

3.2. *Transfers for dependent children*

Effective from 1 January 2008:

Type of family	HUF per month
For a couple with one child	12 200
For a single earner with one child	13 700
For a couple with two children, per child	13 300
For a single earner with two children, per child	14 800
For a couple with 3 or more children, per child	16 000
For a single earner with 3 or more children, per child	17 000
For a couple with permanently sick and disabled child	23 300
For a single earner with permanently sick and disabled child	25 900

4. Main changes in the tax/benefit system since 2010

- The tax base correction was phased out in two steps.
- The employee tax credit was abolished.
- The employees' health care contribution was increased.
- The employers' social security contributions were merged into the social contribution tax (legal change only, rates and base remained unchanged).
- Health contributions on benefits in kind were increased.
- As a temporary measure, a wage compensation scheme was in effect in the form of an employers' SSC credit.
- Targeted employment incentives to boost the employment levels of groups at the margin of the labour force.
- The child tax allowance was extended in 2014 by allowing the deduction of the allowance from employees' SSC.

5. Memorandum items

5.1. Employer contributions to private social security arrangements

In Hungary the law dealing with the voluntary mutual insurance funds (like pension funds) was enacted on 6 December 1993. Based on the rules for 2011, the monthly contribution paid to a voluntary mutual pension fund by the employer of a private worker who participates in a voluntary mutual pension fund, limited to an amount below half of the mandatory minimum wage, is taxable according to an effective personal income tax rate of 19.04 (the nominal tax rate of 16% multiplied by 1.19)%. In the case of employers' contributions paid to health or mutual aid funds, the applicable limit is 30% of the mandatory minimum wage. Contributions in excess of these limits are taxable at an effective personal income tax rate of 19.04% and a health contribution of 27% is also payable on these amounts. Sponsor's donations paid by the employer to its employees' voluntary mutual insurance fund are taxable as well. In addition, employees can apply a 20% tax credit (with a limit of HUF 100 000 or 130 000 per year; in the case of payments simultaneously made to pension, health or mutual aid funds, the limit is HUF 120 000 or 150 000 per year) on these taxable payments. The tax authority pays the tax credit directly to a voluntary mutual insurance fund.

In general, insurance premiums (on the basis of which an employee is named as the recipient/beneficiary of insurance services) paid by the employer are taxable, and social security contributions plus training contribution are also payable. At the same time insurance premiums related to life insurance policy for accidental death, injury liability, or medical care insurance for full and permanent incapacity to work are exempted from taxation and any contributions.

As from 2008 employer pension institutions can be established. Based on the rules for 2011, the monthly contribution paid to an employer pension institution by the employer of a private worker, limited to an amount below half of the mandatory minimum wage, is taxable according to an effective personal income tax rate of 19.04%. Contributions in excess of this limit are taxable at an effective personal income tax rate of 19.04% and a health contribution of 27% is also payable on these amounts.

2015 parameter values

Average earnings/yr	Ave_earn	3 172 122	Secretariat estimate		
Child allowance (per child)	child_al	1	750 000		
		2	750 000		
		3	2 475 000		
		4	2 475 000		
Income tax schedule	tax_sch	0.16			
Social security contributions	SSC_unemp	0.015			
	SSC_p	0.1			
	SSC_h	0.07			
Payroll taxes	SSC_empr	0.27			
	payroll_rate	0.015			
		# of children	1	2	3+
Transfers for children	CB_rates	0	12 200	13 300	16 000
(monthly)		1	13 700	14 800	17 000

2015 tax equations

The equations for the Hungarian system in 2015 are mostly on an individual basis. But the child allowance can be split between the spouses and cash transfers are calculated only once. This is shown by the Range indicator in the table below.

The functions which are used in the equations (Taper, MIN, Tax etc) are described in the technical note about tax equations. Variable names are defined in the table of parameters above, within the equations table, or are the standard variables "married" and "children". A reference to a variable with the affix "_total" indicates the sum of the relevant variable values for the principal and spouse. And the affixes "_princ" and "_spouse" indicate the value for the principal and spouse, respectively. Equations for a single person are as shown for the principal, with "_spouse" values taken as 0.

	Line in country table and intermediate steps	Variable name	Range	Equation
1.	Earnings	earn		
2.	Allowances:			
	Children	child_al	P	IF(Children>0, Children*VLOOKUP(Children, child_al, 2), 0)
	Total	tax_al	B	child_al
3.	Credits in taxable income	taxbl_cr	B	0
4.	CG taxable income	tax_inc	P	MAX(0,earn -tax_al)
	CG taxable income	tax_inc	S	Positive(earn_spouse-Positive(tax_al-earn_spouse-SSC_deduction_princ/tax_sch))
5.	CG tax before credits	CG_tax_excl	B	tax_inc*tax_sch
7.	CG tax	CG_tax	B	CG_tax_excl-tax_cr
8.	State and local taxes	local_tax	B	0
	Child tax allowance (Employees' SSC)	SSC_child_cr	P	=MIN(earn_princ*(SSC_h+SSC_p),Positive(tax_al-earn_princ)*tax_sch)
	Child tax allowance (Employees' SSC)		S	=MIN(earn_spouse*(SSC_h+SSC_p),Positive(-earn_princ)*tax_sch)
9.	Employees' soc security	SSC	B	earn*(SSC_unemp+ SSC_h+SSC_p)-SSC_child_cr
11.	Cash transfers	cash_trans	J	Children*(VLOOKUP((1-Married), CB_rates, MIN(Children, 3)+1)*12)
13.	Employer's soc security	SSC_empr	B	earn*SSC_empr
	Employer's payroll taxes	Payroll	B	earn*payroll_rate

Key to range of equation B calculated separately for both principal earner and spouse P calculated for principal only (value taken as 0 for spouse calculation) J calculated once only.

Iceland

This chapter includes data on the income taxes paid by workers, their social security contributions, the family benefits they receive in the form of cash transfers as well as the social security contributions and payroll taxes paid by their employers. Results reported include the marginal and average tax burden for eight different family types.

Methodological information is available for personal income tax systems, compulsory social security contributions to schemes operated within the government sector, universal cash transfers as well as recent changes in the tax/benefit system. The methodology also includes the parameter values and tax equations underlying the data.

Iceland 2015

The tax/benefit position of single persons

	Wage level (per cent of average wage)	67	100	167	67
	Number of children	none	none	none	2
1.	**Gross wage earnings**	4 985 122	7 440 480	12 425 602	4 985 122
2.	**Standard tax allowances**				
	Basic allowance				
	Married or head of family				
	Dependent children				
	Deduction for social security contributions and income taxes	199 405	297 619	497 024	199 405
	Work-related expenses				
	Other				
	Total	199 405	297 619	497 024	199 405
3.	**Tax credits or cash transfers included in taxable income**	0	0	0	0
4.	**Central government taxable income (1 - 2 + 3)**	4 785 717	7 142 861	11 928 578	4 785 717
5.	**Central government income tax liability (exclusive of tax credits)**	1 120 270	1 716 628	3 050 377	1 120 270
6.	**Tax credits**				
	Basic credit	610 824	610 824	610 824	610 824
	Married or head of family				
	Children				
	Other				
	Total	610 824	610 824	610 824	610 824
7.	**Central government income tax finally paid (5-6)**	509 446	1 105 804	2 439 553	509 446
8.	**State and local taxes**	691 058	1 031 429	1 722 487	691 058
9.	**Employees' compulsory social security contributions**				
	Gross earnings	26 864	26 864	26 864	26 864
	Taxable income				
	Total	26 864	26 864	26 864	26 864
10.	**Total payments to general government (7 + 8 + 9)**	1 227 368	2 164 097	4 188 903	1 227 368
11.	**Cash transfers from general government**				
	For head of family				
	For two children	0	0	0	555 219
	Total	0	0	0	555 219
12.	**Take-home pay (1-10+11)**	3 757 754	5 276 383	8 236 699	4 312 973
13.	**Employer's compulsory social security contributions**	373 386	557 292	930 678	373 386
14.	**Average rates**				
	Income tax	24.1%	28.7%	33.5%	24.1%
	Employees' social security contributions	0.5%	0.4%	0.2%	0.5%
	Total payments less cash transfers	24.6%	29.1%	33.7%	13.5%
	Total tax wedge including employer's social security contributions	29.9%	34.0%	38.3%	19.5%
15.	**Marginal rates**				
	Total payments less cash transfers: Principal earner	38.2%	38.2%	44.4%	47.8%
	Total payments less cash transfers: Spouse	n.a.	n.a.	n.a.	n.a.
	Total tax wedge: Principal earner	42.5%	42.5%	48.3%	51.4%
	Total tax wedge: Spouse	n.a.	n.a.	n.a.	n.a.

Iceland 2015

The tax/benefit position of married couples

		Wage level (per cent of average wage)	100-0	100-33	100-67	100-33
		Number of children	2	2	2	none
1.	**Gross wage earnings**		7 440 480	9 895 839	12 425 602	9 895 839
2.	**Standard tax allowances**					
	Basic allowance					
	Married or head of family					
	Dependent children					
	Deduction for social security contributions and income taxes		297 619	395 834	497 024	395 834
	Work-related expenses					
	Other					
		Total	297 619	395 834	497 024	395 834
3.	**Tax credits or cash transfers included in taxable income**		0	0	0	0
4.	**Central government taxable income (1 - 2 + 3)**		7 142 861	9 500 005	11 928 578	9 500 005
5.	**Central government income tax liability (exclusive of tax credits)**		1 716 628	2 255 471	2 836 898	2 255 471
6.	**Tax credits**					
	Basic credit		1 221 648	1 149 667	1 221 648	1 149 667
	Married or head of family					
	Children					
	Other					
		Total	1 221 648	1 149 667	1 221 648	1 149 667
7.	**Central government income tax finally paid (5-6)**		494 980	1 105 804	1 615 250	1 105 804
8.	**State and local taxes**		1 031 429	1 299 820	1 722 487	1 299 820
9.	**Employees' compulsory social security contributions**					
	Gross earnings		26 864	53 728	53 728	53 728
	Taxable income					
		Total	26 864	53 728	53 728	53 728
10.	**Total payments to general government (7 + 8 + 9)**		1 553 273	2 459 352	3 391 465	2 459 352
11.	**Cash transfers from general government**					
	For head of family					
	For two children		322 802	155 788	10 073	0
		Total	322 802	155 788	10 073	0
12.	**Take-home pay (1-10+11)**		6 210 009	7 592 275	9 044 211	7 436 487
13.	**Employer's compulsory social security contributions**		557 292	741 198	930 678	741 198
14.	**Average rates**					
	Income tax		20.5%	24.3%	26.9%	24.3%
	Employees' social security contributions		0.4%	0.5%	0.4%	0.5%
	Total payments less cash transfers		16.5%	23.3%	27.2%	24.9%
	Total tax wedge including employer's social security contributions		22.4%	28.6%	32.3%	30.1%
15.	**Marginal rates**					
	Total payments less cash transfers: Principal earner		47.8%	43.9%	43.9%	38.2%
	Total payments less cash transfers: Spouse		43.7%	41.6%	43.9%	35.8%
	Total tax wedge: Principal earner		51.4%	47.8%	47.8%	42.5%
	Total tax wedge: Spouse		47.6%	45.6%	47.8%	40.3%

The national currency is the Króna (plural: Krónur) (ISK). In 2015, ISK 131.90 was equal to USD 1. In 2015, the average worker is expected to earn ISK 7 440 480 (Secretariat estimate).*

1. Personal income tax system

1.1. *Central government income taxes*

1.1.1. *Tax unit*

Income is taxed on an individual basis, except for capital income of married couples which is taxed jointly.

1.1.2. *Tax allowances and credits*

1.1.2.1. Standard reliefs

- *Basic tax credit*: A fixed tax credit, amounting to ISK 610 824 in 2015, is granted to all individuals 16 years and older, regardless of their marital status. The tax credit is deducted from levied central and local government taxes. Unutilised tax credits or portions thereof are wastable, i.e. non-refundable and non-transferable between tax years.
- *Standard marital status relief*: Married couples may utilise up to 100% of each spouses' unutilised portion of his/her basic tax credit.
- *Relief(s) for children*: None.
- *Relief(s) for compulsory pension contributions*: The compulsory payment to pension funds amounts to 4% of wages and is deductible. In addition, an optional payment of up to 4% of wages may also be deducted. As the additional 4% contribution is optional, it is viewed as a non-standard relief in this Report.

1.1.2.2. Main non-standard tax reliefs applicable to an AW

- *Interest payment relief*: A fully refundable tax credit is granted to purchasers of personal dwellings (homes) to recuperate a part of mortgage-related interest expenses. The maximum tax-related interest credit in 2015 is ISK 400 000 for a single person, ISK 500 000 for a single parent and ISK 600 000 for a married couple. The following constraints apply to interest rebates: 1) they cannot exceed 7.0% of the remaining debt balance incurred in buying a home for one's own use. 2) The maximum amount of interest payments that qualify for an interest rebate calculation is ISK 800 000 for an individual, ISK 1 000 000 for a single parent and ISK 1 200 000 for a couple. 3) 8.5% of taxable income is subtracted from the interest expense. 4) The rebates begin to be curtailed at a net worth threshold of ISK 4 000 000 for a single individual and a single parent and ISK 6 500 000 for a couple and are eliminated altogether at a 60% higher amount, or ISK 6 400 000 and 10 400 000, respectively. (These amounts are based on income in the year 2015 but are paid out in 2016. These numbers are estimates; final figures will be available once the 2016 budget has been passed).

* The definition of average worker in Iceland includes workers in five categories. See Section 5.1.

1.1.3. *Tax schedule*

The income tax base is composed of *personal income* (e.g. wages, salaries, fringe benefits, pensions, etc.), which is taxed on an individual basis, and *capital income* which is taxed jointly for married couples.

The tax on personal income is triple-rated. The central government income tax rate in 2015 is 22.86% for income up to ISK 309 140 per month. A 25.3% tax rate applies to the next ISK 527 264 or up to ISK 836 404. For income exceeding ISK 836 404 the tax rate is 31.8%. The income tax rate applies to all personal income in excess of ISK 142 153 per month (ISK 1 705 836 per year). Tax relief is provided by the basic credit described in Section 1.121.

The tax on capital income is 20%. It is levied on all capital income of individuals, such as interest, dividends, rents etc. Interest income up to ISK 125 000 per year and 30% of income from rent of residential property is tax free.

1.2. *Local government income tax*

The local government income tax base is the same as the central government's personal income tax base.

The local governments' income tax is single-rated, but the rate varies between 12.44 and 14.52% between municipalities. The average rate in 2015 is 14.44%.

2. Compulsory social security contributions to schemes operated within the government sector

2.1. *Employees' contributions*

Fee to the Retiree Investment Fund: 16 to 70 year-old individuals are subject to a fixed tax of ISK 10 464 in 2015, provided the individual's taxable income is at least ISK 1 637 598 for the year. This tax will be collected in 2016.

Fee to the broadcast media: 16 to 70 year-old individuals with taxable income over ISK 1 637 598 for the year are subject to a fixed tax of ISK 16 400 in 2015, which will be collected in 2016.

These amounts are estimates and thus subject to change as the fees are payable in 2016.

2.2. *Employers' contributions*

Employers have to pay a social security tax on total wages of 7.49%. In addition, 0.65% is levied on the wages of fishermen as a premium for their government accident insurance. Furthermore, a new financial activities tax was introduced in 2012, which requires financial and insurance companies to pay an additional 5.5% payroll tax in 2015.

3. Universal cash transfers

3.1. *Marital status related transfers*

None.

3.2. *Transfers for dependent children*

Child benefits are granted for each child, subject to income thresholds. In 2014 they are as follows (in ISK per year):

For each child under the age of seven:	119 300
Children under the age of eighteen at the end of 2014:	
First child	199 839
Each additional child	237 949
Benefits for single parents:	
First child	332 950
Each additional child	341 541
Income threshold for benefit curtailment:	
For couples	4 800 000
For a single parent	2 400 000
Curtailment of benefits (children under the age of seven only):	
For each child	4%
Curtailment of benefits (all children under the age of eighteen):	
For one child	4%
For two children	6%
For three children or more	8%

Note that child benefits in this Report are based on income in the year 2015 but are paid out in 2016 (see also Section 4.4). These numbers are estimates and thus subject to change.

4. Main changes in the tax/benefit system since 1998

4.1. *The deductibility of the payment to pension funds*

All employees are required to participate in pension funds. The employee contribution is generally 4% of wages and the employer contribution was 6%, and increased to 8% as of beginning 2007. Both contributions are deductible from income before tax. In some cases, the contributions of employees and employers are higher. An optional, additional payment from employees of up to 4% of wages is also deductible and goes into an individual retirement account. However, from 2012 to mid-2014, this additional payment was temporarily set at 2 %.

This voluntary pension savings option was first introduced in 1999 in order to encourage personal saving. At the time the contribution rate was 2% for employees and 0.2% for employers. In May 2000 these rates were doubled to 4 and 0.4%, respectively, as noted above. In addition, some employers, such as the central government, have increased their employer counter-contribution by agreement with employees. The central government contributed 1% against a voluntary employee contribution of 4% in 2001 and 2% as of the beginning of 2002. All such contributions are tax-deductible, both with the employer and the employee at the time the contribution is made. The actual pension is taxed as personal income when it is drawn. As of the beginning of 2004, the employer option of deducting the above 0.4% against the social security tax was abolished. Since such employer counter-contributions had become part of wage agreements in most cases, it was no longer felt that such a tax incentive was needed.

4.2. *Central and local income tax rates in 1997-2015*

In 1997-07, the Government pursued a policy of reducing the marginal tax rate, as can been seen in the table below. This development was reversed in 2009 when income tax was raised by 1.35 percentage points in response to the Treasury's rising debt burden brought on by the economic crisis. At the beginning of 2010 the tax system was changed from single rated to triple rated. The tax rate was set at 24.1% for the first monthly ISK 200 000 but it was raised by 2.9% for the next ISK 450 000 and again by 6% for income in excess of ISK 650 000. In 2014, the rates are 22.86%, 25.3% and 31.8%, and the corresponding income thresholds are ISK 290 000 and 784 619 per month; see Section 1.13 for further details. From 1998 onwards, the central government and average local government personal income tax rates have been as follows:

	Central government general tax rate (%)	Municipal tax rate (%)	Total tax rate (%)	Central government surtax (%)
1998	27.41	11.61	39.02	7.00
1999	26.41	11.93	38.34	7.00
2000	26.41	11.96	38.37	7.00
2001	26.08	12.68	38.76	7.00
2002	25.75	12.79	38.54	7.00
2003	25.75	12.80	38.55	5.00
2004	25.75	12.83	38.58	4.00
2005	24.75	12.98	37.73	2.00
2006	23.75	12.97	36.72	0
2007	22.75	12.97	35.72	0
2008	22.75	12.97	35.72	0
2009	24.10	13.10	37.20	0
2010	24.10	13.12	37.32	2.90/6.00
2011	22.90	14.41	37.31	2.90/6.00
2012	22.90	14.44	37.34	2.90/6.00
2013	22.90	14.42	37.32	2.90/6.00
2014	22.86	14.44	37.30	2.44/6.50
2015	22.86	14.44	37.30	2.44/6.50

4.3. A special tax on higher income

In 1998, the special tax on higher income was raised by 2 percentage points, from 5 to 7%. For 2003-income, it was reduced back to 5%. It was reduced to 4% for 2004 income and to 2% for 2005-income. In the fiscal year 2006, the tax was abolished. In the latter half of 2009 the special tax on higher income was introduced again at 8%. In 2010 the tax system changed to triple-rated; see Sections 4.2 and 1.13.

4.4. A revision of child benefit system

Child benefits are granted for each child, subject to income thresholds. The amendments to tax legislation that came into effect in 2004 included a schedule for raising child benefits. As from 2007, the child benefits will be paid for children up to 18 years old instead of 16 years old. For 2008-15, benefits are as follows (in ISK per year):

	2008	2009	2010	2011	2012	2013	2014	2015
For all children under the age of seven	61 191	61 191	61 191	61 191	100 000	100 000	115 825	119 300
Children under the age of eighteen:								
First child	152 331	152 331	152 331	152 331	167 564	167 564	194 081	199 839
Each additional child	181 323	181 323	181 323	181 323	199 455	199 455	231 019	237 949
Benefits for single parents:								
First child	253 716	253 716	253 716	253 716	279 087	279 087	323 253	332 950
Each additional child	260 262	260 262	260 262	260 262	286 288	286 288	331 593	341 541
Income threshold for benefit curtailment:								
For couples	3 600 000	3 600 000	3 600 000	3 600 000	4 800 000	4 800 000	4 800 000	4 800 000
For a single parent	1 800 000	1 800 000	1 800 000	1 800 000	2 400 000	2 400 000	2 400 000	2 400 000

	2008	2009	2010	2011	2012	2013	2014	2015
Curtailment of benefits under the age of seven:								
For each child			3%	3%	3%	3%	4%	4%
Curtailment of benefits under the age of eighteen:								
For one child	2%	2%	3%	3%	3%	3%	4%	4%
For two children	5%	5%	5%	5%	5%	5%	6%	6%
For three children or more	7%	7%	7%	7%	7%	7%	8%	8%

The data for 2015 is subject to change as the benefits are not payable until 2016.

4.5. *A revision of interest rebates*

In 2004, the interest rebate was cut by 10%, effective for that year only. The ceiling on interest payments that qualify for the interest rebate was reduced from 7% to 5.5% in 2005 and the interest rate cut was reduced from 10% to 5%. As of the beginning of 2006, the ceiling was further reduced to 5%. In 2005 and again in 2007 the net worth ceiling was lifted considerably in reaction to the increase in net worth due to the house price boom in 2005-07. In 2008, as mortgage-related interest expenses surged, the ceiling on interest payments was raised back to 7% and the maximum rebate amount increased by 37%. These measures stayed in effect in 2009. In 2010 the maximum rebate amount increased by 47-62% and the net worth ceiling was reduced significantly. The rate of taxable income which is subtracted from the interest expense was increased from 6% to 8% and further to 8.5% in 2014. In addition to the ordinary interest payment relief, a temporary interest cost rebate was in effect in 2010-11; see Section 1.122.

4.6. *Transferability of basic tax credit between spouses*

The basic tax credit was made transferable between spouses in stages; see section 1.121 above. In fiscal year 2001, 90% of the credit became transferable, rising to 95% in 2002 and 100% in 2003.

5. Memorandum items

5.1. *Identification of AW (only eight categories) and valuation of earnings*

The data on average earnings refers to average workers in eight categories according to the NACE rev. 2 classification which corresponds to the ISIC rev.4 system. The categories are C – Manufacturing, D – Electricity, gas, steam and air conditioning supply (from 2008), E – Water supply; sewerage, waste management and remediation activities (from 2008) F – Construction, G – Wholesale and retail trade, repair of motor vehicles, motorcycles, H – Transport, storage, and J – Information and communication K – Financial and insurance activities. Public sector employees are not included. Together, these categories comprise approximately 80% of Iceland's private sector labour force.

The original data are obtained from a monthly survey among Icelandic firms with 10 or more employees.

5.2. *Employer contributions to private pension funds, health and related schemes*

By law, all employees and employers must contribute to pension funds. These funds are private, generally linked to unions and employee associations. The private pension funds are not part of the government-run social security system, to which a payroll tax is paid as described under Section 2.2 above. Compulsory and voluntary payments to such funds are described in Section 4.1 above.

2015 parameter values

Average earnings/yr	Ave_earn	7 440 480	Secretariat estimate
Pension rate for tax allowance	pension_rate	0.04	
Tax credit	Basic_crd	610 824	
	Married_propn	1	
Central income tax	tax_sch	0.2286	3 709 680
		0.253	10 036 847
		0.318	
Special tax	special_rate	0	
threshold	special_thrsh		
Local tax	local_rate	0.1444	
Church tax	church_tax	0	
Social Security Contr.	SSC_fixed	26 864	
	SSC_thrsh	1 637 598	
Employer SSC	SSC_empr	0.0749	
General child allowance:			
child allowance	CA	119 300	
Maximum number of children under 7	max_child_under7	1	
Supplement child allowance:			
Married couple case			
first child	SA_first_m	199 839	
other children	SA_others_m	237 949	
income threshold	SA_tresh_m	4 800 000	
Single parent case			
first child	SA_first_s	332 950	
other children	SA_others_s	341 541	
income threshold	SA_tresh_s	2 400 000	
reduction rate (one child)	SA_redn_1	0.04	
reduction rate (two children)	SA_redn_2	0.06	
reduction rate (tree or more children)	SA_redn_3	0.08	

2015 tax equations

The equations for the Iceland system are mostly on an individual basis. But the tax credit for married couples is relevant only to the calculation for the principal earner and child benefit is calculated only once. This is shown by the Range indicator in the table below.

The functions which are used in the equations (Taper, MIN, Tax etc) are described in the technical note about tax equations. Variable names are defined in the table of parameters above, within the equations table, or are the standard variables "married" and "children". A reference to a variable with the affix "_total" indicates the sum of the relevant variable values for the principal and spouse. And the affixes "_princ" and "_spouse" indicate the value for the principal and spouse, respectively. Equations for a single person are as shown for the principal, with "_spouse" values taken as 0.

	Line in country table and intermediate steps	Variable name	Range	Equation
1.	Earnings	earn		
2.	Allowances:	tax_al	B	earn*pension_rate
3.	Credits in taxable income	taxbl_cr	B	0
4.	CG taxable income	tax_inc	B	earn-tax_al
5.	CG tax before credits	CG_tax_excl	B	tax(tax_inc, tax_sch)
6.	Tax credits :	tax_cr	P	MIN(CG_tax_excl_princ,Basic_crd+MAX(Married*Basic_crd-CG_tax_excl_spouse-(tax_inc_spouse*local_rate),0))
			S	MIN(Married*Basic_crd, CG_tax_excl_spouse)
		special_tax	J	0
7.	CG tax	CG_tax	B	CG_tax_excl-tax_cr+special_tax
8.	State and local taxes	local_tax	P S	MAX(tax_inc_princ*local_rate-MAX(Basic_crd+ Max(Married*Basic_crd-CG_tax_excl_spouse-(tax_inc_spouse*local_rate),0)-CG_tax_excl_princ,0),0) MAX(tax_inc_spouse*local_rate-MAX(Married*Basic_crd-CG_tax_excl_spouse,0),0)
9.	Employees' soc security	SSC	B	SSC_fixed*(earn>SSC_thrsh)
11.	Cash transfers:			
	Total family income	inc_tot	J	earn_total
	Child allowance	cash_trans	J	Positive(MIN(Children,max_child_under7)*CA-Positive(inc_total*(1-pension_rate) -IF(Married,SA_tresh_m,SA_tresh_s))*SA_redn_1) +(Children>0)*(IF(Married, SA_first_m+ Positive(Children-1)*SA_others_m,SA_first_s+ Positive(Children-1)* SA_others_s) - Positive(inc_tot*(1-pension_rate)-IF(Married,SA_tresh_m,SA_tresh_s))*IF(Children=1, SA_redn_1,IF(Children=2,SA_redn_2,SA_redn_3)))
13.	Employer's soc security	SSC_empr	B	earn*SSC_empr_rate

Key to range of equation B calculated separately for both principal earner and spouse P calculated for principal only (value taken as 0 for spouse calculation) J calculated once only on a joint basis.

Ireland

This chapter includes data on the income taxes paid by workers, their social security contributions, the family benefits they receive in the form of cash transfers as well as the social security contributions and payroll taxes paid by their employers. Results reported include the marginal and average tax burden for eight different family types.

Methodological information is available for personal income tax systems, compulsory social security contributions to schemes operated within the government sector, universal cash transfers as well as recent changes in the tax/benefit system. The methodology also includes the parameter values and tax equations underlying the data.

Ireland 2015

The tax/benefit position of single persons

	Wage level (per cent of average wage)	67	100	167	67
	Number of children	none	none	none	2
1.	**Gross wage earnings**	23 348	34 847	58 195	23 348
2.	**Standard tax allowances**	0	0	0	0
3.	**Tax credits or cash transfers included in taxable income**	0	0	0	0
4.	**Central government taxable income (1 - 2 + 3)**	23 348	34 847	58 195	23 348
5.	**Central government income tax liability (exclusive of tax credits)**	4 670	7 179	16 518	4 670
6.	**Tax credits**				
	Basic credit	1 650	1 650	1 650	1 650
	Single, head of family	0	0	0	1 650
	Children				
	Other	1 650	1 650	1 650	1 650
	Total	3 300	3 300	3 300	4 950
7.	**Central government income tax finally paid (5-6)**	2 148	5 463	16 436	779
8.	**State and local taxes**	0	0	0	0
9.	**Employees' compulsory social security contributions**				
	Gross earnings	934	1 394	2 328	934
	Taxable income				
	Total	934	1 394	2 328	934
10.	**Total payments to general government (7 + 8 + 9)**	3 082	6 857	18 764	1 713
11.	**Cash transfers from general government**				
	For head of family	0	0	0	5 802
	For two children	0	0	0	3 240
	Total	0	0	0	9 042
12.	**Take-home pay (1-10+11)**	20 265	27 991	39 431	30 676
13.	**Employer's compulsory social security contributions**	2 510	3 746	6 256	2 510
14.	**Average rates**				
	Income tax	9.2%	15.7%	28.2%	3.3%
	Employees' social security contributions	4.0%	4.0%	4.0%	4.0%
	Total payments less cash transfers	13.2%	19.7%	32.2%	-31.4%
	Total tax wedge including employer's social security contributions	21.6%	27.5%	38.8%	-18.6%
15.	**Marginal rates**				
	Total payments less cash transfers: Principal earner	31.0%	51.0%	51.0%	64.4%
	Total payments less cash transfers: Spouse	n.a.	n.a.	n.a.	n.a.
	Total tax wedge: Principal earner	37.7%	55.8%	55.8%	67.9%
	Total tax wedge: Spouse	n.a.	n.a.	n.a.	n.a.

Ireland 2015

The tax/benefit position of married couples

	Wage level (per cent of average wage)	100-0	100-33	100-67	100-33
	Number of children	2	2	2	none
1.	**Gross wage earnings**	34 847	46 347	58 195	46 347
2.	**Standard tax allowances**	0	0	0	0
3.	**Tax credits or cash transfers included in taxable income**	0	0	0	0
4.	**Central government taxable income (1 - 2 + 3)**	34 847	46 347	58 195	46 347
5.	**Central government income tax liability (exclusive of tax credits)**	6 969	9 269	11 639	9 269
6.	**Tax credits**				
	Basic credit	3 300	3 300	3 300	3 300
	Single, head of family	0	0	0	0
	Children				
	Other	2 460	3 300	3 300	3 300
	Total	5 760	6 600	6 600	6 600
7.	**Central government income tax finally paid (5-6)**	2 793	4 253	7 402	4 253
8.	**State and local taxes**	0	0	0	0
9.	**Employees' compulsory social security contributions**				
	Gross earnings	1 394	1 394	2 328	1 394
	Taxable income				
	Total	1 394	1 394	2 328	1 394
10.	**Total payments to general government (7 + 8 + 9)**	4 187	5 647	9 730	5 647
11.	**Cash transfers from general government**				
	For head of family	1 040	0	0	0
	For two children	3 240	3 240	3 240	0
	Total	4 280	3 240	3 240	0
12.	**Take-home pay (1-10+11)**	34 940	43 940	51 705	40 700
13.	**Employer's compulsory social security contributions**	3 746	4 724	6 256	4 724
14.	**Average rates**				
	Income tax	8.0%	9.2%	12.7%	9.2%
	Employees' social security contributions	4.0%	3.0%	4.0%	3.0%
	Total payments less cash transfers	-0.3%	5.2%	11.2%	12.2%
	Total tax wedge including employer's social security contributions	9.5%	14.0%	19.8%	20.3%
15.	**Marginal rates**				
	Total payments less cash transfers: Principal earner	31.0%	31.0%	31.0%	31.0%
	Total payments less cash transfers: Spouse	21.7%	20.0%	31.0%	20.0%
	Total tax wedge: Principal earner	37.7%	37.7%	37.7%	37.7%
	Total tax wedge: Spouse	27.9%	26.3%	37.7%	26.3%

The national currency is the Euro (EUR). In 2015, EUR 0.90 was equal to USD 1. In that year, the average production worker earned EUR 34 847 (Secretariat estimate).

1. Personal income tax systems

1.1. *Central/federal government income taxes*

1.1.1. *Tax unit*

Tax is levied on the combined income of both spouses. Either spouse may, however, opt for separate assessment, in which case the tax payable by both spouses must be the same as would be payable under joint taxation. A further option allows either spouse to opt for assessment as single persons in which case they are treated as separate units. The calculations presented in this Report are based on family taxation.

1.1.2. *Tax credits*

1.1.2.1. Standard reliefs:

- *Basic reliefs:* The single person's credit is EUR 1 650 per year.
- *Standard marital status reliefs:* The married person's credit is EUR 3 300 per year (i.e. twice the basic credit of EUR 1 650).
- *Employee credit:* With the exception of certain company directors and their spouses and the spouses of partners in partnership cases, all employees, including (subject to certain conditions) children who are full-time employees in the business of their parents, are entitled to an employee credit of EUR 1 650.
- *Single-Parent Family Relief:* The single parent family credit is EUR 1 650.

1.1.2.2. Main non-standard tax reliefs applicable to an APW

- *Interest on qualifying loans:* This relief can no longer be claimed by new applicants but those who had claimed prior to 2012 are still eligible.

	First time mortgage holders	Other mortgage holders
Married couple	• EUR 8 000	• EUR 5 079
Widowed person	• EUR 8 000	• EUR 5 079
Single person	• EUR 4 000	• EUR 2 539

- *Medical Insurance:* Relief at the taxpayer's standard rate of tax is available for taxpayers who make a payment to an authorised insurer under a contract which provides for the payment of medical expenses resulting from sickness of the person, his wife, child or other dependants. This *relief is now granted at source and is paid to the insurance provider.*
- *Mortgage Interest Relief:* Mortgage interest relief is discontinued for any mortgage over 7 years from 1 May 2009.
- *Work-related Expenses:* These are relieved to the extent that they are wholly, exclusively and necessarily incurred in the performance of the duties of an employment.

- *Home Carers Allowance:* This is a tax credit of EUR 810 for families where one spouse works at home to care for children, the aged or incapacitated persons, where the carer spouse's income does not exceed EUR 5 079. A reduced measure of relief is granted for income between EUR 5 080 and EUR 6 700: if the income exceeds EUR 5 080 the tax credit is reduced by one half of the income of the Home Carer that exceeds this limit. This credit and the increased standard rate tax band for two income couples (see tax schedule below) are mutually exclusive but the person may opt for whichever is the more beneficial. If the Home Carer earns income of up to EUR 5 080 in his/her own right for the tax year, the full tax credit may be claimed. For the purposes of this tax credit, income means any taxable income such as income from a part-time job, dividends, etc. but does not include the Carer's Allowance payable by the Department of Social and Family Affairs.

1.1.3. *Tax schedule*

Band of taxable Income (EUR)				Rate (%)
Single/widow(er)	Married couple (one income)	Married couple (two incomes)	One-parent Families	
Up to 33 800	Up to 42 800	Up to the lesser of: 67 600; 42 800 plus the amount of the lowest income	37 800	20
Balance	Balance	Balance	Balance	40

1.1.4. *Low income exemption and marginal relief tax*

Where total income is less than or equal to the income exemption limit that income is exempt from tax.

Exemption limits:

	EUR
Single/widowed	
Under 65	5 210
65 and over	17 000
Married	
Under 65	10 420
65 and over	34 000
Children	
One or two children (each)	575
Subsequent children	830

The marginal relief rate of tax applies where liability to tax at the marginal relief rate is less than that which would be chargeable under the normal tax schedule and where total income is less than twice the relevant exemption limit, otherwise tax is charged under the normal tax schedule.

Marginal relief tax is charged, where applicable, at a rate of 40% on the difference between total income and the relevant exemption limit.

1.1.5. *Universal Social Charge (USC)*

In 2011, the Universal Social Charge (USC) replaced the Income and Health Levies that were introduced in 2009 in the income tax. The USC applies at a low rate on a broad base.

The USC is charged on an individualised basis on gross income at 1.5% on income up to and including EUR 12 012, at 3.5% for income in excess of EUR 12 012 but not greater than EUR 17 576, at 7% for income in excess of EUR 17576 but not greater than EUR 70 044, and at 8% above that level. Those aged over 70 years pay 1.5% on income up to EUR 12 012 and at 3.5% above that level up to and including EUR 60 000. The lower exemption threshold has been increased from EUR 10 036 to EUR 12 012. The USC does not apply to social welfare payments, including contributory and non-contributory social welfare State pensions.

Individuals in possession of full medical card, including a Health Amendment Act card, will only pay USC at a max rate of 3.5% irrespective of the level of their income. However, when an individual has self-employment income in excess of EUR 100 000 for a tax year, the max rate is 6.5% on the amount of the excess. Non-medical card holders are subject to a maximum rate of 11% on such income.

USC rates for individuals aged 70 years and over and individuals who hold FULL medical cards: The 3.5% rate applies to all income over EUR 12 012. There is a surcharge of 3% on individuals who have income from self-employment that exceeds EUR 100 000 in a year, regardless of age. Where such individuals are aged over 70 years or hold a full medical card, a rate of 6.5% applies.

1.2. State and local income taxes

No State or local income taxes exist in Ireland.

2. Compulsory social security contributions to schemes operated within the government sector

2.1. Employees' contributions

Contributions are payable at a rate of 4 per cent of an employee's gross earnings less allowable superannuation contributions. No distinction is made by marital status or sex. Those earning less than EUR 352 per week are exempt. The following is a breakdown of the 2015 rate of contribution together with ceilings where applicable:

Description	Rate	Threshold (EUR)	Ceiling (EUR)
Pension and social insurance	4.00	352 per week	

2.2. Employers' contributions

Like employees' contributions, employers' contributions are payable as a percentage of gross employee earnings less allowable superannuation contributions. The following is a breakdown of the 2015 rate of contribution:

Description	Rate %
Occupational injuries	0.50
Redundancy contribution	0.40
Pension and social insurance	9.85
TOTAL	10.75

The employers' contribution is reduced from 10.75% to 8.5% in respect of employees earning less than EUR 356 per week.

3. Universal cash transfers

3.1. *Transfers related to marital status*

None.

3.2. *Transfers for dependent children*

These are payable to all children under the age of 16 (or under 18 years, if the child is undergoing full-time education by day or is incapacitated and likely to remain so for a prolonged period). These payments do not depend on any insurance or on the means of the claimant. Entitlements to higher rate for the third and subsequent child are being phased out over two years. The amounts payable in 2015 are as follows:

Period	Monthly rate per child	
January 2015 to December 2015	First to second child: EUR 135.00	Subsequent children: EUR 135.00

3.3. *Transfers for low income families*

A non-taxable family income supplement is payable to low income families where either the principal earner and/or the spouse are in full-time employment. Full-time employment is defined as working nineteen hours per week or more. The hours worked by the principal and the spouse can be aggregated for the purposes of this definition. When calculating income for the purposes of the relief superannuation payments, social welfare payments, tax payments, health and employment and training levies are all subtracted to arrive at disposable income.

The level of payment is dependent on the amount of family income and the number of children. The supplement payable is 60% of the difference between the family income and the income limit applicable to the family. A minimum of EUR 20 per week is payable to eligible families. No supplement is payable to families with income in excess of the relevant income limit.

The income limit for a family with two children in 2015 is EUR 602 per week.

One Parent Family Payment: This new non-taxable payment is available for men and women who for a variety of reasons are bringing up a child or children without the support of a partner. The payment which is means tested is payable in full where the persons earnings does not exceed EUR 7 618. Where earnings are between EUR 7 618 and EUR 22 100 a reduced payment is received. The amount of the full payment for 2015 is EUR 6 552 plus EUR 1 550 for each child. Because of the complex means testing system this type of person is excluded from the AW examples.

4. Other main changes in tax/benefit system since 2014

4.1. *One-parent family tax credit*

This was replaced with a new Single Person Child Carer Tax Credit from 1 January 2015. The new credit is of the same value but ONLY available to the principal carer of the child.

5. Memorandum items

5.1. *Employer contributions to private social security arrangements*

Information not available, although such schemes do exist.

2015 parameter values

Average earnings/yr	Ave_earn	34 847	Secretariat estimate
Tax allowances			
Tax Credits	Basic_al_at_standardrate	1 650	
	Married_al_at_standardrate	1 650	
	Empl_al_at_standardrate	1 650	
	Singleparent_at_standardrate	1 650	
	Carers_allow	810	
	Carers_thrsh1	5 080	
	Carers_thrsh2	6 700	
	Carers_taper_rt	0.5	
Exemption amount	Single_ex	5 210	
	Married_ex	5 210	
	Child_ex	575	
	Child_ex_3	830	
Marginal relief limit	Single_MR	10 420	
	Married_MR	10 420	
	Child_MR	1 150	
	Child_MR_3	1 660	
Marginal relief	marg_rel_rate	0.4	
Income tax	Single_sch	0.2	33 800
		0.4	
	Single_sch_child	0.2	37 800
		0.4	
	Married_sch_oneinc	0.2	42 800
		0.4	
	Married_sch_twoinc	0.2	67 600
		0.4	
Universal Social Charge	USC	0.015	12 012
		0.035	17 576
		0.07	70 044
		0.08	
	USC_sch_med_card	0.015	12 012
		0.035	
	USC threshold	12012	
Maximum increase in first band	Band_increase_lim	27 400	
Social security contributions	SSC_thresh	18 304	
Employees	pension_rate	0.04	
	pension_ceil	0	
	Non_cum_Allc	0	
Employers	Empr_rate	0.1075	
	Empr_lower_rate	0.085	
	Empr_thrsh	18 512	
Child benefit	Ch_ben	1 620	
	Ch_ben_3	1 620	
Family income supplement	FIS_pay_limit	31 304	
	FIS_min	1 040	
	FIS_rate	0.6	
Medical card	single_med_card	9 568	
	married_med_card	13 858	
	child_add_med_card	1 976	

2015 tax equations

The equations for the Irish system in 2015 are mostly on a family basis using mainly a tax credit system for the first time. But social security contributions are calculated separately for each spouse. This is shown by the Range indicator in the table below.

The functions which are used in the equations (Taper, MIN, Tax etc) are described in the technical note about tax equations. Variable names are defined in the table of parameters above, within the equations table, or are the standard variables "married" and "children". A reference to a variable with the affix "_total" indicates the sum of the relevant variable values for the principal and spouse. And the affixes "_princ" and "_spouse" indicate the value for the principal and spouse, respectively. Equations for a single person are as shown for the principal, with "_spouse" values taken as 0.

	Line in country table and intermediate steps	Variable name	Range	Equation
1.	Earnings	earn		
2.	Allowances:			(provided at standard rate (tax credit equivalent))
3.	Credits in taxable income	taxbl_cr	J	0
4.	Taxable income	tax_inc	J	earn
	New carers allowance (provided as a tax credit)	career_allow		IF((Married*Children)>0, IF(earn_spouse<=Carers_thrsh1, Carers_allow, IF(earn_spouse>Carers_thrsh2, 0, Positive (Carers_allow-Carers_taper_rt*(earn_spouse-Carers_thrsh1)))), 0)
	Preliminary Tax Liable (including carers allowance)	tax_prel	J	IF(Married=0, IF(Children=0, Tax(tax_inc, Single_sch), Tax(tax_inc, Single_sch_child)), IF(AB7=0, Tax(tax_inc, Married_sch_oneinc)-AG7, Tax(earn_principal+Positive(earn_spouse-Band_increase_lim), Married_sch_oneinc)+Tax(MIN(earn_spouse, Band_increase_lim), Married_sch_oneinc)))
5.	Tax before credits (but including carers allowance)	_tax_excl	J	IF((Married*earn_spouse)>0, MINA(tax_prel, (Tax(tax_inc, Married_sch_oneinc)-career_allow)), tax_prel)
	Universal social charge	USG	J	IF(earn>USC_threshold,IF(med_crd_fac=1,Tax(earn,USC_sch),Tax(earn,USC_sch_med_card)),0)
6.	Tax credits :	basic_cr	J	Basic_al_at_standardrate+(Married*Married_al_at_standardrate)
		single_par_cr		IF(Married=0, IF(Children>0, Singleparent_at_standardrate, 0), 0)
		other_cr		Empl_al_at_standardrate+ (IF(earn_spouse>0, Empl_al_at_standardrate, 0))
		tax_cr		basic_cr+single_par_cr+other_cr
	Exemption amount	exemp_amt	J	Single_ex+Married*Married_ex+Child_ex*MIN(2, Children)+ (Children>2)*(Children-2)*Child_ex_3
	Marginal relief limit	MRL	J	Single_MR+Married*Married_MR+Child_MR*MIN(2, Children)+ (Children>2)*(Children-2)*Child_MR_3
7.	Net tax	CG_tax	J	If(earn_total<=MRL, MIN(marg_rel_rate*positive(earn_total-exem_amt), positive(_tax_excl-tax_cr)), positive(_tax_excl-tax_cr))+USG
8.	State and local taxes	local_tax	J	0
	Employees' soc security			
	weekly allowance	weekly_allce	B	IF(earn=0,0,MINA(Non_cum_Allc,earn))
	Medical card factor	Med_crd_fac	J	(single_med_card+Married*(married_med_card-single_med_card)+child_add_med_card*Children<earn_princ+earn_spouse)
	employees' soc security	SSC	B	IF(earn>SSC_thresh, pension_rate*Positive(earn-weekly_allce), 0)
11.	Cash transfers			
		Child_benefit	J	Children*Ch_ben+(Children>2)*(Children-2)*(Ch_ben_3-Ch_ben)
		FIS	J	(Children>0)*IF((earn-_tax-SSC)<=FIS_pay_limit , MAXA((FIS_pay_limit-(earn-_tax-SSC))*FIS_rate, FIS_min), 0)
	Total cash transfers	cash_trans		Child_benefit+FIS
13.	Employer's soc security	SSC_empr	B	IF(earn<=Empr_thrsh, Empr_lower_rate, Empr_rate)* MIN(earn, Empr_ceil)

Key to range of equation B calculated separately for both principal earner and spouse P calculated for principal only (value taken as 0 for spouse calculation) J calculated once only on a joint basis.

Israel

This chapter includes data on the income taxes paid by workers, their social security contributions, the family benefits they receive in the form of cash transfers as well as the social security contributions and payroll taxes paid by their employers. Results reported include the marginal and average tax burden for eight different family types.

Methodological information is available for personal income tax systems, compulsory social security contributions to schemes operated within the government sector, universal cash transfers as well as recent changes in the tax/benefit system. The methodology also includes the parameter values and tax equations underlying the data.

Israel 2015

The tax/benefit position of single persons

	Wage level (per cent of average wage)		67	100	167	67
	Number of children		none	none	none	2
1.	**Gross wage earnings**		92 432	137 958	230 390	92 432
2.	**Standard tax allowances**					
	Basic allowance		0	0	0	0
	Married or head of family					
	Dependent children					
	Deduction for social security contributions and income taxes					
	Work-related expenses		0	0	0	0
	Other					
		Total	0	0	0	0
3.	**Tax credits or cash transfers included in taxable income**		0	0	0	0
4.	**Central government taxable income (1 - 2 + 3)**		92 432	137 958	230 390	92 432
5.	**Central government income tax liability (exclusive of tax credits)**		10 411	18 882	44 543	10 411
6.	**Tax credits**					
	Basic credit		5 886	5 886	5 886	7 194
	Married or head of family		0	0	0	2 616
	Children		0	0	0	5 232
	EITC		0	0	0	0
	Unused wastable tax credits		0	0	0	4 631
		Total	5 886	5 886	5 886	15 042
7.	**Central government income tax finally paid (5-6)**		4 525	12 996	38 657	0
8.	**State and local taxes**		0	0	0	0
9.	**Employees' compulsory social security contributions**					
	Gross earnings		5 425	10 888	21 980	5 425
	Taxable income					
		Total	5 425	10 888	21 980	5 425
10.	**Total payments to general government (7 + 8 + 9)**		9 950	23 883	60 637	5 425
11.	**Cash transfers from general government**					
	For head of family					
	For two children		0	0	0	6 938
		Total	0	0	0	6 938
12.	**Take-home pay (1-10+11)**		82 482	114 075	169 753	93 945
13.	**Employer's compulsory social security contributions**		4 168	7 468	14 170	4 168
14.	**Average rates**					
	Income tax		4.9%	9.4%	16.8%	0.0%
	Employees' social security contributions		5.9%	7.9%	9.5%	5.9%
	Total payments less cash transfers		10.8%	17.3%	26.3%	-1.6%
	Total tax wedge including employer's social security contributions		14.6%	21.6%	30.6%	2.7%
15.	**Marginal rates**					
	Total payments less cash transfers: Principal earner		26.0%	33.0%	43.0%	12.0%
	Total payments less cash transfers: Spouse		n.a.	n.a.	n.a.	n.a.
	Total tax wedge: Principal earner		31.0%	37.5%	46.9%	17.9%
	Total tax wedge: Spouse		n.a.	n.a.	n.a.	n.a.

Israel 2015

The tax/benefit position of married couples

		100-0	100-33	100-67	100-33
	Wage level (per cent of average wage)	100-0	100-33	100-67	100-33
	Number of children	2	2	2	none
1.	**Gross wage earnings**	137 958	183 484	230 390	183 484
2.	**Standard tax allowances**				
	Basic allowance	0	0	0	0
	Married or head of family				
	Dependent children				
	Deduction for social security contributions and income taxes				
	Work-related expenses	0	0	0	0
	Other				
	Total	0	0	0	0
3.	**Tax credits or cash transfers included in taxable income**	0	0	0	0
4.	**Central government taxable income (1 - 2 + 3)**	137 958	183 484	230 390	183 484
5.	**Central government income tax liability (exclusive of tax credits)**	18 882	23 434	29 292	23 434
6.	**Tax credits**				
	Basic credit	5 886	13 080	13 080	13 080
	Married or head of family	0	0	0	0
	Children	0	5 232	5 232	0
	EITC	0	0	0	0
	Unused wastable tax credits	0	7 873	2 015	2 641
	Total	5 886	18 312	18 312	13 080
7.	**Central government income tax finally paid (5-6)**	12 996	12 996	12 996	12 996
8.	**State and local taxes**	0	0	0	0
9.	**Employees' compulsory social security contributions**				
	Gross earnings	10 888	12 481	16 313	12 481
	Taxable income				
	Total	10 888	12 481	16 313	12 481
10.	**Total payments to general government (7 + 8 + 9)**	23 883	25 477	29 308	25 477
11.	**Cash transfers from general government**				
	For head of family				
	For two children	3 824	3 824	3 824	0
	Total	3 824	3 824	3 824	0
12.	**Take-home pay (1-10+11)**	117 899	161 831	204 906	158 007
13.	**Employer's compulsory social security contributions**	7 468	9 039	11 636	9 039
14.	**Average rates**				
	Income tax	9.4%	7.1%	5.6%	7.1%
	Employees' social security contributions	7.9%	6.8%	7.1%	6.8%
	Total payments less cash transfers	14.5%	11.8%	11.1%	13.9%
	Total tax wedge including employer's social security contributions	18.9%	15.9%	15.3%	17.9%
15.	**Marginal rates**				
	Total payments less cash transfers: Principal earner	33.0%	33.0%	33.0%	33.0%
	Total payments less cash transfers: Spouse	3.5%	3.5%	12.0%	3.5%
	Total tax wedge: Principal earner	37.5%	37.5%	37.5%	37.5%
	Total tax wedge: Spouse	6.7%	6.7%	17.9%	6.7%

The Israeli currency is the Israeli Shekel (ILS). In 2015, ILS 3.8869 was equal to USD 1. In that year, the average worker in Israel earned ILS 137 958 (Secretariat estimate).

1. Personal income tax system

1.1. *Central government income tax*

1.1.1. *Tax unit*

In general, spouses are taxed separately on their earned income, subject to the condition that its sources are independent. The household is taxed jointly if their earned income is deemed to be interdependent. The conditions for interdependence involve situations where one spouse works in a business which the other spouse either owns or has certain levels of capital or management/voting rights.

1.1.2. *Tax allowances and credits*

1.1.2.1. Standard tax credits

The standard tax credits are given in the form of credit points subtracted from the tax liability. Each point is worth ILS 2 616 in 2015.

- *Basic credit*: Every resident taxpayer is entitled to 2.25 credit points (ILS 5 886 in 2015).
- *Additional credit for women*: Women are entitled to a further half credit point (ILS 1 308 in 2015).
- *Child credit*: Working mothers (and fathers in one parent families) with children aged under 18 are entitled to one additional credit point per child (ILS 2 616 in 2015). In 2012 this credit was increased to 2 credit points per child aged under 5 (ILS 5 232 in 2015). Since 2012, married working fathers with children aged under 2 are also entitled to 2 credit points per child.
- *Single parent credit:* Single parents (male or female) are entitled to one additional credit point (ILS 2 616 in 2015).

1.1.2.2. Non-standard tax credits applicable to income from employment

- Tax credits are awarded for contributions to approved pension schemes, up to a ceiling which varies according to the employee's circumstances.
- Employees living in certain development areas or in conflict zones receive credits as a percentage of their income up to ceiling. In 2015 the credits range from 10 % in the lowest category to 22% in the highest category with ceilings of ILS 160 560 and 241 080 respectively. About 9% of the population lives in these areas.
- New immigrants are entitled to three additional credit points in their first eighteen months in Israel, two additional credit points in the following year, and one credit point in the year after.
- Discharged soldiers receive 2 credit points for three years after the completion of at least 23 months of service or 1 credit point for a shorter service.

- Graduates of academic studies receive 1 credit point for three years after the completion of a B.A. degree (or after the completion of 1 700 study hours that led to a professional certificate) and 0.5 credit point for two years after the completion of a M.A. degree.

1.1.3. *Tax schedule*

The tax schedule for earned income in 2015 is as follows:

Taxable income (ILS)	Tax rate (%)
0-63 240	10
63 240-108 000	14
108 000-167 880	21
167 880-239 760	31
239 760-501 480	34
501 480-810 720	48
Above 810 720	50

1.2. *Regional and local income tax*

There are no regional or local income taxes.

2. Compulsory social security insurance system

Social security contributions are made up of a combination of those for National Insurance and Health Insurance. The tax rates paid by employees and employers are applied in two brackets:

- A reduced rate for income up to a level of 60% of the average wage per employee post (ILS 5 556 per month in 2015).
- A full rate for income exceeding 60% of the average wage per employee post and up to a level of around 5 times the average wage per employee post (ILS 43 240 per month in 2015).

2.1. *Employees' contributions*

The taxable base for social security insurance contributions paid by employees is the total amount of the gross wage or salary including fringe benefits. The assessment period is the calendar month. The effective employees' contribution rates in 2015 are as follows:

Insurance branch	Full rate contribution (%)	Reduced rate contribution (%)
Total for National Insurance branches	7.00	0.40
Health	5.00	3.10
Total contributions	12.00	3.50

2.2. *Employers' contributions*

Social security insurance contributions are also paid by employers on behalf of their employees. These relate to National Insurance only – employers do not pay any contributions for health insurance.

The employers' contribution rates in 2015 are as follows:

Insurance branch	Full rate contribution (%)	Reduced rate contribution (%)
Total for National Insurance branches	7.25	3.45
Health	–	–
Total contributions	7.25	3.45

3. Payroll taxes

The following payroll taxes exist in Israel but neither of them is included in the modelling as they have limited coverage:

- Wage tax on the non-profit institutions: the VAT law imposes a 7.5 per cent on the wage-bill on the non-profit sector including Government,
- Wage tax on the financial institutions: the VAT law also imposes a 18 per cent tax on the wage-bill of the financial institutions.

4. Universal cash transfers

4.1. *Transfers related to marital status*

None.

4.2. *Transfers for dependent children*

A monthly child allowance is paid to the parent (usually the mother) of unmarried children aged up to 18. The amount of the entitlement for each child depends on the date of birth of the child. Between August 2003 and June 2009, all children born after 1 June 2003 received the same benefit as the first child. But, according to the Coalition agreement signed in March 2009, the benefits for the second, third and fourth child (including those born after June 2003) were increased gradually over a period of four years (i.e. from 2009 to 2012). In August 2013 the allowance for all children born after June 2003 were decreased to ILS 140 per month per child.

In December 2015 (retroactively from May 2015) the allowance for all children were increased.

In 2015 the monthly payments per child are shown in the following table. The "average" figure is used in the modelling.

	Children born before 1 June 2003			Children born on or after 1 June 2003		
	Average	Jan-Apr	May-Dec	Average	Jan-Apr	May-Dec
First child	146.67	140	150	146.67	140	150
Second child	172.00	140	188	172.00	140	188
Third child	182.67	172	188	172.00	140	188
Fourth child	336.00	336	336	172.00	140	188
Fifth child and above	354.00	354	354	146.67	140	150

Moreover, the government will open a closed saving account for each child and deposit ILS 50 per child per month, starting with May 2015. The savings will be liquid only at the age of 18. However, the actual deposit for the period May 2015-December 2016 will be only delivered in 36 equal installements in January 2017-December 2019. This element is not included in the Taxing Wages modelling for 2015.

In addition a Study Grant is paid to lone parents with children aged 6 to 14. The grant is paid in one instalment, usually in September at the beginning of the school year. In 2015, the rates of grant per child were ILS 1 557 and ILS 865 respectively for children aged 6-11 and 12-14.

5. Main changes in the tax and benefit systems since 2002

- There has been a policy of gradually reducing the level of personal income taxes since 2003. This policy was expected to continue till 2016 but came to an end in 2012 with the top tax bracket increasing from 45% to 48% although the rate of one middle income tax bracket was further decreased from 23% to 21%. The rates were further increased in 2013. In 2013 a surtax of 2% was imposed on total income above ILS 811 560, effectively increasing the top marginal rate to 50 %. In 2013 the value of some tax brackets weren't fully indexed to the CPI and even suffered a nominal decrease. In 2014 the value of all tax brackets and of the "credit point" weren't indexed to the CPI.

- The full contribution rate for employee social security contributions was increased gradually from 9.7% in 2002 to 12% in 2006. The reduced contribution rate was lowered from 5.76% in 2002 to 3.5% in 2006. The upper threshold for contributions was removed in July 2002 but re-instated one year later. In August 2009, as a temporary measure until December 2011, it was increased to 10 times the average wage per employee post until December 2010 and to 9 times the average wage per employed post until December 2011.
- Prior to July 2005, there was only one contribution rate for employer social security contributions and this was set at 5.93% between July 2002 and June 2005. The upper threshold for contributions was removed in July 2002 but was re-instated one year later. The current system of two tax brackets was introduced in July 2005 with a reduced contribution rate of 5.33% and a full rate of 5.68%. There has been a lowering of rates in each year between 2006 and 2009. In August 2009, as a temporary measure until March 2011, the reduced rate was increased from 3.45% to 3.85%. In April 2011 the regular rate was increased to 5.9%. It was increased again to 6.5% in January 2013, 6.75% in January 2014, 7.25% in January 2015 and will continue to increase to 7.5% in 2016.
- The Employers tax on wage bill of the non-profit sector excluding Government was abolished in 2008.
- In the period between August 2003 and June 2009, all children that were born on or after 1 June 2003 received the same level of benefit payment as the first child. The 2009 Coalition agreement introduced a gradual increase in the benefit payments for the second, third and fourth children in all families (including those where children were born after June 2003) over a period of four years from July 2009 to Apr 2012. In August 2013 the allowance for all children born after June 2003 was decreased to ILS 140 per month per child.

6. Memorandum items

6.1. Average gross annual wage earnings calculation

The average wage figures represent the amount earned for a full time post by employees working 35 hours per week or more. Until 2011 the AW data came from a combination of 2 sources - the income and expenditure survey and the labour force survey. Since 2012 the data come exclusively from the income and expenditure survey as the labour force survey has no more data on income. The Central Bureau of Statistics has now computed a new AW series based exclusively on the income and expenditure survey back from 2000.

The 2014 and 2015 data used in the modelling are estimates.

As to the economic classification, until 2012, Israel used a modified version of ISIC 3 where the B-I industries (see Table below) are a very close equivalent of C-K industries in ISIC 3.1. Israel's Central Bureau of Statistics adopted ISIC 4 in 2012 and since 2013 the Average Wage used in the modelling is based on ISIC 4.

A	Agriculture.
B	Manufacturing.
C	Electricity and water supply.
D	Construction (building and civil engineering projects).
E	Wholesale and retail trade and repairs.
F	Accommodation services and restaurants
G	Transport, storage and communication.
H	Banking, insurance and other financial institutions.
I	Business activities.
J	Public administration.
K	Education.
L	Health, welfare and social work services.
M	Community, social, personal and other services.

6.2. Employer contributions to private pension

Until 2007 employers were not legally obliged to pay into a pension plan for their employees. Pension rights were guaranteed in collective agreements that covered less than half of the labour force. About one million employees in Israel had no pension arrangement (mainly those earning a relatively low wage, temporary workers and those working for subcontractors).

In 2008, a compulsory employment pension was introduced for employees with a period of employment of at least 6 months. The minimum rate of contributions in 2015 is 17.5 per cent of the employee's salary (up to the level of the average wage of ILS 9 260 per month), one third to be paid by the employee and two thirds by the employer.

6.3. Earned income tax credit

A non-wastable earned income tax credit was implemented in 2008 in selected geographical areas of Israel covering 15 % of the population. Entitlement to this credit is established based on earnings in the previous year. The tax credit was extended to all areas of Israel in 2012 (based on the earnings in 2011 and therefore we already included it in the 2011 version of the model). For mothers of children up to the age of 2 and for single parents the full coverage started in 2011 (based on earnings in 2010).

Under the law, workers aged 23 or more who are parents of one or two children aged less than 18 (or workers aged 55 or more even without children), and earn at least ILS 2 100 per month (about 45 per cent of the minimum wage) but not more than ILS 6 330 per month are eligible for a monthly increment of up to ILS 330. The corresponding figure for a family with 3 or more children is ILS 490. Since 2013 (based on earnings in 2012), these sums were increased by 50% for working mothers (and fathers in one-parent family). Families in which both parents work, and their joint income does not exceed ILS 12 180, are entitled to these benefits for each wage-earner. The grant is paid four times a year directly into the account of the eligible persons.

2015 parameter values

Average earnings/yr	Ave_earn	137 958	(Secretariat estimate)
Income tax	Tax_sch	0.10	63 240
		0.14	108 000
		0.21	167 880
		0.31	239 760
		0.34	501 480
		0.48	810 720
		0.50	
Employees SSC	SSC_sch	0.035	66 672
		0.12	518 880
		0	
Employers SSC	SSC_rate2	0.0345	66 672
		0.0725	518 880
		0.0000	
Child benefit	CB_firstchild	1 760	
	CB_secondchild	2 064	
	Studygrant_rate	1 557	
Wastable tax credits			
Basic element	WTC_Basic	5 886	
Lone parent	WTC_lone	2 616	
Parents/per child	WTC_Child	2 616	
Women	WTC_woman	1 308	
Negative Income tax			
Family with 1 or 2 children	NIT_sch1	0	25 200
		0.161	43 088
		0	43 800
		0	58 440
		-0.23	75 960
Family with 3 or more children	NIT_sch2	0	25 200
		0.235	43 788
		5.985	43 800
		0	58 440
		-0.235	83 280
	NIT_basic1	1 080	
	NIT_basic2	1 440	
	NIT_min	240	
	NIT_MinIncome	25 200	
	NIT_MaxIncome	146 160	
	Nit_AddIncome	17 520	
	NIT_Bonus	1.50	
Days in tax year	numdays	366	

2015 tax equations

	Line in country table and intermediate steps	Variable name	Range	Equation
1.	Earnings	earn		
2.	Allowances:	Tax_al	B	0
3.	Credits in taxable income	taxbl_cr	B	0
4.	CG taxable income	tax_inc	B	Earn
5.	CG tax before credits	CG_tax_excl	B	Tax(tax_inc, tax_sch)
6.	Tax credits (nonwastable):			
	Principal	tax_cr_princ	B	(earn>0)*(wtc_basic+(IF(married=0)*(children>0),wtc_woman+wtc_lone+(wtc_child*children))
	Spouse	tax_cr_spouse	B	(earn>0)*(wtc_basic+wtc_woman+(wtc_child*children))
	Tax credits (nonwastable)	NIT_princ	B	NIT=+MAX(0, MAX(0,+IF(princ_earnings<NIT_MinIncome,0,IF(Children=0,0,IF (Children<3,NIT_basic1+Tax(princ_earnings ,NIT_sch1),NIT_basic2+Tax(princ_earnings,NIT_sch2)))))+NIT_sch1_rate5*MAX(0,+(princ_earnings + spouse_earnings)-NIT_MaxIncome-MIN(MAX(princ_earnings - NIT_sch1_inc4,0),(NIT_AddIncome))-MIN(MAX(spouse_earnings - NIT_sch1_inc4,0),(NIT_AddIncome))))IF(NIT<NIT_min,NIT=0,NIT)*if((married=0)*(children>0)=1,NIT_Bonus,1)
		NIT_spouse	B	NIT=+MAX(0, MAX(0,+IF(spouse_earnings<NIT_MinIncome,0,IF(Children=0,0,IF(Children<3,NIT_basic1+Tax(spouse_earnings ,NIT_sch1),NIT_basic2+Tax(spouse_earnings,NIT_sch2)))))+NIT_sch1_rate5*MAX(0,+(princ_earnings + spouse_earnings)-NIT_MaxIncome-MIN(MAX(princ_earnings - NIT_sch1_inc4,0),(NIT_AddIncome))-MIN(MAX(spouse_earnings - NIT_sch1_inc4,0),(NIT_AddIncome)))) IF(NIT<NIT_min,NIT=0,NIT)* if((children>0)=1,NIT_Bonus,1)
7.	CG tax	CG_tax	B	Positive(CG_tax_excl-tax_cr)-NIT
8.	State and local taxes	local_tax	B	0
9.	Employees' soc security	SSC	B	Tax(earn, SSC_sch)
11.	Cash transfers	cash_trans	J	IF(children=1,CB_firstchild,IF(Children=2,CB_firstchild+CB_secondchild)+(IF(married=0)*(children>0),Studygrant_rate*children)
13.	Employer's soc security	SSC_empr	B	Tax(earn, SSC_rate2)

Key to range of equation B calculated separately for both principal earner and spouse P calculated for principal only (value taken as 0 for spouse calculation) J calculated once only on a joint basis.

Italy

This chapter includes data on the income taxes paid by workers, their social security contributions, the family benefits they receive in the form of cash transfers as well as the social security contributions and payroll taxes paid by their employers. Results reported include the marginal and average tax burden for eight different family types.

Methodological information is available for personal income tax systems, compulsory social security contributions to schemes operated within the government sector, universal cash transfers as well as recent changes in the tax/benefit system. The methodology also includes the parameter values and tax equations underlying the data.

Italy 2015

The tax/benefit position of single persons

	Wage level (per cent of average wage)		67	100	167	67
	Number of children		none	none	none	2
1.	**Gross wage earnings**		20 576	30 710	51 286	20 576
2.	**Standard tax allowances**					
	Basic allowance					
	Married or head of family					
	Dependent children					
	Deduction for social security contributions and income taxes		1 953	2 914	4 919	1 953
	Work-related expenses					
	Other					
		Total	1 953	2 914	4 919	1 953
3.	**Tax credits or cash transfers included in taxable income**		0	0	0	0
4.	**Central government taxable income (1 - 2 + 3)**		18 623	27 796	46 367	18 623
5.	**Central government income tax liability (exclusive of tax credits)**		4 428	6 905	13 940	4 428
6.	**Tax credits**					
	Basic credit		1 401	987	313	1 401
	Married or head of family		0	0	0	0
	Children		0	0	0	1 578
	Other		960	0	0	960
		Total	2 361	987	313	3 939
7.	**Central government income tax finally paid (5-6)**		2 067	5 918	13 627	489
8.	**State and local taxes**		788	1 176	1 961	788
9.	**Employees' compulsory social security contributions**					
	Gross earnings		1 953	2 914	4 919	1 953
	Taxable income					
		Total	1 953	2 914	4 919	1 953
10.	**Total payments to general government (7 + 8 + 9)**		4 808	10 008	20 507	3 229
11.	**Cash transfers from general government**					
	For head of family					
	For two children		0	0	0	2 619
		Total	0	0	0	2 619
12.	**Take-home pay (1-10+11)**		15 768	20 702	30 779	19 965
13.	**Employer's compulsory social security contributions**		6 601	9 852	16 453	6 601
14.	**Average rates**					
	Income tax		13.9%	23.1%	30.4%	6.2%
	Employees' social security contributions		9.5%	9.5%	9.6%	9.5%
	Total payments less cash transfers		23.4%	32.6%	40.0%	3.0%
	Total tax wedge including employer's social security contributions		42.0%	49.0%	54.6%	26.5%
15.	**Marginal rates**					
	Total payments less cash transfers: Principal earner		41.8%	41.8%	51.5%	43.4%
	Total payments less cash transfers: Spouse		n.a.	n.a.	n.a.	n.a.
	Total tax wedge: Principal earner		56.0%	56.0%	63.3%	57.1%
	Total tax wedge: Spouse		n.a.	n.a.	n.a.	n.a.

Italy 2015

The tax/benefit position of married couples

		Wage level (per cent of average wage)	100-0	100-33	100-67	100-33
		Number of children	2	2	2	none
1.	**Gross wage earnings**		30 710	40 844	51 286	40 844
2.	**Standard tax allowances**					
	Basic allowance					
	Married or head of family					
	Dependent children					
	Deduction for social security contributions and income taxes		2 914	3 876	4 867	3 876
	Work-related expenses					
	Other					
		Total	2 914	3 876	4 867	3 876
3.	**Tax credits or cash transfers included in taxable income**		0	0	0	0
4.	**Central government taxable income (1 - 2 + 3)**		27 796	36 968	46 419	36 968
5.	**Central government income tax liability (exclusive of tax credits)**		6 905	9 015	11 333	9 015
6.	**Tax credits**					
	Basic credit		987	2 814	2 388	2 814
	Married or head of family		690	0	0	0
	Children		1 420	1 420	1 499	0
	Other		0	960	960	960
		Total	3 097	5 194	4 847	3 774
7.	**Central government income tax finally paid (5-6)**		3 808	3 820	6 486	5 240
8.	**State and local taxes**		1 176	1 417	1 964	1 417
9.	**Employees' compulsory social security contributions**					
	Gross earnings		2 914	3 876	4 867	3 876
	Taxable income					
		Total	2 914	3 876	4 867	3 876
10.	**Total payments to general government (7 + 8 + 9)**		7 898	9 113	13 316	10 533
11.	**Cash transfers from general government**					
	For head of family					
	For two children		1 579	926	844	0
		Total	1 579	926	844	0
12.	**Take-home pay (1-10+11)**		24 391	32 657	38 813	30 311
13.	**Employer's compulsory social security contributions**		9 852	13 103	16 453	13 103
14.	**Average rates**					
	Income tax		16.2%	12.8%	16.5%	16.3%
	Employees' social security contributions		9.5%	9.5%	9.5%	9.5%
	Total payments less cash transfers		20.6%	20.0%	24.3%	25.8%
	Total tax wedge including employer's social security contributions		39.9%	39.5%	42.7%	43.8%
15.	**Marginal rates**					
	Total payments less cash transfers: Principal earner		43.4%	43.4%	42.6%	41.8%
	Total payments less cash transfers: Spouse		18.4%	36.8%	42.6%	36.8%
	Total tax wedge: Principal earner		57.1%	57.1%	56.6%	56.0%
	Total tax wedge: Spouse		38.2%	52.1%	56.6%	52.1%

The national currency is the Euro (EUR). In 2015, EUR 0.90 was equal to USD 1. In that year the average worker earned EUR 30 710 (Secretariat estimate).

1. Personal income tax

1.1. *Central government income tax*

1.1.1. *Tax unit*

Spouses are taxed separately.

1.1.2. *Tax allowances and tax credits*

1.1.2.1. Tax allowances

- Social security contributions due by law

1.1.2.2. Tax credits

Italy increased the basic employee tax credit from EUR 1 840 to EUR 1 880 and for 2014 introduced an additional refundable tax credit of EUR 640 for employees with income between EUR 8 146 and EUR 24 000, with a phase-out for income between EUR 24 000 and EUR 26 000. The Government announced that a similar tax credit of EUR 960 would be introduced on a permanent basis as of 2015.

Taxable income (EUR)	Fiscal bonus (EUR)
Up to 8 145	0
From 8 146 to 24 000	960
From 24 001 to 26 000	640*(26 000 - taxable income)/2 000
More than 26 000	0

- Standard tax credits (not refundable)

The PAYE tax credit is defined as a function of net income:

Taxable income (EUR)	PAYE tax credit (EUR)
Up to 8 000	1 880
From 8 001 to 28 000	Maximum tax credit + 902*(28 000 - taxable income)/20 000
From 28 001 to 55 000	Maximum tax credit*(55 000 - taxable income)/27 000
More than 55 000	0

The maximum value for the tax credit depends on the level of taxable income:

Level of taxable income (EUR)	Maximum tax credit (EUR)
From 8 001 to 15 000	978
From 15 001 to 23 000	978
From 23 001 to 24 000	978
From 24 001 to 25 000	978
From 24 001 to 26 000	978
From 26 001 to 27 700	978
From 27 701 to 28 000	978
From 28 001 to 55 000	978

- Tax credits for family dependents (not refundable)

The tax credits for family dependants, which have replaced the former tax allowances, are as follows:

Family tax credit (EUR)*	Amount (EUR)
Spouse	800 decreasing to 0 for net income over 80 000
Children	
Under three years of age	1 220 decreasing to 0 for net income over 95 000
Over three years of age	950 decreasing to 0 for net income over 95 000
Other dependent relatives	750 decreasing to 0 for net income over 80 000

* Tax credits are granted for family dependents earning less than EUR 2 840.51

The spouse tax credit is calculated as a function of net income:

Level of taxable income (EUR)	Amount of tax credit (EUR)
Up to 15 000	800-110*taxable income/15 000
From 15 001 to 29 000	690
From 29 001 to 29 200	700
From 29 201 to 34 700	710
From 34 701 to 35 000	720
From 35 001 to 35 100	710
From 35 101 to 35 200	700
From 35 201 to 40 000	690
From 40 001 to 80 000	690*(80 000-taxable income)/40 000
More than 80 000	0

The child tax credit is calculated as a function of net income:

- for families with only one child: 950*(95 000-taxable income)/95 000;
- for families with more than one child the amount of 95 000 is increased by 15 000 for each child other than the first, for every children (including the first one).

Families with more than 3 children receive an additional tax credit of EUR 200 per child.

A lone parent receives an actual tax credit for the first child equal to the maximum of the spouse tax credit and the child tax credit.

Tax credits for children have to be equally shared between the parents; different shares are no longer allowed.

If the spouse's tax liable net of the PAYE tax credit is less than his/her share (50%) in the child tax credit, the entire child tax credit is provided to the principal earner.

1.1.2.3. Main non-standard tax allowances and tax credits

- Other compulsory contributions;
- Periodical benefits allowed to the spouse fixed by judicial authority;
- Charitable donations to certain religious institutions (up to EUR 1 032.91);
- Medical and assistance expenses incurred by handicapped persons;
- Expenses to restore one's own residence at 50% for 2015 of full expenses up to EUR 96 000, apportioned into 10 annual allowances of the same amount;
- Expenses for energy requalification of buildings at 65% for 2015 of full expenses apportioned into 10 annual allowances of the same amount;
- Expenses for the replacement of covers, windows and shutters and for the installation of solar panels (only for hot water production) at 65% of full expenses (up to EUR 60 000).

For the following expenses, a tax credit of 19% of each incurred expense is allowed:

- Mortgage loan interest (up to EUR 4 000);
- Most medical expenses that exceed EUR 129.11;
- Payments to insurance funds up to EUR 1 291.14;
- Expenses to attend secondary school and university courses; in case such courses are private, the expenses allowed cannot exceed those foreseen for State courses;
- Expenses for nursery school (up to EUR 632 for each child);
- Rents paid by out of town students (up to EUR 2 633);
- Funeral charges up to EUR 1 549.37;
- Expenses for disabled persons;
- Donations to political parties (ranging from EUR 51.65 to EUR 103 291.38);
- Payments to foundations (up to EUR 2 065.83);
- Expenses related to sport activities for children between 5 and 18 years of age (up to EUR 210 per child).

1.1.3. *Tax schedule*

The following tax schedule is applied to taxable income:

Bracket (EUR)	Rate (%)
up to 15 000	23
over 15 000 up to 28 000	27
over 28 000 up to 55 000	38
over 55 000 up to 75 000	41
over 75 000	43

Decree-Law No. 138 of 13 August 2011 introduced the "Contributo di Solidarietà" for the 2011-13, (extended up to 2016), tax periods, that is a 3% "solidarity contribution" on the portion of income higher than EUR 300 000 (the amount paid is deductible from PIT base)".

1.2. *State and local taxes*

These surcharges are due only by taxpayers who pay individual income tax IRPEF (imposta sul reddito delle persone fisiche).

Regional surcharge tax

This surcharge tax has been introduced in 1997. The tax is levied by each region on resident taxpayers' total taxable income at a discretionary rate, which must fall within an established range. As from the year 2000 this range is 0.9%-1.4%.

In December 2011, with the DL 201/2011, the minimum state rate has been increased from 0.9% to 1.23%

The figure given in the 2015 parameter values table under the heading "Regional and local tax" includes the regional surcharge tax paid in the most representative city which is Rome (Lazio); the rate is 3.33% in 2015. The rate is 1.73% for income under EUR 15 000.

Local surcharge tax

This surcharge tax has been introduced in 1999. The tax may be levied by each local government at an initial rate that cannot exceed 0.2%. If the tax is levied, the local government can increase the initial rate, on a yearly basis, up to a maximum of 0.5%. Each yearly increase cannot exceed 0.2%. As from 2012, municipalities can increase the rate up to 0.8 A 0.9 special rate can be introduced by Roma Capitale Local Government.

The figure given in the 2015 parameter values table under the heading "Regional and local tax" includes the local surcharge tax paid in the most representative city which is Rome; the rate is 0.9% in 2015.

Starting from 2011, exemption is provided to taxpayers whose total income consists of retirement income not exceeding EUR 8 000, income from land not exceeding EUR 185.92, and income from primary residence. The ordinary rate is applied if any one of these limits is passed.

The surcharge rates can be adjusted above the fixed roof because of the health care losses

2. Compulsory social security

2.1. Employee contributions

- Rate and ceiling
  - The average rate is 9.49% on earnings up to EUR 46 123;
  - The average rate is 10.49% on earnings over EUR 46 123 and up to EUR 100 324;
  - For earnings exceeding EUR 100 123, the employee pays a fixed amount given by (0.0949 × 46 123) + 0.1049 × (100 324 - 46 123).
- Distinction by marital status or sex
  - None.

2.2. Employer contributions

- Contributions equal 32.08% on earnings up to EUR 100 324. For earnings exceeding EUR 100 324, the employer pays a fixed amount given by 0.3208 × 100324.
- A General Government employer work-related accident insurance exists in Italy. It is compulsory for employers with employees and contract workers in activities involving the use of machinery and in risky activities as defined by the law. The standard premium to be paid is calculated by applying to remuneration the rates linked to the activity in which the employee works. The rates that vary between 0 to about 13% are provided by

a special classification that takes into account the different categories of risk between the various activities. It is not possible to provide a representative or average rate since the contribution rates vary depending on the industrial activities and also other factors of risk. Those contributions are not included in the Report.

3. Universal cash transfers

3.1. *Amount for spouse and for dependent children*

Cash transfers are granted for family income that is:

- composed of at least 70% wage and/or pension income;
- below a given threshold set by law each year.

Family income is the sum of the incomes of all individuals comprising the family.

Cash transfers are determined each year by INPS (Istituto Nazionale di Previdenza Sociale), the public body that collects and manages the social security contributions for dependent workers for the period beginning in July of that year (t) to June in the following year (t+1) and relate to family income earned in the previous year (t-1).

As such, the transfers granted in any given year t are determined by the family income in the previous two years. The following table provides a description of the calculations.

Transfer granted in year t	Relevant amounts as given in INPS tables
January–June	The amount of cash transfers is that given in the INPS table published in July t-1. The transfers are granted with reference to family income earned in year t-2.
July–December	The amount of cash transfers is that given in the INPS table published in July t. The transfers are granted with reference to family income earned in year t-1.

For the purposes of Taxing Wages, the cash transfers that are calculated represent those amounts that would be received by the family based on their incomes for that year even though these amounts would only begin to be paid in July of the following year.

4. Main changes

The Fiscal Bonus, already introduced for 2014, for employees with a taxable income between 8 146 and 26 000 euros, has become permanent. The amount is EUR 960.

5. Memorandum item

5.1. *Identification of an AW*

The data refer to the annual earnings of average workers.

5.2. *Contributions by employers to private pension, health, etc. schemes*

In addition to the mandatory social security contributions employers may pay contributions to private pension schemes (currently about forty pension funds). Employer's contributions are included in the taxable income of the employee.

Employees may also choose to contribute to the pension funds with all or part of the retirement allowance that is otherwise withheld by the employers. In this case the employee can deduct from his taxable income an amount equal to twice the amount of the contribution paid to fund.

Employer's contributions to private health insurance schemes are not included in the taxable income of the employee up to the limit of EUR 3 615.20.

2015 parameter values

Average earrings/yr	Ave_earn	30 710	Secretariat estimate
Tax schedule	tax_sch	0.23	15 000.00
		0.27	28 000.00
		0.38	55 000.00
		0.41	75 000.00
		0.43	999 999 999.99
Sloidarity contribution	sol_tax	0.03	
	sol_inc_limit	300 000	
Tax credits			
Fiscal bonus	thre_min	8 146	
	thre_max	24 000	
	f_bonus	960	
Employment			
	emp_add	0	1 880.00
		8 000	978.00
		15 000	978.00
		23 000	978.00
		24 000	978.00
		25 000	978.00
		26 000	978.00
		27 700	978.00
		28 000	978.00
		55 000	0.00
Spouse	Spouse_cred	0	800.00
		15 000	690.00
		29 000	700.00
		29 200	710.00
		34 700	720.00
		35 000	710.00
		35 100	700.00
		35 200	690.00
		40 000	690.00
		80 000	0
limit	Sp_crd_lim	2 840.51	
Child credit	Child_credit	950	
Additional child credit	add_child	200	
Regional and local tax	reg_rt	0.0423	
	reg_rt_2	0.0263	
Social security contributions	SSC_sch	0.0949	46 123
		0.1049	100 324
		0.00	999 999 999.99
Employer contributions	Empr_sch	0.3208	100 324
		0.00	999 999 999.99
Cash transfers:			
family allowance schedule (t)			
married couple	trans_sch	Table is too long to be included	
single parent	Trans_sch_sp	Table is too long to be included	

2015 tax equations

The equations for the Italian system in 2015 are mostly repeated for each individual of a married couple. But the spouse credit is relevant only to the calculation for the principal earner and any child credit which the spouse is unable to use is transferred to the principal. This is shown by the Range indicator in the table below.

The functions which are used in the equations (Taper, MIN, Tax etc) are described in the technical note about tax equations. Variable names are defined in the table of parameters above, within the equations table, or are the standard variables "married" and "children". A reference to a variable with the affix "_total" indicates the sum of the relevant variable values for the principal and spouse. And the affixes "_princ" and "_spouse" indicate the value for the principal and spouse, respectively. Equations for a single person are as shown for the principal, with "_spouse" values taken as 0.

	Line in country table and intermediate steps	Variable name	Range	Equation
1.	Earnings	earn		
2.	Allowances:	tax_al	B	SSC
		Sol_tax	B	sol_tax*Positive(Gross-sol_inc_limit)
3.	Credits in taxable income	taxbl_cr	B	0
4.	CG taxable income	tax_inc	B	earn-tax_al1-sol_tax
5.	CG tax before credits	CG_tax_excl	B	Tax(tax_inc, tax_sch)
6.	Tax credits :			
	Employment credit	emp_cr_max	P	VLOOKUP(tax_inc, emp_add, 2))
		emp_cr_max_spouse	S	IF(tax_inc_spouse=0,0,(VLOOKUP(tax_inc_spouse,emp_add,2)))
		emp_cr	P	MIN(CG_tax_excl, IF(tax_inc<=8000,emp_cr_max, IF(tax_inc<=28000,emp_cr_max+902*(28000-tax_inc)/20000, IF(tax_inc>55000,emp_cr_max,emp_cr_max*(55000-tax_inc)/27000))))+
			S	MIN(CG_tax_excl_spouse, IF(tax_in_spousec<=8000,emp_cr_max_spouse, IF(tax_inc_spouse<=28000,emp_cr_max_spouse+902*(28000-tax_inc_spouse)/20000, IF(tax_inc_spouse>55000,emp_cr_max_spouse,emp_cr_max_spouse*(55000-tax_inc_spouse)/27000))))+
	Fiscal bonus	fiscal_b	B	IF(tax_inc<=thre_min,0,IF(tax_inc<=thre_max,f_bonus,IF(tax_inc<=26000,f_bonus*(26000-tax_inc)/2000)))
	Spouse credit	spouse_cr	P	IF(Married=1, IF(tax_inc_spouse>Sp_crd_lim,0, IF(tax_inc>80000,0, IF(tax_inc <15000,800-110*tax_inc/15000, IF(tax_inc>40000,690*(80000-tax_inc)/40000,VLOOKUP(tax_inc,Spouse_cred,2))))),0)
	Child credit	child_cr_princ	P	IF(Children=0,0,IF(Married=1,(800*(95000-tax_inc)/95000+(Children-1)*800*(110000-tax_inc)/110000)*(1-child_crpct_spouse), MAX(800*(95000-tax_inc)/95000, IF(tax_inc>80000,0,IF(tax_inc<15000,800-110*tax_inc/15000, IF(tax_inc>40000,690*(80000-tax_inc)/40000, VLOOKUP(tax_inc,Spouse_cred,2)))))+(Children-1)*800*(110000-tax_inc)/110000))
		child_crfull_spouse	S	IF(Children=0,0,(spouse_cr=0)*Married*(800*(95000-tax_inc_spouse)/95000+(Children-1)*800*(110000-tax_inc_spouse)/110000))
		child_crpct_spouse	S	IF(child_crfull_spouse>0,IF((CG_tax_excl_spouse-emp_cr_spouse)/child_crfull_spouse<0.5,0,0.5),0)
		child_cr_spouse	S	child_crfull_spouse*child_crpct_spouse
	Total	tax_cr	B	MIN(emp_cr+spouse_cr+child_cr, CG_tax_excl)
7.	CG tax	CG_tax	B	Positive(CG_tax_excl-tax_cr)+sol_tax-fiscal_b
8.	State and local taxes	reg_rt	B	IF(CG_tax<=0, 0, IF(tax_inc>15000,tax_inc*reg_rt,tax_inc*reg_rt_2))
9.	Employees' soc security	SSC	B	Tax(earn, SSC_sch)
11.	Cash transfers		J	IF(Children=0,0,12*VLOOKUP(earn_total, IF(Married,trans_sch,trans_sch_sp),1+Children))
13.	Employer's soc security	SSC_empr	B	Tax(earn, Empr_sch)

Key to range of equation B calculated separately for both principal earner and spouse P calculated for principal only (value taken as 0 for spouse calculation) J calculated once only on a joint basis.

Japan

This chapter includes data on the income taxes paid by workers, their social security contributions, the family benefits they receive in the form of cash transfers as well as the social security contributions and payroll taxes paid by their employers. Results reported include the marginal and average tax burden for eight different family types.

Methodological information is available for personal income tax systems, compulsory social security contributions to schemes operated within the government sector, universal cash transfers as well as recent changes in the tax/benefit system. The methodology also includes the parameter values and tax equations underlying the data.

Japan 2015

The tax/benefit position of single persons

		Wage level (per cent of average wage)	67	100	167	67
		Number of children	none	none	none	2
1.	**Gross wage earnings**		3 353 890	5 005 807	8 359 697	3 353 890
2.	**Standard tax allowances:**					
	Basic allowance		380 000	380 000	380 000	380 000
	Married or head of family		0	0	0	0
	Dependent children		0	0	0	0
	Deduction for social security contributions and income taxes		479 472	715 630	1 114 206	479 472
	Work-related expenses		1 186 167	1 541 161	2 035 970	1 186 167
	Other					
		Total	2 045 639	2 636 791	3 530 175	2 045 639
3.	**Tax credits or cash transfers included in taxable income**		0	0	0	0
4.	**Central government taxable income (1 - 2 + 3)**		1 308 251	2 369 015	4 829 521	1 308 251
5.	**Central government income tax liability (exclusive of tax credits)**		66 786	142 329	549 711	66 786
6.	**Tax credits**					
	Basic credit					
	Married or head of family					
	Children					
	Other					
		Total	0	0	0	0
7.	**Central government income tax finally paid (5-6)**		66 786	142 329	549 711	66 786
8.	**State and local taxes**		138 325	244 402	490 452	138 325
9.	**Employees' compulsory social security contributions**					
	Gross earnings		479 472	715 630	1 114 206	479 472
	Taxable income					
		Total	479 472	715 630	1 114 206	479 472
10.	**Total payments to general government (7 + 8 + 9)**		684 583	1 102 361	2 154 369	684 583
11.	**Cash transfers from general government**					
	For head of family					
	For two children		0	0	0	240 000
		Total	0	0	0	240 000
12.	**Take-home pay (1-10+11)**		2 669 307	3 903 446	6 205 328	2 909 307
13.	**Employer's compulsory social security contributions**		504 626	753 174	1 176 903	504 626
14.	**Average rates**					
	Income tax		6.1%	7.7%	12.4%	6.1%
	Employees' social security contributions		14.3%	14.3%	13.3%	14.3%
	Total payments less cash transfers		20.4%	22.0%	25.8%	13.3%
	Total tax wedge including employer's social security contributions		30.8%	32.2%	34.9%	24.6%
15.	**Marginal rates**					
	Total payments less cash transfers: Principal earner		22.7%	27.6%	31.2%	22.7%
	Total payments less cash transfers: Spouse		n.a.	n.a.	n.a.	n.a.
	Total tax wedge: Principal earner		32.8%	37.0%	35.3%	32.8%
	Total tax wedge: Spouse		n.a.	n.a.	n.a.	n.a.

Japan 2015

The tax/benefit position of married couples

	Wage level (per cent of average wage)	100-0	100-33	100-67	100-33
	Number of children	2	2	2	none
1.	**Gross wage earnings**	5 005 807	6 657 723	8 359 697	6 657 723
2.	**Standard tax allowances**				
	Basic allowance	380 000	760 000	760 000	760 000
	Married or head of family	380 000	0	0	0
	Dependent children	0	0	0	0
	Deduction for social security contributions and income taxes	715 630	951 788	1 195 102	951 788
	Work-related expenses	1 541 161	2 201 928	2 727 328	2 201 928
	Other				
	Total	3 016 791	3 913 716	4 682 431	3 913 716
3.	**Tax credits or cash transfers included in taxable income**	0	0	0	0
4.	**Central government taxable income (1 - 2 + 3)**	1 989 015	2 744 007	3 677 266	2 744 007
5.	**Central government income tax liability (exclusive of tax credits)**	103 531	161 472	209 115	161 472
6.	**Tax credits**				
	Basic credit				
	Married or head of family				
	Children				
	Other				
	Total	0	0	0	0
7.	**Central government income tax finally paid (5-6)**	103 531	161 472	209 115	161 472
8.	**State and local taxes**	211 402	289 401	382 727	289 401
9.	**Employees' compulsory social security contributions**				
	Gross earnings	715 630	951 788	1 195 102	951 788
	Taxable income				
	Total	715 630	951 788	1 195 102	951 788
10.	**Total payments to general government (7 + 8 + 9)**	1 030 563	1 402 661	1 786 944	1 402 661
11.	**Cash transfers from general government**				
	For head of family				
	For two children	240 000	240 000	240 000	0
	Total	240 000	240 000	240 000	0
12.	**Take-home pay (1-10+11)**	4 215 244	5 495 062	6 812 753	5 255 062
13.	**Employer's compulsory social security contributions**	753 174	1 001 721	1 257 800	1 001 721
14.	**Average rates**				
	Income tax	6.3%	6.8%	7.1%	6.8%
	Employees' social security contributions	14.3%	14.3%	14.3%	14.3%
	Total payments less cash transfers	15.8%	17.5%	18.5%	21.1%
	Total tax wedge including employer's social security contributions	26.8%	28.3%	29.2%	31.4%
15.	**Marginal rates**				
	Total payments less cash transfers: Principal earner	27.6%	27.6%	27.6%	27.6%
	Total payments less cash transfers: Spouse	22.5%	21.2%	22.7%	21.2%
	Total tax wedge: Principal earner	37.0%	37.0%	37.0%	37.0%
	Total tax wedge: Spouse	32.7%	31.5%	32.8%	31.5%

The national currency is the Yen (JPY). In 2015 JPY 121.00 was equal to USD 1. In that year, the average worker is assumed to earn JPY 5 005 807 (Secretariat estimate). In Japan, the central government income tax year is a calendar year and the local government income tax year is from April to March. The calculations in this report are based on the tax rules and rates, which are applicable the 1 April.

1. Personal income tax systems

1.1. *Central government income tax*

1.1.1. *Tax unit*

Each individual is taxed separately.

1.1.2. *Allowances and tax credits*

1.1.2.1. Standard reliefs

- *Basic allowance:* a taxpayer may deduct JPY 380 000 as a basic allowance from his or her income.
- *Allowance for spouse*: allowance equal to JPY 380 000 is given to a resident taxpayer who lives with a spouse whose income does not exceed JPY 380 000.
- *Special allowance for spouse:* the allowance included in the following table is given to a resident taxpayer who lives with a spouse:

Spouse's income	Amount
0-380 000	0
380 001-399 999	380 000
400 000-449 999	360 000
450 000-499 999	310 000
500 000-549 999	260 000
550 000-599 999	210 000
600 000-649 999	160 000
650 000-699 999	110 000
700 000-749 999	60 000
750 000-759 999	30 000
760 000 or more	0

- *Allowance for dependents:* if a resident taxpayer has children and other relatives over 15 years old whose income does not exceed JPY 380 000 and who live with the resident, an allowance of JPY 380 000 is given for each dependent.
- *Special allowance for dependents:* if a resident taxpayer has dependents between 19 and 22 years old whose income does not exceed JPY 380 000 and who live with the resident, an allowance of JPY 630 000 is given for each dependent instead of the allowances for dependents mentioned above.

- *Deduction for social insurance premiums:* the whole amount of social insurance premiums for a resident taxpayer or his/her dependents shall be deducted from his/her income.
- *Employment income deduction:* the following amounts may be deducted from employment income in calculating taxable income:
  - If gross employment income does not exceed JPY 1 800 000, the deduction is 40% of salaries (etc.), but the minimum amount deductible is JPY 650 000.
  - If gross employment income exceeds JPY 1 800 000, but not JPY 3 600 000, the deduction is JPY 180 000 plus 30% of salaries.
  - If gross employment income exceeds JPY 3 600 000, but not JPY 6 600 000, the deduction is JPY 540 000 plus 20% of salaries.
  - If gross employment income exceeds JPY 6 600 000, but not JPY 10 000 000, the deduction is JPY 1 200 000 plus 10% of salaries.
  - If gross employment income exceeds JPY 10 000 000, but not JPY 15 000 000, the deduction is JPY 1 700 000 plus 5% of salaries.
  - If gross employment income exceeds JPY 15 000 000, the deduction will be fixed at JPY 2 450 000.

1.1.2.2. Main non-standard tax reliefs applicable to an AW

- *Credit for housing loans:* A resident taxpayer who constructs, purchases, enlarges or rebuilds a house and finances the cost by means of a housing loan and uses the property as his or her own dwelling is entitled to an income tax credit up to the amount described below for 10 years [or 15 years] after the first use of the house, provided that the floor space is not less than 50m^2 and that at least half of the floor space is used as the owner-occupied dwelling. The base of the tax credit equals the balance of the housing loan debt amount, calculated at the end of each year, consisting of the loan obtained not only from private financial institutions but also from public institutions. This tax credit cannot be claimed by those whose total income is more than JPY 30 million.

The rates of the tax credits correspond to the year in which residence in the house commenced. The rates are as follows:

Residence starts:	From 1 January 2005 to 31 December 2005	From 1 January 2006 to 31 December 2006	From 1 January 2007 to 31 December 2007
Tax credit rate	For the part of remaining housing loan balance at the end of year (R.H.L.B). within JPY 40 million : The R.H.L.B. x 1.0% (for first 8 years) The R.H.L.B. x 0.5% (for last 2 years)	For the part of R.H.L.B. within JPY 30 million : The R.H.L.B. x 1.0% (for first 7 years) The R.H.L.B. x 0.5% (for last 3 years)	For the part of R.H.L.B. within JPY 25 million: The R.H.L.B. x 1.0%[or 0.6%] (for first 6 years [or 10 years]) The R.H.L.B. x 0.5%[or 0.4%] (for last 4 years [or 5 years])
Maximum tax credit amount (for each year)	JPY 400 000 JPY 200 000 (for last 2 years)	JPY 300 000 JPY 150 000 (for last 3 years)	JPY 250 000 [or 150 000] JPY 125 000 [or 100 000] (for last 4 years [or 5 years])
Maximum tax credit amount (for the deductible period in total)	JPY 3.6 million	JPY 2.55 million	JPY 2 million

Residence starts:	From 1 January 2008 to 31 December 2008	From 1 January 2009 to 31 December 2010	From 1 January 2011 to 31 December 2011
Tax credit rate	For the part of R.H.L.B. within JPY 20 million: The R.H.L.B. x 1.0%[or 0.6%] (for first 6 years [or 10 years]) The R.H.L.B. x 0.5%[or 0.4%] (for last 4 years [or 5 years])	For the part of R.H.L.B. within JPY 50 million: The R.H.L.B. x 1.0%	For the part of R.H.L.B. within JPY 40 million: The R.H.L.B. x 1.0%
Maximum tax credit amount (for each year)	JPY 200 000 [or 120 000] JPY 100 000 [or 80 000] (for last 4 years [or 5 years])	JPY 500 000	JPY 400 000
Maximum tax credit amount (for the deductible period in total)	JPY 1.6 million	JPY 5 million	JPY 4 million

Residence starts:	From 1 January 2012 to 31 December 2012	From 1 January 2013 to 31 March 2014	From 1 April 2014 to 31 December 2017
Tax credit rate	For the part of R.H.L.B. within JPY 30 million: The R.H.L.B. x 1.0%	For the part of R.H.L.B. within JPY 20 million: The R.H.L.B. x 1.0%	For the part of R.H.L.B. within JPY 40 million: The R.H.L.B x 1.0% If the rate of tax(consumption tax etc.) included in the amount of cost etc. of housing is other than 8% or 10%; For the part of R.H.L.B. within JPY 20 million: The R.H.L.B x 1.0%
Maximum tax credit amount (for each year)	JPY 300 000	JPY 200 000	JPY 400 000 If the rate of tax(consumption tax etc.) included in the amount of cost etc. of housing is other than 8% or 10%; JPY 200 000
Maximum tax credit amount (for the deductible period in total)	JPY 3 million	JPY 2 million	JPY 4 million If the rate of tax(consumption tax etc.) included in the amount of cost etc. of housing is other than 8% or 10%; JPY 2 million

- *Deduction for life insurance premiums:* If a resident taxpayer pays insurance premiums on life insurance contracts and the recipient of the insurance proceeds is the taxpayer, his/her spouse or other relatives living with him/her, the portion of these insurance premiums which does not exceed the maximum prescribed below, is deductible from ordinary income, retirement income or timber income.
- In addition, if a resident taxpayer pays insurance premiums for a "qualified personal pension plan (insurance type)", and the recipient of the pension payment is the taxpayer or his/her spouse under a specific condition, the portion of such premiums which does not exceed the maximum prescribed below, is deductible from ordinary income, retirement income, or timber income.
- Furthermore, if a resident taxpayer pays insurance premiums on nursing and medical insurance contacts and the taxpayer receipts the nursing and medical proceeds caused by payments for medical expenses, the portion of such premiums which does not exceed the maximum prescribed below, is deductible from ordinary income, retirement income, or timber income.

Annual premium paid (JPY)		Deduction
Over	Not over	
	20 000	Total amount of premiums paid (1)
20 000	40 000	(1) x 1/2 + JPY 10 000
40 000	80 000	(1) x 1/4 + JPY 20 000
80 000	–	JPY 40 000

- For the insurance contracts made on or after 1 January 2012 the maximum deduction is JPY 120 000. A resident taxpayer can claim the deduction up to JPY 40 000 for life insurance premiums, personal pension plan premiums and nursing and medical insurance premiums respectively.
- For the insurance contracts made on or before 31 December 2011, a resident taxpayer can claim the deduction up to JPY 50 000 for life insurance premiums, personal pension plan premiums respectively. Thus, a resident tax payer can claim the deduction up to JPY 100 000 in total. *Deduction for medical expenses*: If a resident taxpayer pays bills for medical or dental care for himself/herself or for his/her spouse or other relatives living with him/her and the amount of such expenses (excluding those recovered by insurance) exceeds the lesser of JPY 100 000 or 5% of the total of his/her ordinary income, retirement income and timber income, the excess amount is deductible from his/her ordinary income, retirement income or timber income. The maximum deduction is JPY 2 million.
- *Deduction for earthquake insurance premiums*: Earthquake insurance premiums up to JPY 50 000 can be deducted from income. Although the income deduction for casualty insurance premiums was basically abolished, the deduction for long-term casualty insurance premiums remains available if contracted before 31 December, 2006. The maximum deduction for long-term casualty insurance premiums is JPY 15 000. If an individual applies for both a deduction for earthquake insurance premiums and a deduction for long-term casualty premiums, the maximum deductible amount is JPY 50 000 in total.

1.1.3. *Tax schedule*

Taxable income (JPY) [1]		Tax rate (%)	Deductible amounts for each bracket (JPY)
Over	Not over	(A)	(B)
	1 950 000	5	–
1 950 000	3 300 000	10	97 500
3 300 000	6 950 000	20	427 500
6 950 000	9 000 000	23	636 000
9 000 000	18 000 000	33	1 536 000
18 000 000	40 000 000	40	2 796 000
40 000 000		45	4 796 000

1. The fraction of taxable income that is less than JPY 1 000 is rounded down.

Tax liability is obtained by multiplying the taxable income by tax rate (A) and deducting the amount (B). For example, income tax due on taxable income of JPY 7 million is:

7 000 000 × 0.23 (A) - 636 000 (B) = JPY 974 000.

In addition, a taxpayer is required to file tax returns and make tax payments for additional 2.1% of the base income taxes from 2013 through 2037 (special income tax for reconstruction) annually together with the regular income tax of respective years.

1.2. State and local income taxes

1.2.1. General description of the system

State and local income taxes in Japan consist of prefectural inhabitant's tax levied by prefectures and municipal inhabitant's tax levied by cities, towns and villages. The prefectural inhabitant's tax is collected together with the municipal inhabitant's tax by cities, towns and villages.

1.2.2. Tax base

Basically, prefectural and municipal inhabitants' taxes (local taxes) consist of two parts; one is proportional taxable income and the other is a fixed per capita amount. The way to compute the taxable income of local taxes is similar to that of the previous year's national income tax. The main difference is the amount of reliefs. For example, the amount of Basic Allowance, Allowance for Spouse, Allowance for Dependants is JPY 330 000, the amount of Special Allowance for dependants is JPY 450 000, etc. Allowance for Dependents is available for dependents 16 years or older excluding the specified dependents. Special Allowance for dependents is available for the specified dependents (between 19 and 22 years old).

1.2.3. Tax rate

- The standard fixed (annual) per-capita amount of Prefectural inhabitants tax is JPY 1 500;
- The standard fixed (annual) per-capita amount of Municipal inhabitants tax is JPY 3 500;
- The standard rate of the local taxes equals a proportional rate of 10% (Prefectural inhabitant's tax: 4%, Municipal inhabitant's tax: 6%).*

Taxable income for local income tax purposes	The tax credit
JPY 2 000 000 or less	5% of the lesser of: • total amount of differences in personal reliefs between those for national income tax purposes and for local income tax purposes; or • taxable income for local income tax purposes
More than JPY 2 000 000	((total amount of differences in personal reliefs between those for national income tax purposes and for local income tax purposes) – (taxable income for local income tax purposes – JPY 2 000 000)) * 5%. The minimum credit is JPY 2 500

Note: Local authorities do not levy the per-capita rate and the proportional rate on a taxpayer whose previous year's income does not exceed a certain amount. For example, in special wards of Tokyo, this threshold is calculated as follows:
per-capita rate: (1 + number of spouse and dependent(s) qualified for the allowance for spouse/dependents) * 350 000 [+ 210 000 in case the taxpayer has a qualified spouse or dependent(s)])
proportional rate: (1 + number of spouse and dependent(s) qualified for the allowance for spouse/dependents) * 350 000 [+ 320 000 in case the taxpayer has a qualified spouse or dependent(s)])

1.2.4. Tax rate selected for this study

Country-wide rates as described above. The local income tax rates chosen for the purpose of this Report represent the standard rate.

* The local tax rate and the central government income tax rate were changed in the FY2006 tax reform. Also a new local income tax credit regime was introduced in order to alleviate the tax burden increase arising from the changes in the tax rates and from the difference between the personal reliefs (Basic Allowance, Allowance for Spouse, Allowance for Dependents, Special Allowance for dependents, etc.) for national income tax purposes and for inhabitant tax purposes.

2. Compulsory social security contribution to schemes operated within the government sector

2.1. Employees' contributions

2.1.1. Pension

8.737% (8.914% as from September 2015) of total remuneration (standard remuneration and bonuses). The insurable ceiling of the monthly amount of pensionable remuneration is JPY 620 000 and the insurable ceiling of the standard amount of bonus is JPY 1 500 000.

2.1.2. Sickness

As from April 2012 about 5.00%, (about 4.75% before March 2012), of total remuneration, (standard remuneration and bonuses), up to the insurable ceiling of JPY 1 210 000, (monthly).

2.1.3. Unemployment

0.5% of total remuneration.

2.1.4-1.5. Work injury and family allowance

None.

2.2. Employers' contributions

2.2.1. Pensions

8.737% (8.914% as from September 2015) of total remuneration. The insurable ceiling of the monthly amount of pensionable remuneration is JPY 620 000 and the insurable ceiling of the standard amount of bonus is JPY 1 500 000.

2.2.2. Sickness

As from April 2012, about 5.00% (about 4.75% before March 2012) of total remuneration up to the insurable ceiling of JPY 1 210 000 (monthly).

2.2.3. Unemployment

0.85% of total remuneration.

2.2.4. Work injury

0.25% to 8.8% of total remuneration, the contribution rate depending on each industry's accident rate over the last three years and other factors. There are twenty-nine rates for fifty-four industrial categories at present.

2.2.5. Family allowance

0.15% of total remuneration.

3. Universal cash transfers

3.1. Transfers related to marital status

Not available.

3.2. *Transfers for dependent children*

From April 2012 (Income caps are applied beginning from June 2012 payments):

a) For persons earning incomes below the income cap

JPY 15 000 (per month) is paid to parents/guardians for each child who is under 3 years old or for the third or subsequent child from 3 years old until he/she graduates from elementary school.

JPY 10 000 (per month) is paid to parents/guardians for each child who is for the first or second child from 3 years old until he/she graduates from elementary school or who is a junior high school student.

b) For persons earning incomes no less than the income cap

JPY 50 00 (per month) is paid to parents/guardians for each child until he/she graduates from junior high school as the Special Interim Allowances.

The income cap is set at JPY 6 220 000 (the principal's gross earnings net of certain deductions, plus JPY 380 000 per dependent).

4. Main changes in the tax/benefit systems since 1998

As part of the Fiscal Year 1999 tax reform, the highest marginal rate of the personal income tax imposed by the central government was reduced from 50% to 37%. The top rate of the local inhabitants' tax was reduced from 15% to 13%. A proportional tax reduction was granted with respect to the national income tax and the local inhabitants tax. The amount is equal to the lesser of 20% (local inhabitants tax: 15%) of the amount of tax before reduction or JPY 250 000 (local inhabitants tax: JPY 40 000).

As part of the FY 2005 tax reform, the rate of the reduction was reduced from 20% to 10% (local inhabitants tax: from 15% to 7.5%) and the ceiling was reduced from JPY 250 000 to JPY 125 000 (local inhabitants' tax from JPY 40 000 to JPY 20 000) as from 2006 (local inhabitants tax: FY 2006). And as part of the FY 2006 tax reform, the reduction was abolished as from 2007 (local inhabitants tax: FY 2007).

As part of the FY 2006 tax reform, the progressive rate structure of national income tax was reformed into a 6 brackets structure with tax rates ranging from 5% to 40%, and the rate of local inhabitants' tax became proportional at a rate of 10%.

Eligible age for transfers for dependent children was raised from three to six as from 1 June 2001, from six to nine as from 1 April 2004 and from nine to twelve as from 1 April 2006. It has been doubled to JPY 10 000 for the first and second child under the age of three as from 1 April, 2007.

As from 2010, JPY 13 000 per month is paid to parents/guardians regardless of their income for each child until he/she graduates from junior high school.

As from April 2012 (Income caps are applied beginning from June 2012 payments):

a) For persons earning incomes below the income cap

JPY 15 000 (per month) is paid to parents/guardians for each child who is under 3 years old or for the third or subsequent child from 3 years old until he/she graduates from elementary school.

JPY 10 000 (per month) is paid to parents/guardians for each child who is for the first or second child from 3 years old until he/she graduates from elementary school or who is a junior high school student.

b) For persons earning incomes no less than the income cap

JPY 5 000 (per month) is paid to parents/guardians for each child until he/she graduates from junior high school as the Special Interim Allowances.

As part of the FY 2012 tax reform, the upper limit on employment income deduction (JPY 2 450 000) was set for those who earn employment income more than JPY 15 000 000 as from 2013 (local inhabitants tax: FY2014).

5. Memorandum item

5.1. *Average gross annual wage earnings calculation*

The source of calculation is the *Basic Survey on Wage Structure,* published by the Ministry of Health, Labour and Welfare. This survey covers establishments with ten or more regular employees over the whole country, and contains statistical figures for monthly contractual cash earnings in June and annual special cash earnings (such as bonuses) received by various categories of workers. Male and female workers of the manufacturing, mining and quarrying, construction, wholesale and retail trade, accommodation and food service activities, financial and insurance activities, real estate activities sector are the point of departure. Their gross annual earnings have been calculated by multiplying monthly contractual cash earnings by 12 and adding any annual special cash earnings. In the *Basic Survey*, sickness and unemployment compensations are excluded from cash earnings, but average overtime and bonuses are included.

As far as the *Basic Survey* is concerned, it covers the whole country, and no special assumption is made regarding the place of residence of the average worker.

5.2. *Employer contributions to private pension and health schemes*

DB: JPY 3 595 455 million

Employees' Pension Funds (EPFs): JPY 1 296 443 million

DC: JPY 610 641 million

Data of DB and EPFs are the total amount of employers' contribution and employees' one and there is no data of those which indicates only employers' contribution. It is regulated by law that employers' contribution must be higher than employees' one.

2015 parameter values

Average earnings/yr	Ave_earn	5 005 807	Secretariat estimate
Allowances for central tax	basic_al	380 000	
	spouse_al	380 000	
	Spouse_al_sp	0	0
		380 001	380 000
		400 000	360 000
		450 000	310 000
		500 000	260 000
		550 000	210 000
		600 000	160 000
		650 000	110 000
		700 000	60 000
		750 000	30 000
		760 000	0
spouse_al_ceil		380 000	
	child_al	0	
Employment income deduction	emp_inc_min	650 000	
	emp_inc_sch	0.4	1 800 000
		0.3	3 600 000
		0.2	6 600 000
		0.1	10 000 000
		0.05	
	emp_inc_max	2 450 000	
Central gov't tax schedule	tax_sch	0.05	1 950 000
		0.10	3 300 000
		0.20	6 950 000
		0.23	9 000 000
		0.33	18 000 000
		0.40	40 000 000
		0.45	
	surtax	1.021	
Allowances for state/local tax	s_basic_al	330 000	
	s_spouse_al	330 000	
	s_spouse_al_sp	0	0
		380 001	330 000
		450 000	310 000
		500 000	260 000
		550 000	210 000
		600 000	160 000
		650 000	110 000
		700 000	60 000
		750 000	30 000
		760 000	0
	S_spouse_al_ceil	380 000	
	s_child_al	0	
Prefectural tax	pref_per_cap	1 500	
Municipal tax	mun_per_cap	3 500	
	local_sch	0.1	
Social security contributions	SSC_pens	0.08796	
	pens_ceil	7 440 000	
	SSC_sick	0.05	
	sick_ceil	14 520 000	
	SSC_unemp	0.0050	
Employer contribution proportion	SSC_empr_unemp	0.0085	
	SSC_empr_oth	0.0040	
Child transfer	Child_transfer	120 000	
	Child_transfer2	90 000	
	Child_transfer_lim	6 220 000	
	Child_transfer_lim_incr	380 000	

2015 tax equations

The equations for the Japanese system are mostly on an individual basis. But the tax allowances for the spouse and for children are relevant only to the calculation for the principal earner. This is shown by the Range indicator in the table below.

The functions which are used in the equations (Taper, MIN, Tax etc) are described in the technical note about tax equations. Variable names are defined in the table of parameters above, within the equations table, or are the standard variables "married" and "children". A reference to a variable with the affix "_total" indicates the sum of the relevant variable values for the principal and spouse. And the affixes "_princ" and "_spouse" indicate the value for the principal and spouse, respectively. Equations for a single person are as shown for the principal, with "_spouse" values taken as 0.

	Line in country table and intermediate steps	Variable name	Range	Equation
1.	Earnings	earn		
2.	Allowances:			
		tax_al	P	basic_al + Married*(earn_princ - (earn_princ>0)*MIN(emp_inc_max,MAX(emp_inc_min,Tax(earn_princ, emp_inc_sch)))<=spouse_al_ceil)*spouse_al + Married*VLOOKUP(Positive(earn_princ - (earn_princ>0)*MAX(emp_inc_min,Tax(earn_princ, emp_inc_sch))),spouse_al_sp,2,TRUE) + Children*child_al + MAX(emp_inc_min,Tax(earn_princ,emp_inc_sch)) + SSC_princ
			S	MIN(earn_spouse, basic_al + MAX(emp_inc_min, Tax(earn, emp_inc_sch)) + SSC_spouse)
3.	Credits in taxable income	taxb _cr	B	0
4.	CG taxable income	tax_inc	B	Positive(earn-tax_al)
5.	CG tax before credits	CG_tax_excl	B	Positive(Tax(tax_inc, tax_sch))
6.	Tax credits :	tax_cr	B	0
7.	CG tax	CG_tax	B	CG_tax_excl*surtax
8.	State and local taxes			
	Local taxable income	local_tax_inc	P	Positive(earn_princ- (s_basic_al+Married*((earn_spouse-(earn_spouse>0)*MAX(emp_inc_min,Tax(earn_spouse,emp_inc_sch))<=s_spouse_al_ceil)*s_spouse_al+VLOOKUP(Positive(earn_spouse-(earn_spouse>0)*MAX(emp_inc_min,Tax(earn_spouse,emp_inc_sch))),s_spouse_al_sp,2,TRUE))+Children*s_child_al+MAX(emp_inc_min,Tax(earn_princ,emp_inc_sch))+SSC_princ))
			S	Positive(earn_spouse- (s_basic_al+(earn_spouse>0)*MAX(emp_inc_min,Tax(earn_spouse,emp_inc_sch))+SSC_spouse))
	Local tax	local_tax	P	(earn_princ-MAX(emp_inc_min,Tax(earn_princ,emp_inc_sch))>350000+(Married*(earn_princ - (earn_princ>0)*MAX(emp_inc_min,Tax(earn_princ, emp_inc_sch))<=s_spouse_al_ceil)+Children>0)*((Married*(earn_princ - (earn_princ>0)*MAX(emp_inc_min,Tax(earn_princ, emp_inc_sch))<=s_spouse_al_ceil)+Children)*350000+210000))*(pref_per_cap+mun_per_cap)+(earn_princ-MAX(emp_inc_min,Tax(earn_princ,emp_inc_sch))>350000+(Married*(earn_princ - (earn_princ>0)*MAX(emp_inc_min,Tax(earn_princ, emp_inc_sch))<=s_spouse_al_ceil)+Children>0)*((Married*(earn_princ - (earn_princ>0)*MAX(emp_inc_min,Tax(earn_princ, emp_inc_sch))<=s_spouse_al_ceil)+Children)*350000+320000))*Positive(Tax(Positive(earn_spouse-tax_al_spouse),local_sch)-IF(Positive(earn_spouse-tax_al_spouse)>2000000,MAXA(2500,((Positive(earn_spouse-tax_al_spouse)-MAX(emp_inc_min,Tax(earn_princ,emp_inc_sch)))-(Positive(earn_spouse-tax_al_spouse)-2000000))*5%),MINA((Positive(earn_spouse-tax_al_spouse)-MAX(emp_inc_min,Tax(earn_princ,emp_inc_sch))), Positive(earn_spouse-tax_al_spouse))*5%))
			S	(earn_spouse - (earn_spouse>0)*MAX(emp_inc_min,Tax(earn_spouse, emp_inc_sch))>350000)*(pref_per_cap+mun_per_cap+Positive(Tax(local_tax_inc_spouse,local_sch)-IF(local_tax_inc_spouse>2000000,MAXA(2500,((local_tax_inc_spouse-tax_inc_spouse)-(local_tax_inc_spouse-2000000))*5%),MINA((local_tax_inc_spouse-tax_inc_spouse),local_tax_inc_spouse)*5%)))

	Line in country table and intermediate steps	Variable name	Range	Equation
9.	Employees' soc security	SSC	B	SSC_pens*MIN(earn, pens_ceil)+SSC_sick*MIN(earn, sick_ceil)+SSC_unemp*earn
11.	Cash transfers	cash_trans	B	IF(Children>0,IF(Positive(princ_inc - princ_empl_inc)<Child_transfer_lim+(Child_transfer_lim_incr*Children), Child_transfer,Child_transfer2)*Children,0)
13.	Employer's social security	SSC_empr	B	SSC_pens*MIN(earn, pens_ceil)+SSC_sick*MIN(earn, sick_ceil)+(SSC_empr_unemp+SSC_empr_oth)*earn

Key to range of equation B calculated separately for both principal earner and spouse P calculated for principal only (value taken as 0 for spouse calculation).

Korea

This chapter includes data on the income taxes paid by workers, their social security contributions, the family benefits they receive in the form of cash transfers as well as the social security contributions and payroll taxes paid by their employers. Results reported include the marginal and average tax burden for eight different family types.

Methodological information is available for personal income tax systems, compulsory social security contributions to schemes operated within the government sector, universal cash transfers as well as recent changes in the tax/benefit system. The methodology also includes the parameter values and tax equations underlying the data.

Korea 2015

The tax/benefit position of single persons

		Wage level (per cent of average wage)	67	100	167	67
		Number of children	none	none	none	2
1.	**Gross wage earnings**		28 249 025	42 162 723	70 411 748	28 249 025
2.	**Standard tax allowances**					
	Basic allowance					
	Married or head of family					
	Dependent children					
	Deduction for social security contributions and income taxes					
	Work-related expenses					
	Other					
		Total	12 258 560	16 609 244	19 778 634	16 258 560
3.	**Tax credits or cash transfers included in taxable income**		0	0	0	0
4.	**Central government taxable income (1 - 2 + 3)**		15 990 465	25 553 480	50 633 114	11 990 465
5.	**Central government income tax liability (exclusive of tax credits)**		1 318 570	2 753 022	6 931 947	719 428
6.	**Tax credits**					
	Basic credit		850 571	666 698	500 000	825 685
	Married or head of family					
	Children					
	Other					
		Total	850 571	666 698	500 000	825 685
7.	**Central government income tax finally paid (5-6)**		467 999	2 086 324	6 431 947	0
8.	**State and local taxes**		46 800	208 632	643 195	0
9.	**Employees' compulsory social security contributions**					
	Gross earnings		2 368 340	3 534 835	5 008 046	2 368 340
	Taxable income					
		Total	2 368 340	3 534 835	5 008 046	2 368 340
10.	**Total payments to general government (7 + 8 + 9)**		2 883 138	5 829 791	12 083 188	2 368 340
11.	**Cash transfers from general government**					
	For head of family					
	For two children					
		Total	0	0	0	0
12.	**Take-home pay (1-10+11)**		25 365 886	36 332 932	58 328 560	25 880 685
13.	**Employer's compulsory social security contributions**		2 919 196	4 357 008	6 381 075	2 919 196
14.	**Average rates**					
	Income tax		1.8%	5.4%	10.0%	0.0%
	Employees' social security contributions		8.4%	8.4%	7.1%	8.4%
	Total payments less cash transfers		10.2%	13.8%	17.2%	8.4%
	Total tax wedge including employer's social security contributions		18.6%	21.9%	24.0%	17.0%
15.	**Marginal rates**					
	Total payments less cash transfers: Principal earner		17.7%	21.9%	27.9%	8.4%
	Total payments less cash transfers: Spouse		n.a.	n.a.	n.a.	n.a.
	Total tax wedge: Principal earner		25.4%	29.2%	31.9%	17.0%
	Total tax wedge: Spouse		n.a.	n.a.	n.a.	n.a.

Korea 2015

The tax/benefit position of married couples

		Wage level (per cent of average wage)	100-0	100-33	100-67	100-33
		Number of children	2	2	2	none
1.	**Gross wage earnings**		42 162 723	56 076 422	70 411 748	56 076 422
2.	**Standard tax allowances**					
	Basic allowance					
	Married or head of family					
	Dependent children					
	Deduction for social security contributions and income taxes					
	Work-related expenses					
	Other					
		Total	21 109 244	29 300 840	32 367 804	26 300 840
3.	**Tax credits or cash transfers included in taxable income**		0	0	0	0
4.	**Central government taxable income (1 - 2 + 3)**		21 053 480	26 775 582	38 043 944	29 775 582
5.	**Central government income tax liability (exclusive of tax credits)**		2 078 022	2 556 348	3 546 592	3 006 348
6.	**Tax credits**					
	Basic credit		966 698	1 236 028	1 780 662	936 028
	Married or head of family					
	Children					
	Other					
		Total	966 698	1 236 028	1 780 662	936 028
7.	**Central government income tax finally paid (5-6)**		1 111 324	1 336 324	1 765 930	2 086 324
8.	**State and local taxes**		111 132	133 632	176 593	208 632
9.	**Employees' compulsory social security contributions**					
	Gross earnings		3 534 835	4 701 331	5 903 175	4 701 331
	Taxable income					
		Total	3 534 835	4 701 331	5 903 175	4 701 331
10.	**Total payments to general government (7 + 8 + 9)**		4 757 291	6 171 287	7 845 698	6 996 287
11.	**Cash transfers from general government**					
	For head of family					
	For two children					
		Total	0	0	0	0
12.	**Take-home pay (1-10+11)**		37 405 432	49 905 135	62 566 050	49 080 135
13.	**Employers' compulsory social security contributions**		4 357 008	5 794 821	7 276 204	5 794 821
14.	**Average rates**					
	Income tax		2.9%	2.6%	2.8%	4.1%
	Employees' social security contributions		8.4%	8.4%	8.4%	8.4%
	Total payments less cash transfers		11.3%	11.0%	11.1%	12.5%
	Total tax wedge including employer's social security contributions		19.6%	19.3%	19.5%	20.7%
15.	**Marginal rates**					
	Total payments less cash transfers: Principal earner		21.9%	21.9%	21.9%	21.9%
	Total payments less cash transfers: Spouse		10.2%	8.4%	14.4%	8.4%
	Total tax wedge: Principal earner		29.2%	29.2%	29.2%	29.2%
	Total tax wedge: Spouse		18.6%	17.0%	22.4%	17.0%

The national currency is the Won (KRW). In 2015, KRW 1 131.31 was equal to USD 1. In this year, the average worker is expected to earn KRW 42 162 723 (Secretariat estimate).

1. Personal income tax system

1.1. Central government income tax system

1.1.1. Tax unit

Each individual is taxed on his/her own income.

Non-taxable wage income includes the:

- national pension, medical insurance, unemployment insurance and work injury insurance that are borne by employer;
- overtime payment to productive workers: up to KRW 2 400 000 of overwork payment of productive workers in manufacturing and mining sectors whose monthly wage is less than KRW 1 500 000 and whose yearly wage is less than KRW 25 000 000.

1.1.2. Allowances and tax credits

1.1.2.1. Standard reliefs

- *Employment income deduction:* the following deduction from gross income is provided to wage and salary income earners:

Salary	Deduction
Up to KRW 5 000 000	70%
KRW 5 000 000 to KRW 15 000 000	KRW 3 500 000 plus 40% of the salary over KRW 5 000 000
KRW 15 000 000 to KRW 45 000 000	KRW 7 500 000plus 15% of the salary over KRW 15 000 000
KRW 45 000 000 to KRW 100 000 000	KRW 12 000 000 plus 5% of the salary over KRW 45 000 000
Over KRW 100 000 000	KRW 14 750 000 plus 2% of the salary over KRW 100 000 000

- *Basic allowance*: a taxpayer can deduct KRW 1 500 000 from his/her income for each person who meets one of following conditions:
  - the taxpayer him/herself;
  - the taxpayer's spouse whose taxable income (gross earnings net of employment income deduction) is less than KRW 1 000 000;
  - the taxpayer's (including the spouse's) dependents (parents, siblings, children) within the same household whose income after accounting for the employment income deduction is less than KRW 1 000 000 and whose age is:
    1. parents: 60 years or older;
    2. brother/sister: 60 years or older or 20 years or younger;
    3. children: 20 years or younger (if both partners in the household earn wage-income, this Report assumes that the principal wage earner will claim the allowance).

- *Additional allowance:* a taxpayer can deduct KRW 1 000 000 (500 000 in the case of [c], KRW 2 000 000 in the case of[b])from his/her gross income when the taxpayer or his/her dependents fall into one of the following categories (for this report, only cases [c] are modelled):
  - a person aged 70 years or older(a)
  - a handicapped person (b)
  - a female wage earner who is the head of a household with dependents (but without spouse) or a female wage earner with spouse when her taxable income is not more than KRW 30 million(c)
  - a single parent with descendants including adoptees*(f)
- *National pension deduction*: employees can deduct 100% of their National Pension contributions
- *Working Tax credit*: wage and salary income earners obtain the following tax credit, :

Calculated tax	Amount of tax credit
Up to KRW 1 300 000	55% of calculated tax
Over KRW 1 300 000	KRW 715 000 plus 30% of the calculated tax over KRW 1 300 000

Total wage and salary income	Ceiling on credit amount
Not more than KRW 33 million	KRW 740 000
Not more than KRW 70 million	The greater of KRW 660 000 and KRW 740 000 - [(total wage and salary income - KRW 33 million) × 0.8%]
Exceeding KRW 70 million	The greater of KRW 500 000 and KRW 660 000 - [(total wage and salary income - KRW 70 million) × 50%]

1.1.2.2. Main non-standard tax reliefs

Wage and salary income earners may deduct from gross income the expenses for the following items during the tax year:

- *Insurance premiums:* the Medical insurance premium and the Unemployment insurance premium can be entirely (100%) deducted from taxable income.

Saving/Payment for housing: 40% of deposits of an account for purchasing a house, which is held by a person who does not own a house, or owns only one house that is smaller than 85 square miles in size and whose price is KRW 300 million or less, 40% of repayments of loans including interest borrowed for the purpose of the lease by a person owning no house may be deducted up to three million won per year.

- *Credit card purchases:* Employees may deduct 15% of their credit card (30% of their debit card, prepaid card or cash receipt) purchases that exceed 25% of their total income up to lesser of KRW 3 000 000 or 20% of their total income. However, for expenditures spent for traditional markets and public transportation, the allowed deduction is equivalent to 30% of the expenditure and the ceiling is raised by an additional KRW 1 000 000 respectively.

1.1.2.3. Child tax credit

- Where a resident with taxable income has dependent children including adoption, he/she gets annual tax credit of KRW 150 000 for having a child, KRW 300 000 for having two

* Overlapping of deductions for (c) and (f) is not allowed. So a taxpayer should select only one.

children and KRW 300 000 plus KRW 300 000 per an excess child over two children in case of having more than three children.

- Resident gets additional tax credit of KRW 150 000 per a child who is under 6 years of age from second child;
- Resident gets tax credit of KRW 300 000 per child for birth and adoption of the year;

1.1.2.4. Credit for Pension insurance premiums

- A resident who paid pension contributions to a pension account may deduct the amount equal to 12% of the premiums paid from his/her global income tax amount, only up to KRW 4 million for pension account as well as KRW 7 million for sum of the pension account and retirement -pension account
- A resident whose labour income is not exceeding KRW 55 million when he has labour income only or whose global income is not exceeding KRW 40 million would deduct 15% of the premium.

1.1.2.5. Special tax credit

Wage and salary income earners may obtain following tax credit during the tax year:

- Insurance premiums (a):12% of the general insurance premium up to KRW 1 000 000 can be deducted from his/her income tax amount.
- Medical expenses (b):15% of the medical expenses exceeding 3% of taxable income can be deducted from his/her income tax amount. The medical expenses for taxpayer's dependents who are eligible for the basic deduction is limited KRW 7 000 000 and the medical expenses for the taxpayer himself, taxpayer's dependents who are aged 65 years or older and handicapped persons is not limited.
- Educational expenses (c):15% of tuition fees for pre-school, elementary, middle school and college (but the graduate school fee deduction is allowed only for the taxpayer himself), either for the taxpayer himself or his/her dependents (including the taxpayer's spouse, children, and siblings), can be deducted from his/her income tax amount. The tuition fee for the taxpayer himself is not limited. For the taxpayer's dependents, the limits of tuition fees are as follows:
  - For pre-school: up to KRW 3 000 000 per child;
  - For elementary, middle and high school: up to KRW 3 000 000 per student;
  - For college/university: up to KRW 9 000 000 per student.
- Charities (d):15% of the amount of donation (in case of the donation exceeding KRW 30 million, 25% of the excess over KRW 30 million) is deducted from income tax amount. The limits of donations are as follows:
  - donations to a government body, donations for national defence, natural disaster, and certain charitable associations: up to gross income;
  - donations to public welfare or religious associations: up to 30% of gross income.
- Standard Credits: Alternatively, a taxpayer may elect to choose an annual standard credit of KRW 70 000 (KRW 130 000 for wage and salary earners and KRW 120 000 for business owners meeting certain requirements), if he or she fails to claim deductions for insurance premium, saving/payment for housing and special tax credit.

1.1.3. *Tax schedule*

Over (KRW)	Not more than (KRW)	Marginal tax rate (%)
0	12 000 000	6
12 000 000	46 000 000	15
46 000 000	88 000 000	24
88 000 000	150 000 000	35
150 000 000		38

1.2. *Local income tax*

1.2.1. *Tax base*

The local income tax base is the income tax paid to the central government.

1.2.2. *Tax rate*

A uniform rate of 10% is applied. However, the local government can adjust the rate between the lower limit of 5% and the upper limit of 15%.

1.2.3. *Tax rate (selected for this study)*

A country-wide rate of 10% is used in this Report.

2. Compulsory social security contribution to schemes operated within the government sector

2.1. *Employees' contribution*

2.1.1. *National pension*

The National pension contribution rate is 4.5% of the standardised average monthly wage income as of 2014.

The scope of the standardised average monthly wage income is from KRW 270 000 to KRW 4 210 000 as of 1 July, 2015

2.1.2. *Medical insurance*

The Medical insurance premium, which has a rate of 3.2337925% (Health insurance: 3.035%, Long term care insurance: 6.55% of Health insurance premium rate), is levied on average monthly wage income as of 1 January201 5.

The scope of the average monthly wage income is from KRW 280 000 to KRW 78 100 000.

2.1.3. *Unemployment insurance*

0.65% of gross income.

2.1.4. *Industrial accident compensation insurance (premiums)*

Compulsory application, premiums paid only by employers.

2.2. *Employers' contribution*

2.2.1. *National pension*

The national pension contribution rate is 4.5% of the standardised average monthly wage income as of 2014.

The scope of the standardised average monthly wage income is from KRW 270 000 to KRW 4 210 000 as of 1 July, 2015.

If the average monthly wage income of a person is less than KRW 270 000, the average monthly wage income of the person is regarded as KRW 270 000 and the rate (0.045) is applied. If the average monthly wage income of a person is more than KRW 4 210 000, the average monthly wage income of the person is regarded as KRW 4 210 000 and the rate (0.045) is applied; so the maximum of the national pension contribution per year is KRW 2 273 400 (= KRW 4 210 000 × 0.045 × 12 months).

2.2.2. *Medical insurance*

The Medical insurance premium, which has a rate of 3.2337925% (Health insurance: 3.035%, Long term care insurance: 6.55% of Health insurance premium rate), is levied on average monthly wage income as of 1 January, 2015.

The scope of the average monthly wage income is from KRW 280 000 to KRW 78 100 000.

2.2.3. *Unemployment insurance*

- the insurance premium is between 0.9% and 1.5% of total wage;
- the insurance premium selected for this study is 0.9%.

2.2.4. *Work injury insurance*

- the insurance premium consists of an industry-specific rate which is set by the Ministry of Employment and Labour multiplied by total wage;
- the average rate of all industries (selected for this study) is 1.70%.

3. Universal cash transfers

Child Benefit

Child benefit is paid every month to those who have children aged 5 years or younger: KRW 200 000 for a child aged 12 months or younger, KRW 150 000 for a child aged 1 to 2 years and KRW 100 000 for a child aged 2 to 5 years.

If a child attends a nursery or pre-school, childcare benefit is paid instead every month: KRW 394 000 for a child aged 0, KRW 374 000 for a child aged 1 year, KRW 286 000 for a child aged 2 years and KRW 220 000 for a child aged 3 to 5 years.

The above child benefits are not included in the Taxing Wages calculations that consider children aged between 6 and 11 inclusive.

4. Main changes in tax/benefit system since 2000

2000	Contribution to National Pension are to be deductible from 2001, upper cap of employment income deduction limit (KRW 12 000 000) is abolished from 2001
2001	Personal income tax rates are lowered by 10% (10, 20 ,30, 40% were reduced to 9, 18, 27, 36%, respectively) from 2002
2002	Limits of deduction for education fees are expanded from 2003. For pre-school: from KRW 1 000 000 to KRW 1 500 000. For elementary, middle school and high school: from KRW 1 500 000 to KRW 2 000 000. For college and university: from KRW 3 000 000 to KRW 5 000 000. Limit of deduction for interest of long-term mortgage loan for housing is expanded from KRW 3 000 000 to KRW 6 000 000 from 2003
2003	Employment income deduction and tax credit applicable to low income are increased. The deduction rate for the taxable wage income range of KRW 5 000 000 to KRW 15 000 000 is increased from 45% to 47.5%. The tax credit rate for calculated tax below KRW 500 000 is increased from 45% to 50% and the maximum tax credit is increased from KRW 400 000 to KRW 450 000.
2004	Limits of deduction for education fees are expanded. For pre-school: from KRW 1 500 000 to KRW 2 000 000. For college and university: from KRW 5 000 000 to KRW 7 000 000. Limit of deduction for interest on long-term mortgage loan for housing is expanded from KRW 6 000 000 to KRW 10 000 000. The marginal deduction rate for the taxable wage income range from KRW 5 000 000 to KRW 15 000 000 is increased from 47.5% to 50%. The tax credit rate for tax amounts below KRW 500 000 is increased from 50% to 55% and the maximum permitted tax credit goes up from KRW 450 000 to KRW 500 000.
2005	Personal income tax rates are lowered by 1% point (9, 18, 27, 36% were reduced to 8, 17, 26, 35%, respectively). Lump-sum tax relief are expanded from KRW 600 000 to KRW 1 000 000.
2007	Eligibility for the extra allowance amount has been changed. Previously, an income earner with a small number of dependents (e.g. spouse, child) eligible for basic allowance was eligible for an allowance of up to KRW 1 000 000 depending on the number of dependents. As from 2007, however, an income earner with two or more dependent children eligible for basic allowance is eligible for an allowance equivalent to KRW 500,000 if there are 2 children plus an additional KRW 1 000 000 for every additional child (e.g. 2 children: KRW 500 000; 3 children: KRW 1 500 000; 4 children: KRW 2 500 000, etc.).
2008	Tax schedule has been changed : from KRW 10 000 000, KRW 40 000 000 , KRW 80 000 000 to KRW 12 000 000, KRW 46 000 000, KRW 88 000 000; New items have been added to the additional allowance with respect to lineal descendants who are born or adopted during the concerned taxable year; Credit card purchase deduction has been changed : Employees may deduct 20% (previously 15%) of their credit/debit card purchases that exceed 20% (previously 15%) of their total income; Deduction for donations to public welfare or religious associations has been increased up to 15% of gross income. Previously, the limit was 10% of gross income.
2009	Personal income tax rates have been changed: from 8%, 17%, 26%, 35% to6%, 16%, 25%, and 35%. Employment income deduction has been changed: from 100%, 50%, 15%, and 10% 5% to 80%, 50%, 15%, and 10%. 5%
2010	Personal income tax rates have been changed: from 6%, 16%, 25%, 35% to6%, 15%, 24%, and 35%.
2012	Personal income tax rates have been changed: from6%, 15%, 24%, and 35% to 6%, 15%, 24%, 35% and 38%
2013	• A new additional allowance is added: a single parent with lineal descendants or adopted children who are eligible for basic exemption can deduct KRW 1 000 000. • Insurance premiums, medical expenses, education expenses, loans for house, designated donations, saving deposits for housing subscription, investment in employee stock ownership associations or in associations for investment in start-ups, and credit cards are allowed income deduction with a ceiling at KRW 25 000 000 in total. However, for the amount of designated donations exceeding the ceiling, deduction canbe carried forward for 5 years.
2014	• Tax schedule has been changed : KRW 300 000 000 to KRW 150 000 000 • Personal and special income deductions(e.g. medical expenses, educational expenses) have been shifted toward tax credit • Employment income deduction has been changed : 80% to 70%, 50% to 40%. • The ceiling amount of earned income tax credit has been changed : KRW 500 000 to KRW 740 000(the salary < 33 000 000), KRW 660 000 (the salary < 70 000 000)

5. Memorandum item

5.1. *Identification of the Average Worker (AW)*

Sectors used: industry Sectors B-N with reference to the International Standard Industrial Classification of All Economic Activities, Revision 4 (ISIC Rev. 4)

Geographical coverage: whole country

Type of workers: wage workers (male and female).

5.2. Method to calculate wages

Report on Labour Force Survey at Establishments covering data in 2014 by the Ministry of Employment and Labour is used to calculate the annual wages of the AW. The statistics were obtained through a sample survey of 12 000 firms with five or more permanent employees throughout the whole country.

Basic method of calculation used: average monthly wages multiplied by 12.

5.3. Employer's reserve for employee's retirement payment

An employer should pay to a retiree the retirement payment which is not less than 30 days' wage and salary per one year of service (about 8.3% of gross income or more). An employer can contribute to the Retirement Payment Reserve Fund established within the company or Retirement Insurance Fund established outside the company to prepare for the retirement payment. Such contribution is treated as business expense under certain constraints. Because contribution to the Retirement Fund is not compulsory, this survey does not include such contribution except the contribution converted to employer's contribution to the national pension plan (see Section 2.2.1).

2015 parameter values

Average earnings/yr	Ave_earn	42 162 723	Secretariat estimate
Tax allowances	basic_al	1 500 000	
spouse	spouse_al	1 500 000	
dependents including children	dep_al	1 500 000	
additional allowance	add_all	500 000	
additional allowance 2	add2_all	1 000 000	
Employment income deduction	empdedsch	0	0.7
		5 000 000	0.4
		15 000 000	0.15
		45 000 000	0.05
		100 000 000	0.02
Earned income special credit threshold	earntaxcred	0.55	
		0.3	1 300 000
credit limit	credlimit	740 000	Ave_earn < 33000000
		660 000	Ave_earn < 70000000
		500 000	Ave_earn > 70000000
Child tax credit	child_cred	150 000	
Lump sum tax credit	lump_cred	130 000	
	lump_thresh	1 428 571	
Tax schedule	tax_sch	0.06	12 000 000
		0.15	46 000 000
		0.24	88 000 000
		0.35	150 000 000
		0.38	
Local tax rate	local_rate	0.1	
Social security contributions	SSC_pens	0.045	
	SSC_pens_max	2 273 400	
	SSC_sick	0.03234	
	SSC_sick_max	30 307 103	
	SSC_unemp	0.0065	
Employer contributions	emp_pens	0.045	
	emp_sick	0.03234	
	emp_unemp	0.009	
	emp_inj	0.0170	

2015 tax equations

The equations for the Korean system are independent between spouses except that the principal earner has tax allowances for the spouse and for any children.

The functions which are used in the equations (Taper, MIN, Tax etc) are described in the technical note about tax equations. Variable names are defined in the table of parameters above, within the equations table, or are the standard variables married and children. A reference to a variable with the affix total indicates the sum of the relevant variable values for the principal and spouse. And the affixes princ and spouse indicate the value for the principal and spouse, respectively. Equations for a single person are as shown for the principal, with spouse values taken as 0.

	Line in country table and intermediate steps	Variable name	Range	Equation
1.	Earnings	earn		
2.	Allowances:			
	employment income	emp_al	B	Empincded(earn, empincdedsch)
	basic	bas_al	B	basic_al
	spouse	sp_al	P	Married*spouse_al*(earn_spouse-emp_al_spouse<=spouse_al)
	dependents	dp_al	P	Children*dep_al
	additional allowances	add_al_princ	P	IF(AND(Married=0,Children>0), add2_all,0)
	additional allowances	add_al_spouse	S	(earn_spouse>0)*add_all
	national pension deduction	np_de	B	Min(earn*SSC_pens, SSC_pens_max)
	Main non-standard tax relief	non-std_al	B	IF(earn*(SSC_sick+SSC_unemp)>lump_thresh,earn*(SSC_sick+SSC_unemp),0)
	Total	tax_al	B	emp_al+bas_al+sp_al+dp_al+add_al+np_al
3.	Credits in taxable income	taxbl_cr	B	0
4.	CG taxable income	tax_inc	B	Positive(earn-tax_al)
5.	CG tax before credits	CG_tax_excl	B	Tax(tax_inc, tax_sch)
6.	Tax credits :	earn_cr	B	MIN(earntaxcred(CG_tax_excl), credlimit(earn))
	earned income	child_cr	P	Children*child_cred
	special tax credit	lump_cr	B	IF(non-std_al=0, lump_cred, 0)
	child tax credit	tax_cr	B	earn_cr+child_cr+lump_cr
	lump-sum tax credit			
	Total			
7.	CG tax	CG_tax	B	CG_tax_excl-tax_cr
8.	State and local taxes	local_tax	B	local_rate*CG_tax
9.	Employees' soc security	SSC	B	MIN(earn*(SSC_pens),SSC_pens_max)+MIN(earn*(SSC_sick),SSC_sick_max)+earn*(SSC_unemp)
11.	Cash transfers	cash_trans	J	
13.	Employer's soc security	SSC_empr	B	MIN(earn*(SSC_pens),SSC_pens_max)+MIN(earn*(emp_sick),SSC_sick_max)+earn*(emp_unemp+emp_inj)

Key to range of equation B calculated separately for both principal earner and spouse P calculated for principal only (value taken as 0 for spouse calculation) S calculated for spouse only J calculated once only on a joint basis.

Luxembourg

This chapter includes data on the income taxes paid by workers, their social security contributions, the family benefits they receive in the form of cash transfers as well as the social security contributions and payroll taxes paid by their employers. Results reported include the marginal and average tax burden for eight different family types.

Methodological information is available for personal income tax systems, compulsory social security contributions to schemes operated within the government sector, universal cash transfers as well as recent changes in the tax/benefit system. The methodology also includes the parameter values and tax equations underlying the data.

Luxembourg 2015

The tax/benefit position of single persons

	Wage level (per cent of average wage)	67	100	167	67
	Number of children	none	none	none	2
1.	**Gross wage earnings**	37 220	55 553	92 773	37 220
2.	**Standard tax allowances**				
	Basic allowance	480	480	480	480
	Married or head of family				
	Dependent children				
	Deduction for social security contributions and income taxes	4 113	6 139	10 251	4 113
	Work-related expenses	540	540	540	540
	Other	0	0	0	0
	Total	5 133	7 159	11 271	5 133
3.	**Tax credits or cash transfers included in taxable income**	0	0	0	0
4.	**Central government rounded taxable income (1 - 2 + 3)**	32 050	48 350	81 500	32 050
5.	**Central government income tax liability (exclusive of tax credits)**	3 981	10 249	24 083	2 218
6.	**Tax credits**				
	Basic credit	300	300	300	300
	Married or head of family				
	Children				
	Other	0	0	0	750
	Total	300	300	300	1 050
7.	**Central government income tax finally paid (5-6)**	3 681	9 949	23 783	1 168
8.	**State and local taxes**	0	0	0	0
9.	**Employees' compulsory social security contributions**				
	Gross earnings	4 739	7 113	11 933	4 739
	Taxable income				
	Total	4 739	7 113	11 933	4 739
10.	**Total payments to general government (7 + 8 + 9)**	8 421	17 062	35 716	5 908
11.	**Cash transfers from general government**				
	For head of family				
	For two children	0	0	0	7 522
	Total	0	0	0	7 522
12.	**Take-home pay (1-10+11)**	28 800	38 490	57 057	38 835
13.	**Employer's compulsory social security contributions**	4 563	6 811	11 374	4 563
14.	**Average rates**				
	Income tax	9.9%	17.9%	25.6%	3.1%
	Employees' social security contributions	12.7%	12.8%	12.9%	12.7%
	Total payments less cash transfers	22.6%	30.7%	38.5%	-4.3%
	Total tax wedge including employer's social security contributions	31.1%	38.3%	45.2%	7.1%
15.	**Marginal rates**				
	Total payments less cash transfers: Principal earner	39.6%	50.1%	50.1%	44.4%
	Total payments less cash transfers: Spouse	n.a.	n.a.	n.a.	n.a.
	Total tax wedge: Principal earner	46.2%	55.5%	55.5%	50.4%
	Total tax wedge: Spouse	n.a.	n.a.	n.a.	n.a.

Luxembourg 2015

The tax/benefit position of married couples

		Wage level (per cent of average wage)	100-0	100-33	100-67	100-33
		Number of children	2	2	2	none
1.	**Gross wage earnings**		55 553	73 885	92 773	73 885
2.	**Standard tax allowances**					
	Basic allowance		480	960	960	960
	Married or head of family					
	Dependent children					
	Deduction for social security contributions and income taxes		6 139	8 164	10 251	8 164
	Work-related expenses		540	1 080	1 080	1 080
	Other		0	4 500	4 500	4 500
		Total	7 159	14 704	16 791	14 704
3.	**Tax credits or cash transfers included in taxable income**		0	0	0	0
4.	**Central government rounded taxable income (1 - 2 + 3)**		48 350	59 150	75 950	59 150
5.	**Central government income tax liability (exclusive of tax credits)**		3 811	6 513	12 003	6 513
6.	**Tax credits**					
	Basic credit		300	600	600	600
	Married or head of family					
	Children					
	Other		0	0	0	0
		Total	300	600	600	600
7.	**Central government income tax finally paid (5-6)**		3 511	5 913	11 403	5 913
8.	**State and local taxes**		0	0	0	0
9.	**Employees' compulsory social security contributions**					
	Gross earnings		7 113	9 407	11 853	9 407
	Taxable income					
		Total	7 113	9 407	11 853	9 407
10.	**Total payments to general government (7 + 8 + 9)**		10 624	15 319	23 255	15 319
11.	**Cash transfers from general government**					
	For head of family					
	For two children		7 522	7 522	7 522	0
		Total	7 522	7 522	7 522	0
12.	**Take-home pay (1-10+11)**		52 451	66 087	77 039	58 566
13.	**Employer's compulsory social security contributions**		6 811	9 058	11 374	9 058
14.	**Average rates**					
	Income tax		6.3%	8.0%	12.3%	8.0%
	Employees' social security contributions		12.8%	12.7%	12.8%	12.7%
	Total payments less cash transfers		5.6%	10.6%	17.0%	20.7%
	Total tax wedge including employer's social security contributions		15.9%	20.3%	26.0%	29.4%
15.	**Marginal rates**					
	Total payments less cash transfers: Principal earner		32.0%	37.7%	47.2%	37.7%
	Total payments less cash transfers: Spouse		25.6%	37.7%	47.2%	37.7%
	Total tax wedge: Principal earner		39.4%	44.5%	53.0%	44.5%
	Total tax wedge: Spouse		33.7%	44.5%	53.0%	44.5%

The national currency is the euro (EUR). In 2015, EUR 0.90 equalled USD 1. The Secretariat has estimated that in that same year the average worker earned EUR 55 553 (Secretariat estimate).

1. Personal income tax system

1.1. *Taxes levied by central government*

1.1.1. *Tax unit*

Spouses and partners are taxed jointly on their income. The income of minor children is included in determining the couple's taxable income. However, any earned income that children may derive from work is excluded from joint taxation.

1.1.2. *Tax reliefs and tax credits*

1.1.2.1. Standard reliefs in the form of deductions from income

- Wage-earners are entitled to a standard minimum deduction of EUR 540 for work-related expenses other than travel, unless their actual deductible expenses are higher. This deduction is doubled for spouses taxed jointly.
- The first 4 distance units (i.e. 4 * 99 = EUR 396 per year) of the lump sum deduction for travel expenses between a taxpayer's home and his working places are abolished. The maximum deduction will be limited to EUR 2 574 per year.
- Like other taxpayers, wage-earners having no special expenses (interest charges, insurance premiums or contributions other than for social security) may take a standard deduction of EUR 480 for special expenses. Actual insurance premiums are deductible up to the limit set by law.
- If both spouses have earned income and are taxed jointly, they qualify for an earned income allowance of EUR 4 500.
- Social security contributions: contributions paid to compulsory health insurance and pension schemes are deductible in full.
- Dependency insurance: the dependency contribution is not deductible for income tax purposes.

1.1.2.2. Standard reliefs in the form of tax credits

- Wage-earners and pensioners receive a refundable tax credit of EUR 300 per annum.
- Single-parents receive a refundable tax credit of EUR 750 per annum.

1.1.2.3. Non-standard allowances deductible from taxable income

- Interest charges are deductible insofar as they are not considered operating expenses or acquisition expenses, and provided they are unrelated economically to the exempt income. However, the deduction of interest charges is capped at EUR 336 per year. This ceiling is increased by EUR 336 for the taxpayer's spouse/partner and for each child.

- Taxpayers may deduct premiums paid to insurers licensed in an EU country in respect of life, death, accident, disability, illness or liability insurance, as well as dues paid to recognised mutual assistance companies. However, deductions are capped at EUR 672 per year.
- Payments to an insurance company or credit institution in respect of an individual retirement scheme are deductible. These payments are capped according to the subscriber's age and must meet certain investment policy constraints. The ceiling varies between EUR 1 500 and EUR 3 200. Each spouse/partner may take out such a contract and qualify for the respective ceilings.
- Contributions to building society savings are deductible up to the limit of EUR 672.
- Interest charges in respect of the rental value of owner-occupied housing are deductible only up to an annual ceiling. During the first five years, the ceiling is EUR 1 500; for the following five years it is EUR 1 125; thereafter it is EUR 750. These ceilings are increased by an equal amount for the taxpayer's spouse/partner, and for each qualifying child.
- As from 1 January 2009, the maximal deduction of premium related to the mortgage life insurance on the taxpayer's principal residence is EUR 6 000. This ceiling is increased by an equal amount for the taxpayer's spouse/partner and by 1 200 for each qualifying child. For taxpayers over the age of 30, the allowable deduction of EUR 6 000 is increased by 8% for each year over 30, with a ceiling of 160%.
- Upon request, taxpayers may be granted exemptions for extraordinary expenses that are unavoidable, and that considerably reduce their ability to pay taxes (*e.g.* uninsured health care costs, support for needy relatives, uninsured funeral costs beyond the taxpayer's means, domestic or childcare expenses, expenses for children outside the taxpayer's household, or expenses for children in a single-parent household).

1.1.3. *Tax schedule reliefs*

Income tax is determined on the basis of the following schedule (amounts in Euros):

0% for the portion of income between 11 265
8% for the portion of income between 11 265 and 13 173
10% for the portion of income between 13 173 and 15 081
12% for the portion of income between 15 081 and 16 989
14% for the portion of income between 16 989 and 18 897
16% for the portion of income between 18 897 and 20 805
18% for the portion of income between 20 805 and 22 713
20% for the portion of income between 22 713 and 24 621
22% for the portion of income between 24 621 and 26 529
24% for the portion of income between 26 529 and 28 437
26% for the portion of income between 28 437 and 30 345
28% for the portion of income between 30 345 and 32 253
30% for the portion of income between 32 253 and 34 161
32% for the portion of income between 34 161 and 36 069
34% for the portion of income between 36 069 and 37 977
36% for the portion of income between 37 977 and 39 885
38% for the portion of income between 39 885 and 41 793
39% for the portion of income between 41 793 and 100 000
40% for the portion exceeding 100 000

The income tax liability of *single* taxpayers is determined by applying the above schedule to taxable income.

The income tax liability of *married* taxpayers and partners corresponds to double the amount obtained if the above schedule is applied to half of their income (class 2).

For widow(er)s, taxpayers with a dependent child allowance and persons over 64 years of age (class 1a), tax is calculated as follows: the schedule is applied to adjusted taxable income reduced by half of the difference between that amount and EUR 45 060, with the marginal tax rate capped at 40%.

Income tax as determined by the applicable schedules is subject to a 7% "solidarity" surtax to finance the employment fund. The rate is 9% for the taxable income exceeding EUR 150 000 (tax classes 1 and 1a), respectively EUR 300 000 (tax class 2).

1.1.4. *Income exemptions*

A taxpayer may claim a deduction for a dependent child under 21 years of age who is not part of the household. This deduction is allowed for expenses actually incurred but may not exceed EUR 3 480.

1.2. *Local (municipal) taxes*

No particular income tax is levied by municipalities, which receive a direct share of the income tax revenue collected by the State. This share is equal to 18% of tax revenue.

2. Compulsory social security contributions to schemes operated within the government sector

	Employer's share (%)	Employee's share (%)	Ceiling on contributions (in euros)
a) Pension and disability insurance	8	8	115 377.84
b) Health insurance	3.05	3.05	115 377.84
c) Dependency insurance		1.4	Monthly allowance 480.26[1]
d) Health in the workplace	0.11		
e) Accident insurance	1.10		

1. (Monthly allowance: EUR 480.26 = 0.25* social minimum salary / 12). The social minimum salary in 2015 is equal to EUR 23 075.52.

No distinction is made according to family status or gender.

As from 1 January 2009 the differences in social security contributions between workers and employees are abolished.

A temporary budget balancing tax, the "impôt d'équilibrage budgétaire temporaire" (IEBT), was introduced for the year 2015. The tax rate of 0.5% will be withheld on all categories of income (professional and replacement income and non-professional income, except on supplements for overtime) for all individuals affiliated to the Luxembourg social security system.

This measure was introduced for the tax years 2015 and 2016.

3. Universal cash transfers

3.1. *For married persons*

None.

3.2. *For dependent children*

Every child raised in the Grand Duchy entitles the person on whom the child is dependent to a monthly family allowance. Family allowances are adjusted regularly for the cost of living. For 2015, the amounts are:

Effective date	As of 1 July 2006
1 eligible child	EUR 185.60
2 eligible children	EUR 440.72
3 eligible children	EUR 802.74

Starting with the fourth eligible child, the allowance is raised by EUR 361.82 per child.

The amounts indicated above are increased by EUR 16.17 for children aged 6 to 11 and by EUR 48.52 for those aged 12 years or older.

Additionally, a child bonus amounting to EUR 76.88 per child per month is paid in cash irrespective of the taxable income of the parents as from 1 January 2009. This amount is paid by the National Family Benefits Administration.

4. Main changes since 2008

4.1. *Partnerships*

The Act of 9 July 2004 introduced the notion of partnerships into tax law. The Act construes the term "partnership" as a relationship between two persons, called "partners", of opposite sex or the same sex, who live together as a couple and declare themselves as such.

As from 1 January 2008, the fiscal treatment of the partnerships is modified. The deduction for extraordinary expenses is replaced by the joint taxation of partners as it already exists for spouses.

4.2. *Introduction of tax credits*

The following changes were made as of 1 January 2009:

- Four tax allowances have been replaced by refundable tax credits. Instead of reducing their taxable income by EUR 600, wage-earners get a tax credit of EUR 300 per annum. A similar tax credit is allowed for pensioners.
- The tax exemption of EUR 1 920 for single-parent households is replaced by a tax credit of EUR 750 per annum.
- A tax credit of EUR 300 per annum is granted to self-employed persons deriving income from trade or business, income from agriculture and forestry or income from self-employment. This tax credit substitutes the allowance for business income and the agricultural allowance.

5. Memorandum item

5.1. *Identification of the average worker*

Average gross hourly wages by industry and by gender are determined on the basis of biannual surveys on industry wages and working hours. These surveys cover gross compensation for regular hours (working hours + leave time) plus overtime pay. Hourly wages include bonuses and allowances such as premiums for output, production or productivity. In contrast, non-periodic compensation (bonuses, profit-sharing) that is not paid systematically in each pay period is not included. Nevertheless, in order to allow for comparisons between countries, gross annual pay is adjusted on the basis of average non-periodic compensation as calculated from triennial surveys of labour costs.

Regarding working hours, the time taken into account is the time effectively offered, including regular working hours, overtime, night shifts and work on Sunday.

2015 parameter values

Average earnings/yr	Ave_earn	55 553	Secretariat estimate
Tax allowances: general	gen_dedn	480	
professional expenses	prof_exp	540	
travel expenses	travel_exp	0	
extra if both spouses earning	extra_dedn	4 500	
Low earner allowance	allow_1		
Low earner allowance (couples)	allow_2		
Class 1a limit	cl_1a_lim	45 060	
Tax schedule	tax_sch	0	11 265
		0.08	13 173
		0.1	15 081
		0.12	16 989
		0.14	18 897
		0.16	20 805
		0.18	22 713
		0.2	24 621
		0.22	26 529
		0.24	28 437
		0.26	30 345
		0.28	32 253
		0.3	34 161
		0.32	36 069
		0.34	37 977
		0.36	39 885
		0.38	41 793
		0.39	100 000
		0.40	
Child credit maximum	ch_cred	0	
Social Minimum Salary	min_salary	23 075.52	
Multiplier for unemployment	unemp_rate_1	1.07	
	Unemp_rate_2	1.09	
	Unemp_lim	150 000	
Social security contributions	SSC_rate	0.1105	
	SSC_ceil	115 377.84	
	infirm	0.014	
	infirm_abatement	0.25	
IEBT	iebt_rate	0.005	
Employer contributions	workhealth	0.0011	
	SSC_empr	0.1105	
	SSC_acc	0.011	
Child benefit (1 child)	CB_1	185.6	
2 children	CB_2	440.72	
extra age 6-11	CB_ex	16.17	
Child bonus	ch_bonus	922.50	
Worker tax credit	worker_credit	300	
Single parent tax credit	cr_monoparent	750	
Class 1a Discount	discount	0.50	
Maximum Marginal Rate	max_rate	0.40	

2015 tax equations

The equations for the Luxembourg system are on a joint basis except for social security contributions.

The functions which are used in the equations (Taper, MIN, Tax etc) are described in the technical note about tax equations. Variable names are defined in the table of parameters above, within the equations table, or are the standard variables "married" and "children". A reference to a variable with the affix "_total" indicates the sum of the relevant variable values for the principal and spouse. And the affixes "_princ" and "_spouse" indicate the value for the principal and spouse, respectively. Equations for a single person are as shown for the principal, with "_spouse" values taken as 0.

	Line in country table and intermediate steps	Variable name	Range	Equation
1.	Earnings	earn		
2.	Allowances:			
	Basic	basic	J	IF(earn_spouse=0, 1, 2)*gen_dedn
	work-related	work_rel	J	IF(earn_spouse=0, 1, 2)*(prof_exp)
	Other	other_al	J	(earn_spouse>0)*extra_dedn
	Total	tax_al	J	min(basic+work_rel+other_al+SSC_ded_total, earn)
3.	Credits in taxable income	taxbl_cr	J	0
	family quotient	quotient	J	1+Married
4.	CG taxable income unadjusted taxable income	tax_inc	J	earn-tax_al
5.	CG tax before credits	tax_excl	J	((Children=0)*IF(Married=0,Tax(tax_inc, tax_sch), quotient*Tax(tax_inc/quotient, tax_sch)) + (Children>0)*IF(Married=0, Taxclass1a(tax_inc, tax_sch, discount, cl_1a_lim, max_rate), quotient*Tax(tax_inc/quotient, tax_sch)))*IF(tax_inc> unemp_lim*(1+Married,unemp_rate_2,unemp_rate_1)
6.	Tax credits :	worker_cr	J	IF(earn_spouse=0,1,2)*worker_credit
		monoparent_cr	J	cr_monoparent*(AND(Married=0,Children>0))
		tax_cr	J	worker_cr+monoparent_cr
7.	CG tax	CG_tax	J	tax_excl-tax_cr
8.	State and local taxes	local_tax	J	0
9.	Employees' soc security	SSC	B	SSC_rate*MIN(earn, SSC_ceil)+infirm*Positive(earn-infirm_abatement*min_salary)+(iebt_rate*earn)
	deductible portion	SSC_ded	B	SSC_rate*MIN(earn, SSC_ceil)
11.	Cash transfers	cash_trans	J	((Children=1)*(CB_1+CB_ex)+ (Children=2)*(CB_2+2*CB_ex))*12+Children*ch_bonus
13.	Employer's soc security	SSC_empr	B	(SSC_empr+workhealth)*MIN(earn, SSC_ceil)+SSC_acc*MIN(earn, SSC_ceil)

Key to range of equation B calculated separately for both principal earner and spouse P calculated for principal only (value taken as 0 for spouse calculation) J calculated once only on a joint basis.

Mexico

This chapter includes data on the income taxes paid by workers, their social security contributions, the family benefits they receive in the form of cash transfers as well as the social security contributions and payroll taxes paid by their employers. Results reported include the marginal and average tax burden for eight different family types.

Methodological information is available for personal income tax systems, compulsory social security contributions to schemes operated within the government sector, universal cash transfers as well as recent changes in the tax/benefit system. The methodology also includes the parameter values and tax equations.

Mexico 2015

The tax/benefit position of single persons

	Wage level (per cent of average wage)	67	100	167	67
	Number of children	none	none	none	2
1.	**Gross wage earnings**	70 969	105 924	176 893	70 969
2.	**Standard tax allowances**				
	Basic allowance	2 342	2 485	2 777	2 342
	Married or head of family				
	Dependent children				
	Deduction for social security contributions and income taxes				
	Work-related expenses				
	Other				
	Total	2 342	2 485	2 777	2 342
3.	**Tax credits or cash transfers included in taxable income**	0	0	0	0
4.	**Central government taxable income (1 - 2 + 3)**	68 628	103 439	174 116	68 628
5.	**Central government income tax liability (exclusive of tax credits)**	4 936	9 478	23 882	4 936
6.	**Tax credits**				
	Basic credit	3 536	0	0	3 536
	Married or head of family				
	Children				
	Other	0	0	0	0
	Total	3 536	0	0	3 536
7.	**Central government income tax finally paid (5-6)**	1 401	9 478	23 882	1 401
8.	**State and local taxes**	0	0	0	0
9.	**Employees' compulsory social security contributions**				
	Gross earnings	887	1 441	2 612	887
	Taxable income				
	Total	887	1 441	2 612	887
10.	**Total payments to general government (7 + 8 + 9)**	2 288	10 919	26 494	2 288
11.	**Cash transfers from general government**				
	For head of family				
	For two children	0	0	0	0
	Total	0	0	0	0
12.	**Take-home pay (1-10+11)**	68 681	95 005	150 400	68 681
13.	**Employers' compulsory social security contributions**	9 833	12 426	17 819	9 833
14.	**Average rates**				
	Income tax	2.0%	8.9%	13.5%	2.0%
	Employees' social security contributions	1.3%	1.4%	1.5%	1.3%
	Total payments less cash transfers	3.2%	10.3%	15.0%	3.2%
	Total tax wedge including employer's social security contributions	15.0%	19.7%	22.8%	15.0%
15.	**Marginal rates**				
	Total payments less cash transfers: Principal earner	12.1%	19.5%	22.9%	12.1%
	Total payments less cash transfers: Spouse	n.a.	n.a.	n.a.	n.a.
	Total tax wedge: Principal earner	17.5%	25.2%	28.4%	17.5%
	Total tax wedge: Spouse	n.a.	n.a.	n.a.	n.a.

Mexico 2015

The tax/benefit position of married couples

		Wage level (per cent of average wage)	100-0	100-33	100-67	100-33
		Number of children	2	2	2	none
1.	**Gross wage earnings**		105 924	140 879	176 893	140 879
2.	**Standard tax allowances**					
	Basic allowance		2 485	4 065	4 827	4 065
	Married or head of family					
	Dependent children					
	Deduction for social security contributions and income taxes					
	Work-related expenses					
	Other					
		Total	2 485	4 065	4 827	4 065
3.	**Tax credits or cash transfers included in taxable income**		0	0	0	0
4.	**Central government taxable income (1 - 2 + 3)**		103 439	136 814	172 066	136 814
5.	**Central government income tax liability (exclusive of tax credits)**		9 478	11 347	14 415	11 347
6.	**Tax credits**					
	Basic credit		0	4 879	3 536	4 879
	Married or head of family					
	Children					
	Other		0	0	0	0
		Total	0	4 879	3 536	4 879
7.	**Central government income tax finally paid (5-6)**		9 478	6 468	10 879	6 468
8.	**State and local taxes**		0	0	0	0
9.	**Employees' compulsory social security contributions**					
	Gross earnings		1 441	1 878	2 328	1 878
	Taxable income					
		Total	1 441	1 878	2 328	1 878
10.	**Total payments to general government (7 + 8 + 9)**		10 919	8 346	13 207	8 346
11.	**Cash transfers from general government**					
	For head of family					
	For two children		0	0	0	0
		Total	0	0	0	0
12.	**Take-home pay (1-10+11)**		95 005	132 533	163 686	132 533
13.	**Employers' compulsory social security contributions**		12 426	19 917	22 258	19 917
14.	**Average rates**					
	Income tax		8.9%	4.6%	6.2%	4.6%
	Employees' social security contributions		1.4%	1.3%	1.3%	1.3%
	Total payments less cash transfers		10.3%	5.9%	7.5%	5.9%
	Total tax wedge including employer's social security contributions		19.7%	17.6%	17.8%	17.6%
15.	**Marginal rates**					
	Total payments less cash transfers: Principal earner		19.5%	19.5%	19.5%	19.5%
	Total payments less cash transfers: Spouse		-7.4%	7.4%	12.1%	7.4%
	Total tax wedge: Principal earner		25.2%	25.2%	25.2%	25.2%
	Total tax wedge: Spouse		11.6%	13.0%	17.5%	13.0%

The national currency is the peso (MXN). In 2015, MXN 15.87 was equal to USD 1. In 2015, the estimated earnings of the average worker are MXN 105 924 (Secretariat estimate).

1. Personal income tax

1.1. *Central government income tax*

1.1.1. *Tax unit*

Each person is taxed separately.

1.1.2. *Tax allowances and tax credits*

1.1.2.1. Standard tax reliefs

There are two basic allowances, a yearly holiday bonus and an end-of-year bonus.

- *Holiday Bonus:* Mexico's Labour Law stipulates a minimum holiday bonus of 25% of six days of the worker's wage. The maximum exemption according to Tax Law is equivalent to 15 days of the minimum wage (the minimum wage for the whole country).* Given these two restrictions, the allowance is estimated as the minimum established by the Labour Law, up to the amount that is exempt according to Tax Law.
- *End-of-year bonus:* The minimum end-of-year bonus established in the Labour Law is 15 days of the worker's wage. Tax Law exempts end-of-year-bonuses up to 30 days of the minimum wage (the amount for the whole country). The allowance is estimated as the minimum established by the Labour Law, up to the amount that is exempt according to Tax Law.

1.1.2.2. Main non-standard tax reliefs

Deductions:

- Compulsory school transportation costs.
- Medical expenses (doctor and dental fees and hospital expenses): An unlimited deduction is allowed for the taxpayer's medical expenses. For those made by the taxpayer, on behalf of his or her spouse and straight line relatives, the deduction is allowed only if the person, for whom the taxpayer makes the expense, earns less than the minimum annual wage of his geographical area.
- Complementary contributions of certain retirement accounts are considered eligible as long as they do not exceed 10% of taxable income and MXN 124 702 (five annual minimum wages).

* Until October 2015 there were two minimum wage rates established in Mexico depending upon geographical location (in Zone A the minimum wage is equal to MXN 70.10 on a daily basis and in Zone B it is MXN 66.45. For the purposes of this Report, the calculations are either based on the minimum wage that applies within the Federal District of Mexico City (Zone A) or a representative value for the country as a whole (the average minimum wage is equal to MXN 68.33). The latter is used in the evaluation of the holiday bonus and the end-of-year bonus. In October 2015 minimum wage zone B was homologated to zone A establishing a nationwide minimum wage of MXN 70.1.

- Funeral charges: for the spouse and straight-line relatives up to a minimum annual wage of the taxpayer's geographical area.
- Charitable donations made to institutions such as:
  - Federal, state, and municipal governments.
  - Non-profit organisations involved in the fields of social beneficence, education, culture and research and technology.
- Deposits on special savings accounts, payments of insurance premium of pension plans and for the acquisition of shares of investment societies as long as they do not exceed MXN 152 000.
- Health insurance premiums for individuals, if the beneficiary is the taxpayer, and/or his family.
- Real interest expenditure for the payment of mortgage loans for housing purposes that do not exceed MXN 3 969 905. Real interest expenditure is considered the excess of interest expense over the inflation rate.*
- Deduction of taxpayer's educational expenditures for himself, on behalf of his/her spouse, parents or children, among others, for the following educational levels.

Educational level	Maximum annual deduction (MXN)
Kinder garden	14 200
Primary education	12 900
Secondary education	19 900
Technical profession	17 100
High school	24 500

Since 2014, there is a limitation of the total amount of personal deductions. They cannot be higher than the minimum between 10 % of the taxpayer's gross income or an amount equivalent to 4 annual minimum wages of the of the taxpayer's geographical area (MXN 99 762 in 2015). The limit is not applicable to donations or private educational services.

1.1.2.3. Employment subsidy credit

The employment subsidy credit is assigned through a table and this amount is decreasing in the level of income obtained by each worker. For monthly income higher than MXN 7 382, no employment subsidy credit is given. Employees with an income tax lower than the credit receive in cash the difference along with their salary. The rest of the workers that receive the credit are entitled to a reduction in their tax burden. The employment subsidy credit is paid by the employers who may credit it against their tax liabilities; the credit therefore represents a fiscal cost for the government.

1.1.3. *Tax schedule and other tables*

1.1.3.1. Tax schedule**

Since 2014 three additional brackets were included with a maximum marginal rate for income over MXN 3 million of 35%.

* Since 2010, this exemption is applicable only if in the immediate previous five years the taxpayer has not sold any other house for which he/she obtained this exemption.

** The income tax schedule and the employment subsidy credit table are updated every time the accumulated inflation reaches 10%.

Taxable income (MXN)		Fixed quota (MXN)	Tax on the amount in excess of the lower limit (%)
Lower limit	Upper limit		
0	5 952.84	0	1.92
5 952.85	50 524.92	114.29	6.40
50 524.93	88 793.04	2 966.91	10.88
88 793.05	103 218.00	7 130.48	16.00
103 218.01	123 580.20	9 438.47	17.92
123 580.21	249 243.48	13 087.37	21.36
249 243.49	392 841.96	39 929.05	23.52
392 841.97	750 000	73 703.41	30.00
750 000.01	1 000 000.00	180 850.82	32.00
1 000 000.01	3 000 000.00	260 850.81	34.00
3 000 000.01	And over	940 850.81	35.00

1.1.3.2. Employment subsidy credit table

For taxable income in a certain income range, the employment subsidy credit is given in the third column of the following table:

Lower limit (MXN)	Upper limit (MXN)	Tax credit (MXN)
0.0	21 227.52	4 884.24
21 227.53	31 840.56	4 881.96
31 840.57	41 674.08	4 879.44
41 674.09	42 454.44	4 713.24
42 454.45	53 353.80	4 589.52
53 353.81	56 606.16	4 250.76
56 606.17	64 025.04	3 898.44
64 025.05	74 696.04	3 535.56
74 696.05	85 366.80	3 042.48
85 366.81	88 587.96	2 611.32
88 587.97	And Over	0.00

1.2. State and local income taxes

States do not levy taxes on income.

1.3. Payroll taxes

Mexico does not have a Federal pay-roll tax. However, most States apply a state pay-roll tax with an average rate of 2.25%. These taxes are not considered in this Report since there are a wide range of practices with respect to the definition of the tax base that does not allow obtaining a reliable estimation.

2. Compulsory social security contributions to schemes operated within the government sector

2.1. Employees' contributions

Social security contributions are divided as follows:

For sickness and maternity insurance, 0.625% of the workers monthly wage, plus 0.40% of the amount in excess of three times the minimal legal wage (the amount that applies within the Federal District of Mexico City MWFD). For disability and life insurance, 0.625% of the monthly wage.

In 2015 a ceiling of 25 MWFD applies to the salary that is used to calculate the social security contributions.

2.2. Employers' contributions

- For sickness and maternity 20.40% of the MWFD, plus 1.10% of the amount in excess of three times the MWFD, plus 1.75 of the monthly wage.
- For disability and life insurance, 1.75% of worker's monthly wage.
- For social services and nursery, 1% of worker's monthly wage.
- For insurance for work injuries of employees, 2.00% of worker's monthly wage.*

In 2015 a ceiling of 25 MWDF applies to the salary that is used to calculate the social security contributions.

3. Universal cash transfers

3.1. Transfers related to marital status

None.

3.2. Transfers for dependent children

None.

4. Main changes in the tax/benefit system since 1995

The Social Security Law enacted in July 1997 changed fundamentally the financing of non-government employees' social security, which shifted from a pay-as-you-go scheme to funded individual accounts. The government does not manage these accounts; new private financial institutions were created specifically for this purpose. However, the contractual obligation is between the workers and the government, not with the private administrator of the fund, because legally they are still considered as contributions to social security, independently of who manages the fund. It should be noted that the federal government also contributes to each pension account, and guarantees a minimum pension to every beneficiary of the social security system, again independently of the administration of the fund.

5. Memorandum items

5.1. Method used to identify an average worker and to calculate his gross earnings

The income data refer to average workers. It should be noted that in the sample used for this survey, medium and large size firms are over-represented. In Mexico, there are no state or local government income taxes. Information on non-standard tax reliefs is not available.

Figures for 1999 and subsequent years cannot be compared with preliminary figures from previous editions of this publication for two reasons: first, the wage level of the average worker is now based on observed data instead of being estimated; second, social security contributions taken into account no longer include contributions made by employers and employees to privately managed individual accounts. Contributions no longer included in the calculation of social security contributions are specified in the table below.

* The amount of the work injury fee depends on the risk level in which the company is classified. The Mexican Institute of Social Security provided a weighted average rate that considers the economic activities from C to K of the International Standard Classification.

5.2. Main employees' and employers' contributions to private pension, health, etc. schemes

	Account	Per cent of workers' monthly wage
Employers' contributions	Retirement	2.00
	Discharge and old age insurance	3.15
	Housing Fund (INFONAVIT)	5.00
Employees' contributions	Discharge and old age insurance	1.125

2015 parameter values

Average earnings/yr	Ave_earn	105 924	Secretariat estimate	
(general min wage per day)	min_wage	68.33		
(general min wage per day for the Federal District of Mexico City)	min_wage_FD	70.10		
Income tax	tax_table	0.00	0	0.0192
		5 952.85	114.29	0.0640
		50 524.93	2 966.91	0.1088
		88 793.05	7 130.48	0.1600
		103 218.01	9 438.47	0.1792
		123 580.21	13 087.37	0.2136
		249 243.49	39 929.05	0.2352
		392 841.97	73 703.41	0.3000
		750 000.01	180 850.82	0.3200
		1 000 000.01	260 850.81	0.3400
		3 000 000.01	940 850.81	0.3500
Tax credit basic	Basic_crd	0.0	4 884.24	
		21 227.53	4 881.96	
		31 840.57	4 879.44	
		41 674.09	4 713.24	
		42 454.45	4 589.52	
		53 353.81	4 250.76	
		56 606.17	3 898.44	
		64 025.05	3 535.56	
		74 696.05	3 042.48	
		85 366.81	2 611.32	
		88 587.97	0.00	
Employees SSC	SSC_rate	0.0125		
	SSC_rate_sur	0.0040		
Employers SSC	SSC_empr	0.0650		
	SSC_empr_min	0.2040		
	SSC_empr_sur	0.0110		

2015 tax equations

The equations for the Mexican system in 2015 are on an individual basis.

The functions which are used in the equations (Taper, MIN, Tax etc) are described in the technical note about tax equations. Variable names are defined in the table of parameters above, within the equations table, or are the standard variables "married" and "children". A reference to a variable with the affix "_total" indicates the sum of the relevant variable values for the principal and spouse. And the affixes "_princ" and "_spouse" indicate the value for the principal and spouse, respectively. Equations for a single person are as shown for the principal, with "_spouse" values taken as 0.

	Line in country table and intermediate steps	Variable name	Range	Equation
1.	Earnings	earn		
2.	Allowances	tax_al	B	MIN(earn, MIN(earn*(6/365)*0.25, min_wage*15)+ MIN(earn*(15/365), min_wage*30))
3.	Credits in taxable income	taxbl_cr	B	0
4.	CG taxable income	tax_inc	B	Positive(earn-tax_al)
5.	CG tax before credits	CG_tax_excl	B	Tax(tax_inc, Tax_sch)
6.	Tax credits	tax_cr	B	VLOOKUP(tax_inc, Basic_crd, 2)
7.	CG tax	CG_tax	B	CG_tax_excl-tax_cr
8.	State and local taxes	local_tax	B	0
9.	Employees' soc security	SSC	B	MIN(earn*ssc_rate, min_wage_FD*25*365*ssc_rate)+MIN(Positive(earn-(3*365*min_wage_FD))*ssc_rate_sur, min_wage_FD*(25-3)*365*ssc_rate_sur)
11.	Cash transfers	cash_trans	B	0
13.	Employer's soc security	SSC_empr	B	MIN(earn*ssc_empr, min_wage_FD*25*365*ssc_empr)+365*min_wage_FD*ssc_empr_min+MIN(Positive(earn-(3*365*min_wage_FD))*ssc_empr_sur, min_wage_FD*(25-3)*365*ssc_empr_sur)
	Memorandum item: Non-wastable tax credit			
	tax expenditure component	taxexp	B	tax_cr-transfer
	cash transfer component	transfer	B	IF(CG_tax<0, -CG_tax, 0)

Key to range of equation B calculated separately for both principal earner and spouse P calculated for principal only (value taken as 0 for spouse calculation).

Netherlands

This chapter includes data on the income taxes paid by workers, their social security contributions, the family benefits they receive in the form of cash transfers as well as the social security contributions and payroll taxes paid by their employers. Results reported include the marginal and average tax burden for eight different family types.

Methodological information is available for personal income tax systems, compulsory social security contributions to schemes operated within the government sector, universal cash transfers as well as recent changes in the tax/benefit system. The methodology also includes the parameter values and tax equations.

Netherlands 2015

The tax/benefit position of single persons

		Wage level (per cent of average wage)	67	100	167	67
		Number of children	none	none	none	2
1.	**Gross wage earnings**		32 987	49 235	82 223	32 987
2.	**Standard tax allowances:**					
	Basic allowance					
	Married or head of family					
	Dependent children					
	Deduction for social security contributions and income taxes		0	0	0	0
	Work-related expenses					
	Other					
		Total	0	0	0	0
3.	**Tax credits or cash transfers included in taxable income**		0	0	0	0
4.	**Central government taxable income (1 - 2 + 3)**		31 621	46 726	77 395	31 621
5.	**Central government income tax liability (exclusive of tax credits)**		3 289	9 080	23 941	3 289
6.	**Tax credits :**					
	Basic credit					
	Married or head of family					
	Children					
	Other					
		Total	949	869	562	1 430
7.	**Central government income tax finally paid (5-6)**		2 340	8 210	23 379	1 859
8.	**State and local taxes**		0	0	0	0
9.	**Employees' compulsory social security contributions**					
	Gross earnings		0	0	0	0
	Taxable income (net of credits)		5 701	6 526	7 560	4 079
		Total	5 701	6 526	7 560	4 079
10.	**Total payments to general government (7 + 8 + 9)**		8 041	14 736	30 940	5 938
11.	**Cash transfers from general government**					
	For head of family					
	For two children		0	0	0	5 914
		Total	0	0	0	5 914
12.	**Take-home pay (1-10+11)**		24 946	34 499	51 283	32 964
13.	**Employers' compulsory social security contributions**		3 149	4 830	5 415	3 149
14.	**Average rates**					
	Income tax		7.1%	16.7%	28.4%	5.6%
	Employees' social security contributions		17.3%	13.3%	9.2%	12.4%
	Total payments less cash transfers		24.4%	29.9%	37.6%	0.1%
	Total tax wedge including employer's social security contributions		31.0%	36.2%	41.5%	8.8%
15.	**Marginal rates**					
	Total payments less cash transfers: Principal earner		41.2%	41.2%	52.1%	43.8%
	Total payments less cash transfers: Spouse		n.a.	n.a.	n.a.	n.a.
	Total tax wedge: Principal earner		46.7%	46.7%	52.1%	49.0%
	Total tax wedge: Spouse		n.a.	n.a.	n.a.	n.a.

Netherlands 2015

The tax/benefit position of married couples

		100-0	100-33	100-67	100-33
	Wage level (per cent of average wage)	100-0	100-33	100-67	100-33
	Number of children	2	2	2	none
1.	**Gross wage earnings**	49 235	65 483	82 223	65 483
2.	**Standard tax allowances:**				
	Basic allowance				
	Married or head of family				
	Dependent children				
	Deduction for social security contributions and income taxes	0	0	0	0
	Work-related expenses				
	Other				
	Total	0	0	0	0
3.	**Tax credits or cash transfers included in taxable income**	0	0	0	0
4.	**Central government taxable income (1 - 2 + 3)**	46 726	62 784	78 347	62 784
5.	**Central government income tax liability (exclusive of tax credits)**	9 080	10 420	12 369	10 420
6.	**Tax credits :**				
	Basic credit				
	Married or head of family				
	Children				
	Other				
	Total	1 138	2 066	2 299	1 728
7.	**Central government income tax finally paid (5-6)**	7 942	8 354	10 069	8 693
8.	**State and local taxes**	0	0	0	0
9.	**Employees' compulsory social security contributions**				
	Gross earnings	0	0	0	0
	Taxable income (net of credits)	5 619	7 009	10 604	8 151
	Total	5 619	7 009	10 604	8 151
10.	**Total payments to general government (7 + 8 + 9)**	13 561	15 363	20 674	16 844
11.	**Cash transfers from general government**				
	For head of family				
	For two children	1 862	1 862	1 862	0
	Total	1 862	1 862	1 862	0
12.	**Take-home pay (1-10+11)**	37 536	51 981	63 411	48 638
13.	**Employers' compulsory social security contributions**	4 830	6 285	7 979	6 285
14.	**Average rates**				
	Income tax	16.1%	12.8%	12.2%	13.3%
	Employees' social security contributions	11.4%	10.7%	12.9%	12.4%
	Total payments less cash transfers	23.8%	20.6%	22.9%	25.7%
	Total tax wedge including employer's social security contributions	30.6%	27.6%	29.7%	32.2%
15.	**Marginal rates**				
	Total payments less cash transfers: Principal earner	41.2%	41.2%	41.2%	41.2%
	Total payments less cash transfers: Spouse	11.1%	11.9%	37.5%	15.6%
	Total tax wedge: Principal earner	46.7%	46.7%	46.7%	46.7%
	Total tax wedge: Spouse	18.4%	18.8%	43.3%	22.2%

The national currency is the Euro (EUR). In 2015, EUR 0.90 was equal to USD 1. In this year, the average worker earned EUR 49 235 (Secretariat estimate).*

1. Personal income tax system (central government)

1.1. Central government income tax

There are three categories ("boxes") of taxable income:

- Taxable income from work and owner-occupied housing;
- Taxable income from a substantial interest in a limited liability company;
- Taxable income from savings and investments.

This description is limited to the most relevant aspects of taxable income from the first category, "taxable income from work and owner-occupied housing", because of its relevance for the AW.

1.1.1. Tax unit

Husbands and wives are taxed separately on their personal income, which includes income from business, profession and employment, pensions and social security benefits. Certain parts of income may be freely split between husbands and wives, such as the net-income from owner-occupied housing and the income from savings and investments.

1.1.2. Tax allowances

1.1.2.1. Standard allowances

Related to wage earnings:

- Employees' social security contributions (see Section 2.1.) are deductible, whereas the health insurance contribution is not deductible and is not a part of the Taxing Wages model (for more information, see the Special Feature on "non-tax compulsory payments" in the 2009 edition of the Taxing Wages Report). In the Taxing Wages model the employers' income dependant health insurance contribution was subject to income tax for the employee. In 2013 the income base for SSC and Income-Tax is harmonised. Standardising or harmonisation of the income tax base for levying SSC and Taxes was introduced in 2013 and was called the Law "WUL" i.e. harmonising the income base for SSC and Taxes (see publication CPB the Netherlands). So the income tax base is since 2013 exclusive the income dependant health care contribution and employees will no longer have to pay taxes over income dependant health care contributions, instead they pay a higher tax rate in the first tax bracket and mainly Work credit is adjusted. The tax rate in the first tax bracket has been increased from 1.95% (in 2012) till 5.85% (in 2013)

* The Dutch labour market is characterized by a substantial share of part-time employees. As explained in the methodological section of this volume, the average wage measure used in the tax burden calculations refer to full-time employees only. If the wages of part-timers were taken into account, the average wage would be substantially lower.

and the Work credit is reduced for employees with a higher income such that the effect of this harmonisation is budgetary neutral.

- In 2014 this system of harmonisation remains and is operational. Only the income tax rate in the first tax bracket became 5.10%. In 2015 the tax rate in the first bracket becomes 8.35%.

1.1.2.2. Non-standard allowances applicable to AW

Related to wage earnings:

- For distances of more than 10 km between home and work, fixed amounts for travel expenses with public transportation are deductible. The maximum deduction for employees who travel by public transport is EUR 1 951 for distances of more than 80 km. If the travel expenses are reimbursed or the employer provides transport, there is no deduction; the reimbursement is untaxed (also for employees who travel by car) if it is below certain specified amounts;
- Employee contributions to private (company provided) pension schemes.

Related to owner-occupied housing:

- Excess of mortgage interest over net imputed rent.

Related to personal circumstances:

- Medical expenses and other exceptional expenses:
  - Fiscal deduction of exceptional health expenses will be reduced to the specific costs as a result of the chronic illness. As specific costs are seen diet costs, special medicine described by a doctor and transportation costs. Visual tools and insurance premiums are not seen as specific costs and are therefore no longer deductible.
  - For a single person: the specific expenses in excess of 1.65% of income are deductible if income exceeds EUR 7 525 and is below EUR 39 975. If income is lower than or equal to EUR 7 525, the non-deductible limit is EUR 127. For a person with a partner: the joint income is used to determine the non-deductible amounts and the non-deductible limit is EUR 254.
  - If income exceeds EUR 39 975 the specific expenses in excess of 1.65% of EUR 39 975 increased with 5.75% of income above EUR 39 975 are deductible.
- Some educational expenses: in direct connection with vocational education. Expenses above the threshold of EUR 500 are deductible. Expenses above EUR 15 000 are not deductible.
- Donations to certain institutions (charity) that serve the public good are deductible if in excess of 1% of the income and in excess of EUR 60. No more than 10% of the income may be deducted in this way.

1.1.3. Tax schedule

The tax schedule for income from work and owner-occupied housing is as follows:

Taxable income (EUR)	Tax rate (%)	Social security contributions	
		< 65 years	*> 65 years*
0-19 822	8.35	28.15	10.25
19 822-33 589	13.85	28.15	10.25
33 589-57 585	42	-	-
57 585 and over	52	-	-

The contributions for the general social security schemes are levied on income from work and owner-occupied housing in the first and second income tax bracket. These social security contributions are not deductible for income tax purposes. Individuals of 65 years and older pay 10.25% (for widows and orphans pensions, and exceptional medical expenses). Individuals younger than 65 years and a few month pay 28.15%, (for widows and orphans pensions, exceptional medical expenses, and old age income provision). For further information see Section 2.1.

In 2015 the SSC for specific medical expenses and long term health care is modernised. The rate (For AWBZ) is therefore reduced with 3% points and instead the tax rates in the first two brackets are raised with 3% points. The spendings for long term health care are reduced due to more responsibility for your own living in long term. These Social spendings will be used for other general social purposes and therefore the tax rates in the first two brackets are raised.

1.1.4. *Tax credits*

1.1.4.1. Standard tax credits

The tax credits are deducted partly from the income tax liability and partly from the contributions that are made to the general social security schemes (see Section 1.13). For most families, the share of the credit attributed to tax is related to the ratio of the tax rate to the sum of the tax rate and the social security contributions rate in the first bracket of the tax schedule. In 2015, this ratio was 22.88% (= 8.35% /(8.35% + 28.15%), implying that 22.88% of the (tax) credit is attributed to the personal income tax and the remaining 77.12% to social security contributions. If the individual's total tax credit is higher than the total tax and social security contributions levied on the first tax bracket, the shares of the residual amount of the tax credit that are attributed to the personal income tax and social security contributions are based on the rates of deduction in the second tax bracket in order that the employee can benefit from the full amount of the credit where the level of income allows it. As a result, the ratio of the tax rate to the sum of the tax rate and social security contribution rates is increased to 32.98% for the residual amount in 2015 (i.e. 13.85%/(28.15%+13.85%)).

For example in 2015, the total tax credit of a single parent with 2 children earning 67% of the average wage amounts EUR 6 253. The total tax and social security contributions levied on the first tax bracket equals EUR 7 235.03 (= 19 822*(28.15%+8.35%). The total tax credits in 2015 are capitalized in the first tax bracket (EUR 6 253 < EUR 7235). The residual tax credit equals zero due to tax alterations in tax credits against cash transfer for single parents with children, see paragraph 3.2.

Then the part of the total tax credit that is attributed to personal income tax is EUR 1 430.44 (= 22.88% *EUR 6 253). The remaining EUR 4 822.56 (i.e. EUR 6 253 – EUR 1 430.44) is attributed to the social security contributions.

Division of credits for tax and social security contributions is essential in the OECD publications. In the Netherlands no division is made in the general tax scheme between tax and SSC.

Note that the tax/benefit position tables show the total amount of social security contributions net of the credits that are claimed.

- *General tax credit*: The general tax credit is made dependent on income in 2015. This credit amounts at it maximum EUR 2 203 when no reduction is applicable and taxable income is below or equal to EUR 19 822. For higher income above EUR 19 822 but until maximal EUR 56 935 the reduction of this credit is 2.32% (per euro) in 2015. So the maximum of the general credit reduction is EUR 861 in 2015. The transfer of the general tax credit of the spouse to the principal will diminish with 6.67% per year in the period 2009-2024, such that in 15 year time the general tax credit for a non-working spouse cannot be capitalised against the tax paid by the principal

- This reduction of the transfer of the general tax credit started in 2009. In 2024 the general tax credit can only be capitalised against the tax and premiums paid on own earned income. In 2012 a reduction of the general tax credit for non-working spouses born after 31 December 1962 and before 1 January 1972 is introduced. The reduction will be equal to the reduction of non-working spouses born before 1 January 1963 in year 2015. For Household types in de Taxing Wages model no difference is made between year of birth before 1963 or after 1963, idem before or after 1972. For that reason the additional reduction of the general tax credit is not added to the Taxing Wages model.
- *Work credit*: The Work credit is the sum of 1.810% of taxable income from work with a maximum of EUR 163 and 19.679% of taxable income from work with a franchise of EUR 9 010. The work credit is income dependent and will be reduced by 4% of taxable income above EUR 49 770; the reduction will be maximised till EUR 1 730; so the reduction stops at a taxable income of EUR 100 670. The maximum work credit before it is reduced is EUR 2 220; the maximum reduced work credit is EUR 184.
- *Combination credit:* The combination credit is abolished in 2009.
- *Income dependant combination credit:* The additional combination credit is replaced with the income dependent combination credit. A taxpayer who is either a single parent or the partner with the lowest income, who has children below the age of 12 and has his/her taxable income from work exceeding EUR 4 857, is entitled to an income dependent combination credit of EUR 1 033 plus an extra combination credit of 4% of taxable income above EUR 4 857. The maximum total combination credit is EUR 2 152.
- The child arrangements are modernised and reduced from 10 measurements to 4 measurements. The single parents credits have stopped and instead the cash transfers become more of importance. In the TW model the adjustments mean an extra cash transfer of EUR 3050 per year for single parents with children and a low income.
- *Single parent credit:* A single parent under certain conditions is entitled to the single parent credit of EUR 947. Has stopped in 2015 see explanation above.
- *Additional single parent credit:* A single parent who is entitled to the single parent credit receives an additional credit of 4.3% of his or her income from work, with a maximum of EUR 1 319. Has stopped in 2015, see explanation above.

The amount of the tax credit is limited to the amount of tax and premiums payable (non-refundable tax credit). If, however, a taxpayer with insufficient income to fully exploit his/her tax credit has a partner with a surplus of tax and premiums payable over his/her own tax credit, the tax credit of the former taxpayer is increased by (at most) the surplus tax and premiums payable by his/her fiscal partner. As a consequence, the tax credit of the former taxpayer will exceed tax and premiums payable, resulting in a payout of the residual tax credit to the taxpayer by the tax authority.

1.2. State and local income taxes

None.

2. Compulsory social security contributions to schemes operated within the government sector

2.1. Employees' contributions

Schemes for employees:

- Unemployment: 0% of the gross earnings between EUR 17 888 and EUR 51 976 (this contribution is only for the general unemployment fund); employees do not have to pay an unemployment premium in order to reduce administration costs. Employers pay both an unemployment premium and a premium for invalidity for their employees (see par.2.2).
- For basic health insurance each adult pays an average amount of EUR 1 158 a year to a self-chosen private health insurance company. This premium is a non-tax compulsory payment and is not included in the Taxing Wages calculations but only in the NTCP calculations. Employees might obtain compensation for this nominal contribution, depending on the household's personal situation and taxable income. This is called the health care benefit. This benefit is included in the NTCP calculations as it compensates for the basic health insurance premium of on average EUR 1 158. Also 6.95% of gross earnings net of employees' pension premiums and unemployment social security contributions is paid for health care until a maximum of net earnings of EUR 51 976. Since 2013 employers contribute the Health care Fund directly for the health care of their employees, these costs remain labour costs in the Taxing Wages model. These Health care costs for employers are no longer included in the taxpayer's taxable income.The income dependent health care contribution itself, however, is not modelled (as an employer SSC) in Taxing Wages because it is seen as a Non Tax Compulsory Payment.
- Employees might obtain compensation for the nominal contribution of on average EUR 1 158 for the basic health insurance, depending on the household's personal situation and taxable income. This is called the health care benefit. The care benefit is calculated as follows:

Single parent households: 1408 - 2.395% * 19 463 - 13.40% * (taxable income - 19 463)

Married couples: number of adults * 1408 5.265% *19463 - 13.40% * (taxable income principal and spouse 19 463).

This health care benefit is a non-tax compulsory payment and is not included in the Taxing Wages calculations but only in the "non-tax compulsory payment" calculations (see *www.oecd.org/ctp/taxingwages* for more details on non-tax compulsory payments as well as the Special Feature in the 2009 edition of the Taxing Wages Report).

- Old age pension: The age is adjusted such that elderly will receive Old Age (state) pension at the age of 66 years old in 2018 and at 67 years old in 2021. The Old age premium percentage is 17.9% of taxable income in the first and second tax bracket. This scheme does not apply to individuals aged 65 and two month(and in future aged 66 or 67) or older;
- Widows and orphans pension: 0.60% of taxable income in the first and second tax bracket;
- Exceptional medical expenses and disability: The rate is reduced with 3% point until 9.65 (see paragraph 1.13)% of taxable income in the first and second tax bracket.

2.2. *Employers' contributions*

Schemes for employees:

- Unemployment: 2.07% of gross earnings between EUR 17 888 and EUR 51 976 for the general unemployment fund and a contribution of 2.16% of gross earnings below EUR 51 976 for the industrial insurance associations redundancy payments fund;
- Invalidity: 6.90% of gross earnings below EUR 51 976;
- For medical care employers contribute 6.95% of gross earnings net of employees' pension premiums and unemployment social security contributions until a maximum of gross earnings of EUR 51 976. The premium itself, however, is not modelled (either as an employee or employer SSC) in Taxing Wages. Instead, it is modelled as a NTCP from the employer to a public-man The spending of this fund mainly compensates private insurance companies for their (public) obligation to insure individuals with a high health risk.

3. Universal cash transfers

3.1. *Transfers related to marital status*

None.

3.2. *Transfers for dependent children*

Families with children receive a tax free benefit, depending on the number and age of the children. For a family with two children in the age group of 6 to 12 years, the total benefit amounts to EUR 1 862 a year. Indexation of the child benefits was frozen for three years (period 2009-11).

An additional income dependent child benefit was introduced in 2008. As of 2009, this benefit also depends on the number of children per family. A family can only claim the extra child benefit when it has children under the age of 18 years old for whom it also receives the tax free and income independent child benefit. Indexation of the extra child benefit was frozen until 2011but is used for adjustments and reductions of child arrangements. The maximum value of EUR 1 017 has increased to EUR 1 032 per year for families with one child. The child credit increases to EUR 1 823 a year in 2015 for families with two children. The benefit is reduced at a rate of 6.75% per euro when the family's yearly taxable income exceeds EUR 19 463 and is completely withdrawn for families with two children when the taxable income is at least EUR 46 470.

4. Main changes in the tax/benefit systems since 2000

In 2001, the tax system was changed thoroughly. The tax rates have been lowered; the basic allowance and its supplements have been transformed into tax credits. The deduction for labour costs has also been replaced by a tax credit. Certain other deductions have been reduced or abolished. Extra tax credits for households with children were introduced.

In 2002 and 2003 the tax system was only slightly changed. The additional combination credit was introduced in 2004. The various child credits were integrated and streamlined in 2006.

Public insurance for medical care has been reformed in 2006 A new standard health insurance system was introduced. Until 2005, no public health insurance contributions were levied on income in excess of EUR 33 000. However, taxpayers earning more than EUR 33 000 were obliged to take a private insurance. These private health insurance contributions were not included in the Taxing Wages calculations because they were made to a privately-managed fund (and are therefore not taxes). Since 2006, every individual contributes a nominal contribution to a privately-managed fund (on average EUR 1 064, depending on the competition between insurance companies, a year in 2009) and, in addition for employees, a percentage of gross income (6.9%) net of employees' pension premiums and unemployment social security contributions until a maximum of gross income of EUR 32 369 (in 2009). For this last contribution, the employee receives mandatory compensation of his employer for the same amount. The premium itself, however, is not modelled (either as an employee or employer SSC) in Taxing Wages. Instead it is modelled as a non-tax compulsory payment from the employer to a public-managed health insurance fund. The spending of this fund mainly compensates private insurance companies for their (public) obligation to insure individuals with a high health risk. Taxpayers might obtain compensation for the nominal contribution to the private insurance company of on average EUR 1 064 in 2009, depending on the households personal situation and taxable income. This is called the health care benefit and is part of the NTCP (see Section 2.1).

In 2007, the tax system has not been changed, except for some parameter updates. In 2008, the child credit has been replaced by an extra child benefit.

In 2009 the general tax credit will be reduced for non-working spouses in order to cut down the capitalization of this tax credit in 2024. A non-working spouse can in 2024 capitalise the general tax credit only against his/her own earned income. In 2009 the employment credit is extended for income exceeding EUR 42 509. This credit will be reduced by maximum EUR 24, whereas the employment credit is increased for lower incomes. The income dependant combination credit is introduced in order to promote the labour participation of single parents or partners of married workers. The income-dependent combination credit has been increased considerably. The extra child benefit depends on the total income of the family and the number of children per family. The income-dependent child benefit is higher when more children under the age of 18 years are member of the family. As from 2009 onwards, employees do not have to pay an unemployment premium mainly to reduce administration costs for employers. Employers pay now both an unemployment premium and a premium for invalidity for their employees (see also par. 2.2).

In 2013 the income base for SSC and Income-Tax is harmonised. Standardising or harmonisation of the income tax base for levying SSC and Taxes is introduces in 2013 and is called the Law "WUL" i.e. Harmonising the income base for SSC and Taxes (see publication CPB the Netherlands). So the income tax base is since 2013 exclusive the income dependant health care contribution and employees will no longer have to pay taxes over income dependant health care contributions, instead they pay a higher tax rate in the first tax bracket and mainly Work credit is adjusted. The tax rate in the first tax bracket has been increased from 1.95% to 5.85% and the Work credit is reduced for employees with a higher income such that the effect of this harmonisation is budgetary neutral.

The main adjustment in 2014 is the General tax credit which is made income dependent. Higher income will receive less general credit and the reduction is 2% per euro of income between EURO 56 495 and EURO 19 645 per year. See also par 1.14.1.

In 2015 the child arrangements are reduced from 10 items to 4 items. For that reason Single parent credits have stopped. Cash transfers for parents with children and low income increase. And for single parents with children an extra cash benefit of EUR 3 050 is introduced to compensate the loss of single parent credits.

Not all child arrangements are part of the TW model because these are quite specific arrangements for disabled children and parents with low income with children.

- Long term health care is modernised. The SSC rate for (AWBZ Dutch) reduced with 3% to 9.65% of taxable income. The tax rates in the first two brackets are raised with 3% because Social spending is still used but now for other general social purposes.

5. Memorandum items

5.1. *Identification of the AW and calculation of the AW's gross earnings*

The calculation of the annual gross earnings of an AW is based upon data on gross earnings of full-time workers in industry C-K. These data have been obtained through a yearly sample survey carried out by the Central Bureau of Statistics. Included in the AW annual salary are irregular payments, such as holiday allowances, loyalty payments and bonuses. Payments for working overtime are not included. However, the CBS has stopped carrying out the 'employment and wages' survey in July 2006 due to new legislation. On Inquiry at the Central Bureau of Statistics (CBS) the information from the wage declarations by employers, delivered nowadays at the tax department, will be implemented by the CBS for the new survey about employment and wages. These changes produced a delay in delivery of the information on wages and employment for 2006.

As the AW figure for 2005 and 2006 are not available, the 2004 figure was taken and adjusted for the wage increases in 2005, 2006 and 2007 by the OECD Secretariat based on wage increase estimates from the most recent issue of the *OECD Economic Outlook*. On the base of new information on wages per industry sector, the AW is delivered to EUROSTAT in November 2009 by the CBS for years 2006 and 2007. The standard classification NACE Rev. 1 for industrial sectors C-K is used.

The new classification NACE Revision 2 (sectors B-N) will be applicable as from 2008 onwards. The estimation of the AW for 2008 according to the new classification is applicable at the beginning of May 2010. The AW for 2009 is available since November 2010. For 2008 the average annual gross earnings (full-time NACE REV 2) comes to EUR 43 146, for 2009 EUR 44 412, and EUR 45 215 in 2010. The latest information according to Eurostat is an AW in 2011 of EUR 46 287 (NACE Rev 2)

No new data is found on EU site: *http://epp.eurostat.ec.europa.eu/portal/page/portal/statistics/search_database*.

5.2. *Main employers' contributions to private pension, health and related schemes*

In addition to the obligatory contributions of employees to private insurance companies, all employers pay contributions to a public-managed health fund. More information is included in the Special Feature where the contributions to the public-managed health funds are also presented.

Employers have to pay at least 70% of the gross wage of their sick employees for two years. Many employers have insured themselves privately for the risks of their employees being sick. This insurance for illness of their employees is not compulsory.

2015 parameter values

	Ave_earn	49 235	Secretariat estimate
Social security contributions	SSC_ceil	51 976	
Employees' schemes	Unemp_rate1	0.0	
	Unemp_franchise1	17888	
Medical care	Med_rate	0.0695	
	Med_limit	999 999	
	Med_ceil	51 976	
	Med_adult	1 158	
	Med_child	0	
	Med_compensation1	0.02395	
	Med_compensation2	0.13400	
	Med_compensation3	0.05265	
	Med_compensation4	0.13400	
	Med_key	19 463	
	Med_aldult for care benefit	1 408	
General schemes	Old_rate	0.179	
	Wid_rate	0.006	
	Ex_med_rate	0.0965	
	Gen_Schemes_thrsh	33 589	
	Unemp_empr1	0.0207	
	Unemp_empr2	0.0216	
	Unemp_unempr_franchise1	17 888	
	Unemp_unempr_franchise2	0	
	Inv_empr_rate	0.0690	
	Inv_empr_franchise	0	
	Med_empr	0.0695	
	Med_franchise		
Tax schedule	Tax_sch	0.0835	19 822
	"tax_sch_lowest"	0.1385	33 589
	"tax_thrsh_1"	0.42	57 585
		0.52	
Tax credits	Gen_credit_1	2 203	
	Gen_credit_2	1 342	
	Gen_credit1_thr	19 822	
	Gen_credit2_thr	56 935	
	Gen_credit_per	0,0232	
	Red_gen_credit	1 175	
	Emp_credit1	163	
	Emp_credit2	2 057	
	Emp_credit3	21	
	Emp_credit1_thr	9 010	
	Emp_credit2_thr	19 463	
	Emp_credit3_thr	49 770	
	Emp_credit4_thr	100 670	
	Comb_credit	Nvt	
	Comb_credit_franchise	4 857	
	add_comb_credit	Nvt	
	Income_dependant_comb_comb_credit1	1 033	
	Income_dependant_comb_credit_max	2 152	
	Income_dependant_comb_par_credit_per	0,04	
	Sing_par_credit	it has stopped	
	Ex_sing_par_credit_per	stopped	
	Ex_sing_par_credit_max	stopped	
Family cash transfers	Ch1_trans	931	
	Ch2_trans	1 862	
	Child_ben_1child	1 032	
	Child_ben_2children	1 823	
	Child_ben_redn	0.0675	
	Child_ben_ceil	19 463	
	Extra_cash_single_par	3050	
Payroll tax	Extra_wage_tax	it has stopped in 2015	
	EWT_threshold	idem has stopped	

2015 tax equations

The equations for the tax system in the Netherlands in 2015 are repeated for each individual of a married couple. Tax credits, except a part of the general credit of the spouse, depend also on the tax paid by the principal if the spouse's income is zero or very low, and the cash transfers are calculated only once. The functions which are used in the equations (Taper, MIN, Tax etc) are described in the technical note on the tax equations. Due to the adjustment of the employment credit in 2009, the function Emp_credit(Value) was altered in 2009; no changes were made in 2010 until 2012. Variable names are defined in the table of parameters above, within the equations table, or are the standard variables "married" and "children". A reference to a variable with the affix "_total" indicates the sum of the relevant variable values for the principal and spouse. And the affix "_spouse" indicates the value for the spouse. No affix is used for the principal values. Equations for a single person are as shown for the principal, with "_spouse" values taken as 0.

	Line in country table and intermediate steps	Variable name	Range	Equation
1.	Earnings (gross)	gr_earn		
	Earnings (net)	earn	B	gr_earn
2.	Social security contributions	SSC_al	B	SSC_f(earn,Unemp_rate1,SSC_ceil,Unemp_franchise1)
3.	Credits in taxable income	taxbl_cr	B	MIN(earn-SSC_al, Med_ceil)*Med_rate
4.	CG taxable income	tax_inc	B	earn-SSC_al
5.	CG tax before credits	CG_tax_excl/ tax_liable	B	Tax(tax_inc,Tax_sch)
6.	Tax credits	tax_cr	P	MIN(CG_tax_excl+SSC_taxinc,IF((tax_inc<Gen_credit1_thr),Gen_credit_1,(Gen_credit_1-MIN(Gen_credit_per*(Gen_credit2_thr-Gen_credit1_thr),Gen_credit_per*(tax_inc-Gen_credit1_thr))))+Emp_credit(tax_inc)+IF(AND(Children>0,tax_inc>Comb_credit_franchise),IF(Married=0,income_dependant_comb_credit1+MIN(income_dependant_comb_credit_max-income_dependant_comb_credit1, income_dependant_comb_par_credit_per*(tax_inc - Comb_credit_franchise)),0)
		tax_cr_spouse	S	IF(Married>0,MIN(CG_tax_excl_spouse+SSC_taxinc_spouse+CG_tax_excl+SSC_taxinc-tax_cr,IF(tax_inc_spouse>0,IF((tax_inc_spouse<Gen_credit1_thr),Gen_credit_1,(Gen_credit_1-MIN(Gen_credit_per*(Gen_credit2_thr-Gen_credit1_thr), Gen_credit_per*(tax_inc_spouse-Gen_credit1_thr)))),Red_gen_credit)+Emp_credit(tax_inc_spouse)+IF(AND(Children>0,tax_inc_spouse>Comb_credit_franchise),income_dependant_comb_credit1+MIN(income_dependant_comb_credit_max-income_dependant_comb_credit1,income_dependant_comb_par_credit_per*(tax_inc_spouse - Comb_credit_franchise)),0)),0)
		tax_cr_inc	B	IF(tax_cr>Tax_thrsh_1*SUM(Old_rate+Wid_rate+Ex_med_rate+tax_sch_lowest),(tax_sch_2/SUM(Old_rate+Wid_rate+Ex_med_rate+tax_sch_2))*(tax_cr-(SUM(Old_rate+Wid_rate+Ex_med_rate+tax_sch_lowest)*Tax_thrsh_1))+(tax_sch_lowest/SUM(Old_rate+Wid_rate+Ex_med_rate+tax_sch_lowest))*(Tax_thrsh_1*SUM(Old_rate+Wid_rate+Ex_med_rate+tax_sch_lowest)),tax_sch_lowest/SUM(Old_rate+Wid_rate+Ex_med_rate+tax_sch_lowest)*tax_cr)
7.	CG tax	CG_tax	B	tax_liable-tax_cr_inc
8.	State and local taxes	local_tax	B	0
9.	Employees' soc security' based on earnings	SSC_earn	P	SSC_f(earn,Unemp_rate1,SSC_ceil,Unemp_franchise1)
		SSC_earn_spouse	S	SSC_f(earn_spouse,Unemp_rate1,SSC_ceil,Unemp_franchise1)
	Based on taxable income	SSC_taxinc	B	(Old_rate+Wid_rate+Ex_med_rate)*MINA(tax_inc,Gen_Schemes_thrsh)
	Total employees' soc security	SSC_liable	J	SSC_earn+SSC_taxinc+SSC_earn_spouse+SSC_taxinc_spouse

	Line in country table and intermediate steps	Variable name	Range	Equation
		tax_cr_SSC	B	IF(tax_cr>Tax_thrsh_1*SUM(Old_rate+Wid_rate+Ex_med_rate+tax_sch_lowest),((Old_rate+Wid_rate+Ex_med_rate)/SUM(Old_rate+Wid_rate+Ex_med_rate+tax_sch_2))*(tax_cr-(SUM(Old_rate+Wid_rate+Ex_med_rate+tax_sch_lowest)*Tax_thrsh_1))+((Old_rate+Wid_rate+Ex_med_rate)/SUM(Old_rate+Wid_rate+Ex_med_rate+tax_sch_lowest))*(Tax_thrsh_1*SUM(Old_rate+Wid_rate+Ex_med_rate+tax_sch_lowest)),SUM(Old_rate+Wid_rate+Ex_med_rate)/SUM(Old_rate+Wid_rate+Ex_med_rate+tax_sch_lowest)*tax_cr)
	Total	SSC	J	SSC_liable-tax_cr_SSC
10.	Total payments	total_payments	J	CG_tax+local_tax+SSC
11.	Cash transfers	cash_trans	J	IF(Children=1,Ch1_trans,IF(Children=2,Ch2_trans,0))+ IF(Children=2;1;0)* MAX(0;(Child_ben_2children+IF(Married=0;1;0)*Extra_cash_sing_par-IF((tax)inc+tax_inc_spouse)>Child_ben_ceil;1;0)* Child_ ben_redn*(tax_inc+tax_inc_spouse – Child_ben_ceil)))

13.	Employer's soc security	SSC_empr	B	If Value <= 0 Then
				Emp_credit = 0
				ElseIf Value <= Range("Emp_credit1_thr").Value Then
				Emp_credit = (Value / Range("Emp_credit1_thr").Value) * Range("Emp_credit1").Value
				ElseIf Value <= Range("Emp_credit2_thr").Value Then
				Emp_credit = Range("Emp_credit1").Value + ((Value - Range("Emp_credit1_thr").Value) / (Range("Emp_credit2_thr").Value - Range("Emp_credit1_thr").Value)) * Range("Emp_credit2").Value
				ElseIf Value <= Range("Emp_credit3_thr").Value Then
				Emp_credit = Range("Emp_credit1").Value + Range("Emp_credit2").Value
				ElseIf Value <= Range("Emp_credit4_thr").Value Then
				Emp_credit = Range("Emp_credit1").Value + Range("Emp_credit2").Value - ((Value - Range("Emp_credit3_thr").Value) / (Range("Emp_credit4_thr").Value - Range("Emp_credit3_thr").Value)) * (Range("Emp_credit2").Value - Range("Emp_credit3").Value)
				Else
				Emp_credit = Range("Emp_credit1").Value + Range("Emp_credit3").Value
				End If

Key to range of equations B calculated separately for both principal earner and spouse P calculated for principal only (value taken as 0 for spouse calculation) J calculated once only on a joint basis.

Les impôts sur les salaires 2016

New Zealand
(2015-16 income tax year)

This chapter includes data on the income taxes paid by workers, their social security contributions, the family benefits they receive in the form of cash transfers as well as the social security contributions and payroll taxes paid by their employers. Results reported include the marginal and average tax burden for eight different family types.

Methodological information is available for personal income tax systems, compulsory social security contributions to schemes operated within the government sector, universal cash transfers as well as recent changes in the tax/benefit system. The methodology also includes the parameter values and tax equations underlying the data.

New Zealand 2015

The tax/benefit position of single persons

	Wage level (per cent of average wage)	67	100	167	67
	Number of children	none	none	none	2
1.	**Gross wage earnings**	37 594	56 110	93 704	37 594
2.	**Standard tax allowances:**				
	Basic allowance				
	Married or head of family				
	Dependent children				
	Deduction for social security contributions and income taxes				
	Work-related expenses				
	Other				
	Total	0	0	0	0
3.	**Tax credits or cash transfers included in taxable income**	0	0	0	0
4.	**Central government taxable income (1 - 2 + 3)**	37 594	56 110	93 704	37 594
5.	**Central government income tax liability (exclusive of tax credits)**	5 599	9 853	21 842	5 599
6.	**Tax credits :**				
	Basic credit	520	0	0	0
	Married or head of family				
	Children				
	Other				
	Total	520	0	0	0
7.	**Central government income tax finally paid (5-6)**	5 079	9 853	21 842	5 599
8.	**State and local taxes**	0	0	0	0
9.	**Employees' compulsory social security contributions**				
	Gross earnings	0	0	0	0
	Taxable income				
	Total	0	0	0	0
10.	**Total payments to general government (7 + 8 + 9)**	5 079	9 853	21 842	5 599
11.	**Cash transfers from general government**				
	For head of family				
	For two children	0	0	0	11 029
	Total	0	0	0	11 029
12.	**Take-home pay (1-10+11)**	32 515	46 257	71 861	43 024
13.	**Employer's compulsory social security contributions**	0	0	0	0
14.	**Average rates**				
	Income tax	13.5%	17.6%	23.3%	14.9%
	Employees' social security contributions	0.0%	0.0%	0.0%	0.0%
	Total payments less cash transfers	13.5%	17.6%	23.3%	-14.4%
	Total tax wedge including employer's social security contributions	13.5%	17.6%	23.3%	-14.4%
15.	**Marginal rates**				
	Total payments less cash transfers: Principal earner	17.5%	30.0%	33.0%	38.7%
	Total payments less cash transfers: Spouse	n.a.	n.a.	n.a.	n.a.
	Total tax wedge: Principal earner	17.5%	30.0%	33.0%	38.7%
	Total tax wedge: Spouse	n.a.	n.a.	n.a.	n.a.

New Zealand 2015

The tax/benefit position of married couples

		Wage level (per cent of average wage)	100-0	100-33	100-67	100-33
		Number of children	2	2	2	none
1.	**Gross wage earnings**		56 110	74 626	93 704	74 626
2.	**Standard tax allowances:**					
	Basic allowance					
	Married or head of family					
	Dependent children					
	Deduction for social security contributions and income taxes					
	Work-related expenses					
	Other					
		Total	0	0	0	0
3.	**Tax credits or cash transfers included in taxable income**		0	0	0	0
4.	**Central government taxable income (1 - 2 + 3)**		56 110	74 626	93 704	74 626
5.	**Central government income tax liability (exclusive of tax credits)**		9 853	12 113	15 452	12 113
6.	**Tax credits :**					
	Basic credit		0	0	0	0
	Married or head of family					
	Children					
	Other					
		Total	0	0	0	0
7.	**Central government income tax finally paid (5-6)**		9 853	12 113	15 452	12 113
8.	**State and local taxes**		0	0	0	0
9.	**Employees' compulsory social security contributions**					
	Gross earnings					
	Taxable income					
		Total	0	0	0	0
10.	**Total payments to general government (7 + 8 + 9)**		9 853	12 113	15 452	12 113
11.	**Cash transfers from general government**					
	For head of family					
	For two children		7 094	3 159	0	0
		Total	7 094	3 159	0	0
12.	**Take-home pay (1-10+11)**		53 351	65 672	78 252	62 513
13.	**Employer's compulsory social security contributions**		0	0	0	0
14.	**Average rates**					
	Income tax		17.6%	16.2%	16.5%	16.2%
	Employees' social security contributions		0.0%	0.0%	0.0%	0.0%
	Total payments less cash transfers		4.9%	12.0%	16.5%	16.2%
	Total tax wedge including employer's social security contributions		4.9%	12.0%	16.5%	16.2%
15.	**Marginal rates**					
	Total payments less cash transfers: Principal earner		51.2%	51.2%	30.0%	30.0%
	Total payments less cash transfers: Spouse		33.5%	38.7%	17.5%	17.5%
	Total tax wedge: Principal earner		51.2%	51.2%	30.0%	30.0%
	Total tax wedge: Spouse		33.5%	38.7%	17.5%	17.5%

The national currency is the New Zealand dollar (NZD). In 2015, NZD 1.43 was equal to USD 1. In that year the average worker earned NZD 56 110 (Country estimate).

1. Personal income tax system

1.1. *Central/federal government income taxes*

1.1.1. *Tax unit*

Members of the family are taxed separately.

1.1.2. *Tax allowances and tax credits*

None.

1.1.2.1. Standard reliefs

1.1.2.2. Main non-standard tax reliefs applicable to an AW

None.

1.1.3. *Schedule*

- Rates of income tax for individuals:
  - On so much of the income as does not exceed NZD 14 000: 10.5%;
  - On so much of the income as exceeds NZD 14 000 but does not exceed NZD 48 000: 17.5%;
  - On so much of the income as exceeds NZD 48 000 but does not exceed NZD 70 000: 30%;
  - On so much of the income as exceeds NZD 70 000: 33%.

1.2. *State and local income taxes*

New Zealand has no state or local income tax.

2. Compulsory social security contributions to schemes operated within the government sector

New Zealand has no compulsory social security contributions to schemes operated within the Government sector.

It should be noted that there is an accident compensation scheme administered by the Accident Compensation Corporation for residents and temporary visitors to New Zealand. This scheme is funded in part by premiums paid by employees and employers. For employees, the premium represents 1.45% of their gross earnings. For employers and the self-employed, the premiums are based on a percentage of the total payroll and the applicable rate varies depending upon the associated accident risk (the average rate is 1.04%). This scheme is not considered as a compulsory social security contribution for the purposes of the Report.

3. Universal cash transfers

3.1. *Amount for marriage*

None.

3.2. *Amount for children*

The Parental Tax Credit provides NZD 220 per week for the first ten weeks of each child's life. This tax credit abates under the same regime as the Family Tax Credit, although it is unaffected until both the Family Tax Credit and In Work Tax Credit have been abated to zero.

3.3. *Family tax credit*

For an eldest child aged 16-18, the rate of the Family Tax Credit is NZD 5 303 per year, while the rate of NZD 4 822 applies if the eldest child is younger than 16. For subsequent children the rate depends on the age of the child; NZD 4 745 per year for 16-18 year-olds, NZD 3 822 per year for 13-15 year-olds and NZD 3 351 per year for children under 13 years of age. The total credit is abated by 21.25 cents on each dollar earned over NZD 36 350. The abatement is based on the combined income of the parents.

3.4. *In work tax credit*

The In Work Tax Credit is available to families with dependent children who are not receiving an income-tested benefit, veteran's pension, New Zealand Superannuation or student allowance. The level of assistance it provides is NZD 3 120 per family per year, plus an additional NZD 780 per year for fourth and subsequent children. It is only available to couple families working a total of 30 hours or more per week, or to sole parents working 20 hours or more per week. It is also affected by the abatement regime used with the Family Tax Credit, although it is unaffected until the latter has been abated to zero.

3.5. *Minimum family tax credit*

The Minimum Family Tax Credit is a scheme that ensures a guaranteed minimum family net income for all full-time earners with dependent children. The guaranteed minimum after-tax income is NZD 23 036 per year plus the Family Tax Credit and In Work Tax Credit.

3.6. *Independent earner tax credit*

The Independent Earner Tax Credit of NZD 520 is available to individuals with annual net income between NZD 24 000 and NZD 48 000 that do not receive other forms of tax credits or benefits. It is abated by 13 cents on each dollar earned over NZD 44 000.

4. Main changes in tax/benefit systems over 2014/15

The rate and entitlement duration of the Parental Tax Credit changed to those detailed above on 1 April 2014. These changes applied from 1 April 2015.

5. Memorandum items

5.1. *Method used to identify AW and to calculate the AW's gross earnings*

The Annual Earnings figure is derived from the *Quarterly Employment Survey* for those employees in the B-N industry groups. The annual earnings figure for the average worker is the sum of the four quarterly earnings figures, with each quarterly figure calculated by taking the average total weekly earnings and multiplying it by 13 weeks per quarter.

5.2. *Employer's contributions to private pension, health schemes, etc.*

No information available.

2015 parameter values

	Ave_earn	56 110	Country estimate
Income tax schedule	Tax_sch	0.105	14 000
		0.175	48 000
		0.3	70 000
		0.33	
Family tax credit	Fam_sup_eld	4 822	
	Fam_sup_oth	3 351	
	Fam_sup_thrsh	36 350	
	Fam_sup_rate	0.2125	
In-work tax credit	In_work_children123	3 120	
	In_work_children4plus	780	
Minimum Family Tax Credit	Min_inc	23 036	
Independent Earner Tax Credit	IETC	520	
	IETC_thrsh1	24 000	
	IETC_thrsh2	44 000	
	IETC_rate	0.13	

2015 tax equations

The equations for the New Zealand system in 2015 are mostly repeated for each individual of a married couple. But the cash transfer is calculated only once. This is shown by the Range indicator in the table below. The functions which are used in the equations (Taper, MIN, Tax etc) are described in the technical note about tax equations. Variable names are defined in the table of parameters above, within the equations table, or are the standard variables "married" and "children". A reference to a variable with the affix "_total" indicates the sum of the relevant variable values for the principal and spouse. And the affixes "_princ" and "_spouse" indicate the value for the principal and spouse, respectively. Equations for a single person are as shown for the principal, with "_spouse" values taken as 0.

	Line in country table and intermediate steps	Variable name	Range	Equation
1.	Earnings	earn		
2.	Allowances	tax_al	B	0
3.	Credits in taxable income	taxbl_cr	B	0
4.	CG taxable income	tax_inc	B	earn
5.	CG tax before credits	CG_tax_excl	B	Tax(tax_inc, Tax_sch)
6.	Tax credits :			
	Guaranteed minimum income	GMI	J	(Children>0)*Min_inc
	Independent Earner Tax Credit	IETC_rebate	B	=AND(Children=0,earn>IETC_thrsh1)*Taper(IETC,earn,IETC_thrsh2,IETC_rate)
6.	Tax credits:	tax_cr	B	IETC_rebate
7.	CG tax	CG_tax	B	CG_tax_excl-tax_cr
8.	Local tax	local_tax	B	0
9.	Employees' soc security	SSC	B	0
11.	Cash transfers:			
	Family tax credit (unabated)	fam_tax_cr	J	Fam_sup_eld*(Children>0)+ Fam_sup_oth*Positive(Children-1)
	In-work tax credit (unabated)	in_work_tax_cr	J	(Children>0)*(In_work_children123+Positive(Children-3)*In_work_children4plus)
	Tax credits abated	tax_cr_ab	J	Taper(fam_tax_cr+in_work_tax_cr, earn_total, Fam_sup_thrsh1, Fam_sup_rate1)
	Minimum Family tax credit	min_fam_tax_cr	J	Positive(GMI-(earn_total-CG_tax_excl_totall))
	Cash transfers	cash_trans	J	tax_cr_ab + min_fam_tax_cr
13.	Employer's soc security	SSC_empr	B	0

Key to range of equation B calculated separately for both principal earner and spouse P calculated for principal only (value taken as 0 for spouse calculation) J calculated once only on a joint basis.

Norway

This chapter includes data on the income taxes paid by workers, their social security contributions, the family benefits they receive in the form of cash transfers as well as the social security contributions and payroll taxes paid by their employers. Results reported include the marginal and average tax burden for eight different family types.

Methodological information is available for personal income tax systems, compulsory social security contributions to schemes operated within the government sector, universal cash transfers as well as recent changes in the tax/benefit system. The methodology also includes the parameter values and tax equations underlying the data.

Norway 2015

The tax/benefit position of single persons

		Wage level (per cent of average wage)	67	100	167	67
		Number of children	none	none	none	2
1.	**Gross wage earnings**		369 848	552 012	921 861	369 848
2.	**Standard tax allowances**					
	Basic allowance					
	Married or head of family					
	Dependent children					
	Deduction for social security contributions and income taxes					
	Work-related expenses					
	Other					
		Total	139 450	139 450	139 450	188 254
3.	**Tax credits or cash transfers included in taxable income**		0	0	0	0
4.	**Central government taxable (ordinary) income (1 - 2 + 3)**		230 398	412 562	782 411	181 594
5.	**Central government income tax liability (ordinary + personal)**		30 297	54 384	137 393	23 880
6.	**Tax credits (applicable against local tax)**					
	Basic credit					
	Married or head of family					
	Children		0	0	0	0
	Other					
		Total	0	0	0	0
7.	**Central government income tax finally paid (5-6)**		30 297	54 384	137 393	23 880
8.	**State and local taxes (net of tax credits)**		31 910	57 140	108 364	25 151
9.	**Employees' compulsory social security contributions**					
	Gross earnings		30 328	45 265	75 593	30 328
	Taxable income					
		Total	30 328	45 265	75 593	30 328
10.	**Total payments to general government (7 + 8 + 9)**		92 535	156 788	321 349	79 358
11.	**Cash transfers from general government**					
	For head of family					
	For two children		0	0	0	34 920
		Total	0	0	0	34 920
12.	**Take-home pay (1-10+11)**		277 313	395 224	600 511	325 410
13.	**Employer's compulsory social security contributions**		48 080	71 762	119 842	48 080
14.	**Average rates**					
	Income tax		16.8%	20.2%	26.7%	13.3%
	Employees' social security contributions		8.2%	8.2%	8.2%	8.2%
	Total payments less cash transfers		25.0%	28.4%	34.9%	12.0%
	Total tax wedge including employer's social security contributions		33.6%	36.6%	42.4%	22.1%
15.	**Marginal rates**					
	Total payments less cash transfers: Principal earner		35.2%	44.2%	47.2%	35.2%
	Total payments less cash transfers: Spouse		n.a.	n.a.	n.a.	n.a.
	Total tax wedge: Principal earner		42.7%	50.6%	53.3%	42.7%
	Total tax wedge: Spouse		n.a.	n.a.	n.a.	n.a.

Norway 2015

The tax/benefit position of married couples

		Wage level (per cent of average wage)	100-0	100-33	100-67	100-33
		Number of children	2	2	2	none
1.	**Gross wage earnings**		552 012	734 176	921 861	734 176
2.	**Standard tax allowances**					
	Basic allowance					
	Married or head of family					
	Dependent children					
	Deduction for social security contributions and income taxes					
	Work-related expenses					
	Other					
		Total	163 300	268 181	278 900	268 181
3.	**Tax credits or cash transfers included in taxable income**		0	0	0	0
4.	**Central government taxable (ordinary) income (1 - 2 + 3)**		388 712	465 996	642 961	465 996
5.	**Central government income tax liability (ordinary + personal)**		51 247	61 410	84 681	61 410
6.	**Tax credits (applicable against local tax)**					
	Basic credit					
	Married or head of family					
	Children		0	0	0	0
	Other					
		Total	0	0	0	0
7.	**Central government income tax finally paid (5-6)**		51 247	61 410	84 681	61 410
8.	**State and local taxes (net of tax credits)**		53 837	64 540	89 050	64 540
9.	**Employees compulsory social security contributions**					
	Gross earnings		45 265	60 202	75 593	60 202
	Taxable income					
		Total	45 265	60 202	75 593	60 202
10.	**Total payments to general government (7 + 8 + 9)**		150 349	186 153	249 324	186 153
11.	**Cash transfers from general government**					
	For head of family					
	For two children		23 280	23 280	23 280	0
		Total	23 280	23 280	23 280	0
12.	**Take-home pay (1-10+11)**		424 943	571 304	695 817	548 024
13.	**Employer's compulsory social security contributions**		71 762	95 443	119 842	95 443
14.	**Average rates**					
	Income tax		19.0%	17.2%	18.8%	17.2%
	Employees social security contributions		8.2%	8.2%	8.2%	8.2%
	Total payments less cash transfers		23.0%	22.2%	24.5%	25.4%
	Total tax wedge including employer's social security contributions		31.9%	31.1%	33.2%	33.9%
15.	**Marginal rates**					
	Total payments less cash transfers: Principal earner		44.2%	44.2%	44.2%	44.2%
	Total payments less cash transfers: Spouse		19.7%	23.6%	35.2%	23.6%
	Total tax wedge: Principal earner		50.6%	50.6%	50.6%	50.6%
	Total tax wedge: Spouse		28.9%	32.4%	42.7%	32.4%

The national currency is the Kroner (NOK). In 2015, NOK 8.06 was equal to 1 USD. In that year the average worker earned NOK 552 012 (Secretariat estimate).

1. Personal income tax system

The personal income tax has two tax bases: *personal income* and *ordinary income*. Personal income is defined as income from labour and pensions. Personal income is a gross income base from which no deductions are made. Ordinary income includes all types of taxable income from labour, pensions, business and capital. Certain costs and expenses, including interest paid on debt, are deductible in the computation of ordinary income.

1.1. Central government income tax

1.1.1. Tax unit

The tax unit is in most cases the individual (tax class 1), but joint taxation (tax class 2) is also possible. Children aged below 17 are generally taxed together with their parents, but they may be taxed individually. All other income earners are taxed on an individual basis (class 1).

1.1.2. Tax allowances applicable to an AW

There are no tax allowances applicable to an AW under the central government income tax (surtax). The tax base is personal income from which no deductions are allowed. As part of the overall tax rate of 27% on ordinary income, 13.15% is considered to be the central government income tax.

1.1.3. Rate schedule (surtax)

Rate (%)	NOK
0	0-550 550
9.0	550 550-885 600
12.0	885 600 and over

1.2. Local government income tax

The overall tax rate on ordinary income is 27%. The local government (municipal and county) income tax is 13.85% points of the overall rate. Tax on ordinary income is levied after taking into account a standard allowance of NOK 50 400 (class 1) and NOK 74 250 (class 2) in 2015. Single parents are eligible to an additional special tax allowance of NOK 48 804. The deductions in the computation of ordinary income are:

1.2.1. Standard reliefs

- Basic allowance: each individual receives a minimum allowance equal to 43% of personal income, with a minimum of NOK 4 000 and a maximum of NOK 89 050. For wage income each individual can choose a separate allowance of NOK 31 800 instead of the basic allowance. Hence, wage earners would opt to choose this separate allowance as long as it exceeds the basic allowance to which they are entitled.

1.2.2. *Non-standard reliefs*

The main non-standard allowances deductible from ordinary income are:

- Parent allowance: Documented expenses for child care limited to:
  - maximum NOK 25 000 for one child
  - plus NOK 15 000 for each subsequent child.

The allowance applies in general to the spouse who has the highest income. Unused parent allowance may be transferred to the other spouse. The allowance is also applicable to single parents.

- Travel expenses related to work exceeding NOK 16 000;
- Labour union fees up to NOK 3 850;
- Donations to voluntary organisations up to NOK 20 000;
- Contributions to individual pension agreement schemes, maximum NOK 15 000;
- Premiums and contributions to occupational pension schemes in the private and public sector, unlimited;
- Unlimited deduction for interest payments.

The main non-standard tax credits are:

- Home savings scheme (BSU): The BSU scheme aims to encourage young people (under 34 years old) to save for a future home purchase. A wastable *tax credit* of 20% of annual savings up to NOK 25 000 in special accounts is granted. Total savings may not exceed NOK 200 000.

2. Social security contributions

2.1. *Contributions to the national insurance scheme*

2.1.1. *Employees' contributions*

Employees' contributions to the National Insurance Scheme generally amount to 8.2% of personal wage income. Employees do not make contributions if their wage income is less than NOK 49 650. Once wage income exceeds this floor, an alternative calculation is made where the contributions equal 25% of the wage income in excess of the floor. The actual contributions made would represent the minimum between the alternative calculation and 8.2% of the total wage income.

Contributions from the self-employed are 11.4% of personal income attributable to labour.

2.1.2. *Employers' contributions*

Employer's social security contributions are due for all employees in both the private and the public sector. The contribution is geographically differentiated according to the municipality where the work-place is. The standard rates are 14.1%, 10.6%, 7.9%, 6.4%, 5.1% or 0% of gross wages. The highest rate applies to central parts of southern Norway. Lower rates may apply under certain circumstances. The weighted average rate is approximately 13%.

3. Universal cash transfers

3.1. Transfers related to marital status

None.

3.2. Transfers for dependent children (child support)

The following transfers are available:

NOK 11 640 per child aged 0-18 years.

Single parents receive transfers for one more child than their actual number of children.

4. Main changes in tax/benefit systems since 2002

- Most important changes related to wage taxation in 2015:
  - The threshold in surtax bracket 1 was increased by NOK 5 750.
  - The upper limit of the basic allowance for wage income/social security benefits was increased by NOK 2 100.
  - The lower threshold for the payment of employee's social security contributions was increased from NOK 39 600 to NOK 49 650.
- Most important changes related to wage taxation in 2014:
  - The general tax rate on ordinary income was reduced from 28% to 27%.
  - The employee's social security contributions were increased by 0.4 percentage points.
  - The rate in the basic allowance against wage income was increased to 43%.
  - Tax class 2 for married couples was reduced.
- Most important changes in 2013:
  - The personal allowance for labour income was increased for low income earners (below NOK 213 950) by 2 percentage points from 38% to 40% of their labour income.
  - The taxable value of second homes and commercial property for the purposes of net wealth tax was increased from 40% to 50% of estimated market value.
  - The basic allowance in the net wealth tax was increased from NOK 750 000 to NOK 870 000. Married couples will thus have a total basic allowance of NOK 1 740 000.
  - The current class 2 for sole providers was replaced by a special allowance for ordinary income which provides an equivalent tax benefit.
  - The maximum deduction for labour union fees was increased from NOK 3 750 to NOK 3 850.
- Most important changes in 2012:
  - The personal allowance for labour income was increased for low income earners (below NOK 217 000) by 2 percentage points from 36% to 38% of their labour income.
  - For self-employed the wage allowance was abolished to eliminate residual discrimination between sole proprietorships with employees and limited companies.
  - In the deduction for travel expenses for travels between home and work the deduction rate per kilometre was increased for tax payers travelling between 35 000 km and 50 000 km per year.
  - The maximum deduction for labour union fees was increased by NOK 90 to NOK 3 750.

- In 2011 changes to the tax system was made to provide better incentives for people to work when drawing a pension. The tax limitation rule for early-retirement and old-age pensioners was replaced by a new tax allowance for pension income. The allowance ensures that people who only receive the minimum pension will continue not to pay income tax. The allowance is scaled down against pension income, so that the marginal tax on earned income is reduced to the same level as for wage earners. The marginal tax on capital for low-income pensioners is also reduced to the same level as for other taxpayers. The new tax allowance is determined regardless of the spouse's income and married early-retirement and old-age pensioners will each have their own allowance. In addition, the pension income social security contribution is increased and the special allowance for age is discontinued.
- In 2010 a new formula-based system for determining the tax-assessed value of homes was introduced. The new tax-assessed value will be determined by multiplying the floor space of the dwelling by a square metre price based on the geographical location (neighbourhood, municipality, sparsely populated vs. densely populated area), size, age and type (detached, semi-detached, terraced, flat) of the property. For *primary homes* (owner-occupied), the per square metre rate will be set at 25% of the estimated sale price per square metre, whereas the rate for *second homes*, i.e. any other dwellings in addition to the primary home that are not defined as business or recreational properties, will be set at 40% of the estimated sale price per square metre. The current "safety valve" system is being continued so that taxpayers can appeal and have the tax-assessed value reduced to 30% of the documented fair market value (60% for second homes). In addition, the tax-assessed values of recreational properties are increased by 10%.
- Most important changes in 2009 were the abolition of the 80% rule, which primarily reduced the wealth tax of the richest. The wealth tax on equities for those who fall within the scope of the 80% rule has been more than doubled since 2005.
- The home savings scheme (BSU) was expanded in 2009 by increasing the annual savings amount to NOK 20 000 and the maximum aggregate savings amount to NOK 150 000.
- The rates of the inheritance tax were reduced and the exempted amount was increased in 2009. The instalment scheme for family businesses was expanded through the abolition of the upper limit, and the payment period was increased from 7 to 12 years.

Other changes in the personal tax base in 2009:

- The fishermen's allowance was increased from NOK 115 000 to NOK 150 000.
- The reindeer husbandry allowance was increased to the same level as the agriculture allowance.
- The allowance for labour union fees was increased by NOK 450 to NOK 3 600.
- The rate of the travel allowance was increased from NOK 1.40 per km to NOK 1.50 per km.
- The tax-free net income thresholds under the tax limitation rule were increased such as to ensure that singles and couples who receive the minimum state pension will still not be paying tax following the favourable social security settlement they benefited from in 2008.
- A tax favoured contributions to individual pension agreement schemes was reintroduced as of 2008.
- From 1 January, 2008 the employees' SSC rate for self-employed was increased from 10.7% to 11.0%.

- The upper threshold in the surtax schedule was substantially reduced from 2006 to 2007.
- The surtax rates were reduced in 2005 and 2006, as part of a reform of the dual income tax system. The basic allowance has been substantially increased.
- From 1 January, 2006 the supplementary employer's social security contribution at 12.5% for gross wage income that exceeds 16 times "G" (average "G" is estimated to be NOK 74 721 in 2010) was removed.
- From 1 January, 2006 the class 2 in the surtax was removed.
- From 1 January, 2005 the ceiling in the parent allowance for two and more children was removed, and the maximum allowance was increased with NOK 5 000 for each child after the first. From 2008 the maximum allowance will be increased with NOK 15 000 for each child after the first.
- The additional child support of NOK 7 884 for children aged 1 and 2 years was abolished as of 1 August 2003.
- An allowance of maximum NOK 6 000 for donations to voluntary organisations was introduced as of 1 January, 2003. Previously this allowance was coordinated with the allowance for labour union fees (with a combined maximum allowance). The allowance was increased to NOK 12 000 as of 1 January, 2005.
- As of 1 July, 2002 the employer's social security contribution rates for employees aged 62 years or older were reduced by 4 percentage points, although not below 0%. From 2007 the reduction was abolished.

5. Memorandum items

5.1. *Identification of an AW and calculation of earnings*

The wage series used refers to full time employees in the B-N industry group (ISIC rev.4).

The calculation of annual wage earnings is as follows:

- Weighted average monthly wage plus overtime times 12.

The average monthly wage is agreed payment for a wage earner working a normal agreed working-year. It includes bonus payments and other allowances, but not payments for overtime, sick leave, and an establishment's indirect wage costs. The sum is weighted with the number of persons employed in the different industry groups.

5.2. *Employers' contributions to private health and pension schemes*

No information available.

2015 parameter values

Average earnings/yr	Ave_earn	552 012	Secretariat estimate
Central rate (pers)	Tax1_sch	0	550 550
class 1		0.09	885 600
		0.12	
class 2	Tax2_sch	0	550 550
		0.09	885 600
		0.12	
Central rate (ord)	Cent_rate_ord	0,1315	
Local rate (ord)	Local_rate	0.1385	
Allowances	Class_al_1	50 400	
	Class_al_2	74 250	
	Special_al	48 804	
Basic relief	Basic_min	4 000	
	Basic_max	89 050	
	Basic_rel_rate	0.43	
	Basic_min_wage	31 800	
Soc security contribs	SSC_rate	0.082	
Employer	SSC_empr	0.13	
Trygd. low.lim	SSC_low_lim	49 650	
pct.rate	SSC_low_rate	0.25	
Ref. Income "G"	SSC_G	89 502	
Child cash transfer	Child_sup	11 640	

2015 tax equations

The equations for the system for Norway in 2015 may be calculated on an individual or joint basis for married couples. Social security contributions are calculated on an individual basis. The calculation for Class 2 is chosen for married couples whenever this gives a lower value of tax than the corresponding Class 1 calculations. The functions which are used in the equations (Taper, MIN, Tax etc) are described in the technical note about tax equations. Variable names are defined in the table of parameters above, within the equations table, or are the standard variables "married" and "children". A reference to a variable with the affix "_total" indicates the sum of the relevant variable values for the principal and spouse. And the affixes "_princ" and "_spouse" indicate the value for the principal and spouse, respectively. Equations for a single person are as shown for the principal, with "_spouse" values taken as 0.

	Line in country table and intermediate steps	Variable name	Range	Equation
1.	Earnings	earn		
2.	Allowances:	tax_al	J	IF(class=1, tax1_al_princ+tax1_al_spouse, tax2_al)
	Class 1 tax allowance (ordinary)	tax1_al_princ	P	MIN(MAX(Basic_min_wage, MIN(earn_princ*Basic_rel_rate, Basic_max)) +Class_al_1+IF(AND(Married=0,Children>0),Special_al,o), earn_princ)
	Class 1 tax allowance (ordinary)	tax1_al_spouse	S	MIN(MAX(Basic_min_wage, MIN(earn_spouse*Basic_rel_rate, Basic_max)) +Class_al_1, earn_spouse)
	Class 2 tax allowance (ordinary)	tax2_al	J	MIN(MAX(Basic_min_wage, MIN(earn_princ*Basic_rel_rate, Basic_max)), earn_princ)+MIN(MAX(Basic_min_wage, MIN(earn_spouse* Basic_rel_rate, Basic_max)), earn_spouse)+Class_al_2
3.	Credits in taxable income	taxbl_cr	J	0
4.	CG taxable income (ordinary)			
	Class 1 taxable income	tax1_inc	B	Positive(earn-tax1_al)
	Class 2 taxable income	tax2_inc	J	Positive(earn_total-tax2_al)
5.	CG tax	CG_tax		IF(class=1, CG1_tax, CG2_tax)
	Class 1 tax (personal+ordinary)	CG1_tax	B	Tax(earn, Tax1_sch)+Cent_rate_ord*tax1_inc
	Class 2 tax (personal+ordinary)	CG2_tax	J	Tax(earn_p, Tax2_sch)+ Tax(earn_s, Tax2_sch)+Cent_rate_ord*tax2_inc
6.	Tax credits :	tax_cr	P	0
7.	CG tax	CG_tax	B	CG_tax
8.	State and local taxes	local_tax	J	IF(class=1, local1_tax_total, local2_tax)
	Class 1 local tax	local1_tax	B	(Local_rate*(tax1_inc_princ+tax1_inc_spouse))-tax_cr
	Class 2 local tax	local2_tax	J	(Local_rate*tax2_inc)-tax_cr
	Favourable class	class	J	1+((CG2_tax_excl+local2_tax)<(CG1_tax_excl_total+local1_tax_total))
9.	Employees' soc security	SSC	B	MIN(earn*SSC_rate, Positive(SSC_low_rate*(earn-SSC_low_lim)))
11.	Cash transfers	cash_trans	J	(children>0)*Child_sup
13.	Employer's soc security	SSC_empr	B	earn*SSC_empr

Key to range of equation B calculated separately for both principal earner and spouse P calculated for principal only (value taken as 0 for spouse calculation) J calculated once only on a joint basis.

Poland

This chapter includes data on the income tax paid by workers, their social security contributions, the family benefits they receive in the form of cash transfers as well as the social security contributions and payroll taxes paid by their employers. Results reported include the marginal and average tax burden for eight different family types.

Methodological information is available for personal income tax systems, compulsory social security contributions to schemes operated within the government sector, universal cash transfers as well as recent changes in the tax/benefit system. The methodology also includes the parameter values and tax equations underlying the data.

Poland 2015

The tax/benefit position of single persons

		Wage level (per cent of average wage)	67	100	167	67
		Number of children	none	none	none	2
1.	**Gross wage earnings**		30 499	45 521	76 021	30 499
2.	**Standard tax allowances**					
	Basic allowance					
	Married or head of family					
	Dependent children					
	Deduction for social security contributions and income taxes		3 068	4 579	7 648	3 068
	Work-related expenses		1 335	1 335	1 335	1 335
	Other					
		Total	4 403	5 914	8 983	4 403
3.	**Tax credits or cash transfers included in taxable income**		0	0	0	0
4.	**Central government taxable income (1 - 2 + 3)**		24 983	37 945	64 263	24 983
5.	**Central government income tax liability (exclusive of tax credits)**		3 941	6 274	11 011	3 384
6.	**Tax credits**					
	Basic credit		556	556	556	1 112
	Married or head of family					
	Children		0	0	0	2 224
	Other (health insurance)		2 040	3 044	5 084	2 040
		Total	2 596	3 600	5 640	5 376
7.	**Central government income tax finally paid (5-6)**		1 345	2 674	5 371	- 1 992
8.	**State and local taxes**		0	0	0	0
9.	**Employees' compulsory social security contributions**					
	Gross earnings		3 068	4 579	7 648	3 068
	Taxable income		2 369	3 535	5 904	2 369
		Total	5 437	8 115	13 551	5 437
10.	**Total payments to general government (7 + 8 + 9)**		6 782	10 788	18 922	3 445
11.	**Cash transfers from general government**					
	For head of family					
	For two children		0	0	0	0
		Total	0	0	0	0
12.	**Take-home pay (1-10+11)**		23 718	34 733	57 098	27 054
13.	**Employers' compulsory social security contributions**		5 118	7 638	12 756	5 118
14.	**Average rates**					
	Income tax		4.4%	5.9%	7.1%	-6.5%
	Employees' social security contributions		17.8%	17.8%	17.8%	17.8%
	Total payments less cash transfers		22.2%	23.7%	24.9%	11.3%
	Total tax wedge including employer's social security contributions		33.4%	34.7%	35.7%	24.0%
15.	**Marginal rates**					
	Total payments less cash transfers: Principal earner		26.7%	26.7%	26.7%	26.7%
	Total payments less cash transfers: Spouse		n.a.	n.a.	n.a.	n.a.
	Total tax wedge: Principal earner		37.2%	37.2%	37.2%	37.2%
	Total tax wedge: Spouse		n.a.	n.a.	n.a.	n.a.

Poland 2015

The tax/benefit position of married couples

		Wage level (per cent of average wage)	100-0	100-33	100-67	100-33
		Number of children	2	2	2	none
1.	**Gross wage earnings**		45 521	60 543	76 021	60 543
2.	**Standard tax allowances**					
	Basic allowance					
	Married or head of family					
	Dependent children					
	Deduction for social security contributions and income taxes		4 579	6 091	7 648	6 091
	Work-related expenses		1 335	2 670	2 670	2 670
	Other					
		Total	5 914	8 761	10 318	8 761
3.	**Tax credits or cash transfers included in taxable income**		0	0	0	0
4.	**Central government taxable income (1 - 2 + 3)**		37 945	49 573	62 928	49 573
5.	**Central government income tax liability (exclusive of tax credits)**		5 717	7 810	10 214	7 810
6.	**Tax credits**					
	Basic credit		1 112	1 112	1 112	1 112
	Married or head of family					
	Children		2 224	2 224	2 224	0
	Other (health insurance)		3 044	4 049	5 084	4 049
		Total	6 380	7 385	8 420	5 161
7.	**Central government income tax finally paid (5-6)**		- 663	425	1 794	2 650
8.	**State and local taxes**		0	0	0	0
9.	**Employees' compulsory social security contributions**					
	Gross earnings		4 579	6 091	7 648	6 091
	Taxable income		3 535	4 702	5 904	4 702
		Total	8 115	10 792	13 551	10 792
10.	**Total payments to general government (7 + 8 + 9)**		7 452	11 218	15 346	13 442
11.	**Cash transfers from general government**					
	For head of family					
	For two children		0	0	0	0
		Total	0	0	0	0
12.	**Take-home pay (1-10+11)**		38 070	49 326	60 675	47 102
13.	**Employers' compulsory social security contributions**		7 638	10 159	12 756	10 159
14.	**Average rates**					
	Income tax		-1.5%	0.7%	2.4%	4.4%
	Employees' social security contributions		17.8%	17.8%	17.8%	17.8%
	Total payments less cash transfers		16.4%	18.5%	20.2%	22.2%
	Total tax wedge including employer's social security contributions		28.4%	30.2%	31.7%	33.4%
15.	**Marginal rates**					
	Total payments less cash transfers: Principal earner		26.7%	26.7%	26.7%	26.7%
	Total payments less cash transfers: Spouse		25.1%	26.7%	26.7%	26.7%
	Total tax wedge: Principal earner		37.2%	37.2%	37.2%	37.2%
	Total tax wedge: Spouse		35.8%	37.2%	37.2%	37.2%

The national currency is the Zloty (PLN). In 2015, PLN 3.77 was equal to USD 1. In that year, the average worker earned PLN 45 521 (Secretariat Estimate).

1. Personal income tax system

An individual being a tax resident in Poland is liable to tax on the basis of world-wide income, irrespective of the source and origin of that income. (The term "residency" is understood similarly to Article 4 paragraph 2 point a) of the OECD Model Tax Convention on Income and Capital).

1.1. Central government income tax

1.1.1. Tax unit

Individuals are taxed on their own income, but couples married during the whole calendar year* can opt to be taxed on their joint income. In the latter case, the "splitting" system applies: the tax bill for a couple is twice the income tax due on half of joint income, provided the joint income does not include capital income taxed at the flat 19 per cent rate. Single individuals with dependent children are also entitled to use the splitting system (their family quotient is two). For the purpose of this report, it is assumed that married couples are taxed on joint income.

1.1.1.1. Tax base

1.1.1.1.1. Gross employment income

For taxation purposes, taxable gross employment income in Poland includes both cash income and the value of benefits in kind. More specifically, gross employment income includes base salary, overtime payments, bonuses, awards, compensation for unused holidays, and costs that are paid in full or in part by the employer on behalf of the employee.

1.1.2. Tax allowances and tax credits

1.1.2.1. Standard reliefs

- Basic relief: A non-refundable tax credit of PLN 556.02 per person.
- Marital status relief: None.
- Relief for children: Yes.**

* However, a widowed spouse is entitled to apply the join income taxation.

** It concerns a child of 18 years old or younger or a child up to 25 years old provided they are students or a disabled child irrespective of their age. The actual description in Section 4.

A taxpayer can deduct from the due tax decreased by the amount of health contributions specified in the PIT Act, the amount, which is equal for each month of raising a child:

- PLN 92.67 (annually PLN 1 112.04) for the first child, if the income received by parents (married or single parent, who meets special requirements) doesn't exceed in the tax year the amount of PLN 112 000. For other parent the threshold of income is PLN 56 000;
- PLN 92.67 (annually PLN 1 112.04) for the second child;
- PLN 166.67 (annually PLN 2 000.04) for the third child;
- PLN 225.00 (annually PLN 2 700.00) for the fourth and every next child.
- Since 1st of January 2015 taxpayers whose due tax is lower than the amount of relief for children, may claim for cash refund for amount of relief which has not been utilized. However, such cash refund cannot exceed the amount of deductible social security and health insurance contributions paid by taxpayer (with some exceptions).
- Relief for health insurance contributions: A tax credit is almost equal to health insurance contribution paid to the National Health Fund. The contribution is 9 per cent of the calculation basis whereas the tax credit is 7.75 per cent of this basis.
- Relief for other social security contributions: An allowance is provided for all social insurance contributions paid by the taxpayer.
- Relief for selected work-related expenses: Standard deductions depend on the number of workplaces and on whether place of residence and workplace are within the same town/city or not. The annual amounts in PLN (deductible from income) are:

	One workplace	Two/more workplaces
Workplace in the same town/city as place of residence	1 335.00[1]	2 002.05
Workplace in different town/city as place of residence	1 668.72	2 502.56

Note: If the actual commuting expenses exceed standard deduction, relief can be determined by the actual expenses incurred solely on personal season tickets.

1. For the purpose of the calculations in this publication, it is assumed that the worker has the same town/city as place of residence.

1.1.2.2. Main non-standard tax reliefs applicable to an average worker

Allowances:

- Expenses for the purpose of rehabilitation incurred by a taxpayer who is a disabled person, or a taxpayer, who supports the disabled;
- Equivalent of blood donations, donations made for the purposes of public benefit activity and of religious practice – in the amount of donation, no more than 6 per cent of income;
- Donations made for charity church care – in the amount of the donation;
- Expenses incurred for the use of the Internet – a taxpayer is entitled to deduct the Internet tax allowance within the next two years, providing that during the phase preceded this period he did not deduct Internet for the use of the Internet (up to PLN 760);
- Abolished allowance (since 2007 continued on the acquired right basis) for interests payments on mortgage loans raised no later than in 2006 on acquisition of housing property on the primary market – up to the amount of interests related to the part of loan not exceeding PLN 325 990 for investments finished in 2015.

Tax credits:

- Donation made to public benefit organizations – up to 1 per cent of due tax.*
- Abolished tax credits (continued on the acquired rights basis), i.e. expenses for saving with the aim of buying a house or flat, the amount of social contributions paid on income of an unemployed person hired by a taxpayer in order to take care of their children and/or house.

1.1.3. *Tax schedule*

The tax schedule is as follows:

Tax base (in PLN)		Tax amount
Over	Below	
0	85 528	18 % of the tax base, less a basic tax credit of PLN 556.02
85 528		PLN 14 839.02 + 32 % of surplus over PLN 85 528

A tax-free threshold of PLN 3 091 is applied in the income tax calculations.

1.2. *State and local income tax*

There are no regional or local income taxes.

1.3. *Wealth tax*

There is no wealth tax.

2. Social security contributions

2.1. *Employees' contributions*

Employees pay 13.71 per cent of the gross wage. This contribution includes:

- Pension insurance contribution – 9.76 per cent of the gross wage.** 3.65 percentage points of the pension contribution are treated as non-tax compulsory payments because these payments are either made to the OPF (1.46 per cent) and to personal sub-account in ZUS (2.19 per cent) or only to sub-account in ZUS (3.65 per cent).Disability insurance contribution – 1.5 per cent of the gross wage,
- Sickness/maternity insurance contribution – 2.45 per cent of the gross wage,
- In case of pension and disability insurance, contributions are not paid on the part of the wage that exceeds PLN 118 770.***

* This relief is distinct from an allowance for donations deducted from income.

** Since July 2014 out of total 19.52% of social contributions 7.3% goes to subaccount in ZUS either – if voluntarily stated by insured person – 2.92% goes to account in open ended funds and 4.38% to subaccount in ZUS.

*** The contribution ceiling of pension and disability insurance funds for a given calendar year may not exceed thirty times the amount of the projected average monthly remuneration in the national economy for that year, as set forth in the Budgetary Act.

2.2. Employers' contributions

In respect of income paid under an employment contract with a Polish entity, employers have an obligation to pay social security contributions equal to 20.43 per cent of gross wage. This value consists of:

- 9.76 percentage points are aimed for pension insurance.* 3.65 percentage points of the pension contribution are treated as non-tax compulsory payments because these payments are either made to the OPF (1.46 per cent) and to personal sub-account in ZUS (2.19 per cent) or only to sub-account in ZUS (3.65 per cent).-.
- 6.5 percentage points are aimed for disability insurance,
- 4.17 percentage points are aimed for other insurances i.e. 1.62 percentage points (on average) accident insurance, 2.45 percentage points for Labour Found and 0.1 percentage points for the Guaranteed Employee Benefit Fund.
- In case of pension and disability insurance, contributions are not paid on the part of the wage that exceeds PLN 118 770.

3. Universal cash transfers

3.1. Transfers related to marital status

None.

3.2. Transfers for dependent children

From 1st of November 2012 families where the average monthly income per household member for the previous period is no greater than PLN 539 or PLN 623 when there are one or more disabled children in the household) are entitled to family allowances. From 1st of November 2014 the income criteria will be as high as PLN 574 and PLN 664. Families receive PLN 77 monthly for a child no older than 5 years, PLN 106 monthly for a child of 5 up to 18 years old, and PLN 115 monthly for a child of 18 up to 24 years old. The calculations in this Report are based on the assumption that the children are aged between 5 and 18 years.

Single parents are entitled to a supplement of PLN 170 for each child up to a maximum of PLN 340 for all children (and PLN 250 for a disabled child up to a maximum of PLN 500 for all children).

There are several supplements to family allowances:

- for large families – PLN 80 monthly for the 3rd and next children in the family;
- for education of disabled children – PLN 60 monthly for children not older than 5 years and PLN 80 for children older than 5 years.

4. Main changes in tax/benefit systems since 2012

There were no changes in taxation of wages. Tax schedule, work-related expenses, tax allowances, relieves are the same as in previous years.

There were only changes in Social Security Contribution. Since February 2014, 14.96% of the old-age insurance contribution (2.92 percentage points) are transferred by ZUS to a privately-managed fund (OPF) but since July 2014 this part of contribution will be

* Since July 2014 out of total 19.52% of social contributions 7.3% goes to subaccount in ZUS either – if voluntarily stated by insured person – 2.92% goes to account in open ended funds and 4.38% to subaccount in ZUS.

transferred only if insured persons decides to – otherwise all 7.3 percentage points of the contributions will be passed to subaccount in ZUS.

5. Memorandum items

5.1. *Identification of AW and valuation of earnings*

The Polish Central Statistical Office calculates average monthly wages and salaries for employees on the basis of reports of enterprises. The figures include overtime and bonus payments and also include information for part-time employees converted to full-time equivalents. Male and female workers are included. The information, which includes estimates for different sectors, is published in the monthly *Statistical Bulletin*.

5.2. *Employers' contributions to private pension, health and related schemes*

No information provided.

2015 parameter values

Average earnings/yr	Ave_earn	45 521	(Secretariat Estimate)
Work expenses	work_exp	1 335.00[1]	
Income tax schedule	tax_sch	0	3 091
		0.18	85 528
		0.32	
Tax credits			
Basic credit	basic_cr	556.02	
Health insurance	health_ins	0.09	
	health_ins_credit	0.0775	
Children	Child_cr	1 112.04	
	Child_cr_lim	112 000	
Social security contributions			
Employers	SSC_empr	0.20433	
old-age pension and disability pension insurance	SSC_old	0.097676	
	SSC_old_ZUS	0.061176	
	SSC_old_ZUSII	0.0365	
	SSC_old_OPF	0	
	SSC_dis	0.065	
other insurances	SSC_a	0.0417	
Employees	SSC	0.1371	
old-age pension and disability pension insurance	SSC_old_e	0.0976	
	SSC_old_e_ZUS	0.0611	
	SSC_old_e_ZUSII	0.0365	
	SSC_old_e_OPF	0	
	SSC_dis_e	0.015	
sickness insurance	SSC_s	0.0245	
Contribution ceiling	SSC_c	118770	
Family benefit	fam_ben	1 272	
single parent additional family benefit	fam_ben_Spsup	170	
single parent additional family benefit ceiling	fam_ben_Spsup_lim	340	
income limit	fam_ben_lim	6 468	
income limit for single parent	fam_ben_lim_sp	6 468	

1. Lump-sum annual work expenses for an employee having one workplace and living in the place (town, city) where the workplace is; employees living outside the city (town) where their workplace is may deduct 1668,72 PLN annually.

2015 tax equations

The equations for the Polish system are mostly calculated on a family basis.

The standard functions which are used in the equations (Taper, MIN, Tax etc) are described in the technical note about tax equations. Two additional functions (Tax93 and ftax) have been incorporated to carry out an iterative calculation for central government tax. These allow for the fact that the church tax is calculated as 9 per cent of Central Government tax and is also allowed as a deduction when calculating taxable income. Variable names are defined in the table of parameters above, within the equations table, or are the standard variables "married" and "children". A reference to a variable with the affix "_total" indicates the sum of the relevant variable values for the principal and spouse. And the affixes "_princ" and "_spouse" indicate the value for the principal and spouse, respectively. Equations for a single person are as shown for the principal, with "_spouse" values taken as 0.

	Line in country table and intermediate steps	Variable name	Range	Equation
1.	Earnings	earn		
	Quotient for tax calculation	quotient	J	1+MAX(Married,(Children>0))
2.	Allowances:	tax_al	J	work_exp+MIN(earn_spouse,work_exp)+SSC+SSC_old_e_OPF*MIN(earn, SSC_c)
3.	Credits in taxable income	taxbl_cr	J	0
4.	CG taxable income	tax_inc	J	Positive(earn-tax_al)
5.	CG tax before credits	CG_tax_excl	J	quotient*Tax(tax_inc/quotient,tax_sch)
6.	Tax credits :			
	Basic credit	basic_cr	J	basic_cr*quotient
	Health insurance	health_ins_cr	B	health_ins_credit*(earn-SSC-SSC_old_e_OPF*MIN(earn, SSC_c))
	Child credit	child_cr	J	If(earn_total<Child_cr_lim,children*child_cr,0)
	Total tax credits	tax_cr	J	basic_cr+health_ins_cr+child_cr
7.	CG tax	CG_tax	J	IF(AND(ABS(Positive(CG_tax_excl-basic_cr-health_ins)-child_cr)>SSC+health_ins,Positive(CG_tax_excl-basic_cr-health_ins)-child_cr <0),-(SSC+health_ins), Positive(CG_tax_excl-basic_cr-health_ins)-child_cr)
8.	State and local taxes	local_tax	J	0
9.	Employees' soc security	health_ins	B	(earn-(MIN(earn, SSC_c)*(SSC_old_e+SSC_dis_e)+earn*SSC_s))*health_ins
.		SSC	B	(SSC_old_e_ZUS+SSC_dis_e)*MIN(earn,SSC_c)+SSC_s*earn
11.	Cash transfers	cash_tran	J	((earn_total/(1+Married+Children))<(Married*fam_ben_lim+(1-Married)*fam_ben_lim_sp))*(Children*fam_ben+(1-Married)*(Children>0)*MIN(fam_ben_Spsup*Children;fam_ben_Spsup_lim))
13.	Employer's soc security	SSC_empr	B	(SSC_old_ZUS+SSC_dis)*MIN(earn,SSC_c)+SSC_a*earn

Key to range of equation B calculated separately for both principal earner and spouse, P calculated for principal only (value taken as 0 for spouse calculation), J calculated once only on a joint basis.

Portugal

This chapter includes data on the income taxes paid by workers, their social security contributions, the family benefits they receive in the form of cash transfers as well as the social security contributions and payroll taxes paid by their employers. Results reported include the marginal and average tax burden for eight different family types.

Methodological information is available for personal income tax systems, compulsory social security contributions to schemes operated within the government sector, universal cash transfers as well as recent changes in the tax/benefit system. The methodology also includes the parameter values and tax equations underlying the data.

Portugal 2015

The tax/benefit position of single persons

	Wage level (per cent of average wage)	67	100	167	67
	Number of children	none	none	none	2
1.	**Gross wage earnings**	11 578	17 280	28 857	11 578
2.	**Standard tax allowances**				
	Basic allowance	4 104	4 104	4 104	4 104
	Married or head of family				
	Dependent children				
	Deduction for social security contributions and income taxes				
	Work-related expenses	0	0	0	0
	Other				
	Total	4 104	4 104	4 104	4 104
3.	**Tax credits or cash transfers included in taxable income**	0	0	0	0
4.	**Central government taxable income (1 - 2 + 3)**	7 474	13 176	24 753	7 474
5.	**Central government income tax liability (exclusive of tax credits)**	1 150	2 775	6 479	1 084
6.	**Tax credits**				
	Basic credit	0	0	0	0
	Married or head of family				
	Children	0	0	0	650
	Other				
	Total	0	0	0	650
7.	**Central government income tax finally paid (5-6)**	1 164	2 989	7 098	434
8.	**State and local taxes**	0	0	0	0
9.	**Employees' compulsory social security contributions**				
	Gross earnings	1 274	1 901	3 174	1 274
	Taxable income				
	Total	1 274	1 901	3 174	1 274
10.	**Total payments to general government (7 + 8 + 9)**	2 438	4 890	10 272	1 707
11.	**Cash transfers from general government**				
	For head of family				
	For two children	0	0	0	841
	Total	0	0	0	841
12.	**Take-home pay (1-10+11)**	9 140	12 390	18 585	10 711
13.	**Employer's compulsory social security contributions**	2 750	4 104	6 854	2 750
14.	**Average rates**				
	Income tax	10.1%	17.3%	24.6%	3.7%
	Employees' social security contributions	11.0%	11.0%	11.0%	11.0%
	Total payments less cash transfers	21.1%	28.3%	35.6%	7.5%
	Total tax wedge including employer's social security contributions	36.2%	42.1%	48.0%	25.2%
15.	**Marginal rates**				
	Total payments less cash transfers: Principal earner	43.0%	43.0%	51.5%	25.5%
	Total payments less cash transfers: Spouse	n.a.	n.a.	n.a.	n.a.
	Total tax wedge: Principal earner	53.9%	53.9%	60.8%	39.8%
	Total tax wedge: Spouse	n.a.	n.a.	n.a.	n.a.

Portugal 2015

The tax/benefit position of married couples

		Wage level (per cent of average wage)	100-0	100-33	100-67	100-33
		Number of children	2	2	2	none
1.	**Gross wage earnings**		17 280	22 982	28 857	22 982
2.	**Standard tax allowances**					
	Basic allowance		4 104	8 208	8 208	8 208
	Married or head of family					
	Dependent children					
	Deduction for social security contributions and income taxes					
	Work-related expenses		0	0	0	0
	Other					
		Total	4 104	8 208	8 208	8 208
3.	**Tax credits or cash transfers included in taxable income**		0	0	0	0
4.	**Central government taxable income (1 - 2 + 3)**		13 176	14 774	20 649	14 774
5.	**Central government income tax liability (exclusive of tax credits)**		1 911	2 142	3 337	2 251
6.	**Tax credits**					
	Basic credit		0	0	0	0
	Married or head of family					
	Children		650	650	650	0
	Other					
		Total	650	650	650	0
7.	**Central government income tax finally paid (5-6)**		1 261	1 492	2 687	2 273
8.	**State and local taxes**		0	0	0	0
9.	**Employees' compulsory social security contributions**					
	Gross earnings		1 901	2 528	3 174	2 528
	Taxable income					
		Total	1 901	2 528	3 174	2 528
10.	**Total payments to general government (7 + 8 + 9)**		3 161	4 020	5 861	4 801
11.	**Cash transfers from general government**					
	For head of family					
	For two children		701	637	0	0
		Total	701	637	0	0
12.	**Take-home pay (1-10+11)**		14 819	19 599	22 996	18 181
13.	**Employer's compulsory social security contributions**		4 104	5 458	6 854	5 458
14.	**Average rates**					
	Income tax		7.3%	6.5%	9.3%	9.9%
	Employees' social security contributions		11.0%	11.0%	11.0%	11.0%
	Total payments less cash transfers		14.2%	14.7%	20.3%	20.9%
	Total tax wedge including employer's social security contributions		30.7%	31.1%	35.6%	36.1%
15.	**Marginal rates**					
	Total payments less cash transfers: Principal earner		25.5%	25.5%	39.5%	43.0%
	Total payments less cash transfers: Spouse		16.2%	25.5%	39.5%	43.0%
	Total tax wedge: Principal earner		39.8%	39.8%	51.1%	53.9%
	Total tax wedge: Spouse		32.3%	39.8%	51.1%	53.9%

The national currency is the euro (EUR). In 2015, EUR 0.90 equalled USD 1. The Secretariat has estimated that in that same year the average worker earned EUR 17 280 (Secretariat estimate).

1. Personal income tax system

1.1. *Taxes levied by central government*

1.1.1. *Tax unit*

The standard rule is separate taxation. However, families may opt for joint taxation. Income includes the income of any dependent children. Tax is computed on aggregate net income in the various categories of income, i.e. after the deductions specific to each category and standard and non-standard reliefs.

1.1.2. *Standard and non-standard reliefs and tax credits*

1.1.2.1. Standard reliefs

Standard deduction of 72% of 12 times the Social Benefit Index per taxpayer (the 2010 highest monthly minimum wage until the index reaches this value).* If compulsory contributions to social protection schemes and statutory sub-schemes for health care exceed that limit, the deduction will equal the amount of those contributions.

1.1.2.2. Non-standard reliefs

For income received from 1 January 1999 onwards, the majority of the standard reliefs have been replaced by tax credits (see Section 1.14).

Non-standard reliefs still in effect:

- A deduction is provided for the portion of trade union dues not constituting consideration for benefits in the realm of health care, education, assistance for the elderly, housing, insurance or social security, up to 1% of the taxpayer's gross income, increased by 50%. These dues are not taken into account in the calculations underlying this Report.

1.1.3. *Social security contributions*

Social security contributions are totally deductible if they exceed EUR 4 104.00 per taxpayer, in which case the deduction for the contributions replaces the standard earned income deduction (see Section 1.121).

1.1.4. *Tax credits*

Basic credits

- EUR 325 for each dependent child. This tax credit is increased by EUR 125 for dependent children whose age does not exceed 3 years old.

* The corresponding amount equals EUR 4 104.00 (72% × 12 × EUR 475.00).

- EUR 300 for each ascendant whose income does not exceed the minimum pension benefit. When there is only one ascendant, the tax credit increases by EUR 110.

Other tax credits

- 35% of household general expenses up to a limit of EUR 250, per taxpayer; this limit is increased to 45% and EUR 335, respectively.
- Non-reimbursed health care costs, not covered by Social Security: 15% of health care costs plus interest on loans contracted to meet them, with a limit of EUR 1 000 Expenditures for educating the taxpayer or the taxpayer's dependants: 30% of outlays, up to EUR 800.
- Costs for sanatoria or retirement homes for taxpayers, their ascendants and collaterals up to the third degree whose income does not exceed the national minimum wage: 25% of expenses up to EUR 403.75.
- Costs for the acquisition, construction or improvement of the taxpayers' primary, permanent residence, or for renting out property for a permanent residence: 15% of interest up to EUR 296.00. Rent paid by a tenant, for his permanent residence under an agreement typified by the law, up to EUR 502.00. This credit is applicable to contracts up to 31.12.2011. These limits are also increased by 50% for taxpayers in the first tax rate bracket, by 20% for taxpayers in the second tax rate bracket. This credit is to be phased out until 2016 (interests) and 2018 (rents).
- 20% of alimony payments compulsory under court order or court-approved agreement.
- 30% of education expenditures and 25% of life insurance premiums, up to a limit of 15% of the tax liability, for handicapped taxpayers or dependents.
- 15% of VAT paid for certain services (restaurants, lodging, hairdressers, and auto-repair) up to a limit of EUR 250. This benefit is not included on the limits referred to on the next page.

Tax credits from tax benefits

- Individual Retirement Savings Plans (PPRs): 20% of amounts invested, for unmarried taxpayers or for each spouse, up to:
  - EUR 400 for taxpayers under 35;
  - EUR 350 for taxpayers over 35 and under 50;
  - EUR 300 for taxpayers over 50.
- Social Security Individual Accounts: 20% of amounts invested, for unmarried taxpayers or for each spouse, up to a limit of EUR 350.

Donations granted on the conditions stated in the statutes governing charities (grants to central, regional or local government, special "social solidarity institutions", museums, libraries, schools, institutes, educational or research associations, public administrative bodies, etc.): 25% of donations, limited in certain cases to 15% of the donor's tax liability. However the total of tax credits related to health care costs, education and training, alimony, retirement homes, VAT paid, house expenses and tax benefits cannot exceed the values of the following amounts:

Taxable income (EUR) (R)	Limit
Up to 7 000	Without limit
Between 7 000 and 80 000	$1000+\left[(2500-1000)*\left(\frac{80000-\textit{liable income}}{80000-7000}\right)\right]$
Over 80 000	EUR 1 000

Limits are increased in 5% for each dependent.

1.1.5. *Family status*

Each taxpayer has an equal weight of 1, and every dependent has a weight of 0.3 (0.15 if the household files separate tax returns, as the dependent will be included in both parents' annual tax returns). It is also introduced a limit to the benefit arising from the introduction of the family coefficient.

- For separate tax returns, EUR 300 for a household with one dependant, EUR 625 for a household with 2 dependants and EUR 1 000 for a household with 3 or more dependants;
- For join tax returns, the values are, respectively, EUR 600, EUR 1 250 and EUR 2 000;
- For single parent households the values are, respectively, EUR 350, EUR 750 and EUR 1 200.

1.1.5.1. Determination of taxable income

To determine taxable income, to which the rates listed in the tax schedule are applied, income is divided by the household coefficient.

1.1.6. *Tax rate schedule (applicable to 2015 income)*

Taxable income (EUR) (R)	Marginal tax rate (%) (T)	Amount to deduct (EUR) (K)
Up to 7 000	14.50	–
Over 7 000 up to 20 000	28.50	980
Over 20 000 up to 40 000	37.00	2 680
Over 40 000 up to 80 000	45.00	5 880
Over 80 000	48.00	8 280

In the case of taxpayers whose income stems primarily from dependent employment (earned income), disposable income after application of the tax rates to taxable income may not be less than 120% of the national minimum wage, EUR 8 500.00 in 2015.

For residents in the Autonomous Regions of the Azores, reduced tax rates are applicable. Tax calculation formula (I = Income tax due):

- Unmarried taxpayers: $I = R \times T - K - C$

Married taxpayers (with one or two earned incomes/see Section 1.151):

- $I = \{[(R : HC) \times T - K] \times HC \} - C$

Where:

R = Taxable income, after deduction of standard and non-standard reliefs (see Sections 1.12 and 1.151)

T = Tax rate corresponding to the taxable income bracket

K = Amount to be deducted from each bracket

C = Tax credits (see Section 1.14)

HC = Household coefficient.

Surtax:

A surtax was introduced by the 2012 State Budget and is applicable on highest income bracket. The surtax is now 2.5% applicable to taxable income between EUR 80 000 and EUR 250 000 and 5% for taxable income above EUR 250 000. Furthermore, a 3.5% surtax was reintroduced, for taxable income above the annual national minimum wage (EUR 6 790), with a tax credit of 2.5% of the annual minimum wage per dependent (EUR 169.75).

1.1.7. *Special family situations*

1.1.7.1. Handicapped taxpayer/spouse, with a disability rating of 60% or more:

- A tax credit corresponding to 4 times the 2010 minimum wage (EUR 1 900) is granted for each taxpayer or spouse

1.1.7.2. Handicapped dependent children, with a disability rating of 60% or more:

- A tax credit corresponding to 1.5 times the social benefits index (EUR 712.50) is granted for each dependent child.

1.1.7.3. Handicapped taxpayer/spouse or dependent children, with a disability rating of 90% or more:

- An additional tax credit corresponding to 4 times the 2010 minimum wage (EUR 1 900) is granted for each taxpayer or spouse or dependent child.

1.1.8. *Non liable income*

- Lawfully granted family allowances;
- Living expenses per diem, up to the limits established for national civil servants;
- Meal allowances, up to the amount established for national civil servants, increased by 20% or 60% in the event of a meal allowance in the form of meal vouchers.

2. Compulsory social security contributions to schemes operated within the government sector

Rates and ceilings: social security contributions are levied on gross pay and are not subject to any ceiling.

2.1. Employee contributions

As a rule, the rate of employee contributions is 11% of gross pay, with no ceiling.

2.2. Employer contributions

The employer's rate of social security contributions is 23.75% of gross pay, with no ceiling.

2.3. Areas of social protection

- Health (sickness, disability, work accidents, work-related illness);
- Old age, survival;
- Maternity;
- Family (family allowances);
- Unemployment.

3. Universal cash benefits

3.1. Benefits for dependent children

The basic principle is to grant higher monthly social benefits to lower-income households.

There are six different levels of monthly allowances for dependent children, depending on the family's reference income. This reference income is determined by dividing the family's annual gross income, including vacation and Christmas allowances, by the number of dependent children plus one:

- Level 1: Families whose reference income is under 50% of 14 times the reference value (i.e. under EUR 2 934.54);
- Level 2: Families whose reference income is over 50% and under 100 percent of 14 times the reference value(i.e. over EUR 2 934.54 and under EUR 5 869.08);
- Level 3: Families whose reference income is over 100% and under 150% of 14 times the reference value (i.e. over EUR 5 869.08 and under EUR 8 803.62);
- Level 4: Families whose reference income is over 150% (i.e. over EUR 8 803.62).

Each level is also divided according to the age of the dependent child. Benefits are higher during the first 12 months of a child's life.

Monthly social benefits per child are as follows:

	Child under 12 months	Child over 12 months old	Additional benefit per child over 12 months and under 36 months in a family with 2 children	Additional benefit per child over 12 months and under 36 months in a family with 3 or more children
Level 1	140.76	35.19	35.19	70.38
Level 2	116.74	29.19	29.19	58.38
Level 3	92.29	26.54	26.54	53.08
Level 4	0	0	0	0

Monthly social benefits per child in a single-parent family are increased by 20%.

In September, families with dependent school children aged between 6 and 16 years receiving child benefits in level 1 receive an additional amount equal to the regular monthly benefit.

An amount equal to the cash benefits for dependent children under 12 months is attributed for each unborn child after the first month following that of the 13th week of gestation.

3.2. *Benefits for handicapped dependent children*

There is also a special family allowance scheme for handicapped children.

The above cash benefits (in Sections 3.1 and 3.2) are not taxable.

4. Main changes in the tax/benefit system since 2006

- The relief for disabled taxpayers was restructured. Former partial exemptions and allowances were replaced by tax credits.
- Tax credits for higher income households were limited or abolished;
- The fiscal autonomy of local authorities (municipalities) increased. They may set the level of their share in the revenue from personal income tax, up to 5% of their resident taxpayers' tax liability. If this rate is set below 5%, the difference will be credited against the taxpayers' tax liability.
- Tax credits for handicapped taxpayers and dependants were increased.
- Social benefits for dependent children were increased for low income families, single-parent families and families with 2 or more children.
- Introduction of social benefits for unborn children.
- Introduction of a family coefficient in 2015.

5. Memorandum items

5.1. *Method used to identify and compute gross wages of the average worker*

The operative concept of monthly compensation is that of amounts paid to full time staff before deductions for tax and compulsory contributions. It therefore includes wages and basic salaries of staff paid by the hour, by the job, or by tasks; benefits in kind or housing, if they are considered an integral part of compensation; cash subsidies for meals, housing or transport; bonuses for regular night shifts and seniority, as well as incentive pay and rewards for diligence and productivity; family allowances, compensation for overtime and work on holidays. Benefits, subsidies and bonuses are taken into account only if paid regularly at each pay period.

Payments in kind are incorporated into the concept of compensation. The statistics record such advantages in kind at their taxable value.

All managerial and supervisory workers are included in the computations.

Average annual pay is based on the average of monthly earnings for April and October multiplied by an adjustment coefficient representing the share of annual bonuses and allowances (including vacation subsidies and the Christmas allowance), which is provided by the labour cost survey.

The following formula is applied:

Average annual pay = Average monthly pay adjusted by the coefficient × 12.

5.2. *Description of the employer's main contributions to private retirement, health insurance schemes, etc.*

Outside the social security system, employers are required to insure their employees against work-related accidents (with private insurance companies). They may also provide their employees with life insurance, although this is optional.

2015 parameter values

Average earnings/yr	Ave_earn	17 280	Secretariat estimate	
Tax allowances	perc	1		
	max_al	4 104		
Household Coefficient	hc_ad	1		
	hc_ch	0.3		
	ben_limit1	600		
	ben_limit2	1 250		
	ben_limit3	2 000		
	ben_limit_sg_1	350		
	ben_limit_sg_2	750		
	ben_limit_sg_3	1 200		
Tax credits				
Married (basic)	married_cred	0		
Single (basic)	single_cred	0		
Single parent	singlepar_cred	0		
Each child credit	child_cred	325		
Tax schedule	tax_sch	0.145	7 000	
		0.285	20 000	
		0.37	40 000	
		0.45	80 000	
		0.48		
	tax_floor	na		
Surtax	surtax_rate	0.025		
	surtax_rate2	0.05		
	surtax_thrs	250 000		
	add_surtax_rate	0.035		
	add_surtax_cred	0.025		
Social security contributions	SSC_rate	0.11		
ceiling	SSC_empr	0.2375		
Child benefit - Schedule	ch_ben_sch	0	457.47	1st echelon
		2 934.54	350.28	2nd echelon
		5 869.08	318.48	3rd echelon
		8 803.62	0	4th echelon
Extra child benefit for lone parents	ch_ben_lone	0.2		
Minimum Wage	MW	7 070		
Minimum Disposable Income	MinDispY	8 500		

2015 tax equations

The equations for the Portuguese system in 2015 are mostly calculated on a family basis.

The functions which are used in the equations (Taper, MIN, Tax etc) are described in the technical note about tax equations. Variable names are defined in the table of parameters above, within the equations table, or are the standard variables "married" and "children". A reference to a variable with the affix "_total" indicates the sum of the relevant variable values for the principal and spouse. And the affixes "_princ" and "_spouse" indicate the value for the principal and spouse, respectively. Equations for a single person are as shown for the principal, with "_spouse" values taken as 0.

	Line in country table and intermediate steps	Variable name	Range	Equation
1.	Earnings	earn		
	Household coefficient	hd_coef	J	((1+Married)*hc_ad)+(Children*hc_ch)
2.	Allowances:	tax_al	J	MAX((MIN(perc*earn_princ, max_al)+MIN(perc* earn_spouse, max_al)), SSC_princ+SSC_spouse)
3.	Credits in taxable income	taxbl_cr	J	0
4.	CG taxable income	tax_inc	J	earn-tax_al
	Adjusted taxable income	tax_inc_adj		tax_inc/hd_coef
5.	CG tax before credits	CG_tax_excl	J	IF(Married>0,IF(((2*Tax(tax_inc/2,tax_sch))-(hd_coef*Tax(tax_inc_adj,tax_sch)))<=((ben_limit1*(Children=1))+(ben_limit2*(Children=2))+(ben_limit3*(Children>=3))),hd_coef*Tax(tax_inc_adj,tax_sch),2*Tax(tax_inc/2,tax_sch)-((ben_limit1*(Children=1))+(ben_limit2*(Children=2))+(ben_limit3*(Children>=3)))),IF(Children>0,IF((Tax(tax_inc,tax_sch)-(hd_coef*Tax(tax_inc_adj,tax_sch)))<=((ben_limit_sg_1*(Children=1))+(ben_limit_sg_2*(Children=2))+(ben_limit_sg_3*(Children>=3))),hd_coef*Tax(tax_inc_adj,tax_sch),Tax(tax_inc,tax_sch)-((ben_limit_sg_1*(Children=1))+(ben_limit_sg_2*(Children=2))+(ben_limit_sg_3*(Children>=3)))), Tax(tax_inc,tax_sch)))
6.	Tax credits :		J	
	Basic credit	basic_cr	J	IF(Married, 2*married_cred, IF(children, singlepar_cred, single_cred))
	Child credit	child_cr	J	Children*child_cred
	Total	tax_cr	J	basic_cr+child_cr
	Surtax	surtax	J	IF(Married>0,IF(tax_inc/2>surtax_thrs,(surtax_rate*(surtax_thrs-TopIncBracket)+surtax_rate2*((AG/2)-surtax_thrs))*2,surtax_rate*Positive((tax_inc/2)-TopIncBracket)*2)+Positive((add_surtax_rate*Positive((tax_inc/2)-MW)*2)-(add_surtax_cred*MW*Children)),IF(tax_inc>surtax_thrs,(surtax_rate*(surtax_thrs-TopIncBracket)+surtax_rate2*(tax_inc-surtax_thrs)),surtax_rate*Positive(tax_inc-TopIncBracket))+Positive((add_surtax_rate*Positive(tax_inc-MW))-(add_surtax_cred*MW*Children)))
7.	CG tax	CG_tax	J	IF(earn-CG-tax-excl> MinDispY,Positive(CG_tax_excl-tax_cr),0)+surtax
8.	State and local taxes	local_tax	J	0
9.	Employees' soc security	SSC	B	earn*SSC_rt
11.	Cash transfers	cash_trans	J	=IF(Married=0, VLOOKUP(earn/(Children+1),ch_ben_sch,2,1)*Children*(1+ch_ben_lone), VLOOKUP(earn/(Children+1),ch_ben_sch,2,1)*Children)
13.	13. Employer's soc security	SSC_empr	B	earn*SSC_empr

Key to range of equation B calculated separately for both principal earner and spouse P calculated for principal only (value taken as 0 for spouse calculation) J calculated once only on a joint basis.

Slovak Republic

This chapter includes data on the income taxes paid by workers, their social security contributions, the family benefits they receive in the form of cash transfers as well as the social security contributions and payroll taxes paid by their employers. Results reported include the marginal and average tax burden for eight different family types.

Methodological information is available for personal income tax systems, compulsory social security contributions to schemes operated within the government sector, universal cash transfers as well as recent changes in the tax/benefit system. The methodology also includes the parameter values and tax equations underlying the data.

Slovak Republic 2015

The tax/benefit position of single persons

	Wage level (per cent of average wage)	67	100	167	67
	Number of children	none	none	none	2
1.	**Gross wage earnings**	7 113	10 616	17 729	7 113
2.	**Standard tax allowances**				
	Basic allowance	3 803	3 803	3 803	3 803
	Married or head of family	0	0	0	0
	Dependent children	0	0	0	0
	Deduction for social security contributions and income taxes	953	1 423	2 376	953
	Work-related expenses				
	Other				
	Total	4 756	5 226	6 179	4 756
3.	**Tax credits or cash transfers included in taxable income**	0	0	0	0
4.	**Central government taxable income (1 - 2 + 3)**	2 357	5 390	11 550	2 357
5.	**Central government income tax liability (exclusive of tax credits)**	448	1 024	2 195	448
6.	**Tax credits**				
	Basic credit	0	0	0	0
	Married or head of family	0	0	0	0
	Children	0	0	0	514
	Other (ETC)	0	0	0	0
	Total	0	0	0	514
7.	**Central government income tax finally paid (5-6)**	448	1 024	2 195	- 66
8.	**State and local taxes**	0	0	0	0
9.	**Employees' compulsory social security contributions**				
	Gross earnings	953	1 423	2 376	953
	Taxable income				
	Total	953	1 423	2 376	953
10.	**Total payments to general government (7 + 8 + 9)**	1 401	2 447	4 570	887
11.	**Cash transfers from general government**				
	For head of family				
	For two children	0	0	0	564
	Total	0	0	0	564
12.	**Take-home pay (1-10+11)**	5 712	8 170	13 159	6 790
13.	**Employers' compulsory social security contributions**	2 219	3 312	5 532	2 219
14.	**Average rates**				
	Income tax	6.3%	9.6%	12.4%	-0.9%
	Employees' social security contributions	13.4%	13.4%	13.4%	13.4%
	Total payments less cash transfers	19.7%	23.0%	25.8%	4.5%
	Total tax wedge including employer's social security contributions	38.8%	41.3%	43.4%	27.2%
15.	**Marginal rates**				
	Total payments less cash transfers: Principal earner	29.9%	29.9%	29.9%	29.9%
	Total payments less cash transfers: Spouse	n.a.	n.a.	n.a.	n.a.
	Total tax wedge: Principal earner	46.5%	46.5%	46.5%	46.5%
	Total tax wedge: Spouse	n.a.	n.a.	n.a.	n.a.

Slovak Republic 2015

The tax/benefit position of married couples

		Wage level (per cent of average wage)	100-0	100-33	100-67	100-33
		Number of children	2	2	2	none
1.	**Gross wage earnings**		10 616	14 120	17 729	14 120
2.	**Standard tax allowances**					
	Basic allowance		3 803	6 977	7 607	6 977
	Married or head of family		3 803	0	0	0
	Dependent children		0	0	0	0
	Deduction for social security contributions and income taxes		1 423	1 752	2 376	1 752
	Work-related expenses					
	Other					
		Total	9 029	8 729	9 982	8 729
3.	**Tax credits or cash transfers included in taxable income**		0	0	0	0
4.	**Central government taxable income (1 - 2 + 3)**		1 587	5 390	7 747	5 390
5.	**Central government income tax liability (exclusive of tax credits)**		302	1 024	1 472	1 024
6.	**Tax credits**					
	Basic credit		0	0	0	0
	Married or head of family		0	0	0	0
	Children		514	514	514	0
	Other (ETC)		0	0	0	0
		Total	514	514	514	0
7.	**Central government income tax finally paid (5-6)**		- 212	510	958	1 024
8.	**State and local taxes**		0	0	0	0
9.	**Employees' compulsory social security contributions**					
	Gross earnings		1 423	1 752	2 376	1 752
	Taxable income					
		Total	1 423	1 752	2 376	1 752
10.	**Total payments to general government (7 + 8 + 9)**		1 210	2 262	3 334	2 776
11.	**Cash transfers from general government**					
	For head of family					
	For two children		564	564	564	0
		Total	564	564	564	0
12.	**Take-home pay (1-10+11)**		9 971	12 422	14 960	11 344
13.	**Employers' compulsory social security contributions**		3 312	4 055	5 532	4 055
14.	**Average rates**					
	Income tax		-2.0%	3.6%	5.4%	7.3%
	Employees' social security contributions		13.4%	12.4%	13.4%	12.4%
	Total payments less cash transfers		6.1%	12.0%	15.6%	19.7%
	Total tax wedge including employer's social security contributions		28.4%	31.7%	35.7%	37.6%
15.	**Marginal rates**					
	Total payments less cash transfers: Principal earner		29.9%	29.9%	29.9%	29.9%
	Total payments less cash transfers: Spouse		30.0%	9.4%	29.9%	9.4%
	Total tax wedge: Principal earner		46.5%	46.5%	46.5%	46.5%
	Total tax wedge: Spouse		42.3%	25.2%	46.5%	25.2%

As from 1.1.2009 Slovakia has joined the Euro zone; the national currency became the Euro (EUR). In 2015, EUR 0.90 was equal to USD 1. In that year, the average worker earned EUR 10 616 (Secretariat estimate).

1. Personal income tax system

1.1. *Central government income taxes*

1.1.1. *Tax unit*

The tax unit is the individual.

1.1.2. *Tax allowances and tax credits*

1.1.2.1. Standard reliefs

- *Basic relief*: An allowance for all taxpayers is set at 19.2 times the minimum living standard (MLS) for a basic adult as of 1 January 2015 (EUR 3 803.33). In 2015, the basic personal allowance for taxpayers with gross earnings net of employee social security contributions in excess of the threshold of EUR 19 809 per year (19 809 = 100 × MLS, which is approximately equal to an employee's monthly gross wage of EUR 1 906) is gradually withdrawn. If gross earnings net of employee social security contributions exceed EUR 19 809, the personal allowance is calculated as 44.2 times the minimum living standard minus 0.25 times gross earnings net of employee social security contributions. The basic personal allowance reaches 0 if the gross earnings net of employee social security contributions amount to EUR 35 022.31 per year (employee's monthly gross wage of approximately EUR 3 370). The value of the basic tax allowance cannot become negative.
- The regressive tax allowance is taken into account only once a year (when the tax return is filed or when the annual clearing is performed). Monthly tax prepayments during the year are therefore not affected.
- *Marital status relief*: An additional allowance is given to the principal earner in respect of a spouse living in a common household if the spouse earns no more than EUR 3 803.33. As from 1 January 2007 the value of the spouse allowance depends on the gross earnings net of employee social security contributions of both principal and spouse. As of 2013, to be entitled to spouse allowance one of the following conditions should be met:
  - spouse is taking care of (not necessarily personally) children up to 3 years (or up to 6 years if child is disabled) or
  - spouse is unemployed or
  - spouse is receiving nursing allowance or
  - spouse is disabled.

  If the principal's gross earnings net of employee social security contributions in 2015 are lower or equal to EUR 35 022.31 (= 176.8 times MLS) and the spouse's gross earnings net of employee social security contributions are lower than EUR 3 803.33, the spouse allowance is calculated as the difference between 19.2 times MLS and the spouse's gross earnings net of employee social security contributions. If the gross earnings net of employee social security contributions of the spouse exceed EUR 3 803.33, the spouse allowance is 0. If the principal's gross earnings net of employee social security contributions exceed EUR 35 022.31 (= 176.8 times MLS), the spouse allowance is calculated as 63.4 times MLS minus 0.25 times the principal's gross earnings net of employee social security contributions. This amount is reduced by the spouse's gross earnings net of employee social security contributions. The value of the spouse allowance cannot become negative.

The digressive tax allowance is taken into account only once a year (when the tax return is filed or when the annual clearing is performed). Monthly tax prepayments during the year are therefore not affected.

For the purposes of this Report, only families with unemployed spouse are entitled to spouse allowance (spouse income does not influence any equations of spouse allowance as of 2013). Child care up to 3 years does not affect the calculation of tax wedges as according to the Taxing wages methodology any children in the household are assumed to be aged between six and eleven inclusive.

- *Relief for children*: The prior allowance for children has been replaced by a non-wastable tax credit as from January 2004. As from July 2007, the monthly tax credit is automatically indexed by MLS growth as of 1st July when also the new amount of MLS comes into force. Monthly tax credit in 2015 is EUR 21.41 per child for the whole year as MLS did not change during the year. The annual amount will be EUR 256.92. The tax credit for each dependent child is deducted from the tax liability; if the credit exceeds the tax liability, the excess will be paid to the taxpayer. In order to receive this credit, the parent must annually earn at least 6 times the minimum monthly wage, which for 2015 is set at EUR 380.0 (the total annual earnings must therefore be at least EUR 2 280.0). The credit can be taken only by one partner. It can be taken by one partner for part of the tax period (year) and by the other partner for the rest of the tax period (year); this choice will have to hold for all dependent children. (For the purposes of this Report, it is assumed that the credit is claimed by the principal wage earner).
- *Relief for social and health security contributions:* Employee's social security contributions (see Section 2.1.) are deductible for income tax purposes.

1.1.2.2. Main non-standard tax reliefs applicable to an average wage worker

- Supplementary pension insurance, special-purpose savings and life insurances repealed as from January 2011. As of 2014 allowance for supplementary pension insurance has been reintroduced. Supplementary pension contributions are tax-deductible up to the maximum limit of EUR 180 per year.
- As of 2013 voluntary contributions to the privately managed fully funded pillar up to 2% of gross earnings net of employee social security contributions are tax-deductible. Maximum yearly limit for this tax relief is calculated as: 2% × 60 × AW(t-2), where AW(t-2) average wage two years ago. It is legislated that this relief will be automatically abolished as of 2017.

1.1.2.3. Non-wastable tax credit: employee tax credit (ETC/zamestnanecká prémia)

Prior to 2015 low-income workers were eligible for employee tax credit. The employee tax credit was effective since 2009 and depended on employee's earnings and the number of months worked. In order to receive employee tax credit, earnings should be at least 6 times of the minimum wage and 12 times the minimum wage. The credit was than calculated as a 19% of the difference between the basic allowance and the tax base (gross earnings net of employee SSC). Since 2015 the tax base (at the level of the minimum wage, EUR 3 948.96) is higher than the basic allowance (EUR 3 803.33) the tax credit is automatically zero (so effectively anyone can be eligible).

1.1.3. *Tax schedule*

As from 2013 the previous flat tax rate of 19% was replaced by new tax schedule with two tax brackets. The ceiling for the first bracket is set out as 176.8 times MLS (equal to EUR 35 022.31) what secure its automatic indexation. The tax schedule is as follows:

Annual taxable income (EUR)*	Rate (%)
0-35 022.31	19
35 022.31 and over	25

* Employee's social security contributions (see 1.12.) are deductible for income tax purposes.

1.2. *State and local income tax*

No separate state and local income tax exist. As from 2015 the share of distribution of PIT revenue has changed. Out of the total revenue from the personal income tax (PIT) collected by the central government, 68.5% of PIT is transferred into the budget of the municipalities and 29.2% of PIT is transferred into the budget of the self-governing regions. The remaining revenue of the state budget is 2.3% of PIT.

2. Compulsory social security contributions to schemes operated within the government sector

2.1. *Employees' contributions*

Compulsory contributions of 13.4% of gross wages and salaries are paid by all employees into government operated schemes. The total is made up as follows:

Health Insurance		4.0%
Social Insurance		9.4%
of which:		
Sickness	1.4%	
Retirement	4.0%	
Disability	3.0%	
Unemployment	1.0%	

There are maximum assessment bases MSSAB (maximum threshold for contributions to apply) that apply to social security contributions. From 2004 these MSSAB are no longer fixed values but depend upon the average wages (AW). As of 2013 formulae for calculation of all maximum assessment bases has been unified. Monthly MSSAB for social security contributions are calculated as: 5 × AW(t-2), where AW(t-2) is the average wage two years ago. The average wage (AW) is determined by the Statistical Office of the Slovak Republic – for 2013 it was EUR 824 per month.

As of 2015 the health insurance contribution (HIC) allowance has been introduced. The allowance decreases the employee's and employer's assessment base for the health insurance. It amounts to EUR 380 per month (EUR 4 560 annually) and decreases with rising income up to EUR 570 (EUR 6 840 annually) when it reaches zero. With EUR 1 rise in the monthly income the monthly allowance is reduced by EUR 2. The HIC allowance is applicable only on standard employment income (not self-employed income or income based on temporary contracts). However, to determine the amount of allowance all types of incomes are assessed, to target only low income workers.

2.2. Employers' contributions

The total contribution for employers is 35.2% of gross wages and salaries. The contribution comprises the health insurance contribution (10% of gross wages and salaries) and the social insurance contribution (25.2%). The social insurance rate reflects contributions to sickness insurance (1.4%), disability insurance (3%), retirement insurance (14%), the Guaranteed Fund (0.25%), accident insurance (0.8%), for unemployment (1%) and to the Reserve Fund (4.75%). All contributions are rounded down on two decimal places.

Since January 2005, Slovakia has introduced the privately managed fully funded pillar. This means that a given proportion (9 percentage points) of social contributions paid by the employer for retirement insurance flew directly to the private pension funds and not to the Social insurance agency as in previous years. As from September 2012 pension sharing scheme has been changed. Employer's retirement contribution rate to the fully funded pillar has been reduced from 9% to 4% (for more see pension contribution sharing scheme table below). Private pension funds are treated outside of general government; these contributions are therefore not taken into account in the calculations of average and marginal tax rates. For the purposes of this Report, the total contribution rate for employers in 2015 is 31.2%.

As of 2015 the health insurance contribution (HIC) allowance has been introduced (for more see 2.1).

The MSSAB also applies to the employer's SSC. The next table presents the annual values of MSSAB:

	Formula for MSSAB	Value of MSSAB
Health insurance	5.0 × AW (t-2)	49 440.00
Social insurance		
of which		
sickness, retirement, unemployment, disability, Guarantee fund, Reserve fund	5.0 × AW (t-2)	49 440.00
accident		No limit

SSC: Pension – contribution sharing in case of II. Pillar participation

Period	Percentage of gross earnings		
	I Pillar	II Pillar	Total
Previous system (up to September 2012)	9% (5% employer + 4% employee contribution)	9% (employer contribution)	18%
Current system (from September 2012)	14% (10% employer + 4% employee contribution)	4% (employer contribution)	18%

* As from 2017 contribution rate to the II. pillar will automatically increase by 0.25 p.p. per year (i.e. contribution rate to the I. pillar will decrease in the same volume), stopping at 6% in 2024.

3. Universal cash transfers

3.1. *Transfers related to marital status*

None.

3.2. *Transfers for dependent children*

The central government pays an allowance in respect of each dependent child in the amount of EUR 23.52 per month in 2015. In January 2008 an extra allowance for dependent children whose parents are not eligible for the non-wastable child tax credit was introduced. The monthly amount of this allowance is EUR 11.02. For the purpose of the tax wedge calculations this allowance is not relevant, as only non-workers and taxpayers with annual earnings lower than six times the minimum monthly wage (which is the condition for eligibility for the non-wastable child tax credit) are entitled to the extra allowance.

The non-wastable tax credit mentioned in Section 1.121 is part of the social support for families with dependent children. However, it is not considered as a transfer for the purposes of this Report.

3.3. *Transfers related to social status*

To determine the claim to state social benefits (for example the allowance for housing costs), the minimum living standard amounts are relevant as they form the basis of the income test. For 2015, these amounts are:

	MLS monthly (1.1.2015-31.12.2015)
First adult	198.09
Second adult	138.19
Child	90.42

A family is entitled to a social allowance if the total combined net monthly income of the family is less than the calculated MLS for this family. The allowance varies with the family type.

The benefits available to a family in material need (valid since 1st of January 2014) are:

- EUR 61.60 per month for an individual;
- EUR 117.20 per month for an individual with between one and four children;
- EUR 107.10 per month for a couple without children;
- EUR 160.40 per month for a couple with between one and four children;
- EUR 171.20 per month for an individual with more than four children;
- EUR 216.10 per month for a couple with more than four children.
- activation allowance: EUR 63.07 per month – for people who become active either by accepting qualifying employment opportunities or participating in retraining courses.
- housing allowance: EUR 55.80 per month for individual in material need, EUR 89.20 for a household in material need (if household has more than 1 person).
- protection allowance: EUR 63.07 per month for an individual in material need where employment is not possible due to such circumstances as a disability or old age, EUR 34.69 per month for individual on sick leave for at least 30 consecutive days and EUR 13.50 for a pregnant woman from 4th month of the pregnancy and lasts until the

child's age of 1 year (for the purpose of this Report, protection allowance is assumed to be EUR 63.07 for each individual).

- specific allowance: EUR 63.07 per month – entitlement arise for long-term unemployed individuals who move into work for 6 months (does not affect the calculations in this Report).
- dependent child allowance: EUR 17.20 per month for a child who properly fulfils compulsory school attendance.

4. Main changes in tax/benefit systems since 2014

The main change relate to introduction of the health insurance contribution allowance (HIC). Other changes relate to change in PIT revenue distribution between municipalities, self-governing regions and state budget. Since the MLS has not been indexed since 2014 all allowances, credits and brackets related to MLS have not changed as well.

5. Memorandum items

5.1. *Identification of AW and valuation of earnings*

The Ministry of Finance of the Slovak republic estimates the average earnings of the AW based on the data supplied by the Statistical Office of the Slovak republic, Labour Force Survey data (LFS). Earnings data (without self-employees) are based on average wage definition including industries falling under categories B to N inclusive, with reference to International Standard Industrial Classification of All Economic Activities, Revision 4.

2015 parameter values

Average earnings/yr	Ave_earn	10 616	Secretariat estimate
Minimum living standard (MLS) 2015	basic_adult	198.09	
	basic_adult1	138.19	
	basic_child	90.42	
Basic allowance	basic_al_mult	19.2	
	basic_al	3 803.33	
	basic_al_mult1	100	
	basic_al_mult2	44.2	
	basic_al_redn	0.25	
Spouse allowance	spouse_al_limit	3 803.33	
	spouse_al_mult1	176.8	
	spouse_al_mult2	63.4	
	spouse_al_redn	0.25	
Income tax rate	Tax_sch/tax_rate	0.19	35 022.312
		0.25	
Tax credits - nonwastable	tax_cr	256.92	
	min_wage	380	
	minwage_mult	6	
	etc_thresh	3 948.96	
Employee social security contributions	SSC_rate	0.134	
	SSC_sick	0.014	
	SSC_ret	0.04	
	SSC_dis	0.03	
	SSC_unemp	0.01	
	SSC_health	0.04	
Employer social security contributions	SSC_empr	0.304	
	SSC_empsick	0.014	
	SSC_empret	0.1	
	SSC_empdis	0.03	
	SSC_empunemp	0.01	
	SSC_emphealth	0.1	
	SSC_gua	0.0025	
	SSC_acc	0.008	
	SSC_fund	0.0475	
Health Insurance Contribution allowance	HIC_treshold	4 560	
	HIC_rate	2	
Maximum assessment base	MSSAB	49 440	
Cash transfers	transf_1	282.24	
	transf_indiv	739.2	
	transf_indiv_child	1 406.4	
	transf_couple	1 285.2	
	transf_couple_child	1 924.8	
	transf_hous_indiv	669.60	
	transf_hous_couple	1 070.40	
	transf_activ	756.84	
	transf_dep	206.40	

2015 tax equations

	Line in country table and intermediate steps	Variable name	Range	Equation
1.	Earnings	earn		
2.	Allowances:			
	Basic	basic_allce	B	IF(earn-SSC<=basic_al_mult1*basic_adult, basic_al,MAXA(basic_al_mult2*basic_adult-basic_al_redn*(earn-SSC),0))
	Spouse	spouse_allce	P	IF(earn_spouse=0,1,0)*Married*Positive(IF(earn_princ-SSC_princ<=spouse_al_mult1*basic_adult, basic_al_mult*basic_adult,spouse_al_mult2*basic_adult-spouse_al_redn*(earn_princ-SSC_princ)))
	Social security contributions	SSC_al	B	SSC
	Total	tax_al	B	basic_allce+spouse_allce+SSC_al
3.	Credits in taxable income	taxbl_cr	B	0
4.	CG taxable income	tax_inc	B	Positive(earn-tax_al)
5.	CG tax before credits	CG_tax_excl	B	Tax(tax_inc,tax_sch)
6.	Tax credits:			
	Employee tax credit	etc_cr	B	IF(earn>=min_wage*minwage_mult, tax_rate*Positive(basic_al-MAX(etc_thresh, earn-SSC)), 0)
	Children	child_cr	P	(earn>=min_wage*minwage_mult)*Children*tax_cr
	Total	tax_cr	B	etc_cr+child_cr
7.	CG tax	CG_tax	B	CG_tax_excl-tax_cr
8.	State and local taxes	local_tax	B	0
9.	Employees' soc security	SSC	B	MINA(earn,MSSAB)*SSC_rate+MINA(MAX(0;(earn-MAX(0;HIC_treshold-MAX(0;(earn-HIC_treshold)*HIC_rate))));MSSAB)*SSC_health
11.	Cash transfers	cash_trans	J	Children*transf_1+Positive(IF(0,75*((earn-SSC-CG_tax_excl)/12)<(basic_adult+Married*basic_adult1+ Children*basic_child); ((1-Married)* (IF(Children>0;transf_indiv_child;transf_indiv))+ Married*(IF(Children>0;transf_couple_child;transf_couple))+IF((Married+Children)>0;transf_hous_couple;transf_hous_indiv)+(Children*transf_dep)+IF(A7>0;transf_activ;0)+IF(B7>0;transf_activ;0)-0,75*(earn-SSC-CG_tax_excl));0))
13.	Employer's soc security	SSC_empr	B	MINA(earn,MSSAB)*SSC_empr+earn*SSC_accMINA(MAX(0;(earn-MAX(0;HIC_treshold-MAX(0;(earn-HIC_treshold)*HIC_rate))));MSSAB)*SSC_emphealth

Key to range of equation B calculated separately for both principal earner and spouse P calculated for principal only (value taken as 0 for spouse calculation) J calculated once only on a joint basis.

Les impôts sur les salaires 2016

Slovenia

This chapter includes data on the income taxes paid by workers, their social security contributions, the family benefits they receive in the form of cash transfers as well as the social security contributions and payroll taxes paid by their employers. Results reported include the marginal and average tax burden for eight different family types.

Methodological information is available for personal income tax systems, compulsory social security contributions to schemes operated within the government sector, universal cash transfers as well as recent changes in the tax/benefit system. The methodology also includes the parameter values and tax equations underlying the data.

Slovenia 2015

The tax/benefit position of single persons

		Wage level (per cent of average wage)	67	100	167	67
		Number of children	none	none	none	2
1.	**Gross wage earnings**		12 133	18 109	30 242	12 133
2.	**Standard tax allowances**					
	Basic allowance		4 419	3 303	3 303	4 419
	Married or head of family					
	Dependent children					5 086
	Deduction for social security contributions and income taxes		2 681	4 002	6 683	2 681
	Work-related expenses		0	0	0	0
	Other					
		Total	7 100	7 305	9 986	12 186
3.	**Tax credits or cash transfers included in taxable income**		0	0	0	0
4.	**Central government taxable income (1 - 2 + 3)**		5 033	10 804	20 256	0
5.	**Central government income tax liability (exclusive of tax credits)**		805	2 035	4 768	0
6.	**Tax credits**					
	Basic credit					
	Married or head of family					
	Children		0	0	0	0
	Other					
		Total	0	0	0	0
7.	**Central government income tax finally paid (5-6)**		805	2 035	4 768	0
8.	**State and local taxes**		0	0	0	0
9.	**Employees' compulsory social security contributions**					
	Gross earnings		2 681	4 002	6 683	2 681
	Taxable income					
		Total	2 681	4 002	6 683	2 681
10.	**Total payments to general government (7 + 8 + 9)**		3 487	6 037	11 451	2 681
11.	**Cash transfers from general government**					
	For head of family					
	For two children		0	0	0	3 210
		Total	0	0	0	3 210
12.	**Take-home pay (1-10+11)**		8 646	12 072	18 790	12 662
13.	**Employer's wage dependent contributions and taxes**		1 953	2 916	4 869	1 953
	Employer's compulsory social security contributions		1 953	2 916	4 869	1 953
	Payroll taxes		0	0	0	0
14.	**Average rates**					
	Income tax		6.6%	11.2%	15.8%	0.0%
	Employees' social security contributions		22.1%	22.1%	22.1%	22.1%
	Total payments less cash transfers		28.7%	33.3%	37.9%	-4.4%
	Total tax wedge including employer's social security contributions		38.6%	42.6%	46.5%	10.1%
15.	**Marginal rates**					
	Total payments less cash transfers: Principal earner		34.6%	43.1%	54.0%	22.1%
	Total payments less cash transfers: Spouse		n.a.	n.a.	n.a.	n.a.
	Total tax wedge: Principal earner		43.6%	51.0%	60.4%	32.9%
	Total tax wedge: Spouse		n.a.	n.a.	n.a.	n.a.

Slovenia 2015

The tax/benefit position of married couples

			100-0	100-33	100-67	100-33
		Wage level (per cent of average wage)	100-0	100-33	100-67	100-33
		Number of children	2	2	2	none
1.	**Gross wage earnings**		18 109	24 085	30 242	24 085
2.	**Standard tax allowances**					
	Basic allowance		3 303	7 958	7 721	7 958
	Married or head of family					
	Dependent children		5 086	5 086	5 086	
	Other dependent family member		2 437			
	Deduction for social security contributions and income taxes		4 002	5 323	6 683	5 323
	Work-related expenses		0	0	0	0
		Total	14 828	18 367	19 491	13 281
3.	**Tax credits or cash transfers included in taxable income**		0	0	0	0
4.	**Central government taxable income (1 - 2 + 3)**		3 281	5 718	10 751	10 804
5.	**Central government income tax liability (exclusive of tax credits)**		525	915	1 720	2 035
6.	**Tax credits**					
	Basic credit					
	Married or head of family					
	Children		0	0	0	0
	Other					
		Total	0	0	0	0
7.	**Central government income tax finally paid (5-6)**		525	915	1 720	2 035
8.	**State and local taxes**		0	0	0	0
9.	**Employees' compulsory social security contributions**					
	Gross earnings		4 002	5 323	6 683	5 323
	Taxable income					
		Total	4 002	5 323	6 683	5 323
10.	**Total payments to general government (7 + 8 + 9)**		4 527	6 238	8 404	7 357
11.	**Cash transfers from general government**					
	For head of family					
	For two children		2 469	1 509	1 124	0
		Total	2 469	1 509	1 124	0
12.	**Take-home pay (1-10+11)**		16 051	19 357	22 962	16 727
13.	**Employer's wage dependent contributions and taxes**		2 916	3 878	4 869	3 878
	Employer's compulsory social security contributions		2 916	3 878	4 869	3 878
	Payroll taxes		0	0	0	0
14.	**Average rates**					
	Income tax		2.9%	3.8%	5.7%	8.4%
	Employees' social security contributions		22.1%	22.1%	22.1%	22.1%
	Total payments less cash transfers		11.4%	19.6%	24.1%	30.5%
	Total tax wedge including employer's social security contributions		23.7%	30.8%	34.6%	40.2%
15.	**Marginal rates**					
	Total payments less cash transfers: Principal earner		34.6%	34.6%	34.6%	43.1%
	Total payments less cash transfers: Spouse		44.7%	22.1%	34.6%	22.1%
	Total tax wedge: Principal earner		43.6%	43.6%	43.6%	51.0%
	Total tax wedge: Spouse		52.4%	32.9%	43.6%	32.9%

The Slovenian currency is the euro (EUR). In 2015, EUR 0.90 was equal to USD 1. In that year, the average worker in Slovenia earned EUR 18 109 (Secretariat estimate).

1. Personal income tax system

1.1. *Central government income tax*

1.1.1. *Tax unit*

The tax unit is the individual.

1.1.2. *Tax allowances*

1.1.2.1. Standard tax reliefs

- *A general (basic) allowance* of EUR 3 302.70 is deductible from income in 2015. For lower income groups an additional general allowance of EUR 3 217.12 is deductible when taxable income is lower than EUR 10 866.37 and of EUR 1 115.94 when taxable income is between EUR 10 866.37 and EUR 12 570.89.
- *Family allowances* are also deductible from the tax base in the same way as for the general allowance. The allowances for 2015 are as follows:
  - EUR 2 436.92 for the first dependent child;
  - EUR 2 649.24 for the second child;
  - EUR 4 418.54 for the third child;
  - EUR 6 187.85 for the fourth child;
  - EUR 7 957.14 for the fifth child;
  - EUR 1 769.30 for the sixth and all additional maintained children relative to the level of relief for the preceding maintained child;
  - EUR 8 830.00 for a dependent child who requires special care;
  - EUR 2 436.92 for any other dependent family member.
- *Relief for social security contributions*: Employee's compulsory contributions for the social insurance system are deductible for income tax purposes.
- *Tax credits*: None for employees.

1.1.2.2. Non-standard tax reliefs applicable to income from employment

- *Additional voluntary pension insurance premiums*: Premiums paid by a resident to the provider of a pension plan based in Slovenia or in another EU Member State according to a pension plan that is approved and entered into a special register in accordance with the pension legislation are deductible from taxable income. In 2015 such deductions are subject to an annual limit of EUR 2 819.09 or a sum equal to 24 % of the employee's contribution for compulsory pension and disability insurance if that is a lower figure.
- *Reimbursement of expenses associated with work*, such as in-work meals, transport to and from work, in-the-field supplements (per diem when an employee works outside his or

her working place) and compensation for being away from home, are exempt subject to statutory conditions and upper limits.

- *Reimbursement of expenses associated with business travel* such as: per diem allowances, transport costs (including the use of the employee's private vehicle for work purposes), and the costs of overnight accommodation, are exempt subject to statutory conditions and upper limits.
- The cost of purchasing and maintaining uniforms and personal protection work equipment defined in special regulations is exempt from income tax.
- *Compensation for the use of an employee's own tools* and other equipment (except private vehicles) necessary for the performance of work at the work place, is exempt up to a level of 2% of the monthly wage or salary of the employee, subject to an upper limit of 2% of the average gross monthly wage (AGMW).
- Long service bonuses, severance pay upon retirement and payments related to accidents, long term sickness and other unexpected events are exempt subject to statutory conditions and upper limits.
- *Severance pay* on redundancy is exempt subject to an upper limit of ten times the AGMW.
- *Compensation for the use of an employee's own possessions and property when working at home* in accordance with statutory regulations is exempt up to a level of 5% of the monthly wage or salary of the employee, subject to an upper limit of 5% of the AGMW.

1.1.3. *Tax schedule*

The tax schedule for 2015 is as follows:

Taxable income (EUR)	Tax rate (%)
Up to 8 021.34	16
8 021.34-18 960.28	27
18 960.28-70 907.20	41
Above 70 907.20	50

1.2. *Regional and local income tax*

There are no regional or local income taxes.

2. Compulsory social security insurance system

The compulsory social security insurance system consists of four schemes as follows:

- pension and disability insurance;
- health insurance;
- unemployment insurance;
- parental leave insurance

2.1. *Employees' contributions*

The taxable base for social security insurance contributions paid by employees is the total amount of the gross wage or salary including vacation payments, fringe benefits and remuneration of expenses related to work above a certain threshold. The assessment period is the calendar month. Employees contribute an amount as a percentage of their remuneration as follows:

Scheme name	Rate of contribution (%)
Pension insurance	15.50
Health insurance	6.36
Unemployment insurance	0.14
Parental leave insurance	0.10
Total	22.10

2.2. Employers' contributions

Social security insurance contributions are also paid by employers on behalf of their employees. The taxable base and the assessment period are the same as for employees' contributions. The employers' contribution rates are as follows:

Scheme name	Rate of contribution (%)
Pension insurance	8.85
Health insurance	7.09
Unemployment insurance	0.06
Parental leave insurance	0.10
Total	16.10

The only change to these rates since 1996 has been the 0.2% increase in the employers' contribution rates for health insurance in 2002.

3. Payroll tax

None.

4. Universal cash transfers

4.1. Transfers related to marital status

None.

4.2. Transfers for dependent children

On 1.1.2012 the Exercise of Rights to Public Funds Act (ZUPJS-A) entered into force. Regarding to a new act child allowance is a supplementary benefit for maintenance, care and education of children when the family income per family member does not exceed statutorily defined percentage of the average net wage in the previous year.

The new legislation changes family income which is the basis for the income classes from gross family income to net family income. Income includes taxable income and non-taxable income defined by the Personal Income Tax Act as for instance social benefits. Income is defined as gross income plus social benefits received but excluding the normalized cost and actual cost recognized under the law governing income tax, taxes and mandatory social security contributions levied on such income.

The new legislation also reduces the age of a child's entitlement. The right to a child benefit is held only until the child reaches 18 years. Besides, the child benefit is higher for eligible students included in higher secondary education (aged less than 18 years and with an income per family member below the average net wage).

Applications for the allowance are made on an annual basis and the payments are not taxable.

- The amount of the allowance is calculated for each child separately according to the level of net family income per family member as a percentage of the average net wage and the ranking of the child in the family. Each family is assigned to one of 8 income classes on this basis as follows:

Income class	Net family income per family member as a percentage of the average net wage
1	Up to 18%
2	18%-30%
3	30%-36%
4	36%-42%
5	42%-53%
6	53%-64%
7	64%-82%
8	82%-99%

- The relevant income is the average monthly income per family member in the calendar year prior to the claim (or one year previous if the claim is made in the month of January, February or March).
- Each child is allocated in one of 3 ranking levels (the level of payments increases with the ranking level - the lowest for the first child, higher for the second child and the highest for the third and any subsequent child). When a child lives in a one-parent family, the amount of the allowance is increased by 30%. When a pre-school child does not attend kindergarten, the amount of the allowance is increased by 20%.
- The details for the calculation of the net income per family member was prescribed by the Minister, as follows:
- All income and receipts, namely net disposable income (after deduction of the normalized cost and actual cost recognized under the law governing income tax, taxes and mandatory social security contributions levied on such income) are taken into account, except those that are designed to cover the specific needs (such as allowance and attendance allowance, a large family, etc...). Property is also taken into account like immovable property, cars and other vehicles, watercraft, etc. Property is assigned a value and then it is calculated the amount of interest that would be received within one year from the value of assets deposited in a bank account in the form of time deposits.
- On 1.6.2012 the Public Finance Balance Act entered into force. Regarding to the Act the amounts of transfers for a children in fifth and sixth income classes are reduced for 10%. Moreover, transfers for children in the seventh and eighth income classes are abolished. This is a temporary measure, which applies up to the year following the year in which economic growth exceeds 2% of gross domestic product.
- The monthly amounts of transfers for a child **from birth to the end of primary school** in a two-parent family according to the Exercise of Rights to Public Funds Act and Public Finance Balance Act were the following for the year 2015:

In 2015, the maximum annual benefit levels for children in a two-parent family were the following:

- EUR 1 371.72 for the first child;
- EUR 1 508.76 for the second child;
- EUR 1 646.16 for the third or subsequent child.

Net family income per family member as a percentage of the average net wage	1st Child	2nd Child	3rd Child
	Monthly (EUR)	Monthly (EUR)	Monthly (EUR)
00	114.31	125.73	137.18
2 171.52	97.73	108.04	118.28
3 619.20	74.48	83.25	91.98
4 343.04	58.75	67.03	75.47
5 066.88	43.24	50.45	57.63
6 393.92	27.40	34.29	41.14
7 720.96	0	0	0

The amounts decline as the level of income per family member increases. The benefit ceases according to the Public Finance Balance Act to be available for families where the average income per member is higher than 64 % of the average net wage for the year 2015.

5. Main changes in tax/benefit system since 2005

- In 2006 the taxation of income of individuals changed from global tax to a kind of a dual income tax system. Active income (from employment, business, basic agriculture and forestry, rents, royalties and other income) is taxed aggregated at progressive rates and taking into account the allowances and deductions; capital income (interest, dividends and capital gains) is taxed at proportionate rates on a scheduler basis.
- In 2007 the number of income tax brackets was reduced from five to three. At the same time, some non-standard tax reliefs for certain expenses and for interest paid on loans for housing were abolished.
- In 2008 additional general allowances were introduced for people on low incomes.
- The payroll tax was phased out at the start of 2009.
- The Exercise of Rights to Public Funds Act entered into force on 1.1.2012 changes family income which is the basis for the income classes from gross family income to net family income, which also includes social benefits received.
- Regarding to the Public Finance Balance Act which entered into force on 1.6.2012, the amounts of transfers for children in fifth and sixth income classes are reduced for 10%. Transfers for children in the seventh and eighth income classes are abolished.
- In 2013 the second bracket in the PIT schedule was broadened according to the Public Finance Balance Act. For the years 2013 and 2014 also the threshold for the third bracket (with the rate 41%) was increased and a new, top bracket with a rate 50% was introduced.
- For the year 2013 the special relief for students was reduced by 25 % compared to the tax relief in 2012 (the tax relief for 2014 amounts to EUR 2 477.03).
- Concerning rental income deriving renting of immovable and movable property a new scheduler principle of taxation was introduced in the year 2013 with proportional rate of 25%. The standardised costs were reduced from 40% to 10% of the rental income.
- The main and most important substantive change for the year 2014 and beyond eliminates the automatic adjustment of tax credits and net annual tax basis in the scale for assessing personal income tax with the growth in consumer prices.
- For the year 2014 were also introduced another amendments to the personal income tax, that is the abolishment of the tax benefits to certain groups of taxpayers (special relief for daily migrants, relief for the residents over 65 years of age).

- In 2014, the amendments to the Law on Parenthood and Family Incomes increased child benefit for a child who lives in a single-parent family, namely, the individual amount of child benefit increased from 10 to 30 percent.
- The scale of assessment for income tax as a temporary measure that applies to 2013 and 2014, with the addition of a fourth class tax rate of 50% was extended for the year 2015.

6. Memorandum items

6.1. *Average gross annual wage earnings calculation*

In Slovenia the gross earnings figures cover wages and salaries paid to individuals in formal employment including payment for overtime. They also include bonus payments and other payments such as pay for annual leave, paid leave up to seven days, public holidays, absences due to sickness for up to 30 days, job training, and slowdown through no fault of the person in formal employment.

The average gross wage earnings figures of all adult workers covering industry sectors B-N are provided by the Statistical Office of the Republic of Slovenia.

6.2. *Employer contributions to private pension and health schemes*

Some employer contributions are made to private health and pension schemes but there is no relevant information available on the amounts that are paid.

2015 parameter values

Ave_earn	18 109	Secretariat estimate					
Ave_earn_1	17 948						
Ave_net_earnfam	12 064						
Basic_al	0	6 519.82					
	10 866.37	4 418.64					
	12 570.89	3 302.70					
Child_al1	2 436.92						
Child_al2	5 086.16						
Child_al3	9 504.70						
Child_al4	15 692.55						
Child_al5	23 649.69						
Depend_al	2 436.92						
Tax_sch	0.16	8 021.34					
	0.27	18 960.28					
	0.41	70 907.20					
	0.50						
SSC_rate1	0.221						
SSC_rate2	0.161						
		Ist child monthly	2nd child monthly	3rd child monthly	1 child-total annual	2 children-total annual	3 children-total annual
Fam_allow_mc	0	114.31	125.73	137.18	1 371.72	2 880.48	4 526.64
	2 171.52	97.73	108.04	118.28	1 172.76	2 469.24	3 888.60
	3 619.20	74.48	83.25	91.98	893.76	1 892.76	2 996.52
	4 343.04	58.75	67.03	75.47	705.00	1 509.36	2 415.00
	5 066.88	43.24	50.45	57.63	518.88	1 124.28	1 815.84
	6 393.92	27.40	34.29	41.14	328.80	740.28	1 233.96
	7 720.96	0.00	0.00	0.00	0.00	0.00	0.00
Fam_allow_spup	0.3						
		Ist child monthly	2nd child monthly	3rd child monthly	1 child-total annual	2 children-total annual	3 children-total annual
Fam_allow_sp	0	148.60	163.45	178.33	1 783.24	3 744.62	5 884.63
	2 171.52	127.05	140.45	153.76	1 524.59	3 210.01	5 055.18
	3 619.20	96.82	108.23	119.57	1 161.89	2 460.59	3 895.48
	4 343.04	76.38	87.14	98.11	916.50	1 962.17	3 139.50
	5 066.88	56.21	65.59	74.92	674.54	1 461.56	2 360.59
	6 393.92	35.62	44.58	53.48	427.44	962.36	1 604.15
	7 720.96	0.00	0.00	0.00	0.00	0.00	0.00
numdays	365						

2015 tax equations

	Line in country table and intermediate steps	Variable name	Range	Equation
1.	Earnings			
	Current year	earn		
	Net earnings Year-1	net_earn_1		
2.	Allowances:			
	Principal	tax_al_princ	P	VLOOKUP(earn;Basic_al;2)+SSC+IF(children=0,0,IF(children=1,child_al1,IF(children=2,child_al2,child_al3)+IF(Married=0,0,IF(S_earn=0,Depend_al,0))
	Spouse	Tax_al_ spouse	S	MINA(VLOOKUP(earn;Basic_al;2), earn)+SSC
3.	Credits in taxable income	taxbl_cr	B	0
4.	CG taxable income	tax_inc	B	Positive(earn-tax_al)
5.	CG tax before credits	CG_tax_excl	B	Tax(tax_inc, tax_sch)
6.	Tax credits (nonwastable)	Tax_cr	B	0
7.	CG tax	CG_tax	B	CG_tax_excl
8.	State and local taxes	local_tax	B	0
9.	Employees' soc security	SSC	B	earn* SSC_rate1
11.	Cash transfers	cash_trans	J	IF(Children=0,0;VLOOKUP((net_earn_1)/(1+married+children),IF(Married=0;Fam_allow_sp,Fam_allow_mc),IF(Children=1,5,IF(Children=2,6,7))))
13.	Employer's wage dependent contributions and taxes			
	Employer's soc security	SSC_empr	B	earn*SSC_rate2

Key to range of equation B calculated separately for both principal earner and spouse P calculated for principal only (value taken as 0 for spouse calculation) J calculated once only on a joint basis.

Spain

This chapter includes data on the income taxes paid by workers, their social security contributions, the family benefits they receive in the form of cash transfers as well as the social security contributions and payroll taxes paid by their employers. Results reported include the marginal and average tax burden for eight different family types.

Methodological information is available for personal income tax systems, compulsory social security contributions to schemes operated within the government sector, universal cash transfers as well as recent changes in the tax/benefit system. The methodology also includes the parameter values and tax equations underlying the data.

Spain 2015

The tax/benefit position of a single persons

	Wage level (per cent of average wage)	67	100	167	67
	Number of children	none	none	none	2
1.	**Gross wage earnings**	17 594	26 259	43 853	17 594
2.	**Standard tax allowances:**				
	Basic allowance				
	Married or head of family	0	0	0	2 150
	Dependent children				
	Deduction for social security contributions and income taxes	1 117	1 667	2 748	1 117
	Work-related expenses	2 000	2 000	2 000	2 000
	Other				
	Total	3 117	3 667	4 748	5 267
3.	**Tax credits or cash transfers included in taxable income**	0	0	0	0
4.	**Central and state government taxable income (1 - 2 + 3)**	14 477	22 592	39 106	12 327
5.	**Central and state government income tax liability (exclusive of tax credits)**	2 924	5 056	10 476	2 404
6.	**Central and state government tax credits**				
	Basic credit	1 082	1 082	1 082	3 277
	Married or head of family				
	Children				
	Other				
	Total	1 082	1 082	1 082	3 277
7.	**Central government income tax finally paid (5-6)**	899	1 944	4 600	- 1 041
8.	**State and local taxes**	943	2 030	4 793	168
9.	**Employees' compulsory social security contributions**				
	Gross earnings	1 117	1 667	2 748	1 117
	Taxable income				
	Total	1 117	1 667	2 748	1 117
10.	**Total payments to general government (7 + 8 + 9)**	2 959	5 641	12 141	244
11.	**Cash transfers from general government**				
	For head of family				
	For two children	0	0	0	0
	Total	0	0	0	0
12.	**Take-home pay (1-10+11)**	14 635	20 618	31 712	17 350
13.	**Employer's compulsory social security contributions**	5 261	7 852	12 938	5 261
14.	**Average rates**				
	Income tax	10.5%	15.1%	21.4%	-5.0%
	Employees' social security contributions	6.35%	6.35%	6.27%	6.35%
	Total payments less cash transfers	16.8%	21.5%	27.7%	1.4%
	Total tax wedge including employer's social security contributions	36.0%	39.6%	44.2%	24.1%
15.	**Marginal rates**				
	Total payments less cash transfers: Principal earner	29.3%	34.9%	38.0%	24.6%
	Total payments less cash transfers: Spouse	n.a.	n.a.	n.a.	n.a.
	Total tax wedge: Principal earner	45.6%	49.9%	38.0%	42.0%
	Total tax wedge: Spouse	n.a.	n.a.	n.a.	n.a.

Spain 2015

The tax/benefit position of married couples

		Wage level (per cent of average wage)	100-0	100-33	100-67	100-33
		Number of children	2	2	2	none
1.	**Gross wage earnings**		26 259	34 925	43 853	34 925
2.	**Standard tax allowances**					
	Basic allowance					
	Married or head of family		3 400	0	0	0
	Dependent children					
	Deduction for social security contributions and income taxes		1 667	2 218	2 785	2 218
	Work-related expenses		2 000	7 700	4 000	7 700
	Other					
		Total	7 067	9 918	6 785	9 918
3.	**Tax credits or cash transfers included in taxable income**		0	0	0	0
4.	**Central and state government taxable income (1 - 2 + 3)**		19 192	25 007	37 069	25 007
5.	**Central and state government income tax liability (exclusive of tax credits)**		4 080	5 527	7 980	5 527
6.	**Central and state government tax credits**					
	Basic credit		2 077	2 050	3 159	1 553
	Married or head of family					
	Children					
	Other					
		Total	2 077	2 050	3 159	1 553
7.	**Central government income tax finally paid (5-6)**		980	1 702	2 358	1 944
8.	**State and local taxes**		1 023	1 775	2 463	2 030
9.	**Employees' compulsory social security contributions**					
	Gross earnings		1 667	2 218	2 785	2 218
	Taxable income					
		Total	1 667	2 218	2 785	2 218
10.	**Total payments to general government (7 + 8 + 9)**		3 670	5 694	7 606	6 192
11.	**Cash transfers from general government**					
	For head of family					
	For two children		0	0	0	0
		Total	0	0	0	0
12.	**Take-home pay (1-10+11)**		22 589	29 231	36 247	28 734
13.	**Employer's compulsory social security contributions**		7 852	10 443	13 112	10 443
14.	**Average rates**					
	Income tax		7.6%	10.0%	11.0%	11.4%
	Employees' social security contributions		6.35%	6.35%	6.35%	6.35%
	Total payments less cash transfers		14.0%	16.3%	17.3%	17.7%
	Total tax wedge including employer's social security contributions		33.8%	35.6%	36.4%	36.7%
15.	**Marginal rates**					
	Total payments less cash transfers: Principal earner		29.3%	34.9%	34.9%	34.9%
	Total payments less cash transfers: Spouse		23.4%	6.3%	29.3%	6.3%
	Total tax wedge: Principal earner		45.6%	49.9%	49.9%	49.9%
	Total tax wedge: Spouse		41.0%	27.9%	45.6%	27.9%

The national currency is the Euro (EUR). In 2015, EUR 0.90 was equal to USD 1. In that year the average worker earned EUR 26 259 (Secretariat estimate).

1. Personal income tax system

1.1. *Central government income tax*

1.1.1. *Tax unit*

As a general rule, the tax unit is the individual. Nevertheless, families have the options of being taxed:

- As married couples filing jointly on the combined income of both spouses and dependents.
- As heads of households (only unmarried or separated individuals with dependents).

1.1.2. *Tax allowances and tax credits*

1.1.2.1. Standard reliefs

- *Basic reliefs*: Married couples filing jointly may claim an allowance of EUR 3 400. This figure amounts to EUR 2 150 for heads of households.
- *Maternity tax credit*: a non-wastable tax credit addressed to working females with children under 3 years of age up to EUR 1 200.
- *Large families(3 or more children) or dependent family members with disabilities tax credits*: this additional non-wastable tax credit (up to EUR 1 200) also may be claimed (within the Taxing Wages framework) by single-parent households with two children .
- *Relief for social security contributions*: All social security payments are fully deductible.
- *Other expenses allowance*: up to EUR 2 000, which may be increased by the same amount in case of accepting a job in a different location implying a change of residence.
- *Employment related* allowance: Net employment income (gross income – employee social security contributions) may be reduced according to the following rules:
  - Taxpayers with net employment income equal or less than EUR 11 250: EUR 3 700.
  - Taxpayers with a net employment income between EUR 11 250.01 and EUR 14 450: EUR 3 700 less the result of multiplying by 1.15625 the difference between net employment income and EUR 11 250.
- *Disabled workers allowance*: an allowance of EUR 3 264 for disabled salary earners. Those with reduced mobility may claim an augmented allowance of EUR 7 242.

As a result of the application of the above rules, net income cannot become negative.

1.1.2.2. Main non-standard reliefs applicable to an AW

- *Contributions to Pension Plans*. Contributions made by each member of the household may reduce taxable income up to the lower of the following amounts:
  - 30% of net income;
  - EUR 8 000.

Moreover, those households whose second earner has net labour income below EUR 8 000 may reduce taxable income up to a maximum of EUR 2 500 on a yearly basis if the principal earner contributes to a Pension Fund for the spouse.

- *Relief for subscriptions paid in respect of membership* of a trade union and business or professional associations (last item is limited to mandatory membership) up to EUR 500.
- *Relief for expenses made for the legal defence* of the taxpayer for labour-related conflicts up to a maximum limit of EUR 300.

Other non-standard reliefs provided as deductions are:

- *Investment in the acquisition and rehabilitation of own-housing*: As a general rule, up to 1 January 2013, taxpayers were allowed to deduct from their tax liability 15% of the investment made during the year, up to a maximum of EUR 9 040.
- Furthermore, disabled taxpayers were also allowed to deduct from their tax liability 20% of the investment expenses incurred in the repairs carried out for housing adaptation to the handicapped personal needs according up to a maximum of EUR 12 080.
- With effect from 1 January 2013, the above tax credit has been abolished. Nevertheless, grandfathering rules apply for those taxpayers who before 1 January 2013 had acquired their main residence; had made some payments for it to be built; had made some payments for restoration/enlargement of their main residence or had made some payments to carry out the adaptation of the main residence of disabled people. However, in the latter two cases the works performed should be completed before 1 January 2017. For these taxpayers, the above tax credit can still be applied in accordance with the rules set up above.
- *Gifts*: 50% of the amounts (below EUR 150) donated to the State (its different levels) public universities and othe qualifying institutions. For larger gifts, 27.5% on the excess, which may be increased to 32.5% when meeting certain conditions and 10% of the amount donated non-qualifying foundations or associations.
- *Investments and expenses in goods of cultural interest*: 15% of the amounts granted to the importation, restoration, exhibition, etc. of certain goods listed in the General Register of Goods of Cultural Interest.

Each of these last two amounts cannot exceed 10% of taxable income.

1.1.2.3. Exempt Income

- The base amount is EUR 5 550 per taxpayer. The same amount is granted for family units filing jointly. Taxpayers aged over 65 years may add EUR 1 250 to the former amount. Those aged over 75 years may claim additionally EUR 1 400.
- Dependent children (under 25 years): EUR 2 400 for the first dependent child; EUR 2 700 for the second one; EUR 4 000 for the third, and EUR 4 500 for any additional child.
- Child care allowance: an additional allowance of EUR 2 800 for each of the above dependent children under 3 years of age.
- In case of disabled workers and additional amount of EUR 3 000 also applies. In case of great disability prior amount reaches EUR 9 000.

Child allowances have to be shared equally between spouses when they file separately.

1.1.3. *Tax schedule*

General rates of tax – resident individuals:

Taxable income (EUR)	Tax at the lower limit (EUR)	Tax rate on taxable income in excess of the lower limit (%)
0-12 450	0	9.50
12 450-20 200	1 182.75	12.00
20 200-34 000	2 112.75	15.00
34 000-60 000	4 182.75	18.50
Over 60 000	8 992.75	22.50

1.2. State and local income taxes

Regional rates of tax – resident individuals: (in case that Regional Governments do not exercise its rights to set their own tax rates).

Taxable income (EUR)	Tax at the lower limit (EUR)	Tax rate on taxable income in excess of the lower limit (%)
0-12 450	0	10.00
12 450-20 200	1 245.00	12.50
20 200-34 000	2 213.75	15.50
34 000-60 000	4 352.75	19.50
Over 60 000	9 422.75	23.50

2. Compulsory social security contributions to schemes operated within the government sector

Social Security contributions are assessed on the basis of employees' gross earnings taking into account certain ceilings of gross employment income. In 2015, these ceilings are:

- Lower ceiling: EUR 9 079.20
- Upper Ceiling: EUR 43 272.

These ceilings are based on a full-time job. For part-time workers, ceilings are proportional to the real hours worked (the tax equations used for this Report do not take into account the lower ceiling).

2.1. Employees' contributions

- Old age pension/sickness and disability 4.7%
- Unemployment 1.55%
- Professional Training 0.1%

2.2. Employers' contributions

- Old age pension/sickness and disability 23.6%
- Unemployment/Work injuries 5.50%
- Wages fund 0.2%
- Professional Training 0.6%

3. Universal cash transfers

3.1. Transfers related to marital status

None.

3.2. *Transfers for dependent children*

EUR 291 for 1-child families with annual gross earnings below EUR 11 547.96; the child transfer decreases with income between EUR 11 547.96 and EUR 11 814.71; the value is 0 for gross earnings exceeding EUR 11 814.71. EUR 582 for families with 2 children with annual gross earnings below EUR 13 280.15; the child transfer decreases with income between EUR 13 280.15 and EUR 13 813.65; the value is 0 for gross earnings exceeding EUR 13 813.65.

4. Main changes in tax/benefit systems in 2015

In 2015 the Spanish Government carried out a tax reform. Main PIT measures affecting earned income perceived by PIT taxpayers have been described above. Nevertheless, following SSC concessions also apply:

- Aimed to foster new indefinite hirings, since 2 March 2014 employers hiring new workers under a non-fixed term contract (contracts between 25 February and 31 December 2014) may also apply a flat social security contribution (covering general risks). The flat contribution rate is: EUR 100 monthly contribution for full-time hirings (lower contribution also applies for part-time newcomers). The flat contribution will apply for a 24-month period.
- Furthermore, since 1 March 2015 employers hiring new staff under a non-fixed term contract may claim a partial exemption on their SSC for the first EUR 500 of monthly salaries paid to workers. This SSC concession will apply for a 24-month period

5. Memorandum items

5.1. *Identification of an AW and calculation of earnings*

Refer to the information provided in the Annex of this Report.

2015 parameter values

Average earnings/yr	Ave_earn	26 259	Secretariat estimate	
Work related allowance	wr_rate	1.15625		
	wr_lim_max	14 450		
	wr_lim_min	11 250		
	wr_allow_max	3 700		
Other deductible expenses	oth_ded_exp	2 000		
Personal & family exempt income	Per_fam_exempt_inc	5 550		
Joint taxation allowance	Joint_tax_allow_fam1	3 400		
	Joint_tax_allow_fam2	2 150		
Dependent children	dep_child	2 400		
	dep_child2	2 700		
	dep_child3	4 000		
	dep_child4	4 500		
Single parent tax credit (chld>=2)	SP_tax_credit	1 200		
Tax Schedule	tax_sch_sg	0	0	9.50%
		12 450	1 182.75	12.00%
		20 200	2 112.75	15.00%
		34 000	4 182.75	18.50%
		60 000	8 992.75	22.50%
	tax_sch_sa	0	0	10.00%
		12 450	1 245	12.50%
		20 200	2 213.75	15.50%
		34 000	4 352.75	19.50%
		60 000	9 422.75	23.50%
Social security contributions				
Employee:				
Pension	pension_rate	0.047		
Unemployment	unemp_rate	0.0155		
Other	oth_rate	0.001		
Employer				
Pension	pension_empr	0.236		
Unemployment	unemp_empr	0.055		
Other	oth_empr	0.008		
Ceiling and Floor	min_lim	0	9 079.2	
	top_lim	43 272		
Child benefit	SS_child_benefit	291		
	SS_child_table	1	11 547.96	11 814.71
		2	13 280.15	13 813.65
		3	17 380.39	18 180.64
		4	20 195.53	21 262.53
		5	23 010.67	24 344.42

2015 tax equations

The functions which are used in the equations (Taper, MIN, Tax etc) are described in the technical note about tax equations. Variable names are defined in the table of parameters above, within the equations table, or are the standard variables "married" and "children". A reference to a variable with the affix "_total" indicates the sum of the relevant variable values for the principal and spouse. And the affixes "_princ" and "_sp" indicate the value for the principal and spouse, respectively. Equations for a single person are as shown for the principal, with "_sp" values taken as 0.

	Line in country table and intermediate steps	Variable name	Range	Equation
1.	Earnings	earn	B	for individual taxation: earn=earn_princ, or earn=earn_sp for joint (family) taxation: earn=earn_princ+earn_sp
2.	Allowances:			
	Work related, individual	work_ind	B	IF(earn-SSC<=wr_lim_min,wr_allow_max+oth_ded_exp,IF(earn-SSC<=wr_lim_max,wr_allow_max-wr_rate*((earn-SSC)-(wr_lim_min))+oth_ded_exp,oth_ded_exp))
	Work related, family	work_fam	J	IF(AND(earn_sp=0,married=0,children=0),0,IF(earn_total-SSC_fam<=wr_lim_min, wr_allow_max+oth_ded_exp,IF(earn_total-SSC_fam=wr_lim_max,wr_allow_max-wr_rate*((earn_total-SSC_fam)-(wr_lim_min))+oth_ded_exp,oth_ded_exp)))
	Joint taxation allowance	joint_allow_fam	J	IF(AND(Married=0,Children=0),0,IF(AND(Married=0,Children>0),joint_tax_allow_fam2,joint_tax_allow_fam1))
	Personal and family exempt income, individual	ex_inc_ind	B	per_fam_exempt_inc
	Personal and family exempt income, family	ex_inc_fam	J	IF(AND(Married=0,Children=0),0,per_fam_exempt_inc)
	Children exempt income, individual	child_ex_inc_ind	P	IF(earn_sp=0, (children>0)*(dep_child+(children>1)*dep_child2+(children>2)*dep_child3+(children>3)*(children-3)*dep_child4), (children>0)*(dep_child+(children>1)*dep_child2+(children>2)*dep_child3+(children>3)*(children-3)*dep_child4)/2)
			S	IF(earn_sp=0, 0, (children>0)*(dep_child+(children>1)*dep_child2+(children>2)*dep_child3+(children>3)*(children-3)*dep_child4)/2)
	Children exempt income, family	child_ex_inc_fam	J	(children>0)*(dep_child+(children>1)*dep_child2+(children>2)*dep_child3+(children>3)*(children-3)*dep_child4)
3.	Credits in taxable income	taxbl_cr	B, J	0
4.	CG taxable income	tax_inc	B, J	IF(AND(Married=0, Children=0), tax_inc_princ, MINA(tax_inc_princ+tax_inc_sp, tax_inc_fam))
		tax_inc_ind	B	Positive(earn-(work_ind+SSC))
		tax_inc_fam	J	IF(AND(Married=0, Children), 0, Positive(earn-(work_fam+joint_allow_fam+SSC_princ+SSC_sp)))
5.	CG tax before credits	CG_tax_ind_excl	B	MAXA(0, VLOOKUP(tax_inc_ind, tax_sch_sg, 2)+(tax_inc_ind-VLOOKUP(tax_inc_ind, tax_sch_sg, 1))*VLOOKUP(tax_inc_ind, tax_sch_sg, 3))
		CG_tax_fam_excl	J	MAXA(0, VLOOKUP(tax_inc_fam, tax_sch_sg, 2)+(tax_inc_fam-VLOOKUP(tax_inc_fam, tax_sch_sg, 1))*VLOOKUP(tax_inc_fam, tax_sch_sg, 3))
6.	CG tax credits :	CG_tax_cr_ind	B	MAXA(0,VLOOKUP(ex_inc_ind+child_ex_inc_ind,tax_sch_sg,2)+ ((ex_inc_ind+child_ex_inc_ind)-VLOOKUP(ex_inc_ind+child_ex_inc_ind,tax_sch_sg,1))*VLOOKUP(ex_inc_ind+child_ex_inc_ind,tax_sch_sg,3)+IF(AND(earn>0,married=0,children>=2),MIN(SP_tax_credit,(SSC+SSC_empr)),0)
		CG_tax_cr_fam	J	MAXA(0,VLOOKUP(ex_inc_fam+child_ex_inc_fam,tax_sch_sg,2)+ ((ex_inc_fam+child_ex_inc_fam)-VLOOKUP(ex_inc_fam+child_ex_inc_fam,tax_sch_sg,1))*VLOOKUP(ex_inc_fam+child_ex_inc_fam,tax_sch_sg,3)+ IF(AND(earn_total>0,married=0,children>=2),MIN(SP_tax_credit,(SSC_fam+SSC_empr_fam)),0)
7.	CG tax	CG_tax_ind	B	CG_tax_ind_excl-CG_tax_cr_ind
		CG_tax_fam	J	CG_tax_fam_excl-CG_tax_cr_fam
8.	State and local tax before credits	local_tax_ind_excl	B	MAXA(0, VLOOKUP(tax_inc_ind, tax_sch_sa, 2)+(tax_inc_ind-VLOOKUP(tax_inc_ind, tax_sch_sa, 1))*VLOOKUP(tax_inc_ind, tax_sch_sa, 3))

	Line in country table and intermediate steps	Variable name	Range	Equation
		local_tax_fam_excl	J	MAXA(0, VLOOKUP(tax_inc_fam, tax_sch_sa, 2)+(tax_inc_fam-VLOOKUP(tax_inc_fam, tax_sch_sa, 1))*VLOOKUP(tax_inc_fam, tax_sch_sa, 3))
	local tax credits	local_tax_cr_ind	B	MAXA(0,VLOOKUP(ex_inc_ind+child_ex_inc_ind,tax_sch_sa,2)+ ((ex_inc_ind+child_ex_inc_ind)-VLOOKUP(ex_inc_ind+child_ex_inc_ind,tax_sch_sa,1))*VLOOKUP(ex_inc_ind+child_ex_inc_ind,tax_sch_sa,3))
		local_tax_cr_fam	J	MAXA(0,VLOOKUP(ex_inc_fam+child_ex_inc_fam,tax_sch_sa,2)+ ((ex_inc_fam+child_ex_inc_fam)-VLOOKUP(ex_inc_fam+child_ex_inc_fam,tax_sch_sa,1))*VLOOKUP(ex_inc_fam+child_ex_inc_fam,tax_sch_sa,3))
	State and local tax	local_tax_ind	B	Positive(local_tax_ind_excl-local_tax_cr_ind)
		local_tax_fam	J	Positive(local_tax_fam_excl-local_tax_cr_fam)
9.	Employees' soc security	SSC	B	IF(AND(earn>0, earn<=min_lim), min_lim*(pension_rate+unemp_rate+oth_rate), IF(earn>=top_lim, top_lim*(pension_rate+unemp_rate+oth_rate), earn* (pension_rate+unemp_rate+oth_rate)))
		SSC_fam	J	SSC_princ+SSC_sp
11.	Cash transfers	Child_transf		IF(Children=0,0,IF(earn<=VLOOKUP(Children, SS_child_table,2),SS_child_benefit*Children, IF(earn<=VLOOKUP(Children, SS_child_table, 3), VLOOKUP(Children, SS_child_table, 3)-earn, 0)))
13.	Employer's SSC	SSC_empr		IF(AND(earn>0, earn<=min_lim), min_lim*(pension_empr+unemp_empr+ oth_umpr), IF(earn>=top_lim, top_lim*(pension_empr+unemp_empr+oth_empr), earn*(pension_empr+unemp_empr+oth_empr)))

Key to range of equation B calculated separately for both principal earner and spouse P calculated for principal only S calculated for spouse only J calculated once only on a joint basis.

Sweden

This chapter includes data on the income taxes paid by workers, their social security contributions, the family benefits they receive in the form of cash transfers as well as the social security contributions and payroll taxes paid by their employers. Results reported include the marginal and average tax burden for eight different family types.

Methodological information is available for personal income tax systems, compulsory social security contributions to schemes operated within the government sector, universal cash transfers as well as recent changes in the tax/benefit system. The methodology also includes the parameter values and tax equations underlying the data.

Sweden 2015

The tax/benefit position of single persons

	Wage level (per cent of average wage)	67	100	167	67
	Number of children	none	none	none	2
1.	**Gross wage earnings**	282 314	421 364	703 678	282 314
2.	**Standard tax allowances**				
	Basic allowance	19 900	13 100	13 100	19 900
	Married or head of family				
	Dependent children				
	Deduction for social security contributions and income taxes	0	0	0	0
	Work-related expenses				
	Other				
	Total	19 900	13 100	13 100	19 900
3.	**Tax credits or cash transfers included in taxable income**	0	0	0	0
4.	**Central government taxable income (1 - 2 + 3)**	262 400	408 200	690 500	262 400
5.	**Central government income tax liability (exclusive of tax credits)**	0	0	55 780	0
6.	**Tax credits**				
	Basic credit				
	Married or head of family				
	Children				
	Other	41 361	55 986	59 286	41 361
	Total	41 361	55 986	59 286	41 361
7.	**Central government income tax finally paid (5-6)**	- 41 361	- 55 986	- 3 506	- 41 361
8.	**State and local taxes**	83 941	130 583	220 890	83 941
9.	**Employees' compulsory social security contributions**				
	Gross earnings	19 800	29 500	32 800	19 800
	Taxable income				
	Total	19 800	29 500	32 800	19 800
10.	**Total payments to general government (7 + 8 + 9)**	62 380	104 097	250 184	62 380
11.	**Cash transfers from general government**				
	For head of family				
	For two children	0	0	0	27 000
	Total	0	0	0	27 000
12.	**Take-home pay (1-10+11)**	219 934	317 267	453 494	246 934
13.	**Employer's wage dependent contributions and taxes**				
	Employer's compulsory social security contributions	60 049	89 624	149 672	60 049
	payroll taxes	28 654	42 768	71 423	28 654
	Total	88 703	132 392	221 095	88 703
14.	**Average rates**				
	Income tax	15.1%	17.7%	30.9%	15.1%
	Employees' social security contributions	7.0%	7.0%	4.7%	7.0%
	Total payments less cash transfers	22.1%	24.7%	35.6%	12.5%
	Total tax wedge including employer's social security contributions	40.7%	42.7%	51.0%	33.4%
15.	**Marginal rates**				
	Total payments less cash transfers: Principal earner	28.4%	32.0%	57.0%	28.4%
	Total payments less cash transfers: Spouse	n.a.	n.a.	n.a.	n.a.
	Total tax wedge: Principal earner	45.5%	48.2%	67.3%	45.5%
	Total tax wedge: Spouse	n.a.	n.a.	n.a.	n.a.

Sweden 2015

The tax/benefit position of married couples

		Wage level (per cent of average wage)	100-0	100-33	100-67	100-33
		Number of children	2	2	2	none
1.	**Gross wage earnings**		421 364	560 414	703 678	560 414
2.	**Standard tax allowances:**					
	Basic allowance		13 100	47 400	33 000	47 400
	Married or head of family					
	Dependent children					
	Deduction for social security contributions and income taxes		0	0	0	0
	Work-related expenses					
	Other					
		Total	13 100	47 400	33 000	47 400
3.	**Tax credits or cash transfers included in taxable income**		0	0	0	0
4.	**Central government taxable income (1 - 2 + 3)**		408 200	512 900	670 600	512 900
5.	**Central government income tax liability (exclusive of tax credits)**		0	0	0	0
6.	**Tax credits**					
	Basic credit					
	Married or head of family					
	Children					
	Other		55 986	77 552	97 347	77 552
		Total	55 986	77 552	97 347	77 552
7.	**Central government income tax finally paid (5-6)**		- 55 986	- 77 552	- 97 347	- 77 552
8.	**State and local taxes**		130 583	164 076	214 524	164 076
9.	**Employees' compulsory social security contributions**					
	Gross earnings		29 500	39 200	49 300	39 200
	Taxable income					
		Total	29 500	39 200	49 300	39 200
10.	**Total payments to general government (7 + 8 + 9)**		104 097	125 724	166 477	125 724
11.	**Cash transfers from general government**					
	For head of family					
	For two children		27 000	27 000	27 000	0
		Total	27 000	27 000	27 000	0
12.	**Take-home pay (1-10+11)**		344 267	461 690	564 201	434 690
13.	**Employer s wage dependent contributions and taxes**					
	Employer's compulsory social security contributions		89 624	119 200	149 673	119 200
	payroll taxes		42 768	56 881	71 422	56 881
		Total	132 392	176 081	221 095	176 081
14.	**Average rates**					
	Income tax		17.7%	15.4%	16.7%	15.4%
	Employees' social security contributions		7.0%	7.0%	7.0%	7.0%
	Total payments less cash transfers		18.3%	17.6%	19.8%	22.4%
	Total tax wedge including employer's social security contributions		37.8%	37.3%	39.0%	41.0%
15.	**Marginal rates**					
	Total payments less cash transfers: Principal earner		32.0%	32.0%	32.0%	32.0%
	Total payments less cash transfers: Spouse		15.6%	28.4%	28.4%	28.4%
	Total tax wedge: Principal earner		48.2%	48.2%	48.2%	48.2%
	Total tax wedge: Spouse		35.8%	45.5%	45.5%	45.5%

The national currency is the Swedish Kronor (SEK). In 2015, SEK 8.43 was equal to USD 1. In that year, the average worker earned SEK 421 364 (Secretariat estimate).

1. Personal income tax systems

1.1. *Central government income taxes*

1.1.1. *Tax unit*

Spouses are taxed separately.

1.1.2. *Tax allowances and tax credits*

1.1.2.1. Standard reliefs

- *Basic reliefs*: A basic allowance is given for assessed earned income and varies between SEK 13 100 and SEK 34 300, depending on income. When individuals pay central government income tax, the basic allowance is at its lowest level, which equals SEK 13 100. The basic allowance depends on the assessed earned income and the basic amount, which equals SEK 44 500 in 2015.

Assessed-earned- income (SEK) Relative to Basic Amount (BA)	Share of BA at lower bracket	For exceeding income
-0.99	0.423	
0.99-2.72	0.423	+0.2
2.72-3.11	0.77	
3.11-7.88	0.77	-0.1
7.88-	0.293	

- *Standard marital status reliefs*: None.
- *Relief(s) for children*: None.
- *Work-related expenses*: None.
- *Other*: None.

1.1.2.2. Main non-standard tax reliefs applicable to an AW

- Interest on qualifying loans: Interest payments are offset against capital income. The resulting net capital income is the tax base. A tax credit is given in the case of negative capital income.
- Contributions to pensions, life insurance, superannuation schemes: A deduction of maximum SEK 1 800 can be claimed for premiums paid to private pension arrangements. Medical expenses: None.
- Other allowances are given for:
  - the amount of commuting expenses exceeding SEK 10 000;
  - other types of work-related expenses exceeding SEK 5 000; examples are the costs of tools, work-related phone calls using the taxpayer's private telephone;

- increased living expenses while on business trips, e.g. such as the use of a private car if these costs are not reimbursed by the employer;
- double housing expenses due to *temporary* work at other geographical locations (too far from home for commuting), or if the family for some reason can't move, even if the job is of a *permanent* nature;
- travelling expenses for travelling home if the taxpayer works in another place than his/her place of residence.

1.1.3. *Tax schedule*

Taxable Income (SEK)	Tax (SEK) at lower bracket	For exceeding income, %
0-430 200	0	0
430 200-616 100	0	20
over 616 100	37 180	25

1.1.4. *Tax credits*

A tax credit equal to 100% of the compulsory social security contributions paid by the employee is granted.

For a person aged 65 or less, an annual Earned Income Tax Credit (EITC) worth up to SEK 26 486 at the average local tax rate is granted on labour income. For those older than 65, a higher credit worth up to SEK 30 000 is granted. For a person aged 65 or less the EITC is calculated as follows: EITC = (Special Amount – Basic Allowance) * local tax rate. For those older than 65 a simplified EITC was introduced in 2009 so that it is no longer connected to the local tax rate, the basic allowance or the basic amount. The Basic Allowance is determined in Section 1.121; the local tax rate is discussed in Section 1.2. The Basic Amount (BA) in 2015 is SEK 44 500. The Special Amount is based on the taxpayer's (gross) earned income.

For taxpayers younger than 65, the Special Amount is calculated as follows:

Earned Income (EI)	Special Amount
-0.91 BA	EI
0.91 BA-2.94 BA	0.91 BA + 0.332 * (EI-0.91 BA)
2.94 BA-8.08 BA	1.584 BA + 0.111 * (EI-2.94 BA)
8.08 BA-	2.155 BA

BA = SEK 44 500

For taxpayers older than 65, the EITC is calculated differently:

Earned Income (EI)	EITC
-100 000 SEK	0.2*EI
100 001-300 000 SEK	15 000 SEK + 0.05*EI
300 001 SEK-	30 000 SEK

1.2. *Local government income taxes*

1.2.1. *General description of the systems*

Sweden has both a central government and a local government personal income tax. They are completely coordinated in the assessment process and refer to the same period, i.e. the income year coincides with the calendar year.

1.2.2. *Tax base*

The tax base is the same as for the central government income tax. The basic allowance for individuals paying local government tax varies between SEK 13 100 and SEK 34 300; it depends on the taxpayer's income. For a taxpayer earning the AW, this basic allowance amounts to SEK 13 100 (based on an AW equal to SEK 407 974 – subject to revision with the AW).

1.2.3. *Tax rates*

The local government personal income tax is proportional and differs between municipalities. The average rate amounts to 31.99% in 2015, with the maximum and minimum rates being 34.70% and 29.19%, respectively.

2. Compulsory social security contributions to schemes operated within the government sector

2.1. *Employees' contributions*

A general pension contribution of 7% of personal income is paid by employees and the self-employed when income is equal to or greater than 42.3% of the basic amount underlying the basic allowance (see Section 1.121). The contribution cannot exceed SEK 32 800 since the general pension contributions are not paid for income over SEK 468 900 (= 8.07*58 100). The employees' contribution is offset with a tax credit.

2.2. *Employers' contributions*

The employers' contributions are calculated as a percentage of the total sum of salaries and benefits in a year. For the self-employed, the base is net business income. The rates for 2015 are listed below.

Program	Employer (%)	Self-employed (%)
Retirement pension	10.21	10.21
Survivor's pension	1.17	1.17
Parental insurance	2.60	2.60
Health insurance	4.35	4.44
Labour market	2.64	0.10
Occupational health	0.30	0.30
General wage tax	10.15	10.15
Total	31.42	28.97

In certain regions, a reduction of 10% of the base, maximum SEK 7 100 per month, is granted (SEK 18 000 per year for self-employed) (it is not included in the calculations underlying this Report). For employees aged under 25 a reduced SSC rate of 25.46% is applied (23.69% for self-employed). For employees who are over 65 years old and born after 1937 only the retirement pension contribution (10.21%) is applicable. For persons born in 1937 or earlier no employers' social security contributions are applied. On premiums for occupational pensions paid by the employer a reduced SSC rate (24.26%) is applied.

For self-employed a general reduction of 7.5% on the SSC is applicable if the income exceeds SEK 40 000 per year. The maximal reduction is SEK 15 000 per year.

3. Universal cash transfers

3.1. Transfers related to marital status

None.

3.2. Transfers for dependent children

The transfers are tax exempt and independent of the parents' income. The transfers for each child are as follows:

First child	12 600
Second child	14 400
Third child	18 048
Fourth child	24 720
Fifth and subsequent child	27 600

4. Main changes in tax/benefit systems since 1998

A tax credit of SEK 1 320 was introduced for low- and average income earners in 1999. The credit is reduced by 1.2% of taxable income above SEK 135 000. This reduction was abolished in 2003 and was replaced by an increase in the basic allowance.

A tax credit of 25% of the social security contribution paid by employees and the self-employed was introduced in 2000. The tax credit has been gradually increased to 100% in 2006.

In 2004, a special tax credit equal to SEK 200 was provided for the statutory minimum local income tax. The special tax credit was abolished in 2005 as was the statutory minimum state income tax (a lump sum tax) of SEK 200. The central government income tax bracket is indexed with the consumer price index plus 2%. However, in 2004, 2005 and 2006 the central government income tax bracket was restricted to be indexed with the consumer price index plus 1%. In order to reduce the number of people paying the central income tax, there was an additional increase of the tax bracket in 2009.

The child allowance was raised by SEK 1 200 per year in 2000, 2001, 2006 and in 2010 the child allowance for multiple children was raised by SEK 50 for the second child, SEK 100 for the third, SEK 150 for fourth and SEK 200 for the fifth and subsequent children.

Maximum fee for childcare was introduced in 2002.

The basic allowance has been increased in 2001, 2002, 2003, 2005 and 2006.

Regarding the unemployment benefit the higher benefit level of SEK 730 for the first 100 days was removed in 2007 and the maximum unemployment benefit was set to SEK 680 during the entire benefit period of 300 days (or 450 days for persons with children under the age of 18). In August 2015, the maximum unemployment benefit was raised to SEK 910 per day in day 1-100 and to SEK 760 per day in day 101-300 (or day 101-450). The compensation in the sick leave was raised from 75 to 80% in 1998. In 2003 the compensation was lowered to 77.6% and, at the same time, the number of days for which the employer is responsible was increased from 14 to 21 days. In 2005 the compensation in the sick leave and the number of days for which the employer is responsible were set to their before-2003 level.

The lowest level of compensation in the parental leave was raised on 1 July 2006 from SEK 60 to SEK 180 per day. In 2006 also the maximum income compensated for in the parental leave was raised from 7.5*Basic Amount to 10* Basic Amount.

An earned income tax credit was introduced in 2007 with the purpose of making work economically more rewarding relative to unemployment or inactivity. The earned income tax credit was increased in 2008, 2009, 2010 and 2014.

In 2007, the social security contributions for 18-24-year-old employees and self-employed were reduced. In 2009 the reduction were increased and expanded to include all aged under 26. From 1 August 2015 the reduction was reduced by half with the intention to abolish the reduction in 2016. A special wage tax for persons older than 65 was abolished in 2007 for persons born after 1937 and in 2008 for persons born in 1937 or earlier.

An increased basic allowance for persons older than 65 was introduced in 2009 and extended in 2010, 2011, 2013 and 2014.

A general reduction on the SSC for self-employed was introduced in 2010 and increased in 2014.

The deduction for premiums paid to private pension arrangements was lowered in 2015 with the intention to abolish the deduction in 2016 (see section 1.12).

5. Memorandum items

5.1. *Identification of an AW and calculation of earnings*

Basic data for gross earnings are taken from the series *Official Statistics of Sweden*, published by Statistics Sweden. The calculation is based upon total average monthly or hourly earnings, primarily in September of the calendar year. To arrive at the annual earnings, data have been multiplied by the normal amount of hours worked during the year or the stipulated monthly salary has been multiplied by a factor of 12.2. The figures are representative for the country as a whole. The branch classification is NACE Rev. 2 B-N according to the OECD recommendation.

5.2. *Employer contributions to private health, pension, etc. schemes*

There are a handful of widespread private social security schemes. The employers' contributions to these systems for the blue-collar workers in the private sector equalled to 6.3% of wage earnings in 2007. For white-collar workers in the private sector the employers' contributions to private social security schemes was 14% in 2007. These figures are based on the statistics of labour costs in the private sector, published by Statistics Sweden.

2015 parameter values

Average earnings/yr	Ave_earn	421 364	Secretariat estimate
Central income tax			
	tax_rate	0.2	
	tax_rate2	0.05	
	tax_thrsh	430 200	
	tax_thrsh2	616 100	
Basic Allowance			
	gr1	0.99	
	gr2	2.72	
	gr3	3.11	
	gr4	7.88	
	gp1	0.423	
	gp2	0.2	
	gp3	0.1	
	gp4	0.293	
	gp5	0.77	
Local income tax			
	local_rate	0.3199	
	min_taxl	0	
Soc. security amount			
	basic_amt	44 500	
	basic_ant	58 100	
Soc. security contributions			
employee	SSC_rate	0.07	
employer	SSC_empr	0.3142	
ceiling	SSCC	8.07	
Child benefit			
	Ch ld 1	12 600	
	Ch ld 2	14 400	
	CB	13 500	
Tax credits			
	TC1	0	
	TC1gr1	0	
	TC1gp1	0	
	TC2gp1	1	
EITC	er_1	0.91	
	er_2	2.94	
	er_3	8.08	
	ep_1	1.584	
	ep_2	0.332	
	ep_3	0.111	
	ep_4	2.155	
Employer payroll tax	PRT	0.1015	

2015 tax equations

The equations for the Swedish system are mostly repeated for each individual of a married couple. But the cash transfer is calculated only once. This is shown by the Range indicator in the table below.

The functions which are used in the equations (Taper, MIN, Tax etc) are described in the technical note about tax equations. Variable names are defined in the table of parameters above, within the equations table, or are the standard variables "married" and "children". A reference to a variable with the affix "_total" indicates the sum of the relevant variable values for the principal and spouse. And the affixes "_princ" and "_spouse" indicate the value for the principal and spouse, respectively. Equations for a single person are as shown for the principal, with "_spouse" values taken as 0.

1.	Earnings	earn		
		truncearn	B	TRUNC(earn, -2)
2.	Allowances:	basic_al	B	IF(truncearn<=gr_2*basic_amt, MINA(ROUNDUP(MAXA(gp_1*basic_amt, (gp_1+gp_2*(gr_2-gr_1))*basic_amt-gp_2*MAXA(gr_2*basic_amt-truncearn, 0)), -2), truncearn), MINA(ROUNDUP(MAXA(gp_4*basic_amt, gp_5*basic_amt-gp_2*MAXA(gr_2*basic_amt-truncearn, 0)-gp_3*MAXA(truncearn-gr_3*basic_amt, 0)), -2), truncearn))
		ssc_al	B	0
	Total	tax_al	B	basic_al
3.	Credits in taxable income	taxbl_cr	B	0
4.	CG taxable income	tax_inc	B	Positive(earn-basic_al)
5.	CG tax before credits	CG_tax_excl	B	tax_rate*Positive(tax_inc-tax_thrsh)+ tax_rate2* Positive(tax_inc-tax_thrsh2)
6.	Tax credits :	ssc_credit	B	Trunc(SSC, -2)
		localtax_credit	B	0
		eitc	B	=TRUNC(MAX((((TRUNC(IF(earned_income>er_2*basic_amt; IF(earned_income>er_3*basic_amt;ep_4*basic_amt;ep_1*basic_amt+ep_3*(earned_income-er_2*basic_amt));MIN(earned_income;er_1*basic_amt+ep_2*(earned_income-er_1*basic_amt)));0))-basic_allowance)*local_rate);0);0)
		Final_eitc	B	MIN(eitc, CG_tax_excl+ local_tax- ssc_credit)
		tax_cr	B	ssc_credit+localtax_credit+final_eitc
7.	CG tax	CG_tax	B	CG_tax_excl-tax_cr
8.	State and local taxes	local_tax	B	IF(tax_inc>0, TRUNC(local_rate*tax_inc, 0)+min_taxl, 0)
9.	Employees' soc security	SSC	B	(truncearn>=gp_1*basic_amt)*MINA(ROUNDSSC(truncearn*SSC_rate), ROUNDSSC(SSCC*basic_ant*SSC_rate))
11.	Cash transfers	cash_trans	J	Children*CB
13.	Employer's contributions		B	
	Employer's SSC	SSC_empr	B	TRUNC(earn*SSC_empr)-Payroll_empr
	Employer's payroll tax	Payroll_empr	B	TRUNC(earn*PRT)
	Total	Cont_empr	B	SSC_empr+Payroll_empr

Key to range of equation B calculated separately for both principal earner and spouse P calculated for principal only (value taken as 0 for spouse calculation) J calculated once only on a joint basis.

Les impôts sur les salaires 2016

Switzerland

This chapter includes data on the income taxes paid by workers, their social security contributions, the family benefits they receive in the form of cash transfers as well as the social security contributions and payroll taxes paid by their employers. Results reported include the marginal and average tax burden for eight different family types.

Methodological information is available for personal income tax systems, compulsory social security contributions to schemes operated within the government sector, universal cash transfers as well as recent changes in the tax/benefit system. The methodology also includes the parameter values and tax equations underlying the data.

Switzerland 2015

The tax/benefit position of single persons

	Wage level (per cent of average wage)	67	100	167	67
	Number of children	none	none	none	2
1.	**Gross wage earnings**	60 492	90 286	150 778	60 492
2.	**Standard tax allowances**				
	Basic allowance				
	Married or head of family	0	0	0	0
	Dependent children	0	0	0	13 000
	Deduction for social security contributions and income taxes	6 557	10 728	19 048	6 557
	Work-related expenses	2 000	2 539	4 000	2 000
	Other	1 700	1 700	1 700	3 100
	Total	10 257	14 967	24 748	24 657
3.	**Tax credits or cash transfers included in taxable income**	0	0	0	6 000
4.	**Central government taxable income (1 - 2 + 3)**	50 200	75 300	126 000	41 800
5.	**Central government income tax liability (exclusive of tax credits)**	450	1 262	5 083	135
6.	**Tax credits**				
	Basic credit				
	Married or head of family				
	Children	0	0	0	502
	Other				
	Total	0	0	0	502
7.	**Central government income tax finally paid (5-6)**	450	1 262	5 083	0
8.	**State and local taxes**	4 487	8 766	19 189	1 445
9.	**Employees' compulsory social security contributions**				
	Gross earnings	3 781	5 643	9 275	3 781
	Taxable income				
	Total	3 781	5 643	9 275	3 781
10.	**Total payments to general government (7 + 8 + 9)**	8 718	15 672	33 547	5 226
11.	**Cash transfers from general government**				
	For head of family				
	For two children	0	0	0	6 000
	Total	0	0	0	6 000
12.	**Take-home pay (1-10+11)**	51 774	74 614	117 231	61 266
13.	**Employer's compulsory social security contributions**	3 781	5 643	9 275	3 781
14.	**Average rates**				
	Income tax	8.2%	11.1%	16.1%	2.4%
	Employees' social security contributions	6.3%	6.3%	6.2%	6.3%
	Total payments less cash transfers	14.4%	17.4%	22.2%	-1.3%
	Total tax wedge including employer's social security contributions	19.4%	22.2%	26.8%	4.7%
15.	**Marginal rates**				
	Total payments less cash transfers: Principal earner	21.7%	27.6%	32.2%	13.8%
	Total payments less cash transfers: Spouse	n.a.	n.a.	n.a.	n.a.
	Total tax wedge: Principal earner	26.3%	31.8%	35.9%	18.9%
	Total tax wedge: Spouse	n.a.	n.a.	n.a.	n.a.

Switzerland 2015

The tax/benefit position of married couples

		Wage level (per cent of average wage)	100-0	100-33	100-67	100-33
		Number of children	2	2	2	none
1.	**Gross wage earnings**		90 286	120 081	150 778	120 081
2.	**Standard tax allowances**					
	Basic allowance					
	Married or head of family		2 600	15 566	16 000	15 566
	Dependent children		13 000	13 000	13 000	0
	Deduction for social security contributions and income taxes		10 728	14 987	19 284	14 987
	Work-related expenses		2 539	2 539	2 539	2 539
	Other		4 900	4 900	4 900	3 500
		Total	33 767	50 992	55 724	36 592
3.	**Tax credits or cash transfers included in taxable income**		6 000	6 000	6 000	0
4.	**Central government taxable income (1 - 2 + 3)**		62 500	75 000	101 000	83 400
5.	**Central government income tax liability (exclusive of tax credits)**		499	874	2 018	1 207
6.	**Tax credits**					
	Basic credit					
	Married or head of family					
	Children		502	502	502	0
	Other					
		Total	502	502	502	0
7.	**Central government income tax finally paid (5-6)**		0	372	1 516	1 207
8.	**State and local taxes**		4 104	7 019	11 309	9 257
9.	**Employees' compulsory social security contributions**					
	Gross earnings		5 643	7 505	9 424	7 505
	Taxable income					
		Total	5 643	7 505	9 424	7 505
10.	**Total payments to general government (7 + 8 + 9)**		9 747	14 896	22 249	17 969
11.	**Cash transfers from general government**					
	For head of family					
	For two children		6 000	6 000	6 000	0
		Total	6 000	6 000	6 000	0
12.	**Take-home pay (1-10+11)**		86 539	111 185	134 529	102 112
13.	**Employer's compulsory social security contributions**		5 643	7 505	9 424	7 505
14.	**Average rates**					
	Income tax		4.5%	6.2%	8.5%	8.7%
	Employees' social security contributions		6.3%	6.3%	6.3%	6.3%
	Total payments less cash transfers		4.1%	7.4%	10.8%	15.0%
	Total tax wedge including employer's social security contributions		9.8%	12.9%	16.0%	20.0%
15.	**Marginal rates**					
	Total payments less cash transfers: Principal earner		17.2%	21.5%	25.0%	22.3%
	Total payments less cash transfers: Spouse		17.3%	20.6%	25.6%	21.0%
	Total tax wedge: Principal earner		22.1%	26.1%	29.4%	26.9%
	Total tax wedge: Spouse		22.2%	25.3%	30.0%	25.6%

The national currency is the Swiss franc (CHF). In 2015, CHF 0.96 equalled USD 1. The Secretariat has estimated that in that same year the average worker earned CHF 90 286 (Secretariat estimate).

Cantonal and communal income taxes are very substantial in relation to direct federal tax. Here, the canton and commune of Zurich have been selected as an example of the tax system of the 26 cantons. Local income tax is not deductible when calculating federal income tax.

1. Personal income tax systems

1.1. Income tax collected by the federal government (Confederation)

1.1.1. *Tax unit*

The income of spouses living together is taxed jointly, regardless of the property regime under which they were married. Income of children living under parental authority is added to the income of their custodian. Children's labour income is taxed separately and in some cases, as in Zurich, is exempt from tax.

1.1.2. *Tax reliefs and tax credits*

1.1.2.1. Standard reliefs for "postnumerando" taxation [i.e. annual taxation on the basis of actual earned income, assessed at the end of the year].

- Basic deduction

There is a basic deduction of CHF 2 600 for married couples for direct federal tax.

- Deduction for children

A CHF 6 500 deduction is allowed for each child under 18 years of age; the deduction is allowed for older children if they are apprentices or still in school.

- Tax credit for children

A CHF 251 deduction from the tax liability is allowed for each child under 18 years, the deduction is allowed for older children if they are apprentices or still in school.

- Deductions for social insurance contributions and other taxes

Premiums for old age and disability insurance (5.15% of gross earned income) and for unemployment insurance (1.1% for income up to CHF 126 000, 0.5% for income over CHF 126 000) are deductible in full. Compulsory contributions of approximately 7.75% to private pension funds are also fully deductible. Health and life insurance premiums are deductible from federal income tax up to CHF 3 500 for married persons and CHF 1 700 for taxpayers who are widow(er)s, divorced or single (such premiums are not considered social contributions). These amounts are increased by CHF 700 for each dependent child.

- Work-related expenses

Taxpayers are allowed a deduction corresponding to 3% of net income (i.e. gross income less contributions for old age and disability insurance, unemployment insurance and work-related provident funds). This deduction may be no less than CHF 2 000 and no more than CHF 4 000.

- Deduction for two-income couples

  50% of the smaller income can be deducted, but no less than CHF 8 100 and no more than CHF 13 400.

1.1.2.2. Main non-standard reliefs available to the average worker

- Interest payments on qualifying loans

  This is the main non-standard relief available to the average worker. It is allowed for all sorts of loans.

- Medical expenses

  Expenses incurred as a result of illness, accidents or disability of the taxpayer or one of its dependants are deductible if the taxpayer bears the expenses personally and they exceed 5% of his or her net income.

1.1.3. *Tax base*

Allowable deductions from gross income	Single taxpayer (CHF)	Married taxpayer, 2 children (CHF)
Work-related expenses[1]	2 000-4 000	2 000-4 000
Personal deduction	–	2 600
Deduction for 2 dependent children	–	13 000 (6 500*2)
Social contributions		
Old age insurance	5.05%	5.05%
Unemployment insurance	1.1%[2]	1.1%[2]
Pension fund	7.75%	7.75%
Maximum deductions for health insurance premiums and loan interest[3]	1 700 plus 700 per child	3 500 plus 700 per child
Deduction for two-income couples[4]		8 100–13 400

1. 3% of net income, minimum CHF 2 000, maximum CHF 4 000.
2. 1.1% of income up to CHF 126 000; 0.5% of income between CHF 126 000 and CHF 315 000.
3. For the purposes of this publication, taxpayers are assumed to always receive the relevant maximum deduction.
4. 50% of smaller income, minimum the lower of CHF 8 100 or adjusted smaller income, maximum CHF 13 400.

In addition, for the married taxpayer with 2 children, there is a tax credit for 2 dependent children amounting to CHF 502, thus reducing the tax liability by CHF 502.

1.1.4. Tax schedules

1.1.4.1. Rates for persons living alone

Taxable income (CHF)[5]	Base amount (CHF)	Plus % of excess (CHF)	
Up to 14 500	–	–	–
14 500 to 31 600		0.77	14 500
31 600 to 41 400	131.65	0.88	31 600
41 400 to 55 200	217.90	2.64	41 400
55 200 to 72 500	582.20	2.97	55 200
72 500 to 78 100	1 096.00	5.94	72 500
778 100 to 103 600	1 428.60	6.60	78 100
103 600 to 134 600	3 111.60	8.80	103 600
134 600 to 176 000	5 839.60	11.00	134 600
176 000 to 755 200	10 393.60	13.20	176 000
Over 755 200[6]	–	11.5 of total income	

5. Fractions of less than CHF 100 are disregarded.
6. The calculation model disregards this part of the schedule.

1.1.4.2. Rates for spouses living together and for widowed, separated, divorced taxpayers or unmarried taxpayers living with their own children.

Taxable income (CHF)[7]	Base amount (CHF)	Plus % of the excess (CHF)	
Up to 28 300	–	–	–
28 300 to 50 900		1	28 300
50 900 to 58 400	223	2	50 900
58 400 to 75 300	373	3	58 400
75 300 to 90 300	877	4	75 300
90 300 to 103 400	1 477	5	90 300
103 400 to 114 700	2 127	6	103 400
114 700 to 124 200	2 799	7	114 700
124 200 to 131 700	3 457	8	124 200
131 700 to 137 300	4 057	9	131 700
137 300 to 141 200	4 552	10	137 300
141 200 to 143 100	4 942	11	141 200
143 100 to 145 000	5 151	12	143 100
145 000 to 895 800	5 379	13	145 000
For 895 900	103 028.50		
Over 895 900[8]	–	11.5 of total income	

7. Fractions of less than CHF 100 are disregarded.
8. The calculation model disregards this part of the schedule.

1.2. Taxes levied by decentralised authorities (Canton and commune of Zurich)

1.2.1. General description of the system

The system of cantonal and communal taxation has the same features as that of direct federal tax.

The tax base is comprised of income from all sources.

Once the basic amount of tax is set, cantons, communes and churches levy their taxes by applying a multiple, which may change from year to year. In 2012, for example, the canton applied a multiple of 1.0, the commune of Zurich 1.19 and the reformed church 0.10. The basic amount of tax is therefore multiplied by a total of 2.29. However, following the decision no longer to include church tax in *Revenue Statistics*, it is no longer included in the calculations for *Taxing Wages*. The basic amount of tax is therefore multiplied by a total of 2.19.

1.2.2. *Tax base*

Allowable deductions from gross income	Single taxpayer (CHF)	Married taxpayer, 2 children (CHF)
Work-related expenses[9]	2 000-4 000	2 000-4 000
Personal deduction	–	–
Deduction for 2 dependent children	–	18 000 (9 000*2)
Social contributions		
Old age insurance	5.15%	5.15%
Unemployment insurance	1.1%[10]	1.1%[10]
Pension fund	7.75%	7.75%
Maximum deductions for health insurance premiums and loan interest[11]	2 600 plus 1 300 per child	5 200 plus 1 300 per child
Deduction for two-income couples		5 900

9. 3% of net income, minimum CHF 2 000 CHF, maximum CHF 4 000.
10. 1.1% of income up to CHF 125 000; 0.5% of income between CHF 126 000 and CHF 315 000.
11. For the purposes of this publication, taxpayers are assumed to always receive the relevant maximum deduction.

1.2.3. *Postnumerando tax rates*

Cantonal income tax (Zurich)

a) Basic income tax rates for married, divorced, widowed or single taxpayers living with children:

Taxable income (CHF)[12]	Base amount (CHF)	Plus % of the excess (CHF)	
Up to 13 500	–	0	–
13 500 to 19 600	–	2	13 500
19 160 to 27 300	122	3	19 600
27 300 to 36 700	353	4	27 300
36 700 to 47 400	729	5	36 700
47 400 to 61 300	1 264	6	47 400
61 300 to 92 100	2 098	7	61 300
92 100 to 122 900	4 254	8	92 100
122 900 to 169 300	6 718	9	122 900
169 300 to 224 700	10 984	10	169 300
224 700 to 284 800	16 434	11	224 700
284 800 to 354 100	23 045	12	284 800
Over 354 100	31 361	13	354 100

12. Fractions below CHF 100 are disregarded.

b) Basic income tax rates for other taxpayers (single without children).

Taxable income (CHF)[13]	Base amount (CHF)	Plus % of the excess (CHF)	
Up to 6 700	–	0	–
6 700 to 11 400	–	2	6 700
11 400 to 16 100	94	3	11 400
16 100 to 23 700	235	4	16 100
23 700 to 33 000	539	5	23 700
33 000 to 43 700	1 004	6	33 000
43 700 to 56 100	1 646	7	43 700
56 100 to 73 000	2 514	8	56 100
73 000 to 105 500	3 866	9	73 000
105 500 to 137 700	6 791	10	105 500
137 700 to 188 700	10 011	11	137 700
188 700 to 254 900	15 621	12	188 700
Over 254 900	23 565	13	254 900

13. Fractions below CHF 100 are disregarded.

c) Annual multiple as a percentage of basic tax rates:

Canton of Zurich	100
Commune of Zurich	119
Roman Catholic church tax	10 (for info.)
Reformed Church tax	10 (for info.)

A personal tax of CHF 24 is added.

1.2.4. *Tax rates used for this study*

This study uses the rates of tax levied by the federal, cantonal and communal tax authorities.

2. Compulsory social security contributions to schemes operated within the government sector

2.1. *Employee contributions*

2.1.1. *Retirement pensions*

5.15% of gross income for old age insurance.

2.1.2. *Health insurance*

–

2.1.3. *Unemployment*

1.1% on the portion of income up to CHF 126 000; 0.5% for income over CHF 126 000.

2.1.4. *Work-related accidents*

–

2.1.5. *Family allowances*

–

2.1.6. Other

–

2.2. Employer contributions

2.2.1. Retirement pensions

5.15 % of gross income for old age insurance.

2.2.2. Health insurance

–

2.2.3. Unemployment

1.1% on the portion of income up to CHF 126 000; 0.5% for income over CHF 126 000.

2.2.4. Work-related accidents

–

2.2.5. Family allowances

The employer pays a benefit for dependent children of an employee. The effective benefits paid depend on the Canton of residence and the respective employer. As of 1 January 2009, a new Swiss-wide minimum amount of CHF 2 400 (for children up to 16 years of age and CHF 3 000 for children in education between 16 and 25 years of age) has been established. In most cases, the benefit paid exceeds this minimum. The average family benefit is estimated to amount to CHF 3 000 per child per year.

This benefit is taxable along with other components of income.

The family allowance contributions are not included in the Taxing Wages results either as they are paid to a privately-managed fund. These contributions therefore qualify as non-tax compulsory payments (see also Section 5.3).

2.2.6. Other

–

3. Universal cash benefits

3.1. Benefits linked to marital status

No such benefits are paid.

3.2. Benefits for dependent children

The employer pays a benefit of, on average, approximately CHF 3 000 per year for each dependent child of an employee. This benefit is taxable along with other components of income. See 2.25.

4. Main changes in the tax/benefit system since 1998

On 1 January 1999, the canton of Zurich switched from biennial praenumerando taxation to annual postnumerando taxation on individual income. As a result, the direct federal tax is based on annual postnumerando taxation as well.

As of 1 January 2008, the basic deduction for married couples and the deduction for two-income couples were introduced. These measures are intended to minimise the marriage penalty and to reduce the high taxation of secondary earners, thereby increasing labour force participation of skilled secondary earners.

As of 1 January 2012, the tax credit for children reduces the tax liability by CHF 251 per child.

5. Memorandum item

5.1. *Identification of the average worker*

The population includes men and women working in industry, arts and crafts. The stated income is for the average of workers in the same sector. The geographical scope is the entire country, whereas the amount of tax is computed in respect of the canton and commune of Zurich.

5.2. *Method of calculation used*

- Unemployment benefits: not included;
- Sick leave payments: not included;
- Paid leave allowances: included;
- Overtime: included;
- Periodic cash bonuses: included;
- Fringe benefits: not included;
- Basic method used for calculation: monthly wages are multiplied by 12;
- Close of the income tax year: 31 December;
- Reference period for computing wages: from 1 January to 31 December of the year in question.

5.3. *Calculation of non-tax compulsory payments*

Switzerland imposes some important non-tax compulsory payments (NTCPs). These NTPCs are not included in the Taxing Wages models except when they qualify as standard personal income tax reliefs. Compulsory payments indicators, which combine the effect of taxes and NTCPs, are calculated by the OECD Secretariat and presented in the OECD Tax Database (See: *www.oecd.org/ctp/taxdatabase*). Switzerland levies the following employee and/ or employer NTCPs:

- Contributions to the second pillar of the pension system (occupational pension funds): Occupational pension funds are mandatory for salaried persons earning at least CHF 21 150 annually. Old age insurance is based on individual savings. The savings assets accumulated by the insured person on his individual savings account over the years serve to finance the old age pension. The constituted capital is converted into an annual old age pension on the basis of a conversion factor. Contribution rates depend on the occupation and the pension fund. An estimated representative rate amounts to 7.75% for employees and 10.27% for employers in 2015.
- Health insurance is compulsory for all persons domiciled in Switzerland. Every family member is insured individually, regardless of age. Health insurance contributions are lump sum contributions per capita depending on age, sex, canton of residence and

insurer. The national average rates for 2015 amount to CHF 4 942 for adults and CHF 1 140 for children per year. Health insurance premiums can be reduced depending on the contributor's income level and his family situation. Each canton has its own definition of the income thresholds and the reduction regime. The health insurance premium and reduction rates of the Canton of Zurich are used in the calculations.

- Family allowance: Employers have to make family allowance contributions. The contribution rates differ among cantons and family contribution funds. A representative rate has to be estimated, for 2015 it amounts to 1.1%.
- Accident insurance: Accident insurance is compulsory for every employee. Employees are automatically insured by their employer, whereas the employers are more or less automatically assigned to a particular insurance company depending on their branch of trade. The risk and associated costs of the respective business activity determines the insurance premiums. A representative rate would have to be estimated.

2015 parameter values

Average earnings/yr	Ave_earn	90 286	Secretariat estimate
Tax allowances	fed_child_al	6 500	
Tax credit	fed_child_cred	251	
Partner Allowance	partner_rate_fed	0.5	
	partner_min_fed	8 100	
	partner_max_fed	13 400	
Basic deduction for married couples	Married_ded_fed	2 600	
Partner income local	partner_local	5 900	
Single parent	sing_par_al	0	
Workrelated	work_exp	0.03	
	work_exp_min	2 000	
	work_exp_max	4 000	
Allowances for local tax	local_basic	0	
	local_child	9 000	
Federal tax	IFD_min_s	-	
Single	IFD_sch_s	0	14 500
		0.0077	31 600
		0.0088	41 400
		0.0264	55 200
		0.0297	72 500
		0.0594	78 100
		0.066	103 600
		0.088	134 600
		0.11	176 000
		0.132	752 200
		0.115	
Married	IFD_min_m	-	
	IFD_sch_m	0	28 300
		0.01	50 900
		0.02	58 400
		0.03	75 300
		0.04	90 300
		0.05	103 400
		0.06	114 700
		0.07	124 200
		0.08	131 700
		0.09	137 300
		0.1	141 200

2015 parameter values

		0.11	143 100
		0.12	145 000
		0.13	895 900
		0.115	
Cantonal tax	Zurich_min	24	
Single	Zurich_sch_s	0	6 700
		0.02	11 400
		0.03	16 100
		0.04	23 700
		0.05	33 000
		0.06	43 700
		0.07	56 100
		0.08	73 000
		0.09	105 500
		0.1	137 700
		0.11	188 700
		0.12	254 900
		0.13	
Married	Zurich_sch_m	0	13 500
		0.02	19 600
		0.03	27 300
		0.04	36 700
		0.05	47 400
		0.06	61 300
		0.07	92 100
		0.08	122 900
		0.09	169 300
		0.1	224 700
		0.11	284 800
		0.12	354 100
		0.13	
Canton and Commune Tax Mutiple	statetax_mult	2.19	
Social security contributions	old_age	0.0515	
Pension	pension_rate	0	
Pillar 2 pension	NTCP_old_age_max	28 080	
	NTCP_pension_ee	0.0775	
Unemployment	unemp_rate	0.011	
	unemp_rate2	0.005	
income ceiling	unemp_ciel	126 000	
Cantonal deductible limit	local_dedn	2 600	
deductible extra for child	local_dedn_c	1 300	
Max other insurance deduction			
single	max_dedn_s	1 700	
married couples	max_dedn_m	3 500	
child	max_dedn_c	700	
Child cash transfer	child_ben	3 000	

2015 tax equations

The equations for the Swiss system in 2015 are mostly calculated on a family basis.

Variable names are defined in the table of parameters above, within the equations table, or are the standard variables "married" and "children". A reference to a variable with the affix "_total" indicates the sum of the relevant variable values for the principal and spouse. And the affixes "_princ" and "_spouse" indicate the value for the principal and spouse, respectively. Equations for a single person are as shown for the principal, with "_spouse" values taken as 0.

	Line in country table and intermediate steps	Variable name	Range	Equation
1.	Earnings	earn		
2.	Allowances:	partner_al	J	IF(earn_spouse-work_al_spouse-SSC_spouse>partner_min_fed,(Married*MAX(partner_min_fed,MIN(partner_max_fed,partner_rate_fed*(earn_spouse-work_al_spouse-SSC_spouse)))),earn_spouse-work_al_spouse-SSC_spouse)+Married*Married_ded_fed
	Children	children_al	J	Children*fed_child_al+ (Children>0)*(Married=0)*sing_par_al
	Soc sec contributions	SSC_al	B	SSC + NTCP_pension_ee*IF(earn_princ>0.75*NTCP_old_age_max,MAX(0.125*NTCP_old_age_max,earn_princ-0.875*NTCP_old_age_max),0)+NTCP_pension_ee*IF(earn_spouse>0.75*NTCP_old_age_max,MAX(0.125*NTCP_old_age_max,earn_spouse-0.875*NTCP_old_age_max),0)
	Work related	work_al	B	IF(earn-SSC>work_exp_min,MAX(work_exp_min,MIN(work_exp_max,work_exp*(earn-SSC))),earn-SSC)
	Other	oth_al	J	IF(Married,IF(Children>0,max_dedn_m+Children*fed_dedn_c,max_dedn_m),IF(Children>0,max_dedn_s+Children*fed_dedn_c,max_dedn_s))
	Total	tax_al	J	partner_al+children_al+SSC_al+work_al+oth_al
3.	Credits in taxable income	taxbl_cr	J	Cash_tran
4.	CG taxable income	tax_inc	J	positive(earn_total-tax_al+taxbl_cr)
5.	CG tax before credits	CG_tax_excl	J	IF(Married+Children=0, Tax(tax_inc, IFD_sch_s)+IFD_min_s*(Tax(tax_inc, IFD_sch_s)>0), Tax(tax_inc, IFD_sch_m)+IFD_min_m*(Tax(tax_inc, IFD_sch_m)>0))
6.	Tax credits :	Children_cred	J	Child_cred*Children
7.	CG tax	CG_tax	J	Positive(CG_tax_excl- Children_cred)
8.	State and local taxes	local_tax_inc	J	MAX(earn_total+taxbl_cr-local_basic*(1+Married)-Children*local_child-work_al_total-SSC_total-(local_dedn*(1+Married)+Children*local_dedn_c)-(earn_spouse>0)*partner_local,0)
		local_tax		IF((Married+Children)>0, Tax(local_tax_inc, Zurich_sch_m)*statetax_mult+(1+Married)*Zurich_min*(Tax(local_tax_inc, Zurich_sch_m)>0), Tax(local_tax_inc, Zurich_sch_s)*statetax_mult+(Tax(local_tax_inc, Zurich_sch_s)>0)*Zurich_min)
9.	Employees' soc security	SSC	B	(old_age)*earn+IF(earn<=unemp_ciel,earn*unemp_rate,unemp_ciel*unemp_rate+(earn-unemp_ciel)*unemp_rate2)
11.	Cash transfers	Cash_tran	J	Children*child_ben
13.	Employer's soc security	SSC_empr	B	SSC

Key to range of equation B calculated separately for both principal earner and spouse P calculated for principal only (value taken as 0 for spouse calculation) J calculated once only on a joint basis.

Turkey

This chapter includes data on the income taxes paid by workers, their social security contributions, the family benefits they receive in the form of cash transfers as well as the social security contributions and payroll taxes paid by their employers. Results reported include the marginal and average tax burden for eight different family types.

Methodological information is available for personal income tax systems, compulsory social security contributions to schemes operated within the government sector, universal cash transfers as well as recent changes in the tax/benefit system. The methodology also includes the parameter values and tax equations underlying the data.

Turkey 2015

The tax/benefit position of single persons

	Wage level (per cent of average wage)	67	100	167	67
	Number of children	none	none	none	2
1.	**Gross wage earnings**	21 472	32 048	53 520	21 472
2.	**Standard tax allowances**				
	Basic allowance	0	0	0	0
	Married or head of family				
	Dependent children				
	Deduction for social security contributions and income taxes	3 221	4 807	8 028	3 221
	Work-related expenses				
	Other				
	Total	3 221	4 807	8 028	3 221
3.	**Tax credits or cash transfers included in taxable income**	0	0	0	0
4.	**Central government taxable income (1 - 2 + 3)**	18 251	27 241	45 492	18 251
5.	**Central government income tax liability (exclusive of tax credits)**	3 050	4 848	9 653	3 050
	Stamp tax	163	243	406	163
	Total	3 213	5 091	10 059	3 213
6.	**Tax credits**				
	Basic credit	1 081	1 081	1 081	1 406
	Married or head of family				
	Children				
	Other				
	Total	1 081	1 081	1 081	1 406
7.	**Central government income tax finally paid (5-6)**	2 132	4 010	8 978	1 807
8.	**State and local taxes**	0	0	0	0
9.	**Employees' compulsory social security contributions**				
	Gross earnings	3 221	4 807	8 028	3 221
	Taxable income				
	Total	3 221	4 807	8 028	3 221
10.	**Total payments to general government (7 + 8 + 9)**	5 353	8 817	17 006	5 028
11.	**Cash transfers from general government**				
	For head of family				
	For two children	0	0	0	0
	Total	0	0	0	0
12.	**Take-home pay (1-10+11)**	16 119	23 231	36 514	16 444
13.	**Employer's compulsory social security contributions**	3 758	5 608	9 366	3 758
14.	**Average rates**				
	Income tax	9.9%	12.5%	16.8%	8.4%
	Employees' social security contributions	15.0%	15.0%	15.0%	15.0%
	Total payments less cash transfers	24.9%	27.5%	31.8%	23.4%
	Total tax wedge including employer's social security contributions	36.1%	38.3%	41.9%	34.8%
15.	**Marginal rates**				
	Total payments less cash transfers: Principal earner	32.8%	32.8%	38.7%	32.8%
	Total payments less cash transfers: Spouse	n.a.	n.a.	n.a.	n.a.
	Total tax wedge: Principal earner	42.8%	42.8%	47.8%	42.8%
	Total tax wedge: Spouse	n.a.	n.a.	n.a.	n.a.

Turkey 2015

The tax/benefit position of married couples

		Wage level (per cent of average wage)	100-0	100-33	100-67	100-33
		Number of children	2	2	2	none
1.	**Gross wage earnings**		32 048	42 624	53 520	42 624
2.	**Standard tax allowances**					
	Basic allowance		0	0	0	0
	Married or head of family					
	Dependent children					
	Deduction for social security contributions and income taxes		4 807	6 394	8 028	6 394
	Work-related expenses					
	Other					
		Total	4 807	6 394	8 028	6 394
3.	**Tax credits or cash transfers included in taxable income**		0	0	0	0
4.	**Central government taxable income (1 - 2 + 3)**		27 241	36 230	45 492	36 230
5.	**Central government income tax liability (exclusive of tax credits)**		4 848	6 197	7 898	6 197
	Stamp tax		243	243	243	243
		Total	5 091	6 440	8 142	6 440
6.	**Tax credits**					
	Basic credit		1 622	2 487	2 487	2 163
	Married or head of family					
	Children					
	Other					
		Total	1 622	2 487	2 487	2 163
7.	**Central government income tax finally paid (5-6)**		3 469	4 033	5 818	4 357
8.	**State and local taxes**		0	0	0	0
9.	**Employees' compulsory social security contributions**					
	Gross earnings		4 807	6 394	8 028	6 394
	Taxable income					
		Total	4 807	6 394	8 028	6 394
10.	**Total payments to general government (7 + 8 + 9)**		8 277	10 427	13 846	10 751
11.	**Cash transfers from general government**					
	For head of family					
	For two children		0	0	0	0
		Total	0	0	0	0
12.	**Take-home pay (1-10+11)**		23 771	32 197	39 675	31 873
13.	**Employer's compulsory social security contributions**		5 608	7 459	9 366	7 459
14.	**Average rates**					
	Income tax		10.8%	9.5%	10.9%	10.2%
	Employees' social security contributions		15.0%	15.0%	15.0%	15.0%
	Total payments less cash transfers		25.8%	24.5%	25.9%	25.2%
	Total tax wedge including employer's social security contributions		36.9%	35.7%	36.9%	36.4%
15.	**Marginal rates**					
	Total payments less cash transfers: Principal earner		32.8%	32.8%	32.8%	32.8%
	Total payments less cash transfers: Spouse		18.3%	28.5%	32.8%	28.5%
	Total tax wedge: Principal earner		42.8%	42.8%	42.8%	42.8%
	Total tax wedge: Spouse		30.5%	39.2%	42.8%	39.2%

The national currency unit is the "Türk Lirası" (TL). In 2015, TL 2.72 was equal to USD 1. In that year, the average worker earned TL 32 048 (Country estimate).

1. Personal income tax systems

1.1. *Central government income tax*

1.1.1. *Tax unit*

Spouses are taxed separately on earned income. This rule has been applied since 1 January 1999.

1.1.2. *Tax allowances and tax credits*

1.1.2.1. Standard reliefs:

- *Reliefs for social security contributions:* Employee's social security contributions are deductible from gross earnings. These contributions are 15% of gross income as stated by the Social Insurance Act. The contribution to the unemployment fund is included in this amount and equals 1% of gross income.
- Contributions to public pension funds established by law are deductible.
- *Work-related expenses*: None.
- *Minimum Living Relief*: The calculation of the minimum living allowance is based on the annual gross amount of the minimum wage for employees older than 16 at the beginning of the calendar year in which the income is obtained multiplied by the following rates:
  - 50% for the taxpayer him or herself;
  - 10% for the spouse who neither works nor has an income;
  - 7.5% for each of the first two children;
  - 10% for third child;
  - 5% for each additional child.

This total amount is then multiplied by the rate (15%) which is applied to the first income bracket of PIT Schedule stated in Article 103 of PIT Law, and then minimum living relief is calculated by offsetting 1/12 of the allowance amount against monthly calculated tax due on employment income. Any excess is non-refundable.

1.1.2.2. Main non-standard tax reliefs applicable to an AW

- *Reliefs for disabled*: Article 31 of PIT Law (implemented in 01.01.2004 by the law 4842) regulates tax relief for disabled persons. The employee who lost his/her working capacity with at least 80% is considered to be disabled in the 1st degree; employees are disabled in the 2nd respectively 3rd degree if they lost their working capacity with at least 60% respectively 40%. In these cases, the following amounts are deductible from monthly wages:

  - ❖ Disabled in the 1st degree: TL 880
  - ❖ Disabled in the 2nd degree: TL 440
  - ❖ Disabled in the 3rd degree: TL 200
- Legal deductions for public institutions such as OYAK (Social Aid Institution for Military Officers).
- 50% of the premiums paid by the wage-earner for life insurance policies which belong to himself (or herself), the spouse and dependent children and all of the premiums paid by the wage- earner for personal insurance policies including death, accident, health, illness, disablement, unemployment, maturity, birth, education, etc. provided that the insurance is contracted with a company establishment in or with a main office in Turkey. (The total amount of deductible premiums cannot exceed 15% of the wage that is earned in the current month. The annual amount cannot exceed the annual minimum wage.
- Membership payments made to labour unions.

1.1.3. *Tax schedule*

The tax schedule in 2015 is as follows:

Taxable income (TL)	Tax on lower threshold (TL)	Tax on excess amount above lower threshold (%)
Up to 12 000		15
12 000 up to 29 000	1 800	20
29 000 up to 106 000	5 200	27
Over 106 0000	25 990	35

1.2. *State and local income taxes*

Income tax is levied only by the central government.

1.3. *Stamp tax*

The stamp tax base is gross earnings. The tax rate is 0.759% in 2015.

2. Compulsory social security contributions to schemes operated within the government sector

2.1. *Employees' contributions*

2.1.1. *Pensions (disability, old age and death insurance):*

9%

2.1.2. *Sickness:*

5%

2.1.3. *Unemployment:*

1%

2.2. *Employers' contributions*

2.2.1. *Pensions (disability, old age and death insurance):*

11%

2.2.2. *Sickness:*

7.5%

2.2.3. *Unemployment:*

2%

2.2.4. *Pensions (for short term insurance branches):*

2%

In order to increase employment and reduce regional imbalances in Turkey; various incentives policies have been implemented by state, by laws 4447, 4857, 5084, 5225, 5510, 5746, 6111, 6486 by Council of Minister's Decree of 2012/3305(Unemployment Law No: 4447, Labour Law No: 4857, Investment and Employment Promotion Law No. 5084, Investment Incentives and The Law of Cultural Initiatives Law No: 5225, Social Security General Health Insurance Law No: 5510, Promotion Research and Development Activities Law No: 5746, Law On The Restricting Of Certain Receivables and Amendment To The Law Of Social Insurance and General Health Insurance and Certain Other Laws And Decree Laws No: 6111, Amendment To The Law Of Social Insurance and General Health Insurance and Certain Other Laws No: 6486, Council of Minister's Decree No: 2012/3305 on Government Subsidies for Investments).

One of the various incentives is reduction of premiums. If disability, old age and death insurance premiums paid regularly by employers as stated law 5510 article of 81 (Social Security and General Health Insurance Law), 5% of total 11% premiums are paid by state on behalf of employers. (5% discount applied in employers share). In addition to 5% discount, 6% discount is implemented from 2013 in the working places, which employ ten or more workers, located in 51 provinces, Gökçeada and Bozcaada determined by taking into account the social-development index.

There is no distinction by marital status or sex and the contributions apply to gross earnings. Compulsory social security contributions of employees and their employers are calculated according to the schemes presented above.

For employees whose gross earnings are below the base or above ceiling earnings, which are determined at least twice in a year, these contribution rates are applied to the base or ceiling amounts respectively. In 2015, the base amount is approximately TL 14 850 and the ceiling amount is approximately TL 96 525. Under the Law No. 5510 **(Social Security and General Health Insurance Law),** the base wage for social security contributions is equal to the minimum wage. Because employees cannot be less than the minimum wage, the base wage is not considered in this publication. However, the ceiling earnings are considered for the purposes of this Report.

3. Universal cash transfers

Employees obtain universal cash transfers according to the collective labour agreements that are signed between their employer and the labour union(s). These agreements vary with the bargaining power of the different parties in the different sectors in the economy. This explains why there is no standard amount reflecting these general transfers.

4. Main changes in tax/benefit system since 2004

Personal Income Tax Law (No. 193) which is about income tax, Social Security and General Health Insurance Law (No: 5510) which is about social security contributions and

Unemployment Insurance Law (No: 4447) which is about unemployment insurance fund are the main laws about tax/benefit system.

The main changes have been made to the following laws 5615, 6009, 6327 and 6645 which are as follows:

- According to Act No. 5615, the new application "*Minimum Living Relief*" began to be implemented (see the Section 1.1.2).
- According to Act No. 6009, the taxation of the wages are differentiated than the taxation of the other taxable revenue resources like trading income, income from immovable property or income from investments. By this way, it is ensured that wages (comparative to other income items) are later entered into the 3rd bracket on the income tax schedule.
- According to Act No. 6327, (published in the Official Gazette issue 28338 on 29 June 2012.) there are important amendments in the Private Pension System Regulations. According to this law, any citizen of the Republic of Turkey will have the right for state subsidy for his/her paid contributions to the Private Pension Account. The contribution upper limit to favour this incentive is the annual amount of minimum wage 25% of this amount shall be transferred to the account of the insured party as a state subsidy. The state subsidy shall be earned in proportion to the amount of time within the system.
- According to Act No. 6645, "Minimum Living Relief" rate is changed from 5% to 10% which is used for third child's rate.

5. Memorandum items

5.1. *Identification of an AW*

Weighted mean, by the number of employees, of the monthly average wage* information obtained from "Structure of Earnings Survey, 2010", published by TURKSTAT, according to NACE Rev. 2 classification for B-N sections is calculated** and B-N aggregated data is gained. (The annual average wage data is calculated by multiplying the monthly average wage values by 12)

The data from 2011-15 is reached by using 2010 = 100 base year "Hourly Earnings Index" and 2010 annual average wage data.

5.2. *Contribution to private pension and health schemes*

Business enterprises (employers) are permitted to make additional contributions for pension savings of their employees. However, these amounts of additional premiums are limited by main tax laws. Such additional pension arrangements, which are optional, are not widely used.

* Monthly wage: Include the sum of monthly basic wages, over time payments, payments for shift work/night work and other regular payments paid to employees in November 2010 by employers.

** The average wage amount from 2010 is calculated as a result of a joint working performed by authorities from TURKSTAT and Ministry of Finance.

2015 parameter values

Average earnings/yr.	Ave_earn	32 048	Country estimate
Income tax	Tax_sch	0.15	12 000
		0.20	29 000
		0.27	106 000
		0.35	
Stamp tax	Stamp_rate	0.00759	
Employees SSC	SSC_rate	0.15	
	SSC_ceil	96 525	
Employers SSC	SSC_empr	0,175	
Minimum living relief	credit_rate	0.15	
	basic_allow	0.5	
	spouse_allow	0.1	
	child_allow	0.075	
	third_child_allow	0.1	
	add_child_allow	0.05	
	min_wage	14 418	

2015 tax equations

The equations for the Turkish system are on an individual basis.

The functions which are used in the equations (Taper, MIN, Tax etc) are described in the technical note about tax equations. Variable names are defined in the table of parameters above, within the equations table, or are the standard variables "married" and "children". A reference to a variable with the affix "_total" indicates the sum of the relevant variable values for the principal and spouse. And the affixes "_princ" and "_spouse" indicate the value for the principal and spouse, respectively. Equations for a single person are as shown for the principal, with "_spouse" values taken as 0.

	Line in country table and intermediate steps	Variable name	Range	Equation
1.	Earnings	earn		
2.	Allowances:	tax_al	B	SSC
3.	Credits in taxable income	taxbl_cr	B	0
4.	CG taxable income	tax_inc	B	Positive(earn-tax_al)
	Stamp tax	stamp_tax	B	earn*stamp_rate
5.	CG tax before credits	CG_tax_excl	B	Tax(tax_inc,tax_sch)
6.	Tax credits :	tax_cr	P	=credit_rate*min_wage*(basic_allow+spouse_allow*(IF(Wife=0;Married;0))+ IF(OR(Children=1;Children=2); Children*child_allow;0)+IF(Children=3;(2*child_ allow) +(Children-2)*third_child_allow;0)+IF(Children>3;(2*child_allow) +(1* third_child_allow)+(1*add_child_allow);0))
			S*	IF(spouse_earn>0,credit_rate*min_wage*basic_allow,0)
7.	CG tax	CG_tax	B	positive(CG_tax_excl-tax_cr)+stamp_tax
8.	State and local taxes	local_tax	B	0
9.	Employees' soc security	SSC	B	Min(earn,SSC_ceil)*SSC_rate
11.	Cash transfers	cash_trans	B	0
13.	Employer's soc security	SSC_empr	B	Min(earn,SSC_ceil)*SSC_empr

Key to range of equation B calculated separately for both principal earner and spouse P calculated for principal only (value taken as 0 for spouse calculation) J calculated once only on a joint basis.

* In the case where the spouse earns 33% of the average wage: Taxing Wages assumption on the working spouse earning 33% of the AW does not comply with the Turkish legislation. 33% of AW in Turkey is below the minimum wage and a person cannot be employed below minimum wage. According to the Turkish legislation, it is assumed that (because he/she doesn't obtain "wage") the spouse should not obtain income in the calculation for this case, and another minimum living allowance is not also calculated for the spouse. Minimum living allowance should be only calculated for the principle earner.

United Kingdom (2015-16 income tax year)

This chapter includes data on the income taxes paid by workers, their social security contributions, the family benefits they receive in the form of cash transfers as well as the social security contributions and payroll taxes paid by their employers. Results reported include the marginal and average tax burden for eight different family types.

Methodological information is available for personal income tax systems, compulsory social security contributions to schemes operated within the government sector, universal cash transfers as well as recent changes in the tax/benefit system. The methodology also includes the parameter values and tax equations underlying the data.

United Kingdom 2015

The tax/benefit position of single persons

		Wage level (per cent of average wage)	67	100	167	67
		Number of children	none	none	none	2
1.	**Gross wage earnings**		24 131	36 017	60 148	24 131
2.	**Standard tax allowances**					
	Basic allowance		10 600	10 600	10 600	10 600
	Married or head of family					
	Dependent children					
	Deduction for social security contributions and income taxes					
	Work-related expenses					
	Other					
		Total	10 600	10 600	10 600	10 600
3.	**Tax credits or cash transfers included in taxable income**		0	0	0	0
4.	**Central government taxable income (1 - 2 + 3)**		13 531	25 417	49 548	13 531
5.	**Central government income tax liability (exclusive of tax credits)**		2 706	5 083	13 462	2 706
6.	**Tax credits**					
	Basic credit					
	Married or head of family					
	Children		0	0	0	3 634
	Other					
		Total	0	0	0	3 634
7.	**Central government income tax finally paid (5-6)**		2 706	5 083	13 462	- 928
8.	**State and local taxes**		0	0	0	0
9.	**Employees' compulsory social security contributions**					
	Gross earnings		1 929	3 355	4 474	1 929
	Taxable income					
		Total	1 929	3 355	4 474	1 929
10.	**Total payments to general government (7 + 8 + 9)**		4 635	8 438	17 936	1 000
11.	**Cash transfers from general government**					
	For head of family					
	For two children		0	0	0	1 799
		Total	0	0	0	1 799
12.	**Take-home pay (1-10+11)**		19 496	27 578	42 211	24 929
13.	**Employer's compulsory social security contributions**		2 211	3 851	7 181	2 211
14.	**Average rates**					
	Income tax		11.2%	14.1%	22.4%	-3.8%
	Employees' social security contributions		8.0%	9.3%	7.4%	8.0%
	Total payments less cash transfers		19.2%	23.4%	29.8%	-3.3%
	Total tax wedge including employer's social security contributions		26.0%	30.8%	37.3%	5.4%
15.	**Marginal rates**					
	Total payments less cash transfers: Principal earner		32.0%	32.0%	42.0%	73.0%
	Total payments less cash transfers: Spouse		n.a.	n.a.	n.a.	n.a.
	Total tax wedge: Principal earner		40.2%	40.2%	49.0%	76.3%
	Total tax wedge: Spouse		n.a.	n.a.	n.a.	n.a.

United Kingdom 2015

The tax/benefit position of married couples

		Wage level (per cent of average wage)	100-0	100-33	100-67	100-33
		Number of children	2	2	2	none
1.	**Gross wage earnings**		36 017	47 902	60 148	47 902
2.	**Standard tax allowances**					
	Basic allowance		10 600	21 200	21 200	21 200
	Married or head of family					
	Dependent children					
	Deduction for social security contributions and income taxes					
	Work-related expenses					
	Other					
		Total	10 600	21 200	21 200	21 200
3.	**Tax credits or cash transfers included in taxable income**		0	0	0	0
4.	**Central government taxable income (1 - 2 + 3)**		25 417	26 702	38 948	26 702
5.	**Central government income tax liability (exclusive of tax credits)**		5 083	5 340	7 790	5 340
6.	**Tax credits**					
	Basic credit					
	Married or head of family					
	Children		0	0	0	0
	Other					
		Total	0	0	0	0
7.	**Central government income tax finally paid (5-6)**		5 083	5 340	7 790	5 340
8.	**State and local taxes**		0	0	0	0
9.	**Employees' compulsory social security contributions**					
	Gross earnings		3 355	3 814	5 283	3 814
	Taxable income					
		Total	3 355	3 814	5 283	3 814
10.	**Total payments to general government (7 + 8 + 9)**		8 438	9 154	13 073	9 154
11.	**Cash transfers from general government**					
	For head of family					
	For two children		1 799	1 799	1 799	0
		Total	1 799	1 799	1 799	0
12.	**Take-home pay (1-10+11)**		29 377	40 546	48 873	38 748
13.	**Employer's compulsory social security contributions**		3 851	4 372	6 061	4 372
14.	**Average rates**					
	Income tax		14.1%	11.1%	13.0%	11.1%
	Employees' social security contributions		9.3%	8.0%	8.8%	8.0%
	Total payments less cash transfers		18.4%	15.4%	18.7%	19.1%
	Total tax wedge including employer's social security contributions		26.3%	22.4%	26.2%	25.9%
15.	**Marginal rates**					
	Total payments less cash transfers: Principal earner		32.0%	32.0%	32.0%	32.0%
	Total payments less cash transfers: Spouse		6.0%	32.0%	32.0%	32.0%
	Total tax wedge: Principal earner		40.2%	40.2%	40.2%	40.2%
	Total tax wedge: Spouse		10.0%	40.2%	40.2%	40.2%

The national currency is the Pound Sterling (GBP). In 2015, GBP 0.65 was equal to USD 1. In 2015-16, the Average Worker is estimated to earn GBP 36 017 (Secretariat estimate).

1. Personal income tax system

1.1. Central government income taxes

1.1.1. Tax unit

The tax unit is the individual, but certain reliefs depend on family circumstances (see Section 1.121).

1.1.2. Tax allowances and tax credits

All figures shown are those applying at the start of the tax year in April.

1.1.2.1. Standard reliefs

- Basic reliefs: A personal allowance of GBP 10 600 is granted to each individual with income below GBP 100 000. The personal allowance is then tapered away by GBP 1 for every GBP 2 of income above GBP 100 000.
- Standard marital status reliefs: None.
- Working Tax Credit (WTC): A non-wastable tax credit available to low income families with or without children. It is available for families with children where one person works at least 16 hours a week (though hours must be at least 24 overall for a couple). It is also available for people with a disability who work at least 16 hours a week and for families without children where one person works at least 30 hours a week. The amount depends upon the hours worked, the ages of children, eligible childcare costs, and gross income. A family with a child 16 or under where the claimant (or, where applicable, their partner, or both claimants jointly) works at least 30 hours a week, would get a maximum credit of GBP 4 780 per year (assuming neither the adult(s) nor the child were disabled) before taking into account eligible childcare costs.* This credit is reduced by 41 pence for each GBP 1 of net income above a threshold of GBP 6 420 per year. WTC was introduced on 6th April 2003.
- Relief for social security contributions and other taxes: None.
- Child Tax Credit (CTC): A non-wastable tax credit available to low and middle income families with children. It provides support for children until 1st September following their 16th birthday, and beyond that date to the age of 19 for those who continue in full-time non-advanced education. The amount depends on gross income and the number and age of the children. A family with two children would get a maximum credit

* The amount of credit received is calculated by dividing separately each element of the credit by the number of days in the tax year and rounding up to the nearest penny to give a daily rate. These daily rates are then multiplied by the number of days in the relevant period (for the purposes of this Report, the tax year) and added together.

GBP 6 105 per year, which is reduced by 41 pence for each GBP 1 of gross income above a threshold of GBP 16 105 if the family is not working. A higher threshold applies if the family is working; their CTC is reduced at the same rate once their WTC has been tapered to zero. CTC was introduced on 6th April 2003.

1.1.2.2. Main non-standard tax reliefs applicable to an AW.

- Work-related expenses: Flat rate expenses for tools and special clothing are allowed to certain occupational categories. Since this provision is not applicable to all manufacturing occupations, and hence average workers, and because the rates vary slightly across categories, this relief is considered here as non-standard;
- Contributions to approved superannuation schemes or personal pension schemes are deducted when calculating taxable income. Premiums on approved life assurance policies payable to life assurance companies attract 12.5% tax relief for policies entered into force before 13 March 1984.

1.1.3. Tax schedule

In 2015-16 all taxpayers are liable on taxable income other than savings and dividend income at the basic rate of 20% on the first GBP 31 785, 40% over the basic rate limit of GBP 31 785 and 45% over the higher rate limit of GBP 150 000. (Taxable Income is defined as gross income for income tax purposes less allowances and reliefs available at the marginal rate.) Dividend income is charged at 10% up to the basic rate limit of GBP 31 785, 32.5% above GBP 31 785 and 37.5% above GBP 150 000. Savings income is charged at 0% up to the starting rate limit on the first GBP 5 000, at 20% up to GBP 31 785, 40% above GBP 31 785 and 45% above GBP 150 000.

Taxable income (GBP)	Rate %
0-31 785	20
31 785-150 000	40
Over 150 000	45

1.2. State and local income tax

There are no regional or local income taxes.

2. Compulsory social security contributions to schemes operated within the government sector

2.1. Employees' contributions

National Insurance contributions are payable by employees earning more than GBP 155 in any week. These are 12% of earnings between GBP 155 and GBP 815 and 2% of earnings above GBP 815 for employees not contracted out of the state second pension scheme (additional state pension which supplements the basic retirement pension). For employees who are contracted out, there is a rebate of 1.4% on earnings between GBP 112 and GBP 770. Depending on eligibility, members of the National Insurance scheme qualify for pensions, sickness, industrial injury, unemployment benefits, etc. All employees earning under GBP 155 per week have no National Insurance contribution liability but a notional contribution will be deemed to have been paid in respect of earnings between GBP 112 and GBP 155 to protect benefit entitlement.

2.2. Employers' contributions

Employer's contributions are not payable for employees earning less than GBP 156 per week. The rate of employers' contributions for employees not contracted out of the additional (earnings related) scheme is 13.8% of earnings above GBP 156 per week. For employees who are contracted out, there is a rebate of 3.4% on earnings between GBP 112 and GBP 770 per week.

3. Universal cash transfers

3.1. Transfers related to marital status

None (widows' benefit is covered by the government pensions scheme noted above).

3.2. Transfers for dependent children

A child benefit of GBP 20.70 per week is paid in respect of the first child in the family up to the age of 19 (if the child aged 16-19 is in education or training) with GBP 13.70 per week paid for each subsequent child.

From January 2013, a new tax charge has been introduced for a taxpayer who has income over GBP 50 000 and either they or their partner are in receipt of Child Benefit. For those with income between GBP 50 000 and GBP 60 000, the amount of the charge will be 1% of the Child Benefit for every GBP 100 of income over GBP 50 000. For those with income over GBP 60 000, the amount of the charge will equal the amount of Child Benefit. Where both adults are over the threshold, the liability falls on the adult with the highest adjusted net income (ANI).

4. Memorandum items

4.1. Identification of AW and valuation of earnings

A new Annual Survey of Hours and Earnings (ASHE) has been developed to replace the New Earnings Survey (NES) (results of which are published in *Labour Market Trends*) and shows the average weekly earnings of full-time employees in April each year. It covers men and women at adult rates in the United Kingdom (excluding Northern Ireland). The annual figure used for the gross earnings of the AW in the United Kingdom is the annual equivalent of the arithmetic average of the weekly earnings figures for April at the beginning and end of the fiscal year, as published in *Labour Market Trends*.

The earnings figures exclude the earnings of those whose pay was affected by absence (due to sickness etc.). They include overtime, payment by results and shift payments. But they do not include benefits in kind (which could in some circumstances be included in the employee's taxable income in the United Kingdom).

4.2. Employers' contributions to private pension, health etc. schemes

In 2008, there were 9.0 million active members of occupational pension schemes with two or more members in the UK, of whom 3.6 million were in the private sector and 5.4 million in the public sector.

2015 parameter values

Average earnings/yr	Ave_earn	36 017	Secretariat Estimate	
Allowances	Basic_al	10 600		
	PA taper start	100 000		
	Married_al	0		
	Married_rate	0		
Income tax	Tax_sch	0.2	31 785	
		0.4	150 000	
		0.45		
Employees SSC				
Primary threshold	SSC_sch	0	8 060	PT
Upper earnings limit		0.12	42 385	UEL
		0.02		
Employers SSC	SSC_rate2	0.138		
	ST	8 112		
Child benefit (first)	CB_first	20.70		
Child benefit (others)	CB_others	13.70		
	CB_1st_thres	50 000.00		
	CB_2nd_thres	60 000.00		
	CB_taper1	0.01		
	CB_taper2	100.00		
NEW TAX CREDITS				
WTC				
Basic element	WTC_Basic	1 960		
Couple/Lone parent	WTC_couple_or_lone	2 010		
30 Hour element	WTC_30hr	810		
CTC				
Family element	CTC_family	545		
Child element	CTC_child	2 780		
Baby element	CTC_baby			
Threshold	NTC_1st_thres	6 420		
	NTC_1st_taper	0.41		
Days in tax year	Numdays	366		

2015 tax equations

The equations for the UK system are mostly on an individual basis. But Child and Working tax credits are calculated on a family basis and child benefit is calculated only once. This is shown by the Range indicator in the table below.

The functions which are used in the equations (Taper, MIN, Tax etc) are described in the technical note about tax equations. Variable names are defined in the table of parameters above, within the equations table, or are the standard variables "married" and "children". A reference to a variable with the affix "_total" indicates the sum of the relevant variable values for the principal and spouse. And the affixes "_princ" and "_spouse" indicate the value for the principal and spouse, respectively. Equations for a single person are as shown for the principal, with "_spouse" values taken as 0.

	Line in country table and intermediate steps	Variable name	Range	Equation
1.	Earnings	Earn		
2.	Allowances:	tax_al	B	Tax_al =IF(earn<PA_taper,Basic_al,IF(earn>(PA_taper+(Basic_al*2)),0,MAX(0,(Basic_al-((earn-PA_taper)/2)))))
2.	PA Start	PA_taper	B	IF(earn<PA_taper,Basic_al,IF(AA7>(PA_taper+(Basic_al*2)),0,MAX(0,(Basic_al-((AA7-PA_taper)/2)))))
3.	Credits in taxable income	taxbl_cr	B	0
4.	CG taxable income	tax_inc	B	Positive(earn-tax_al)
5.	CG tax before credits	CG_tax_excl	B	Tax(tax_inc, tax_sch)
6.	Tax credits (nonwastable)	tax_cr	J	IF(Children>0, (Taper(ROUNDUP(CTC_family/numdays, 2)*numdays+Children*ROUNDUP(CTC_child/numdays, 2)*numdays+ROUNDUP(WTC_Basic/numdays, 2)*numdays+ROUNDUP(WTC_30hr/numdays, 2)*numdays+ROUNDUP(WTC_couple_or_lone/numdays, 2)*numdays, earn_total, NTC_1st_thres, NTC_1st_taper), Taper(ROUNDUP(WTC_Basic/numdays, 2)*numdays+ROUNDUP(WTC_30hr/numdays, 2)*numdays+IF(Married=1, ROUNDUP(WTC_couple_or_lone/numdays, 2)*numdays, 0), earn_total, NTC_1st_thres, NTC_1st_taper))
7.	CG tax	CG_tax	B	CG_tax_excl-tax_cr
8.	State and local taxes	local_tax	B	0
9.	Employees' soc security	SSC	B	Tax(earn, SSC_sch)
11.	Cash transfers	cash_trans	J	=IF(princ_earn>CB_1st_thres,IF(princ_earn>CB_2nd_thres,0,((1-(AA7-CB_1st_thres)/(CB_taper2/CB_taper1)))*(numdays/7*((Children>0)*CB_first+CB_others*Positive(Children-1)))),(numdays/7*((Children>0)*CB_first+CB_others*Positive(Children-1))))
13.	Employer's soc security	SSC_empr	B	(earn>ST)*(earn-ST)*SSC_rate2
	Memorandum item: Non-wastable tax credit			
	tax expenditure component	Taxexp	J	Tax_cr-transfer
	cash transfer component	Transfer	J	IF(CG_tax_excl<0, -CG_tax_excl, 0)

Key to range of equation B calculated separately for both principal earner and spouse P calculated for principal only (value taken as 0 for spouse calculation) J calculated once only on a joint basis.

Les impôts sur les salaires 2016

United States

This chapter includes data on the income taxes paid by workers, their social security contributions, the family benefits they receive in the form of cash transfers as well as the social security contributions and payroll taxes paid by their employers. Results reported include the marginal and average tax burden for eight different family types.

Methodological information is available for personal income tax systems, compulsory social security contributions to schemes operated within the government sector, universal cash transfers as well as recent changes in the tax/benefit system. The methodology also includes the parameter values and tax equations underlying the data.

United States 2015

The tax/benefit position of single persons

		Wage level (per cent of average wage)	67	100	167	67
		Number of children	none	none	none	2
1.	**Gross wage earnings**		34 146	50 964	85 110	34 146
2.	**Standard tax allowances**					
	Basic allowance		10 300	10 300	10 300	13 250
	Married or head of family					
	Dependent children		0	0	0	8 000
	Deduction for social security contributions and income taxes					
	Work-related expenses					
	Other					
		Total	10 300	10 300	10 300	21 250
3.	**Tax credits or cash transfers included in taxable income**		0	0	0	0
4.	**Central government taxable income (1 - 2 + 3)**		23 846	40 664	74 810	12 896
5.	**Central government income tax liability (exclusive of tax credits)**		3 116	5 960	14 496	1 290
6.	**Tax credits**					
	Basic credit		0	0	0	2 171
	Married or head of family					
	Children		0	0	0	2 000
	Other					
		Total	0	0	0	4 171
7.	**Central government income tax finally paid (5-6)**		3 116	5 960	14 496	- 2 881
8.	**State and local taxes**		2 088	3 207	5 478	1 594
9.	**Employees' compulsory social security contributions**					
	Gross earnings		2 612	3 899	6 511	2 612
	Taxable income					
		Total	2 612	3 899	6 511	2 612
10.	**Total payments to general government (7 + 8 + 9)**		7 816	13 065	26 485	1 324
11.	**Cash transfers from general government**					
	For head of family					
	For two children		0	0	0	0
		Total	0	0	0	0
12.	**Take-home pay (1-10+11)**		26 330	37 899	58 625	32 821
13.	**Employer's compulsory social security contributions**		3 207	4 494	7 106	3 207
14.	**Average rates**					
	Income tax		15.2%	18.0%	23.5%	-3.8%
	Employees' social security contributions		7.7%	7.7%	7.7%	7.7%
	Total payments less cash transfers		22.9%	25.6%	31.1%	3.9%
	Total tax wedge including employer's social security contributions		29.5%	31.7%	36.4%	12.1%
15.	**Marginal rates**					
	Total payments less cash transfers: Principal earner		29.3%	39.3%	39.3%	46.6%
	Total payments less cash transfers: Spouse		n.a.	n.a.	n.a.	n.a.
	Total tax wedge: Principal earner		34.3%	43.6%	43.6%	50.4%
	Total tax wedge: Spouse		n.a.	n.a.	n.a.	n.a.

United States 2015

The tax/benefit position of married couples

		Wage level (per cent of average wage)	100-0	100-33	100-67	100-33
		Number of children	2	2	2	none
1.	**Gross wage earnings**		50 964	67 782	85 110	67 782
2.	**Standard tax allowances**					
	Basic allowance		20 600	20 600	20 600	20 600
	Married or head of family					
	Dependent children		8 000	8 000	8 000	0
	Deduction for social security contributions and income taxes					
	Work-related expenses					
	Other					
		Total	28 600	28 600	28 600	20 600
3.	**Tax credits or cash transfers included in taxable income**		0	0	0	0
4.	**Central government taxable income (1 - 2 + 3)**		22 364	39 182	56 510	47 182
5.	**Central government income tax liability (exclusive of tax credits)**		2 432	4 955	7 554	6 155
6.	**Tax credits**					
	Basic credit		0	0	0	0
	Married or head of family					
	Children		2 000	2 000	2 000	0
	Other					
		Total	2 000	2 000	2 000	0
7.	**Central government income tax finally paid (5-6)**		432	2 955	5 554	6 155
8.	**State and local taxes**		2 660	3 778	4 931	4 143
9.	**Employees' compulsory social security contributions**					
	Gross earnings		3 899	5 185	6 511	5 185
	Taxable income					
		Total	3 899	5 185	6 511	5 185
10.	**Total payments to general government (7 + 8 + 9)**		6 991	11 918	16 995	15 483
11.	**Cash transfers from general government**					
	For head of family					
	For two children		0	0	0	0
		Total	0	0	0	0
12.	**Take-home pay (1-10+11)**		43 973	55 863	68 114	52 299
13.	**Employer's compulsory social security contributions**		4 494	6 375	7 701	6 375
14.	**Average rates**					
	Income tax		6.1%	9.9%	12.3%	15.2%
	Employees' social security contributions		7.7%	7.7%	7.7%	7.7%
	Total payments less cash transfers		13.7%	17.6%	20.0%	22.8%
	Total tax wedge including employer's social security contributions		20.7%	24.7%	26.6%	29.5%
15.	**Marginal rates**					
	Total payments less cash transfers: Principal earner		29.3%	29.3%	29.3%	29.3%
	Total payments less cash transfers: Spouse		29.3%	29.3%	29.3%	29.3%
	Total tax wedge: Principal earner		34.3%	34.3%	34.3%	34.3%
	Total tax wedge: Spouse		36.4%	34.3%	34.3%	34.3%

The national currency is the dollar (USD). In 2015, the average worker earned USD 50 964 (Secretariat estimate).

1. Personal income tax system

1.1. *Central/federal government income taxes*

1.1.1. *Tax unit*

Families are generally taxed in one of three ways:

- As married couples filing jointly on the combined income of both spouses;
- As married individuals filing separately and reporting actual income of each spouse; or
- As heads of households (only unmarried or separated individuals with dependents).

All others, including dependent children with sufficient income, file as single individuals.

1.1.2. *Tax allowances and tax credits*

1.1.2.1. Standard reliefs

- *Basic reliefs*: In 2015 a married couple filing a joint tax return is entitled to a standard deduction of USD 12 600. The standard deduction is USD 9 250 for heads of households and USD 6 300 for single individuals. This relief is indexed for inflation. More liberal standard deductions are available for taxpayers who are age 65 or older and taxpayers who are blind. Special rules apply to children who have sufficient income to pay tax and are also claimed as dependents by their parents.
- In addition to the standard deduction, in 2015 a USD 4 000 *personal exemption* is given to every taxpayer (including both husband and wife filing a joint return). The personal exemption is indexed annually for inflation. In 2015, there is a phase out for personal exemptions.
- Personal exemption phase out: Personal exemptions are phased out in 50 steps for taxpayers with incomes in excess of certain amounts. All of a taxpayer's exemptions are phased out simultaneously. For each USD 2 500 or fraction thereof by which income exceeds the beginning of the phase out range, personal exemptions are phased down by two percentage points.

Filing status	Beginning of phase out range (USD)
Single	258 250
Joint return	309 900
Head of household	284 050

- *Standard marital status reliefs*: Married couples generally benefit from a more favourable schedule of tax rates for joint returns of spouses (see Section 1.13). There are no other general tax reliefs for marriage.

- *Relief for children*: For each child and other person claimed as a dependent on a taxpayer's return, the taxpayer is entitled to a dependency exemption of USD 4 000 in 2015. Low income workers with dependents are allowed a refundable (non-wastable) earned income credit. For taxpayers with one child, the credit is 34% of up to USD 9 880 of earned income in 2015. The credit phases down when income exceeds USD 18 110 (23 630 for married taxpayers) and phases out when it reaches USD 39 131 (44 651 for married taxpayers). The earned income threshold and the phase-out threshold are indexed for inflation. For taxpayers with two children, the credit is 40% of up to USD 13 870 of earned income in 2015. The credit phases down when income exceeds USD 18 110 (23 630 for married taxpayers) and phases out when it reaches USD 44 454 (49 974 for married taxpayers). For taxpayers with three or more children the credit is 45% of up to USD 13 870 of earned income. The credit phases down when income exceeds USD 18 110 (23 630 for married taxpayers) and phases out when it reaches USD 47 747 (53 267 for married taxpayers).
- Since 1998, taxpayers are permitted a tax credit for each qualifying child under the age of 17. In 2015 the maximum credit is USD 1 000. The maximum credit is reduced for taxpayers with income in excess of certain thresholds. The credit is reduced by USD 50 for each USD 1 000 of income in excess of USD 110 000 for married taxpayers (USD 75 000 for single and head of household taxpayers). These threshold amounts are not indexed for inflation. The child credit is refundable (non-wastable) to the extent of 15% of earned income in excess of USD 3 000. A taxpayer with three or more qualifying children may be allowed a supplemental refundable (non-wastable) child credit, subject to certain restrictions. The refundable credit is the excess of the taxpayer's share of social security (including Medicare) taxes over his earned income tax credit for the year not used to offset income tax liability.
- *Relief for low income workers without children*: In 1994 and thereafter, low income workers without children are eligible for the earned income credit. In 2015 low income workers without children are permitted a non-wastable earned income credit of 7.65% of up to USD 6 580 of earned income. The credit phases down when income exceeds USD 8 240 (13 750 for married taxpayers) and phases out when income reaches USD 14 820 (20 330 for married taxpayers). This credit is available for taxpayers at least 25 years old and under 65 years old.
- *Relief for social security and other taxes*. In 2015, the withholding rate for Social Security taxes for employees is 6.2%. The earned income credits described above are sometimes considered an offset to social security contributions made by eligible employees. Furthermore, only a portion of social security benefits are subject to tax.

1.1.2.2. Main non-standard reliefs applicable to an AW

- The basic non-standard relief is the deduction of certain expenses to the extent that, when itemised, they exceed in aggregate the standard deduction. For the purposes of this Report, it is assumed that workers claim the standard deduction. The principal itemised deductions claimed by individuals where the standard deduction is not being claimed are:
- *Medical and dental expenses that exceed* 10% of income (7.5% for taxpayers age 65 and over);
- State and local income taxes, real property taxes, and personal property taxes. Home mortgage interest;

- Investment interest expense up to investment income with an indefinite carry forward of disallowed investment interest expense;
- Contributions to qualified charitable organisations (including religious and educational institutions);
- *Casualty and theft losses* to the extent that each loss exceeds USD 100 and that all such losses combined exceed 10% of income; and
- Miscellaneous expenses such as non-reimbursed employee business expenses (union dues, work shoes, etc.), investment expenses, tax return preparation fees and educational expenses required by employment, to the extent that, in aggregate; they exceed 2% of income.
- In 2012, the most recent year for which such statistics are available, the 45% of taxpayers with income between USD 50 000 and USD 75 000 (the AW range) who itemised their deductions claimed average deductions as follows: medical expenses, USD 7 877; taxes paid, USD 5 445; charitable contributions, USD 2 818; interest expense, USD 7 968.
- *Contributions to pension and life insurance plans.* No relief is provided for employee contributions to employer sponsored pension plans or for life insurance premiums. However, tax relief is provided for certain retirement savings.

1.1.3. *Tax schedule*

Federal income tax rates

Taxable income bracket (USD)[1]			Marginal tax rate (%)
Single individual	Joint return of married couple	Head of household	
0 to 9 225	0 to 18 450	0 to 13 150	10
9 225 to 37 450	18 450 to 74 900	13 150 to 50 200	15
37 450 to 90 750	74 900 to 151 200	50 200 to 129 600	25
90 750 to 189 300	151 200 to 230 450	129 600 to 209 850	28
189 300 to 411 500	230 450 to 411 500	209 850 to 411 500	33
411 500 to 413 200	411 500 to 464 850	411 500 to 439 000	35
413 200 and over	464 850 and over	439 000 and over	39.6

1. The taxable income brackets are indexed for inflation.

In addition starting in 2013, there is a 3.8% tax on certain net investment income of individuals if their income exceeds USD 200 000 (USD 250 000 for joint returns). Net investment income includes interest, dividends, capital gains, rental and royalty income, and income from businesses trading financial instruments.

1.2. *State and local income taxes*

1.2.1. *General description of the system*

The District of Columbia and 41 of the 50 States impose some form of individual income tax. In addition, some local governments (cities and counties) impose an individual income tax, although this is not generally the case. State individual income tax structures are usually related to the federal tax structure by the use of similar definitions of taxable income, with some appropriate adjustments. This linkage is not a legal requirement but a practical convention that functions for the convenience of the taxpayer who must fill out both federal and State income tax returns.

The AW calculations assume that the average worker lives in Detroit, Michigan. The state of Michigan permits a personal exemption of USD 3 950 for the taxpayer, the taxpayer's spouse and each child, and taxes income at the rate of 4.25%. Michigan allows taxpayers who are eligible to claim the federal earned income tax credit to claim a Michigan earned income tax credit. The Michigan earned income tax credit is a refundable (non-wasteable) credit equal to 6% of the federal earned income tax credit.

The city of Detroit permits a personal exemption of USD 600 and taxes income at the rate of 2.4%.

2. Compulsory social security contributions to schemes operated within the government sector

2.1. Employees' contributions

2.1.1. Pensions

In 2015, the rate for employee contributions is 7.65% (6.2% for old age, survivors, and disability insurance, and 1.45% for old age hospital insurance). The 6.2% rate applies to earnings up to USD 118 500. Beginning in 1994, there is no limit on the amount of earnings subject to the 1.45% rate. Beginning in 2013, there is an additional 0.9% tax on employee wages and salaries that exceed USD 200 000 (USD 250 000 for joint returns) as the additional hospital insurance tax on high-income taxpayers. The additional tax on wages and salaries is subject to withholding (but without regard to the earnings of the spouse) when wages from a particular job exceed USD 200 000 per year. These thresholds are not indexed for inflation.

There is no distinction by marital status or sex.

2.1.2. Other

No compulsory employee contributions exist.

2.2. Employers' contributions

2.2.1. Pensions

The rate for employers' contributions is 6.2% on earnings up to USD 118 500 and 1.45% of all earnings (without limit).

2.2.2. Unemployment

Employers are required by the federal government to pay unemployment tax of 6% on earnings up to USD 7 000. Taxes are also paid to various state-sponsored unemployment plans which may generally be credited against the required federal percentage. In 2014 the average unemployment insurance tax rate in Michigan was 5.82% of the first USD 9 500 of wages. The model considers that the Federal government allows employers to take a credit for state unemployment taxes of up to 5.4%, resulting in a net Federal tax of 0.6% on earnings up to USD 7 000.

3. Universal cash transfers

3.1. Transfers related to marital status

None.

3.2. *Transfers for dependent children*

No general cash transfers exist, although low-income mothers qualifying for categorical welfare grants may receive cash transfers.

4. Principal changes since 2011

None.

5. Memorandum items

5.1. *Identification of an AW at the wage calculation*

- The AW is identified from monthly data compiled from establishment questionnaires covering more than 40 million non-agricultural full- and part-time workers. Beginning in March 2006, data on average weekly hours and average hourly earnings cover all employees rather than solely production or non-supervisory workers. To obtain average annual wages, the product of average weekly hours (including overtime) and average hourly earnings (including overtime) is multiplied by 52 and is adjusted to reflect a full-time equivalent worker. The AW wage is estimated to be USD 50 099 for 2014.

5.2. *Employer contributions to private social security arrangements*

Employers commonly contribute to private pension plans, health insurance and life insurance. Data for these contributions are available only on a total workforce basis. It is not possible to state with accuracy the levels applicable to the AW. The following are estimates for 2014 for employees in private industry:

	Pension	Health	Life
Per cent of workers covered	48	58	59
USD per covered employee	n.a.	11 307 (family) 4 806 (single)	n.a.

2015 parameter values

			Secretariat			
APW earnings	Ave_earn	50 964	estimate			
Standard deductions	Married_al	12 600				
	hh_al	9 250				
	single_al	6 300				
Personal exemption	pers_ex	4 000				
Dependency exemption	dep_ex	4 000				
Personal exemption reduction	ex_dedn_rate	0.02				
unit of earnings	ex_dedn_unit	2 500				
threshold single (no children)	ex_thrsh_s	258 250				
threshold single (with children)	ex_thrsh_hh	284 050				
threshold joint	ex_thrsh_m	309 900				
Federal tax schedules	Fed_sch_s	0.1	9 225			
		0.15	37 450			
Single individuals		0.25	90 750			
		0.28	189 300			
		0.33	411 500			
		0.35	413 200			
		0.396				
Married filing jointly	Fed_sch_m	0.1	18 450			
		0.15	74 900			
		0.25	151 200			
		0.28	230 450			
		0.33	411 500			
		0.35	464 850			
		0.396				
Head of household	Fed_sch_h	0.1	13 150			
		0.15	50 200			
		0.25	129 600			
		0.28	209 850			
		0.33	411 500			
		0.35	439 000			
		0.396				
Earned income credit	EIC_sch	rate	income limit	threshold	thresh-married	phase-out
	no children	0.0765	6 580	8 240	13 750	0.0765
	1 child	0.34	9 880	18 110	23 630	0.1598
	2 children	0.4	13 870	18 110	23 630	0.2106
	3 or more children	0.45	13 870	18 110	23 630	0.2106
Child credit	chcrd_max	1 000				
	chcrd_rdn	50				
	chcrd_thrsh_m	110 000				
	chcrd_thrsh_oth	75 000				
	chcrd_ref_perct	0.15				
	chcrd_ref_thresh	3 000				
Detroit	Detroit_ex	600				
	Detroit_rate	0.024				
Michigan	Mich_ex	3 950				
	Mich_ex_child	0				
	Mich_rate	0.0425				
Michigan's earned income tax credit	Mich_EIC_rate	0.06				
credit schedule on city tax	Mich_cr_sch	0				
		0				
		0				
maximum	Mich_cr_max	0				
Pension contributions	pens_rate_er	0.062				
	pens_rate_ee	0.062				

2015 parameter values *(cont.)*

	hosp_rate	0.0145
	add_hosp_rate	0.009
Ceiling for employers and employees	pens_ceil	118 500
	add_hosp_thresh_m	250 000
	add_hosp_thresh_oth	200 000
Unemployment insurance tax	Unemp_rate	0.006
	Unemp_dedn_rate	0.054
	Unemp_max	7 000
Michigan unemploy insur	Mich_unemp_rate	0.0582
	Mich_unemp_max	9 500

2015 tax equations

The equations for the US system in 2015 are mostly calculated on a family basis. There is a special function EIC which is used to calculate the earned income credit. Variable names are defined in the table of parameters above, within the equations table, or are the standard variables "married" and "children". A reference to a variable with the affix "_total" indicates the sum of the relevant variable values for the principal and spouse. And the affixes "_princ" and "_spouse" indicate the value for the principal and spouse, respectively. Equations for a single person are as shown for the principal, with "_spouse" values taken as 0.

	Line in country table and intermediate steps	Variable name	Range	Equation
1.	Earnings	earn		
2.	Allowances:	tax_al	J	IF(Married, Married_al, IF(Children=0, single_al, hh_al)) + +((1+Married)*pers_ex+ Children*dep_ex)-(ROUNDUP(Positive(earn_total-IF(Married,ex_thrsh_m,IF (Children>0,ex_thrsh_hh,ex_thrsh_s)))/ex_dedn_unit,0)*ex_dedn_rate*((1+ Married)*pers_ex+Children*dep_ex))
3.	Credits in taxable income	taxbl_cr	J	0
4.	CG taxable income	tax_inc	J	positive(earn-tax_al+taxbl_cr)
5.	CG tax before credits	CG_tax_excl	J	Tax(tax_inc, IF(Married, Fed_sch_m, IF(Children, Fed_sch_h, Fed_sch_s)))
6.	6 Tax credits :	EIC	J	EIC(Children, earn_total, EIC_sch)
		ch_crd_max	J	Children*Positive((chcrd_max-chcrd_rdn*Positive(TRUNC(earn,-3)-IF(Married>0, chcrd_thrsh_m, chcrd_thrsh_oth))/1000))
		ch_crd_tax	J	IF(ch_crd_tax>0, MIN(ch_crd_max, CG_tax_excl), 0)
		ch_crd_ref		IF(ch_crd_tax<ch_crd_max, MIN(ch_crd_max-ch_crd_tax, MAX(chcrd_ref_perct* (earn-chcrd_ref_thresh), 0)), 0)
		tax_cr	J	EIC+ch_crd_tax+ch_crd_ref
7.	CG tax	CG_tax	J	CG_tax_excl-tax_cr
8.	State and local taxes	local_tax	J	Detroit_rate* Positive(earn_total-Detroit_ex*(1+Married+Children))+ Mich_rate* Positive(earn_total - Mich_ex*(1+Married+Children) - Mich_ex_child*Children) - MIN(Mich_cr_max, Tax(AJ7, Mich_cr_sch)) -Mich_EIC_rate*EIC
9.	Employees' soc security	SSC	B	pens_rate_ee*MIN(earn, pens_ceil)+hosp_rate*earn+add_hosp_rate*Positive (earn-IF(Married,add_hosp_thresh_m,add_hosp_thresh_oth))
11.	Cash transfers	Cash_tran	J	
13.	Employer's soc security	SSC_empr	B	pens_rate_er*MIN(earn, pens_ceil)+hosp_rate*earn+MIN(earn,Unemp_max)* Unemp_rate +MIN(earn,Mich_unemp_max)*Mich_unemp_rate
	Memorandum item: non-wastable tax credits			
	tax expenditure component	taxexp		(rate_rd_crd+EIC)-transfer
	cash transfer component	transfer		IF(CG_tax<0, -CG_tax, 0)

Key to range of equation B calculated separately for both principal earner and spouse P calculated for principal only (value taken as 0 for spouse calculation) J calculated once only on a joint basis.

ANNEXE

Méthodologie et limites

Méthodologie

Introduction

La situation personnelle des contribuables est très variable. Aussi le présent rapport fait-il appel à une méthodologie spécifique pour la production de statistiques comparatives englobant les impôts, les prestations sociales et les coûts de main-d'œuvre à l'échelle des pays membres de l'OCDE. Cette méthodologie repose sur le cadre suivant:

- L'accent est mis sur huit catégories de ménage distinctes, qui se différencient par la composition du ménage et le montant des revenus d'activité ;
- Chaque ménage comprend un adulte travaillant à temps plein dans l'un des divers secteurs d'activité de chaque économie de l'OCDE. Certains ménages comptent également un conjoint travaillant à temps partiel ;
- Par hypothèse, le revenu d'activité annuel est égal à une fraction donnée du salaire brut moyen de ces travailleurs ;
- Des hypothèses supplémentaires sont formulées concernant d'autres éléments significatifs de la situation personnelle de ces travailleurs salariés, afin de permettre la détermination de leur situation au regard de l'impôt et des prestations sociales.

Les principes exposés dans les paragraphes qui suivent forment la base de calcul des données figurant dans le Chapitre 1 et les parties I, II et III. Le tableau A.1 indique la terminologie utilisée. Lorsqu'un pays a dû s'écarter de ces principes, cela est précisé dans le texte et/ou dans les chapitres par pays qui constituent la partie III du rapport. Le nombre de contribuables qui présentent les caractéristiques définies ci-dessous et le niveau de salaire du travailleur moyen diffèrent selon les économies de l'OCDE.

Caractéristiques des contribuables

Les huit catégories de ménage retenues dans le rapport sont décrites dans le tableau A.2. On admet que tout enfant du ménage a entre 6 et 11 ans inclus.

On suppose que les seules sources de revenu du foyer sont ses salaires et les prestations en espèces dont il bénéficie.

Éventail des secteurs couverts

Le calcul des salaires moyens repose normalement sur l'hypothèse selon laquelle les travailleurs relèvent des secteurs B à N de la *Classification internationale type, par industrie, de*

Tableau A.1. **Termes utilisés**

Termes d'utilisation générale	
Salarié moyen	Salarié adulte employé à plein temps dans l'un des secteurs couverts et dont les gains sont égaux au salaire moyen dans ces secteurs.
Célibataire	Hommes et femmes non mariés
Couple avec deux enfants	Couple marié avec deux enfants à charge âgés de six ans à onze ans inclus.
Coûts bruts de main-d'oeuvre	La somme du salaire brut plus les cotisations patronales de sécurité sociale plus les taxes sur les salaires.
Rémunération nette	Rémunération brute après impôt et cotisations obligatoires de sécurité sociale des salariés et augmentée des prestations sociales reçues des administrations publiques.
Taux moyen de l'impôt (charges fiscales)	La somme de l'impôt sur le revenu plus les cotisations de sécurité sociale à la charge des salariés, en pourcentage du salaire brut.
Coin fiscal	La somme de l'impôt sur le revenu plus les cotisations de sécurité sociale à la charge des salariés et des employeurs plus les taxes sur les salaires moins le montant des prestations sociales, en pourcentage des coûts de main-d'œuvre.
Élasticité du revenu après impôt	Le pourcentage de variation d'un revenu donné après impôt à la suite d'une augmentation d'une unité monétaire du revenu avant impôt (selon une définition plus précise, ce terme correspond à un moins un taux marginal d'imposition divisé par un moins le taux moyen d'imposition correspondant).
Termes utilisés en matière d'impôt sur le revenu	
Allégements fiscaux	Terme générique qui couvre l'ensemble des moyens par lesquels est donné un traitement favorable du point de vue de l'impôt sur le revenu aux contribuables potentiels.
Abattements fiscaux	Montants déduits du salaire brut pour obtenir le revenu imposable.
Crédits d'impôt	Montant de la déduction que le contribuable peut opérer sur son imposition. Un crédit d'impôt est considéré comme payable s'il peut excéder l'impôt dû ; (les termes « remboursable » et « récupérable » sont parfois utilisés).
Allégements forfaitaires	Les allégements non liés à des dépenses effectivement supportées par les contribuables et accordés automatiquement à tous ceux qui remplissent les conditions requises en vertu de la loi sont également comptés comme allégements forfaitaires, y compris les déductions des cotisations obligatoires de sécurité sociale.
Abattement à la base	Tout abattement forfaitaire qui peut être accordé quelle que soit la situation de famille.
Abattement en raison du mariage	Abattement fiscal complémentaire attribué aux couples mariés (dans certains pays, il ne se distingue pas de l'abattement à la base qui peut être doublé en cas de mariage).
Allégements non forfaitaires	Allégements entièrement déterminés par référence à des dépenses réellement effectuées.
Taux moyen de l'impôt sur le revenu	Montant de l'impôt sur le revenu à verser, après avoir tenu compte de tout allègement, calculé sur la base des dispositions fiscales envisagées dans cette étude, divisé par le salaire brut.
Taux du barème	Taux qui figure dans les barèmes de l'impôt sur le revenu et des cotisations de sécurité sociale.
Termes utilisés en matière de prestations en espèces	
Prestations sociales	Versements en espèces effectués par les administrations publiques (agences) au profit des familles ayant en général des enfants à charge.

Tableau A.2. **Caractéristiques des contribuables étudiés**

Situation de famille	Enfants	Salaire principal	Salaire d'appoint
Célibataire	Pas d'enfant	67 % du salaire moyen	
Célibataire	Pas d'enfant	100 % du salaire moyen	
Célibataire	Pas d'enfant	167 % du salaire moyen	
Célibataire	2 enfants	67 % du salaire moyen	
Couple marié	2 enfants	100 % du salaire moyen	
Couple marié	2 enfants	100 % du salaire moyen	33 % du salaire moyen
Couple marié	2 enfants	100 % du salaire moyen	67 % du salaire moyen
Couple marié	Pas d'enfant	100 % du salaire moyen	33 % du salaire moyen

toutes les branches d'activité économique (CITI, Révision 4, ONU)[1] (voir le tableau A.3). De nombreux pays (pour plus de détails sur les pays, voir le tableau 0.6) optent désormais pour cette méthode.

Tableau A.3. **Classification internationale type, par industrie, de toutes les branches d'activité économique**

	Révision 3.1 (CITI Rév. 3.1)
A	Agriculture, chasse et sylviculture
B	Pêche
C	Activités extractives
D	Activités de fabrication
E	Production et distribution d'électricité, de gaz et d'eau
F	Construction
G	Commerce de gros et de détail ; réparation de véhicules automobiles, de biens personnels et domestiques
H	Hôtels et restaurants
I	Transports, entreposage et communications
J	Intermédiation financière
K	Immobilier, location et activités de services aux entreprises
L	Administration publique et défense ; sécurité sociale obligatoire
M	Éducation
N	Santé et action sociale
O	Autres activités de services collectifs, sociaux et personnels
P	Ménages privés employant du personnel domestique
Q	Organisations et organismes extraterritoriaux
	Révision 4 (CITI Rév. 4)
A	Agriculture, sylviculture et pêche
B	Activités extractives
C	Activités de fabrication
D	Production et distribution d'électricité, de gaz, de vapeur et climatisation
E	Distribution d'eau; réseau d'assainissement; gestion des décjets et remise en état
F	Construction
G	Commerce de gros et de détail, réparation de véhicules automobiles et de motocycles
H	Transport et entreposage
I	Activités d'hébergement et de restauration
J	Information et communication
K	Activités financières et d'assurances
L	Activités immobilières
M	Activités professionnelles, scientifiques et techniques
N	Activités de services administratifs et d'appui
O	Administation publique et défense; sécurité sociale et obligatoire
P	Éducation
Q	Santé et activités d'action sociale
R	Arts, spectacles et loisirs
S	Autres activités de services
T	Activités des ménages privés employant du personnel domestique; activités non différenciées de production de biens et de services des ménages privés pour usage propre
U	Activités des organisations et organismes extra-territoriaux

Cette méthode correspond d'une manière générale au précédent mode de calcul, fondé sur les secteurs C à K inclus de la Révision 3.1 de la CITI, qui a été adopté dans l'édition 2005 des *Impôts sur les salaires*. Les motifs de ce passage à une définition élargie du salaire moyen avaient été exposés dans l'étude spéciale de l'édition 2003-04.

Définition du salaire brut

Dans cette section sont présentées les hypothèses sur lesquelles repose le calcul de la rémunération moyenne du « travailleur moyen ». Les niveaux de salaire brut ont été établis à partir de données statistiques, et les méthodes de calcul des données sur les rémunérations utilisées dans chaque pays sont indiquées dans le tableau A.4. On trouvera

Tableau A.4. Mode de calcul des salaires moyens

	Élements compris ou non compris dans la base de calcul					Types de travailleurs inclus ou exclus dans la base de calcul			Méthode de base utilisée pour le calcul	Fin de l'exercice budgétaire	Période à laquelle se réfère le calcul des salaires
	Maladie[1]	Vacances	heures supplémentaires	Paiements en espèces réguliers	Prime	Superviseur	Manager	Travailleurs à temps partiel			
Allemagne	NC	C	C	C	NC	C	C	NC	Gains annuels	31 décembre	Année civile
Australie	C	C	C	C	NC	C	C	NC	Gain hebdomadaire moyen x 52	30 juin	Année fiscale
Autriche	NC	C	C	C	C Valeur imposable	C	C	NC	Gain moyen annuel	31 décembre	Année civile
Belgique	NC	C	C	C	NC	C	C	NC	Gain mensuel en octobre x 12 (plus les primes périodiques)	31 décembre	Année civile
Canada	NC	C	C	C	NC	C	C	C[6]	Gain horaire hebdomadaire x gain horaire moyen x 52	31 décembre	Année civile
Chili	NC	C	C	C	NC	C	C	C	Gains horaires x nombre d'heures travaillées	31 décembre	Année civile
Corée	NC	C	C	C	NC	C	C	NC	Gain mensuel moyen x 12	31 décembre	Année civile
Danemark	NC	C	NC	C	NC	C	C	C[6]	Gains horaires x nombre d'heures travaillées	31 décembre	Année civile
Espagne	NC	C	C	C	NC	C	C	NC	Gain mensuel pondéré x 12	31 décembre	Année civile
Estonie	C	C	C	C	NC	C	C	C	Gains moyens	31 décembre	Année civile
États-Unis	NC	C	C	C[2]	NC	C	C	C[6]	Gain moyen hebdomadaire x 52	31 décembre	Année civile
Finlande	NC	C	C	C	NC	C	C[5]	NC	Salaire horaire x nombre d'heures usuelles travaillées (ou gains mensuels x mois)+ indemnités de congés payés + primes périodiques	31 décembre	Année civile
France	NC	C	C	C	NC	C	C	NC	Gains annuels	31 décembre	Année civile
Grèce	NC	C	C	C[2]	C	C	C	NC	Gain horaire x nombre d'heures travaillées	31 décembre	Année civile
Hongrie	NC	C	C	C	NC	C	C[5]	NC	Gain mensuel moyen x 12	31 décembre	Année civile
Irlande	NC	C	C	C	NC	NC	NC	C	Gain moyen hebdomadaire de chaque trimestre/ 4 x 52	31 décembre	Année civile
Islande	NC	C	C	C	NC	C	C	NC	Gain horaire x nombre d'heures travaillées x 12	31 décembre	Année civile
Israël	NC	C	C	C	NC	C	C	NC	Gains moyens	31 décembre	Année civile
Italie	NC[3]	C	C	C	NC[4]	C	C	C[6]	Gain mensuel moyen x 12	31 décembre	Année civile
Japon	NC	C	C	C	NC	C	C	NC	Gain mensuel en juin x 12	31 décembre	Année civile
Luxembourg	NC	C	C	C	NC	C	C	NC	Gain annuel total divisé par le nombre moyen de salariés à plein temps. Une partie de gains qui excèdent la limite supérieure de cotisation sociale (7 fois le salaire minimum) n'est pas incluse dans le calcul.	31 décembre	Année civile
Mexique	NC	C	NC	C	NC	C	C	NC	Gain mensuel moyen x 12	31 décembre	Année civile

Tableau A.4. **Mode de calcul des salaires moyens** *(suite)*

	Éléments compris ou non compris dans la base de calcul					Types de travailleurs inclus ou exclus dans la base de calcul			Méthode de base utilisée pour le calcul	Fin de l'exercice budgétaire	Période à laquelle se réfère le calcul des salaires
	Maladie[1]	Vacances	heures supplémentaires	Paiements en espèces réguliers	Prime	Superviseur	Manager	Travailleurs à temps partiel			
Norvège	NC	NC	C	C	NC	C	C	C[6]	Salaire annuel + les heures supplémentaires estimées	31 décembre	Année civile
Nouvelle-Zélande	NC	C	C	C	NC	C	C[5]	C[6]	Gain moyen hebdomadaire de chaque trimestre x 13	31 mars	Année fiscale
Pays-Bas	NC	C	NC	C	NC	C	C	NC	Salaire brut annuel	31 décembre	Année civile
Pologne	C	C	C	C	NC	C	C	C[6]	Gain mensuel moyen x 12	31 décembre	Année civile
Portugal	NC	C	C	C	C	C	C	NC	Gain mensuel pondéré x 12	31 décembre	Année civile
Rép. Slovaque	NC	C	C	C	C	C	C	C	Gain mensuel moyen x 12	31 décembre	Année civile
Rép. tchèque	NC	C	C	C	NC	C	C	C[6]	Gain mensuel moyen x 12	31 décembre	Année civile
Royaume-Uni	NC	C	C	C	NC	C	C	NC	Gain brut annuel moyen	5 avril	Année fiscale
Slovénie	C	C	C	C	NC	C	C	C	Gain mensuel moyen x 12	31 décembre	Année civile
Suède	NC	C	C	C	C Valeur actuelle	C	C	C[6]	Gain horaire moyen en septembre x heures travaillées; et gain mensuel en septembre x 12	31 décembre	Année civile
Suisse	NC	C	C	C	NC	C	C	C[6]	Gain mensuel x 12	31 décembre	Année civile
Turquie	NC	C	C	C	Actual value C	NC	NC	C	Gain annuel moyen	31 décembre	Année civile

Note : Exc = Exclus Inc = Inclus '-' = information non disponible.

1. Inclut généralement les indemnités versées par l'employeur pour le compte du régime général ou d'un régime privé d'assurance-maladie.
2. Exclut les primes de participation aux bénéfices en Grèce et aux États-Unis, et aussi les primes de fin d'année aux États-Unis.
3. Les paiements des indemnités de maladie sont inclus seulement dans la partie payée par les employeurs. Pour les travailleurs manuels, c'est seulement le cas pendant les 3 premiers jours de congés de maladie et à partir du 4e jour, les paiements sont faits par l'INPS.
4. Partiellement : la (petite) part imposable des avantages en nature est incluse.
5. Sauf pour les hauts dirigeants (Finlande) ; sauf si le revenu issu des bénéfices excède 50 % du total de revenu (Hongrie) ; sauf pour les propriétaires (Nouvelle-Zélande).
6. Les salaires des personnes travaillant à temps partiel sont convertis en équivalent temps plein avant de calculer le salaire moyen.

des informations complémentaires sur le calcul de ces données dans les chapitres par pays de la partie III. Les sources des données statistiques pour chaque pays sont indiquées dans le tableau A.5.

Les principales hypothèses sont les suivantes :

- Les données se rapportent à la rémunération moyenne dans le secteur d'activité pour l'ensemble du pays ;
- Les calculs se fondent sur la rémunération d'un adulte exerçant une activité (manuelle ou non) à temps plein. Ils renvoient à la rémunération moyenne de l'ensemble des travailleurs du secteur considéré. Il n'est pas tenu compte des écarts de rémunération entre hommes et femmes ou entre travailleurs d'âges différents ou de régions distinctes ;
- Le travailleur est considéré comme employé à temps plein pendant toute l'année sans interruption pour cause de maladie ou de chômage. Néanmoins, plusieurs pays ne sont pas en mesure d'isoler et d'exclure les travailleurs à temps partiel des données sur les rémunérations (voir le tableau A.4). La plupart d'entre eux déclarent dans ce cas des montants en équivalent temps plein. Dans quatre pays (le Chili, l'Irlande, la République slovaque et la Turquie), les rémunérations des travailleurs à temps partiel ne peuvent être ni exclues ni converties en équivalent temps plein en raison de la manière dont les échantillons de rémunérations sont constitués. De ce fait, les salaires moyens déclarés pour ces pays seront inférieurs à la moyenne des salaires à temps plein (par exemple, l'analyse effectuée par le Secrétariat des données disponibles d'Eurostat concernant les rémunérations pour certains pays européens a montré que l'inclusion des travailleurs à temps partiel réduisait la rémunération moyenne d'environ 10 %). En outre, dans la plupart des pays de l'OCDE où les indemnités de maladie sont versées par l'employeur, soit pour le compte de l'État, soit pour le compte de régimes privés d'assurance maladie, ces montants sont pris en compte dans les calculs concernant les salaires. Il y a peu de chances que ces différences aient une incidence notable sur les résultats obtenus, dans la mesure où les employeurs effectuent généralement ces versements pendant une courte période et où les montants versés sont d'ordinaire très proches des salaires horaires normaux ;
- Deux des catégories de ménage comportent un second apporteur de revenu percevant une rémunération égale à 33 % de la rémunération moyenne. Il est très probable que ces personnes travaillent à temps partiel plutôt qu'à temps plein (comme indiqué dans l'étude spéciale de l'édition 2005 des *Impôts sur les salaires*). Cependant, il apparaît également dans l'étude spéciale que l'hypothèse selon laquelle tous les travailleurs exercent leur activité à temps plein n'affecte pas de manière significative les taux d'imposition calculés dans la publication, sauf dans le cas de la Belgique pour les couples mariés lorsque le conjoint gagne 33 % du salaire moyen. Cela s'explique par le fait qu'en général, toute disposition spécifique applicable aux travailleurs à temps partiel a une importance mineure ou n'est pas applicable aux catégories de ménage actuellement étudiées dans *Les impôts sur les salaires* ;
- Le calcul du revenu d'activité tient compte de tous les éléments de rémunération en espèces versés aux travailleurs des secteurs considérés, y compris les montants moyens généralement versés au titre des heures supplémentaires, des compléments de salaire (prime de fin d'année, treizième mois, par exemple) et des congés payés. Néanmoins, tous les pays ne sont pas en mesure de prendre en compte la rémunération des heures supplémentaires, les congés payés et les primes en espèces conformément à la définition qui est donnée ;

Tableau A.5. **Source des données concernant les gains, 2015**

Pays	Type d'échantillon	Source
Allemagne	Enquête du Bureau fédéral de statistiques.	Bureau national des statistiques.
Australie	Échantillon représentatif des salariés dans chaque industrie. Enquête trimestrielle.	Australian Bureau of Statistics « Average Weekly Earnings, Australia » and « Labour Force, Australia ».
Autriche	Statistiques annuelles sur l'imposition des salaires.	« Lohnsteuerstatistik ».
Belgique	Données collectées ou estimées sur la base d'une enquête annuelle et des registres de sécurité sociale des salariés.	Division statistiques du Ministère de l'économie (service public fédéral, économie, PME, travailleurs indépendants et énergie). Même source que les données sur « gains bruts annuels » de l'Eurostat.
Canada	Enquête mensuelle auprès de toutes les entreprises	Statistiques Canada, « Enquête sur l'emploi, la rémunération et les heures de travail ».
Chili	Échantillon d'entreprises de plus de 10 employés. Enquête mensuelle.	Institut National des Statistiques du Chili (INE)
Corée	Enquête sur le travail auprès des entreprises.	Ministère de l'emploi et du travail.
Danemark	Enquête sur les salaires effectués par la Confédération danoise du patronat.	Rapport annuel de la Confédération danoise du patronat (Dansk Arbejds Giverforening).
Espagne	Enquête trimestrielle auprès des entreprises.	Instituto Nacional de Estadistica « Encuesta Trimestral de Coste Laboral » (Enquête sur le coût du travail).
Estonie	-	Statistiques Estonie/Ministère des Finances.
États-Unis	Enquête mensuelle du Ministère du travail par voie de questionnaire couvrant plus de 40 millions de travailleurs et de salariés non agricoles.	Emploi, heures travaillées et salaires de l'étude sur les statistiques de l'emploi.
Finlande	(1) Enquête de la Fédération finlandaise du patronat sur les salaires horaires en mensuels; (2) Enquête « non officielle » du patronat « Structure des statistiques sur les salaires » publiée par l'Office cental des statistiques.	« Statistiques sur les salaires » publiées par l'Office central des statistiques.
France	Registres d'assurance sociale des employeurs.	INSEE, « Déclarations Annuelles des Données Sociales » (DADS).
Grèce	Enquête effectuée par l'Institut de la Statistique et les établissements de la sécurité sociale.	Service national de statistiques: statistiques sur le travail. Même source que les données sur « gains bruts annuels » de l'Eurostat.
Hongrie	Enquêtes mensuelles auprès des entreprises ayant plus de cinq salariés.	Bureau central de statistiques.
Irlande	Enquête trimestrielle sur l'emploi, les gains et la durée du travail dans l'industrie.	Office central de statistiques.
Islande	Enquête mensuelle sur les salaires du secteur privé.	Statistiques, Islande.
Israël	-	Bureau Central des Statistiques.
Italie	Indicateurs trimestriels de salaires dans les secteurs industries et services (OROS).	Institut national de statistiques.
Japon	Enquête de base sur la structure des salaires de l'ensemble des établissements employant plus de 10 salariés.	Ministère de la santé, du travail et du bien-être, Rapport annuel.
Luxembourg	Fichiers mensuels agrégés des services de sécurité sociale.	Office national des statistiques et Services de sécurité sociale.
Mexique	Données administratives de l'Institut de sécurité sociale (Instituto Mexicano del Seguro Social [IMSS]).	Commision sur « le salaire national minimum" (Comisión Nacional de Salarios Mínimos [CONASAMI]).
Norvège	Échantillon d'entreprises (excluant l'agriculture,la pêche et les ménages privés). Les données sont basées sur les statistiques publiées du 3e trimestre	Statistiques sur les salaires.
Nouvelle-Zélande	L'enquête trimestrielle sur l'emploi est un sondage auprès des entreprises.	Statistiques de Nouvelle-Zélande INFOS.
Pays-Bas	Enquête sur l'emploi et le salaire.	Bureau central de statistiques, Statline.
Pologne	Estimations des différents secteurs.	Bulletin mensuel des statistiques.
Portugal	Enquête du Ministère de l'emploi effectuée en avril et octobre.	Ministère de l'emploi.
République slovaque	Données trimestrielles et annuelles.	Bureau national des statistiques.
République tchèque	Données provenant d'enquête auprès des employeurs.	Bureau national des statistiques.
Royaume-Uni	1 % de l'échantillon du système de retenue à la source de l'impôt sur les salaires.	Office national de statistiques, enquête annuelle sur les heures travaillées et le salaire (ASHE).
Slovénie	Enquête mensuelle auprès des employés.	Office Statistiques de la République de Slovénie.
Suède	Enquête effectuée au mois de septembre par le patronat.	Statistiques, Suède.
Suisse	Personnes actives occupées selon la branche économique.	La vie économique, SECO (Secrétariat d'État à l'économie) table B.8.1, *www.bfs.admin.ch/bfs/portal/fr/index/themen/03/04.html.*
Turquie	Enquête annuelle de l'industrie manufacturière.	Institut national de statistiques.

- Les travailleurs exerçant des fonctions d'encadrement et/ou de direction apparaissent dans les données sur les rémunérations, bien que certains pays ne soient pas en mesure de les y faire figurer. Dans ces pays, les moyennes communiquées sont inférieures à la normale (par exemple, l'analyse faite par le Secrétariat de l'OCDE des données disponibles d'Eurostat concernant certains pays européens a montré que l'exclusion de cette catégorie de travailleurs pouvait réduire la rémunération moyenne de 10 % à 18 %).
- Les avantages hors salaire, qui consistent, par exemple, dans la fourniture par l'employeur de produits alimentaires, d'un logement ou de vêtements gratuitement ou à des prix inférieurs à ceux du marché sont, lorsque cela est possible, exclus du calcul des rémunérations moyennes, ce qui pourrait affecter la comparabilité des coins fiscaux, dans la mesure où le recours aux avantages hors salaire peut varier selon les pays et selon les périodes. Toutefois, le manque de comparabilité est limité par le fait que ces avantages représentent rarement plus de 1 % à 2 % des coûts de main-d'œuvre et sont normalement plus fréquents pour les salaires élevés que pour les travailleurs qui se situent dans la fourchette de revenus couverte par *Les impôts sur les salaires* (33 % à 167 % des rémunérations moyennes). Le tableau A.4 indique que certains pays membres ne sont pas en mesure d'isoler les avantages hors salaire des chiffres sur les rémunérations déclarés et utilisés dans la publication. La décision concernant cette exclusion a été prise pour les raisons suivantes :
  - les avantages de ce type sont difficiles à évaluer de manière cohérente (ils peuvent être évalués en fonction soit de leur coût réel pour l'employeur, soit de leur valeur imposable du point de vue du salarié, soit de leur juste valeur marchande) ;
  - dans la plupart des pays, ces avantages ont une importance minime pour les travailleurs qui perçoivent le salaire moyen ;
  - le calcul des impôts serait sensiblement plus compliqué s'il fallait prendre en compte le régime fiscal des avantages hors salaire ;
- Les cotisations versées par les employeurs pour le compte de leurs salariés à des caisses de retraite complémentaire ou à des systèmes privés d'allocations familiales, d'assurance maladie ou d'assurance vie ne sont pas intégrées dans les calculs, bien que les montants en jeu puissent être non négligeables. Aux États-Unis, par exemple, il n'est pas rare que ces cotisations représentent plus de 5 % de la rémunération des salariés. Les chapitres par pays de la partie III donnent des indications sur l'existence de systèmes susceptibles de s'appliquer au travailleur moyen.

Calcul du salaire brut moyen

Le tableau A.4 indique la méthode de calcul de base utilisée dans chaque pays, méthode dont une description plus détaillée figure, le cas échéant, dans les chapitres par pays de la partie III. En principe, il est recommandé aux pays de calculer la rémunération annuelle en prenant la moyenne hebdomadaire, mensuelle ou trimestrielle de la rémunération horaire, pondérée par le nombre d'heures travaillées au cours de la période retenue, et en la multipliant par le nombre moyen d'heures travaillées au cours de l'année, y compris les périodes de congés payés, considérant que le travailleur n'a été ni malade ni au chômage. Le recours à une méthode analogue a été préconisé pour le calcul des heures supplémentaires. Pour les pays qui ne sont pas en mesure d'isoler les données concernant les travailleurs à temps partiel, il est recommandé de convertir ces données en équivalent temps plein, dans la mesure du possible.

Les données statistiques concernant les salaires bruts moyens en 2015 ne sont généralement pas encore disponibles. C'est pourquoi, pour la majorité des pays, le Secrétariat a établi des estimations du salaire brut des travailleurs moyens en 2015 en adoptant une approche uniforme : l'ensemble des revenus d'activité enregistrés en 2014 sont multipliés par la variation nationale annuelle des salaires en pourcentage indiquée pour l'économie dans son ensemble dans l'édition la plus récente des *Perspectives économiques de l'OCDE*[2]. Cette procédure transparente vise à éviter tout résultat biaisé. Pour certains pays, diverses approches s'écartant de la précédente ont été adoptées :

- Les chiffres définitifs sur le salaire brut moyen en 2015 ont été utilisés dans le cas de l'Australie ;
- On a eu recours à des estimations nationales en ce qui concerne le Chili, l'Estonie, la Nouvelle-Zélande et la Turquie, étant donné qu'aucune variation des salaires en pourcentage n'est indiquée pour ces pays dans les *Perspectives économiques de l'OCDE* ;
- Dans certains pays, les salaires moyens au titre d'années antérieures ont également été estimés pour la Finlande (2014), la France (de 2012 à 2014), les Pays-Bas (de 2012 à 2014), le Portugal (2013 et 2014) et la Suisse (2007, 2009, 2011, 2013 et 2014) dans la mesure où aucune donnée nationale sur les rémunérations moyennes n'était disponible pour les années mentionnées dans ces pays.

Quinze des pays membres de l'OCDE ont choisi de fournir des estimations nationales du niveau de salaire brut des travailleurs moyens en 2015. Ces estimations n'ont pas été utilisées dans les calculs des *Impôts sur les salaires* (sauf pour les pays énumérés ci-dessus) car elles risquaient d'être incohérentes avec les estimations établies par le Secrétariat pour d'autres pays. Elles figurent néanmoins dans le tableau A.6 pour qu'il soit possible d'effectuer des comparaisons entre les estimations du Secrétariat et celles de sources nationales. Dans bien des cas, les premières et les secondes sont relativement proches.

Le tableau A.7 indique les taux de change et parités de pouvoir d'achat des monnaies nationales en 2015 qui sont utilisés pour calculer les données comparatives sur les salaires entre pays dans le rapport.

Impôts et prestations sociales pris en compte

Le rapport traite de l'impôt sur le revenu des personnes physiques et des cotisations sociales à la charge des salariés et des employeurs dues sur les salaires. De plus, les taxes sur les salaires (voir la section *Taxes sur les salaires*) sont prises en compte dans le calcul du coin fiscal total entre les coûts de main-d'œuvre pour l'employeur et le revenu net disponible du salarié.

Le calcul du revenu après impôt intègre les prestations familiales versées par l'État sous forme de prestations en espèces (voir la section *Prestations familiales en espèces versées par l'État*). L'impôt sur les revenus du capital et du travail non salarié, plusieurs impôts directs (impôt sur l'actif net, impôt sur les bénéfices des sociétés), ainsi que l'ensemble des impôts indirects ne sont pas pris en compte dans ce rapport. En revanche, les données tiennent compte de tous les impôts sur le revenu prélevés par les administrations centrales et locales.

Dans cette étude, les cotisations sociales versées à l'État sont traitées comme des recettes fiscales. Dans la mesure où elles constituent des paiements obligatoires à l'administration publique, elles s'apparentent clairement à des impôts. Elles peuvent s'en distinguer, cependant, du fait que l'obtention de prestations sociales est subordonnée au versement préalable des cotisations applicables, même si le montant des prestations n'est

Tableau A.6. **Salaire brut estimé, 2014-15 (en monnaie nationale)**

	Salaire moyen 2014	Salaire moyen 2015 (Estimation Secrétariat)	Salaire moyen 2015 (Estimation pays)	EO98, taux prévus pour 2015[1]
Allemagne	45 700	47 042		2.9
Australie[2]	79 409	79 769	80 774	0.5
Autriche	42 814	43 484	43 456	1.6
Belgique	46 451	46 693	46 683	0.5
Canada	49 821	50 877		2.1
Chili[2]	7 019 299		7 556 043	
Corée	41 428 224	42 162 723	42 037 356	1.8
Danemark	397 600	405 876	404 359	2.1
Espagne	26 191	26 259		0.3
Estonie[2]	12 338		12 926	
États-Unis	50 099	50 964		1.7
Finlande	43 035	43 536		1.2
France	37 307	37 792		1.3
Grèce	20 450	20 296		-0.8
Hongrie	3 054 276	3 172 122	3 167 284	3.9
Irlande	34 178	34 847	32 986	2.0
Islande	6 960 000	7 440 480		6.9
Israël	134 748	137 958		2.4
Italie	30 400	30 710		1.0
Japon	4 972 455	5 005 807		0.7
Luxembourg	54 920	55 553		1.2
Mexique	103 246	105 924	107 672	2.6
Norvège	537 195	552 012		2.8
Nouvelle-Zélande[2]	54 733		56 110	
Pays-Bas	49 155	49 235		0.2
Pologne	44 083	45 521		3.3
Portugal	17 411	17 280		-0.8
République slovaque	10 422	10 616	10 693	1.9
République tchèque	308 688	317 924	315 660	3.0
Royaume-Uni	35 182	36 017		2.4
Slovénie	17 948	18 109	17 917	0.9
Suède	408 188	421 364	418 801	3.2
Suisse	89 779	90 286		0.6
Turquie[2]	27 487		32 048	

1. Accroissement de la rémunération par salarié dans tous les secteurs d'activité économiques (*Perspectives économiques de l'OCDE*, n° 98).
2. Dans les calculs des Impôts sur les salaires, l'estimation du salaire moyen faite par le pays est utilisée au lieu de l'estimation du Secrétariat de l'OCDE.

StatLink http://dx.doi.org/10.1787/888933343104

pas nécessairement lié au montant des cotisations. Les pays financent à des degrés divers leurs programmes de sécurité sociale obligatoire à l'aide des recettes fiscales et non fiscales du budget général, d'une part, et de cotisations spécifiques, d'autre part. Si l'on obtient une meilleure comparabilité entre les pays en traitant comme des impôts les cotisations sociales, celles-ci sont néanmoins énumérées sous une rubrique distincte de sorte que leurs montants puissent être isolés dans le cadre d'une éventuelle analyse.

Calcul de l'impôt sur le revenu des personnes physiques

Les chapitres pays de la partie III décrivent la méthode utilisée pour le calcul de l'impôt sur le revenu. On détermine d'abord les déductions fiscales applicables au salaire brut annuel d'un contribuable présentant les caractéristiques et se situant au niveau de

Tableau A.7. **Parités de pouvoir d'achat et taux de change pour 2015**

	Unité monétaire	Taux de change[1]	Parités de pouvoir d'achat
Allemagne	EUR	0.90	0.78
Australie	AUD	1.33	1.44
Autriche	EUR	0.90	0.81
Belgique	EUR	0.90	0.82
Canada	CAD	1.28	1.22
Chili	CLP	654.32	390.74
Corée	KRW	1131.31	891.65
Danemark	DKK	6.73	7.51
Espagne	EUR	0.90	0.66
Estonie	EUR	0.90	0.54
États-Unis	USD	1.00	1.00
Finlande	EUR	0.90	0.92
France	EUR	0.90	0.82
Grèce	EUR	0.90	0.59
Hongrie	HUF	279.19	130.50
Irlande	EUR	0.90	0.85
Islande	ISK	131.90	145.38
Israël	ILS	3.89	4.03
Italie	EUR	0.90	0.74
Japon	JPY	121.00	106.04
Luxembourg	EUR	0.90	0.91
Mexique	MXN	15.87	8.23
Norvège	NOK	8.06	9.17
Nouvelle-Zélande	NZD	1.43	1.42
Pays-Bas	EUR	0.90	0.81
Pologne	PLN	3.77	1.78
Portugal	EUR	0.90	0.58
République slovaque	EUR	0.90	0.49
République tchèque	CZK	24.59	12.99
Royaume-Uni	GBP	0.65	0.70
Slovénie	EUR	0.90	0.59
Suède	SEK	8.43	9.03
Suisse	CHF	0.96	1.29
Turquie	TRL	2.72	1.24

1. Moyenne sur 12 mois de taux journaliers.

StatLink http://dx.doi.org/10.1787/888933343116

revenu du travailleur moyen. En second lieu, on applique le barème d'imposition au revenu imposable, et l'impôt exigible ainsi calculé est minoré des crédits d'impôt éventuels. Une difficulté importante que soulève le calcul de l'impôt sur le revenu des personnes physiques réside dans la détermination des allégements fiscaux à retenir. On peut distinguer deux grandes catégories d'allégements fiscaux :

- *Les allégements à caractère forfaitaire* : il s'agit de mesures d'allégement fiscal qui sont sans lien avec les dépenses réellement engagées par le contribuable et qui sont automatiquement consenties à tous les contribuables remplissant les conditions prévues par la législation. Ils prennent généralement la forme de montants forfaitaires ou de pourcentages fixes du revenu et constituent la principale catégorie d'allégements prise en compte pour déterminer l'impôt sur le revenu versé par les travailleurs. Les allégements forfaitaires sont pris en compte pour le calcul. Ils comprennent :
  - l'*abattement à la base* qui est fixe et dont bénéficient tous les contribuables ou tous les apporteurs de revenu quelle que soit leur situation matrimoniale ou de famille ;

- l'*abattement forfaitaire* accordé aux contribuables en fonction de leur *situation matrimoniale* ;
- l'*abattement forfaitaire pour enfants à charge* accordé aux familles ayant deux enfants d'un âge compris entre 6 et 11 ans inclus ;
- l'*abattement forfaitaire pour frais professionnels* qui est généralement fixe ou déterminé en pourcentage du salaire (brut) ;
- les allégements fiscaux consentis au titre des *cotisations sociales* et des autres *impôts sur le revenu* (versés aux administrations infranationales) sont également considérés comme des allégements forfaitaires dès lors qu'ils s'appliquent à l'ensemble des apporteurs de revenu et qu'ils concernent des versements obligatoires à l'État ;[3]

- *Les allégements non forfaitaires* : il s'agit d'allégements qui sont entièrement déterminés par référence à des charges effectivement supportées. Leur montant n'est ni forfaitaire ni calculé par application de pourcentages fixes du revenu. On peut en donner comme exemples les déductions au titre des intérêts des emprunts remplissant certaines conditions (emprunts destinés à l'acquisition d'un logement, par exemple), des primes d'assurance, des cotisations à des régimes de retraite complémentaire et des dons à des organismes de bienfaisance. Ces déductions n'entrent pas en ligne de compte pour la détermination de la situation fiscale des salariés.

Les allégements forfaitaires sont appréhendés de manière distincte et leur incidence sur le taux moyen de l'impôt sur le revenu fait l'objet d'un calcul séparé dans les tableaux de résultats des chapitres par pays. Dans la plupart des cas, ces derniers offrent une brève description des principaux allégements non forfaitaires.

Impôts sur le revenu perçus par les administrations infranationales

Les impôts sur le revenu des personnes physiques prélevés par les administrations infranationales (États, provinces, cantons ou collectivités locales) entrent dans le champ de la présente étude. Des impôts sur le revenu sont perçus à l'échelon des États fédérés au Canada, aux États-Unis et en Suisse. En 1997, l'Espagne a introduit un impôt sur le revenu pour les régions autonomes. Des impôts sur le revenu sont perçus à l'échelon local en Belgique, en Corée, au Danemark, aux États-Unis, en Finlande, en Islande, en Italie, au Japon, en Norvège, en Suède et en Suisse. En Belgique, au Canada (hors Québec), en Corée, au Danemark, en Espagne, en Islande, en Italie et en Norvège, ces impôts sont calculés en pourcentage du revenu imposable ou de l'impôt perçu par l'administration centrale. En Finlande, au Japon, en Suède et en Suisse, les administrations infranationales appliquent des allégements fiscaux différents de ceux qui sont applicables dans le cadre du système de l'impôt sur le revenu de l'administration centrale. Aux États-Unis, les administrations infranationales appliquent un système d'imposition du revenu distinct en vertu duquel elles disposent d'un pouvoir discrétionnaire à l'égard de l'assiette et du taux d'imposition. Sauf au Canada, aux États-Unis et en Suisse, ces impôts de niveau infranational sont perçus sur la base d'un taux unique.

En raison des différences pouvant exister à l'intérieur d'un même pays en matière de taux et/ou d'assiette de l'impôt sur le revenu collecté par les administrations infranationales, il est parfois fait l'hypothèse que le travailleur moyen assujetti à l'impôt a son domicile dans une zone type et que ce sont les impôts sur le revenu (et les prestations sociales) applicables dans cette zone qui sont indiqués. C'est la formule qui a été adoptée par le Canada, les États-Unis, l'Italie et la Suisse, où l'assiette et les taux d'imposition sont très variables sur l'étendue du territoire. La Belgique, le Danemark, la Finlande, l'Islande et la Suède ont préféré, pour leur part, retenir le taux moyen d'imposition du revenu appliqué par les administrations infranationales pour l'ensemble du pays. En Corée et en Norvège, ce problème ne se pose pas, les taux d'imposition locaux n'étant, dans les faits, pas différents les uns des autres. L'Espagne et le Japon ont retenu le barème général le plus largement appliqué.

Cotisations de sécurité sociale

Le présent rapport prend en compte les cotisations sociales obligatoires versées par les salariés et les employeurs à l'État ou à des caisses de sécurité sociale effectivement contrôlées par l'État. Dans la plupart des pays, ces cotisations sont prélevées sur les salaires bruts et affectées au financement de prestations sociales. En Finlande, en Islande et aux Pays-Bas, certaines de ces cotisations dépendent du revenu imposable (c'est-à-dire du salaire brut déduction faite de la plupart/l'ensemble des allégements fiscaux). L'Australie et la Nouvelle-Zélande ne prélèvent pas de cotisations sociales.

Les cotisations à des régimes de sécurité sociale ne relevant pas de l'administration publique ne sont pas prises en compte dans les calculs. Néanmoins, des informations sur les prélèvements obligatoires non fiscaux ainsi que des indicateurs de prélèvements obligatoires figurent dans la Base de données fiscales de l'OCDE, qui est accessible à l'adresse suivante : *www.oecd.org/ctp/taxdatabase*.

Taxes sur les salaires

Les taxes sur les salaires ont une base d'imposition qui est soit un pourcentage des salaires, soit un montant fixe par salarié. Les taxes sur les salaires sont indiquées à la rubrique 3000 des *Statistiques des recettes publiques* de l'OCDE. Quinze pays de l'OCDE déclarent des recettes provenant de taxes sur les salaires : l'Australie, l'Autriche, le Canada, la Corée, le Danemark, la France, la Hongrie, l'Irlande, l'Islande, Israël, le Mexique, la Nouvelle-Zélande, la Pologne, la Slovénie et la Suède.

Les taxes sur les salaires sont comprises dans les coins fiscaux totaux indiqués dans cette publication, dans la mesure où elles ont pour effet d'accroître l'écart entre les coûts bruts de main-d'œuvre et la rémunération nette disponible de la même manière que l'impôt sur le revenu et les cotisations sociales. La principale différence avec ces dernières est le fait que le paiement des taxes sur les salaires ne donne pas droit à des prestations sociales. Par ailleurs, la base des taxes sur les salaires peut être différente de la base des cotisations sociales patronales. Par exemple, certains avantages hors salaire peuvent n'être assujettis qu'à la taxe sur les salaires. Comme ce rapport porte sur le cas général, la base de la taxe sur les salaires peut correspondre, selon la législation en vigueur, au salaire brut (à l'exclusion des avantages hors salaire et autres éléments de rémunération, qui varient d'un salarié à l'autre), au salaire brut majoré des cotisations sociales patronales, ou à un montant forfaitaire par salarié.

Quatre des pays membres de l'OCDE tiennent compte des taxes sur les salaires dans les calculs figurant dans *Les impôts sur les salaires* : l'Australie, l'Autriche, la Hongrie et la Suède. Pour diverses raisons, les autres pays qui font état dans les *Statistiques des recettes publiques* de recettes tirées de taxes sur les salaires n'ont pas intégré ces taxes dans les calculs effectués en vue du présent rapport.

Prestations familiales en espèces versées par l'État

Les déductions fiscales et les prestations familiales en espèces de caractère général accordées au titre des enfants à charge de 6 à 11 ans inclus en cours de scolarité s'inscrivent dans le champ de l'étude. Si les déductions fiscales ou les transferts en espèces varient à l'intérieur de cette tranche d'âge, ce sont les dispositions les plus avantageuses qui sont retenues, le cas des jumeaux étant explicitement laissé de côté. Leurs implications sont illustrées ci-dessous – supposons que le programme d'allocations pour enfant à charge d'un pays présente la structure suivante :

Tranche d'âge	Prestation par enfant à charge
Enfants de 6 à 8 ans	100 unités
Enfants de 9 à 10 ans	120 unités
Enfants de 11 à 14 ans	150 unités

Le résultat le plus favorable est obtenu pour des jumeaux de 11 ans : 300 unités. Toutefois, comme on exclut le cas des jumeaux, le meilleur résultat est ramené à 270 unités (un enfant de 11 ans et un enfant de 9 ou 10 ans). Ce montant serait inclus dans le tableau par pays. Souvent, le montant des prestations se trouve relevé lorsque l'âge des enfants augmente. En supposant que les enfants sont nés le 1er janvier, le montant annuel des allocations perçues pour enfant à charge peut être calculé à partir du barème de prestations en vigueur au début de l'année en question, toute révision de ce montant intervenue au cours de l'année étant prise en compte.

Les prestations sociales pertinentes sont celles qui émanent de l'État. Dans certains cas, les allocations en espèces englobent les montants payés indépendamment du nombre d'enfants.

Crédits d'impôt remboursables

Les crédits d'impôt remboursables (ou récupérables) sont des crédits d'impôt pouvant excéder le montant des impôts à verser, l'excédent éventuel étant reversé au contribuable sous forme de transfert d'espèces. En principe, on peut traiter ces crédits d'impôt de différentes manières selon qu'on les considère comme des dispositions fiscales, des transferts en espèces, ou une combinaison des deux. Une étude spéciale figurant dans l'édition 2001 des *Statistiques des recettes publiques* aborde ces différentes options, ainsi que les problèmes d'ordre conceptuel et pratique qui se posent pour choisir la méthode la mieux adaptée à la présentation de statistiques des recettes fiscales internationalement comparables[4].

Sur la base de cette étude, le guide d'interprétation des *Statistiques des recettes publiques* impose :

- que seule la fraction du crédit d'impôt remboursable qui a pour effet de réduire ou d'effacer la dette fiscale du contribuable (composante « dépense fiscale »)[5] soit déduite dans la présentation des recettes ;
- que la fraction du crédit d'impôt qui est supérieure à la somme à payer par le contribuable et qui lui est remboursée (composante « transfert en espèces ») soit traitée comme une dépense et ne soit pas déduite des chiffres de recettes fiscales.

Toutefois, les *Statistiques des recettes publiques* donnent des informations complémentaires sur les montants totaux réclamés par le fisc et l'élément « transferts totaux » des crédits d'impôt remboursables pour montrer les résultats de différents traitements statistiques[6].

Dans *Les impôts sur les salaires*, la situation est différente comme le montant total du crédit d'impôt remboursable est pris en compte dans le calcul de l'impôt sur le revenu.

Si l'on s'en tenait strictement au guide d'interprétation des *Statistiques des recettes publiques*, il faudrait que seule la composante « dépense fiscale » soit déduite de l'impôt sur le revenu, tout dépassement éventuel étant traité comme un transfert en espèces. Cependant, cette méthode aurait pour effet d'affaiblir et non de renforcer la valeur informative des résultats présentés dans *Les impôts sur les salaires*. En particulier, limiter les créances de crédit d'impôt à la dépense fiscale se traduirait par un impôt nul et un taux moyen d'imposition du revenu également nul lorsque des remboursements en espèces sont effectués. Si l'on ne limite pas de la sorte les créances de crédit d'impôt, on fera apparaître, en cas de transferts en espèces, un impôt sur le revenu négatif et des taux moyens d'imposition du revenu également négatifs. On peut soutenir que ces montants négatifs donnent une idée plus claire de la situation du contribuable (plutôt que de considérer une situation de non-imposition). En outre, le fait de ne pas inclure la fraction des crédits d'impôts remboursables correspondant à des transferts en espèces à la rubrique « Prestations en espèces versées par les administrations » des tableaux par pays permet une plus grande transparence de cette rubrique, consacrée aux seuls transferts en espèces « véritables ».

Néanmoins, pour étoffer les informations données dans les tableaux par pays sur les crédits d'impôt remboursables, la rubrique pour mémoire qui se trouve au bas des tableaux des pays concernés indique, sur une première ligne, les montants de dépenses fiscales et, sur une deuxième ligne, les montants des transferts en espèces. Là où il existe plusieurs dispositifs de crédits d'impôt remboursables, les données présentées correspondent à des montants totaux couvrant l'ensemble de ces dispositifs. Pour chaque catégorie de ménage considérée, on peut, en faisant la somme des dépenses fiscales et des transferts en espèces, obtenir le coût global des dispositifs.

Calcul des taux marginaux d'imposition

Dans tous les cas excepté un, les taux marginaux d'imposition sont calculés en prenant en compte l'incidence d'une faible augmentation des salaires bruts sur l'impôt sur le revenu des personnes physiques, les cotisations sociales et les prestations en espèces. L'exception est le cas d'un conjoint inactif, où le passage d'un revenu nul à un revenu faiblement positif n'est pas représentatif des variations de revenu et présente donc peu d'intérêt. C'est pourquoi les taux marginaux applicables au conjoint sont calculés dans ce cas en prenant en compte l'incidence d'une augmentation de revenu de 0 à 33 % du salaire moyen.

Limites de l'étude

Limites de caractère général

L'utilisation de la méthode simple consistant à comparer la situation au regard de l'impôt et des avantages sociaux des huit familles modélisées permet d'échapper aux nombreux problèmes conceptuels et de définition que soulèvent des comparaisons internationales plus complexes des charges fiscales et des programmes de transferts sociaux. Toutefois, l'une des faiblesses de cette méthode est liée au fait que la place de la rémunération du salarié moyen sur l'éventail des salaires varie d'une économie à l'autre, bien que les salaires en question concernent des ouvriers accomplissant des tâches de même nature dans les différents pays membres de l'OCDE.

En raison des limites qui affectent les impôts et les prestations sociales couvertes par le rapport, les données réunies ne peuvent être considérées comme représentatives de l'impact global des administrations sur le niveau de vie des contribuables et de leurs familles. Il faudrait pour cela étudier l'incidence des impôts indirects, le régime applicable en matière d'imposition des revenus du travail non salariaux ainsi que des autres revenus et l'incidence des autres mesures d'allégement fiscal et prestations en espèces. Il faudrait aussi tenir compte de l'incidence sur le niveau de vie des services fournis par l'État soit gratuitement soit en dessous de leur coût et de l'incidence sur les salaires et les prix des impôts sur les sociétés et des autres impôts directs. Il est impossible de couvrir un champ d'étude aussi étendu dans le cadre d'une comparaison internationale concernant l'ensemble des pays de l'OCDE. L'importance des écarts entre les résultats présentés ici et ceux auxquels aboutirait une étude complète de l'impact global des interventions publiques sur la situation des salariés serait variable d'un pays à l'autre, notamment en fonction de la part relative des différents impôts dans les recettes publiques et de l'étendue et de la nature des dépenses sociales des administrations.

Le rapport indique l'incidence formelle de l'impôt sur les salariés et les employeurs. L'incidence économique finale de la charge fiscale peut être répercutée des employeurs aux salariés et *vice versa* à la suite d'ajustements des salaires bruts opérés sur le marché.

Le revenu restant à la disposition du contribuable peut correspondre à des niveaux de vie différents selon les pays, parce que l'éventail des biens et services auxquels le revenu est affecté ainsi que leurs prix relatifs diffèrent d'un pays à l'autre. Dans les pays où les administrations fournissent une gamme importante de biens et services (régimes de retraite de base généreux, services de santé gratuits, logements sociaux, éducation tertiaire, etc.) le contribuable peut disposer d'un revenu en espèces plus faible tout en ayant un niveau de vie identique à celui d'un contribuable percevant un revenu en espèces plus élevé mais vivant dans un pays où les biens et services publics sont plus limités.

Ainsi qu'il est indiqué dans le chapitre 1 et d'une manière plus détaillée dans l'Étude spéciale de 2005, les seconds apporteurs de revenu qui gagnent 33 % du salaire moyen travaillent très souvent à temps partiel, bien que la méthodologie des *impôts sur les salaires* admette en général qu'ils travaillent à plein-temps. Toutefois, cela n'affecte l'exactitude des résultats des *impôts sur les salaires* que pour une catégorie de familles en Belgique (couple marié dans lequel le second apporteur de revenu gagne 33 % du salaire moyen). Par conséquent, il faut se montrer prudent dans l'interprétation des résultats concernant cette catégorie de familles pour la Belgique. En outre, pour tous les pays qui appliquent des dispositions réglementaires fondées sur les rémunérations horaires (voir l'Étude spéciale de l'édition 2005) il faut se montrer prudent dans l'application des résultats de ce rapport à d'autres catégories de ménages.

Exemples de limites spécifiques affectant le calcul de l'impôt sur le revenu

Étant donné le nombre limité des allégements fiscaux considérés ainsi que l'exclusion des revenus non salariaux, les taux moyens d'impôt sur le revenu calculés dans les tableaux de cette publication ne rendent pas nécessairement compte des taux effectifs des impôts versés par les contribuables se situant aux niveaux de salaires indiqués. L'exclusion des abattements de caractère non forfaitaire liés à des frais réels peut conduire à surestimer les taux réels d'imposition dans le calcul. D'autre part, l'exclusion des revenus autres que ceux du travail peut tendre à les sous-estimer.

La décision de ne pas procéder à un calcul séparé de l'impôt sur le revenu après prise en compte de l'effet des allégements fiscaux non forfaitaires a été prise pour les raisons suivantes:

- dans de nombreux cas, les allégements liés à des dépenses effectives représentent des substituts d'aides financières directes. Prendre en considération ces allégements sans prendre en compte par ailleurs les éventuelles aides directes correspondantes conduirait à fausser les comparaisons des rémunérations nettes plus transferts en espèces;
- le régime fiscal particulier de certaines dépenses peut s'accompagner d'un régime spécial des revenus associés à ces dépenses (par exemple, le régime fiscal des cotisations de sécurité sociale et des pensions de retraite) qui se situe en dehors du champ de la présente étude;
- quelques pays n'ont pas été en mesure d'estimer la valeur de ces allégements et même les pays qui ont pu effectuer une telle estimation n'ont pas été en mesure de la limiter aux contribuables présentant les caractéristiques prises par hypothèse dans la partie qui précède sur la méthodologie ; et,
- tous les pays n'ont pas été en mesure de calculer séparément les allégements applicables aux différents types de familles. Lorsqu'on calcule séparément les allégements applicables aux célibataires et aux familles avec enfants, on observe des écarts importants entre les montants des allégements dont bénéficient normalement ces deux catégories de ménages.

Limites relatives aux comparaisons de séries chronologiques

Les calculs de la charge fiscale des revenus du travail dans les pays de l'OCDE qui sont indiqués dans l'édition de 2004 et les précédentes des *impôts sur les salaires*, sont fondés sur un indicateur du salaire moyen pour les travailleurs manuels à temps complet du secteur manufacturier (« l'ouvrier moyen »).

Toute analyse longitudinale des résultats doit prendre en compte le fait que les données concernant les salaires ne portent pas nécessairement sur le même contribuable pendant toute la période. Les rémunérations moyennes sont calculées pour chaque année. En tant que tels, les résultats ne font pas apparaître les variations de salaire et la situation fiscale des différentes personnes concernées au fil du temps, mais plutôt la situation de salariés dont le salaire est égal au niveau moyen dans les secteurs industriels concernés pour chaque année considérée. Cela pourrait également signifier que les niveaux de salaires mentionnés pourraient se situer à des points différents de la distribution des revenus sur la période couverte et que les variations des taux d'imposition pourraient subir l'influence de cette évolution.

Il y a eu des changements de définition du salarié moyen dans le temps. À partir de l'édition de 2005, *Les impôts sur les salaires* ont déclaré des calculs des impôts effectués à partir d'une définition élargie du salarié moyen qui inclut tous les salariés à temps complet appartenant aux secteurs industriels C à K (référence à la CITI Rév. 3.1). Les conséquences de l'adoption de cette nouvelle définition pour les comparaisons de séries chronologiques sont examinées dans l'édition de 2005 des impôts sur les salaires. À partir de l'édition de 2010, de nombreux pays ont commencé à présenter des salaires moyens des salariés à temps complet appartenant aux secteurs industriels B à N de la CITI Rév. 4 (qui correspond dans l'ensemble aux secteurs C à K de la CITI Rév. 3.1).

Note sur les équations fiscales

Chaque chapitre par pays contient une section qui décrit les équations présentées sous une forme normalisée indiquant les calculs nécessaires pour obtenir le montant de l'impôt sur le revenu, des cotisations de sécurité sociale et des transferts en espèces. Ces algorithmes représentent sous une forme algébrique les dispositions légales décrites dans le chapitre et correspondent aux chiffres indiqués dans les tableaux par pays et les tableaux comparatifs. Cette section décrit les conventions utilisées dans la définition des équations et indique la manière dont elles pourraient être appliquées à d'autres recherches

Les sections précédentes des chapitres par pays décrivent le mode de fonctionnement des systèmes fiscaux et des autres systèmes ainsi que les valeurs des paramètres de ces systèmes, tels que le montant des abattements et des crédits d'impôt et les barèmes d'imposition.

La première partie de la section concernant les équations est un tableau qui décrit brièvement chaque paramètre (tel que le « Crédit d'impôt de base »), indique le nom du paramètre tel qu'il est utilisé dans l'équation algébrique (« Basic_cred ») et la valeur actuelle pour l'année considérée (telle que « 1098 »). Lorsqu'il existe un tableau de valeurs – par exemple un barème des taux d'imposition et des seuils de revenu imposable correspondants –, un nom est donné à l'ensemble du tableau (par exemple « tax_sch »). Ces noms de variables sont ceux qui sont utilisés dans les équations.

À la suite du tableau des paramètres se trouve le tableau d'équations. Les quatre colonnes contiennent les informations suivantes:

- Les deux premières colonnes contiennent une description et indiquent le nom de la variable correspondant au résultat de l'équation mentionnée sur la même ligne. Elles incluent toujours les treize principales rubriques financières des tableaux par pays. Des lignes supplémentaires définissent des valeurs intermédiaires qui sont calculées soit pour faire apparaître de manière plus détaillée les données figurant dans les tableaux (telles que la ventilation des abattements fiscaux totaux entre les différentes catégories) ou des montants qui facilitent les calculs
- La troisième colonne indique l'intervalle de calcul dans cette ligne. Cette indication est nécessaire pour tenir compte des différents modes de calcul possibles de l'impôt dû par les couples mariés. Les différentes options sont les suivantes:
  - B Le calcul est effectué séparément aussi bien en ce qui concerne le revenu principal que celui du conjoint et en utilisant les niveaux de rémunération de chacun d'entre eux. Cela vaut pour les cas où il y a imposition séparée et aussi en général pour les cotisations de sécurité sociale.
  - P Le calcul s'applique uniquement au revenu principal. On peut citer comme exemple le cas où le titulaire du revenu principal peut utiliser tous les abattements à la base de son conjoint qui ne peuvent être déduits des revenus de celui-ci.
  - S Le calcul s'applique seulement au conjoint dont le revenu est le plus faible.
  - J Le calcul est effectué une seule fois sur la base du revenu cumulé. Cela vaut pour les systèmes d'imposition conjointe ou familiale et cette méthode est également courante pour le calcul des prestations en espèces au titre des enfants à charge.
- La dernière colonne contient l'équation elle-même. Celle-ci peut se référer aux variables figurant dans le tableau des paramètres et aux variables qui résultent de l'une des lignes du tableau d'équations lui-même. On utilise également deux variables standards, « marié », qui prend la valeur 1 si la famille est constituée par un couple marié et 0 dans le

cas d'un célibataire, et « enfants », qui indique le nombre d'enfants. Parfois, il est fait référence à une variable à laquelle s'ajoute l'affixe « total » qui indique la somme des valeurs des variables à prendre en compte pour le titulaire du revenu principal et son conjoint. De même les affixes « _princ » et « _conjoint » indiquent respectivement les valeurs concernant le titulaire du revenu principal et son conjoint.

Dans les équations, un certain nombre de fonctions sont utilisées. Certaines d'entre elles sont utilisées de la même manière que dans un certain nombre de programmes informatiques d'utilisation courante. Par exemple, MAX(X, Y) et MIN(X, Y) permettent de trouver respectivement la valeur maximum et la valeur minimum. IF (condition, X, Y) choisit l'expression X si la condition est vérifiée et l'expression Y si elle ne l'est pas. Des expressions booléennes sont également utilisées et l'on admet qu'elles ont la valeur 1 si l'expression est vérifiée et 0 si elle ne l'est pas. Par exemple (enfants=2*CB_2 est équivalent à IF(enfant=2, CB_2,0).

Il y a aussi trois fonctions spéciales généralement utilisées qui font apparaître les calculs souvent nécessaires dans le cadre des systèmes d'impôt et de sécurité sociale. Ces fonctions sont les suivantes:

- Tax (taxinc, tax_sch) : cette fonction calcule le résultat obtenu en appliquant le barème d'imposition et les différents seuils dans « tax_sch » à la valeur du revenu imposable représenté par « taxinc ». Cette fonction peut être utilisée dans toutes les parties des équations et non pas seulement dans le calcul de l'impôt sur le revenu. Pour certains pays, elle est utilisée en ce qui concerne les cotisations de sécurité sociale ou même pour les niveaux de prestations qui pourraient dépendre des revenus.
- Positive (X) : cette fonction donne le résultat X lorsque cette valeur est positive et 0 dans les autres cas. Elle est donc équivalente à MAX(0,X).
- Taper (valeur, revenu, seuil, taux) : cette fonction indique le montant représenté par « valeur » si le « revenu » est inférieur au « seuil ». Sinon elle indique la « valeur » réduite par le « taux » multiplié par (revenu-seuil) à moins que cela ne donne un résultat négatif auquel cas on revient à zéro. Cette fonction indique le calcul qui est parfois nécessaire lorsque, par exemple, un crédit d'impôt peut être accordé en totalité sous réserve que le revenu total soit inférieur à un certain seuil mais se trouve ensuite retiré à un taux donné pour chaque unité monétaire à partir de ce seuil jusqu'à son retrait complet.

Dans certains cas, il existe des fonctions spécifiques à chaque pays. Ces fonctions font intervenir un programme conçu pour simplifier les calculs fiscaux. Ce programme repose sur la mesure fiscale décrite dans le chapitre par pays à la partie III. Par exemple, le crédit d'impôt pour les revenus du travail en vigueur aux États-Unis est calculé à l'aide de la fonction EIC.

Quiconque souhaite utiliser ces équations à d'autres fins devra établir des fonctions correspondant à ces fonctions spéciales ou apporter les modifications appropriées aux équations qui les utilisent.

Notes

1. Les organismes nationaux de statistique n'utilisent pas tous la Révision 3.1 ou 4 de la CITI pour classer les secteurs d'activité. Néanmoins, la Nomenclature statistique des activités économiques dans la Communauté européenne (NACE), le Système de classification des industries de l'Amérique du Nord (SCIAN) et l'*Australian and New Zealand Standard Industrial Classification* (ANZSIC) coïncident à peu près avec les Révisions 3.1 et 4 de la CITI au niveau des secteurs C à K et B à N, respectivement.

2. Les estimations des salaires indiquées dans les *Perspectives économiques* sont produites par le Département des affaires économiques (ECO) de l'OCDE. Elles correspondent à l'édition de décembre 2015 de cette publication.

3. Dans ce cas, le montant de l'allégement fiscal est fonction des cotisations de sécurité sociale effectivement versées par le salarié ou retenues sur son salaire ; cette forme d'allégement forfaitaire s'écarte donc à ce titre de la définition générale selon laquelle il n'existe pas de lien entre l'allégement forfaitaire et les dépenses réellement engagées.

4. OCDE, *Statistiques des recettes publiques, 1965-2000*, p. 28-31.

5. Cette caractérisation doit être considérée comme informelle car il faut, pour déterminer les dépenses fiscales, trouver un système fiscal de référence pour chaque pays ou, mieux encore, une référence internationale commune. Dans les faits, il n'a pas été possible de s'accorder sur le choix d'une référence internationale à cette fin.

6. Voir le tableau D des *Statistiques des recettes publiques* 2015 de l'OCDE.

ORGANISATION DE COOPÉRATION ET DE DÉVELOPPEMENT ÉCONOMIQUES

L'OCDE est un forum unique en son genre où les gouvernements œuvrent ensemble pour relever les défis économiques, sociaux et environnementaux que pose la mondialisation. L'OCDE est aussi à l'avant-garde des efforts entrepris pour comprendre les évolutions du monde actuel et les préoccupations qu'elles font naître. Elle aide les gouvernements à faire face à des situations nouvelles en examinant des thèmes tels que le gouvernement d'entreprise, l'économie de l'information et les défis posés par le vieillissement de la population. L'Organisation offre aux gouvernements un cadre leur permettant de comparer leurs expériences en matière de politiques, de chercher des réponses à des problèmes communs, d'identifier les bonnes pratiques et de travailler à la coordination des politiques nationales et internationales.

Les pays membres de l'OCDE sont : l'Allemagne, l'Australie, l'Autriche, la Belgique, le Canada, le Chili, la Corée, le Danemark, l'Espagne, l'Estonie, les États-Unis, la Finlande, la France, la Grèce, la Hongrie, l'Irlande, l'Islande, Israël, l'Italie, le Japon, le Luxembourg, le Mexique, la Norvège, la Nouvelle-Zélande, les Pays-Bas, la Pologne, le Portugal, la République slovaque, la République tchèque, le Royaume-Uni, la Slovénie, la Suède, la Suisse et la Turquie. La Commission européenne participe aux travaux de l'OCDE.

Les Éditions OCDE assurent une large diffusion aux travaux de l'Organisation. Ces derniers comprennent les résultats de l'activité de collecte de statistiques, les travaux de recherche menés sur des questions économiques, sociales et environnementales, ainsi que les conventions, les principes directeurs et les modèles développés par les pays membres.

ÉDITIONS OCDE, 2, rue André-Pascal, 75775 PARIS CEDEX 16
(23 2016 11 2 P) ISBN 978-92-64-25187-8 – 2016

www.ingramcontent.com/pod-product-compliance
Lightning Source LLC
LaVergne TN
LVHW080114011026
849160LV00013B/1096
* 9 7 8 9 2 6 4 2 5 2 3 5 6 *